VIES

DES

SAVANTS ILLUSTRES

DU MÊME AUTEUR

VIES DES SAVANTS ILLUSTRES DE L'ANTIQUITÉ. 1 vol. in-8°
illustré de 38 gravures. Paris, 1866. Prix : broché. . . . . 10 fr.

Relié. . . . . 14 fr.

VIES DES SAVANTS ILLUSTRES DU MOYEN AGE. 1 vol. in-8°
illustré de 36 gravures. Paris, 1867. Prix : broché. . . . . 10 fr.

Relié. . . . . 14 fr.

(Librairie Internationale, A. Lacroix, Verboeckhoven et C°)

PARIS. — IMPRIMERIE L. POUPART-DAVYL, 30, RUE DU BAC

LA RENAISSANCE

VIES DES SAVANTS

ILLUSTRES

DE

LA RENAISSANCE

AVEC L'APPRÉCIATION SOMMAIRE DE LEURS TRAVAUX

PAR

LOUIS FIGUIER

OUVRAGE ACCOMPAGNÉ DE PORTRAITS ET DE GRAVURES

Dessinés, d'après des documents authentiques, par M. E. MORIN

PARACELSE — RAMUS
JÉROME CARDAN — BERNARD PALISSY
GEORGE AGRICOLA — CONRAD GESNER — RONDELET
ANDRÉ VÉSALE — AMBROISE PARÉ — KOPERNIK
TYCHO BRAHÉ — VASCO DE GAMA
MAGELLAN

PARIS
LIBRAIRIE INTERNATIONALE
15, Boulevard Montmartre, 15

A. LACROIX, VERBOECKHOVEN & Cⁱᵉ, ÉDITEURS
À Bruxelles, à Leipzig & à Livourne

Tous droits de traduction et de reproduction réservés

PRÉFACE

Le siècle de la renaissance marque la date de la rénovation intellectuelle de l'Europe. C'est l'époque précise de la grande révolution morale qui, au sortir des ténèbres du moyen âge, vient affranchir l'esprit humain, et ouvrir une carrière toute nouvelle au développement des connaissances exactes. Dans les sciences ou dans la philosophie, on ne voit, à cette époque, que révolutions ou réformes.

Un simple moine augustin, Martin Luther, émancipe la pensée religieuse, crée le libre examen en théologie, et enlève à l'Eglise romaine toute l'Angleterre, la moitié de l'Allemagne, les royaumes du Nord, les Provinces-Unies et des millions de Français.

Un modeste docteur de la Faculté des arts, Pierre de la Ramée, lance le premier cri de guerre contre Aristote. Il bat en brèche la vieille scolastique et brise le cercle de fer qui, depuis tant de siècles, enchaînait les manifestations de la pensée dans les formules tyranniques de la parole du *maître*.

La réforme que Ramus tente dans la philosophie pure, d'autres l'accomplissent dans les sciences exactes avec le même succès.

Kopernik ruine l'antique système de Ptolémée et révolutionne l'astronomie, en fixant le soleil au centre de notre univers.

Vasco de Gama et Magellan révolutionnent la géographie et la navigation : le premier, en découvrant la route maritime des Indes, par le cap de Bonne-Espérance; le second, en pénétrant dans l'Océan Pacifique, qui double l'importance de la possession du Nouveau monde; et en exécutant, le premier entre tous les hommes, la circumnavigation du globe terrestre.

Paracelse ébranle l'édifice vermoulu de la médecine galénique, en introduisant dans le traitement des maladies les remèdes nouveaux fournis par la chimie, le mercure, l'antimoine, les composés du soufre, de l'arsenic et de l'antimoine.

André Vésale renverse l'anatomie de Galien, ou plutôt crée de toutes pièces l'anatomie, couverte jusque-là d'un voile impénétrable; et il change ainsi les bases de la médecine et de la chirurgie.

Ambroise Paré complète cette transformation salutaire en élevant très-haut le niveau de la chirurgie, par ses bienfaisantes découvertes et observations pratiques.

Jérôme Cardan, Jean-Baptiste Porta, Guillaume Gilbert, Léonard de Vinci, réforment la physique, en rompant avec le système d'Aristote, c'est-à-dire en observant la nature, en cherchant, par l'expérience, les lois qui régissent ses phénomènes, en examinant les choses et négligeant les mots.

Conrad Gesner, Pierre Belon, Bernard Palissy, Guillaume Rondelet réalisent la même réforme dans l'histoire naturelle. Ils dressent des catalogues rigoureux des faits acquis, et composent de grands ouvrages didactiques, en prenant pour guides l'observation et l'expérience, en plaçant au-dessus de tout le témoignage des sens et l'empire de la raison.

George Agricola pose les vrais principes de l'exploitation des minerais et des gisements métalliques, et il crée ainsi une source de richesse publique, en même temps qu'il éclaire d'un grand jour la chimie des métaux.

La vie et les travaux de tous ces héros de la science et de la philosophie sont exposés dans ce volume. On y trouvera le récit détaillé de leurs laborieuses recherches, de leurs combats contre la nature, et quelquefois contre l'ignorance et les préjugés de leurs contemporains. Tout en donnant une analyse attentive des découvertes et des ouvrages des savants les plus célèbres du seizième siècle, nous nous sommes attaché à peindre ces grands hommes avec leur physionomie réelle; nous nous sommes efforcé de les faire revivre sur le théâtre où s'écoula leur vie, avec leur génie et leurs faiblesses, avec leurs vertus et leurs défauts, en un mot dans leur vraie personnalité, conformément à l'esprit moderne des travaux historiques et biographiques.

Un *tableau historique de l'état des sciences au seizième siècle*, placé en tête du volume, fournit le lien nécessaire pour rattacher entre elles ces biographies, et former de ces études diverses un ensemble clair et instructif.

L'histoire des sciences est tombée aujourd'hui, en France, sans que l'on sache bien pourquoi, dans un abandon presque absolu. Cette branche de nos connaissances n'a aucune chaire dans nos Facultés, dans nos écoles, ni dans nos lycées. Elle n'a pas un fauteuil à l'Académie des sciences, à l'Académie de médecine, ni dans aucune autre société savante. Ainsi privée de toute émulation, l'histoire des sciences ne pouvait, comme cela est arrivé, que s'alanguir et s'éteindre dans notre pays.

Seulement, il est résulté de là que la jeunesse française est d'une complète ignorance en fait d'histoire scientifique. Comme elle trouve la science exposée tout d'une pièce, dans les traités classiques, elle n'est pas éloignée d'admettre que la zoologie remonte à Cuvier, la physique à Gay-Lussac, et l'algèbre à Bezout. Avons-nous besoin de dire qu'aucune partie des connaissances humaines n'a pu prendre naissance de nos jours, comme par un coup de baguette magique; mais qu'elle a exigé le concours successif d'un grand nombre d'efforts dirigés vers un but commun et qui remontent quelquefois aux temps les plus reculés ? L'esprit humain ne s'est avancé que lentement, et par étapes successives, dans les laborieux sentiers du savoir et du progrès. L'objet que nous nous sommes proposé, dans l'ouvrage général dont le présent volume n'est que la suite régulière, c'est d'initier nos lecteurs à cette longue série d'efforts, en faisant connaître, tout à la fois, la vie et les travaux des savants illustres du temps passé.

La science est comme ces basiliques du moyen âge et de la renaissance, Saint-Pierre de Rome, le dôme de Florence, la cathédrale de Milan ou celle de Strasbourg, qui absorbaient, pour leur édification complète, plusieurs générations d'artistes, d'architectes et d'ouvriers, lesquels travaillaient avec abnégation et conscience, sans jamais espérer voir, de leurs yeux, le monument achevé. La tâche que nous nous imposons ici, c'est de remettre en lumière, pour leur rendre hommage et honneur, les noms de ces artisans et architectes dévoués, qui ont apporté, chacun en son temps, leur pierre à l'édifice de la science, sans avoir pu contempler eux-mêmes le monument définitif dont nous admirons aujourd'hui les vastes proportions et l'harmonie.

TABLEAU

DE

L'ÉTAT DES SCIENCES

EN EUROPE AU SEIZIÈME SIÈCLE

Pendant le moyen âge, le génie de la civilisation ne s'était pas éteint en Europe: il était caché sous les cendres d'un vieux monde qu'il s'efforçait en vain de ranimer. Ce fut vers la fin du quinzième siècle qu'il commença à se faire jour et à jeter ses lueurs premières. Comme on voit, au printemps, le règne végétal étaler progressivement, sous l'influence fécondante des rayons solaires, les produits lentement élaborés dans son sein, pendant les mois d'hiver; ainsi l'on vit, au seizième siècle, le génie de la civilisation moderne se dégager, pour ainsi dire, du sein ténébreux du moyen âge, exciter dans tous les esprits une vive effervescence, et se manifester ostensiblement par la création et le développement successif des arts, des sciences et d'une philosophie nouvelle.

Parmi les causes qui servent à expliquer les mouvements et les transformations des sociétés, les unes sont inhérentes à la nature même de l'homme; les autres, dérivées de l'expérience et du travail des siècles, constituent le domaine de la tradition.

C'est du concours de ces deux ordres de causes que sont nées, dans les quinzième et seizième siècles, les inventions et les découvertes, qui devinrent à leur tour, pour les siècles suivants, des causes puissantes de rénovation intellectuelle et de progrès social.

Les causes principales de la renaissance des sciences, des lettres et des arts, au seizième siècle, furent : l'invention de l'imprimerie, — la découverte du nouveau monde, — la réformation religieuse provoquée par Luther, — enfin l'apparition d'une langue nationale chez les différents peuples de l'Europe.

L'influence de l'imprimerie sur la diffusion générale des sciences est tellement évidente, que nous n'avons pas à insister sur ce point. Remplacer les manuscrits, rares et coûteux, par des livres, accessibles à tous en raison de leur bas prix, c'était contribuer, de la manière la plus directe, à la propagation universelle des connaissances scientifiques.

Dès qu'on est en possession de l'imprimerie, les exemplaires de chaque livre, facilement multipliés, se répandent en grand nombre, et l'activité intellectuelle s'accroît, par la circulation plus rapide et plus grande des idées. Dans chaque pays, la langue nationale se développe, tend de plus en plus à s'épurer; et, grâce à la netteté des caractères typographiques, ce progrès devient incontestablement plus facile et plus prompt.

La découverte du nouveau monde fut un événement immense dans les annales de l'humanité, et son influence fut prodigieuse sur le développement de toutes les connaissances humaines: sciences naturelles, sciences physico-mathématiques, navigation, géographie, commerce. Ce fut la découverte de l'Amérique, à la fin du quinzième siècle, et les nombreuses investigations dont elle devint l'objet, pendant le seizième siècle, qui ranimèrent, en Europe, l'étude, depuis si longtemps négligée, de l'histoire naturelle. Il est vrai que, durant plusieurs années, si les navigateurs et les aventuriers se dirigèrent vers l'Amérique, ce fut beaucoup moins pour y étudier de nouvelles productions organiques et minérales que pour y chercher de l'or. Heureusement, si le gros de l'humanité, presque toujours étranger aux pures jouissances de l'esprit, n'obéit qu'aux instincts de la vie matérielle, il se trouve aussi, dans tous les temps, des hommes qui, doués d'une organisation plus sensible et plus complète, sont entraînés, par un penchant irrésistible, vers des études et des travaux intellectuels, souvent fort mal récompensés, mais dont l'humanité profite. Quelques-uns de ces hommes qui avaient étudié Aristote, Théophraste, Dioscoride, Pline et les Arabes entreprirent des voyages dans le nouveau monde, non pour recueillir de l'or, mais pour juger du nombre, de la nature et de la variété des productions organiques que renfermait cette terre nouvelle. Il y avait, certes, là de quoi satisfaire amplement la curiosité des naturalistes et celle des savants.

On commença par étudier, en Amérique, le règne minéral, surtout à cause de l'or et de l'argent qu'on y trouvait. Vint ensuite le règne végétal, qui pouvait fournir à la fabrication, à la teinture, à la médecine et à la pharmacie, une foule de substances précieuses ignorées des peuples de l'ancien monde. Dans le règne animal, on admira d'abord divers oiseaux, remarquables par la beauté de leur plumage, et d'autres espèces animales dont l'existence était entièrement inconnue. Quant à la race humaine qui habitait les deux Amériques, on ne s'en occupa que pour l'exterminer. Cependant, s'il existait, au point de vue de la philosophie sociale, un objet d'études de la plus haute importance, c'était assurément l'homme, avec ses traits caractéristiques, ses instincts, ses mœurs et son langage, essentiellement différent de toutes les langues connues dans l'ancien monde. Dans les régions qui s'offraient pour la première fois à ses regards, Christophe Colomb trouva des populations véritablement primitives, vivant heureuses et tranquilles, toujours en paix avec leurs semblables, jouissant de tous les biens qu'en ces riches contrées, une nature féconde produit avec abondance, et ne connaissant d'autres rapports de sociabilité que les affections les plus douces et les plus sympathiques du cœur humain. Qu'on lise attentivement et sans prévention les écrits que nous ont laissés Christophe Colomb et ses contemporains Las Cases, Pierre Martyr, Fernandez, Bernaldez, etc., et l'on admettra, avec J.-J. Rousseau, que, dans l'ordre de la création, l'homme doit naître naturellement bon. C'est du milieu social qui l'environne que vient à l'homme, en grande partie, la perversité qu'on lui reproche de nos jours. Il est tel que le font nos mœurs, nos institutions et nos lois. Mais dans les pays vierges de toute influence autre que celle de la nature, comme l'était l'Amérique du quinzième siècle, l'homme avait le privilége des meilleures qualités morales.

La réforme religieuse, provoquée par Luther, fut, au triple point de vue politique, philosophique et social, une révolution immense. Comme toutes celles qu'on a vues dans le monde, elle était depuis longtemps préparée dans les esprits. Il ne fallait qu'une occasion ou un prétexte pour la faire éclater. Ce prétexte se présenta sous le pontificat de Léon X.

Né au sein de l'opulence, homme d'esprit et de goût, le pape Léon X aimait passionnément les arts; il voulut les rendre florissants en Europe. Il eut donc une cour riche, magnifique, voluptueuse et prodigue. Il partagea son temps entre la politique et les plaisirs. Au milieu des guerres qui ensanglantaient l'Italie, il faisait achever la basilique de Saint-Pierre, commencée sous son prédécesseur Jules II. Il donnait des fêtes à ses cardinaux ; il prodiguait ses trésors aux artistes, aux poëtes, aux gens de lettres. Il encourageait les beaux-arts et tous les genres de littérature. Il faisait exécuter devant lui des poëmes en musique, souvent même des comédies. Le plaisir que Léon X et sa cour prenaient à la représentation des pièces de l'Arioste et de Machiavel était un sujet d'émulation qui contribua beaucoup à faire cultiver de plus en plus la langue italienne. Il est hors de doute que l'Italie doit à ce pontife la plus grande partie des progrès qu'elle a faits dans la poésie et dans les arts.

Seulement ce culte de la poésie et des arts fit perdre à l'Église catholique la moitié de l'Allemagne, les royaumes du Nord, les Provinces-Unies, l'Angleterre et des millions de Français.

Léon X était généreux, magnifique et même dissipateur. Les revenus du saint-siége ne pouvaient suffire à ses dépenses, et les trésors du Vatican étaient épuisés. Cependant il voulait achever la basilique de Saint-Pierre, qui avait déjà coûté des sommes immenses. Comme il ne doutait pas que toute la chrétienté ne s'empressât de le seconder dans l'exécution d'un tel dessein, il résolut de s'adresser à elle. Malheureusement il le fit sous une forme déjà discréditée dans la plus grande partie de l'Europe, et pendant une de ces périodes d'inquiétude générale et de fermentation où, par l'effet de cet imprévu qui joue un si grand rôle en ce monde, le moindre incident peut amener les plus redoutables complications.

Léon X, estimant que l'on pouvait donner des indulgences pour de l'argent, quand il s'agissait d'élever un monument sublime au prince des apôtres, fit annoncer dans toute l'Europe, en 1517, une vente d'indulgences pour l'édification de Saint-Pierre de Rome. Il offrait, d'ailleurs, ces indulgences à des conditions si faciles, que ceux qui se trouvaient un peu disposés à contribuer de quelque somme, grande ou petite, ne pouvaient s'y refuser. Il oubliait que le saint-siège avait eu déjà trop souvent recours à ce genre de commerce, et il ignorait peut-être qu'en Allemagne, plusieurs diètes l'avaient déclaré ruineux pour les États.

Léon X aurait probablement réussi dans sa tentative, à cause du motif qu'il alléguait, s'il avait confié la mission de recueillir l'argent des indulgences aux moines augustins, qui, jusque-là, en avaient eu le privilége. Mais il la donna aux dominicains, et il fit naître ainsi entre ces deux ordres religieux une rivalité qui devait être funeste à la cour de Rome. Telle fut l'origine réelle d'une révolution religieuse dont les conséquences physiques, intellectuelles et morales devaient être immenses, et s'étendre de proche en proche à tous les éléments de la civilisation.

Les dominicains exagérèrent au delà de toutes limites le prix des indulgences, soit pour accroître leurs bénéfices, soit pour se rendre plus dignes de la préférence qu'on leur avait accordée. Leur conduite ajouta encore au scandale. Ils installèrent leurs bureaux dans des cabarets, et ils furent accusés d'y consumer en débauches ce que la foi du peuple leur apportait, au mépris de ses propres besoins.

Tout cela se passait en Saxe, où résidait le vicaire général des augustins, parent et ami de l'Électeur, l'un des plus puissants princes de l'Allemagne. Le vicaire général n'eut donc pas de peine à indisposer l'électeur de Saxe contre les indulgences et contre les dominicains. Les augustins, assurés de la protection de l'Électeur, saisirent avec empressement l'occasion de se venger de leurs concurrents.

Parmi les moines augustins se trouvait un homme érudit,

qui avait fait ses études dans l'université d'Erfurt, et qui, doué d'une éloquence entraînante et fougueuse, s'était déjà acquis une certaine réputation dans la chaire. Ce moine était Martin Luther. Né en 1483, à Eisleben, en Saxe, il était fils d'un ouvrier ou d'un commis employé dans les mines.

Luther reçut de ses supérieurs la mission de prêcher contre les scandales causés par les dominicains.

Il ne contesta pas d'abord à l'Église le droit d'accorder des indulgences; il n'attaqua que les abus. Il ne parla même qu'avec respect de la personne du pape et du saint-siége. Si Léon X, bien conseillé, se fût conduit alors avec modération; s'il eût seulement paru vouloir remédier aux abus dont tout le monde se plaignait, la révolution, qui déjà apparaissait menaçante, eût encore pu être ajournée. Mais, au lieu de réprimer les scandales donnés par les dominicains, il cite devant lui Luther; il publie des bulles contre ce moine rebelle; il porte ses plaintes aux diètes, qui étaient alors bien loin d'entrer dans ses vues; enfin, en sollicitant vainement contre le moine prédicateur toutes les puissances de l'Allemagne, il établit lui-même cette opinion que « Luther est soutenu, et que, sans avoir rien « à craindre, il peut désormais aller beaucoup plus loin. »

Bientôt, en effet, Luther ne garde plus de mesure contre le pape, qui le poursuit. De plus en plus violent et hardi, en soutenant une thèse qu'on lui conteste, il en avance une autre, encore plus dangereuse pour la papauté. Excité par la résistance de ses adversaires, qui défendent avec acharnement tous les abus, il va jusqu'à demander raison de l'autorité que s'arrogent les papes, et découvre d'autres abus dans les usages les plus anciens et les plus généralement reçus. Il trouva des erreurs jusque dans les dogmes.

Luther prêchait en langue vulgaire; c'était prendre le peuple pour juge entre la cour de Rome et lui. Bientôt, son nom retentit dans toute l'Europe. Les nations semblaient attendre de lui ce qu'elles devaient croire, et il parut destiné à les éclairer. Partout ses disciples et ses partisans se multiplient avec rapidité; partout la Bible, traduite en langue vulgaire, est lue, expliquée, commentée par le peuple; et bientôt éclate et se propage partout cette révolution religieuse qui reçut le nom de *réformation*, et qui, enlevant à l'Église romaine une bonne partie de l'Allemagne, l'Angleterre tout entière, une partie de la France et du nord de l'Europe, vint profondément modifier les conditions de l'ancien équilibre social.

Une révolution en religion, c'est une révolution dans l'esprit. Par conséquent, les sciences durent recevoir de cette rénovation intellectuelle une influence profonde, qui ne pouvait être que favorable au progrès. Nous ne chercherons pas à en préciser l'étendue, ni à en démêler nettement les résultats. Nous devons nous contenter de signaler la réformation comme une grande cause générale parmi celles qui, avec l'invention de l'imprimerie, vinrent contribuer au développement des sciences au seizième siècle, en ouvrant les yeux des peuples aux lumières de la vérité et de la raison.

Avant même que Luther, en Allemagne, eût prélude à l'agitation religieuse et sociale qui devait amener la réformation, un autre homme de génie avait creusé, en France, le même sillon, dans le champ de la crédulité et de l'ignorance du siècle: nous voulons parler du célèbre auteur de l'*Éloge de la Folie*, Érasme, qui fut le précurseur de Luther. « *C'est Érasme*, disait-on dans les écoles, *qui a pondu l'œuf d'où Luther et les autres sont éclos.* » Et ce cri, sorti d'une bouche fanatique, n'était que l'expression de la vérité.

Érasme était un enfant naturel, né à Rotterdam vers 1466. On lui fit étudier le latin, le grec, la logique, la métaphysique, la morale. L'évêque de Cambrai le retira d'un couvent où on l'avait fait entrer malgré lui, et, après l'avoir gardé quelque temps en qualité de secrétaire, il l'envoya étudier la théologie à Paris, lui promettant une pension, qu'il paya, d'ailleurs, fort mal. Érasme, à Paris, manqua souvent du nécessaire; mais, en donnant des leçons de littérature, il parvint à pourvoir à sa subsistance. Il était entré, sans doute en qualité de précepteur, chez un gentilhomme anglais; et c'était pour lui une position supportable. Mais il tomba malade et fut obligé de retourner à Cambrai, pour rétablir sa santé. Lorsqu'il se trouva remis, les libéralités d'une grande dame, qui estimait ses talents, le mirent à même d'aller retrouver à Paris le gentilhomme anglais. Bientôt après il partit, avec lui, pour l'Angleterre. Il alla d'abord à Oxford, puis à Londres. En 1498, il revint à Paris, où il tomba encore malade. Se trouvant dans une profonde misère, il demanda des secours, et on lui procura les moyens nécessaires pour aller rétablir en Italie sa santé délabrée.

Il travaillait alors beaucoup : il traduisit divers traités de Lucien, de Plutarque, d'Isocrate, de Xénophon, etc., qu'il dédia à des princes. Le pape Jules II lui permit de quitter l'habit de moine, qu'il portait depuis l'époque où, très-jeune encore, il avait été mis dans un couvent malgré lui. C'était assurément l'habit qui convenait le moins à son caractère et à son genre de vie.

En effet, Érasme aimait passionnément la liberté. Lorsque François Ier eut conçu le dessein de fonder un collège pour les langues savantes, il chargea Budé, savant français, d'écrire de sa part à Érasme et de lui faire des offres. Érasme refusa de concourir à l'établissement d'un collège où l'on enseignait le grec et l'hébreu, parce qu'il ne voulait pas s'exposer à la haine des théologiens ; et il n'osait accepter les offres du roi, parce qu'il craignait, disait-il, le genre d'esclavage attaché à la condition de ceux qui servent les princes.

A son retour d'Italie, en 1506 ou 1508, il était logé à Londres, chez son ami Thomas Morus, chancelier d'Angleterre. La fatigue du voyage et un violent mal de reins le retenaient dans sa chambre. Il ne pouvait continuer ses travaux théologiques, parce que les livres qui lui auraient été nécessaires n'étaient pas encore arrivés. Il chercha donc dans sa tête un sujet qui, en égayant sa verve, pût lui faire oublier ses souffrances. Ce fut alors qu'il imagina ce spirituel *Éloge de la Folie*, satire ingénieuse, dans laquelle, passant en revue tous les états et professions, il dépeint, avec la plus piquante originalité, les mœurs et les travers de ses contemporains. Quelques jours lui suffirent pour composer cet ouvrage, d'environ 200 pages in-8°. Dès qu'il l'eut achevé, il le communiqua à ses amis ; et bientôt l'*Éloge de la Folie* s'imprima à Paris, où l'on en vit paraître, presque en même temps, sept ou huit éditions.

Cet ouvrage eut un débit et un retentissement énorme. Mais s'il fut goûté des gens d'esprit et des vrais savants, il souleva contre l'auteur la multitude des ignorants, des moines et des faux dévots. Il paraissait, il est vrai, à une époque où régnait déjà dans les esprits, cette inquiétude générale, mais vague et sans objet déterminé, qui, d'ordinaire, précède les grandes révolutions et facilite leur accomplissement. Aussi, dès qu'à la voix de Luther toute l'Allemagne eut commencé de s'agiter, ces paroles : « *C'est Érasme qui a pondu l'œuf d'où Luther et les autres sont éclos* », retentirent, d'un bout à l'autre de l'Europe, dans les chaires et dans les couvents. L'*Éloge de la Folie* fut traduit partout en langue vulgaire, et ces traductions servirent à introduire, dans le langage moderne, des termes, des expressions, des tournures propres à rendre, avec plus ou moins de justesse, les observations et les critiques piquantes et originales employées par l'auteur.

De tous les ouvrages d'Érasme, ce fut incontestablement celui qui contribua le plus à sa réputation et qui exerça la plus réelle influence sur l'esprit public. Vivement attaqué par les uns et non moins vivement défendu par les autres, il fournit le sujet d'une multitude d'écrits. Ce fut, pendant plusieurs années, une véritable mêlée parmi les savants et les gens de lettres. Enfin, après la mort d'Érasme, la Sorbonne mit à l'index l'*Éloge de la Folie*, et déclara « *que l'auteur en le composant s'était montré fou, insensé, même impie, injurieux à Dieu, à Jésus-Christ, à la Vierge, aux saints, aux ordonnances de l'Église, aux théologiens, aux cérémonies ecclésiastiques, aux religieux mendiants; qu'il avait osé insulter, d'une bouche corrompue et blasphématoire* ».

De toutes ces épithètes il n'y en avait qu'une de vraie, c'est qu'Érasme avait été injurieux pour les moines et les théologiens; et il l'avait été d'autant plus que ces injures pouvaient passer pour des vérités. Il leur avait reproché de ne connaître ni l'Écriture, ni les Pères, ni les conciles, de n'agiter que des questions frivoles, et d'avoir corrompu la théologie par ambition, par avarice, par flatterie, par esprit de dispute et de superstition.

Érasme était assurément l'esprit le plus fin, le plus pénétrant, le plus railleur, le plus caustique qu'il y eut alors dans toute la chrétienté. Il joignait à cela un style vif et aisé et une érudition immense.

Il avait acquis dans sa vieillesse une grande connaissance du cœur humain. Il pensait, par exemple, que le mérite seul n'est pas un grand avantage, et que pour réussir dans le monde, il faut autre chose que des talents et de la probité. Il fut un des hommes les plus éclairés de son siècle et celui qui porta les plus rudes coups à la scolastique, en répandant à pleines mains sur cette doctrine le ridicule et le mépris.

Érasme mourut à Bâle, en 1536. Sa mort fut un deuil public : une foule innombrable se pressait à ses funérailles.

Une autre cause qui contribua, avons-nous dit, à activer la réorganisation du domaine des sciences, ce fut la formation d'une langue nationale dans chaque pays de l'Europe.

Effet du mouvement général des idées et des mœurs, la création d'une langue nationale dans chacune des principales contrées de l'Europe, devait être nécessairement un motif puissant de rénovation et de progrès social. La parole est un don aussi naturel à l'homme que l'instinct de la sociabilité. Il existe en nous de telles relations entre la faculté de sentir ou de concevoir, et l'art de peindre, par le langage, les diverses nuances du sentiment et de la pensée, que, dans toutes les périodes de la vie sociale, le système général des langues et celui des connaissances de tout ordre semblent avoir été, pour ainsi dire, calqués l'un sur l'autre.

Pendant cette période d'environ dix siècles qu'on est convenu d'appeler le *moyen âge*, l'éducation de l'esprit humain, dans la plus grande partie de l'Europe, fut entièrement subordonnée à l'étude du latin, langue morte, et qui pis est, propre à un ancien peuple dont les connaissances scientifiques furent toujours extrêmement bornées. Lorsque les sciences de l'antiquité grecque, propagées par l'école arabe, eurent pénétré dans l'occident de l'Europe, on vit se former, dans la solitude des cloîtres, une foule d'hommes éminents. Les Gerbert, les Roger Bacon, les Albert le Grand, les Thomas d'Aquin, les Raymond Lulle, etc., n'étaient pas des hommes ordinaires. Vers la fin du treizième siècle, et au commencement du quatorzième, en France, en Italie, en Angleterre, en Espagne, en Allemagne, les principales branches des connaissances humaines étaient assez nettement ébauchées, et il y eut quelquefois de la grandeur dans les conceptions des savants du moyen âge. Pendant ce long intervalle de dix siècles, bien des hommes doués de grandes facultés auraient laissé leur trace à la suite de ces grands génies, par des travaux scientifiques, s'il ne leur eût manqué l'instrument essentiel dans toute science. Nous voulons parler d'une langue vivante, instrument analytique, indispensable à la détermination et à l'enchaînement des idées.

La manie de ne vouloir s'exprimer qu'en latin, même sur des matières auxquelles les Romains avaient toujours été complétement étrangers, arrêta, dans toute l'Europe occidentale, l'essor de l'esprit humain, et retarda de plusieurs siècles l'avénement de la *renaissance*. Comment des érudits, nés dans les temps barbares et dont la langue naturelle n'était qu'un idiome grossier, seraient-ils parvenus à écrire et à parler le latin du siècle d'Auguste, ou seulement à le comprendre comme le comprenaient, à Rome, les simples artisans qu'une cause célèbre, un plaidoyer de Cicéron ou d'Hortensius attiraient en foule au Forum? Au moyen âge, le vrai latin n'existait plus que dans un petit nombre de livres, la plupart incorrects ou mutilés. Ce n'était qu'une langue écrite, nécessairement incomplète, puisque les mouvements d'une civilisation vivante avaient cessé de l'animer, et que les mœurs, les idées, les croyances dont elle était l'expression avaient totalement disparu.

Aussi les érudits du moyen âge, qui voulaient absolument faire usage du latin, ne parvinrent-ils qu'à former une sorte de jargon, qui approchait plus ou moins du *français*, en France; de l'*italien*, en Italie; de l'*espagnol*, en Espagne, etc.; mais qui assurément n'eût pas été regardé comme du vrai latin, à Rome, au siècle d'Auguste. Les hommes du dixième siècle, par exemple, ne pouvaient évidemment connaître la signification précise d'une foule de termes, d'expressions, de périphrases propres au génie latin et dont rien, autour d'eux, dans le milieu barbare où ils vivaient, ne leur indiquait le sens. Ils prenaient, dans les auteurs latins, non-seulement des termes et des expressions, mais même des phrases entières, auxquelles ils donnaient une acception qui, souvent, les rendait inintelligibles. On en trouve des exemples jusque dans le seizième siècle. C'est ainsi que le pape Léon X, écrivant à François Ier, pour l'engager à faire la guerre aux Turcs, l'exhorte *par les dieux et par les hommes* (*per deos atque homines*), comme on disait chez les Latins. Cependant Léon X ne manquait ni d'instruction ni de goût.

Dans les siècles antérieurs, l'abus des expressions latines prises dans une acception toute différente de celle que leur avaient donnée les écrivains romains avait été porté au point que, dans les écoles, deux dialecticiens pouvaient disputer des heures entières, en restant absolument inintelligibles l'un pour l'autre autant que pour leurs auditeurs. On peut imaginer, d'après cela, ce qu'était au moyen âge la scolastique, ce mélange informe de philosophie et de théologie. On dissertait sur ce chapitre en un jargon latin dont la plupart des mots n'avaient qu'un sens indéterminé.

Les mathématiques auraient pu apprendre à donner au langage plus de précision et de clarté, au raisonnement plus de méthode, de justesse et de rigueur; mais la célébrité qu'on obtenait par ce genre d'études était quelquefois dangereuse, et pouvait exposer aux plus grands périls. On connaît la triste destinée de Roger Bacon, emprisonné pendant la plus grande partie de sa vie, pour crime d'astronomie et de physique. Au quatorzième siècle, le médecin Pierre d'Albano, auteur d'un *Traité sur l'Astrolabe*, et le commentateur de Sacrobosco, Cecco d'Ascoli, professeur de mathématiques, à Bologne, accusés tous deux de magie et de sorcellerie, avaient été condamnés à mort. Pierre d'Albano, il est vrai, ne fut exécuté qu'en effigie; mais Cecco d'Ascoli fut brûlé à Florence en 1327.

En parcourant, dans l'histoire, la période du moyen âge, pendant laquelle tous les éléments de l'ordre social ne présentent que désordre et confusion, on ne voit pas trop comment une civilisation nouvelle pourra sortir de ce chaos. Mais bientôt, dans toute l'Europe, les limites des États commencent à se fixer; les nationalités se dessinent peu à peu, et apparaissent enfin bien distinctes, chacune avec l'esprit, les mœurs, les usages, les intérêts généraux qui constituent son caractère propre et son génie. Dès lors, dans chaque État, comme la langue du peuple, quelles qu'en soient la rudesse et l'irrégularité, est celle dont se sert le plus grand nombre pour exprimer ses besoins et ses idées, la langue vulgaire devient forcément celle des affaires, celle des actes publics, de tous les arts industriels et mécaniques. Il fallait parler la langue du peuple toutes les fois que l'on voulut agir sur les masses. C'est par des harangues en langue vulgaire qu'on est toujours parvenu à surexciter, dans le sein du peuple, soit l'enthousiasme religieux, soit l'amour de l'indépendance et de la liberté. Si Pierre l'Ermite, saint Bernard et plusieurs autres s'étaient bornés à prêcher en latin, ils ne seraient jamais parvenus à développer chez des peuples entiers ce mouvement irrésistible d'où résultèrent successivement les croisades, l'affranchissement des communes, la liberté du travail, l'établissement de la chevalerie, la naissance de la poésie et de la littérature moderne, etc. Ce fut aussi par des discours en langue vulgaire qu'un simple moine, Martin Luther, fomenta, au seizième siècle, cette grande révolution d'où l'on vit sortir la liberté religieuse et philosophique.

En Italie, au treizième et au quatorzième siècle, aussitôt que la langue vulgaire, cultivée par des esprits d'élite, commence à se perfectionner, on voit le goût des beaux-arts naître et se développer. Dès lors apparaissent Dante, Pétrarque, Boccace, et, un peu plus tard, Guichardin, Machiavel, l'Arioste, etc. Aux yeux de tous ceux qui étudient l'histoire, non pour y apprendre des dates, des noms propres et des faits, mais pour y puiser un enseignement philosophique, si les Italiens ont devancé, en Europe, tous les autres peuples dans la carrière de la civilisation, c'est principalement parce que leur langue vulgaire, dans les temps modernes, est la première qui ait été cultivée par des hommes dont l'esprit indépendant avait osé secouer le joug de la fausse et pesante érudition scolastique.

Pour déterminer alors une révolution dans certaines branches des connaissances humaines, il suffisait presque de les dépouiller de leur enveloppe scolastique et de les soumettre, grâce à l'idiome national, à l'examen d'un public indépendant des universités. C'est ainsi que s'y prit Paracelse, pour provoquer une réforme dans la médecine. A Bâle, où il eut une chaire, il fit son cours, non en latin, mais en langue vulgaire, et les masses accouraient à sa voix. Si Kopernik eût exposé en allemand, dans un cours public, son système astronomique et ses objections contre celui de Ptolémée, peut-être fût-il parvenu, secondé par Erasme et Luther, ses contemporains, à vaincre sur ce point fondamental la résistance des théologiens.

Le développement progressif des langues vulgaires et la création d'une littérature nationale furent donc une des principales causes qui préparèrent l'avénement de la renaissance scientifique.

Pendant les douzième et treizième siècles, l'institution de la chevalerie avait fait surgir une multitude de troubadours et de romanciers. On voulait chanter, en vers et en prose, les faits d'armes et les aventures amoureuses des chevaliers. Il fallait bien les chanter en langue vulgaire, puisque ces héros n'entendaient pas le latin. La gaieté, la grâce, la naïveté qu'on rencontrait dans ces écrits leur donnèrent de la vogue, et les firent pénétrer à la cour, chez les princes et dans les châteaux, où ils charmèrent les loisirs des châtelaines, et abrégèrent même pour les hommes les longues soirées d'hiver.

A l'exemple des Français, les Italiens et les Espagnols s'exercèrent aussi à écrire dans leur langue. On s'accoutuma peu à peu à écrire et à s'exprimer d'une manière agréable, sur toutes les choses d'élégance et de goût.

Enfin, la langue vulgaire pénétra jusque dans le domaine de la science, et dès lors, le progrès des sciences exactes fut assuré. Les sciences avaient manqué jusque-là de l'instrument indispensable à leur évolution. La création des langues vulgaires leur apporta cet instrument nécessaire, et dès ce moment leur essor fut immense. C'est du seizième siècle, qui correspond à la création des langues vulgaires en Europe, que date la véritable régénération scientifique.

En France, Bernard Palissy montra, l'un des premiers, que la langue française pouvait se prêter, avec plus d'avantage et de facilité que le latin, à une exposition claire et précise de la science. Sans livres, sans cabinet de physique, sans laboratoire de chimie, Bernard Palissy devint, par degrés, un grand physicien et un grand naturaliste. Il fit, à Paris, en présence d'un auditoire d'élite, des cours publics où il rectifia plusieurs erreurs accréditées par les livres des anciens. Il s'excuse souvent de ce que, simple ouvrier, et n'ayant jamais étudié le latin, il ne peut s'exprimer que dans la langue du peuple, dédaignée par les érudits. Mais Bernard Palissy a prouvé, par ses écrits, que cette langue du peuple était déjà assez développée pour exprimer, beaucoup mieux que le latin de l'école, les sentiments, les passions, les intérêts de la société de ce temps, ainsi que les faits et les idées qui constituent la science. Au fond, la langue de Palissy est la même que celle de Montaigne, de la Boëtie, de Charron; et quand le sujet le comporte, sa finesse d'esprit et son originalité piquante rappellent souvent la manière de Montaigne. A cette époque déjà, on commençait à traduire en français les œuvres scientifiques des anciens; Bernard Palissy avait lu plusieurs de ces traductions, qui lui fournirent des idées et des faits, avec les termes français qui servaient à les exprimer. Il avait surtout lu le livre de l'architecte romain Vitruve et les traductions de quelques autres anciens auteurs.

Dès que les langues vivantes, qui sont l'un des principaux instruments de la civilisation, furent créées, tout marcha d'un pas rapide en Europe. Les sciences grecques, traduites en français, en italien, en allemand, et ranimées ainsi par le souffle d'un monde intellectuel qui s'affranchissait de plus en plus du joug de l'école, ne tardèrent pas à être soumises à la triple épreuve de l'examen, de la discussion et de l'expérience. C'était ce qu'avait conseillé, deux siècles auparavant, Roger Bacon, l'illustre et malheureux moine d'Oxford. Quand on eut commencé à interroger la nature elle-même par l'expérience et par l'observation, on acquit bientôt la certitude que les anciens n'avaient pas toujours été infaillibles; et si l'on continua encore à les consulter, à les prendre pour guides, ce fut désormais avec plus de discernement, et en profitant beaucoup mieux des lumières qu'ils avaient rassemblées.

Au milieu de cette vive effervescence intellectuelle et morale qui annonce, en Europe, la fin du moyen âge et la naissance d'une civilisation nouvelle, on vit se reproduire en tout genre, simultanément ou successivement, un si grand nombre de faits plus ou moins remarquables, que c'est à peine s'il est possible, dans un simple tableau, d'en retracer une partie. Nous ne signalerons que ceux qu'on s'accorde à regarder comme les plus importants, soit parce qu'ils ont servi à constituer les sciences modernes, soit parce qu'ils ont exercé une influence particulière sur les développements de l'esprit humain.

Ce fut l'Italie qui, dans le treizième et le quatorzième siècle, donna le premier signal de la renaissance des lettres et des arts, et ce fut l'Allemagne qui, depuis le milieu du quinzième siècle jusqu'à la fin du seizième, présida à la renaissance des sciences.

De nombreuses découvertes furent faites dans cette dernière période; mais elles n'ont formé un véritable corps de science qu'à la fin du dix-septième siècle. Et il est facile d'en comprendre la raison. Quand on commence à faire des observations, les faits de divers ordres qu'on découvre ne se présentent d'ordinaire que un à un et isolément. Ils se trouvent cependant liés entre eux et avec beaucoup d'autres, dans la nature, par des rapports qu'il est indispensable de connaître pour former un enchaînement régulier et méthodique. Or, le plus souvent, ces rapports ne peuvent être saisis et déterminés qu'au moyen d'une suite d'observations fines et délicates, de rapprochements ingénieux et d'une rigoureuse exactitude dans l'art du raisonnement. Tout cela suppose des instruments perfectionnés, une langue bien faite et une philosophie scientifique, qui n'existaient pas encore.

Mais dans le seizième siècle, les langues nationales sont, sinon tout à fait épurées et perfectionnées, du moins entièrement formées. Les productions littéraires et artistiques de l'Italie, du temps de Charles Quint, se naturalisent en Espagne, et dès lors, la langue espagnole acquiert une flexibilité, une délicatesse, une variété, qui l'eussent rendue probablement une des plus fécondes de l'Europe, si l'inquisition n'eût trop comprimé, en Espagne, la libre expression du sentiment et de la pensée. L'Espagne eut néanmoins des écrivains très-remarquables. Ce fut au seizième siècle que Michel Cervantes composa son *Don Quichotte*, roman plein d'esprit et de gaieté, qui a été traduit dans toutes les langues. Michel Cervantes ne connut dans sa vie que la misère et l'adversité. Esclave chez les Maures, après avoir perdu une main à la bataille de Lépante, il recouvra enfin la liberté, mais il ne rentra dans son pays que pour y essuyer des persécutions.

En Portugal, la destinée de Camoëns, l'illustre auteur de *la Lusiade* (poëme sur la découverte des Indes orientales) ne fut pas plus heureuse que celle de Michel Cervantes. Vieux militaire, il fut obligé de mendier pour vivre, et il mourut dans une profonde misère. Il est vrai qu'après sa mort on lui éleva des statues. C'est ainsi que cela se passe encore chez nous : ce n'est qu'après leur mort qu'on glorifie les grands hommes. Dans d'autres pays, que nous qualifions de barbares, tels que l'Orient, on n'élève pas de statues aux hommes qui se sont distingués par des travaux utiles ou par des actions d'éclat, mais on n'en laisse aucun mourir de misère ou de désespoir.

Les poètes et les prosateurs parurent en bien plus grand nombre au seizième siècle, en Italie qu'en Espagne. Le Tasse, l'illustre auteur de la *Jérusalem délivrée*, né en 1544, mourut en 1595. Son poëme, lu et relu chez tous les peuples de la chrétienté, exerça dans toute l'Europe, au point de vue poétique et littéraire, une influence considérable sur les esprits.

Dans ce siècle de la Renaissance, chacune des principales nations européennes compta, soit en vers, soit en prose, quelque écrivain éminent. L'Angleterre eut son William Shakespeare, qui fut en même temps poëte et prosateur.

Mais nous ne devons pas oublier que c'est le *Tableau des sciences au seizième siècle* et non celui des lettres que nous avons entrepris de tracer. Arrivons donc, sans un plus long préambule, à l'énumération de l'état des sciences au seizième siècle, et des progrès que fit, à cette époque, l'esprit humain dans la connaissance de la nature et de ses lois.

Nous considérerons successivement l'astronomie, les mathématiques, la physique, la chimie, les sciences naturelles et l'anatomie.

Astronomie. — Si les Italiens brillèrent au seizième siècle dans la littérature et dans les arts, les Allemands jetèrent dans les sciences un pareil éclat. C'est en Allemagne que l'on vit naître, au quinzième siècle, la véritable astronomie. Depuis les temps anciens jusqu'à cette époque, on n'avait songé, en fait d'astronomie, dans toute l'Europe occidentale, qu'à commenter les ouvrages de Ptolémée.

C'est à Purbach et à Regiomontanus que cette science dut ses premiers progrès. Pour vérifier des hypothèses astronomiques, tous deux eurent recours, non à l'autorité des anciens, mais à l'observation du ciel, la seule autorité infaillible en astronomie.

Purbach était né en 1423, dans une petite ville d'Autriche, et il mourut à l'âge de vingt-huit ans. Pendant une vie si courte, il fit quelques découvertes astronomiques. Il imagina et il appliqua la division décimale, il fit un abrégé de l'*Almageste* de Ptolémée, etc.

Jean Muller, surnommé Regiomontanus, était né en 1436, à Kœnigsberg (Saxe). Il avait à peine quinze ans lorsqu'il devint disciple de Purbach, lequel occupait alors une chaire d'astronomie à l'Université de Vienne ; et bien qu'il fût encore très-jeune, on le nomma son successeur.

Regiomontanus alla visiter l'Italie ; il se fit connaître, à Padoue, par un *Discours sur les progrès de l'astronomie*. Il alla ensuite à Nüremberg, où il se lia avec Bernard Walterus, qui possédait des biens immenses et s'était passionné pour l'astronomie.

La fortune n'est pas la science, mais elle en facilite l'étude, par les loisirs et les moyens qu'elle procure à ceux qui veulent se livrer au travail. Regiomontanus et Bernard Walterus formèrent entre eux une sorte de société, dans laquelle l'un mit son génie et l'autre ses richesses. Ils firent construire des instruments d'une précision jusqu'alors inconnue. Walterus voulut même avoir chez lui une imprimerie. Il subvenait avec la munificence d'un roi à toutes les dépenses que nécessitaient les travaux astronomiques.

Pendant sa vie, qui malheureusement fut courte, Regiomontanus répondit à la générosité de son ami en menant à bien de nombreux travaux d'observation.

Il fut appelé à Rome, en 1475, par le pape Sixte IV, qui avait conçu le dessein de réformer le calendrier.

Ce pape avait une haute opinion de Regiomontanus, qu'il avait déjà élevé à l'épiscopat de Ratisbonne. Il lui fit une brillante réception. Mais l'année suivante, Regiomontanus mourut de la peste, à Rome, à l'âge de trente-neuf ans. Il s'était déjà illustré par de belles découvertes.

Lalande, dans son *Traité d'Astronomie*, place Regiomontanus au nombre des vingt astronomes les plus célèbres qu'on ait connus dans tous les temps et dans tous les pays. On compte parmi ses travaux les plus remarquables ses *Éphémérides* (tables astronomiques où la situation de chaque planète se trouve déterminée jour par jour), et son *Epitome in Almagestum Ptolemæi*, ou *Abrégé du grand ouvrage de Ptolémée*. On lui reproche de s'être occupé d'astrologie ; mais quel est l'homme, malgré tout son génie, qui ait pu se soustraire entièrement aux préjugés de son siècle?

Le vulgaire attribua à Regiomontanus des inventions merveilleuses; en mécanique, par exemple, une mouche en fer qui, dans les dîners que Regiomontanus donnait à ses amis, allait visiter les convives, puis revenait se poser sur sa main. On parlait aussi d'un aigle automate, qui, un jour, s'élevant dans les airs, alla au-devant de l'Empereur, et le conduisit, en planant, jusqu'aux portes de la ville.

Cette crédulité des contemporains de Regiomontanus était l'effet de l'amour du merveilleux qui est inhérent à la nature même de l'homme. Elle n'était pas particulière au moyen âge et à l'époque de la Renaissance; elle a été et sera toujours l'apanage des hommes. On mettait autrefois sur le compte d'Albert le Grand, de Raymond Lulle, de Regiomontanus et de beaucoup d'autres les mêmes faits merveilleux que le vulgaire de nos jours et, avec lui, bon nombre d'esprits éclairés attribuent aux *esprits* et aux *mediums*. Les préjugés, les croyances, les sentiments, les passions, changent d'objet avec le cours des âges; mais la nature de l'homme reste la même, en dépit des temps et des lieux, avec sa crédulité et ses faiblesses.

Walterus vécut jusqu'en 1504. Il avait hérité des travaux, terminés ou inachevés de son célèbre collaborateur, et sans doute il en fit usage. On le cite comme le premier qui, dans les observations astronomiques, se soit servi d'une horloge.

Dans la période que nous parcourons, vécurent plusieurs astronomes de premier ordre. Parmi eux se présente, au premier rang, Nicolas Kopernik, le célèbre auteur du système qui porte son nom, auquel nous consacrons, dans ce volume, une biographie spéciale.

Lisant et relisant Ptolémée, Kopernik fut frappé de la confusion qu'il remarquait dans l'explication des phénomènes astronomiques. Il ne trouvait point cette explication en harmonie avec la simplicité ordinaire des lois de la nature, et il conçut le dessein de chercher une autre théorie des mouvements célestes.

Estimant que, dans l'antiquité, on avait pu avoir des idées plus claires et plus vraies sur l'admirable harmonie qui règne dans la distribution et dans les mouvements des grands corps célestes, Kopernik chercha ces idées dans les écrits des anciens philosophes. Il trouva dans Cicéron et dans Plutarque quelques vestiges du système astronomique qui avait été professé dans les écoles des Pythagoriciens. Ce système plaçait le soleil immobile au milieu du cortége général des astres qui composent l'univers. Ce fut pour Kopernik un trait de lumière. Dès qu'il put imaginer la terre tournant sur elle-même et décrivant son orbite autour du soleil, tous les mouvements des corps célestes lui parurent harmoniquement réglés et coordonnés.

Mais pour qu'une hypothèse mérite d'être admise, il ne suffit pas qu'elle satisfasse aux phénomènes généraux; il faut, en outre, qu'elle ne puisse pas être démentie par des phénomènes particuliers. Ainsi, après avoir transporté du soleil à la terre le mouvement de révolution dans l'écliptique, et attribué à la terre un mouvement de rotation sur son axe, pour expliquer la succession des jours et des nuits, Kopernik fit-il tourner autour du soleil, et dans l'ordre où nous les énonçons, à partir du Soleil: Mercure, Vénus, Mars, Jupiter et Saturne. Quant à la lune, elle continua à tourner autour de notre planète, en l'accompagnant pendant sa révolution dans l'écliptique, c'est-à-dire dans l'orbite terrestre. Dès lors, les phénomènes célestes, les directions, les stations, les rétrogradations des planètes s'expliquèrent avec une telle facilité que Kopernik lui-même en resta étonné.

Avant de publier son système, il voulut être bien en état de répondre d'avance aux principales objections qu'on pourrait lui opposer. Pour cela, il se mit de nouveau à faire des observations; et il les poursuivit pendant trente-six ans. Comme il craignait les clameurs de l'ignorance et de la superstition, il ne voulut communiquer son système qu'à ses amis. Il hésitait toujours à le rendre public, et ce ne fut que pour céder aux instances les plus vives qu'il se détermina, en 1543, à faire imprimer son livre *De revolutionibus orbium cœlestibus*, qu'il avait composé treize ans auparavant.

Ce livre produisit, dans le monde des théologiens et des péripatéticiens, un scandale énorme. Kopernik n'en fut pas témoin, car il mourut à la fin de l'impression de son ouvrage. Cependant il eut encore le temps d'en recevoir le premier exemplaire.

Le livre de Kopernik n'eut d'abord, en Europe, qu'un très-petit nombre de lecteurs. On n'en parla qu'avec dédain dans les écoles, comme on parle d'une chimère tout à fait indigne d'occuper des esprits sérieux. Les idées de Kopernik ne commencèrent à faire du bruit qu'après avoir été vivement attaquées par les scolastiques, ensuite par les théologiens. On était un peu embarrassé pour argumenter contre le système de l'astronome de Frauenbourg, car on pouvait invoquer en sa faveur plusieurs passages d'auteurs anciens et respectés. On eut alors recours au moyen infaillible qui existait à cette époque, pour imposer silence à des adversaires auxquels aucune bonne raison ne pouvait être opposée. En 1615, l'inquisition condamna le livre de Kopernik et déclara « *formellement hérétique, fausse et absurde en philosophie, l'opinion qui met le soleil au centre du monde, et comme erronée dans la foi celle qui attribue un mouvement à la terre.* »

Les partisans de Kopernik restèrent un moment étourdis par ce coup de massue. Mais un argument de cette nature ne suffisait pas pour arrêter des esprits d'élite.

Malheureusement pour les théologiens, le décret de l'inquisition parut juste au moment où le système de Kopernik venait d'être confirmé par d'autres observations et de nouvelles découvertes astronomiques. En effet, en 1590, on avait découvert, ou retrouvé, le télescope, instrument qui avait été probablement connu, trois cents ans auparavant, de Roger Bacon, et l'on s'était empressé de le diriger vers le ciel, où l'on fit, du premier coup, de très-importantes découvertes. On verra plus tard, quand nous parlerons de Galilée, que le décret de l'inquisition, loin de faire abandonner le système de Kopernik, ne servit qu'à le propager davantage, et à faire chercher dans le ciel de nouvelles preuves en sa faveur.

On ne s'explique pas bien comment le célèbre astronome danois Tycho Brahé (né en 1546, mort en 1601) rejeta, peut-être contre sa conviction intime, le système de Kopersik. Tycho Brahé, en adoptant une opinion contraire à la lettre de certains passages de l'Écriture, craignit, sans doute, de compromettre sa position et ses intérêts matériels, et il recula. Seulement, comme il ne pouvait admettre en entier le système de Ptolémée, irrévocablement condamné déjà depuis Roger Bacon, il imagina de conserver à la terre son immobilité et de faire tourner autour de cette planète d'abord la lune, puis le soleil, avec son cortége de toutes les autres planètes, Mercure, Vénus, Mars, Jupiter et Saturne.

Ce monstrueux éclectisme était aussi offensant pour les lois de la mécanique que le système de Ptolémée, et il est impossible que Tycho fût lui-même satisfait de la manière dont il expliquait les mouvements apparents des corps célestes. Mais il s'en consolait en observant, tout à loisir, les phénomènes astronomiques, avec le secours des nombreux élèves qui l'entouraient, et qui vivaient avec lui, dans sa petite colonie d'Uranibourg, où les scolastiques et les théologiens ne pouvaient le troubler, puisqu'il évitait d'avoir avec eux le moindre démêlé. Cette conduite, qui a été depuis si souvent imitée, n'est pas la meilleure aux yeux de la postérité; mais c'est la plus sûre pour jouir en paix des avantages que comporte le temps présent.

Tycho Brahé observa que la vitesse de la lune se ralentit depuis la conjonction jusqu'au premier quartier; que, depuis le premier quartier jusqu'à l'opposition, elle augmente; qu'elle diminue dans la troisième partie de sa révolution, et qu'elle s'accélère dans la quatrième; et ainsi de suite alternativement pour les autres cours. Il perfectionna encore la théorie de la lune dans un autre élément essentiel : il détermina avec plus de soin qu'on ne l'avait fait jusqu'à lui la plus grande et la plus petite inclinaison de l'orbite lunaire par rapport au plan de l'écliptique, et il étendit la même recherche aux planètes.

Il ne paraît pas que les anciens astronomes aient eu égard au changement que la réfraction de la lumière peut causer dans la position apparente des astres au-dessus de l'horizon, changement qu'ils ont soupçonné peut-être, mais auquel ils n'attribuaient pas assez d'importance pour en tenir compte. Quoi qu'il en soit, Tycho Brahé est le premier qui ait senti la nécessité d'introduire cet élément dans les calculs astronomiques. Mais il ne put en donner que des résultats généraux, même un peu vagues, parce que les lois de la réfraction de la lumière dans le milieu atmosphérique n'étaient pas encore connues.

Au temps de Tycho Brahé, on considérait les comètes comme de pures apparences météoriques. Cependant, dans l'antiquité,

Sénèque avait déjà reconnu la véritable nature de ces astres voyageurs. Sénèque avait dit :

« Je ne suis pas de l'avis de nos philosophes ; je regarde les comètes, non comme des feux passagers, mais comme un des ouvrages éternels de la nature... Est-il surprenant que les comètes, spectacle si rare dans le monde, ne soient pas encore assujetties à des lois sûres, et qu'on ne connaisse pas le commencement et la fin de la révolution de ces corps, qui ne reparaissent qu'au bout d'un long intervalle ?... Le temps et les recherches amèneront, à la longue, la solution de ces problèmes... Il viendra un temps où nos descendants seront étonnés que nous ayons ignoré des vérités si claires (1). »

Tycho Brahé démontra que les comètes sont, comme les planètes, des corps solides, soumis, dans leurs mouvements, à des lois constantes et régulières. Il observa plusieurs comètes, ainsi que la grande étoile qui parut subitement dans la constellation de *Cassiopée*, phénomène qui attira l'attention de tous les astronomes de ce temps et dont Tycho Brahé nous a transmis l'histoire. C'était en 1572. On vit pour la première fois cette étoile, le 7 novembre, de Wittemberg et d'Augsbourg. Tycho ne put l'apercevoir et l'observer que quatre jours après, parce que, durant cet intervalle, le ciel avait été voilé par d'épais nuages. Il la trouva presque aussi éclatante que Vénus dans ses temps de station.

Parmi les grands protecteurs de l'astronomie au seizième siècle, il faut citer le landgrave de Hesse-Cassel, Guillaume IV, ami de Tycho Brahé.

Le landgrave de Hesse-Cassel contribua, par ses propres observations, aux progrès de l'astronomie, et il fut, en outre, le protecteur ardent et éclairé de cette science. Il fit élever, dans sa capitale, un observatoire, où il réunit, à grands frais, les meilleurs instruments connus de son temps. Plusieurs observations excellentes sont dues à ce prince, entre autres celles des hauteurs solsticiales du soleil dans les années 1585 et 1587.

La réforme du calendrier fut un des travaux scientifiques importants du seizième siècle. Elle se fit, en 1582, sous le pontificat de Grégoire XIII.

Une extrême confusion s'était introduite dans la méthode

(1) *Questions naturelles*, ch. XXII, XXIV, XXV.

adoptée par l'Église, depuis le concile de Nicée (en 325), pour fixer, chaque année, le jour de Pâques, sur lequel se règlent toutes les autres fêtes mobiles. Dans le calendrier adopté par ce concile, étaient deux petites erreurs astronomiques, lesquelles, en s'accumulant pendant une longue suite de siècles, avaient fini par devenir considérables. L'une consistait à supposer que la durée de l'année solaire est exactement de 365 jours 6 heures, et l'autre que 235 lunaisons forment juste 19 années solaires. La première évaluation était trop grande d'environ 11 minutes; la seconde était trop petite. Il résultait de toutes ces erreurs que la fête de Pâques se serait trouvée insensiblement portée au solstice d'été, au lieu de demeurer, comme l'avait ordonné le concile de Nicée, entre la pleine lune de mars et le dernier quartier de cette lune, qui suivent l'équinoxe du printemps. Depuis plusieurs siècles ces erreurs étaient signalées et leurs résultats prévus, mais on avait plusieurs fois vainement cherché à les corriger. Les progrès de l'astronomie, au seizième siècle, firent espérer un résultat plus heureux.

Grégoire XIII mit, en quelque sorte, cette question au concours. Il engagea solennellement tous les astronomes des pays chrétiens à présenter un plan d'après lequel on pût corriger le calendrier, en lui donnant une forme exacte, régulière et permanente.

Parmi les nombreux projets qui furent présentés à cette occasion, celui d'Aloisius Lilius, astronome de Vérone, obtint la préférence, et fut consacré par une bulle, en 1582. Il fut donc statué qu'en l'année 1582, on passerait immédiatement du 4 octobre au 15, ou que ce mois ne serait que de vingt jours, afin qu'en l'année suivante, 1583, l'équinoxe tombât au 21 mars, et il fut en même temps convenu, qu'à l'avenir, sur quatre années séculaires qui, dans le système julien, eussent été bissextiles, il y en aurait trois de communes; ainsi, des quatre années séculaires 1600, 1700, 1800, 1900, la première seule devait être bissextile.

Le mouvement de la lune était la partie la plus embarrassante du problème. Aux *nombres d'or*, du cycle de Méton, Lilius substitua les *épactes*, c'est-à-dire les nombres qui expriment l'âge de la lune au commencement de chaque année, ou, ce qui revient au même, l'excès de l'année solaire sur l'année lunaire.

Mathématiques. — Avec la propagation de l'imprimerie, les livres étaient devenus communs; mais l'abus de l'érudition grecque et latine arrêtait encore l'essor de l'esprit humain. Les traducteurs étaient utiles, sans doute, en faisant passer dans la science moderne les connaissances de l'antiquité; mais les commentateurs, les annotateurs, les glossateurs, en beaucoup trop grand nombre, encombraient les études, et quelquefois étouffaient les plus brillantes facultés, sous le poids d'une érudition inutile. Il se produisit néanmoins, dans cette période, des mathématiciens remarquables et même des hommes de génie.

Maurolyco, de Messine, fut un bon géomètre. Il publia, en 1558, les *Œuvres de Théodore et Ménélaüs,* et prépara une édition de celles d'Archimède, qui parut en 1572. Il traduisit les *Éléments d'Euclide,* les *Coniques d'Apollonius,* les *Lemmes de Pappus,* etc.

Cardan rapporte dans son livre *De Arte magna* (en 1545) que Ferrei, professeur de mathématiques à Bologne, était le premier qui, en Europe, eût donné une formule pour résoudre les équations du troisième degré; qu'environ trente ans après, un Vénitien nommé Florido, instruit de cette découverte par Ferrei, proposa à Nicolas Tartalea ou Tartaglia, célèbre mathématicien de Brescia, divers problèmes dont la solution dépendait de cette formule, et que Tartaglia, en méditant sur ces problèmes, était parvenu à la trouver.

Cardan, dans un autre endroit de son livre, dit que, sur ses instantes prières, Tartaglia lui communiqua cette même formule, mais sans y joindre la démonstration, et qu'étant parvenu, avec le secours de son jeune disciple, Louis Ferrari, à trouver cette démonstration, il s'était cru fondé à la publier. Tartaglia se plaignit, avec raison, du procédé de Cardan, et l'accusa publiquement d'infidélité et de plagiat.

Louis Ferrari, de Bologne, élève de Cardan, né en 1522, mort en 1565, parvint à résoudre les équations du quatrième degré. Tous les analystes connaissent sa méthode sous le nom de *méthode italienne.* Elle consiste à disposer tous les termes de l'équation du quatrième degré de telle manière qu'une même quantité étant ajoutée à chaque membre, la méthode du deuxième degré devienne applicable aux deux membres. On est conduit par là à une équation du troisième degré, et l'on arrive au *cas* appelé *irréductible*, qui embrasse les équations où les trois racines sont réelles, inégales et incommensurables entre elles, etc. On trouve aujourd'hui cette méthode dans les traités d'algèbre.

Tartaglia, de Brescia, appartenait à une famille très-pauvre. Il n'étudia dans aucune école; on ne sait même pas comment il apprit à lire et à écrire. On dit que, ne sachant comment se procurer un modèle d'écriture, il s'était introduit chez un maître d'école, et lui en avait dérobé un. Il étudia donc seul, et presque sans livres, les mathématiques; et il parvint ainsi à se faire une réputation, même dans sa patrie. Tartaglia obtint une chaire de science et de philosophie à Venise, qui était alors un grand centre intellectuel, et il y professa les mathématiques avec distinction. Il imagina un procédé pour évaluer la surface d'un triangle, au moyen des trois côtés et sans abaisser de perpendiculaire. Il maniait l'algèbre avec une rare dextérité, et il l'appliqua, souvent d'une manière très-ingénieuse, à la résolution d'une foule de problèmes d'arithmétique et de géométrie. Enfin, il imagina, comme nous l'avons dit, la formule pour la résolution des équations cubiques. On lui doit aussi quelques inventions balistiques. Il mourut en 1557. Il avait été soldat, et il était devenu, dit-on, un peu bègue, par suite d'une blessure qu'il avait reçue dans une bataille.

Frédéric Commandin, médecin et mathématicien, traduisit, avec une rare intelligence, les anciens géomètres, et il ne se borna pas aux seules parties élémentaires. Il publia un ouvrage sur la recherche des centres de gravité; mais il ne fut pas heureux dans la détermination de ceux de l'hémisphère et du conoïde. Ses travaux, néanmoins, furent utiles. Il mourut en 1575.

Au seizième siècle, les géomètres français étaient, en général, inférieurs aux Italiens. Oronce Finé (*Orontius Finæus*) contribua au rétablissement des mathématiques. Ayant de l'érudition, mais peu de talent, il tomba dans des erreurs qui lui ôtèrent tout crédit scientifique. Il prétendit avoir trouvé la quadrature du cercle, ce qui le fit tourner en ridicule.

Pierre Ramus, philosophe et mathématicien, esprit judicieux, voulut introduire l'étude sérieuse des mathématiques dans l'Université de Paris. Il s'était fait de violents ennemis en attaquant Aristote. Obligé de comparaître devant le parlement, il se défendit en faisant l'apologie de sa conduite et en justifiant les mathématiques. Il n'en fut pas moins condamné par d'imbéciles péripatéticiens qui étaient ses juges. On avait ameuté tous les collèges contre lui.

L'Université de Paris semble avoir reçu, de tout temps, la mission spéciale d'arrêter le progrès des sciences. Les mathématiques et les sciences naturelles étant le plus sûr moyen de renverser la scolastique et de réveiller les esprits, l'Université de Paris devait naturellement se mettre en travers du mouvement intellectuel.

Ramus publia un *Éloge des mathématiques* et de *nouveaux Éléments d'arithmétique et de géométrie.*

Candale, archevêque de Bordeaux, s'occupa beaucoup des corps réguliers. Il fit une édition de la *Géométrie d'Euclide*, où il introduisit l'étude de ces corps. Il fonda une chaire de mathématiques, qui était mise au concours tous les trois ans. La condition essentielle pour être admis à concourir était d'avoir découvert quelque proposition nouvelle ou quelque corollaire sur les corps réguliers.

Le géomètre français Viète, né en 1542, mort en 1603, se montra très-supérieur à tous ses compatriotes. Il eut la gloire de généraliser l'algèbre et de faire, dans cette branche des connaissances humaines, de très-importantes découvertes. Avant lui, on ne résolvait que les équations du genre de celles qu'on nomme *numériques*, dans lesquelles l'inconnue était représentée par un caractère particulier ou par une lettre de l'alphabet; les autres quantités étaient des nombres absolus. A la vérité, la méthode appliquée à une équation pouvait s'appliquer également à toute autre équation semblable. Mais il eût été préférable, à divers égards, que toutes les grandeurs fussent indistinctement représentées par des caractères généraux, et que toutes les équations particulières d'un même ordre ne fussent que de simples traductions d'une même formule générale. C'était un nouveau point de vue dont Viète saisit tous les avantages.

On est quelquefois surpris, lorsqu'on lit l'histoire des sciences, de voir quelle influence immense un simple changement, à peine aperçu des esprits médiocres, exerce sur le développement des connaissances humaines. Viète changea la face de l'algèbre en y introduisant simplement les lettres de l'alphabet pour représenter toutes sortes de grandeurs, connues ou inconnues. A partir de ce moment, dans toute opération d'algèbre, une grandeur, quelle que fût sa nature, poids, distance, temps, vitesse, etc., fut indifféremment représentée par une lettre.

Viète fit lui-même un très-heureux usage de cette notation facile. Il put faire subir aux équations de plusieurs degrés diverses transformations, sans avoir besoin d'en connaître préalablement les racines. Il apprit à éliminer leur second terme, à supprimer les coefficients fractionnaires, à augmenter ou à diminuer leurs racines d'une quantité donnée, à multiplier ou à diviser leurs racines par des nombres quelconques, etc. Il donna une méthode ingénieuse et nouvelle pour résoudre les équations du troisième et du quatrième degré. A défaut d'une résolution rigoureuse des équations de tous les degrés, il parvint, tout au moins, à une résolution approchée. Sa méthode est fondée sur ce principe, qu'une équation quelconque n'est qu'une puissance imparfaite de l'inconnue. Il se sert à peu près des mêmes procédés pour trouver par approximation les racines des nombres qui ne sont pas des puissances parfaites. Nous arrivons aujourd'hui au même but par des moyens moins compliqués et plus faciles; ce qui ne prouve pas que notre génie soit au niveau de celui de Viète, car nous serions peut-être beaucoup moins avancés s'il ne nous avait précédé de trois siècles.

Analyste profond et travailleur infatigable, Viète appliqua l'algèbre à la géométrie, et il fut naturellement conduit à l'invention des constructions géométriques. Il fut, en mathématiques, le précurseur de Descartes, de L'Hôpital et de Newton. Il possédait admirablement la géométrie des anciens. Il poussa jusqu'à la dixième décimale le rapport du diamètre à la circonférence. Il détermina par des formules analytiques les rapports des arcs multiples ou sous-multiples, et construisit, sur ce principe, des tables trigonométriques. C'est en 1579 qu'il publia sa *Doctrine des sections angulaires*, c'est-à-dire la loi suivant laquelle croissent ou décroissent les sinus ou demi-cordes des arcs multiples, etc. En examinant les formules des équations que Viète a obtenues par la considération des sections angulaires, on se persuade difficilement qu'il n'ait pas au moins entrevu les lois du développement du binome, car elles s'y trouvent, et Newton n'a fait que les mettre en évidence.

Viète, né à Fontenai, en Poitou, fut maître des requêtes à Paris. L'historien de Thou rapporte qu'on le vit quelquefois travailler sans relâche trois jours de suite : il prenait ses repas dans son cabinet. Il eut, en sa vie, deux démêlés très-vifs : l'un avec Scaliger, très-mauvais géomètre, dont il réfutait la prétendue quadrature du cercle ; l'autre avec Clodius, au sujet du calendrier réformé sous Grégoire XIII, qui était attaqué par Viète et soutenu par Clodius. Il était profondément versé dans la connaissance du grec.

Au seizième siècle, l'Allemagne et les Pays-Bas avaient beaucoup de géomètres distingués. Jean Werner, de Nuremberg, possédait parfaitement la géométrie des anciens. Il donna une solution très-ingénieuse d'un problème qu'avait proposé Archimède, lequel consiste à diviser une sphère par un plan, dans un rapport donné. Il essaya de rétablir un des traités analytiques d'Apollonius. Il écrivit sur diverses parties des mathématiques, notamment sur la trigonométrie. C'était un mathématicien éminent, très-supérieur à son siècle. Né en 1468, il mourut en 1528.

Rheticus, élève de Kopernik, calcula des tables de sinus, tangentes et sécantes, de minute en minute. Il est le premier géomètre moderne qui ait fait usage des sécantes.

Né dans les Pays-Bas, d'une famille de géomètres, Adrien Métius se distingua surtout par la détermination du rapport de la circonférence au diamètre, rapport qu'il approcha à moins d'un cent millième près.

Il n'y avait pas alors, en Angleterre, de géomètres connus ; on n'y était occupé que de cartes géographiques et de navigation.

Physique. — Ce fut seulement vers la fin du quinzième siècle, que la physique, animée de ce grand mouvement de rénovation qui pénétrait dans toutes les branches de l'activité sociale, commença à prendre quelques développements.

Jean-Baptiste Porta, gentilhomme napolitain, fut un des premiers qui contribuèrent très-sensiblement à constituer l'optique en un véritable corps de science. On lui attribue l'invention de la *chambre obscure*, bien que Keppler en ait donné plus tard la seule description bien précise.

Porta dit, dans sa *Magie naturelle*, que si, dans une chambre hermétiquement fermée de tous les côtés, on fait un petit trou au volet d'une fenêtre, les images des objets extérieurs, formées par les rayons qui pénètrent dans la chambre, vont se peindre à l'intérieur, avec leurs couleurs naturelles, soit sur un carton, soit sur le mur opposé à la fenêtre; et il ajoute que, si l'on place une lentille convexe devant le petit trou fait au volet, les images se présentent d'une manière tellement distincte, que, du premier coup d'œil, on peut reconnaître les objets eux-mêmes, quoique extérieurs.

Ces assertions pouvaient aisément être vérifiées par l'expérience; il ne restait donc qu'un pas à faire pour arriver de là à une explication rationnelle du mécanisme de la vision. Porta compare le fond de l'œil à une *chambre obscure*. Cette idée était heureuse et vraie; mais elle était peut-être encore trop récente pour que Porta pût songer à la développer. Le fait est qu'il ne lui donna aucun développement. C'est en partant de cette idée que Keppler, dans le siècle suivant, parvint à expliquer parfaitement le phénomène de la vision. C'est ce que nous montrerons plus clairement dans la biographie de Keppler.

On s'étonne que Porta, qui était anatomiste, n'ait point songé à comparer le cristallin de l'œil à une lentille de verre, la rétine à la muraille ou au carton sur lequel se produit l'image, etc. Mais, en parcourant l'histoire des connaissances humaines, on a souvent occasion de voir des observateurs habiles, des esprits doués d'une rare sagacité, suivre une heureuse idée dans ses principaux développements, et s'arrêter tout d'un coup, juste au moment où un pas de plus eût suffi pour les conduire à une découverte capitale. Cela nous surprend, parce que, cette découverte nous étant connue aujourd'hui, nous n'avons besoin d'aucun effort d'esprit pour juger de combien on s'en était d'abord approché; mais ceux qui ne pouvaient même savoir encore si elle était possible, étaient dans un cas bien différent.

Porta dit, dans sa *Magie naturelle*, qu'à l'aide d'un verre concave, on voit distinctement les objets éloignés; — qu'un verre convexe sert à faire apercevoir d'une manière distincte les objets rapprochés; — qu'en combinant d'une manière convenable, des verres concaves avec des verres convexes, on pourra voir distinctement les objets rapprochés et les objets éloignés; — et que, par là, il a rendu de vrais services à quelques-uns de ses amis, qui ne voyaient que d'une manière confuse, en les mettant à même de voir désormais très-distinctement. Il n'y avait évidemment qu'un pas à faire pour découvrir, soit le télescope, soit le microscope. Porta ne fit pas cette enjambée, par la raison qu'on vient de voir.

Porta écrivit sur les phénomènes de l'aimant et sur ceux de la réfraction de la lumière. Son *Traité sur les réfractions* comprend neuf livres.

Guillaume Gilbert, savant anglais, médecin de la reine Élisabeth d'Angleterre, mort en 1603, s'attacha spécialement à l'étude des phénomènes de l'aimant. Il mit en vogue ce genre d'étude parmi les physiciens et les savants de sa patrie, qui s'occupaient uniquement alors de géographie et de navigation. Dans son *Traité sur l'aimant (De Magnete)* il observe, il interroge la nature; il recueille avec soin ses réponses, et rectifie ainsi les faits déjà connus ou en découvre de nouveaux. Il montre que la puissance d'un aimant s'accroît progressivement depuis son milieu jusqu'à ses extrémités, où se trouve la limite de son accroissement. Il donne divers procédés pour déterminer les pôles d'un aimant, et il apprécie l'influence de l'armature sur l'intensité magnétique. Il montre que chaque parcelle, détachée d'un aimant, a, elle-même, ses deux pôles, comme l'aimant tout entier dont elle faisait partie; que les pôles de même nom se repoussent, tandis que ceux de noms différents s'attirent, et que le pôle austral, abandonné à lui-même, se dirige vers le nord de la terre (1).

Gilbert comparait le globe terrestre à un immense aimant sphérique. Cette idée, quoi qu'en dise Montucla, était ingénieuse et féconde. Elle ne fut pas sans utilité pour Coulomb, un des plus habiles physiciens des temps modernes, qui eut le mérite de constituer la théorie de l'assimilation de notre globe à un vaste aimant, ayant deux pôles opposés.

Gilbert distingua du magnétisme l'électricité, dont il n'eut qu'une idée fort incomplète, mais qu'il contribua à faire sortir

(1) *De Magnete*, lib. I.

de ses langes séculaires. Il constata le fait de l'attraction électrique par un certain nombre de corps, quand on les a frottés, et il généralisa ce phénomène, que l'on ne connaissait encore que dans l'ambre jaune et deux ou trois autres substances.

« Faites, dit Guillaume Gilbert, une aiguille de quelque métal que ce soit, de la longueur de deux ou trois pouces, légère et très-mobile sur un pivot à la manière des aiguilles aimantées; approchez, d'une des extrémités de cette aiguille, de l'ambre jaune ou une pierre précieuse légèrement frottée, luisante et polie, l'aiguille se tournera sur-le-champ. »

C'est en taillant en petites aiguilles différents corps, et les suspendant sur un pivot, comme l'aiguille d'une boussole, que Gilbert reconnut que la propriété d'attirer les corps légers, après des frictions préalables, n'est pas exclusivement propre à l'ambre et au jayet, mais qu'elle est commune à la plupart des pierres précieuses, telles que le diamant, le saphir, le rubis, l'opale, l'améthyste, l'aigue-marine, le cristal de roche, etc. Il la trouva aussi dans le verre, le soufre, le mastic, la cire d'Espagne, la résine, l'arsenic, le sel gemme, le talc, l'alun de roche, etc. Toutes ces matières, quoique avec différents degrés de force, lui parurent attirer non-seulement les brins de paille, mais tous les corps légers, comme le bois, les feuilles, les métaux en limaille ou en feuille, les pierres, les terres et même les liquides, tels que l'eau et l'huile.

Christophe Colomb est le premier qui ait découvert dans le globe terrestre une *ligne magnétique sans déclinaison*. Lorsque l'illustre navigateur eut constaté l'accroissement progressif de la déclinaison vers l'ouest, à mesure qu'on s'éloigne de l'équateur, l'étude du magnétisme terrestre reçut une vive impulsion. Cette découverte marqua, de plus, une date mémorable dans l'histoire de l'astronomie nautique. Colomb fit l'ingénieuse remarque, que la déclinaison magnétique peut servir à déterminer le lieu d'un vaisseau relativement à la longitude; et dans le journal de son second voyage (avril 1496), on le voit s'orienter réellement d'après la déclinaison de l'aiguille aimantée.

Maurolyco (né à Messine en 1494), dont nous avons déjà parlé à propos des mathématiques, fit faire à la physique des progrès sensibles. Il traite de la théorie générale de l'optique, dans deux ouvrages qui ont pour titres : l'un, *Theoremata de lumine et umbra*, publié à Venise en 1575 ; l'autre, *Cosmographia*, publié à Venise en 1543. On trouve, dans ces ouvrages, des recherches curieuses sur la comparaison et la mesure des effets de la lumière, sur les différents degrés de clarté qu'un corps opaque reçoit d'un corps lumineux, selon qu'il en est plus ou moins éloigné, etc.

Maurolyco ne trouve pas toujours la vérité ; mais quelquefois, même quand il se trompe, il indique la voie dans laquelle il faudrait entrer pour la rencontrer. Il explique très-bien un fait qui prouve sans réplique la divergence des rayons lumineux. Quelle que soit, dit-il, la forme du trou par lequel un rayon du soleil pénètre dans une chambre obscure, si l'on reçoit ce rayon sur un carton blanc, perpendiculaire à sa direction, l'image produite sur le carton, par le rayon intercepté, est de même forme que celle du trou, à une très-petite distance du volet ; elle est triangulaire, quadrangulaire, pentagonale, etc., si le trou est triangulaire, quadrangulaire, etc. Mais à mesure qu'on s'écarte du volet, en éloignant le carton, on voit ses angles s'arrondir par degrés, jusqu'à ce que cette image, se trouvant enfin placée à une distance suffisante du trou, soit devenue sensiblement circulaire. Dès lors, la partie du rayon comprise entre le volet et le carton a la forme d'un tronc de cône, dont la petite base est l'orifice du trou, et la grande base, l'image circulaire projetée sur le carton. Il n'y a pas bien loin de cette observation à cette loi physique : *La lumière, traversant un milieu homogène, se propage en ligne droite et en rayons divergents, et son intensité diminue en raison inverse du carré des distances.*

Le même physicien fit quelques observations, peu approfondies il est vrai, mais très-justes, sur les phénomènes de la vision et sur la formation de l'arc-en-ciel.

Les anciens avaient connu la perspective linéaire et même la perspective aérienne. Cette branche de la physique fut réduite en corps de science au seizième siècle. Parmi les nombreux traités qui parurent sur cette matière, on cite, comme un des plus remarquables, celui de Guido Ubaldi, publié en 1600.

Antonio de Dominis, archevêque de Spalatro, né en 1565, mort en 1625, fut de tous les physiciens du seizième siècle celui qui approcha le plus de la véritable explication de l'arc-en-ciel. Tout le monde sait que ce phénomène se produit lorsqu'on voit la pluie tomber d'un côté, tandis que le soleil darde ses rayons du côté opposé. Avant Antonio de Dominis, on avait comparé les gouttes de pluie à de petites sphères de verre, et l'on avait supposé qu'il suffit que les rayons solaires, simplement réfléchis par ces petites sphères, se dirigent vers l'œil du spectateur, pour voir apparaître un arc-en-ciel. Antonio de Dominis sentit que ces arcs concentriques et diversement colorés qui apparaissent sur le fond sombre ou obscur d'un nuage ne pouvaient s'expliquer par la seule réflexion de la lumière, attendu que les éléments colorés de la lumière blanche ne peuvent être séparés que par un effet de la réfraction. Il parvint à rendre assez exactement raison de la partie supérieure de l'arc-en-ciel en se fondant tout à la fois sur la réflexion et sur la réfraction de la lumière. Il n'expliqua pas aussi heureusement la partie inférieure de l'arc ; mais s'il ne possédait pas, sur ce point, la vérité tout entière, il en connaissait du moins une partie.

Antonio de Dominis était né pour cultiver les sciences avec succès ; son traité *de Radiis visus et lucis* en est la preuve. Malheureusement, il eut l'imprudence de professer publiquement des opinions théologiques extrêmement hardies, et il s'exposa ainsi à des persécutions telles, que, pour se soustraire au danger dont il était menacé, il fut obligé de se réfugier en Angleterre.

Il n'adopta pas entièrement les principes de la religion réformée ; seulement, pour se rendre tout à la fois utile et agréable au roi d'Angleterre Jacques Ier, il s'attacha à combattre les prétentions des papes. Malheureusement, il donna à ses idées une telle direction, que, bientôt, il ne put être classé ni parmi les protestants ni parmi les catholiques, et qu'il eut presque également à se plaindre des uns et des autres. Il résolut, dès lors, de quitter l'Angleterre et de retourner en Italie.

Le pape Grégoire XV, qui estimait ses talents, lui promit toute sûreté, et même une position agréable, s'il voulait aller se fixer en Italie, après avoir abjuré publiquement celles de ses opinions qui avaient choqué la cour de Rome.

Antonio de Dominis abjura, dans une église de Londres ; puis il partit pour Rome, où il vécut deux ans dans une tranquillité parfaite. Mais ses ennemis, qui avaient l'œil sur lui, n'attendaient qu'une occasion pour le perdre. Cette occasion, il eut le malheur de la leur fournir, par cet esprit de controverse dont il avait malheureusement pris l'habitude. Le pape Urbain VIII le fit arrêter et jeter en prison dans le château Saint-Ange. On prétend qu'il fut empoisonné quelques jours après dans son cachot. Ce qui est certain, c'est que l'Inquisition ordonna de brûler son corps. Comme il était déjà enseveli, on viola sa sépulture, et ses livres furent jetés dans le bûcher qui consuma son cadavre. Quelle triste période du développement de l'humanité, que celle où l'historien doit suspendre son récit rapide, pour signaler, par intervalles, quelque bûcher, dont la flamme sinistre consume les restes d'une libre penseur!

Chimie. — Personne n'ignore que la chimie moderne est sortie de l'alchimie; que c'est à l'aide des faits nombreux rassemblés par les hommes voués à la recherche de la pierre philosophale et de la transmutation des métaux, que la chimie moderne s'est constituée. Mais la création de la chimie est de date récente; elle ne remonte qu'à la fin du dix-huitième siècle, et jusqu'à ce moment l'histoire ne peut signaler que de loin en loin, des travaux sérieux appartenant à la chimie proprement dite. L'alchimie, qui avait été cultivée avec passion pendant le moyen âge, continuait, pendant le seizième siècle, d'absorber une attention stérile. Des hommes doués de grands talents, comme Robert Fludd et Basile Valentin (1), s'égaraient dans leurs travaux, par la décevante chimère du problème alchimique. La chimie véritable ne fit donc aucun progrès sensible pendant la Renaissance, du moins au point de vue de la doctrine scientifique. Ce n'est que dans le siècle suivant qu'elle commença à se constituer, grâce aux travaux de Van Helmont.

Mais si la chimie doctrinale ne fit aucun pas pendant le seizième siècle, il en fut autrement de ses applications. Fait singulier et en apparence contradictoire! La chimie véritable

---

(1) Nous croyons, avec M. Hoefer, que l'auteur des ouvrages qui portent le nom de Basile Valentin vivait au seizième siècle. Il nous paraît impossible que le traité qui a rendu célèbre le nom de Basile Valentin, *Currus triumphalis antimonii*, remonte, comme on le dit communément, à l'année 1413.

n'existait pas encore; l'alchimie tenait sa place avec ses illusions et ses folies, et cependant la Renaissance a vu s'accomplir les plus importantes applications de la chimie. C'est qu'il s'agissait ici de faits observés, de connaissances pratiques, et les alchimistes avaient suffi pour constater ces faits et les enregistrer. Vinrent alors les hommes qui réalisèrent, avec ces faits, d'utiles applications. Expliquons-nous.

Pendant la Renaissance, trois branches importantes de la chimie appliquée ont vu le jour : la *métallurgie*, ou application de la chimie à la connaissance et à l'exploitation des minéraux ; la *chymiatrie*, ou application à la médecine des substances nouvelles fournies par les alchimistes, comme l'antimoine, les composés de mercure, etc.; et la *chimie technique*, ou application de la chimie à l'agriculture et aux arts.

La *métallurgie* fut fondée, au seizième siècle, par George Agricola, à la fois dans ses principes théoriques et dans ses règles pratiques. Ainsi que le traité *de Rebus metallicis*, le traité *de Natura fossilium* fut le bréviaire des minéralogistes de ce temps. Avant Agricola, l'art de l'exploitation des mines était livré au plus grossier empirisme; après lui, il devint une science véritable, ayant ses axiomes et ses lois. Nous ferons comprendre toute l'importance des travaux chimiques et minéralogiques de George Agricola dans la biographie spéciale que nous consacrons à ce savant.

La *chymiatrie* eut pour fondateur Paracelse. Nous étudierons avec l'attention qu'elle mérite la physionomie scientifique de ce grand réformateur, de ce chef d'école qui révolutionna la médecine pratique, par l'emploi des substances médicamenteuses fournies par la chimie.

Comme tous les fondateurs de système, Paracelse trouva des prosélytes ardents. Tels furent Oswald Croll, savant d'Allemagne qui étudia avec ardeur la médecine et la chimie dans les Universités de Marbourg, Strasbourg et Heidelberg, et qui s'appliqua surtout à la préparation des remèdes empruntés à la chimie; et Pierre Séverin, chimiste danois, qui avait une foi aveugle dans les vertus médicinales des composés antimoniaux.

André Libavius fut le plus célèbre des disciples de Paracelse, dans les sphères de la chimie appliquée à l'art de guérir. Ce médecin saxon, qui a laissé son nom à un composé bien connu en chimie, la *liqueur fumante de Libavius* (bichlorure d'étain), fit de nombreuses recherches sur les métaux et leurs combinaisons. Libavius, qui était un adversaire déclaré des alchimistes, composa un excellent traité de *docimasie*, ou chimie métallurgique, qui ajouta beaucoup à l'œuvre d'Agricola.

Queretanus, ou plutôt Joseph Duchesne, né à Armagnac, en Gascogne, et qui était médecin à la cour de Henri IV, inventa beaucoup de médicaments chimiques, perfectionna le *laudanum* (infusion d'opium dans du vin et des aromates), inventa l'élixir de *nepenthès* et isola le *gluten* des céréales.

La *chimie technique*, avons-nous dit, est la chimie appliquée aux arts, à l'agriculture et à l'histoire naturelle. C'est l'illustre Bernard Palissy qui créa cette branche des sciences appliquées, en préconisant, par son exemple et par ses écrits, l'utilité de l'application des faits scientifiques au perfectionnement de l'art du potier, du verrier, aux progrès de l'agriculture et de l'hydraulique. Nous développerons dans la biographie de Bernard Palissy ce que nous ne faisons qu'indiquer en ce moment.

Une foule de chercheurs intelligents qui, dans la création des divers produits de fabrication, avaient souvent recours à des manipulations chimiques, concoururent plus ou moins et de différentes manières, chacun dans sa spécialité, aux progrès de la chimie technique. Ce fut ainsi que Cointe, sous François Ier, introduisit l'emploi de l'*eau forte* à la Monnaie de Paris; qu'un vitrier saxon, Christophe Schüzer, découvrit le *bleu de cobalt*; que Gilles Gobelin, le premier, eut l'idée d'employer la *cochenille*, et s'en servit d'abord pour appliquer la teinture *écarlate* sur des étoffes de laine; que l'*indigo* se répandit rapidement en France, en Angleterre, en Italie, en Allemagne; que, par l'art du distillateur, très-cultivé dans le seizième siècle, on obtint une foule d'essences et de produits nouveaux, etc. Ce fut alors que la véritable science chimique commença à se séparer des hypothèses absurdes, ainsi que du charlatanisme, quelquefois coupable et toujours ridicule, de l'alchimie.

Jean-Baptiste Porta, qui était tout à la fois médecin, physicien, chimiste, naturaliste, mathématicien, etc., et dont l'ouvrage, que nous avons déjà cité, *Magia naturalis*, a été traduit dans presque toutes les langues de l'Europe, nous apprend, dans le chapitre *de Geminis adulterandis*, qu'il avait déjà réuni tous les éléments de la fabrication des verres et des émaux coloriés, à l'époque où Bernard Palissy n'en était encore, dans ce genre de fabrication, qu'à de pénibles et laborieux essais. C'est que Porta avait, de plus que Palissy, de l'aisance et une grande érudition. Il avait le moyen de se faire aider dans ses recherches et d'acheter les livres et les manuscrits où pouvaient se trouver des notions relatives à l'ancien art céramique, ainsi qu'à la fabrication et à la coloration des émaux.

Les anciens avaient des procédés pour rendre l'eau de mer potable. J.-B. Porta conseilla de construire, pour purifier l'eau de mer, un grand appareil distillatoire. Au seizième siècle, la distillation, en général, était une opération parfaitement comprise et mise en pratique.

Sciences naturelles. — Quatre naturalistes ont contribué, pendant le seizième siècle, au développement des sciences naturelles : Conrad Gesner, Pierre Belon, Rondelet et Salviani. Mais celui qui domine par-dessus tous, c'est assurément le naturaliste de Zurich, Conrad Gesner.

Conrad Gesner tient le milieu entre les savants du moyen âge et ceux de la Renaissance ; il se rattache aux premiers, en ce qu'il embrassa dans une vaste conception encyclopédique un grand nombre de connaissances. Après lui sont venus les savants spéciaux, génies moins éclatants qui, n'embrassant dans le domaine immense de la nature que des parties circonscrites, se sont attachés, par une étude minutieuse et approfondie de détails, à compléter, une à une, chaque partie des sciences naturelles.

Nous consacrons à Conrad Gesner une biographie spéciale, ce qui nous empêche d'en dire davantage en ce moment sur sa personne et sur ses travaux.

Rondelet, l'auteur de l'*Histoire des poissons*, l'ami et le confrère du célèbre Rabelais, professeur à l'Université de médecine de Montpellier et chancelier de cette Université, fut un des fondateurs de la zoologie. Son ouvrage *sur les poissons* (*de Piscibus*) imprima une vive impulsion à cette branche de la zoologie. La botanique dut au même naturaliste de grands et sérieux progrès.

Quant à Pierre Belon, sa physionomie est toute particulière ; il fut avant tout un naturaliste voyageur. Il parcourut toutes les parties de l'Europe, pour rassembler des observations nouvelles concernant les animaux et les plantes, et consigna dans des ouvrages excellents le fruit de ses explorations scientifiques en divers pays.

Pierre Belon était né dans un village près du Mans, en 1517, de parents pauvres, mais qui étaient parvenus à lui procurer une solide instruction. La protection de plusieurs grands personnages lui permit de se livrer pendant toute sa vie à des voyages scientifiques. Un écrivain moderne, à qui l'on doit de très-intéressantes études sur la biographie des savants, M. Cap, a donné sur Pierre Belon une notice dont nous allons reproduire quelques passages, qui feront bien connaître ce naturaliste, trop ignoré de notre génération.

« Pierre Belon, dit M. Cap, fut présenté à René Dubellay, évêque du Mans, qui lui-même le recommanda à François de Tournon, alors archevêque de Bourges, et depuis cardinal, protecteur éclairé des sciences et des lettres. En 1540, ce prélat procura à Belon les moyens de faire un voyage en Allemagne. Ce fut l'occasion pour celui-ci de se livrer à l'étude de la botanique. A cette époque, un professeur célèbre enseignait cette science à Wurtemberg et y attirait un grand nombre d'étudiants. C'était Valérius Cordus, fils d'Enricius Cordus, aussi professeur à Erfurth, qui avait traduit en vers latins les deux poëmes de Nicandre, et fondé le premier jardin botanique qui ait existé en Allemagne. Belon se lia d'amitié avec Valérius, « qu'il accompagna, dit-il, en ses enquêtes sur « le naturel des plantes et des animaux, par les pays de Bohême, Saxonie « et tels autres pays d'Allemagne. » Au retour de ce premier voyage, en traversant la Lorraine, Belon tomba, près de Thionville, dans un parti espagnol qui le fit prisonnier. Notre jeune naturaliste n'avait pas de quoi se racheter ; mais un gentilhomme nommé Dehamme, apprenant qu'il était compatriote du poète Ronsard, pour lequel il avait une haute estime, s'offrit généreusement à payer sa rançon et le rendit à la liberté.

« En 1546, Belon entreprit, sous le même patronage, des voyages plus étendus. Il alla d'abord dans l'île de Candie, qui appartenait alors aux Vénitiens, et de là à Constantinople, où il obtint de l'ambassade française les recommandations nécessaires pour parcourir les contrées placées sous la domination ottomane. Il visita les îles de la Grèce, Cos, Lemnos, où l'on préparait la terre sigillée, le mont Athos, la Macédoine, et retourna à Constantinople en traversant la Roumanie. Après quelque séjour dans cette capitale, il s'embarqua pour Alexandrie d'Égypte. Arrivé au Caire, il y trouva l'ambassadeur de France en Turquie, avec quelques gentilshommes, qui se préparaient à faire un pèlerinage dans la Terre sainte. Il se joignit à eux. Il visita le mont Sinaï, la Palestine, la Syrie, l'Anatolie, et revint encore une fois à Constantinople, chargé des nombreuses observations et des matériaux scientifiques qu'il avait recueillis.

« Après avoir mis en ordre toutes ses richesses, il se prépara à revenir en France, mais il lui restait à visiter l'Italie. Il s'embarqua pour Venise, puis il se rendit à Rome, où il savait devoir retrouver le cardinal de Tournon, alors ambassadeur de France auprès du Saint-Siége. C'est là qu'il fit la connaissance de Rondelet, ichthyologiste célèbre, médecin du cardinal, et celle de Salviani, médecin du pape, naturaliste non moins distingué. Enfin, dans les derniers mois de 1549, il revint en France après une absence qui avait duré près de quatre ans.

« L'année suivante, Belon alla en Angleterre, où il rencontra Daniel Barbaro, noble Vénitien, patriarche d'Aquilée et ambassadeur de Venise, grand amateur d'histoire naturelle, qui mit à sa disposition un grand nombre de planches d'ichthyologie qu'il avait fait graver à ses frais. A son retour, il se fit recevoir docteur en médecine, et commença à s'occuper de ses publications. Son Mécène était également fixé à Paris; Belon alla s'installer chez lui, à l'abbaye Saint-Germain-des-Prés. »

A partir de ce moment, il ne quitta presque plus le cardinal et fit partie de sa maison, ainsi que plusieurs autres savants, gens de lettres et ecclésiastiques.

En 1557, Pierre Belon fit un dernier voyage en Italie. A son retour, il visita la Savoie, le Dauphiné, l'Auvergne, et revint à Paris pour continuer ses publications. Il travaillait à une traduction de Dioscoride et de Théophraste, lorsqu'un soir du mois d'avril 1554, il fut tué par des bandits, pendant qu'il revenait d'une herborisation au bois de Boulogne.

« Belon, dit M. Cap, avait publié, dans le cours de sept années, plusieurs ouvrages importants sur toutes les branches de l'histoire naturelle. Le premier, qui parut en 1551, a pour titre : *L'Histoire naturelle des étranges poissons marins, avec la vraie peincture et description du dauphin et de plusieurs de son espèce...*

« Belon publia, en 1555, deux ouvrages sur l'ichthyologie. La même année, il publia une *Histoire de la nature des oiseaux, avec leur description et naïfs portraits retirés au naturel*, et deux ans après, un autre ouvrage sur le même sujet avec des détails de diverses natures, réunis dans ses voyages en Orient. Ce sont les premiers traités *ex professo* qu'ait possédés la science ornithologique. On y trouve en même temps les premiers éléments de l'anatomie comparée, car l'auteur y rapproche avec beaucoup d'habileté l'organisation des oiseaux de celle de l'homme, et montre tout le parti que l'on peut tirer de cette curieuse comparaison.

« En 1553, Belon avait publié un ouvrage relatif à la botanique, intitulé : *De Arboribus coniferis, resiniferis, etc.*, avec d'assez bonnes figures. On peut ranger dans la même classe son livre ayant pour titre : *Remontrances sur le défaut de labour et de culture des plantes, etc.*, qui a moins

trait à la botanique qu'à l'agronomie et à l'acclimatation des plantes étrangères. C'est là que Belon émit la première idée de l'établissement d'une vaste pépinière de végétaux exotiques qui eût fourni des arbres et des arbustes à toutes les résidences royales. Dans le même travail, il engage le collège des médecins de Paris, « tant pour leur délectation que
« pour l'augmentation du savoir des doctes, à établir un jardin public où,
« à l'exemple de l'Italie et de l'Allemagne, on élèverait et cultiverait
« diverses sortes de plantes; » idée qui fut réalisée, quelques années plus tard, par Richer de Belleval, fondateur du jardin botanique de Montpellier, lequel précéda la création du jardin de Paris.

« Mais l'ouvrage le plus important que nous devions à notre naturaliste est son livre intitulé : *Observations de plusieurs singularitez et choses mémorables trouvées en Grèce, Asie, Judée, Egypte, Arabie, et autres pays estranges*. C'est sur lui que repose la principale renommée de Belon, et c'est en effet celui de ses ouvrages qui la justifie le mieux. C'est un assez vaste recueil dans lequel les matériaux sont distribués presque sans ordre, mais dont la lecture ne laisse pas d'être attrayante autant qu'elle est instructive. La géographie de ces contrées, alors si peu connues, les usages des habitants, l'histoire et les mœurs des animaux, les lois, la religion, les pratiques habituelles ou privées de l'Orient, mais surtout des détails précieux sur la matière médicale, tout s'y trouve réuni et mêlé, à peu près comme dans un journal de voyage, ce qui, pour cela même, donne à tout l'ensemble un attrait assez vif et un grand caractère de vérité.

« Presque tous les naturalistes, depuis trois siècles, ont puisé abondamment dans ce précieux recueil (1). »

La géologie, science toute moderne, ramassa à l'époque de la Renaissance ses premiers matériaux. On découvrait beaucoup de fossiles, mais la question de leur provenance était extrêmement obscure, et la géologie ne pouvait parvenir à se constituer. Ce ne fut que dans le siècle suivant qu'elle commença à figurer à l'état de science.

La construction de la citadelle de Saint-Félix, à Vérone, vers 1517, donna lieu à la découverte d'un grand nombre de coquilles fossiles, qui devinrent le sujet de discussions très-animées parmi les savants. Fracastor soutint qu'elles provenaient de véritables animaux qui, dans des temps très-reculés, avaient vécu dans l'endroit même où l'on venait de recueillir leurs dépouilles. La mer, en se retirant, les avait laissées derrière elle, dans les lieux mêmes où elles s'étaient formées. Cette opinion fut appuyée par Cardan.

(1) *Études biographiques pour servir à l'histoire des sciences*. Paris, 1857. In-18, p. 71-79.

Mattiole appela l'attention du monde savant sur les poissons fossiles du mont Bolca, dans le Vicentin. Mais l'anatomiste Fallope regarda comme de simples concrétions de la terre des défenses d'éléphant qui avaient été découvertes dans la Pouille.

Sous le pontificat de Sixte Quint, on forma une collection immense de pétrifications recueillies dans la Toscane, dans le Véronais, dans l'Ombrie, dans les environs de Rome, etc. Un demi-siècle après, Mercati les décrivit, et les figura dans la *Metallotheca Vaticana*, mais sans émettre, à leur sujet, aucune idée d'ensemble.

André Césalpin, d'Arezzo, professeur de l'Université de Pise, né en 1519, soutint, dans son traité *de Metallicis*, que les coquillages incrustés dans la substance de certaines pierres viennent de ce que la mer, qui a couvert autrefois la terre, a laissé, en se retirant, des traces de son passage. C'était bien là une bonne explication de l'origine des fossiles.

Cependant un homme doué d'un rare génie avait clairement entrevu l'origine des débris des êtres fossiles. Voici ce que dit Léonard de Vinci, dans un des quelques manuscrits qui nous restent de lui :

« La mer change l'équilibre de la terre ; les coquilles que l'on trouve entassées dans différentes couches ont nécessairement vécu dans le même endroit que la mer occupait. Les grandes rivières charrient des débris qu'elles portent à l'Océan. Les bancs formés par ces dépôts ont été recouverts par d'autres couches de limon de différentes épaisseurs, et ce qui était le fond de la mer est devenu le sommet des montagnes. »

C'était là, pour le temps où vivait Léonard de Vinci, une idée très-hardie.

Léonard de Vinci, né en 1452, mort en 1519, fut un des génies les plus vastes et les plus féconds qui aient jamais existé. Il n'est connu du vulgaire que comme un grand artiste, mais il fut d'une supériorité incontestable, tout à la fois dans les arts, dans les lettres et dans les sciences, ce qui a toujours été rare, même dans les plus brillantes époques de la civilisation grecque, où l'on s'entendait si bien à former des esprits supérieurs, grâce à un enseignement perfectionné. Il ne reste de ses manuscrits que des fragments. C'est par la réunion et l'analyse de ces fragments que M. Libri est parvenu à donner une idée assez complète des travaux scientifiques de Léonard de Vinci (1). Il a prouvé que ce grand homme ne fut étranger à aucune branche des connaissances humaines, qu'il était littérateur, géomètre, chimiste, minéralogiste, géologue, anatomiste, mécanicien, etc. Un siècle avant Galilée, il avait secoué le joug de l'autorité scolastique, et porté le flambeau de la critique dans toutes les parties de la science : il s'était fait, à divers égards, le continuateur de Roger Bacon.

Anatomie. — L'anatomie est d'une importance capitale en médecine ; mais, pendant le moyen âge, elle ne pouvait être étudiée que dans Galien, où elle était, d'ailleurs, très-imparfaite. Les Arabes, qui se livraient avec beaucoup d'assiduité à l'étude de la médecine, ne firent faire aucun progrès à l'anatomie, par la raison que, pour corriger les erreurs de Galien, il eût fallu disséquer des cadavres, ce qui leur était sévèrement défendu par la religion de Mahomet. Galien, l'illustre médecin de Pergame, arrêté lui-même par les préjugés religieux de son temps, n'avait pu ouvrir et disséquer que des animaux, particulièrement des singes, dont l'organisation ne saurait être en tout semblable à celle de l'homme.

L'empereur d'Allemagne, Frédéric II, dit *Barberousse*, fut le premier qui, dans l'intérêt de la science, autorisa et même ordonna les dissections. Il prescrivit à plusieurs écoles de ses États, notamment à celle de Salerne, de faire, chaque année, la dissection d'un cadavre.

Cependant les autres monarques n'accordèrent que difficilement, jusqu'au milieu du quinzième siècle, le même privilège aux plus célèbres Universités. Encore, pour obtenir la permission de disséquer des cadavres humains, fallait-il l'autorisation du pape. Vers la fin du quinzième siècle, en 1482, l'Université de Tubinge ne put se livrer à cette étude qu'après y avoir été autorisée par une bulle du saint-père. Les cours d'anatomie consistaient uniquement, à cette époque, en une suite de lectures que chaque professeur faisait dans sa chaire, de Galien ou de Mondini, son traducteur et son commentateur.

Mondini était un célèbre professeur de Bologne qui vivait au

---

(1) *Histoire des sciences mathématiques en Italie.* Paris, 1840. In-8, tome III, p. 1-59.

quatorzième siècle et dont nous avons parlé dans le volume consacré aux savants du moyen âge. Pendant que le professeur lisait ou parlait, un barbier, placé à une distance respectueuse de la chaire, disséquait, à l'aide d'un rasoir, les différentes parties du cadavre d'un animal, et les montrait aux élèves. Quant au professeur, il n'y touchait jamais.

Cependant Mondini avait fait quelques observations anatomiques. Il montra que Galien s'était trompé en quelques points; et par là, il fit naître la pensée de comparer les assertions de l'anatomiste grec à la nature elle-même.

Un professeur de l'Université de Bologne, nommé Alexandre Achillini, qui enseigna depuis 1500 jusqu'en 1512, fit faire à l'anatomie naissante des progrès plus sérieux. Il découvrit les nerfs de la quatrième paire, il décrivit dans l'organe de l'ouïe le marteau, l'enclume et deux osselets; il découvrit aussi les valvules du cœur, etc.

Jacques Béranger, de Carpi, qui professa à Bologne depuis 1502 jusqu'en 1527, fit usage, le premier, du mercure contre l'affection contagieuse venue du nouveau monde. Il profita, dans sa vie aventureuse, de toutes les occasions qui lui étaient offertes pour se livrer à son goût pour l'anatomie. Il avait disséqué plus de cent cadavres humains. Il fut accusé, sans aucun fondement, d'avoir disséqué des hommes vivants.

Béranger, de Carpi, publia, en latin, deux ouvrages, dans lesquels se trouvaient exposées de véritables découvertes. Il décrit, par exemple, le *thymus* (corps glanduleux situé dans la partie supérieure de la poitrine); l'*appendice du colon* (partie du gros intestin); les *caroncules des reins* (renflement du viscère double qui secrète l'urine, dans la région postérieure de l'abdomen); la *moelle épinière*, etc. On lui doit d'importantes observations sur quelques autres parties du corps humain.

A cette époque, les anatomistes commençaient à avoir recours à la peinture et à la sculpture, pour représenter les différentes parties de l'économie animale. Bientôt, à leur tour, les peintres et les sculpteurs sentirent la nécessité d'étudier l'anatomie. Parmi les grands artistes du seizième siècle, Michel-Ange fut celui qui eut le plus de goût pour ce genre d'étude et qui s'y livra avec le plus de soin. Dans ses œuvres de peinture et de sculpture, il prouva avec évidence qu'il avait approfondi l'anatomie. On a de lui des dessins dans lesquels il s'est représenté disséquant avec ses élèves.

Léonard de Vinci, à l'exemple de Michel-Ange, étudia l'anatomie sous Antoine Turrianus, professeur à Padoue. L'artiste faisait les dessins dont le professeur se servait dans ses cours. On a dit aussi qu'il avait dessiné les figures de la *Grande anatomie* de Vésale, mais ce fait est très-douteux.

Un Allemand, nommé Gunther, qui, après avoir étudié dans différentes Universités de l'Allemagne, avait professé le grec à Louvain, vint enseigner l'anatomie à Paris, vers la fin du quinzième siècle. Il devint le premier médecin de François Ier, et eut pour élèves, à Paris, Sylvius, Rondelet, Fallope, Servet, et presque tous les grands anatomistes du seizième siècle. Il ne disséquait pas lui-même; il avait des barbiers pour prosecteurs. Vésale et Servet furent les plus célèbres de ses élèves. A cette époque encore, on n'obtenait qu'avec les plus grandes difficultés l'autorisation de toucher au cadavre de l'homme, et cette défense paralysait les progrès de l'anatomie.

Michel Servet, né en 1509, à Villa-Nueva, dans le royaume d'Aragon, s'occupait malheureusement beaucoup trop de questions théologiques. Poursuivi par l'Inquisition, il quitta l'Espagne et vint à Paris, où il étudia la médecine. Il pourvut d'abord à sa subsistance en enseignant les mathématiques. Devenu médecin, il voyagea dans le midi de la France, et comme il était obligé de travailler pour vivre, il fut tantôt médecin, tantôt professeur de sciences, tantôt correcteur d'imprimerie. En 1553, l'archevêque de Vienne, en Dauphiné, le nomma son médecin. Partout il se faisait des ennemis et gâtait sa position, en dogmatisant beaucoup trop. Calvin l'attira à Genève; puis il le dénonça et le fit condamner au bûcher. Michel Servet faisait imprimer dans ce moment un ouvrage intitulé *Christi animi restitutio*, qui fut entièrement détruit, moins deux exemplaires, qui échappèrent aux flammes.

Dans cet ouvrage, un point physiologique très-important se trouve clairement établi : c'est la circulation pulmonaire. De là à la grande circulation, qui fut découverte cent ans après, par Guillaume Harvey, il n'y avait qu'un pas. Servet aurait pu le faire, si sa vie eût été plus longue. On lit formellement dans son ouvrage, que la totalité du sang passe à travers les poumons, et que, dans ce passage, le sang est dépouillé de ses humeurs grossières, modifié par l'air et attiré par le cœur.

Sylvius (Jacques-Dubois), né à Amiens, fut un médecin très-célèbre à Paris. Il était assez savant pour interpréter, en médecine et en anatomie, Hippocrate et Galien, d'après les textes grecs. On lui doit un assez grand nombre de découvertes anatomiques. Par exemple, il remarqua le prolongement du *péritoine* (membrane séreuse qui tapisse toute la cavité du bas-ventre) dans le *scrotum*; il chercha l'origine de la *veine cave* dans le cœur; il décrivit les valvules des veines, etc.

Mais les trois grands fondateurs de l'anatomie moderne furent Vésale, Fallope et Eustache. Nous consacrons une biographie spéciale à l'immortel Vésale, et nous donnerons ici une idée sommaire des travaux des deux autres orateurs.

Gabriel Fallope, né en 1523, appartenait à une famille noble de Modène. Il fut successivement professeur à Ferrare, à Pise, à Padoue, où il remplaça Vésale, lorsque ce dernier, nommé premier médecin de Charles Quint, partit pour Madrid. Fallope mourut à l'âge de quarante ans; mais, pendant le peu de temps qu'il put travailler, il fit des découvertes très-belles, très-délicates. Il est vrai que les cadavres humains ne lui manquèrent point pour étudier constamment d'après nature : il en eut jusqu'à sept ou huit par an. Si Galien avait été, sous ce rapport, aussi heureux que Fallope, on aurait eu beaucoup moins d'erreurs à lui reprocher.

On sait que Vésale trouva dans Fallope un contradicteur de ses vues; mais Fallope discutait toujours avec convenance, quelquefois même avec respect; tandis que la plupart des autres médecins, aveuglés par une haine implacable, se répandaient souvent en injures grossières contre Vésale. On reconnaît le gentilhomme au ton que prend Fallope en attaquant les opinions de Vésale.

Fallope publia ses principales observations, en 1561, à Venise, dans un ouvrage qui a pour titre *Observationes anatomicæ*. Il montre, dans cet ouvrage, que le crâne du fœtus est composé d'un plus grand nombre de pièces que celui de l'adulte, et qu'il existe des différences entre le système vasculaire de l'un et le système vasculaire de l'autre. Il décrit le *trou ovale* du *sphénoïde* (os de la base du crâne), par lequel passent les nerfs de la cinquième paire; les *sinus sphénoïdaux et pétreux* (cavités de l'os sphénoïde); les *alvéoles*, dans lesquelles sont enchâssées les dents, et les veines et les nerfs qui s'y rendent; la structure de l'oreille interne, etc. Il découvrit le *vestibule*, les *canaux semi-circulaires*, le *limaçon*, sa *lame spirale*, le *cadre* et la *corde du tympan*, enfin, le *canal*, qui porte encore son nom, etc. Le nombre des observations que Fallope recueillit, dans un espace de vingt ans, est trop considérable pour qu'il nous soit possible d'en donner ici même un simple sommaire.

Barthélemi Eustache, de Saint-Séverin, était ainsi appelé parce qu'il était né à *San Severino*, dans la marche d'Ancône. Il était professeur à Rome, et il y mourut en 1570. Fort attaché aux opinions des anciens, il les défendit contre Vésale, avec une violence extraordinaire. Pour avoir eu trop souvent raison contre Galien, Vésale était devenu l'objet de la haine de la plupart des médecins de son temps.

Le premier des écrits d'Eustache est un *Traité sur les veines*, publié à Venise, en 1563. C'est dans cet ouvrage qu'on voit, pour la première fois, paraître d'excellentes figures d'anatomie gravées en taille-douce; car celles du grand traité de Vésale étaient gravées sur bois et faisaient partie du texte.

Eustache chercha le premier à constater les variétés de structure d'un même organe chez divers individus. Il s'attacha particulièrement à ce genre de recherches, et ce fut quelquefois par là qu'il tâcha de justifier, ou tout au moins d'expliquer, les différences qu'on remarquait entre la structure ordinaire de l'homme et les descriptions que Galien en avait données. C'était une manière d'excuser les erreurs de l'anatomiste grec et de concilier les opinions adverses entre les partisans de Vésale et ceux de Galien.

Eustache commence dans le fœtus l'étude des organes, et il la continue dans les différents âges de la vie humaine. En effet, les organes des animaux varient avec l'âge, et il n'en est presque aucun qui ne change de forme, de consistance et de proportion, à mesure que l'être parcourt les périodes successives de son existence. Il est évident que ces variations constituent une des parties de l'anatomie et de la physiologie les plus importantes à connaître. Comme Vésale n'avait examiné que l'adulte, il n'était pas extrêmement difficile de la trouver en défaut. Aussi ses confrères ne manquèrent-ils pas de lui prodiguer des critiques, quelquefois injustes et presque toujours très-amères. Eustache puisait sans cesse dans cet ordre de faits des arguments contre lui.

En 1563, Eustache publia un autre ouvrage sur les *dents*.

En 1564, il publia un troisième ouvrage intitulé : *Ossium examen*. On trouve dans cet ouvrage une bonne ostéologie du singe, et des remarques intéressantes sur les variétés ostéologiques de l'espèce humaine.

Un quatrième ouvrage d'Eustache est une sorte de petite *anatomie comparée*.

Dans un cinquième ouvrage, il traite de l'organe de l'ouïe. C'est là qu'il fait connaître le canal qui sert de communication entre l'oreille interne et l'arrière-bouche, canal qui porte encore aujourd'hui le nom de *trompe d'Eustache*, mais qu'on avait signalé longtemps avant lui. Pendant le seizième siècle, les plus habiles anatomistes se trouvaient en Italie, bien que plus d'un homme célèbre en ce genre existât en France et en Angleterre.

Après ce tableau général de l'état des sciences au seizième siècle, nous entrerons dans l'étude spéciale de la vie et des travaux des savants les plus illustres de la Renaissance, qui forme l'objet essentiel de ce volume.

PARACELSE

PARACELSE

Paracelse vécut au commencement du seizième siècle. A cette époque, les esprits, en Allemagne, en Italie et en France, étaient profondément agités. Erasme, dans son *Éloge de la folie*, satire ingénieuse de tous les états, avait déversé à pleines mains le ridicule sur les scolastiques et les théologiens, et l'effet produit par ce pamphlet sublime avait été immense, dans les écoles et dans le monde des érudits. La vieille scolastique avait reçu un coup funeste de cette satire immortelle.

La médecine, à l'époque où parut le réformateur célèbre dont nous allons raconter la vie, était encore entièrement courbée sous le joug de l'autorité des anciens. Galien et Avicenne étaient regardés comme d'infaillibles oracles; et devant ces deux noms, maîtres et élèves s'inclinaient avec respect. Cependant la médecine de Galien et d'Avicenne ne pouvait, même en la supposant parfaite, convenir également à tous les peuples, dont le tempérament et la constitution sont modifiés par la diversité des mœurs et des climats. Elle était loin, d'ailleurs, d'être irréprochable. Sur des théories qui, parfois, tombaient dans l'absurde, venait se greffer l'esprit de superstition. On croyait à la magie, à la cabale, aux pratiques occultes; dans certains cas même, les maladies étaient délibérément attribuées à l'influence du démon. Les sciences médicales étant ainsi immobilisées par une vieille routine, une forte secousse était devenue nécessaire pour les faire progresser.

Cette secousse, cette impulsion nouvelle, ne pouvaient être données que par un audacieux novateur, doué d'un caractère assez énergique pour braver les colères, les haines et les persécutions qu'il allait infailliblement soulever contre lui. Ce n'est jamais impunément qu'on propose, en quelque genre que ce soit, une réforme sérieuse, car toute réforme blesse dans leurs intérêts, ou dans leur vanité, de nombreuses catégories d'individus. Ce novateur fut Paracelse.

« La vie de cet homme extraordinaire, dit Sprengel, n'est pas moins obscure ni moins contradictoirement racontée par les différents historiens, que celle de la plupart des alchimistes et des théosophes du siècle. Peu d'hommes ont été, d'un côté, l'objet d'éloges aussi enthousiastes; de l'autre, celui d'un mépris aussi profond... Lorsque, sans avoir égard au sentiment des anciens écrivains, on considère le mépris avec lequel le traitent Zimmermann et Gistanner, et les louanges que lui prodiguent Hemmann, Heusler et Murr, on ne sait réellement plus à quoi s'en tenir, et on forme naturellement avec Le Clerc, Heusler et d'autres savants très-estimables, le vœu de voir enfin quelqu'un se consacrer à écrire avec impartialité l'histoire de cet homme singulier et excentrique (1). »

L'historien de nos jours peut entreprendre cette tâche. Les opinions et les intérêts qui divisaient le monde médical au temps de Paracelse sont trop étrangers à l'esprit de notre époque, pour que rien puisse altérer, chez l'écrivain moderne, le sentiment d'une impartialité absolue.

La grande difficulté, toutefois, ce n'est pas d'être impartial, c'est de parvenir à démêler le vrai du faux, dans cet amas d'opinions contradictoires, de renseignements opposés, d'attaques haineuses et d'éloges exagérés, dont Paracelse a été l'objet, de son vivant et après sa mort.

Diverses circonstances ont contribué à répandre sur la vie de Paracelse une obscurité profonde, qui n'est pas encore dissipée. Aucune biographie sincère n'a été écrite de son temps, et l'on n'a publié sur son compte que des témoignages empreints de la partialité la plus évidente. Paracelse lui-même a contribué à égarer l'opinion, par les forfanteries qu'il se croyait quelquefois obligé de débiter, pour repousser les épithètes de mépris qui lui étaient adressées. Toutes sortes de bruits étranges et

(1) *Histoire de la Médecine*, t. III, p. 265, traduction de Jourdan.

contradictoires circulaient sur lui de son vivant même, et il ne faisait rien pour les dissiper. Il est donc bien difficile de reconstituer aujourd'hui sa physionomie réelle.

I

Philippe-Auréole-Théophraste Bombast (1) *de Hohenheim*, surnommé *Paracelse*, était né, en 1493, à Einsideln, petit bourg de la Suisse allemande, situé près de Zurich. Selon la coutume du moyen âge et de la Renaissance, du mot *Hohenheim*, décomposé et traduit, moitié en grec, moitié en latin, on fit le nom de *Paracelse*, que porta le plus fréquemment cet homme célèbre. Paracelse, dans ses ouvrages, ne se donnait pas tous ces noms simultanément; on n'a fait qu'après sa mort cet assemblage prolixe.

Malgré les dénégations de ses ennemis, il est certain que Paracelse appartenait à une famille noble de la Suisse allemande, la famille des Hohenheim. Son testament en donne la preuve. On y trouve la quittance d'un certain Pierre Wesener, intendant de l'abbaye d'Einsideln, par laquelle il reconnaît avoir reçu des parents de Paracelse la somme de dix florins, que ce dernier lui avait léguée. Wesener, dans cette quittance, appelle le testateur son *cher cousin*.

La mère de Paracelse était chargée de la surveillance de l'hospice de l'abbaye de bénédictins d'Einsideln (2). Elle remplissait cet emploi avec honneur et piété, lorsqu'elle fut demandée en mariage par Guillaume Bombast de Hohenheim, qui, malgré la noblesse de son origine, remplissait les simples fonctions de médecin de cet hospice. Comme les règlements de l'hôpital ne permettaient point que l'emploi de surveillante fût occupé par une femme mariée, Guillaume de Hohenheim quitta Einsideln avec sa femme, et alla s'établir à Willach. Il y vécut trente-deux ans.

(1) En allemand et en anglais, le mot *Bombast* est devenu synonyme de jactance, enflure, pathos.
(2) Le célèbre réformateur suisse Zwingle, qui, un an avant Luther, lança les premières attaques contre Rome, vivait dans cette même abbaye de bénédictins.

Guillaume de Hohenheim fut le père de Paracelse. C'était un médecin instruit, qui possédait une fort belle bibliothèque. Un historien allemand, qui a écrit la vie de Paracelse, avec beaucoup trop de prévention contre son héros, Adelung, se demande comment le père de Paracelse, chevalier de si noble race, avait embrassé une profession, très-honorable d'ailleurs, mais peu compatible avec les prétentions d'une illustre famille, dont il prenait le nom et les armoiries; et comment Paracelse, rejeton de cette noble famille, put passer son enfance et sa jeunesse comme un vagabond. Ce fait s'explique par une tradition généralement reçue. Guillaume de Hohenheim, père de Paracelse, n'était pas, a-t-on dit, le descendant légitime des Bombast de Hohenheim; il n'était que le fils naturel d'un grand prieur de l'ordre de Saint-Jean, membre de cette ancienne et noble famille, originaire de la Souabe. A la vérité, Paracelse n'a jamais parlé de cette circonstance; mais Guillaume, son père, avait un intérêt très-évident à laisser ignorer un fait sur lequel on aurait pu se fonder pour lui contester la légitimité de son nom et de ses armoiries; on peut même présumer qu'il ne l'avait pas révélé à son fils. Il est permis de supposer que le grand prieur de Saint-Jean, sans reconnaître légalement Guillaume, lui avait fait faire des études convenables, l'avait mis à même de se faire une position, et qu'il l'avait ensuite abandonné, à cause de son mariage.

D'après d'autres auteurs, c'est Paracelse lui-même qui aurait été fils naturel de Guillaume de Hohenheim. Sprengel, l'historien de la médecine, ne s'explique pas sur tous ces points; il se borne à dire, que Guillaume de Hohenheim exerçait la médecine à Willach, et qu'il était proche parent de George Bombast de Hohenheim.

L'enfance et la jeunesse de Paracelse furent extrêmement négligées. Il dit lui-même qu'il a été élevé très-durement, qu'il a grandi à l'ombre des sapins, n'ayant pour se nourrir que du fromage et du pain d'avoine, et qu'il a souffert plus d'une fois de la misère et de la faim. C'est là tout ce que l'on trouve dans ses ouvrages, sur son éducation première. Son père, bien que généralement estimé à Willach, devait être fort pauvre. Dans une épître dédicatoire, Paracelse remercie les États de Carinthie des bontés qu'on avait eues pour son père, ce qui prouve qu'il n'accusait point ce dernier d'avoir volontairement rendu son enfance malheureuse.

Sans doute, Paracelse ne supporta ainsi la misère et la faim que parce qu'il quitta la maison paternelle. Mais à quel âge, comment et pourquoi l'avait-il quittée, c'est ce qu'il ne dit pas, et personne ne peut le savoir aujourd'hui.

On ignore si Paracelse fut envoyé à l'école dans son enfance, ou si ce fut son père qui lui apprit à lire et à écrire. Il dit, dans un passage de ses œuvres, qu'il a tout appris de lui-même, qu'il tient de Dieu tout ce qu'il sait. Cependant, il cite plus loin son père Guillaume, parmi les maîtres qu'il a eus pour l'alchimie. Il cite également, comme ayant été ses maîtres, plusieurs évêques, l'évêque Scheyt de Stettgach, l'évêque Erhard, et son prédécesseur Lavantalle, l'évêque Nicolas de Yppou, l'évêque Matthieu de Schacht, sans compter plusieurs docteurs et abbés. Mais la plupart de ces personnages étaient morts avant la naissance de Paracelse, et n'avaient pu lui donner leurs leçons. Paracelse, en les appelant ses maîtres, veut donc faire seulement entendre qu'il s'était formé par la lecture de leurs ouvrages. Il se vante, d'ailleurs, d'avoir lu sur l'alchimie beaucoup de livres, tant anciens que modernes.

La plupart de ses biographes disent qu'après avoir été quelque temps instruit par son père, il fut envoyé chez Trithème, abbé de Sponheim; et qu'il le quitta bientôt pour entrer chez Sigismond Fugger, de Schwatz. Mais, en 1505, l'abbé Trithème était déjà parti de Sponheim; il était entré comme abbé dans le couvent de Saint-Jacob, près de Wurtzbourg, où il mourut en 1516. Il est donc peu probable que cet abbé, pas plus que les savants évêques dont on a lu les noms plus haut, ait pu diriger, autrement que par ses écrits, les études scientifiques du jeune Théophraste de Hohenheim.

Paracelse n'eut donc aucun maître; il s'instruisit lui-même, comme l'ont fait quelques hommes doués d'un génie particulier.

Il pouvait n'avoir fait que de mauvaises études; mais on se tromperait en affirmant qu'il n'en avait fait aucune. Personne ne conteste qu'il fût en état de lire et de comprendre les livres qui existaient alors sur la cabale et sur les sciences chimiques; or ces livres étaient ordinairement écrits en latin. Paracelse avait donc une teinture du latin. Qu'il l'eût acquise seul, avec son père, ou avec tout autre, peu importe.

Des savants et des évêques, amis de son père Guillaume, se livraient à des recherches d'alchimie, sans doute de concert avec son père. C'est probablement ainsi que, tout jeune encore, Paracelse fut initié à la science hermétique, dont il se vanta plus tard de connaître les secrets. Personne n'ignore qu'à cette époque, on se livrait partout avec ardeur à des expériences d'alchimie ; on s'en occupait dans les riches couvents, dans les maisons nobles et opulentes, et jusque dans les cours des rois.

Paracelse avait acquis déjà quelques connaissances en chimie, lorsqu'il se présenta chez Sigismond Fugger, de Schwatz.

Sigismond Fugger était un célèbre minéralogiste de ce temps; sa famille possédait de riches et fécondes mines d'argent. Il est probable que Paracelse travailla pendant quelque temps, dans le laboratoire de Fugger, soit pour son instruction, soit comme opérateur dans des travaux d'exploitation métallurgique.

Il est impossible de savoir si Paracelse prit dans une école le grade de docteur. Il dit, en deux passages de ses écrits, qu'il a longtemps fréquenté les écoles de l'Allemagne, de l'Italie et de la France ; mais on sait, et il avoue lui-même dans ses ouvrages, que beaucoup de personnes, et notamment les médecins de Bâle, lui ont adressé le reproche de n'avoir jamais obtenu dans une Université le grade de docteur. Il est donc difficile de dissiper l'incertitude qui règne sur ce point.

Mais ce que l'on sait positivement, c'est qu'il voyagea beaucoup. Il ne voyageait pas en grand seigneur, mais en homme désireux de chercher partout et chez tous, les moyens de beaucoup apprendre. Il allait par les routes, le sac sur le dos et la rapière au côté, et s'instruisait en interrogeant, nous dit-il dans ses ouvrages, « les barbiers, les vieilles femmes, les bohémiens, les tondeurs de chiens, et même les bourreaux » (1).

« L'éducation première et l'instruction qu'un homme a reçue pendant sa jeunesse, dit Sprengel, sont ordinairement les véritables sources d'après lesquelles on peut expliquer son caractère, ses talents et ses goûts ; il est donc très-intéressant de savoir où et comment Paracelse fut élevé. De toutes les recherches que j'ai faites, il résulte que cet homme extraordinaire passa sa jeunesse comme avaient coutume de le

(1) Préface de la *Grande Chirurgie*.

faire les étudiants ambulants de cette époque, c'est-à-dire qu'il erra de pays en pays, prédisant l'avenir d'après les astres et les lignes de la main, évoquant les morts, et répétant toutes les opérations chimiques qu'il avait apprises des fondeurs et des alchimistes (1). »

Dans la préface de sa *Grande Chirurgie*, Paracelse déclare qu'il a fréquenté les hautes écoles de l'Allemagne, de l'Italie, de la France; qu'il a parcouru ensuite successivement l'Espagne, le Portugal, l'Angleterre, la Moravie, la Lithuanie, la Pologne, la Hongrie, la Valachie, la Transylvanie et d'autres pays. Il nomme, dans un autre endroit, l'île de Rhodes, Naples, Venise, les Pays-Bas et le Danemark. Dans son livre sur la *Longévité*, il prétend avoir été en Finlande et en Laponie. Mais combien de temps ne lui aurait-il pas fallu pour parcourir tous ces pays comme il devait le faire, c'est-à-dire à pied et en séjournant quelque temps dans les villes et dans les bourgs! Il assure même avoir poussé jusqu'en Afrique et en Asie.

On croit que Paracelse fit plusieurs campagnes en qualité de chirurgien militaire, ce qui expliquerait toutes ces pérégrinations. Il se vante (2) d'avoir guéri beaucoup de malades dans les Pays-Bas, dans les États de Rome, dans le royaume de Naples, et pendant les guerres contre les Vénitiens, les Danois et les Hollandais. Il parle du serment qu'il fut obligé de prêter en prenant ses grades. Mais, dit Sprengel, où, quand et combien de temps a-t-il étudié? Ce sont là des questions dont ni lui, ni ses disciples, ni ses biographes ne nous donnent la clef.

Paracelse a certainement exagéré l'étendue de ses voyages. Il prétend, par exemple, qu'en Espagne, il alla visiter un nécromancien qui avait le pouvoir d'évoquer, au moyen d'une sonnette, toute sorte d'esprits. Ses partisans, notamment les membres de la *confrérie dorée* (c'étaient sans doute les Roses-Croix) ont encore enchéri sur ses propres récits. Helmont aîné, par exemple, raconte que Paracelse ayant voulu passer en Russie, après avoir visité les mines de l'Allemagne, fut fait prisonnier par des Tartares, qui le conduisirent chez leur khan. Il avait alors vingt ans. Il fut obligé d'accompagner, en qualité de médecin, le prince tartare dans ses guerres. Il se serait

---

(1) *Histoire de la médecine*, t. III.
(2) *Préface du Livre d'hôpital*, p. 310.

rendu ensuite à Constantinople, où un prêtre grec lui aurait donné le secret de la pierre philosophale.

Les adeptes de Paracelse ont encore embelli ce conte à leur manière. A les en croire, Paracelse se serait promené pendant huit ans parmi les Tartares. Après quoi il serait allé se promener, pendant dix ans encore, en Égypte et en Arabie. Mais alors, où aurait-il pris le temps de faire cette série d'autres voyages dont il parle lui-même?

Ce n'était point par la lecture que Paracelse cherchait à s'instruire pendant tous ses voyages. Il avoue avoir passé dix années de suite sans ouvrir un livre (1). Il ne posséda jamais que fort peu de livres, et ne laissa, après sa mort, comme on le constata dans l'inventaire dressé à l'hôpital de Salzbourg, que la *Bible*, la *Concordance des Testaments*, et les *Commentaires des Évangiles*, par saint Jérôme.

« Les anciens lisaient peu et méditaient beaucoup », a dit J.-J. Rousseau; et, toute proportion gardée, il s'est produit, dans l'antiquité, des talents supérieurs et des génies de premier ordre, en plus grand nombre qu'on n'en a vu paraître dans les temps modernes. Les personnes qui passent une partie de leur vie à lire vite et beaucoup peuvent acquérir une grande érudition; mais cette érudition n'est souvent qu'un mélange confus de faits inutiles, d'opinions douteuses et de vérités mal déterminées. On les nomme avec raison « des bibliothèques renversées ». Descartes, Pascal, J.-J. Rousseau avaient peu lu et beaucoup médité. Le célèbre mathématicien Lagrange n'avait étudié les mathématiques que dans les ouvrages des deux Bernouilli. Gerbier, l'un des avocats les plus éloquents du siècle précédent, n'avait lu que les *Provinciales* de Pascal, mais il les lisait et les relisait sans cesse, et c'est seulement dans ce livre qu'il avait étudié et appris le français. *Timeo hominem unius libri*, disaient les anciens; voulant exprimer ainsi que la lecture assidue et approfondie d'un bon livre, qui a habitué de bonne heure à observer, à réfléchir, à méditer, peut faire un homme instruit et judicieux.

Sans se livrer à de grandes lectures, Paracelse avait donc pu acquérir des notions pratiques très-justes en chimie, en méde-

---

(1) *Fragmenta medicinæ*, p. 131.

cine, en chirurgie. Il dit qu'à Weissembourg, en Croatie, et à Stockholm, il apprit de plusieurs vieilles femmes à préparer diverses boissons propres à guérir les plaies (1). On lui reproche d'avoir été peu recherché dans ses relations, puisqu'il fréquentait, comme il l'avoue lui-même, les barbiers, les bohémiens, les tondeurs de chiens, et même les bourreaux. Il n'acquérait sans doute, avec les gens de cette condition, ni le langage des érudits, ni les manières élégantes et polies des classes supérieures, mais il pouvait glaner, çà et là, des vérités réelles et utiles, ignorées dans les Facultés, et qui se sont révélées au bon sens ou à l'observation du peuple.

Bien qu'il se vante d'être resté dix ans sans ouvrir un livre, Paracelse, pendant ses voyages, visitait des bibliothèques. Dans la ville de Braunau, en Bohême, il découvrit des manuscrits authentiques de Galien et d'Avicenne. Il vit à Brunswick, dans un couvent, un livre tout semblable, qui fut, dit-il, dans ses ouvrages, « brûlé par des ignorants et des ânes ». Il découvrit un troisième manuscrit authentique de Galien et d'Avicenne, chez un bourgeois de la ville de Hambourg. Il existait encore, à cette époque, un assez grand nombre de manuscrits des œuvres de Galien et d'Avicenne, écrits sur des écorces de bouleau et sur des tablettes de cire.

Paracelse voyageait tantôt en chirurgien, tantôt en coureur d'aventures, selon les besoins du moment; se servant de la lancette et du bistouri, pour gagner honorablement sa vie pendant le séjour qu'il faisait dans les villes ou les villages, ou se fiant à sa rapière, pour défendre, sur les grands chemins, sa bourse ou son existence. Souvent aussi, il dut tirer parti de ses connaissances d'alchimiste. Il se vante, d'avoir fait, dans ses voyages, un grand nombre de cures tant internes qu'externes dans les épidémies et dans les batailles. Il dit avoir servi comme chirurgien, dans différentes armées, et notamment dans l'armée vénitienne. Il ne fait, d'ailleurs, aucun mystère des exploits de sa rapière.

« Maintenant, lecteur, dit-il quelque part, si l'on te dit que j'ai été trois fois en prison, que j'ai couru maintes guerres, que j'ai souvent frappé étourdiment, que j'ai même fait autre chose encore, n'aie pas peur pour

(1) *Grande Chirurgie*, t. I, p. 22.

cela de moi. Ainsi il ne se perd rien que ce qui tombe de côté. On ne devrait pas s'inquiéter du passé. Les choses passées ont eu leur temps, et Dieu a toujours très-bien tout arrangé. »

Éraste, ennemi déclaré de Paracelse, a interprété avec une grande perfidie ces mots : « En frappant étourdiment ». Il a voulu y trouver l'aveu d'un assassinat. Paracelse a voulu tout au plus faire entendre qu'il s'est battu en duel. Il se déclare lui-même « bonne rapière, et fier-à-bras ».

Ainsi, la jeunesse de Paracelse se passa dans l'indigence. Son éducation, négligée et défectueuse, laissa des habitudes et des penchants vicieux se développer en lui librement avec l'âge. Les premiers efforts de son esprit ne furent point secondés par les procédés d'une culture savante; car une telle culture aurait eu pour condition première la connaissance du latin. Or, Paracelse écorcha cette langue dans ses écrits, toutes les fois qu'il essaya d'en faire usage. Il ne parlait jamais latin avec personne. A Bâle, dans sa chaire, il faisait son cours en langue allemande. A l'époque où il demeurait chez son père, il avait pu saisir quelques lambeaux de médecine et d'alchimie, connaissances très-bornées, qu'il s'efforça d'étendre dans la suite, soit par des lectures, soit par les conversations fréquentes qu'il eut avec des empiriques et des charlatans. Il apprit la chirurgie de lui-même, en interrogeant les uns et les autres, en observant, toutes les fois que l'occasion s'en présentait, des plaies, des blessures, et les moyens qu'on employait pour les guérir; ce qui, d'ailleurs, ne l'empêchait pas de continuer l'étude de l'alchimie, en travaillant dans quelqu'un de ces nombreux laboratoires qu'on rencontrait alors dans toutes les villes, dans les couvents et dans les châteaux. Mais, doué d'une grande sagacité, il ne dut pas longtemps partager les illusions des adeptes sur la transmutation des métaux.

Quand il eut cessé de croire à la possibilité de faire de l'or, il se mit à essayer de composer, par des procédés chimiques, de nouveaux médicaments. Il en avait déjà vu préparer quelques-uns dans les laboratoires, entre autres dans le laboratoire de Fugger, consacré à l'étude des minerais et des métaux, et cette connaissance avait été pour lui un trait de lumière.

Il chercha donc, et il trouva d'autres médicaments chimiques, jusque-là ignorés, et il les appliqua, souvent avec un très-grand succès, à la médecine empirique et à la chirurgie. On parla bientôt avec admiration, dans le monde, de ses cures merveilleuses; et sa réputation s'accrut ainsi d'une manière rapide. Mais ce succès éveilla la jalousie de la plupart des médecins et des chirurgiens, et Paracelse prêtait le flanc, par ses mœurs et par l'excentricité de son caractère, aux violentes attaques dirigées contre lui.

Il eût peut-être diminué le nombre et la gravité de ces attaques, s'il se fût renfermé dans son rôle de chirurgien et de médecin; s'il eût mené une vie solitaire et modeste. Mais il ajouta encore aux ressentiments jaloux de ses adversaires, en se mêlant aux querelles religieuses qui passionnaient tous les esprits. Il s'était jeté, de très-bonne heure, dans les principes du panthéisme et de la cabale, alors en grande faveur chez les alchimistes, et son imagination ardente lui rendait impossible cette réserve prudente qu'on aime à trouver dans un médecin. D'un autre côté, son commerce habituel et ses relations quotidiennes avec des personnes du plus bas étage avaient fini pas pervertir son goût et lui donner une tenue et des manières déplorables.

Bien qu'ayant vécu dans une situation constamment précaire, Paracelse n'a jamais été accusé d'avoir été cupide et déloyal. Il a supporté la misère, sans qu'on ait pu lui reprocher aucune action coupable. Après avoir longtemps étudié, d'un certain point de vue, l'homme et la nature, après s'être mis en possession de quelques remèdes dont l'efficacité ne lui paraissait pas douteuse, il se présenta comme médecin. Certes, s'il est une ressource légitime à laquelle on puisse avoir recours lorsqu'il s'agit de vivre, c'est assurément celle qui consiste à tirer parti de son temps, de ses talents, de ses lumières et de recevoir un salaire en échange des services qu'on a rendus. Mais, dès qu'il voulut exercer la médecine, il rencontra d'abord un obstacle auquel, sans doute, il n'avait pas songé. « Avez-vous pris vos grades, lui demandait-on? Êtes-vous docteur ou licencié? » Le public croyait alors, comme il le croit encore aujourd'hui, que les Facultés de médecine, en conférant les grades à un homme, lui transmettent nécessairement toutes les qualités qui constituent un habile et savant médecin, c'est-à-dire l'expérience, le tact, la justesse d'observation et le savoir. Paracelse s'aperçut bien vite que les grades ne sont le plus souvent que le signe, très-équivoque, d'une aptitude présumée. Il reconnut que, de son temps, la plupart des médecins étaient d'une ignorance extrême, et il put, avec raison, se croire plus habile qu'eux, non comme théoricien, mais comme praticien, non par la science des livres, mais par la connaissance de la nature. L'essentiel, en médecine, ce n'est pas de présenter un diplôme, mais de guérir les malades ou de les soulager. C'est ce que fit Paracelse, dans plusieurs cas où des docteurs avaient échoué. Toutefois, comme ce titre de docteur, qui n'avait assurément à ses yeux aucune valeur réelle, était le moyen sûr d'inspirer la confiance, il n'hésita pas à se le donner, quand il crut en avoir besoin.

Tel est le personnage, avec ses défauts et ses mérites, avec ses vices et son génie, que nous trouvons à Zurich, en 1526. Il avait alors trente-trois ans, et continuait ses voyages à travers le monde, la lancette et le bistouri enfermés dans son aumônière de voyage, et la rapière au côté. Le pasteur protestant H. Bullinger, que nous retrouverons dans la *Vie de Gesner*, fit sa connaissance, mais il en fut médiocrement flatté. D'après une lettre que Bullinger adressa à Éraste, Paracelse, en arrivant à Zurich, avait une mise sale et négligée. Il aimait à boire et à faire du bruit avec les voituriers qui s'arrêtaient dans l'auberge où il demeurait. Il s'enivrait quelquefois, et alors il s'étendait sur un banc jusqu'à ce que les vapeurs du vin se fussent dissipées. Il paraissait assez indifférent en matière de religion ; mais il bavardait longuement sur la magie, qui paraissait sa véritable passion.

Malgré cela, ajoute le pasteur Bullinger, dans un correctif que lui arrache un sentiment d'équité, les cures de Paracelse étonnèrent tout Zurich.

Mais nul n'est prophète en son pays. Paracelse parut le comprendre, car il se hâta de quitter Zurich et se rendit à Bâle, où il arriva en 1526, pour s'y livrer à la pratique de son art.

Parmi les malades qui réclamèrent ses soins, se trouvait le célèbre imprimeur, Frobenius. Attaqué de la goutte, il ressentait une vive douleur au talon du pied droit. Paracelse lui administra son laudanum, et le mal passa du talon dans les doigts du pied. Ce n'était pas une guérison complète, mais c'était un acheminement ; et ce dernier succès inspira quelque confiance aux habitants de Bâle.

Frobenius engagea, à cette occasion, Paracelse à écrire à Érasme, qui souffrait de diverses infirmités, pour lui offrir ses soins médicaux.

Paracelse avait déjà rencontré de par le monde ce célèbre écrivain philosophe. Il lui adressa donc une lettre, écrite en un latin barbare, dans laquelle, après avoir fait, en termes obscurs, l'énumération des maladies dont Érasme devait être affligé, il lui proposait de le guérir. Le spirituel Érasme, jugeant sans doute le talent de Paracelse en médecine, sur sa mauvaise latinité, lui répondit en rendant hommage à son savoir, mais il n'accepta point sa proposition. Il s'excusait en disant que, pour le moment, il n'avait le temps ni de prendre des remèdes, ni d'être malade, ni de mourir. Il promettait toutefois à Paracelse de le consulter plus tard, pourvu qu'il s'expliquât plus clairement.

Trop d'esprit quelquefois gâte le jugement.

Érasme eut peut-être tort de repousser les soins de Paracelse, qui se proposait à lui, non comme latiniste, mais comme chirurgien. Le fait est que ses souffrances ne firent qu'empirer jusqu'à sa mort, et qu'une consultation de Paracelse ne lui eût peut-être pas été inutile.

Paracelse avait été élevé dans la religion catholique. Mais les chimères du panthéisme et de la cabale avaient fortement ébranlé ses croyances religieuses. Il attaquait, sans trop de ménagement, tous les cultes, même celui de la religion réformée. Il se montrait toutefois plus prudent à l'égard de cette dernière. Il paraissait même incliner vers cette religion nouvelle, par la raison peut-être que, pour avoir quelque chance d'obtenir une place à Bâle, il fallait appartenir à la religion réformée.

En effet, l'Université de Bâle venait d'être violemment ébranlée par la Réformation. Les professeurs qui avaient voulu rester fidèles à l'ancien culte s'étaient spontanément retirés, ou avaient été expulsés; de sorte que plusieurs chaires étaient vacantes. C'est dans ces circonstances que Paracelse arriva à Bâle.

Il fait grand bruit de ses cures; il en fait espérer de bien plus étonnantes que celles dont on parle ou dont il se vante. Grâce à la ferveur religieuse qu'il affecte, il prévient en sa faveur le célèbre réformateur de Bâle, Œcolampade, tout-puissant dans la cité.

Œcolampade vit sans doute, dans Paracelse, un homme arrivant avec des idées nouvelles, et décidé à rompre avec la routine des écoles : il le préféra à un simple érudit qui, beaucoup plus savant en latin, pouvait n'avoir dans la tête que des formules scolastiques et des mots sans idées. Sur la recommandation d'Œcolampade, Paracelse fut nommé, par le corps municipal de Bâle, médecin de la ville et professeur de médecine à l'Université, avec un bon traitement. On ne peut préciser la date de cette nomination. Haller prétend qu'il fut nommé professeur de chimie, mais Paracelse ne le dit aucunement. D'ailleurs, il n'y avait jamais eu, à Bâle, de professeur de chimie. L'institution de la première chaire de chimie qui ait existé en Europe ne date que de 1609.

Un des plus savants historiens de la médecine, Le Clerc, doute que Paracelse ait été nommé professeur titulaire. Il croit qu'on l'avait seulement autorisé à faire des cours, comme médecin de la ville. Il se fonde sur ce que Paracelse, dans son programme d'inauguration, ne se donna pas le titre de professeur titulaire.

Cependant, ajoute Le Clerc, il est cité, dans un recueil du temps, parmi les professeurs de médecine.

Adelung, écrivain allemand du siècle dernier, qui a donné une biographie de Paracelse, dans son recueil *Histoire de la folie humaine* (1) et qui traite son héros avec une sévérité outrée, parle en ces termes, du cours de médecine que Paracelse commença à Bâle, en 1526 :

« Paracelse prit possession de sa chaire avec sa jactance et son impertinence habituelles. Il annonça dans son programme qu'il allait dégager la médecine de son levain barbare et la rétablir dans sa pureté première ; qu'il mettrait de côté les idées des anciens et s'en tiendrait aux indications données par la nature, à ses propres découvertes, à lui, et à sa longue expérience ; que la plupart des médecins s'étaient grossièrement trompés, parce qu'ils avaient aveuglément suivi Hippocrate, Galien, Avicenne et quelques autres ; que c'était à la chimie, et non à la médecine qu'il appartenait de faire les vrais docteurs ; que ce ne sont ni les titres, ni l'éloquence, ni l'érudition acquise par de simples lectures, ni la connaissance des langues qui font le médecin habile, mais bien la connaissance approfondie des choses, celle des secrets cachés dans le sein de

(1) *Geschichte der menschlichen Narrheit*, 7 vol. In-12.

la nature, et qui embrasse, à elle seule, toutes les sciences. Il annonce enfin qu'il fera deux leçons par jour, l'une sur la médecine théorique, l'autre sur la chirurgie et la médecine pratique. »

Quelle que soit l'opinion que l'on adopte sur le caractère et sur la capacité de Paracelse, on conviendra que, pour s'engager à faire ainsi deux leçons par jour sur la médecine et sur la chirurgie, il faut se sentir doué d'une mémoire vaste et bien meublée. Paracelse n'avait pas étudié dans les livres, mais il avait beaucoup voyagé :

> Quiconque a beaucoup vu,
> Peut avoir beaucoup retenu.

Il n'avait eu d'autre maître que la nature, le meilleur de tous. Constamment aux prises avec les difficultés d'une vie errante et agitée, il avait appris à faire usage non de cette raison d'emprunt dont les principes sont formulés dans les livres, mais de sa propre raison, formée et développée par une expérience de tous les jours.

La plupart des biographes prétendent que Paracelse, au début de son cours de médecine, brûla, devant les élèves, les ouvrages de Galien et d'Avicenne, « assurant, dit Sprengel, que les cordons de ses souliers en savaient plus que ces deux médecins de l'antiquité ». Suivant Brucker, Paracelse se serait vanté de cette action. Cette dernière assertion d'un auteur peu connu en médecine est le seul témoignage d'un fait aussi extraordinaire. Aucun écrivain sérieux n'en a fourni de preuve, et tous le répètent comme un on-dit. Adelung lui-même le rapporte d'après d'autres auteurs, et Sprengel n'invoque aucun témoignage. Il est donc fort douteux, selon nous, que Paracelse ait brûlé en public les ouvrages de Galien et d'Avicenne. Il voulait les détruire d'une façon plus sûre et plus durable que par cette action vaine et théâtrale.

Un homme qui attaquait ouvertement les dieux de la médecine du temps devait avoir bien vite contre lui les médecins et les apothicaires. Paracelse se fit d'innombrables ennemis de tous les médecins, qu'il qualifiait, dans sa chaire, d'*humoristes*, parce qu'ils cherchaient dans les *humeurs* la source de toutes les maladies, et de tous les pharmaciens ou droguistes, en signalant des abus et des fraudes qu'ils se permettaient journellement. Il ne se concilia pas davantage la faveur des Universités, car il déclarait que toutes les Universités réunies n'en savaient pas plus que sa barbe et son chignon (1). Il ne ménageait pas non plus les praticiens ses confrères; il stigmatisait, du ton le plus acerbe, l'ignorance et le pédantisme de la plupart d'entre eux.

Ces violentes sorties, qui indisposaient tous les bonnets carrés de la vieille Allemagne, étaient loin de déplaire à la masse du public. C'est ce que nous apprend Ramus (2) et ce que confirme l'auteur de l'*histoire de Bâle* (3). Ramus compare Paracelse à Asclépiade, philosophe de l'antiquité, quelque peu rénovateur.

« Paracelse prétendait, dit le docteur Michéa, qu'une épée, qu'il avait reçue en présent d'un bourreau d'Allemagne, emprisonnait dans sa garde un génie familier, nommé *Azoth*. Gage insigne et sacré de son pouvoir surnaturel, il portait cette épée nuit et jour à son côté; mais il y a plus : séparé de ce talisman fatidique, l'inspiration l'abandonnait, le prestige inouï, la fascination irrésistible qu'il exerçait sur l'esprit de la foule s'évanouissait aussitôt, malgré tous ses efforts pour en retenir les rênes flottantes. Alors le débit impuissant d'une improvisation lente, aride, vulgaire remplaçait l'originalité facile, l'élan gigantesque, la pompe sonore de son éloquence habituelle. L'homme obscur détrônait l'ange radieux; l'aigle des alchimistes perdait tout à coup ses ailes immenses, et, de son rocher voisin des nuages, retombait lourdement vers les sillons de la terre. Aussi, chaque fois qu'il était en chaire, sous prétexte de s'opposer à la fuite de son génie familier, Paracelse appuyait-il constamment ses deux mains sur la garde de son épée. Gabriel Naudé pensait que le génie familier du professeur de Bâle n'était autre chose que ses merveilleux *arcanes*, dont l'épée en question renfermait toujours une certaine quantité, préparée, sous forme de pilules. Mais n'était-ce pas plutôt la personnification d'un pur phénomène d'intuition, le naïf et poétique symbole de la conscience se révélant à elle-même? C'est ce qu'on a tout lieu de croire, en se rappelant que les partisans de la philosophie, cette fille des contrées orientales, comme la fable et l'allégorie, se représentaient ordinairement les idées les plus abstraites par des images et par des *mythes* (4). »

L'effet que ce rénovateur fougueux produisait sur l'opinion publique était d'autant plus grand, qu'il s'exprimait, non en latin (et pour cause), mais en allemand. On dit pourtant qu'il mêlait quelquefois l'allemand et le latin. L'essentiel, pour lui, était

(1) *Fragmenta medicinæ*, p. 144. Préface du *Paragranum*, p. 203.
(2) *Rami oratio de Basil.*, p. 170.
(3) *Histoire de Bâle*, t. III, ch. XIX, cité par Sprengel.
(4) *Paracelse, sa vie et sa doctrine*, feuilleton de *la Gazette médicale de Paris*, 7 mai 1842.

d'être compris de tous, parce que, suivant lui, la science médicale devant être à l'usage de tout le monde, il ne fallait pas en faire le privilége de quelques initiés.

Adelung, qui partage toutes les préventions des ennemis de Paracelse, dit qu'on lui eût peut-être pardonné de faire son cours en langue vulgaire, contre l'usage établi, si l'on n'eût été persuadé qu'il n'agissait ainsi que par défaut d'instruction. Un tel usage, ajoute-t-il, avait cet inconvénient, qu'une foule de gens sans études, barbiers, droguistes et charlatans, suivaient les cours de Paracelse, et qu'après avoir appris à parler un jargon médical et à rédiger des ordonnances, ils allaient courir le monde, se donnant pour de vrais médecins.

Les raisons que donne ici Adelung, pour rendre l'étude des sciences médicales inaccessible au public, sont les mêmes, au fond, que celles qui déterminaient, à la même époque, l'Université de Paris à repousser l'usage de l'imprimerie : elle ne voulait pas que ses prétendues doctrines pussent être étudiées ailleurs que dans ses écoles.

Un écrivain allemand qui a réuni les ouvrages de Paracelse, le docteur Marx (1), a expliqué comment on a attribué au médecin de Bâle beaucoup de rêveries astrologiques et cabalistiques, dont il n'est aucunement responsable. M. Marx a réduit à dix le nombre des écrits de Paracelse, et trois seulement parurent de son vivant. Mais après sa mort, un grand nombre de charlatans profitèrent de sa renommée, pour mettre sous son nom les plus extravagantes rêveries cabalistiques et astrologiques. Or, ses écrits authentiques contiennent la réprobation la plus formelle de toute pratique superstitieuse, notamment de l'astrologie et de l'art de faire de l'or. Il blâme fortement la façon d'expliquer les phénomènes de la nature par l'intervention des forces occultes, et il pose en principe qu'il faut se taire lorsqu'on ne peut assigner une cause rationnelle à ces phénomènes. Il est impossible que, dans sa carrière agitée, Paracelse ait pu écrire les dix volumes in-4° qu'on lui attribue. En principe, toute publicité lui répugnait. « Si la vérité, dit-il, consistait dans la longueur de l'exposition, le Christ aurait trop peu parlé. On ne doit rapporter que les faits.

---

(1) *Zur Würdigung des Theophrastus von Hohenheim*, Göttingue. In-4°, 1842.

Quand il y a doute, quand on ne connaît pas les causes, il faut cesser d'écrire. » Des visionnaires et des empiriques, tirant parti de la réputation que Paracelse avait laissée, donnèrent comme venant de lui leurs propres élucubrations, lesquelles, insérées parmi ses œuvres, l'ont fait considérer, jusque dans ces derniers temps, comme un génie bizarre, qui tantôt s'élève aux plus hautes vérités, tantôt se laisse aller à un galimatias insensé. C'est ce que le docteur Marx a fort bien établi.

Peu de temps après son entrée en fonctions à Bâle, Paracelse prit comme secrétaire Jean Oporin.

Né à Bâle en 1507, Oporin n'avait alors que vingt ans. Fils d'un pauvre peintre, il avait passé son enfance et une partie de sa jeunesse dans une indigence extrême. Une bourse lui ayant été accordée, pour entrer au collége de Strasbourg, il y commença ses études, qu'il alla terminer à Bâle. Il fut ensuite nommé professeur à l'école du couvent Saint-Urbain, dans le canton de Lucerne. Là, il se lia avec un chanoine qui s'était fait une véritable célébrité en composant des vers latins. Ce chanoine, s'étant converti à la religion réformée, se maria et alla s'établir à Bâle. Oporin l'y suivit. Il y vécut d'abord en copiant des manuscrits grecs pour l'imprimerie de Frobenius. Son ami, le poëte latin Xylotectus, étant mort de la peste, il épousa sa veuve. Il obtint ensuite la direction d'une petite école à Bâle. Mais comme les ressources que cette école pouvait lui fournir ne suffisaient pas à l'entretien de son ménage, il suivit le conseil que lui donnait Œcolampade, et se tourna vers la médecine. Paracelse, dont il suivait les cours, lui proposa de le prendre comme secrétaire, lui promettant de lui enseigner dans un an toute la médecine.

L'offre était séduisante. Oporin entra donc chez Paracelse, en qualité de secrétaire. Il demeura deux ans avec son maître et lui rendit, suivant le témoignage de Paracelse, « les services les plus fidèles et les plus assidus. »

Outre son secrétaire Oporin, Paracelse avait, à Bâle, deux ou trois aides, pour ses cours, qui étaient très-fréquentés. Mais aucun de ses élèves n'acquit de réputation. Il avoue lui-même que, malgré les centaines d'élèves qu'il a eus, il n'est parvenu à former qu'un très-petit nombre de bons médecins : il en a formé, dit-il, deux en Hongrie, trois en Pologne, deux en

Saxe, un en Esclavonie, un en Bohême, un dans les Pays-Bas. Il eut souvent pour auditeurs des hommes célèbres ; mais ils n'apparaissaient guère qu'une fois dans son auditoire, choqués, sans doute, d'entendre enseigner la médecine en allemand ou en mauvais latin, et plus choqués encore de l'âpreté de ses épithètes, lorsqu'il parlait des grands maîtres de l'antiquité et des écoles alors existantes. En revanche, dit Adelung, les empiriques et les charlatans ne le quittaient pas. — Il faut pourtant admettre qu'il y avait aussi dans la foule qui entourait sa chaire quelques hommes animés d'un amour sincère de la vérité et du progrès.

Paracelse avait déjà contre lui tous les médecins de Bâle, ainsi que les pharmaciens et les droguistes, qui lui faisaient une guerre à outrance. A ce cortége d'opposants se joignit bientôt l'Université, appuyée de toutes les personnes qui, dans les classes supérieures, partageaient les préjugés de la vieille scolastique, sans compter celles dont Paracelse avait heurté les opinions religieuses. S'il est vrai, d'un autre côté, que Paracelse s'enivrât, non tous les jours, comme l'ont dit ses ennemis, mais seulement quelquefois, et qu'il se montrât en public dans cet état, il y avait là, certes, plus qu'il ne fallait pour le perdre :

« Souvent, dit Adelung, on le vit arriver ivre dans la salle où il faisait son cours, tenant d'une main la fameuse rapière qui lui venait d'un bourreau, et de l'autre s'appuyant contre une colonne. Dans cette attitude, il faisait briller sa sagesse par une improvisation émaillée des plus grossières invectives contre les partisans de Galien. »

L'Université de Bâle manifesta son ressentiment contre lui, par une attaque en forme. Elle le somma de produire son titre de docteur, de déclarer devant quelle académie il l'avait obtenu, et d'en donner la preuve authentique.

Il semble que le diplôme aurait dû être demandé à Paracelse au moment où on l'avait nommé professeur, et que, sous ce rapport, les scrupules venaient un peu tard. Quoi qu'il en soit, Paracelse avait été nommé professeur par la municipalité de Bâle. C'est à ce corps qu'il adressa sa réponse. Dans cette lettre, qui existe encore, il ne produit nullement le diplôme qu'on lui demandait. Il se borne à se mettre sous la protection du conseil de la ville, et le prie « d'enjoindre à ses ennemis de cesser leurs attaques contre un professeur de l'Université, et de ne point l'empêcher de faire son cours, par les expressions offensantes et les lâches insultes dont ils cherchent à l'accabler. »

Cette dernière phrase prouve que les médecins de Bâle ne s'en tenaient pas aux formes et aux procédés purement académiques, pour faire suspendre ou supprimer le cours de Paracelse, mais qu'ils avaient recours à des moyens violents. Tout cela doit rendre fort suspects les reproches d'ivrognerie, de malpropreté et d'inconduite que lui ont adressés ses ennemis.

L'affaire n'alla pas plus loin, et Paracelse put reprendre ses cours sans être davantage inquiété.

La cure de Frobenius avait fait sa réputation à Bâle et n'avait pas peu contribué à lui faire obtenir sa chaire à l'Université. Mais, un an après, Frobenius mourut d'une attaque d'apoplexie. On ne manqua pas d'attribuer ce grave accident aux remèdes que Paracelse lui avait fait prendre, et d'ajouter que Frobenius n'était pas la seule victime dont il eût causé la mort.

Thomas Eraste assure avoir vu, à Bâle, des savants honorables qui lui ont affirmé que les médicaments prescrits par Paracelse avaient causé la mort de plusieurs personnes. Th. Zwinger, neveu d'Oporin, en dit autant. Petrus Moravius, médecin à Breslau, *avait entendu dire*, à Bâle, les mêmes choses. Un des aides de Paracelse, appelé Franciscus, racontait que son maître, en une seule nuit, avait guéri un homme sans l'avoir jamais vu, qu'il avait deviné sa maladie en observant l'effet produit par une poudre blanche sur l'urine du malade. Mais il ne pouvait préciser ni le genre de la maladie ni les suites qu'elle avait eues. Mais ce Franciscus n'est qu'un témoin peu digne de foi, car il soutenait avoir vu Paracelse changer le mercure en or.

Voilà tout ce que les ennemis de Paracelse ont pu accumuler de plus grave contre lui. Dans tout cela, que trouve-t-on de précis et d'assez bien constaté pour former un véritable corps d'accusation? La mort de Frobenius avait été causée par une apoplexie, car il se trouvait debout, monté sur une échelle, au moment où il fut frappé. Qui pourrait affirmer que l'apoplexie fut une conséquence nécessaire du traitement qu'il avait subi pour sa goutte? Tous les efforts que firent les ennemis de Paracelse pour ternir sa réputation semblent n'avoir servi qu'à faire prévaloir une opinion contraire à celle qu'ils voulaient établir.

Cependant une aventure malheureuse vint brusquement mettre fin au séjour de Paracelse à Bâle.

Un chanoine de cette ville, Cornelius de Lichtenfels, souffrait de l'estomac, et son mal avait résisté à tous les remèdes. Il lui échappa un jour de dire qu'il donnerait cent florins à celui qui parviendrait à le guérir. Paracelse tint note de ces paroles, et proposa à Lichtenfels de le guérir. Il lui administra trois pilules de son laudanum. Le malade, après les avoir prises, dormit longtemps et se trouva guéri. Mais avec le mal était partie la reconnaissance. Le chanoine malade avait promis cent florins au médecin, le chanoine guéri n'en offrit que six. Paracelse, indigné de ce manque de foi, insista pour réclamer les cent florins, et sur le refus du chanoine, il le cita devant le tribunal.

Les deux parties ayant comparu devant les juges, et la cause ayant été suffisamment débattue, le tribunal, dans sa sagesse, décida que le chanoine ne payerait que la somme fixée par le tarif des médecins de la ville. Il paraît néanmoins bien établi qu'il y avait eu contrat formel entre le médecin et le malade; ce jugement était donc empreint d'une grande partialité. Les juges prenaient le parti des nombreux mécontents que Paracelse avait semés autour de lui.

Paracelse fut extrêmement irrité de voir qu'on taxât son traitement comme celui d'un médecin ordinaire. Il jeta les hauts cris en pleine audience; il s'emporta contre le tribunal, insulta les magistrats, et se mit dans le cas d'être poursuivi pour offenses publiques à la magistrature. L'ordre fut même lancé de l'arrêter et de le conduire aux prisons de la ville.

Averti à temps, Paracelse aima mieux abandonner sa position à Bâle que de subir un emprisonnement humiliant. Il fit rapidement ses apprêts de départ, et confiant à son élève Oporin le soin de veiller sur son laboratoire de chimie, il quitta pour jamais la ville de Bâle, avec ses médecins ameutés contre lui, ses magistrats passionnés et ses chanoines sans foi.

C'est à Colmar qu'il se rendit, c'est là qu'Oporin alla le rejoindre, au mois de juin 1528, et lui porter ses bagages, ainsi que ses appareils de chimie.

Il espérait pouvoir se fixer dans cette ville d'Alsace, et dans ce but, il avait dédié au bourgmestre son livre sur la *petite vérole française*, et à Conrad Wickram, le *maître de ville*, son *Traité des plaies*. Mais il ne put réussir à se concilier leur protection, et il fut contraint de recommencer, en Alsace, la vie de médecin ambulant, qu'il avait menée dans sa jeunesse. On le voit, jusque vers la fin de 1529, parcourant les campagnes, visitant les malades chez les paysans et les gentilshommes campagnards, qui l'écoutent avec avidité, ébahis de sa science. Il était toujours accompagné de son secrétaire Oporin.

Malgré sa patience et sa docilité, Oporin se vit obligé de se séparer de son maître, un an après leur départ de Bâle. Paracelse s'était engagé, comme nous l'avons dit, à faire de lui un médecin dans l'espace d'une année. Si Oporin n'apprenait rien, était-ce la faute du maître ou celle du disciple? C'était peut-être celle des deux. Oporin était un assez pauvre élève, surtout en chimie; et Paracelse, souvent emporté ou de mauvaise humeur, s'exprimait avec vivacité et ne donnait que des explications insuffisantes.

Le fait suivant indisposa surtout Oporin.

« Paracelse avait prétendu, dit Adelung, qu'on pourrait juger du tempérament d'un homme par la nature alcaline de ses urines, si cet homme avait passé trois jours sans manger. Oporin, voulant faire l'expérience, jeûna pendant trois jours. Au bout de ces trois jours il parvint, non sans difficulté, à rendre quelques gouttes d'urine, qu'il se hâta de porter à son maître. Paracelse éclata de rire, le traita de fou et lança contre le mur le verre où se trouvait l'urine. Oporin, mortifié, perdit à l'instant ses illusions. Il fut sur le point de quitter son maître. Mais Paracelse se l'attacha de nouveau par la promesse de lui révéler le secret de son laudanum, promesse qui ne fut point réalisée. »

Bientôt la conduite de Paracelse fut telle qu'Oporin se vit dans la nécessité de se séparer de lui, d'une manière définitive. L'irréligion de son maître fut la cause apparente de cette séparation, et voici comment.

Un paysan très-malade fait appeler Paracelse. Il était alors

PARACELSE PLAIDANT CONTRE LE CHANOINE LICHTENFELS DEVANT LE TRIBUNAL DE BALE

absent, de sorte qu'il ne put se rendre chez le malade que le lendemain matin. Il arrive enfin, et en entrant, il demande si le malade a déjà pris quelque chose. On lui répond qu'il a pris les saints sacrements.

« Eh bien! s'écrie Paracelse, si le malade a déjà eu la visite d'un autre médecin, mes soins sont inutiles! »

Et il se retire.

Oporin, outré de cette conduite, le quitta sur-le-champ. Il revint à Bâle, où il se mit à enseigner le grec. Il établit ensuite une imprimerie, mais il ne réussit pas, et mourut dans la misère en 1568. Paracelse dit plusieurs fois, dans ses écrits, que de ses aides ou collaborateurs, Oporin fut toujours le plus fidèle.

Cette fidélité que Paracelse, dans la bonté naïve de son génie, attribue à son secrétaire Oporin devait recevoir un démenti cruel. Si le médecin dont nous racontons la vie paraît devant la postérité sous les plus tristes couleurs, s'il a conservé la réputation d'un homme de mœurs grossières, d'allures bizarres et presque criminelles, c'est à Oporin qu'il le doit.

Les allégations contre les mœurs de Paracelse n'ont d'autres sources que deux documents originaux contemporains, et bien suspects de partialité injuste : un écrit de Lieber, ennemi déclaré de Paracelse, *Disputatio de medicina nova Paracelsi*, imprimé à Bâle en 1572, et une terrible *Lettre* d'Oporin. Nous laisserons de côté le premier de ces documents; mais nous rapporterons dans son entier la lettre d'Oporin. Cette lettre fut publiée du vivant même de l'auteur, et il regretta plus tard de l'avoir écrite. Nous en prenons le texte dans Daniel Senert (*De chymicorum cum Aristotelicis et Galenicis consensu ac dissensu liber. Parisiis*, 1633).

« Quant à ce qui se rapporte à Théophraste Paracelse, mort depuis quelque temps, il me répugnerait assurément de troubler le repos de son âme; mais je l'ai si bien connu, de son vivant, que je ne consentirais jamais facilement à vivre dans l'intimité d'un homme semblable comme j'ai vécu avec lui. Il est vrai qu'il possédait à un degré admirable l'art de traiter, avec bonheur et promptitude, les maladies de toute espèce; mais je n'ai jamais pu découvrir en lui nulle piété, nulle érudition. Je m'étonne souvent de voir livrer à la postérité tant d'écrits qu'on affirme venir de lui, et auxquels je ne crois pas qu'il ait jamais pensé même un instant. Pendant les deux années à peu près que j'ai vécu familièrement avec lui, il s'adonnait tous les jours et toutes les nuits à une ivrognerie crapuleuse, et c'était au point qu'à peine il était possible de le voir deux heures de suite, sans qu'il fût complétement ivre, surtout en Alsace, après avoir quitté Bâle, lorsque, semblable à un autre Esculape, il faisait l'admiration des hobereaux et de tous les habitants des campagnes. Dans ce temps-là, en rentrant chez lui, il avait l'habitude, surtout s'il était complétement ivre, de me dicter quelque chose de sa philosophie; et c'était si bien, et avec une telle suite dans les idées, qu'il ne paraissait pas que l'homme le plus sobre eût pu parvenir à faire mieux. Je m'attachais ensuite à traduire cela le mieux qu'il m'était possible en latin. Ce sont ces écrits qui, traduits en latin, en partie par moi, en partie par d'autres, ont été, dans la suite, livrés à la publicité. Jamais Paracelse, pendant tout le temps que j'ai demeuré avec lui, ne s'est déshabillé pour se coucher. Le plus souvent il rentrait, fort avant dans la nuit, tout à fait ivre; il allait d'abord s'accouder sur son lit tout habillé, l'épée au côté, cette épée qu'il se vantait d'avoir reçue d'un bourreau. Assez souvent ensuite, au milieu de la nuit, se levant brusquement, il se précipitait l'épée nue à la main, et, comme un homme en démence, il frappait à coups redoublés les murs et le plancher de sa chambre; et j'avoue que, plus d'une fois, lorsqu'il se trouvait dans cet état, j'ai craint qu'il ne me coupât la tête. Si je devais faire mention de toutes les choses que j'ai dû souffrir auprès de lui, il me faudrait plusieurs jours pour y réfléchir et les raconter.

« Il expérimentait toujours dans son laboratoire ; il y avait toujours, sur les charbons allumés, quelque chose en préparation ; c'était tantôt quelque alcali, tantôt un sublimé d'huile ou d'arsenic; tantôt du safran de fer, ou son merveilleux Opodeldoch; Dieu sait tout ce qu'il obtenait par l'action du feu! Une fois, il manqua m'asphyxier en faisant une expérience, car voulant exécuter l'ordre qu'il m'avait donné d'observer le gaz qui s'élevait dans l'alambic, j'approchais mon nez un peu trop près, lorsque le verre placé sous l'alambic fut cause, en s'écartant, que des vapeurs vénéneuses emplirent ma bouche et mes narines ; ce qui me suffoqua au point que je tombai en syncope, et que, pour me remettre, on eut besoin de m'inonder abondamment d'eau froide. Quelquefois, il se glorifiait de connaître les choses occultes et feignait d'être à même d'annoncer d'avance certaines choses, de sorte que je ne me serais jamais déterminé facilement à tenter en secret une entreprise au sujet de laquelle j'aurais pu avoir à le craindre. Il n'avait aucun souci des femmes, et je ne crois pas qu'il ait eu de rapport avec aucune. Il s'était abstenu de vin jusqu'à l'âge de vingt-cinq ans. Mais, à partir de cet âge, il s'accoutuma tellement à boire que, faisant de ce genre d'aptitude un sujet de provocation, il allait autour des tables entourées de paysans, défiant les plus intrépides buveurs d'oser se mesurer avec lui. Quand il était ivre, il lui suffisait d'introduire le doigt dans la gorge pour se débarrasser de la trop grande quantité de vin dont son estomac était surchargé; et après cela, disposé de nouveau à boire, il recommençait, comme s'il n'avait encore pris jusque-là aucune goutte de vin.

« Quant à l'argent, il en était extrêmement prodigue, lorsqu'il en avait; mais il en était souvent dépourvu au point qu'il ne lui restait même pas une obole, et je le savais bien. Et cependant il me montrait, le lendemain dans la matinée, une nouvelle bourse pleine, et je m'en étonnais d'autant plus que je ne pouvais deviner comment il était parvenu à se la procurer. Presque tous les mois, il achetait un habit neuf, et il donnait celui qu'il venait de quitter au premier passant qu'il rencontrait. Mais cet habit qu'il venait de quitter était tellement sale et en si mauvais état, que je n'eusse jamais consenti à le demander pour moi, ni à l'accepter pour l'offrir à un autre.

« Il fit des miracles dans le traitement des ulcères les plus dangereux. Et cependant il ne prescrivait à ses malades ni la diète ni aucun régime. Il leur laissait la liberté de manger et de boire le jour et la nuit; il les traitait, et il les guérissait, comme il le disait fréquemment lui-même, bien qu'ils eussent le ventre plein. Pour les maladies de toute espèce, il avait l'habitude de purger au moyen d'un précipité de poudre de thériaque ou de mithridate, ou bien au moyen d'un suc de cerises ou de raisin, qu'il administrait sous la forme de pilules. Quant à son laudanum (c'est ainsi qu'il nommait des pilules ayant la grosseur et la forme de crottes de souris, et qu'il administrait seulement dans les grandes crises, toujours en nombre impair), il en vantait l'efficacité au point d'affirmer, sans la moindre hésitation, qu'avec ce remède il ressusciterait des morts. Et combien de fois, lorsque je demeurais chez lui, n'a-t-il pas confirmé, à cet égard, par la chose même, l'opinion qu'il avait exprimée.

« Je n'ai jamais vu ni entendu Paracelse prier; il ne s'occupait nullement du culte sacré ni même de la doctrine évangélique réformée, qui commençait alors à prévaloir chez nous et qui était sérieusement recommandée par nos assemblées. Il proférait des paroles non moins menaçantes contre le pape et contre Luther que contre Hippocrate et Galien, et il les mettait tous sur la même ligne; « car, jusqu'à présent, disait-il, « parmi tous ceux, anciens ou modernes, qui ont écrit sur les textes « anciens et sacrés, pas un n'en a compris le véritable sens, pas un n'a « creusé jusqu'au noyau; ils se sont tous arrêtés à l'écorce, ou même, « pour ainsi dire, à la membrane dont l'écorce est couverte. » Il disait cela et plusieurs autres niaiseries que je ne puis me rappeler (1). »

Telle est la fameuse lettre d'Oporin, tel est ce redoutable titre d'accusation lancé par un élève contre la mémoire de son maître. Quelques réflexions ne seront pas de trop au sujet de ce document, si souvent invoqué par les adversaires de Paracelse.

En traçant le portrait de son ancien maître, le disciple n'a pas eu évidemment l'intention de le flatter. Admettons, ce qui d'ailleurs n'est pas admissible, qu'il n'ait pas obéi au sentiment

(1) « Quod ad Theophrastum Paracelsum attinet, qui jampridem obiit, non quidem libenter ejus manibus obloquerer : virum tamen talem expertus sum, ut cum tali homine ita unquam familiariter vivere, ut cum ipso vixi, non facile cupiam; adeo, præter mirabilem faciendi medicinam in omni morborum genere promptitudinem et felicitatem, nullam in eo neque pietatem, neque eruditionem animadvertere potui. Et mirari non raro soleo, quum tam multa proferri video, quæ ab ipso scripta et posteritati relicta affirmantur, quorum ego ne somnium quidem unquam illi objectum puto. Adeo erat totis diebus et noctibus, dum ego ipsi familiariter per biennium fere convixi, ebrietati et crapulæ deditus, ut vix unam atque alteram horam sobriam cum reperire licuerit; maxime postquam Basileâ discedens in Alsatiam, inter nobiles rusticos, et rusticos nobiles, tanquam alter Æsculapius, omnibus admirationi fuit. Atque interea tam, quum maxime esset ebrius, domum

d'une étroite rancune, que reproche-t-il à Paracelse ? D'avoir été d'un caractère extrêmement difficile pour les personnes qui vivaient avec lui ; d'avoir manqué de piété, de paraître indifférent en matière de religion, et de ne pas plus se soucier du pape que de Luther. C'étaient là des torts sans doute, mais enfin, Para-

reversus dictare mihi aliquid suæ philosophiæ solebat, quod ita pulchre sibi cohærere videbatur, ut a maxime sobrio melius non fieri potuisse videretur. Ego deinde iisdem in latinam linguam vertendis, ut poteram, vacabam. Et sunt ejusmodi libelli partim a me, partim ab aliis latine conversi, postea editi. Nocte, toto quo ipsi convixi tempore, nunquam se exuit : plerumque enim nonnisi ebrius ad extremam noctem ibat cubitum, atque ita, ut erat indutus, adjuncto sibi gladio, quem carnificis cujusdam fuisse jactitabat, in stratum se conjiciebat, ac sæpe media nocte surgens per cubiculum nudo gladio ita insaniebat, ita crebris ictibus et pavimentum et parietes impetebat, ut ego mihi non semel caput amputatum metuerem. Dies aliquot requirere possem, si eorum omnium, quæ me apud ipsum passum esse scio, mentionem facere deberem.

« Semper habebat officinam suam carbonariam instructam perpetuis ignibus, nunc alkali aliquod, nunc sublimati oleum, nunc arsenici, nunc martis crocum, aut *Oppodeldoch* mirabile, et nescio quæ brodia coquenda. Mihi certe semel noctuas sua fumæ spiritum vitalem oppressit, dum spiritus in alambico suo adscendentes contemplari jussus, et naso propius admoto, remoto paululum vitro quod alambico subjectum erat, virulentos illos vapores tubi os et nares occupavere, et tantum non suffocare conatus fui, adeo ut in syncopem delapsus, frigidæ aquæ non mediocri superfusione restitui opus habuerim. Interea se vaticinari quædam simulabat, et arcanorum quorumdam cognitionem præ se ferebat, ut etiam aliquid, de quo ipsum metuerem non facile aggredi, unquam ausus fuissem. Mulierum nullam curam habuit, ut eum nulla unquam illi rem fuisse credam. Initio abstinens erat vino usque ad ætatis annum fere 25. Deinde ita vinum bibere didicit, ut tota mensæ rusticis plenas propinando provocare et bibendo superare ausus fuerit, digito tantum gula immisso a crapula se liberans, et rursum, tanquam ne guttam quidem hausisset, potionibus indulgens.

« Pecuniæ erat prodigus professor, ac ita ea sæpe destitutus, ut ne obolum quidem ei superesse scirem. Crastino statim die rursum crumenam se habere bene instructam ostendebat, ut non raro miratus fuerim, unde ei fuisset suppeditata. Singulis fere mensibus vestem novam sibi fieri curabat, et priorum cuivis obvio donabat, sed ita conspurcatam, ut ego nunquam mihi dari petierim, neque ultro oblatam, ut gestarem, recapturus fuerim.

« In curandis ulceribus etiam deploratissimis miracula edidit, nulla victus præscripta aut observata ratione, sed enim patientibus suis dies et noctes potando ita eos, ut solebat dicere, pleno ventre tamen curavit. Præcipitati pulvere, theriaca aut mithridatico, aut cerasorum sive botreorum succo in pilulas redacto in omni morborum genere ad purgandum utebatur. Laudano suo (ita vocabat pilulas instar murium stercoris, quas impari semper numero in extrema tantum morborum difficultate tanquam sacram medicinam exhibebat), ita gloriabatur, ut non dubitavit affirmare, ejus solius usu se e mortuis vivos reddere posse ; idque aliquoties, dum apud ipsum fui, re ipsa declaravit.

« Orare unquam audivi neque vidi, neque curabat etiam ecclesiastica sacra, sed doctrina evangelica, quæ tum temporis apud nos excoli incipiebat, et a nostris concionatoribus serio urgebatur, non multum ab eo curabatur. Sed aliquando Lutherum et Papam non minus, quam tunc Galenum et Hippocratem redacturum in ordinem minabatur ; neque enim eorum, qui hactenus in Scripturam sacram scripsissent, sive veteres, sive recentiores, quemquam scriptorem ad nucleum recte fuisse, sed circa corticem et quasi membranam tantum hærere. Et nescio quæ alia nugabatur, quorum neminisse piget. »

celse n'était pas athée. Les calomniateurs, les détracteurs ardents ne lui ont pas manqué, cependant il ne s'en est trouvé aucun qui l'ait accusé d'athéisme. Oporin dit qu'il était excessivement prodigue. Mais la prodigalité est le contraire de l'égoïsme et de la cupidité. De tous les reproches qu'il fait à Paracelse, le plus grave et le mieux fondé, sans doute, est de s'être enivré, le jour et la nuit, pendant les deux années qu'il a passées avec lui. Malgré cela, si l'on excepte quelques accès d'une véritable démence, causée probablement par la privation du sommeil et par l'abus du vin, Paracelse travaillait sans cesse, et comme chimiste et comme médecin.

L'ivrognerie habituelle est incontestablement un vice, mais ce vice peut résulter, chez un homme, ou d'une disposition du tempérament, ou d'une situation physique et morale exceptionnelle ; et Paracelse se trouvait dans ce dernier cas. Sans femme, sans enfants, étranger aux doux sentiments de l'amour, il ne pouvait trouver dans les rapports de la vie sociale aucune de ces jouissances que nous recherchons après une journée de labeur. Les voyages, une locomotion perpétuelle, la lutte à outrance contre les hommes et contre la science de son temps, furent ses seules passions. En attaquant à tort et à travers les anciens et ses contemporains, il se fit des ennemis nombreux, violents, implacables. Il fut repoussé, persécuté, calomnié. C'était donc un homme extrêmement malheureux, et d'autant plus malheureux qu'il était isolé. Dévoré par une imagination ardente, consumé par ses propres ressentiments, accablé de chagrins, il fit ce qu'ont fait beaucoup d'autres dans une situation analogue : il chercha l'oubli de ses peines dans les excès du vin, seul plaisir qui fût à sa portée. Nous ne voulons pas essayer de le justifier d'un vice honteux et dégradant, mais seulement réclamer, en considération de ses malheurs et de son génie, quelque indulgence pour le vice qu'on lui reproche, et qui ne fit tort qu'à lui seul.

Oporin était un homme instruit, mais une faible cervelle. Il éprouvait un grand enthousiasme pour son maître, et il le traita avec une dureté sans exemple, dans cette lettre, véritable monument d'ingratitude. Tantôt il vante les merveilleuses cures de Paracelse, son ardeur au travail, la lucidité extraordinaire et l'ordre irréprochable qu'il met dans ses idées ; tantôt il traite de pitoyable radotage ses écrits philosophiques. Il donne une preuve de sa faiblesse d'esprit à propos de ces bourses pleines d'or que Paracelse lui montrait en rentrant le matin. Il ne s'expliquait pas comment il était parvenu à se les procurer. Mais, puisqu'il savait que Paracelse était joueur, il aurait bien pu imaginer qu'il avait passé la nuit à jouer et qu'il avait gagné cet or. On pourrait supposer également, qu'appelé, pendant la nuit, auprès d'un malade, il avait fait quelque bonne cure, qu'on lui avait généreusement payée. Ces explications du bon sens ne viennent pas à l'esprit d'Oporin, trop prévenu contre son bienfaiteur et son maître.

C'est d'après un passage de la lettre d'Oporin, que nous venons de citer, que les ennemis de Paracelse ont accrédité cette opinion absurde, qu'il n'avait pas de sexe, qu'il était eunuque.

« Il est de tradition générale, dit Adelung, qu'il avait subi la castration dans sa jeunesse. Guade regarde le fait comme vrai. Il dit que c'était le père même qui avait fait faire cette opération. Éraste prétend avoir entendu dire en Carinthie, qu'un soldat, ayant rencontré l'enfant dans un lieu isolé où il gardait des oies, s'était porté sur lui à cet excès d'horreur. D'après Helmont, c'était un cochon qui lui avait dévoré l'organe de la virilité. »

Ce sont là de pures fables imaginées par les ennemis de Paracelse et recueillies avec empressement par Éraste. Le seul fondement sur lequel on s'appuie, c'est le passage dont nous parlons de la lettre d'Oporin. Le déloyal secrétaire peut avoir remarqué la continence chez Paracelse; mais il demeura en tout deux ans avec lui. Peut-on conclure de cet intervalle de temps à une existence d'homme tout entière? Oporin eût été mieux inspiré en mettant sur le compte de la passion de son maître pour son enseignement et ses travaux cette réserve dont il lui fait un crime.

Éraste invoque un autre fait à l'appui du même cancan. C'est que, sur ses portraits, Paracelse est représenté sans barbe. Cet argument tombe de lui-même quand on a vu le portrait qui accompagne ses *Œuvres complètes*. Dans ce portrait, qui est la reproduction d'un tableau peint d'après nature par le Tintoret, Paracelse est représenté avec une barbe, comme si l'on voulait aller au-devant du méchant propos colporté par l'envie. Paracelse ne fut donc pas eunuque, comme on a voulu le dire, et la

PARACELSE TRAVAILLE AVEC SON SECRÉTAIRE OPORIN

preuve, c'est qu'il ne manqua jamais de courage ni de force : il était, comme le dit Adelung, « *bonne rapière et fier-à-bras* ».

Pour continuer à rapporter les bruits, bien ou mal fondés, qu'on faisait courir contre Paracelse, nous citerons un écrit de Conrad Gesner, son contemporain. Dans une *Lettre sur Paracelse*, le célèbre naturaliste suisse traite fort mal Paracelse, dont le système médical et le genre de vie excentrique déplaisaient à sa grave austérité.

« Dès qu'il avait un peu d'argent, dit Gesner, il se hâtait d'aller le dépenser soit en jouant, soit en buvant. Il se vantait même de n'avoir jamais été soigner un malade avant d'avoir tout dépensé. Il aimait à varier ses occupations. Il s'appliquait tantôt à la théologie, tantôt à la médecine, tantôt à la magie. »

Gesner qualifie d'*inconstance* ce changement de travail, et c'est bien la première fois que l'on a songé à taxer d'inconstance la variété des occupations intellectuelles d'un homme de génie.

II

Après s'être séparé d'Oporin, Paracelse quitta l'Alsace pour la Suisse et les provinces méridionales de l'Allemagne. Il recommença sa vie de magicien, de chirurgien, de médecin et d'alchimiste ambulant, qu'avait interrompue, pendant deux ans, sa nomination à la chaire de médecine de Bâle. Cette période de son existence est très-peu connue.

Se trouvant à Nuremberg, au mois de novembre 1529, il fit hommage d'un de ses livres au conseil de cette ville, sans doute dans le but d'obtenir quelque emploi. Mais les médecins de Nuremberg firent tous leurs efforts pour déconsidérer le nouveau venu. Ils le qualifiaient d'imposteur et de vagabond. Lui, de son côté, ne leur épargnait pas les épithètes d'ignares, de pédants et de charlatans. Pour les humilier davantage, il s'engagea à guérir gratis les malades qu'ils avaient abandonnés. Il lui arriva, tout aussitôt, des malades atteints de cette affreuse maladie nommée *éléphantiasis*, qui rend la peau humaine dure et ridée comme celle de l'éléphant, et produit une effroyable tuméfaction du pied. Paracelse traita ces malades, et on assure qu'il les guérit.

Cependant, ni l'hommage de son livre ni cette cure merveilleuse n'avaient pu disposer la ville de Nuremberg en faveur du chirurgien de la Souabe; car on lui fit défense, en 1530, sur la demande de l'Université de médecine de Leipzig, de publier son traité des *Impostures des médecins*. En cela, l'Université de Leipzig se montrait fort intolérante. Attaquer, dénigrer un confrère qui vit de son travail, l'empêcher de prendre la parole pour se défendre, quand on le prive de tout moyen d'existence, c'est une étrange manière de prouver qu'on a raison. Rien n'est plus propre à faire voir combien il faut de courage pour oser proposer des idées nouvelles qui choquent, même indirectement, les intérêts et les préjugés des vieilles corporations.

Paracelse tomba alors dans une profonde misère. Calomnié par des milliers d'individus, dont la plupart avaient une position dans le monde, il ne pouvait se présenter dans une ville sans y rencontrer le mépris et la haine. Et il n'existait pour lui aucun moyen de justification, puisqu'on lui avait interdit de publier ce traité sur les *Impostures des médecins* qui renfermait sa réponse aux attaques et aux calomnies sous le poids desquelles il succombait. On se croyait dispensé envers lui de toute équité. Un bourgeois d'Amberg, nommé Sébastien Castner, l'avait fait venir, pour le traiter d'une maladie dangereuse. Après l'avoir guéri, Paracelse réclama le prix convenu d'avance. Castner refusa de payer. Paracelse jugea inutile d'avoir recours aux tribunaux, d'après ce qui lui était arrivé, à Bâle, dans son affaire avec le chanoine Lichtenfels.

Nous le trouvons à Saint-Gall en Suisse, au mois de mars 1531. Le margrave Philippe de Bade était malade d'une dyssenterie dont on n'avait pu le guérir. Paracelse fut appelé, et le margrave lui promit une récompense princière, s'il parvenait à lui rendre la santé. Le margrave, une fois guéri, ne tint aucunement l'engagement qu'il avait contracté. Non-seulement il manqua de parole, mais il eut pour le chirurgien des procédés auxquels on n'aurait pu s'attendre de la part d'un prince. Paracelse, irrité, le traita de la façon la plus outrageante et la plus méritée ; ce qui l'obligea de partir au plus vite.

Il semblait avoir à peu près perdu tout crédit et toute considération dans le midi de l'Allemagne. Aussi ne tarda-t-il pas à quitter ces contrées.

En 1532, il se trouvait en Prusse; en 1535, il parcourait la Pologne et la Lithuanie. En 1535, il reparaît en Suisse, où, le dernier jour du mois d'août, il fait hommage à l'abbé de Pfeffers, d'un écrit *sur les eaux minérales de Pfeffers*.

Le 7 mai de l'année suivante, il fait hommage à l'archiduc d'Autriche Ferdinand, du troisième livre de son grand ouvrage sur la *chirurgie*.

Glauber accuse Paracelse d'avoir commis la plus grossière inconvenance à l'égard des médecins de Vienne. Voici à quelle occasion. Il avait été appelé en consultation auprès de quelques personnes d'un rang élevé, qu'il traita et guérit. La récompense qu'il reçut dut être proportionnée à l'importance de la cure; et il n'avait pas eu sans doute à se plaindre non plus des médecins qui l'avaient appelé, puisque, la veille de son départ, il se crut obligé de les inviter à un repas d'adieu.

A la fin de ce repas, on lui demanda avec instance une sorte d'aperçu sommaire du traitement qu'il avait employé. Paracelse, pour toute réponse, fit porter sur la table un plat recouvert d'une cloche d'argent. Ce plat mystérieux devait renfermer la réponse à la question posée. Ainsi le pensèrent les convives, et ils ne se trompaient pas. Ils n'eurent pas d'ailleurs beaucoup à attendre pour connaître cet objet, car bientôt le plat fut découvert.

Comment dire ce qu'il y avait dans ce plat? Mieux vaut le laisser deviner.

A cet aspect repoussant, tous se lèvent de table et se retirent, en exprimant par leurs gestes et par leurs paroles la plus vive indignation. Et Paracelse de s'écrier, en les voyant s'éloigner : « Ah ! les ignares, les ânes indignes du grand secret que j'avais à leur révéler ! Qu'ils aillent au diable, et qu'on les laisse courir ! »

Les médecins convives de Paracelse ne paraissaient pas se douter qu'il existe nécessairement des rapports entre la nature des déjections d'un malade et l'état où se trouvent les organes digestifs ; et qu'il est souvent nécessaire, à cause des rapports intimes qui existent entre toutes les parties de l'organisation vivante, d'examiner ces déjections. Mais ils étaient trop irrités pour entendre à rien en ce moment, et il faut convenir qu'une dissertation ainsi entamée ne pouvait que leur paraître une grossière injure.

En juillet 1536, Paracelse était dans les environs d'Augsbourg. Il fut appelé chez Langenmantel, patricien d'Augsbourg dont la femme était très-malade, et qu'il guérit.

D'Augsbourg, notre médecin voyageur se rend à Landsberg, en Bavière. Le médecin Rechklau, qui avait en traitement, dans sa maison deux nobles dames, la femme et la sœur du docteur Sebald de Pfeten, l'une hydropique, l'autre phthisique, confia ces malades à Paracelse. Mais leur état étant désespéré, il ne se chargea point de les traiter.

De Landsberg, Paracelse passe à Munich, et il traite, par un emplâtre mercuriel, un malade dont il ne fait qu'aggraver l'état. Il quitte bientôt Munich, pour se rendre en Hongrie et en Transylvanie. Il nous dit dans un de ses ouvrages, qu'en 1536 il se trouvait dans ces pays, mais qu'il y fut honni, vilipendé. Une de ses panacées, l'*opodeldoch*, fut repoussée avec mépris.

Les haines croissantes, déchaînées contre Paracelse, avaient fini par le faire regarder, même dans une partie du peuple, comme un objet de mépris et d'horreur. L'opinion publique était soulevée contre ses médicaments chimiques.

C'est alors que, pour rétablir sa réputation, Paracelse renonça à la médecine, et se consacra tout entier à la chirurgie, pour laquelle son aptitude était extraordinaire. Ce fut à cette époque qu'il composa la plupart de ses écrits sur la chirurgie.

George Better, qui, dans la suite, prit le grade de docteur, l'accompagna pendant vingt-sept mois, en qualité d'élève et de secrétaire, dans ses voyages en Autriche, en Hongrie, en Transylvanie et dans d'autres pays. Il reconnaît avoir beaucoup appris de Paracelse, dans le traitement des maladies chirurgicales. Seulement il avait quelque peu à souffrir des façons excentriques de son maître, qu'il croyait en commerce avec les démons. Better était tellement crédule que, bien souvent en proie à des transes mortelles, il s'attendait à voir, d'un moment à l'autre, des légions de diables apparaître à la voix de l'enchanteur!

Paracelse avait fait hommage, avons-nous dit, à l'archiduc Ferdinand, du troisième livre de sa *Grande Chirurgie*; mais cet hommage n'avait été suivi, de la part de ce prince, d'aucune marque de bienveillance. Ferdinand, ne pouvant juger par lui-même ni de la valeur du livre ni du mérite de l'auteur, avait dû s'en rapporter à l'avis de ses médecins; et l'on comprend sans peine comment ces derniers avaient dû recommander leur rival. Voyant qu'il ne réussirait pas à Vienne, Paracelse quitta cette ville inhospitalière. Véritable juif errant de la chirurgie, il alla promener sa science en Moravie et en Bohême, puis en Hongrie.

Les cures qu'il entreprit en Bohême ne furent pas heureuses. Jean de Leippa, maréchal héréditaire de Bohême, l'avait fait venir, pour être traité de la goutte. Après avoir été soumis aux remèdes chimiques de Paracelse, le maréchal, qui n'avait eu jusque-là que des attaques intermittentes, eut la goutte complète. Son fils, Bertold, avait mal aux yeux : c'était la suite d'un léger accident. Il fut si bien soigné par Paracelse, qu'il en devint aveugle. La baronne de Zerotein éprouvait des douleurs dans le bas-ventre : le médicament que lui prescrivit Paracelse lui donna une forte diarrhée, dont elle mourut. Peu de temps après, le maréchal lui-même mourut dans les plus cruelles souffrances. Paracelse jugea prudent de quitter le théâtre de tant d'exploits.

Comme il ne désespérait pas d'attirer sur lui l'attention de l'archiduc d'Autriche, il revint à Vienne. Il finit par obtenir deux audiences de l'empereur, lequel s'entretint avec lui des moyens à employer pour perfectionner la chirurgie dans ses États, mais ne parut point goûter ses idées.

Il ne faut pas trop s'étonner de l'insuccès de Paracelse dans les derniers traitements que nous avons racontés. Les erreurs médicales ont été nombreuses de son temps. Paracelse, entrant dans une voie tout à fait inexplorée, se trompa, tout comme un autre, et même plus qu'un autre peut-être. C'est un malheur attaché à la profession qu'il avait embrassée. Il fut même poursuivi en justice pour quelques erreurs de ce genre. Adelung nous apprend que cette mésaventure lui arrriva à Inspruck.

L'animosité des médecins galénistes dut entrer pour beaucoup dans les poursuites qui furent intentées contre lui. On dit bien, en effet, qu'il fut plus d'une fois poursuivi, mais on ne dit pas qu'il fut condamné une seule fois. De l'instruction dirigée contre lui à Inspruck il résulta seulement qu'il avait pris à tort le titre de docteur. Si l'on était parvenu, dans un pays quelconque, à établir juridiquement que la mort d'un malade, traité par Paracelse, avait été la conséquence nécessaire de l'emploi de ses médicaments, ses ennemis eussent certainement signalé le fait à l'Europe entière, et Adelung, qui s'est livré aux recherches les plus minutieuses, n'eût pas manqué de rapporter ce jugement, pour confondre son héros, qu'il a pris en grippe.

Paracelse parle vaguement de l'affaire qui l'obligea à partir d'Inspruck, et dont la date est incertaine. D'Inspruck, il se rendit à Méran, ville du Tyrol, où il trouva, dit-il, « honneur et argent », c'est-à-dire, ajoute Adelung, « *qu'il y trouva un malade qu'il écorcha.* » C'est toujours, comme on voit, la même appréciation malveillante.

De Méran, il part pour Sterzingen, où régnait la peste. Il se hâte de composer, sur l'épidémie régnante, un opuscule, qu'il dédie au corps municipal. Il fait entendre qu'il serait heureux d'être nommé médecin de la ville; mais le conseil fait la sourde oreille.

Il partit alors pour la Carinthie. Avant de se rendre dans la ville à laquelle son père avait été longtemps attaché en qualité de médecin, il jugea nécessaire de se faire précéder par une sorte d'*écrit apologétique*, où se trouvaient énumérés ses longs voyages, ses innovations médicales, ainsi que les attaques violentes et calomnieuses dont sa personne et ses travaux avaient été l'objet. On trouve dans cet écrit un passage assez étrange concernant ses élèves, ou aides-servants. Il prétend que vingt et un d'entre eux lui ont été enlevés par le bourreau, et que Dieu les a tous! Il faut convenir, si cela n'est pas le produit d'une aberration d'esprit, que Paracelse n'avait pas été heureux dans le choix de ses aides-servants. Il n'est pas, d'ailleurs, impossible que le texte de cet écrit ait été falsifié, car une partie de la génération de l'Allemagne contemporaine de Paracelse était disposée à lui jouer les plus perfides tours.

Par une lettre datée du 24 avril 1538, Paracelse adresse

aux États du duché de Carinthie son *Écrit apologétique*, une *Chronique de Carinthie* et quelques autres écrits, avec promesse de faire des cures étonnantes. La commission des États, par sa réponse du 2 septembre, le remercie de cet hommage et lui promet, avec beaucoup de bienveillance, de mettre sous les yeux des États les ouvrages qu'elle a reçus de lui.

En attendant, Paracelse parcourt la Carinthie. On le voit successivement à Villach, la ville qu'avait habitée son père, à Saint-Vit, à Léoben, etc.

Il ne se borna pas à parcourir la Carinthie, mais il fit différentes excursions dans les pays voisins. N'ayant pu réussir auprès de l'empereur Ferdinand, il espéra être plus heureux auprès de son successeur Charles Quint. On a prétendu qu'il s'efforça d'attirer son attention par d'heureuses prophéties et par la promesse de lui révéler le secret de la pierre philosophale.

Il composa, pour Charles Quint, ses *Practica* ou *Prédictions astrologiques pour l'année* 1539, qu'on trouve encore parmi les écrits qui lui sont attribués. Le jésuite René Rapin prend la peine d'affirmer que les promesses relatives aux trésors que l'empereur devait acquérir avec la pierre philosophale étaient illusoires, et que Charles Quint regarda Paracelse comme un fou. Tout cela ressemble beaucoup plus à un conte qu'à une histoire véridique. La haine des médecins et des pédants contre Paracelse, jointe à la crédulité du peuple, a été la cause d'une foule de fables grossières et absurdes imaginées et colportées contre lui, de son vivant même.

On ne sait rien de ce que fit Paracelse en 1540. Sa constitution avait été usée de bonne heure, par son déplorable genre de vie. Bien qu'il n'eût que quarante-sept ans, il avait l'air d'un vieillard. Que faisait-il, pendant cette année, en Carinthie, où sans doute il se trouvait encore? Peut-être, fatigué, malade, après une vie si agitée, il consacrait quelque temps au repos. Il dut partir de la Carinthie et arriver à Salzbourg, au commencement de 1541. C'est ce que l'on présume d'après une lettre qu'un habitant de Cracovie lui adressa, en août 1541, pour le consulter sur une maladie chirurgicale.

Paracelse touchait alors au terme de sa vie. On dit généralement qu'il mourut à l'hôpital de Salzbourg; c'est une erreur. Son testament, qui a été imprimé, prouve qu'il mourut dans une petite chambre de l'hôtel du *Cheval-Blanc*. Il ne faut accorder aucune créance à cette opinion que ses ennemis l'auraient empoisonné. Ils ne le tuèrent que moralement, en ne cessant de le dénigrer, de le calomnier et de le persécuter pendant toute sa vie. C'est d'eux que vint le faux bruit qu'il était mort à l'hôpital, dans une profonde misère.

La misère ne déshonore pas plus que l'hôpital, et en inventant ce récit de la mort de Paracelse, ses ennemis commettaient encore un mensonge et une calomnie.

Il mourut le 24 septembre 1541, à l'âge de quarante-sept ans. Avant de mourir, il s'était jeté dans les bras de l'Église romaine. Tout son testament est conçu dans les termes consacrés par cette Église. On y trouve quelques petits legs, destinés à faire chanter des messes pour le repos de son âme.

Il fut enterré, suivant les rites de la religion romaine, dans le cimetière de l'église de l'hôpital Saint-Sébastien. Son épitaphe, accompagnée des armes de la famille Hohenheim, se lit encore sur le mur extérieur de l'église. Elle est ainsi conçue :

Conditur hic Philippus Theophrastus, insignis medicinæ doctor, qui dira illa vulnera, lepram, podagram, hydropisin, aliaque insanabilia corporis contagia, mirifica arte sustulit : ac bona sua in pauperes distribuenda, collocanda honoravit. Anno MDXXXXI, die XXIV septembris, vitam cum morte mutavit (1).

Paracelse avait fait son testament en présence d'un notaire. Il voulait être enseveli dans le cimetière de Saint-Sébastien. Il désirait que des messes fussent chantées, le 1er, le 7e et le 30e jour du mois, pour le repos de son âme. Sa succession, hélas ! bien mince, se composait de deux ou trois petites chaînes d'or, quelques bagues et médailles commémoratives, avec un peu d'or, un petit vase et une boule d'argent, quelques pierres précieuses, des coraux, quelques objets en bois d'ébène, une pierre inconnue incrustée dans de la cire, un peu de linge et quelques vêtements ; enfin, toutes sortes de boîtes remplies de poudres et

---

(1) « Ici est enseveli Philippe-Théophraste, célèbre docteur en médecine, qui guérissait, avec un art admirable, les maladies cruelles, la lèpre, la goutte, l'hydropisie et autres maladies contagieuses et qui fit un noble emploi de ses biens en les distribuant généreusement aux pauvres. Il est passé de vie à trépas le 24 septembre 1541. »

d'onguents et quelques instruments de chimie. En fait de livres, il laissait seulement la *Concordance des Testaments*, une Bible petit format, et l'*Interprétation des Quatre Évangiles*, par saint Jérôme ; comme manuscrits, un livre d'ordonnances médicales, sept traités et quelques écrits sans valeur.

Il lègue son gobelet d'argent au couvent d'Einsideln (Suisse), où avait vécu sa mère. Ce gobelet, qui existe encore, sert de calice dans l'église pour la célébration de la messe. La crédulité publique affirme que le métal dont il est formé a été composé artificiellement par Paracelse.

Il lègue un peu d'argent à un barbier de Salzbourg ; à André Windl, autre barbier, ses livres de médecine et quelques onguents. Il ne faut pas oublier que les barbiers étaient les chirurgiens de ce temps.

Le Clerc, l'historien de la médecine, ajoute qu'on ne trouva dans la succession de Paracelse que 16 florins en espèces, et qu'il en avait légué 10 à ses parents d'Einsideln. Outre les objets portés sur son testament, Paracelse avait laissé à Augsbourg et dans diverses villes de la Carinthie, des livres, des vêtements, des ustensiles. Les exécuteurs testamentaires les firent réclamer.

Adelung, toujours âpre, toujours implacable, ajoute :

« En somme, telle fut la succession d'un médecin qui se vantait d'avoir guéri dix-huit princes, d'avoir traité avec succès dans toute l'Europe des myriades de maladies dangereuses, et qui plus est, d'être en possession de la pierre philosophale. »

Si Paracelse, dont la grande habileté en chirurgie et en chimie a été reconnue par ses plus ardents ennemis, est mort pauvre, on pourrait citer, en revanche, un certain nombre d'ignorants médecins qui ont laissé des fortunes de princes. Il y a dans le caractère de l'homme de génie quelque chose qui le rend comme étranger à son siècle, ou qui le met trop directement en opposition avec les erreurs et les préjugés de son temps. Adelung a intitulé sa biographie de Paracelse : *Le Grand Charlatan*. Si Paracelse eût été un charlatan, dans toute l'acception du terme, il fût certainement parvenu, par un moyen ou par un autre, à faire sa fortune, et on aurait trouvé autre chose dans son héritage que seize florins et une Bible.

J.-C.-W. Molisen, dans sa notice sur la *Collection des portraits des médecins célèbres*, dit qu'il a compté trente-cinq gravures, ou portraits de Paracelse. Dans la plupart de ses portraits, Paracelse a la tête chauve, le menton imberbe, la main gauche appuyée sur la garde de son épée. Le portrait qui a été le plus souvent gravé, est celui qu'on trouve dans les anciennes éditions de ses œuvres, principalement dans les trois premières. On voit le même portrait, gravé dans la *Bibliotheca magica*, 1er vol., p. 367, entouré de symboles alchimiques, et accompagné de son éloge en latin, en grec et en allemand. On trouve encore le même portrait dans une médaille frappée en son honneur. Le revers porte la légende : *De Theophrasti Paracelsi*, etc.

Dans l'édition latine des œuvres de Paracelse, par Bitiscius (Genève, 2 vol. in-f°, 1658), on trouve un magnifique portrait gravé par F. Chauveau, avec cette remarque : *J. Tintoret ad vivum pinxit;* ce qui veut dire que le Tintoret a peint Paracelse d'après nature. Dans ce portrait, Paracelse est chauve; il a de la barbe, et dans la main gauche, il tient le bonnet de docteur. Bitiscius assure, dans sa préface, que le Tintoret peignit Paracelse, à Venise, lorsqu'il était dans les troupes vénitiennes, en qualité de chirurgien : il considère par conséquent ce portrait comme le plus ressemblant. C'est celui qui figure en tête de cette notice.

III

Un homme qui a exercé sur son siècle une influence immense, qui a fait remettre en question des principes regardés jusque-là comme immuables, et qui a renversé des autorités scientifiques universellement acceptées, est certainement un esprit supérieur. Paracelse n'avait pas, il est vrai, ce genre d'érudition qui s'acquiert dans les livres; il n'avait point fait d'*études classiques*, et dans le siècle où il vécut, on regardait comme un parfait ignorant, celui qui était incapable de soutenir une conversation en latin. Il est certain que l'érudition latine est comme un vaste répertoire de toutes les connaissances acquises par l'expérience des siècles. L'homme privé d'un tel secours a de bien grands efforts à faire pour s'élever ; et lorsqu'il parvient à découvrir des vérités nouvelles, ce n'est jamais sans être plus d'une fois tombé dans de graves erreurs. Mais les études qu'on faisait au seizième siècle, dans les Universités, étaient moins propres à développer l'esprit qu'à lui ôter toute spontanéité, et par conséquent, à étouffer le génie dès sa naissance. Si Paracelse eût étudié suivant les règles communes, il n'aurait certainement pas rempli le rôle de réformateur qui fit la gloire et les malheurs de sa vie.

Tel qu'il s'était formé, Paracelse était admirablement propre à soutenir son rôle de critique et de rénovateur de la médecine. Il avait cette assurance et cette justesse du coup d'œil que donnent de continuels voyages à travers différents pays. Plein d'enthousiasme et d'audace, il s'exprimait dans sa langue avec une facilité extraordinaire, et avec une grande énergie quand il était animé. Il entendait un peu le latin ; mais sa langue maternelle, dialecte allemand dédaigné des érudits, était la seule dans laquelle il se fût accoutumé à penser et à parler. Il dictait en allemand, à Oporin, son secrétaire, et il dictait très-vite, comme un homme à qui les idées viennent en foule. Ensuite Oporin, qui n'était pas un littérateur de premier ordre, traduisait en latin, comme il pouvait (il en convient lui-même, ce que le maître avait dicté.

Il arriva plus d'une fois qu'Oporin, trop vivement pressé par Paracelse, écrivit certains mots d'une manière illisible, et qu'à ces mots qu'il ne pouvait déchiffrer, quand il faisait sa traduction, il en substitua d'autres, qui altéraient le sens de la phrase. De là une première cause d'obscurité dans ces écrits.

Une autre cause qui a contribué au même résultat, ce sont les termes allemands dont Paracelse se servait pour exprimer des idées métaphysiques. La langue allemande, qui n'avait pas encore été travaillée par les penseurs et par les écrivains, ne pouvait alors se prêter que fort difficilement aux discussions philosophiques. Si Paracelse était obligé de prendre dans sa langue des termes dont le sens n'était pas nettement défini, comment eût-il été possible à ses traducteurs d'en trouver les équivalents en latin? Il faut ajouter qu'on a reconnu des passages tronqués ou falsifiés, par ses ennemis, dans des ouvrages publiés de son vivant même; il s'en plaint amèrement dans un de ses écrits. Enfin, le langage obscur et mystérieux qu'il a quelquefois employé lui-même à dessein, pour cacher le secret de ses préparations, a beaucoup nui à la clarté de ses ouvrages. Par exemple, dans son *Archidoxe* (lib. 1), il dit qu'il s'embarrasse fort peu d'un vulgaire sourd et impie, et qu'il ne veut être compris que des siens. Ce livre de l'*Archidoxe* est celui que ses adeptes tenaient le plus à entendre; car c'est là surtout qu'il explique les principes de ses préparations chimiques, la manière de séparer les éléments et d'extraire les *quintessences*, en un mot sa *philosophie chimique*.

Des écrivains de talent se sont livrés à un examen impartial et approfondi des travaux de Paracelse. Parmi ceux dont les recherches ont contribué à rendre notre tâche plus facile, nous devons citer principalement les docteurs Bordes-Pagès (1), Michéa (2), Cruveilhier (3), Hœfer (4), enfin M. Franck (5).

Ce qui domine dans l'œuvre de Paracelse, c'est l'idée de renouveler la face de la médecine en réformant sa thérapeutique; c'est l'invention de remèdes jusque-là inconnus, fournis par les progrès de la chimie minérale et organique, qui commençait alors à essayer ses premiers pas. Cette innovation, étant surtout applicable en face des malades, n'a pas laissé de traces faciles à saisir dans les ouvrages de Paracelse. C'était dans la pratique, au lit du malade, que se révélaient ses idées nouvelles, et les ouvrages que nous possédons de lui ne peuvent donner qu'une idée bien insuffisante de l'influence qu'il dut exercer comme médecin. Quand on voyait Paracelse, avec quelques composés mercuriels, faire disparaître, comme par enchantement, les plus effrayants symptômes du mal importé du nouveau monde; quand on le voyait guérir en peu de jours les fluxions de poitrine avec les sels d'antimoine, on ne pouvait s'empêcher de concevoir une admiration enthousiaste pour ce puissant rénovateur de la vieille médecine. De tout cela il existe à peine quelques traces dans ses écrits, qui sont

---

(1) *Revue indépendante*, 10 avril 1847.
(2) *Gazette médicale*, 7 et 14 mai 1842.
(3) *Philosophie des sciences médicales*, Œuvres choisies, in-18. Paris, 1861.
(4) *Histoire de la Chimie*, Tome II.
(5) *Notice sur Paracelse et l'alchimie au seizième siècle*, Notice lue à la séance publique des cinq Académies, le 25 décembre 1853.

d'ailleurs peu nombreux, si l'on néglige ceux qui ont été frauduleusement mis sous son nom.

Nous avons dit précédemment que le médecin allemand Marx a réduit à dix le nombre des ouvrages qui appartiennent authentiquement à Paracelse. Trois à peine parurent de son vivant, et il s'y trouve même des passages interpolés. C'était pendant l'impression même que se faisaient ces interpolations frauduleuses. Les dix traités appartenant en propre à Paracelse sont, par ordre chronologique : *De Gradibus et Compositionibus receptorum*; — *la Petite Chirurgie*; — *Sept livres sur les plaies ouvertes*; — *Trois livres sur le Mal français*; — *Des impostures des médecins*; — *Opus paramirum*; — *les Bains de Pfeffers*; — *la Grande Chirurgie*; — *Neuf livres* DE NATURA RERUM; — *Trois livres : l'un pour la défense de l'auteur, le second sur les erreurs des médecins, et le troisième sur l'origine de la pierre*.

Ses œuvres complètes ne furent pas rassemblées de son vivant. Elles furent recueillies et publiées par Jean Huser, à l'instigation de l'archevêque de Cologne. Jean Huser réunit tous les manuscrits de Paracelse, dispersés en divers pays de l'Europe, et les fit imprimer, avec le secours de l'archevêque prince électeur de Cologne (1). Ce recueil ne forme pas un corps de doctrine ; c'est un assemblage de divers traités de médecine et d'alchimie. Mais, comme nous l'avons déjà fait remarquer, le plus grand nombre de ces écrits est supposé, car jamais Paracelse n'aurait eu le temps d'écrire ces dix volumes in-4°.

Les traductions latines de ses œuvres ne peuvent donner qu'une idée fausse ou incomplète de la diction pittoresque et animée de cet homme étrange. A Bâle, dans sa chaire, il était entouré d'un véritable prestige. Dans ses moments d'inspiration, les comparaisons d'une originalité tantôt plaisante, tantôt fortement expressive, les pensées neuves et hardies, les traits vifs et piquants jaillissaient d'une improvisation qui ressemblait peu à celle des docteurs et des dialecticiens scolastiques.

---

(1) *Bucher und Schriften philosophi medici* PHILIPPI THEOPHRASTI BOMBAST VON HOHENHEIM PARACELSI *genannt*, etc., *durch* JOANNEM HUSERUM. (Livres et écrits du philosophe médecin Philippe Théophraste Bombast de Hohenheim, dit Paracelse, publiés d'après les manuscrits originaux, etc., par Jean Huser, etc.) — *Bâle, anno* 1589, 10 vol. in-4°.

Ajoutez à l'effet des paroles celui du geste, du regard, de la pose, du ton et d'une certaine singularité de la mise, et vous vous expliquerez facilement cette fascination irrésistible que Paracelse exerçait sur la foule. On doit toutefois convenir qu'il ne s'attache pas à mettre, dans les sujets qu'il traite, beaucoup d'ordre ni de méthode; s'il a médité, avant de parler ou de dicter, c'est seulement sur les choses et non sur la manière de les exposer.

L'efficacité de ses remèdes chimiques lui inspirait un profond mépris pour les médecins galénistes; et c'est souvent sur eux qu'il se précipite avec impétuosité, comme un torrent débordé. Citons quelques passages de ses écrits les plus caractéristiques à cet égard.

On l'appelait en Allemagne, au lieu de *Théophraste, Cacophraste*, et la Faculté de Paris l'avait appelé un *Luther*.

« Non, s'écrie-t-il, je ne suis pas un *Luther*; je suis Théophraste que, par dérision, vous appelez à Bâle *Cacophraste*. Je suis plus que Luther; il n'était que théologien, et moi, je connais la médecine, la philosophie, l'astronomie, l'alchimie. Luther ne serait pas capable de dénouer les cordons de mes souliers (1) ».

Paracelse n'était ni patient ni modeste; mais les intempérances de langage qu'on lui a tant reprochées étaient familières aux docteurs et aux dialecticiens de ce temps.

Il s'exprime ainsi dans la préface du *Liber paragranum* :

« Ceux-là seulement qui se sentent blessés et fragiles crient... L'art lui-même ne se plaint pas, car il est inébranlable comme les fondements de la terre et du ciel... En réponse à mes ennemis, je vais montrer les quatre colonnes (la philosophie, l'astronomie, l'alchimie et la vertu) sur lesquelles ma médecine est fondée. Ces colonnes, il faudra que vous vous y attachiez un jour, si vous ne voulez pas passer pour des imposteurs... Oui, vous me suivrez, toi Avicenne, toi Galien, toi Rhazès, toi Montagnana, toi Mesué; vous Paris, vous Montpellier, vous Suèves, vous Mismiens, vous de Cologne et de Vienne; vous que nourrissent le Danube et le Rhin; vous îles de la mer Ionienne; vous Italie, Dalmatie, Athènes, Grèce, Arabes, Israélites... Je serai votre monarque!... Vous nettoyerez mes fourneaux... Mon école triomphera de Pline et d'Aristote, qu'on appellera à leur tour *Caco-Pline* et *Caco-Aristote*... Voilà ce que produira l'art d'extraire les vertus des minéraux... L'alchimie convertira en alcali votre Esculape et votre Galien; vous serez purgés par le feu; le soufre et l'antimoine vaudront plus que l'or... Que je plains l'âme de Galien!...

(1) *Fragmenta medicinæ Paragranum*.

Ne m'a-t-on pas adressé, de la part de ses mânes, des lettres qu'on a datées de l'enfer! Qui aurait cru qu'un si grand prince de la médecine pût mourir et s'envoler au cou du diable! Vous m'accusez de plagiat... Il y a dix ans que je n'ai lu un seul de vos livres. Ce que vous m'aviez appris s'est évanoui comme la neige ; je l'ai jeté au feu de la Saint-Jean, pour que ma monarchie fût pure... Vous voulez me mettre en poussière, me condamner au feu... Je reverdirai, et vous, vous serez des arbustes desséchés.

« Ce qui fait un médecin, ce sont les cures et non pas les empereurs, les papes, les facultés, les priviléges, les académies. Quoi! parce que je guéris le plus virulent de tous les maux, le mal vénérien, qui n'épargne ni peuples, ni potentats, vous me traînez dans la boue!... Imposteurs! Vous êtes de la race des vipères, et je ne dois attendre de vous que du venin. Si je pouvais défendre ma tête chauve contre les mouches aussi facilement que mon domaine contre vous!... Vous ignorez même les simples ; vous demandez à votre pharmacien : Qu'est ceci! qu'est cela!... Je ne vous confierais même pas un chien.

« Pour ne pas hanter les cours des rois, est-ce que j'en vaux moins! Un serment vous rend-il plus habiles? Le public vous dément... Les boucles de mes souliers en savent plus que Galien et Avicenne... Un jour viendra où le ciel produira des médecins qui connaîtront les arcanes, les mystères, les teintures. Quel rang aurez-vous alors! Qui fera des cadeaux à vos femmes! Qui leur donnera des bijoux, des colliers!

« Vous me reprochez de perdre des malades... Est-ce que je puis ramener de la mort ceux que vous avez déjà tués, ou bien recoller les membres que vous avez déjà coupés?... Quand vous avez déjà donné huit onces de mercure à un tel, seize onces à un autre, et quand ce vif argent est dans la moelle, qu'il coule dans les veines, qu'il adhère aux articulations, comment réparer le mal (1)? »

Cette tirade est une réponse à la plupart des attaques dirigées contre lui par les médecins. Nous ne l'avons qu'en latin ; mais elle devait être encore plus piquante et plus originale en allemand.

Paracelse, qu'on a représenté souvent comme le type de l'empirique, flétrit des épithètes de bourreaux et d'assassins les médecins empiriques. Jamais on ne doit non plus, selon lui, s'en tenir à la pure théorie. Il dit, à ce propos, ce mot charmant « qu'une théorie non démontrée par l'expérience ressemble à un saint qui ne fait pas de miracles. »

Donnons un aperçu de sa philosophie. Selon lui, les hommes n'apportent, en naissant, ni les mêmes aptitudes, ni les mêmes inclinations pour les travaux de l'intelligence ; mais, dit Paracelse (*Liber paragranum*), les uns réussissent dans une des

(1) *Paragranum*, lib. II, t. I, p. 181-187, des *Œuvres complètes* in-folio. (Traduction de Bordes-Pages, *Revue indépendante*, 10 avril 1847, p. 308-309.)

branches des connaissances (sciences ou arts), les autres dans une autre; et cela est vrai des notions comme des individus. Le seul moyen de s'instruire est de courir le monde. C'est là son thème favori.

Dans un passage du livre *De inventione artium*, Paracelse s'exprime ainsi :

« Il faut que tu considères que nous tous, tant que nous sommes, plus nous vivons longtemps, plus nous devenons instruits, et plus Dieu met de siècles à nous instruire, plus il donne d'étendue à nos connaissances; plus nous approchons du jugement dernier, plus nous croissons en science, en sagesse, en pénétration, en intelligence; car tous les germes déposés dans notre esprit atteindront à leur maturité; en sorte que les derniers venus seront les plus avancés en toutes choses, et que les premiers le seront le moins. Alors seulement on comprendra ces paroles de l'Évangile : « Les premiers seront les derniers (1). »

Il dit dans sa *Première Défense de la nouvelle médecine* :

« Ne dis pas qu'une maladie est incurable; dis seulement que tu ne peux pas ou que tu ne sais pas la guérir. Alors tu éviteras la malédiction qui s'attache aux faux prophètes; alors on cherchera, jusqu'à ce qu'on l'ait trouvé, un nouveau secret de l'art. Le Christ a dit : « Interrogez l'Écriture. » Pourquoi donc ne pas interroger la nature, aussi bien que les livres saints (2) ! »

Il croit que l'homme est formé d'une partie visible, qui est le corps, la chair, le sang, et d'une partie invisible qui habite ce corps, et qui voit, touche et entend. L'organe n'est qu'une sorte d'écrin où la faculté proprement dite se trouve placée. Quand l'organe est défectueux, la faculté se retire. Quel doit donc être l'office du médecin? Il doit épurer la maison, pour que l'esprit puisse opérer en elle. L'art peut tantôt dégager l'esprit contenu dans le corps, comme du feu dans le bois vert; tantôt l'y retenir, comme on retient un cheval qu'on a bridé ou un chien qu'on a muselé.

Les mots esprit, *spiritus, ars spiritualis*, n'ont pas, dans la langue scientifique de Paracelse, la même acception que dans celle des théologiens. Par le mot *spiritus*, Paracelse entend une *force*, une *cause purement métaphysique*, un agent impalpable, invisible.

(1) Traduction de M. Franck.
(2) Tome II, p. 125.

Il dit aux médecins, en combattant la doctrine de ceux qui cherchent la cause des maladies dans les humeurs :

« Comment l'humeur pourrait-elle être ou la maladie elle-même, ou la cause de la maladie? Les maladies sont encore moins visibles et moins palpables que l'air et le vent. Donc, si les maladies, invisibles et impalpables comme le vent, ne peuvent être ni vues ni touchées, comment parviendrez-vous, je vous le demande, à les chasser, à les évacuer! C'est pour cela qu'un *esprit* doit être appliqué à un *esprit* (c'est-à-dire une cause impalpable à une cause impalpable). Si la neige s'évanouit en été sous l'influence du soleil, qui donc touche sa substance et agit sur elle? Personne. Vous contestez que la neige puisse être assimilée à une maladie, par la raison qu'elle est une substance, un corps, dont on peut se rendre maître. Mais la chose même qui fait que cette substance est de la neige, n'est pas un corps, c'est un *esprit* (c'est-à-dire une cause intangible, impondérable). La neige est cela. De même de la cause qui devient, ou qui fait, ou qui produit une maladie. Mais, qui la voit? Personne. Qui la touche? Personne. Comment donc un médecin peut-il chercher les maladies dans les humeurs, et expliquer par là leur origine? Surtout s'il arrive que les humeurs soient produites, engendrées par les maladies, et non les maladies par les humeurs. Ce n'est pas la neige qui amène l'hiver, mais c'est l'hiver qui produit la neige. La disparition de la neige ne ferait pas disparaître l'hiver (1). »

On voit, par ce passage, que le mot *esprit* est employé pour désigner une des causes appelées *calorique*, *électricité*, etc. Le mot *spiritus*, que nous traduisons par *esprit*, est souvent employé par Paracelse dans d'autres acceptions, très-différentes. Il distingue l'esprit médical ou corporel, qui est ce que d'autres ont appelé *âme vitale* et *sensitive*, de l'esprit supérieur ou âme *incorporelle*, *raisonnable*, *immortelle*.

Voici comment il définit la *quintessence* : Toute substance est un composé de divers éléments associés entre eux. Mais, parmi ces éléments, il en est un qui domine les autres, et qui imprime son propre caractère à la substance ou au composé tout entier. Cet élément dominant, dégagé de la combinaison, est celui qui porte le nom de *quintessence*. Pour le dégager, l'art consiste à faire subir à la substance diverses opérations, propres à fixer et à isoler l'élément dominant.

Dans toute substance composée, chaque élément, quoique dominé par un élément majeur, ne laisse pas de demeurer ce qu'il est, ce qu'il doit être par lui-même, et quand on a extrait

(1) *Paragranum.*

la quintessence, chacun des autres éléments conserve ses propriétés spécifiques; aucun n'est anéanti. Mais la quintessence, en elle-même, qu'est-elle? C'est la vie, c'est la force, c'est la propriété caractéristique; c'est l'élément qui donne à l'or, par exemple, sa belle couleur. Il y a autant de quintessences particulières qu'il y a de substances de différente nature. L'essence ou la vie d'un parfum, c'est son odeur; l'essence de l'ortie, c'est ce qui nous brûle la peau; l'essence du feu, c'est l'air, sans lequel il ne pourrait exister. Enfin, l'essence de l'homme est un feu céleste, invisible, et joint à un air interne qui l'entretient. Dans chaque plante, dans chaque fleur, dans chaque métal, se trouve une substance différente, qui en est la vie, etc.

« On a cru, dit M. Franck, que la philosophie de Paracelse était toute panthéiste. Rien de plus inexact. Le panthéisme confond Dieu avec la nature. Paracelse les distingue, et confesse hautement le dogme de la création. Le panthéisme fait de l'âme un mode fugitif d'une pensée universelle qui n'appartient à aucun être pensant. Paracelse voit dans l'âme humaine un être libre qui domine la nature, etc.

« L'homme est un petit monde ou *microcosme*, dit Paracelse; tout ce qui se trouve dans le grand est représenté en lui; et c'est par l'étude du monde extérieur qu'il faut aborder celle de l'homme. Or, le monde extérieur, ou *macrocosme*, se compose de choses visibles et de choses invisibles. Les choses invisibles ne sont que la représentation grossière de l'esprit qui est en elles et qui ne se voit pas; et c'est ainsi que, dans le corps humain et dans chaque âme, on rencontre le visible et l'invisible, c'est-à-dire la matière et l'esprit qui la meut. »

François Bacon, qui a tant maltraité ses contemporains, en même temps que les anciens, est particulièrement âpre et injuste envers Paracelse. Il veut juger sa doctrine, et incapable d'en pénétrer le sens, il se répand en diatribes contre celui qui lui avait pourtant frayé la voie dans la philosophie générale.

Paracelse, on s'en doute bien, n'était pas savant en astronomie. Cette science se bornait chez lui, à une connaissance superficielle des principaux phénomènes apparents. Il n'avait point d'érudition, et il n'avait jamais lu ni essayé de lire Ptolémée. Il était entièrement étranger à l'astronomie rationnelle et mathématique. Son astronomie, à lui, a pour objet l'influence qu'exercent sur notre monde terrestre tous les astres, tous les corps, grands ou petits, qui remplissent l'espace universel. Ce monde et tout ce qu'il renferme, hommes, animaux, plantes, minéraux, est subordonné au reste de l'univers.

Qui pourrait nier les effets de l'action solaire sur nous-mêmes et sur ce qui nous environne? Et si l'action du soleil est incontestable, pourquoi celle de tous les autres grands corps de l'espace ne serait-elle pas aussi réelle, quoique s'exerçant, par rapport à nous, d'une manière moins sensible et à un degré d'autant plus faible que ces corps sont plus reculés dans les profondeurs de l'espace? Puisque, dans la doctrine de Paracelse, l'homme est un petit monde où se trouve représenté tout ce qui existe dans le grand, la médecine se rattache à la science universelle de la nature, et on ne saurait parvenir à éclairer les mystères de l'organisation humaine en l'isolant de toutes les causes qui agissent sur elle. Mais comment les astres agissent-ils sur l'homme? C'est en communiquant leur influence à un milieu qui conserve et protége tout, etc.

Il y a certainement de la grandeur dans ces pensées.

Il se formait sur tout des idées originales. En cosmologie, il comparait le globe terrestre, enveloppé d'air, à un jaune d'œuf nageant au milieu du blanc.

Pour devenir savant en astronomie, il faut nécessairement connaître un grand nombre d'observations faites dans divers temps et dans divers lieux, et il faut pour cela des études spéciales, qui manquaient à Paracelse; mais il en est autrement de la chimie. Dès qu'on est parvenu à se faire, sur la composition et la décomposition des corps, quelques idées générales, et qu'on s'est rendu un peu habile dans l'art des manipulations, on peut faire des progrès assez rapides dans cette branche des sciences. Paracelse était devenu un des meilleurs chimistes de son temps. Seulement, il ne faut lui demander que ce qu'il a été à même de connaître. Il est évident qu'il n'a pu créer à lui seul toute notre chimie moderne.

Il a connu le zinc, sans avoir la pensée qu'il existât dans la cadmie. Il savait que l'air contient le principe de la vie organique et de la combustion. Il avait observé que l'étain, calciné à l'air, devient plus pesant, et que cette augmentation de poids provient de ce qu'une partie de l'air se fixe sur le métal. L'effervescence qui se manifeste, lorsqu'on met de l'eau et de l'acide sulfurique en contact avec un métal, par exemple avec du fer, n'avait pas échappé à son observation. Il n'ignorait point qu'il se dégage, dans cette réaction, une sorte d'air, et que cet air se sépare de l'eau dont il est un des éléments. Il avait donc entrevu le gaz hydrogène.

« On ne peut nier, dit M. Cap, que Paracelse ait fait avancer la science par des recherches propres et par la découverte de plusieurs faits dont on trouve la première mention dans les écrits qu'on lui attribue. Ainsi, il est certain qu'il fit mieux connaître les préparations antimoniales, mercurielles, salines, ferrugineuses; il émit le premier cette pensée que certains poisons peuvent, à dose modérée, être employés comme médicaments. Il préconisa l'usage des préparations de plomb dans les maladies de la peau, celles d'étain contre les affections vermineuses, les sels de mercure dans la syphilis; il se servit du cuivre et même de l'arsenic à l'extérieur comme rongeants. Il employa l'acide sulfurique dans les maladies saturnines, mode de traitement qui est resté dans la science. Il distingua l'alun des couperoses, en remarquant que le premier contient une terre, et les secondes des métaux. Il mentionne le zinc, qu'il regardait, à la vérité, comme une modification du mercure et du bismuth. Il admet des fluides élastiques autres que l'air que nous respirons, comme le gaz muriatique et la vapeur sulfureuse, mais il les croyait formés d'eau et de feu. L'étincelle du briquet était pour lui un produit du feu contenu dans l'air. Il avait remarqué que lorsqu'on fait agir de l'huile de vitriol sur un métal, il se dégage un *air* qui est l'un des éléments de l'eau. Il savait que l'air est indispensable à la respiration des animaux et à la combustion du bois; il dit que la calcination *tue* les métaux et que le charbon les *réduit* ou les *revivifie*. Il est une certaine chose, dit-il, que nous n'apercevons pas, et au sein de laquelle se trouve plongée l'universalité des êtres; cette chose, qui vient des astres, peut se concevoir de la sorte : le feu, pour brûler, a besoin de bois, mais il a aussi besoin d'air. Donc le feu c'est la vie, car, faute d'air, tous les êtres périraient suffoqués. Ailleurs, il dit que la digestion est une dissolution des aliments, que la putréfaction est une transformation, que tout ce qui est vivant meurt pour ressusciter sous une autre forme.

« Ces grandes vues physiologiques et chimiques, ces rapprochements entre la combustion et la respiration ne portent-ils pas le caractère d'une pénétration remarquable et d'un esprit généralisateur de la plus haute élévation (1)? »

Mais la chimie appliquée à la physiologie, à la pathologie, à la thérapeutique, voilà son terrain véritable. La vie est, selon lui, un esprit qui dévore le corps. L'homme est une vapeur condensée, et plus tard il se résoudra de nouveau en vapeur. La putréfaction est une transmutation; par elle, le corps se transmute en nouvelles substances. Tout ce qui est vivant meurt, et tout ce qui meurt ressuscite. On trouve dans Platon une pensée

(1) *Études biographiques pour servir à l'histoire des sciences*, Paris, 1857, In-18, page 9 (Paracelse).

analogue : *le vivant naît du mort*, pensée absolument vraie au point de vue scientifique, bien que Voltaire s'en soit moqué.

« Les éléments du corps, dit Paracelse, sont le *soufre*, le *sel* et le *mercure*. » Dans la langue des alchimistes, voici comment cela doit s'entendre. Le nom de *soufre* était donné à tout ce qui brûle ou déflagre; celui de *mercure*, à tout ce qui se sublime ou se volatilise; celui de *sel*, à tout résidu solide ou terreux, comme les cendres, etc. Il y a un grand nombre d'espèces de *sels*, de *soufres*, de *mercures*. Paracelse entre dans diverses considérations sur le rôle que chacun de ces trois éléments joue dans l'économie animale.

Il donne le nom d'*archée* à une force vivante qui préside aux principales fonctions de l'économie animale. C'est cet *archée*, dit-il, que le chimiste devrait prendre pour modèle dans toutes ses opérations. L'*archée* préside à la digestion; il opère la séparation des matières qui doivent s'assimiler, les unes au sang, les autres aux muscles, etc., il les distingue de celles qui doivent être rejetées. L'*archée* réside non-seulement dans l'estomac, mais dans toutes les autres parties du corps, dont chacune peut être elle-même comparée à un estomac.

« Dégagées de leur enveloppe mystique, dit Cruveilhier, les innovations de Paracelse en médecine aboutiraient, d'une part, à la notion de l'unité organique, exprimée par la force vitale, et de l'autre, à l'analyse des principes constituants du corps humain par la chimie. »

« La thérapeutique chimique de Paracelse, dit M. Hœfer dans son *Histoire de la chimie*, se réduit à la proposition suivante : « L'homme est un composé chimique, les maladies ont « pour cause une altération quelconque de ce composé; il faut « donc des médicaments chimiques pour les combattre. » Paracelse s'appliqua, en conséquence de ce principe, à extraire des végétaux et des minéraux, par des procédés chimiques, les parties douées des propriétés les plus actives; il chercha à faire disparaître de la matière médicale les grossiers mélanges de diverses drogues, et à faire sentir aux médecins la nécessité des études chimiques.

On a vu, par la lettre d'Oporin, que le laboratoire de Paracelse était en activité jour et nuit. Le charbon y brûlait continuellement dans les fourneaux, et il y avait toujours quelque expérience ou quelque préparation en voie d'accomplissement. Si Paracelse avait souvent une mise sale et négligée, c'est que sa figure, ses mains et ses vêtements étaient noircis par ses fourneaux ou tachés par les matières qu'il employait. Il maniait toutes sortes de substances; il voulait tout étudier, tout connaître. Aussi les médecins faisaient-ils mille plaisanteries sur l'attention qu'il donnait aux urines et aux déjections, quand il cherchait à reconnaître tous les symptômes d'une maladie. Cet examen leur paraissait dégoûtant et ridicule.

On peut juger par là de ce que devait être alors un médecin. C'était un homme d'une mise recherchée, qui s'efforçait de paraître grave, et qui n'était que lourd et pédant; qui s'exprimait le plus ordinairement en un latin barbare, citait, à tout propos, Hippocrate, Galien, Avicenne, qu'il n'avait jamais bien compris, et donnait quelquefois des explications dans le genre de celles que débite Sganarelle dans *le Médecin malgré lui*.

Au reste, si les médecins se moquaient de Paracelse, Paracelse le leur rendait bien.

« Parlez-moi, dit-il, des médecins spagiriques (chimistes). Ceux-là, du moins, ne sont pas paresseux comme les autres; ils ne sont pas habillés en beau velours, en soie ou en taffetas; on ne les voit porter aux doigts ni bagues d'or ni gants blancs. Le médecin spagirique attend, jour et nuit, avec patience, le résultat de ses travaux. Il ne fréquente pas les lieux publics. Il passe tout son temps dans son laboratoire. Il est en culotte de peau, et il porte un tablier de peau, pour s'essuyer les mains. Il est noir et enfumé, comme les charbonniers et les forgerons. Ah! c'est qu'il ne craint pas de mettre ses doigts dans le charbon et dans les ordures! Il parle peu et ne vante pas ses médicaments, sachant bien que c'est seulement à l'œuvre qu'on reconnaît l'ouvrier. Pour acquérir les divers degrés, il travaille continuellement dans le feu. »

Après avoir établi, par sa théorie du *tartre*, que tout aliment a une partie nutritive qui se change en chair, et un résidu; que ce résidu, s'il n'est point expulsé, se coagule dans le corps, et y devient la cause de diverses maladies qui, selon les parties où il se jette, constituent ou la fièvre, ou la gravelle, ou l'hydropisie, etc., il s'écrie :

« Comment les médecins de Montpellier, de Salerne, de Paris, n'ont-ils pas vu ce tartre, qui se voit sans lunettes!.. Vous parlez d'anatomie,

vous disséquez des pendus! Plût à Dieu que vous vissiez des malades!
En présence du mal, vous demeurez comme un veau devant un évêque!
Dites, seigneur docteur : est-ce que l'excrétion n'est pas canonique (1)! »

On reproche à Paracelse d'avoir supposé que l'homme et le
monde sont soumis aux mêmes lois générales, et d'avoir par là
confondu la nature organique et la nature inorganique ou minérale. Au point de vue philosophique, dit-on, c'était là une erreur.
Ce n'était peut-être pas une erreur au point de vue purement
philosophique; car il est presque évident que, dans les petites
parties de l'univers qu'il a été permis à l'homme d'explorer,
tout paraît subordonné aux mêmes lois générales. S'il en
était autrement, tout marcherait au hasard; il n'y aurait dans
l'ensemble de l'univers aucun ordre, aucune harmonie, et on ne
saurait comprendre comment il peut subsister et se conserver.
Il est, d'ailleurs, évident que les trois règnes de la nature sont
liés entre eux par des rapports tellement intimes, que l'existence de l'un suppose nécessairement celle des deux autres.
Ce n'est donc point dans son hypothèse générale que s'est
trompé Paracelse. Il s'est trompé dans ses hypothèses secondaires, en voulant comparer, une à une, les parties de l'organisation vivante, ou du *petit monde*, à celles qu'il suppose,
d'une manière un peu trop poétique, devoir leur correspondre
dans le *grand monde*, c'est-à-dire dans l'ordre universel de
la création. En attribuant au monde minéral les facultés des
êtres vivants, il a, pour ainsi dire, tout poétisé. Il a transformé les corps vivants en autant de laboratoires de chimie,
où les divers organes, comme autant d'alambics, de fourneaux,
de cornues, de réactifs, distillent, macèrent, subliment la
matière alimentaire. Il avait imaginé une sorte de mythologie
scientifique. Mais, un homme qui s'est élevé par lui-même à
une telle philosophie, sans connaître aucun des grands systèmes de l'antiquité, n'est-il pas d'un ordre supérieur; et la
postérité ne doit-elle pas, en faveur de son génie, excuser les
excentricités, les aberrations et même les folies que la froide
raison peut opposer à *Philippe-Auréole-Théophraste Bombast
de Hohenheim?*

(1) Traduction de Berdes-Paghe (*Revue indépendante*, avril 1847, t. VIII, p. 301)).

RAMUS

Ramus n'a marqué sa place dans les sciences par aucune découverte importante; ses écrits, en latin comme en français, ne présentent rien de remarquable. Cependant, doué d'incontestables talents et d'une rare énergie de caractère, le célèbre *lecteur* ou professeur du Collége de France, a puissamment contribué à la régénération des lettres et des sciences, au seizième siècle, en renversant l'un des obstacles principaux qui arrêtaient l'essor de l'esprit humain. Il mérite une place élevée dans l'histoire de la Renaissance, par les luttes ardentes qu'il soutint pendant toute sa vie, pour établir en philosophie la liberté de penser; et ces luttes devaient amener sa fin tragique, car il périt sous le fer des assassins, au jour, à jamais néfaste, de la Saint-Barthélemy.

Pierre de la Ramée, dit Ramus, naquit vers la fin de 1515, à Cus, pays du Vermandois, en Picardie (1). Il descendait d'une famille noble, originaire du pays de Liége. Son aïeul, ruiné par les guerres de Charles le Téméraire, duc de Bourgogne, fut contraint de s'expatrier, et il s'était réfugié en Picardie, vers 1468.

Là, comme il n'avait pour subsister d'autre ressource

---

(1) Dans une notice sur *Ramus, professeur au Collége de France*, M. Ch. Desmaze, juge d'instruction au tribunal de la Seine, dit avoir fait chercher dans les communes de Cus, Caisnes et Bretigny (Oise), l'acte de naissance de Ramus; mais il ajoute que ces recherches sont restées sans résultat, le registre de ces paroisses ne remontant qu'à 1611. (Paris, 1864, in-18, p. 31.)

PIERRE RAMUS

que le travail de ses bras, il choisit la profession dont l'apprentissage lui parut devoir être le moins long, ou le plus facile ; il se fit charbonnier. Son fils, Jacques de la Ramée, fut simple laboureur, et la femme qu'il épousa, Jeanne Charpentier, était aussi pauvre que lui.

De ce mariage naquit Pierre de la Ramée.

Dans son enfance, Pierre fut atteint, à des époques rapprochées, de deux maladies contagieuses ; puis il perdit son père.

C'était déjà, pour la pauvre veuve, une tâche difficile que de pourvoir, seule, à l'entretien de la maison. On dit que Pierre, tout jeune encore, fut employé à la garde des troupeaux (1). Il est certain que sa mère, obligée de travailler beaucoup pour vivre, ne pouvait guère songer à son éducation. Il paraît, néanmoins, qu'elle trouva le moyen de l'envoyer à l'école de son village, où il apprit à lire, à écrire, à compter. A l'âge où la plupart des enfants ne songent encore qu'à courir et à s'amuser, Pierre était animé du désir de s'instruire. Banosius, son disciple et son ami, qui a écrit sa vie en latin, s'exprime ainsi :

« Le jeune de la Ramée n'avait environ que huit ans lorsque, enflammé par l'amour de l'étude, il partit spontanément pour Paris, d'où il fut bientôt chassé par la misère. Une seconde fois, il entreprit le même voyage, et, autant qu'on peut le supposer, les vents encore lui étant contraires, il fut contraint de s'en retourner. Son oncle, Honoré Charpentier, pour le mettre à même d'étudier, lui procura, pendant quelques mois, le strict nécessaire. Ensuite, une impérieuse nécessité l'obligea, pendant plusieurs années, de se soumettre, dans le collège de Navarre, à une dure servitude. Après avoir, pendant le jour, rempli fidèlement sa tâche auprès de ses maîtres, il se préparait la nuit, à l'exemple du philosophe Cléanthe, à remporter la palme des arts libéraux, en s'efforçant, dans des moments si courts pour lui, d'acquérir, à la clarté de sa lampe, les lumières que procurent les sciences (2). »

Bayle pense que Banosius se trompe lorsqu'il dit que Ramus, à l'époque où il fit son premier voyage à Paris, n'avait encore

---

(1) *Biographie universelle* de Michaud.
(2) « Anno ætatis suæ circiter octavo sponte Lutetiam venit, et inde bis abductus violentia temporis, bis eodem tamen, quamlibet reflantibus ventis, reversus, et ardenti discendi studio incensus, ab Honorato Carpentario avunculo victum per aliquot menses perexiguum accepit. Ut artes addisceret, deinceps necessitate coactus, multos annos duram servitutem in collegio Navarræ servivit. Sed quum interdiu dominis suis fidelem operam præstitisset, nocte, Cleanthis philosophi exemplo non dissimili, oleo et lucerna disciplinarum lumen brevi tempore tantum sibi comparavit, ut artium liberalium laurea esset donatus. » (Banosius, *Vita Petri Rami*, p. 3.)

que huit ans. Il est peu vraisemblable, en effet, que sa mère eût consenti à le laisser partir à cet âge.

« Voici, dit Bayle, une forte preuve contre Banosius : je la tire des propres paroles de Ramus, rapportées par Jean Freigius : « J'avoue que « ma vie a été agitée, tourmentée par les plus violentes tempêtes. Enfant « (*puer*) à peine sorti du berceau, je fus éprouvé par deux maladies conta-« gieuses; jeune homme (*juvenis*), je vins à Paris pour recevoir l'éduca-« tion distinguée qu'on donne ordinairement aux hommes de con-« dition, et je vins malgré la fortune, qui s'y opposait de toutes les « manières, etc. » (1).

La plupart des biographes s'en tiennent, sur ce point, à l'assertion de Banosius, sans la discuter. Scaliger commet une erreur plus grande encore, en prétendant que ce ne fut qu'à dix-neuf ans que Pierre de la Ramée apprit à lire. Bayle a relevé cette erreur.

Nous croyons, pour concilier ces divergences, que Ramus fit dans sa jeunesse trois voyages à Paris, comme nous allons le dire.

Son oncle maternel, Honoré Charpentier, simple ouvrier, maçon selon les uns, charpentier selon les autres, demeurait à Paris, lorsque son neveu vint l'y trouver. Il n'est guère probable, en effet, que le jeune Pierre de la Ramée eût obtenu de sa mère la permission d'aller, à plus de trente lieues de son village, chercher fortune à Paris, s'il n'avait dû trouver dans cette grande ville un parent dévoué, qui pût devenir son guide et son appui.

Honoré Charpentier consentit à recevoir chez lui son neveu, espérant que, dans le cas où son salaire d'ouvrier ne pourrait suffire à leurs besoins communs, sa sœur lui viendrait, de temps en temps, en aide.

Mais les ressources d'un ouvrier de journée étaient bien précaires : la gêne était quelquefois intolérable pour eux. Le pauvre ouvrier fut obligé de renvoyer son neveu à son village.

Là, le jeune Pierre de la Ramée reprit les leçons du maître d'école. Il avait de la facilité pour apprendre, mais les lumières du magister étaient bornées. Le bonhomme l'avouait naïvement, et il engageait lui-même son élève à chercher mieux (2).

---

(1) « Confiteer vitam mihi totam acerbissimis fluctibus jactatam esse. *Puer*, vix e cunis egressus, duplici peste laboravi : *juvenis*, invita modisque omnibus repugnante fortuna, Lutetiam ad capessendas artes ingenuas veni, inde bis adductus violentia temporis, bis eodem tamen, etc. »

(2) Ramus, *Aristotelica anima*.

Pierre suivit ce conseil : il revint à Paris. C'était en 1527 ; il avait alors douze ans. Cette fois, touché de la persévérance de son neveu, Honoré Charpentier se décide à seconder ses heureuses dispositions littéraires, par tous les moyens qui sont en son pouvoir. Il se persuade que le produit de son travail et la petite pension promise par la mère suffiront pour l'entretien de deux personnes, et le mettront à même de subvenir, en outre, à la dépense que pourront exiger les études de Pierre. Honoré le conduit donc au secrétariat de l'Académie de Paris, et le fait inscrire sur ses registres, comme écolier de l'Université. C'est ce que du Boulay a consigné dans son *Histoire de l'Université* (1).

Mais les prévisions de cet excellent homme furent cruellement trompées : leur gêne était toujours excessive. Pour en sortir, Honoré Charpentier roulait mille projets dans sa tête. A la fin, il prit un parti extrême : il partit, avec son neveu, pour aller s'enrôler dans l'armée de François Iᵉʳ, alors en guerre avec Charles Quint. Mais, pendant qu'ils étaient en route, la paix se fit, et ils durent revenir à Paris. Le neveu reprit ses études, et l'oncle l'exercice de sa profession.

Au bout de quelques mois, le pauvre homme, ayant encore épuisé ses ressources, se trouva dans l'impossibilité de garder plus longtemps son neveu auprès de lui. Sa sœur avait bien promis de payer une petite pension, mais elle-même, qui ne vivait que difficilement du produit de son travail, se trouvait hors d'état de remplir sa promesse. Il fallait donc prendre un parti.

Il y avait à choisir entre deux moyens : renvoyer, une fois encore, Pierre à son village, ou le placer, comme on le pourrait, dans Paris. Ce dernier parti parut le meilleur.

Pierre était grand et robuste, et il avait alors environ quinze ans. Il se présenta au collège de Navarre, et demanda à se placer, comme domestique, auprès d'un élève de ce collège.

Un riche étudiant, nommé de la Brosse, vit le jeune homme, le trouva à son gré et le prit à son service, consentant, d'ailleurs, à lui laisser toute la liberté nécessaire pour suivre les cours publics de la Faculté des arts. Pierre Ramus était déjà inscrit comme écolier, ainsi que nous l'avons dit, sur les registres de

(1) Tome VI, p. 967.

l'Académie de Paris depuis 1527. Il n'était pas sans exemple que des jeunes gens pauvres, mais studieux, eussent été à la fois écoliers et domestiques d'un autre écolier.

Cette situation, malgré son côté pénible, passa trop vite, encore, au gré de notre écolier servant. On ne sait pas au juste combien de temps Pierre de la Ramée demeura attaché au jeune seigneur de la Brosse. On sait seulement que cette situation se trouva interrompue parce qu'Honoré, soit qu'il manquât de travail, soit que sa sœur ne pût lui envoyer les secours sur lesquels il avait compté, se vit dans l'impossibilité de garder plus longtemps son neveu auprès de lui.

Pour la troisième fois, Pierre, chassé de Paris par la misère, reprit tristement le chemin de son village.

Pendant quelques jours, le regret d'avoir été contraint de s'éloigner du collège lui fit répandre bien des larmes. Il se consola par l'espoir que des circonstances plus favorables pourraient lui permettre de retourner bientôt à Paris. En attendant, il essaya de continuer seul ses études, avec le secours de quelques livres.

Plusieurs exemples célèbres, entre autres celui de J.-J. Rousseau, prouvent que les talents supérieurs peuvent se former sans maîtres. Les études universitaires, à l'époque de la Renaissance, n'étaient bonnes qu'à arrêter l'essor de l'esprit, en lui ôtant toute indépendance et toute originalité. Nous croyons que Ramus, revenu au fond de sa Picardie, y passa plusieurs années à étudier sans maître, dans le long intervalle de temps qui, d'après Scaliger, paraît s'être écoulé entre son second et son troisième voyage à Paris. Peut-être même faut-il attribuer en grande partie à ce travail spontané et libre l'originalité d'esprit et la vivacité d'imagination qui rendirent bientôt Pierre de la Ramée, célèbre dans la littérature et la philosophie de son temps. Scaliger dit : « *Ramus ad annum usque decimum nonum, ne quidem primas notas dedicerat, inserviebatque Dom. de la Brosse* (1) ». « Ramus, jusqu'à sa dix-neuvième année, savait à peine lire, et il était attaché au service du seigneur de la Brosse. » Il avait donc de dix-huit à dix-neuf ans, quand il revint à Paris pour la troisième fois, et

---

(1) *Scaligerana prima*, p. 127.

alors, comme il le dit lui-même, il n'était plus un enfant (*puer*), mais un jeune homme (*juvenis*). Quant aux expressions *ne quidem primas notas dedicerat*, que Scaliger emploie, elles ne sont évidemment qu'une exagération, pour faire entendre que Ramus avait commencé ses études classiques à un âge où beaucoup de jeunes gens les ont déjà terminées.

Pendant les heures du jour dont il pouvait librement disposer, notre jeune écolier suivait les cours publics. Il méditait sur ce qu'il avait entendu, et tâchait de le reproduire par écrit. On connaît le moyen qu'employa Aristote, dans sa jeunesse, pour lutter contre le sommeil, et qui consistait à tenir dans sa main une boule d'airain, au-dessus d'un bassin de même métal; Ramus, l'ayant lu dans Plutarque, employa, pour se tenir éveillé pendant la nuit, un moyen analogue (1).

Il suivit, au collège Sainte-Barbe, les leçons de Jean Dena, et au collège de Navarre, celles de Jean Hennuyer qui, plus tard, devint évêque de Lisieux. Hennuyer professait la philosophie.

Ramus consacra, suivant l'usage, trois ans et demi au cours de philosophie. Il eut pour condisciples Charles de Bourbon et Charles de Lorraine qui, dans la suite, furent élevés à la dignité de princes de l'Église, et Ronsard, qui devait acquérir tant de célébrité comme poëte.

Il puisa dans les leçons de Hennuyer une grande estime pour la logique, mais un profond dégoût pour la manière dont on l'enseignait.

« Quand je vins à Paris, a-t-il dit lui-même (*Remontrance* de 1567), je tombé és subtilités des sophistes, et m'apprit-on les arts libéraux par opportunes disputes, sans m'en jamais montrer un seul autre ny profit ny usage. Après que je fus nommé et gradué pour maître ès arts, je ne me pouvais satisfaire en mon esprit, et jugeais en moy-même que ces disputes ne m'avaient apporté autre chose que perte de temps. Ainsi, estant en cet énuoy, je tombe, comme conduit par quelque bon ange, en Xénophon, puis en Platon, où je connais la philosophie socratique, et lors, comme esprit de joye, je mets en avant que les maîtres ès arts de l'Université de Paris estaient lourdement abusés de penser que les arts libéraux fussent bien enseignés pour en faire des questions et *ergos*, mais que, toute sophisterie délaissée, il en convenait expliquer et proposer l'usage. »

Ramus a exprimé, dans ses *Scholæ dialecticæ* (2), la dispo-

(1) Nancel, *Vita Rami*, p. 11.
(2) *Epilogue du liber IV*.

sition d'esprit où il se trouvait après avoir consacré trois ans et demi à la philosophie scolastique, suivant les règlements de l'académie. Après avoir lu, discuté, médité les divers traités de l'*Organon* d'Aristote, etc., il cherchait à quoi il pourrait appliquer des connaissances acquises au prix de tant de fatigues, pendant les années qu'il avait consacrées à l'étude des arts *scolastiques*. Il s'aperçut bientôt que toute cette logique ne l'avait rendu ni plus savant dans l'histoire et dans la connaissance de l'antiquité, ni plus habile dans l'art de la parole, ni plus apte à la poésie, ni plus sage en quoi que ce fût. Quelle stupéfaction! Quelle douleur! Il accusait en lui la nature; il déplorait le malheur de sa destinée et la stérilité de son esprit, qui, après tant de travaux, se trouvait incapable, non-seulement de cueillir, mais même d'entrevoir les fruits de cette sagesse qu'on lui avait dit ressortir naturellement de l'étude de la logique d'Aristote.

Il en était là, lorsqu'un livre de Galien sur les *Sentiments d'Hippocrate et de Platon* lui tomba sous la main. Ce livre le conduisit à lire en entier les *Dialogues* de Platon sur la dialectique. Ce qui lui plut par-dessus tout, c'est l'esprit dans lequel Socrate réfutait les opinions fausses.

« Eh bien, se dit Ramus, qui m'empêche de *socratiser* un peu? Qui m'empêche d'examiner, en dehors de l'autorité d'Aristote, si l'enseignement de sa dialectique est le plus vrai et le plus convenable? Ce philosophe nous a peut-être abusés! S'il en était ainsi, je ne devrais pas m'étonner de n'avoir pu retirer de ses livres aucun fruit, s'ils n'en contiennent aucun. Que serait-ce pourtant si toute sa doctrine était mensongère? »

Telle était la disposition où se trouvait Ramus, au moment où il se préparait à subir son examen de maître ès-arts. La plupart de ses biographes disent qu'il n'avait que vingt et un ans lorsqu'il se présenta pour soutenir sa thèse; nous croyons qu'il ne devait pas avoir moins de vingt-quatre ans.

La proposition qu'il s'engageait à démontrer, dit Freigius, c'est que tout ce que dit Aristote n'est qu'un tissu d'erreurs et de mensonges (1).

---

(1) « Quæcumque ab Aristotele dicta essent, falsa et commentitia esse. » (*Freigii Vita Rami*).

L'audace et la nouveauté d'une pareille proposition frappèrent d'étonnement tous les professeurs; car les docteurs de ce temps, habitués à jurer sur la parole d'Aristote, ou à ne raisonner que d'après ce grand maître de l'antiquité, ne savaient discuter qu'en citant des textes. Ce moyen devenait désormais impuissant, puisque l'autorité du maître était rejetée.

Comme cette thèse, que Ramus se dispose à soutenir, est un véritable événement, qui a fait époque dans l'histoire de l'enseignement public, et dont les suites ont exercé une influence décisive, non-seulement sur la vie de Ramus, mais aussi sur la marche de l'esprit humain au seizième siècle, il est nécessaire de donner ici quelque idée de la scolastique de la Renaissance, mélange informe des commentaires d'Aristote avec la théologie classique des Pères de l'Église et de cet autre amas d'idées abstraites et de subtilités métaphysiques, qu'on désignait sous le nom de *dialectique* ou de *logique*.

Fait bien étrange! Aristote, qui fut le véritable créateur des sciences dans l'antiquité, avait cessé d'être lui-même entre les mains des rhéteurs du moyen âge. On avait laissé de côté son œuvre scientifique proprement dite, pour s'en tenir à son traité sur la *Sagesse première*, sur la *Philosophie première*, etc. Mais ces ouvrages, séparés du reste de ses œuvres, ne pouvaient être autre chose qu'une science de mots. Était-il possible de raisonner sur des idées abstraites et générales, telles que les idées de substance, de forme, de cause, de relation, etc., avant d'avoir rien observé, rien analysé, rien appris en particulier? Les dialecticiens du moyen âge et de la Renaissance faisaient consister leur art à disserter sur l'ensemble de toutes les connaissances, avant d'en avoir étudié une seule!

Ramus, qui avait l'esprit juste, et qui, en étudiant seul, avait été souvent obligé de suppléer, par un examen très-attentif des choses, aux explications qu'il ne pouvait attendre d'un maître, s'aperçut bientôt que l'art des dialecticiens ne se composait que de mots vagues et mal définis, auxquels ne correspondait aucune notion réelle, aucune idée nette et précise des choses. Ce fut pour lui un trait de lumière, une véritable découverte. Mais, pour la mettre en évidence, il lui fallait une méthode, une sorte de tactique. Il trouva dans Platon, comme nous venons de le dire, celle dont Socrate faisait usage contre les sophistes. Dès ce moment, Socrate, tel que Platon le représente dans ses dialogues, devint le modèle qu'il s'efforça d'imiter.

Aristote n'avait prévalu définitivement, dans les écoles, qu'à partir du treizième siècle. Avant cette époque, Zénon et Platon avaient partagé avec lui toute l'autorité philosophique. Il n'en fut plus ainsi dès que les ordres de saint Dominique et de saint François eurent envahi les Universités. Malheureusement, au lieu du véritable Aristote, ce fut l'Aristote des Arabes qui s'installa dans les écoles, et y régna despotiquement. On avait admis, avec Platon, que les idées universelles sont des essences qui existent en réalité hors des choses, et on les plaçait dans l'entendement divin. Dans cette hypothèse, on ne pouvait parvenir à connaître les corps qu'en commençant par étudier les essences, et pour cela, il fallait trouver le moyen de s'élever jusqu'à elles. Avec Aristote, on admit que les essences sont dans la matière elle-même. Ainsi au mot *idée* on substitua celui de *forme*, et l'on partit de cette hypothèse, qu'il existe, de toute éternité, des formes universelles qui déterminent la nature des corps.

Zénon combattit Aristote, comme Aristote avait combattu Platon. Il dit que les *universaux*, appelés formes ou idées, ne sont que noms imaginés pour exprimer les notions que nous nous faisons des choses, mais qu'ils n'ont aucune existence réelle, hors de notre entendement.

De là naquirent les deux sectes philosophiques des *réalistes* et des *nominalistes*, lesquelles, par leurs violentes querelles, troublèrent plus d'une fois l'Université de Paris.

Au fond, l'art de raisonner, qu'on le nomme *logique* ou *dialectique*, doit toujours être l'art d'allier des connaissances que l'on possède à celles qu'on n'a pas, c'est-à-dire d'aller, comme en algèbre, du *connu* à l'*inconnu*. Or, cela suppose qu'on a déjà quelques idées, quelques notions exactes, sinon des sciences, tout au moins des choses les plus communes. Mais si l'on n'a que des notions vagues et confuses, comment, avec ce seul point de départ, arriver à des connaissances précises et distinctes? Ceux qui abordaient la métaphysique, qu'on appelait la *science des sciences*, avaient d'abord à considérer l'*être*, la *substance*, le *corps en général*, les *esprits*, etc. Il est évident qu'avec une pareille méthode, aucun progrès n'était possible. Ramus sentit que la logique ne saurait être un art isolé; pour lui donner l'existence, il fallait commencer par étudier les choses elles-mêmes, et raisonner d'après des notions nettes et certaines. Le grand mérite de Ramus est d'avoir conçu cette vérité et d'avoir eu tout le courage qui était alors nécessaire pour oser la défendre.

« Il n'est presque rien, dans tout l'*Organon* d'Aristote, dit Brucker dans son *Dictionnaire philosophique*, que Ramus ne blâme, rien où il ne pense que les disciples se soient trompés comme des enfants, avec le maître. Pour en donner un exemple au lecteur, voici comment s'exprime Ramus dans la péroraison de son attaque générale : il reproche à tous les discours d'Aristote d'être pleins de difficultés sur les choses et d'obscurités dans les termes; il le trouve fade, impertinent, insupportable dans tous les genres de composition; il compare ses fictions au labyrinthe et au Minotaure, auxquels, dit-il, elles ressemblent parfaitement par les méandres et les sinuosités dont il les entoure, et surtout par cette infinité de labyrinthes que forment ses fictions, ses sornettes, ses rêves, ses inepties, ses mensonges, ses sophismes, ses extravagances. Ramus se glorifie d'avoir découvert et démontré que tout, dans Aristote, n'est que désordre, confusion, amas d'obscurités; il ne se borne pas à blâmer sa dialectique et à la regarder comme une route difficile, hérissée d'aspérités, enveloppée de ténèbres plus épaisses que celles qui existaient primitivement dans le chaos; mais il soutient, il affirme que le désordre et la confusion qui règnent dans la logique d'Aristote sont encore plus grands que n'étaient ceux du chaos primitif; car le chaos de la nature renfermait les principes des choses; ces principes s'y trouvaient intégralement, bien que n'étant pas encore distincts; tandis que, dans le chaos d'Aristote, les ténèbres y sont assurément en grande quantité, mais les principes nécessaires manquent. Ce qui n'y manque pas, ce qui s'y trouve même avec une prodigieuse abondance, ce sont les sophismes, les niaiseries (1). »

Ramus soutint, en développant sa thèse, devant la Faculté

(1) « Nihil enim in omni fere Aristotelis *Organo* est, quod non reprehendat, et in quo Aristotelicos cum magistro non pueriliter lapsos esse censeat. Cujus ut exemplum lector habeat, en in peroratione universæ adversionis, totam Aristotelis orationem difficilem rebus, obscuram verbis, toto genere compositionis odiosam vocat. Commenta Aristotelis labyrintho comparat et Minotauro, ait, similima ob anfractus et meandros quibus involvitur, maxime autem commentorum, nugarum, somniorum, ineptiarum, mendatiorum, sophismatum, deliramentorum infinitis labyrinthis. Coagmentatum chaos se commonstrare ac patefacere gloriatur, ut se non dialecticæ artis confusionem in Aristotele duntaxat reprehendere non tantum salebras arguere, non solum noctes atras accusare, quæ in chao fuerant, ait, sed quod Aristotelicum logicæ confusionis chaos majus est; cum chao quidem naturali principia rerum, licet nondum distincta, inessent integra, in Aristotelico chao vero et permulta et necessariis principiis desint, et multo plura e nugatoriis et sophisticis redundent. » (Brucker, t. 41, in-4°, p. 553.)

des arts : 1° que les écrits attribués à Aristote étaient supposés ; 2° qu'ils ne contenaient que des erreurs (1).

L'embarras des docteurs fut extrême. Ils ne pouvaient se retrancher derrière des textes, dont précisément on attaquait l'authenticité ; ils ne pouvaient non plus répondre : *le maître l'a dit (ille dixit)*, puisque Ramus s'était engagé à soutenir le contraire de ce que le maître avait avancé.

Les docteurs de la Faculté des arts réunirent en vain leurs efforts pour l'accabler. Ils combattirent sa thèse pendant un jour entier, sans pouvoir obtenir sur lui le moindre avantage. Il réfutait toutes les objections avec tant d'adresse, il déployait une si riche érudition, que l'on ne put se dispenser, à l'issue de cette longue et laborieuse séance, de le proclamer *maître ès arts* de la Faculté de Paris.

Le succès de Ramus eut un grand retentissement dans les Universités. En Italie, Alessandro Tassoni l'attaqua vivement, et trouva que sa proposition était d'une *audace condamnable*. Il est certain que cette proposition faisait éprouver un rude échec à la philosophie péripatéticienne. Le temps était venu où une grande révolution, commençant à s'accomplir dans les idées, allait dissiper peu à peu les épaisses ténèbres de la scolastique, cet amas d'erreurs grossières et de sophismes, qui, sous les auspices d'un nom célèbre, paralysait, depuis des siècles, les efforts de l'esprit humain (2).

Ramus avait épuisé, pour préparer et soutenir sa thèse, toutes ses ressources, celles de son oncle et celles de sa mère. Heureusement, son titre de *maître ès arts* lui donnait le droit d'enseigner. Il pouvait aisément trouver à faire un cours dans un collège, ou réunir, pour son compte, des élèves que sa réputation ne manquerait point d'attirer en grand nombre.

Il donna ses premières leçons dans un établissement de Paris, qu'on appelait *Collège du Mans* ; mais ce ne fut que pendant peu de temps. Bientôt, il s'associa avec deux régents de l'Université, Omer Talon, habile professeur de rhétorique, et

---

(1) Freigius, *Vita Rami*.
(2) Selon Patrizzi, au commencement du seizième siècle, on avait écrit sur Aristote, *douze mille volumes de commentaires*. Parmi ces commentateurs, l'un avait découvert dans Aristote *tous les dogmes chrétiens, jusqu'à l'Incarnation* ; un autre avait proposé de canoniser le philosophe de Stagyre.

RAMUS SOUTENANT, A LA FACULTÉ DES ARTS, SA THÈSE CONTRE ARISTOTE.

Barthélemy-Alexandre de Champagne, helléniste distingué, lesquels partageaient à peu près ses idées et ses vues de réforme.

Les trois professeurs, intimement liés, vécurent ensemble, se partagèrent la tâche et firent bourse commune. Ils ouvrirent leurs cours, sous la direction de Ramus, dans le petit collége de l'*Ave-Maria* (1).

« Ce fut pour la première fois, dit M. Waddington dans son ouvrage sur Ramus, qu'on lut dans l'université de Paris, dans une même classe, les auteurs grecs et les auteurs latins, qu'on vit l'étude de l'éloquence jointe à celle de la philosophie, et les poëtes grecs expliqués en même temps que les poëtes latins (2). »

On accourut pour entendre Ramus, dont la réputation d'orateur se trouva, dès les premiers jours, définitivement établie.

Il avait appris dans les leçons de Jean Sturm (3) à faire usage, dans l'enseignement des arts libéraux, de cette abondance ornée, qui séduit l'imagination et captive l'esprit. Il cherchait dans les orateurs et dans les poëtes des exemples et des modèles de toutes les opérations de l'esprit. L'art d'interpréter des règles, ordinairement sèches et arides, par des exemples attrayants, n'était pas le moindre des perfectionnements qu'il introduisait dans la manière d'enseigner la logique.

En 1543, à l'âge de vingt-huit ans, il publia deux ouvrages d'une haute importance pour le temps, dit M. Théry. L'un qu'il avait d'abord intitulé : *Dialecticæ Partitiones*, mais dont il changea le titre en celui de *Dialecticæ Institutiones* dans une seconde édition, était un simple exposé des règles élémentaires de l'art; l'autre, ayant pour titre : *Aristotelicæ Animadversiones*, était une attaque violente contre Aristote et ses disciples. Nous en avons donné une idée suffisante par un passage que nous avons cité précédemment, d'après Brucker. Ramus avait dédié ce dernier livre à Charles de Bourbon, alors évêque de Nevers, et à Charles de Lorraine, archevêque de Reims, ses deux anciens condisciples au collége de Navarre.

(1) Du Boulay, *Histoire de l'Université*, t. IV. Nancel, *Vita Rami*, p. 12.
(2) *Ramus, sa vie, ses écrits, ses opinions*, 1 vol. in-8°. Paris, 1855, p. 33.
(3) Ramus, préface des *Scholæ in liberales artes*.

Toute l'école, qui ne jurait que par Aristote, poussa un long cri de fureur et se souleva en masse contre cet ouvrage et contre l'auteur.

Il y eut d'abord une guerre d'écrits; et cette manière de combattre en littérature et en philosophie était la seule que la raison pût admettre.

« L'ordre eût voulu, dit Bayle, que les professeurs de Paris, qui admiraient Aristote, eussent réfuté par des écrits et par des leçons les livres de Ramus ; mais au lieu de se renfermer dans ces justes bornes des guerres académiques, ils traînèrent cet antipéripatéticien devant les juges criminels, comme un personnage qui sapait tous les fondements de la religion. Ils firent tant de vacarme, que la cause fut portée au parlement de Paris ; mais dès qu'ils s'aperçurent qu'elle y serait examinée équitablement et selon les formes, ils la retirèrent de ce tribunal par leurs intrigues, et la firent évoquer au conseil du roi (1). »

François Ier ordonna qu'une dispute publique aurait lieu entre Ramus et Antoine de Govéa (dialecticien espagnol, qui s'était présenté pour combattre les livres de Ramus), en présence de cinq juges, dont quatre seraient choisis par les deux parties, et le cinquième par le roi.

L'intervention du roi dans un procès où il s'agissait de savoir si la logique d'Aristote pouvait être complète sans la définition et la division, transformait une querelle littéraire en une affaire d'État.

Pour se conformer à l'ordonnance de François Ier, l'Espagnol Govéa prit pour arbitres Pierre Danès et François Vicomercato. Jean Quentin, docteur en décret, doyen de la Faculté de droit, et Jean de Beaumont, docteur en médecine, furent choisis par Ramus. Le roi élut, pour cinquième arbitre, maître Jean de Salignac, docteur en théologie.

On disputa pendant deux jours. Ramus soutint que la dialectique d'Aristote était imparfaite, puisqu'elle ne contenait ni définition ni division. Ses deux arbitres déclarèrent, par écrit, le premier jour, que la définition est nécessaire dans toute dispute bien réglée. Les trois autres déclarèrent, par écrit, que la dialectique peut être parfaite sans définition ; mais ils reconnurent, le lendemain, que la division est nécessaire. Ramus en conclut

---

(1) *Dictionnaire philosophique, historique, etc.*, note D.

aussitôt qu'on lui donnait raison, puisque la logique d'Aristote n'est pas divisée.

Les juges, s'apercevant qu'ils s'étaient fourvoyés, renvoyèrent l'affaire à un autre jour. Quand ils eurent reconnu qu'ils ne pouvaient plus se dégager avec honneur, ils déclarèrent qu'il fallait tout recommencer, tenant pour non avenu ce qui s'était passé pendant ces deux jours.

Ramus protesta contre ce manque de foi. Il récusa des juges qui avaient eux-mêmes cassé leur propre jugement.

François Ier, rejetant l'appel de Ramus, ordonna que l'affaire serait jugée définitivement et en dernier ressort par les cinq premiers juges. Les deux arbitres qu'il avait choisis s'étant retirés, Ramus fit défaut, et fut condamné par les trois autres.

La sentence des trois juges fut publiée en français et en latin, et fut répandue, à un très-grand nombre d'exemplaires, dans tous les lieux publics, non-seulement à Paris, mais dans toute l'Europe. On joua des pièces de théâtre, où Ramus, mis en scène, était bafoué de mille manières, aux grands applaudissements des péripatéticiens (1).

Ses deux ouvrages furent supprimés, et défense expresse lui fut faite, par un arrêt du roi, en date de 1543, de *médire désormais d'Aristote, des autres anciens auteurs reçus et approuvés de l'université et de ses suppôts*. C'était la meilleure manière de donner à Ramus une réputation européenne; c'était hâter l'accomplissement de la réforme philosophique prêchée par le maître ès arts de la Faculté de Paris.

Ramus ne se conforma jamais rigoureusement aux termes de cet arrêt. Des plaintes furent portées, plus d'une fois, contre lui, à ce sujet. Comme on s'aperçut qu'elles ne faisaient pas grande impression, on eut recours à un autre moyen. On l'accusa de pervertir la jeunesse, par des semences d'hérésie et de pyrrhonisme. Mais il n'en résulta pour lui, du moins en ce moment, aucune conséquence grave.

La lutte dans laquelle Ramus s'était engagé, l'obligeant à revenir souvent sur les choses qu'il avait apprises au collége et

---

(1) « Ludi magno apparatu celebrantur ubi, spectantibus et plaudentibus Aristotelicis, omni ludibrii et convitii genere Ramus afficitur. » (Freigius, *Vita Rami*.)

sur la manière dont elles lui avaient été enseignées, il trouva que pour procéder avec plus de méthode, ce qu'il avait de mieux à faire, c'était de recommencer toutes ses études. Il ne consacra guère moins de temps à ce travail de révision qu'il n'en avait mis à faire ses études elles-mêmes. Il s'appliqua surtout aux mathématiques, et il publia, en 1544, une édition des *Éléments d'Euclide*, dont le cardinal de Guise (Charles de Lorraine), son ancien condisciple, accepta la dédicace. Plus tard (en 1569), il entreprit de donner de *Nouveaux Éléments d'arithmétique et de géométrie* dans un ordre différent de celui d'Euclide.

Comme un arrêt du roi lui interdisait de toucher à la philosophie d'Aristote, il remplaça désormais, dans son enseignement, la logique par les mathématiques. Tour à tour, dans ses leçons, il joignit l'art d'exprimer, d'une manière nette et précise, tous les sentiments et toutes les idées à l'art de raisonner avec l'entière justesse que comporte notre entendement. Il est certain qu'un traité de calcul et de géométrie, où les propositions, les démonstrations, les rapports et les déductions, toujours clairement exprimés, forment un enchaînement rigoureux et parfait des grandeurs et des quantités abstraites, serait un excellent traité de logique, le meilleur et le plus utile peut-être qu'on ait jamais imaginé.

Voilà comment Ramus, après avoir commencé sa carrière par la philosophie pure, fut amené à s'occuper d'études mathématiques.

Cependant la peste vint envahir Paris. Les étudiants et la plupart des professeurs avaient pris la fuite; les écoles étaient désertes. Ramus lui-même s'éloigna de la capitale.

Il se trouvait auprès de sa mère, dans son petit village de la Picardie, lorsque le principal du collége de Presles, qui était vieux, lui écrivit, pour le prier de venir à son aide. Son collége n'avait presque plus d'élèves, et il s'agissait de le relever. On s'entendit sur les conditions. Ramus entra d'abord comme professeur de rhétorique. Il attira bientôt de nombreux auditeurs autour de sa chaire. Peu de temps après, il fut nommé directeur de ce collége. Il prononça le 1er décembre 1545 son discours d'installation.

Le collége de Presles avait été fondé à Paris, en 1314, par

un secrétaire de Philippe le Bel. Il était situé rue des Carmes, près de la place Maubert.

L'un des deux associés de Ramus, au collége de l'Ave-Maria, Barthélemy Alexandre, était allé professer dans l'Académie fondée à Reims par Charles de Lorraine; l'autre, Omer Talon suivit Ramus au collége de Presles. Les deux amis se partagèrent les études supérieures : ils enseignèrent les lettres latines, les lettres grecques et la philosophie. Ramus expliquait et discutait Quintilien. Il lui arrivait même parfois, dans ses critiques, de ne pas épargner Cicéron. De là, réclamations des régents se plaignant de ce que les classiques eux-mêmes ne pouvaient échapper aux critiques des professeurs du collége de Presles.

Par l'arrêt de François Ier, l'enseignement de la philosophie était interdit à Ramus; mais l'effet de cet arrêt ne pouvait s'étendre à Omer Talon; or, c'était lui qui, le matin, professait la philosophie. Les leçons de rhétorique données par Ramus avaient lieu le soir, et les deux professeurs établissaient une telle concordance entre les matières qui entraient dans leurs cours, que les préceptes que l'un avait formulés la veille trouvaient le lendemain, dans la leçon de l'autre, leur raison d'être et leur application. Les divers sujets, harmoniquement liés entre eux par leurs rapports, formaient un même tout, un ensemble, également propre à saisir l'esprit et à soulager la mémoire.

En 1546 et 1547, les recteurs de l'Université, vivement sollicités par les principaux régents, eurent à examiner les plaintes portées contre Ramus, qui, disait-on, bouleversait toutes les études dans le collége de Presles. Mais Ramus avait été maintenu, malgré la Sorbonne, à la tête de ce collége, par un arrêt du parlement, et les recteurs ne pouvaient rien contre lui. D'ailleurs, il était appuyé par son ancien condisciple, Charles de Lorraine, précepteur du fils de François Ier.

En 1547, à la mort de François Ier, son fils, l'élève du cardinal de Lorraine, monta sur le trône, sous le nom de Henri II. Le cardinal songea dès lors à faire révoquer l'arrêt qui fermait la bouche de Ramus. « De tout temps, dit-il au roi, on a été le maître de choisir en philosophie ses amis et ses adversaires; on ne saurait philosopher autrement. Platon et Aristote ont usé les premiers de cette liberté naturelle. »

Henri II, digne de comprendre ces sentiments élevés, dit M. Théry (1), révoqua la sentence.

« Dieu, dit Ramus, avait réservé la définitive de ceste cause au bon roi Henry, lequel ayant entendu ceste controverse, me délia et la langue et les mains, et me donna pouvoir et puissance de poursuivre mes études (2). »

Dès que l'Université vit Ramus protégé par le roi, elle cessa de le persécuter. Mais quand ses démêlés avec le corps académique furent finis, il eut maille à partir avec le clergé. On s'efforçait même de l'impliquer dans des affaires auxquelles il était demeuré tout à fait étranger, telles, par exemple, que les violentes querelles qui éclatèrent, à cette époque, entre les écoliers de l'Université et les religieux de l'abbaye de Saint-Germain-des-Prés. Le bruit courut que la sédition qui éclata au mois de juillet 1548 avait été provoquée par une harangue de Ramus (3). Or, celui-ci n'est pas même nommé dans le récit détaillé que les historiens Du Boulay et de Thou ont fait de toute cette affaire, dont Paris s'émut vivement. Ramus était alors occupé de travaux qui l'absorbaient tout entier : il publiait une nouvelle édition de ses *Aristotelicæ Animadversiones*, ouvrage qui avait été condamné sous François Ier, et écrivait ses *Leçons sur les dialogues de Platon, sur la Rhétorique de Cicéron et sur les Institutions oratoires de Quintilien*.

Il fut violemment attaqué par les régents de l'Université, au sujet de sa critique de Quintilien. Galand l'accusa « de corrompre la jeunesse et de lui enseigner dans ses livres ineptes, avec le mépris de Quintilien, la présomption, l'insolence et tous les vices, l'égoïsme, l'avidité, toutes les hontes et toutes les trahisons. » Ramus ne répondit à toutes ces attaques que par un silence dédaigneux.

Pour l'atteindre plus sûrement, on s'y prit d'une autre manière. L'un des ennemis déclarés de Ramus, Jacques Charpentier, venait d'être nommé recteur. Il accusa le principal du

---

(1) *Histoire de l'Éducation*, p. 22.
(2) *Remontrances au conseil privé*.
(3) *Mémoires historiques sur le Pré aux Clercs*.

collège de Presles d'enfreindre les règlements universitaires sur les études, et ses professeurs, d'expliquer, dans le cours de philosophie, non-seulement les ouvrages des philosophes, mais aussi ceux des poëtes et des orateurs, système *contraire aux statuts de l'Université*.

Bien que fondée sur des motifs puérils, cette affaire, à laquelle prirent part, à divers titres, les directeurs des Facultés, eût fini par avoir des conséquences graves pour le principal et pour quelques professeurs du collège de Presles, si le cardinal de Lorraine, l'ancien condisciple de Ramus, usant de son influence, n'était parvenu à faire voir que cette difficulté, débarrassée de toutes les mauvaises chicanes, se réduisait à presque rien. Un arrêt du 13 avril 1551 (1) mit fin à ce procès qui faisait beaucoup de bruit à Paris. Il était permis à Ramus d'adopter, dans son enseignement, la méthode qu'il jugeait la meilleure, *pourvu qu'il expliquât, aux heures ordinaires des classes, les auteurs prescrits par les règlements*.

Le cardinal de Lorraine, indigné des misérables entraves par lesquelles les pédants universitaires s'efforçaient d'empêcher le progrès des lettres et de la philosophie, résolut d'en appeler à l'autorité du roi. Il partit pour Blois, où se trouvait alors la cour, et eut un long entretien avec Henri II, au sujet du dernier procès intenté à Ramus.

A la suite de cet entretien, le roi adressa lui-même à Ramus une lettre pleine d'encouragements et d'éloges, par laquelle il lui annonçait qu'il venait de créer en sa faveur, au Collège de France, une chaire d'éloquence et de philosophie, et qu'il l'autorisait à y continuer ses études, suivant le plan qu'il s'était tracé (2).

On ne pouvait répondre d'une manière plus éclatante aux attaques et aux tracasseries dont on accablait le philosophe réformateur.

Le nouveau *professeur royal* ouvrit son cours au Collège de France, au mois d'août 1551. Le parlement, le clergé, l'Université, représentés par les plus distingués d'entre leurs membres, assistèrent à son discours d'ouverture. Cet imposant auditoire

---

(1) Du Boulay, *Histoire de l'Université*.
(2) Waddington, *Ramus, sa vie, ses écrits*, p. 79.

était composé de deux mille personnes, appartenant à toutes les classes de la société.

Ramus commença son discours par un hommage de reconnaissance au roi Henri II et au cardinal de Lorraine.

« On m'a reproché comme une sorte de déshonneur, dit-il ensuite, d'être le fils d'un charbonnier. Il est vrai qu'après avoir vu prendre et saccager sa ville natale, mon grand-père, exilé de sa patrie, se fit charbonnier; mon père fut laboureur; j'ai moi-même été plus misérable qu'eux. Et voilà ce qui a donné lieu à je ne sais quel mauvais riche, sans aïeux et sans patrie, de me reprocher la pauvreté de mes nobles ancêtres. Mais je suis chrétien, et je n'ai jamais considéré la pauvreté comme un mal; je ne suis pas de ces péripatéticiens qui s'imaginent qu'on ne saurait faire de grandes choses si l'on n'a point de grandes richesses... O Dieu tout-puissant! ce petit-fils de charbonnier, ce fils de laboureur, cet homme accablé de tant de disgrâces, ne te demande pas des richesses qui lui seraient inutiles pour une profession dont les seuls instruments sont du papier, une plume et de l'encre; mais il te supplie de lui accorder pendant toute sa vie un esprit droit, un zèle et une persévérance qui ne se lassent jamais. »

Ramus pouvait, en effet, ne pas craindre la pauvreté, car sa tempérance était exemplaire. Il mangeait à peine à dîner, et passa vingt années sans boire de vin; il ne commença d'en boire que par ordre des médecins. Il se levait de grand matin, et étudiait tout le jour. Il garda le célibat avec une pureté qui ne fut pas même soupçonnée de quelque tache, et il évitait comme un poison les conversations malhonnêtes (1).

En 1552, Ramus passait pour avoir de la fortune. Nancel, son élève et son biographe, évalue son revenu à 2,000 livres tournois (environ 20,000 francs de nos jours). Mais le total de ses dépenses était à peu près égal à celui de ses recettes (2). Il entretenait douze écoliers, tous pris dans le Soissonnais, qui, à la vérité, lui servaient de lecteurs et de copistes. Il employa ses économies de plusieurs années à faire reconstruire son cher collège de Presles.

Ramus était un grand orateur. Il faisait son cours au Collège de France, dans l'après-midi, et sa leçon durait une heure. Il ne montait jamais en chaire sans l'avoir méditée à l'avance. Dans le débit de son discours, tout était étudié, le

---

(1) Banosius, *Vita Rami*, p. 12.
(2) Nancel, *Vita Rami*, p. 57 et 60.

geste, l'attitude, le jeu de la physionomie. Nancel, son disciple, raconte qu'il le surprit un jour, placé devant une glace, et s'essayant au débit d'une leçon. Dans sa chaire, il avait toujours près de lui un de ses élèves, chargé, soit de l'avertir, en le tirant par la robe, des fautes qui pouvaient lui échapper, soit de lui présenter successivement les livres dont il avait besoin pour faire les citations. En homme qui est trop éclairé pour croire qu'il ne saurait jamais faillir, non-seulement il écoutait volontiers les critiques, mais il priait même ses amis de lui en adresser, et ils n'y manquaient pas.

Il improvisait avec une facilité merveilleuse, non sur des choses frivoles, mais sur des sujets graves et élevés. Il était, de tous les hommes de son temps, celui qui se plaisait le moins aux conversations fades, aux jeux de mots, aux épigrammes.

Il était, dans son collège, d'une extrême sévérité. Nancel en convient, et ses ennemis prétendaient que tous ses subordonnés tremblaient en sa présence. Chaque soir, il faisait dans les classes une longue et dernière revue, distribuant l'éloge et le blâme, et faisant infliger sans miséricorde la peine du fouet aux élèves qui avaient commis des fautes graves.

Pour terminer sa journée, il se faisait faire quelque lecture, après son repas. Il avait de fréquentes insomnies causées, tantôt par le travail et les soucis, tantôt par les attaques et les insultes de ses ennemis. La lecture était le principal soulagement de ses souffrances morales.

Ramus avait, dans son langage et dans ses manières, quelque chose de noble et de fier, qui plaisait singulièrement, et qu'on ne trouvait pas aux autres professeurs du collège de France. « Ramus, disait Etienne Pasquier, en enseignant la jeunesse, est un homme d'estat. »

M. Waddington, dans le livre qu'il a consacré au philosophe qui nous occupe (1), a fait, avec un remarquable talent d'analyse, une sorte de tableau historique de l'enseignement de Ramus au Collège de France, de 1551 à 1561. Il entre dans des détails qui, au double point de vue littéraire et philosophique, sont remplis d'intérêt, mais dans lesquels nous

(1) *Ramus, sa vie et ses écrits*, ch. IV.

ne pourrions le suivre sans sortir des limites de cet ouvrage, avant tout scientifique.

Les plus violents ennemis de Ramus se trouvaient à la Sorbonne et dans l'Université. Ils avaient la faculté de l'inquiéter pour son collége de Presles, mais ils ne pouvaient rien contre le professeur royal du Collége de France, qui, poursuivant en toute liberté, dans sa chaire, l'exécution de son plan d'une réforme générale de tous les arts libéraux, désolait ses ennemis, sans paraître même songer à eux.

Après avoir appliqué la logique à l'éloquence, à l'histoire, à la poésie, Ramus, pour achever son œuvre, voulut l'appliquer aux sciences, et particulièrement aux mathématiques. Mais il lui fallait pour cela entreprendre de nouvelles études. A l'âge de quarante ans, il ne connaissait guère encore que les six premiers livres d'Euclide, qu'il avait commentés dix ans auparavant au collége de l'Ave-Maria. Il lui restait donc beaucoup à faire. Il a raconté lui-même ses pénibles travaux en ce genre.

« J'avais entrepris, dit-il, d'appliquer la logique aux quinze livres d'Euclide, et je me mis à l'œuvre. Là, malgré les savants commentaires de Pierre Mondovi, je trouvai tant de difficultés, qu'un jour, après avoir longtemps cherché une démonstration qui m'échappait, étant resté une heure immobile, je sentis dans les nerfs du col une sorte d'engourdissement. Je rejetai bien loin la règle et le compas, et je m'indignai contre les mathématiques, qui donnent tant de mal à ceux qui les étudient et qui les aiment. Mais bientôt j'eus honte de m'arrêter ainsi, et me relevant plus fort après ce faux pas, je dévorai le dixième livre et continuai l'étude des pyramides, des prismes, du cube, de la sphère, du cône, du cylindre. Une fois que j'eus franchi ces premiers écueils et enseigné les *Éléments* d'Euclide, je lus en entier les *Sphériques* de Théodore, les *Cylindriques* d'Archimède (1). »

Après avoir presque exclusivement appliqué jusque-là toutes ses facultés à la culture des lettres, commencer à plier son esprit, à l'âge de quarante ans, aux formes de raisonnement et au langage des mathématiques, c'est assurément un effort intellectuel que peu d'hommes seraient capables de soutenir. Mais cela ne doit point surprendre dans le philosophe et le savant qui, par ses longs travaux, fit triompher, dans les sciences, la liberté de penser, de parler et d'écrire, à une époque

---

(1) Discours *De sua professione*.

où, sous le joug pesant de la scolastique universitaire, la servitude de l'esprit était encore plus grande que celle du corps.

Jusqu'en 1561, Ramus avait été regardé comme un bon catholique. Il entendait la messe tous les jours, à six heures du matin, et obligeait les maîtres et les élèves boursiers à y assister. Cependant il devint, de bonne heure, suspect de protestantisme. Déjà, en 1552, le précepteur de la reine Élisabeth, Roger Asham, croyait qu'il était partisan de Luther, mais qu'il hésitait à se déclarer. Ce soupçon était fondé sur divers précédents. La Faculté de théologie avait condamné, en 1543, son livre contre Aristote, et il était qualifié d'athée, d'impie, d'*académique*, parce qu'il citait Platon, dont les disciples avaient quelquefois enseigné, sous des formes séduisantes, un scepticisme plus ou moins déguisé. On en était venu, par une interprétation bizarre, à placer Aristote sous l'égide de la religion; Ramus, le grand adversaire d'Aristote, était, d'après cela, suspect d'hérésie, et les prédicateurs, dans les chaires catholiques, le traitaient de païen. On peut ajouter que les professeurs du Collège de France étaient, en majorité, protestants ou soupçonnés de l'être (1). On remarquait aussi qu'un grand nombre de disciples très-savants, sortis du collège de Ramus, avaient embrassé la religion réformée (2).

Mais on n'eut pas à recourir longtemps aux allusions et à l'équivoque pour déclarer Ramus protestant. Sa conversion ouverte au protestantisme date du *Colloque de Poissy*, tenu en septembre 1561. La réponse maladroite que le cardinal de Lorraine avait faite au discours de Théodore de Bèze détermina une foule de conversions au protestantisme, et la persécution en amena bien plus encore.

L'édit de janvier 1562, qui accordait aux protestants le libre exercice de leur culte, causa des transports de joie dans le collège de Presles. Avec ou sans le consentement de Ramus, les élèves coururent en foule à la chapelle, et s'empressèrent d'en ôter les images et les statues. Soit par accident, soit à dessein, plusieurs se trouvèrent brisées. Une dénonciation sur ce

---

(1) Waddington, *Ramus, sa vie et ses écrits*, page 128.
(2) Nancel, *Vita Rami*, p. 63.

fait étant parvenue à l'autorité, le recteur de l'Université fut invité à ouvrir une enquête.

Mais ce n'était là qu'une affaire secondaire. L'édit relatif à la libre profession du culte protestant agitait vivement les esprits à la cour, au parlement, dans l'Université et parmi le peuple. Le massacre de Vassy fut le signal de la guerre civile. Ramus, chassé de Paris comme calviniste, partit avec un sauf-conduit de la reine mère. Il trouva un asile auprès de cette reine, dans le palais de Fontainebleau.

On mit à sa place, au collége de Presles, un bachelier en théologie, nommé Antoine Muldrac, qui fut confirmé en cette qualité, par un arrêt du parlement.

Dès que les ennemis de Ramus connurent le lieu de sa retraite, ils se rendirent à Fontainebleau, pour s'emparer de sa personne. Il n'évita la mort que par une fuite précipitée.

Il erra longtemps dans différentes contrées, s'éloignant des grandes routes, et ayant recours à des déguisements, pour n'être point reconnu. Plusieurs personnes lui accordèrent, en ce temps d'épreuves, une généreuse hospitalité.

Le 10 mars 1563, la paix d'Amboise vint mettre un terme à la guerre civile. Ramus revint à Paris, et rentra dans son collége de Presles. Il reprit également son cours au Collége de France. Dans son discours de rentrée, il s'engagea formellement à se livrer entièrement à la science et à renoncer désormais à toute polémique.

Son goût pour les mathématiques ne s'était point affaibli, et il se remit à cette étude avec une ardeur nouvelle. Il correspondait avec quelques-uns des principaux géomètres de l'Europe. Par les renseignements qu'il avait ainsi obtenus, il s'était mis au courant de l'histoire de cette science, depuis les temps anciens. Il achetait, ou faisait copier et traduire à grands frais, des manuscrits; et il parvint à former ainsi une collection d'ouvrages de mathématiques qui n'était pas, dit M. Waddington, le moindre ornement de sa bibliothèque.

En 1565, une affaire assez vive eut lieu au Collége de France. Ramus, qui s'y trouva mêlé, s'attira un redoublement de haines, en sa qualité de professeur-doyen.

Le professeur de mathématiques, Paschal du Hamel, étant mort, il fallut lui choisir un successeur. Celui qu'on choisit était un certain Dampestre Cosel, Sicilien, qui n'entendait rien aux mathématiques, et ne savait parler ni le français ni le latin. Ramus lui proposa de faire une leçon publique sur Euclide. Mais à sa première leçon, le malheureux Sicilien fit tant de barbarismes, et des fautes de calcul si grossières, qu'il fut sifflé et bafoué par son auditoire. Intervint alors un arrêt du parlement, qui ordonnait à Dampestre de se soumettre à un examen. Se sentant incapable de subir une pareille épreuve, Dampestre vendit secrètement sa charge à Charpentier, ancien recteur de l'Université, mais fort ignorant en mathématiques. Seulement, c'était un esprit souple et adroit, fort exercé d'ailleurs, comme professeur de philosophie, au maniement de la parole.

Charpentier, confirmé dans son nouveau titre, obtint l'autorisation d'enseigner à la fois, au Collége de France, la philosophie et les mathématiques. Mais Ramus, qui tenait à la réputation du Collége de France, et qui voulait que l'enseignement des mathématiques y fût chose sérieuse, s'échauffa de nouveau et proposa d'obliger Charpentier à se soumettre à un examen. *Je vous examinerai moi-même*, répondit Charpentier. Le parlement fut encore saisi de l'affaire.

Cette fois, cependant, Ramus n'eut pas gain de cause. Sur la promesse que fit Charpentier, de se rendre, en trois mois, capable d'enseigner Euclide, il fut provisoirement admis comme professeur et dispensé d'examen.

Cette affaire excita contre Ramus des haines nouvelles et non moins ardentes que celles qui tant de fois déjà avaient troublé sa vie. On n'imaginerait que difficilement les invectives, les calomnies, les propos offensants et grossiers auxquels Charpentier et ses amis se livrèrent contre lui, dans des écrits imprimés. On allait jusqu'à faire des plaisanteries et des jeux de mots sur ses cheveux blancs.

De toutes les attaques, les plus dangereuses étaient celles qui avaient pour objet son changement de religion, parce qu'elles étaient de nature à soulever contre le professeur royal le fanatisme de la multitude. Ramus se vit forcé d'en appeler aux tribunaux des violences de Charpentier. Celui-ci, condamné à la prison, dut se rétracter.

Cette condamnation mit, pour quelque temps, un terme à la calomnie; mais les haines n'en devinrent que plus ardentes. Plus d'une fois Ramus manqua d'être assassiné (1). Lorsque la guerre civile éclata de nouveau, en septembre 1567, il eût été probablement massacré s'il n'eût pris le parti de se réfugier promptement à Saint-Denis, au milieu du camp du prince de Condé.

Par un arrêt du parlement, Ramus fut dépouillé de sa chaire ; mais elle lui fut rendue après la paix dite *de Saint-Denis*.

Le prince de Condé et l'amiral de Coligny, à la tête de l'armée, se dirigent vers la Lorraine. Ramus les suit. Il part ensuite pour l'Allemagne, où il arrive à travers mille dangers. Là on l'accueille avec beaucoup d'égards, et l'Électeur Palatin lui envoie son portrait.

Ramus donne à Heidelberg des leçons de mathématiques, mais s'il a des admirateurs, il rencontre aussi des adversaires ; Un jour, les écoliers allemands, pour l'empêcher de monter dans sa chaire, en retirent le marchepied. Aussitôt, un Français, se plaçant à terre, sur ses genoux et sur ses mains, présente son dos pour marchepied au célèbre professeur, qui s'élance dans sa chaire et commence son discours.

La paix conclue vers la fin de mars 1568 permit à Ramus de revenir à Paris. Il reprit possession de son collège de Presles, dans lequel Antoine Muldrac s'était encore installé, en vertu de l'arrêt du parlement qui, en 1562, lui avait conféré le titre de principal. Sa chère bibliothèque avait été pillée ; il n'y retrouva que les rayons vides. Son manuscrit des *Scolæ mathematicæ*, seul, avait pu être soustrait aux pillards.

Ramus s'aperçut bientôt que Paris ne pourrait être encore pour lui un séjour paisible et sûr. Il demanda donc au roi un congé d'un an, qui lui fut accordé. Le roi lui confia la mission de visiter les principales académies de l'Europe.

Au mois d'août 1568, Ramus se mit en route pour l'Allemagne, accompagné de ses deux disciples, Frédéric Reisner et Théophile Banosius, qui lui servaient de secrétaires. Ce ne fut pas sans péril qu'ils traversèrent la France, car ils furent plusieurs fois arrêtés. La mission dont Ramus avait été investi par Charles IX les tira heureusement d'affaire.

En Suisse et en Allemagne, Ramus, qu'on avait surnommé le *Platon français*, trouva partout la plus cordiale hospitalité. Il

---

(1) Nancel, *Vita Rami*.

rencontrait, dans la plupart des villes où il s'arrêtait, soit des correspondants, soit d'anciens élèves. On donnait pour lui des banquets ; on le haranguait, on le traitait quelquefois comme un prince. On estimait et on admirait cet homme célèbre ; mais les académies allemandes, qui ne goûtaient pas ses réformes, rejetaient ses offres de service. Celle de Strasbourg lui fit répondre qu'il ne pouvait être admis à enseigner dans son sein (1). A Heidelberg, l'électeur palatin, Frédéric III, le nomma à une chaire ; mais aussitôt le sénat et l'Université firent des remontrances. Le prince persista. De nouvelles remontrances lui furent adressées, et il rencontra de tous côtés une opposition plus vive. Frédéric III n'en tint aucun compte, et la première leçon de Ramus fut annoncée.

Deux partis s'étaient formés parmi les étudiants, l'un pour, l'autre contre Ramus. Au jour indiqué, le professeur arrive, et malgré le tumulte qui régnait dans la salle, il parvient à escalader la chaire. Mais à peine a-t-il commencé son discours, qu'il est interrompu par des sifflets, des huées et des trépignements. C'était au milieu d'un tumulte semblable qu'il avait autrefois commencé son cours de dialectique au collège de France, et il était parvenu à vaincre l'hostilité de ses auditeurs. Son indomptable caractère était resté le même, et les étudiants allemands ne lui paraissaient pas plus difficiles à réduire que les écoliers parisiens. Il fatigua, par son imperturbable sang-froid, les sifflets, les cris, les vociférations, et finit par se faire écouter. Sa péroraison, dit Banosius, fut si éloquente, que l'assemblée, après l'avoir écoutée dans un profond silence, éclata tout entière en applaudissements.

Ramus termina son cours sur Cicéron, au commencement de janvier 1570.

Après avoir quitté Heidelberg, il alla visiter Francfort, Nuremberg, Augsbourg, etc. Au commencement de juin, il arriva à Genève, où il fut bien accueilli. Il y fit des leçons publiques de littérature. Il alla ensuite à Lausanne, d'où il partit pour revenir à Paris.

Pendant l'absence de Ramus, Charles IX avait rendu un édit portant « que tous ceux qui enseignent ou enseigneront, ou

(1) Waddington, Ramus, sa vie et ses écrits, page 196.

feront lectures, soit en escholes privées ou publiques en l'Université... même ceux qui ont fonctions et gages de Sa Majesté pour faire lecture et exercice public, *seront de la religion catholique et romaine* ». Le chancelier de l'Hospital refusa d'apposer le sceau royal à cet édit. Bientôt même, devenu suspect de protestantisme, l'illustre magistrat dut remettre les sceaux au roi et se retirer. Le parlement enjoignit à l'Université, par un arrêt, de pourvoir au remplacement de ceux de ses membres, régents, principaux, etc., *mesme lecteurs du roy*, qui appartenaient à la religion réformée.

Ramus, de retour à Paris, trouva donc sa place occupée, tant au collège de Presles qu'au Collège de France. Il ne pouvait plus compter sur l'appui du cardinal de Lorraine, dont il avait à jamais perdu la protection et l'amitié, par sa conversion à la religion nouvelle. Il eût voulu pouvoir obtenir une chaire à Genève, et se retirer dans cette ville; mais Théodore de Bèze, le chef protestant, qu'il fit sonder sur ce point, déclina ses offres. On ne voulait point admettre, dans l'Académie de Genève, un professeur qui s'était déclaré l'irréconciliable ennemi d'Aristote.

Catherine de Médicis fut touchée du sort de Ramus. Elle ne pouvait lui faire rendre sa chaire ni son collège; mais elle obtint du conseil du roi que Ramus conservât ses titres et ses traitements. En considération de ses longs services, on doubla même son traitement de professeur au Collège de France.

A demi couvert par la protection de la reine mère, Ramus se disposait à reprendre non la parole, mais la plume; il préparait la rédaction de ses cours, qu'il voulait publier en français, lorsqu'une mort des plus horribles vint trancher brusquement sa carrière.

Ce fut, comme on le sait, dans la nuit du 24 au 25 août 1572, qu'une main royale donna le signal de l'épouvantable massacre de la Saint-Barthélemy. Ramus demeurait au collège de Presles, ainsi que Banosius, son élève et son secrétaire.

Le mardi 26 août, à la fin du second jour du massacre, des assassins, conduits par deux hommes, dont l'un était tailleur et l'autre sergent, pénètrent violemment dans le collège de Presles, après en avoir forcé l'entrée, et ils se mettent à fouiller partout, depuis les caves jusqu'aux greniers. Ces hommes étaient évidemment des assassins à gages; car ils ne pouvaient

MORT DE RAMEH

avoir jamais eu rien à démêler avec Ramus. Dès que Ramus entend retentir des menaces de mort, il comprend que c'est à lui qu'elles s'adressent, et qu'il touche à ses derniers moments. Il monte au cinquième étage, se renferme dans son petit cabinet de travail, et là, prosterné devant Dieu, il attend le moment fatal, dans un recueillement religieux.

Il n'attendit pas longtemps. Sur quelques indications qui lui avaient été données, la bande de sicaires monte au cinquième étage, découvre la retraite du philosophe et enfonce la porte du cabinet. Ramus, qui était à genoux, les mains jointes et les yeux tournés vers le ciel, au moment où les assassins se précipitent vers lui, se lève aussitôt, pour leur parler. On lui laisse quelques instants pour recommander son âme à Dieu, et il prononce ces paroles :

« O mon Dieu, j'ai péché contre toi; j'ai fait le mal en ta présence, tes jugements sont justice et vérité. Aie pitié de moi, et pardonne à ces malheureux : ils ne savent ce qu'ils font. »

Il n'en put dire davantage. L'un déchargea sur sa tête une arquebuse dont les balles allèrent se loger dans la muraille; un autre lui passa son épée au travers du corps. Le sang coulait en abondance, cependant Ramus respirait encore. Alors, pour l'achever plus promptement, on le précipite par la fenêtre, de la hauteur du cinquième étage. Le corps rencontre un toit dans sa chute, il rebondit et va tomber, palpitant, dans la cour du collége. Le sang et les entrailles se sont répandus, cependant le cœur n'a pas cessé de battre; Ramus respire encore. On outrage ce corps sanglant; on l'attache, par les pieds avec une corde, et on le traîne à travers les rues jusqu'à la Seine, où on le précipite.

Quelques passants, ayant aperçu le cadavre qui surnageait près du pont Saint-Michel, le firent ramener sur le rivage, par des bateliers. Était-ce pour le voir seulement ou pour lui faire donner la sépulture? On l'ignore.

Charpentier fut soupçonné d'avoir soudoyé les assassins.

« La bassesse de sa haine, comme le cynisme de ses paroles, donnent à cette conjecture, dit M. Théry, le poids d'une affreuse vérité (1). »

« Ramus, dit Montucla, périt presque de la main de Charpentier, son

(1) A.-F. Théry, *Histoire de l'éducation*, t. II, p. 55.

confrère et son ennemi. Au reste, son sang rejaillit sur la postérité du coupable, car le fils de ce barbare professeur mourut quelques années après sur un échafaud, comme complice d'une conspiration contre Henri IV (1). »

M. Waddington prouve, dans son ouvrage, que les assassins de Ramus avaient été envoyés et soudoyés par Charpentier.

En rassemblant les traits épars tracés par Théophile Banosius, Nancel, Freigius, disciples du philosophe, on peut se faire une idée très-nette de la personne de Ramus. Il était d'une taille élevée, et sa physionomie était belle. Il avait la tête grosse, le front large, le nez aquilin, les yeux noirs et vifs, le visage brun pâle et d'une beauté mâle, la barbe et les cheveux noirs. Sa bouche, tantôt souriante, tantôt sévère, avait une grâce peu commune; sa voix était, tout à la fois, douce et grave. Dans ses manières comme dans ses vêtements on remarquait une simplicité qui, bien qu'austère, n'excluait pas l'élégance. Tous ses mouvements étaient ceux d'un homme de distinction. Il portait la tête haute. Sa démarche était noble, et lorsqu'il prenait la parole, il s'exprimait avec la grâce et l'urbanité d'un *seigneur*, comme dit Brantôme.

« Fils aimant, dit M. Ch. Desmaze, lorsqu'il ne pouvait aller voir sa mère, dans le Vermandois, il la faisait venir à Paris. Il nourrit, dans sa vieillesse, son oncle Charpentier, qui lui avait fourni les moyens de quitter le village de Cus (2). »

Par son testament, dont M. Waddington donne le texte, Ramus instituait une chaire de mathématiques dans l'un des colléges de l'Université, celui du *collége de Maître Gervais*. Une des conditions fondamentales de cette fondation était que, tous les trois ans, on mettrait la chaire au concours. La chaire fondée par Ramus fut longtemps occupée, pendant le siècle suivant, par Roberval. La suppression du *collége de Maître Gervais* la fit vaquer pendant bien des années. On la rétablit ensuite, et le géomètre Mauduit l'occupa avec honneur.

On trouve la liste des ouvrages de Ramus dans les *Mémoires pour servir à l'histoire de la république des lettres du père Niceron* (3). Ils ont presque tous pour objet la grammaire, la rhétorique, la logique et les arts libéraux.

(1) *Histoire des Mathématiques*, part. III, liv. III.
(2) *Ramus, professeur au collége de France*. Paris, 1854. In-12, page 102.
(3) Tomes XIII et XX.

CARDAN

JÉROME CARDAN

Jérôme Cardan fut l'un des plus grands et des plus étranges esprits de son siècle. Dans ses volumineux ouvrages, qui ne forment pas moins de dix volumes in-folio, et où il aborde les diverses branches des connaissances humaines, philosophie, histoire naturelle, médecine, physique, arithmétique, géométrie, astronomie, grammaire, dialectique, éloquence, etc., on rencontre souvent des remarques justes, profondes, originales, et même des traits de génie, mêlés aux plus singulières réflexions. Il est vrai qu'il puisa largement aux sources de l'antiquité grecque et latine, et qu'il mit à contribution Aristote, Théophraste, Hippocrate, Pline, Dioscoride, Cicéron, Sénèque, Celse et Vitruve; mais sa fécondité n'en paraît pas moins extraordinaire, surtout quand on considère qu'il fut toujours extrêmement pauvre, et que sa vie fut traversée par mille dégoûts et par des chagrins affreux qui ne lui laissaient qu'à de rares intervalles une entière liberté d'esprit. C'est ainsi que l'on peut, d'ailleurs, s'expliquer quelques singularités dont on l'accuse. Scaliger, son contemporain, dit « qu'en certaines choses Cardan paraissait au-dessus de l'intelligence humaine, et en plusieurs autres, au-dessous de celle des enfants (1). » Le récit de l'histoire de sa vie éclair-

---

(1) « Qui in quibusdam interdum plus homine sapere, in pluribus minus pueris intelligere, videbatur. »

cira et fera apprécier à leur véritable point de vue les aberrations qu'on lui reproche.

Ce récit peut être fait avec une grande exactitude, grâce à un de ses livres : *Hieronymi Cardani Mediolanensis de propria vita*, véritable autobiographie de l'auteur, comme on dit de nos jours. Une traduction française de cet ouvrage de Cardan serait d'un immense intérêt pour l'histoire des sciences, et nous ne nous expliquons pas qu'elle n'ait jamais été faite. Ce serait dépasser les limites que nous assignons, dans cet ouvrage, à chaque biographie de savant, que de donner une traduction littérale du *Propria Vita*. Nous nous contenterons de prendre ce livre pour guide, comme le document le plus exact qui existe sur le savant Milanais.

I

Jérôme Cardan était fils d'un avocat ou jurisconsulte de Milan, nommé Facio Cardan et de Claire Micheria. Ils n'étaient pas mariés, et Jérôme naquit d'une liaison illégitime. Il n'avoue nulle part cette circonstance, mais il la laisse entendre. Il a appris, dit-il, que sa mère, étant enceinte, essaya, mais en vain, de provoquer un avortement, au moyen de certains remèdes (1).

Si ces remèdes n'exercèrent pas sur le système organique de l'enfant une influence fâcheuse, comme il serait permis de le supposer, ils durent, du moins, agir fortement sur la mère. Ses couches furent, en effet, extrêmement laborieuses, et durèrent trois jours. Elles se firent à Pavie, où Micheria s'était rendue pour les cacher; et ce fut là que naquit Jérôme Cardan. Il avait été, pour ainsi dire, arraché du sein de sa mère.

En venant au monde, il était comme mort, quoiqu'il eût déjà la tête couverte de cheveux noirs et fins. On ne parvint à le ranimer qu'en le plongeant dans un bain de vin chaud (2).

---

(1) « Tentatis, ut audivi, abortivis medicamentis frustra, ortus sum. » (*De propria vita*, cap. II.)

(2) « Natus tanquam mortuus, cum capillis nigris et crispis, recreatus balneo vini calidi quod alteri potuit esse pernitiosum. »

Cardan a lui-même donné lieu à une légère incertitude sur l'époque de sa naissance, en assignant deux dates différentes, l'une dans l'ouvrage *de Propria Vita*, l'autre, dans le traité *de Utilitate ex adversis capienda*. Bayle a résolu cette difficulté, et fixé pour date précise le 24 septembre 1501.

Facio Cardan, père de Jérôme, était un homme très-instruit et particulièrement versé dans les mathématiques. Il avait pour amis des hommes qui partageaient ses goûts scientifiques, entre autres, le sénateur J. Angelo Salvatico, le même qui découvrit les propriétés de la spirale, avant que les livres d'Archimède eussent encore été publiés en Occident (1). Cette similitude de goûts et d'études avec un homme qui devait avoir le génie des mathématiques confirme cette opinion que Facio Cardan était lui-même un habile géomètre.

Micheria, la mère de Cardan, était dévote et colère, mais douée d'une mémoire et d'une force d'esprit qui ne permettent pas de la comparer à une femme ordinaire. Elle n'éprouva jamais pour son fils qu'une affection médiocre et peu constante.

Si l'on veut expliquer la nature exceptionnelle d'un homme illustre, dont le caractère et la conduite ont présenté les plus singuliers contrastes, il faut bien connaître les mœurs, l'esprit, la manière de vivre de ses parents, les circonstances principales qui ont accompagné ou suivi sa naissance, les soins qu'il a reçus de sa nourrice, et cette éducation première dont les impressions trop souvent négligées ou mal observées agissent physiquement et moralement sur la vie entière. Cardan, médecin et physiologiste, le savait parfaitement; voilà pourquoi, dans les premiers chapitres de son livre, il insiste beaucoup sur sa naissance, sur ses parents, etc.

Il ne fut pas allaité par sa mère. On lui donna une nourrice, qui l'emporta à Moragi, ferme ou métairie située à deux lieues de Milan.

Il avait quatre ans lorsqu'on le rendit à sa mère. Une sœur de sa mère, nommée Marguerite, vivait avec elle. Les deux femmes le traitèrent assez durement. On ne se faisait pas faute de le battre cruellement, et plus d'une fois, ces violences

---

(1) « Is enim est qui Archimedis cochleam invenit, nondum vulgatis Archimedi libris. » (*De Propria Vita*, p. 9.)

mirent sa vie en danger. Ce ne fut que quand il eut atteint l'âge de sept ans qu'on cessa de le battre; mais on ne le traita pas pour cela avec plus de douceur. Il n'y eut pour lui de changé que le genre d'infortune; au fond, son malheureux sort resta le même. Son père et sa mère ne vivaient pas encore ensemble.

Unis, malgré eux, par un enfant auquel ils devaient tous leurs soins, Facio et Micheria comprirent enfin qu'une habitation commune était, à tous égards, ce qui convenait le mieux à leur situation. Ils louèrent donc une maison, où ils allèrent demeurer tous ensemble, Facio Cardan, Micheria, sa sœur Marguerite et le jeune Jérôme.

A partir de ce moment, Jérôme, obligé de suivre toujours son père, passa tout à coup, d'une vie molle et inactive, à un exercice beaucoup plus fatigant que ne le comportaient une complexion délicate et un âge encore tendre. Facio aimait mieux se faire suivre de son fils que de l'abandonner à la sollicitude suspecte de la mère et de la tante.

Au commencement de sa huitième année, il fut pris d'une dyssenterie, accompagnée de fièvre, qui le mit aux portes du tombeau. Après sa convalescence, il fut dispensé d'accompagner son père.

« Mais, ajoute-t-il, la colère de Junon n'était pas encore satisfaite (1), et je n'étais pas encore entièrement rétabli, lorsque je tombai du haut d'une échelle, tenant à la main un marteau, avec lequel je me frappai au côté gauche du front. La blessure était grave, l'os fracturé. A l'âge de soixante-quatorze ans, j'en porte encore la cicatrice. »

Il était à peine guéri, lorsqu'un jour, étant assis devant la maison de son père, une pierre, se détachant de la corniche d'une maison voisine très-élevée, tomba sur lui, et le blessa à la tête.

Il entrait dans sa dixième année, lorsque son père quitta cette maison funeste, et en loua une autre dans la même rue, où il alla se loger, avec sa famille.

Son père l'obligeait toujours, malgré son jeune âge, à le suivre partout. Il fut traité, un peu plus tard, avec plus de dou-

(1) « Sed nondum exsatiata ira Junonis. »

ceur, car Facio avait pris auprès de lui deux petits neveux, qui vinrent, l'un après l'autre, alléger la servitude de Jérôme, en la partageant (1).

Jérôme avait seize ans lorsque son père déménagea encore, pour aller habiter la maison d'un de ses parents, Alexandre Cardan.

Cependant le jeune homme était arrivé au moment de choisir une carrière. On l'envoya, comme étudiant, à l'Université de Pavie. Il n'avait eu jusque-là d'autre instituteur que son père, et c'était en conversant en latin avec lui qu'il avait appris cette langue. Facio lui avait enseigné, de la même manière, les éléments de l'arithmétique, de la géométrie et surtout de l'astrologie (2).

Lorsque Jérôme Cardan se plaint des grandes fatigues que son père l'obligeait à supporter, en le menant avec lui, comme un esclave, il ne songe point que de là surtout dépendaient son éducation et son instruction. Le respect qu'il doit à sa mère ne lui permet point de dire tout le mal qu'il en pense; mais il en dit assez pour faire entendre qu'elle n'avait aucune des qualités nécessaires pour bien élever un enfant. Jérôme Cardan se loue beaucoup, au contraire, de la bonne éducation qu'il reçut de son père, et il attribue à ses excellentes leçons les rapides progrès qu'il fit dans les sciences.

« O mon père, dit-il, mes yeux se remplissent de larmes toutes les fois que l'extrême bonté que tu avais pour moi se réveille dans mon âme! Mais, autant que je le pourrai, je m'acquitterai de ma profonde reconnaissance envers toi, ô mon père, qui me prodiguas toujours ta tendresse et tes soins. Tant que ces pages seront lues, ton nom et tes vertus seront célébrés; car tu fus d'une constance admirable et un véritable saint dans l'accomplissement de tes devoirs paternels (3). »

On peut juger par ce passage et par d'autres que nous cite-

---

(1) « Longe tamen melius mecum egit, nam nepotes duos interim, unum post alium habuit, quorum servitute levior tanto mea facta est. » (*De Vita propria*, cap. IV.)

(2) « Interim me pater docuit, loquendo latinam linguam, et arithmeticæ, geometriæ atque astrologiæ rudimenta. » (*De Utilitate ex adversis capienda*, p. 348.)

(3) « Lacrymæ cooriuntur mihi, cum illius in me benevolentiam mente revolvo. Sed satisfaciam, pater, quod potero, meritis tuis, pietatique tuæ. Et donec charæ hæc legentur, nomen tuum ac virtus celebrabitur. Fuisti enim incorruptus ad omnia munera, vereque sanctus. » (*De Utilitate ex adversis capienda*, lib. III, cap. II.)

rons, qu'au fond Cardan, malgré les bizarreries passagères de son humeur, avait un cœur excellent. Il avait aussi un esprit vif et pénétrant. Etudiant à l'Université de Pavie, il disputa publiquement sur l'arithmétique et la géométrie, et pendant quelques jours, il fit des leçons sur Euclide, à la place de Frère Romulo Servita; il suppléa ensuite, dans son cours de dialectique, un certain Pandulfe, médecin.

En 1523, une épidémie ravageait Milan. Notre jeune étudiant vint y voir son père, qu'il trouva mourant, mais qui, plus inquiet pour son fils que pour lui-même, et d'ailleurs charmé de ses succès, lui ordonna de partir immédiatement pour Padoue, afin d'y terminer ses études.

Ce fut là que, bientôt après, il reçut la triste nouvelle de la mort de son père. Il avait obtenu, en 1524, le grade de maître ès arts. Vers la fin de l'année suivante, il obtint son diplôme de docteur en médecine.

Jérôme Cardan, malgré sa jeunesse, fut nommé recteur de l'académie de Padoue; mais il ne conserva pas cette place plus d'un an. Comme son père ne lui avait rien laissé, il ne pouvait avoir d'autres moyens d'existence que ceux qu'il parviendrait à se créer par son travail. Un de ses amis, François Bonnefoi, médecin de Padoue, lui conseilla d'aller s'établir, pour exercer la médecine, dans la petite ville de Sacco. Il lui fournit même les moyens de faire les frais de son premier établissement.

Jérôme Cardan passa six ans à Sacco, occupé tout à la fois à poursuivre ses études et à traiter des malades. Il n'avait pu songer à s'établir à Milan, sa ville natale à une époque où elle était en proie aux maux de la guerre. Mais en 1530, les fureurs de la guerre s'étant un peu calmées, il revint à Milan. Il avait alors vingt-neuf ans.

Il ne rencontra que de la défaveur dans sa patrie. Voulant se faire agréger au corps des médecins de la ville, il se présenta et fut repoussé. Il y avait en lui une tache originelle qu'on ne pouvait lui pardonner : c'était sa naissance. Mais est-il juste, quand il s'agit de distribuer des titres et des emplois, de considérer dans les hommes autre chose que la valeur personnelle, c'est-à-dire le caractère, les mœurs, la conduite et les talents?

SONGE DE CARDAN

D'un autre côté, sa mère, qui demeurait toujours à Milan, était triste, morose et difficile à vivre. Quand il vit que les déceptions et les déboires étaient tout ce que son pays natal avait à lui offrir, il résolut de retourner dans la petite ville de Sacco, où il avait déjà vécu six ans.

Il partit donc, sans que sa mère eût fait le moindre effort pour le retenir.

Il revenait dans sa petite ville, atteint d'une de ces affections de poitrine qui sont presque toujours mortelles. Il était pâle, amaigri, épuisé par toutes les souffrances physiques et morales dont il était accablé. Contre toute attente, un vomissement, qui fit sans doute ouvrir quelque abcès dans la poitrine, provoqua dans son économie une révolution heureuse; si bien que, vers la fin de sa trente et unième année, il se trouva radicalement guéri, et de sa maladie de poitrine et d'une impuissance qui l'avait toujours tourmenté.

C'est alors qu'il se maria. Il épousa Lucia Bandarini, de Sacco. C'était un mariage d'amour, car Lucia et Cardan étaient aussi pauvres l'un que l'autre.

Jérôme Cardan raconte, dans le vingt-sixième chapitre de son ouvrage *de Propria Vita*, dans quelle circonstance, assez bizarre, ce mariage fut contracté.

« Pendant une nuit, dit-il, il me sembla que j'étais transporté dans un délicieux jardin orné de fleurs, rempli de fruits de toute espèce et extrêmement beau. On y respirait un air pur et suave. Dans ce songe, une jeune fille vêtue de blanc m'apparut. »

Peu de jours après, passant dans une rue de Sacco, il rencontra une jeune fille vêtue de blanc, et parfaitement semblable à celle qu'il avait vue en songe. Il en devint éperdument amoureux. C'était la fille d'Altobelli Bandarini, commissaire, ou agent de recrutement, pour l'armée vénitienne (1).

Un an après, il quittait Sacco, pour aller demeurer à Gallerato, où il passa dix-neuf mois. Là, il recouvra entièrement la santé. Mais il se trouva en même temps dans un dénû-

---

(1) « Tribunus collector militis Veneto in agro Patavino. »

ment absolu. « Je cessai d'être pauvre, dit-il, car je manquai de tout (1). »

Il nous raconte, dans le vingt-cinquième chapitre de son ouvrage, que pendant les dix mois qu'il passa à Gallerato, il ne gagnait même pas de quoi subvenir à l'entretien de sa maison. La fortune, au jeu, lui ayant été contraire, il mit en gage les bijoux de sa femme, son mobilier, ses ustensiles.

« Il est vraiment étonnant, ajoute-t-il, que j'aie pu être dépourvu à ce point de tout secours, il est plus étonnant encore que, manquant de tout, je n'aie ni mendié, ni rien fait, ni rien médité d'indigne de mes ancêtres, non plus que de mon courage, de ma valeur personnelle, ou des titres et des marques de distinction dont j'avais été antérieurement honoré. »

Il retourna à Milan, où, par l'humanité des administrateurs du grand hôpital, et la protection de l'archevêque Philippe Archinto, il obtint une chaire de mathématiques. Il avait alors trente-trois ans.

Deux ans après, on lui proposa une chaire de médecine à Pavie. Il la refusa, car le traitement attaché à cette chaire ne lui aurait pas donné les moyens de vivre.

Dans la même année, le pape Paul III le fit inviter à se rendre à Plaisance. Il déclina encore cette offre, ainsi que plusieurs autres.

Il se présenta de nouveau, l'année suivante, au corps des médecins de Milan; mais il fut repoussé une fois de plus. Ce ne fut qu'en 1539 qu'il parvint, après deux années de sollicitations, à se faire agréger à ce corps difficile. A la vérité, deux hommes éminents, Stondrati et Francisco Cruccio, l'avaient puissamment appuyé. Depuis quatre ans déjà, grâce à la protection du bon archevêque Archinto, on l'avait autorisé à exercer la médecine à Milan.

A quoi pensait donc la corporation des médecins milanais, qui repoussait avec tant d'obstination un professeur déjà en possession d'une haute renommée? C'était là un effet des préjugés et des vieilles routines des corporations de la Renaissance, qui, par leur opiniâtreté, ont si longtemps retardé le développement des sciences et des arts.

(1) « Desii pauper esse, nam nil mihi relictum est. » (De Propria Vita, p. 14.)

Nous trouvons, dans le seizième chapitre de l'ouvrage de Cardan, *de Propria Vita*, quelques explications sur son genre de vie à cette époque. Pendant une période de quinze années consécutives, il n'a pas voulu, nous dit-il, jouir complétement des avantages attachés à son titre de médecin. Mais pourra-t-on demander, alors, quelles étaient ses ressources? Donnait-il des leçons particulières? — Non. — Recevait-il des dons? — Pas davantage; et d'ailleurs, s'il eût trouvé une personne qui voulût lui faire des cadeaux, il n'eût pu les accepter sans rougir. Que faisait-il donc? Il composait des almanachs à l'usage des écoles, et il donnait sur cette matière des leçons publiques. Il recueillait çà et là quelques petits bénéfices comme médecin. Dans la même maison, il traitait une à une, presque toutes les personnes, jusqu'aux domestiques, et les petites rétributions, en s'ajoutant les unes aux autres, rendaient les visites assez lucratives; il vendait des consultations; il était à l'affût des événements, des cas fortuits, des accidents que le hasard pouvait lui offrir; enfin, il s'abstenait absolument de toute dépense de luxe pour sa mise. C'est ainsi qu'il supportait, nous dit-il, la mauvaise fortune.

Cardan publia bientôt une suite de traités, qui lui donnèrent un rang distingué dans le monde savant : en 1539, *De Numerorum proprietatibus liber; Practica arithmeticæ generalis; Computus minor*; en 1545, *Ars magna, sive de regulis algebricis*; en 1550, *de Subtilitate*. Ce dernier est, comme nous le verrons, le plus important de tous ses ouvrages.

La période pendant laquelle il publia ces livres fut la plus brillante de la vie de Cardan. Par son *Ars magna*, il s'était placé au rang des plus habiles mathématiciens de l'Europe, et pendant quelque temps, il parut diriger le mouvement scientifique.

Son nom acquit dès lors une grande célébrité. Des propositions avantageuses lui étaient faites, de divers côtés, par des hommes éminents, mais il ne les acceptait pas, dans la crainte « de quitter le certain pour l'incertain (1). »

En 1546, Vésale lui offrit une pension annuelle de huit cents écus, au nom du roi de Danemark, qui s'engageait, en outre, à pourvoir à tous les frais de son entretien, s'il vou-

---

(1) « Certa pro incertis derelinquam. »

lait aller s'établir à Copenhague. Cardan refusa, à cause de l'âpreté du climat du Nord, et aussi parce que, la religion du Danemark étant différente de celle de son pays, il aurait pu s'y voir mal accueilli ou contraint d'abandonner le culte de ses pères. Il aima mieux demeurer à Milan que de s'expatrier, bien qu'on ne fût pas très-exact à lui payer ses honoraires.

Cependant, au mois de février 1552, il accepta de se rendre en Écosse, pour traiter l'archevêque Hamilton, primat du royaume, atteint, depuis six ans, d'une maladie que n'avaient pu guérir ni les médecins de l'empereur d'Allemagne, ni ceux du roi de France. Cardan fut assez heureux pour guérir l'archevêque, et il en fut magnifiquement récompensé. On lui fit les offres les plus brillantes pour le retenir en Écosse, mais il préféra retourner en Italie.

Après une absence de près d'une année, il revint à Milan, où il demeura jusqu'en 1549. Plusieurs princes firent, à cette époque, des instances pour l'attirer auprès d'eux. Mais il se refusait toujours à quitter l'Italie. Il accepta une chaire de mathématiques qui lui fut offerte à Pavie, et qu'il occupa jusqu'en 1562.

A cette dernière date, il quitte Pavie, et se rend à Bologne, où il est appelé. Là, il continue à professer jusqu'en 1570. Mais un désagréable incident lui arrive. Toujours aux prises avec la pauvreté, il avait souscrit une lettre de change de dix-huit cents écus, qu'il ne put payer à l'échéance. Son créancier le fit mettre en prison, et sa détention dura trois mois.

Dès qu'il eut recouvré sa liberté, il quitta Bologne, et vers la fin de l'année, il se rendit à Rome. Il y fut agrégé au collège des médecins et reçut une pension du pape Grégoire XIII; ce qui prouve que son emprisonnement à Bologne n'avait eu aucune cause déshonorante.

A cette époque, Cardan était déjà vieux; il avait près de soixante-dix ans, et la mauvaise fortune n'avait qu'à de rares intervalles cessé de le poursuivre. Les connaissances qu'il croyait avoir en astrologie l'avaient induit en une erreur assez singulière. Il avait conjecturé qu'il ne dépasserait pas l'âge de quarante-cinq ans. Dans cette pensée, il avait négligé de profiter des occasions favorables, à l'époque où la fortune commençait à lui sourire. Mais il arriva que la quarante-cinquième année de son âge, qu'il avait jugée devoir être la dernière de sa vie, fut précisément celle où il commença véritablement à vivre. Alors la nature, l'oubli des maux et des soucis, tout le portait aux plaisirs. Le matin, soit à Milan, soit à Pavie, après avoir fait son cours, il partait pour aller se promener à l'ombre, hors de la ville. Il dînait, il se livrait à la lecture ou au plaisir de la pêche, auprès d'un bois de saules; ou bien il allait parcourir les forêts voisines. Là il étudiait, il écrivait, et ne songeait que vers le soir à rentrer chez lui. Ainsi se passèrent six années qui furent les plus douces de sa vie.

Mais ces heureux moments ne furent qu'un éclair dans l'existence du philosophe italien. Il retomba bientôt dans les plus tristes embarras et les plus amères préoccupations. Quand on lit le dixième chapitre du *Propria Vita*, on croirait parcourir quelques pages des *Confessions* de Rousseau, si Jean-Jacques eût écrit en latin de la Renaissance.

« Qu'importent les biens, les honneurs, le faste, les importunes voluptés! Ma position présente est désespérée; je suis perdu. Les peines, les chagrins, les obstacles de toute nature ont grandi et se sont étendus pour moi, ainsi qu'on voit dans la plaine s'étendre, en tous sens, l'ombre d'un arbre. »

Il ne lui reste, ajoute-t-il, d'autre consolation que la mort.

A quelle cause atttribuer ce désespoir et les impressions funestes de son âme désolée? Hélas! cette cause était affreuse.

Nous avons dit qu'il avait épousé, à Sacco, en 1532, la fille d'Altobelli Bandarini. Après quinze années d'une union heureuse, sa femme mourut, lui laissant deux fils et une fille. Sa fille ne lui donna jamais aucun sujet de chagrin; elle épousa un homme riche et distingué; mais il en fut autrement de son fils aîné.

Jusqu'à l'âge de vingt-trois ans, on n'avait eu rien de grave à reprocher à ce jeune homme. A cet âge, il devint amoureux d'une jeune fille sans mœurs, et il fit la folie de l'épouser. Il fut bientôt en état d'apprécier la triste moralité de la femme à laquelle il avait associé sa destinée, et il fut pris alors d'un véritable désespoir. Il aurait dû abandonner sur-le-champ une indigne compagne, ou demander aux tribunaux sa séparation. Son égarement le porta à recourir au crime. Sa femme était en couches, et il connaissait la honteuse origine de sa grossesse. Aveuglé par le ressentiment, et perdant toute conscience morale, il tenta d'empoisonner cette malheureuse femme, ou du moins il fut accusé de cette action criminelle. A la suite de dénonciations anonymes, le fils de Cardan fut arrêté. Condamné à mort, il fut décapité dans sa prison, malgré les circonstances qui auraient pu peut-être déterminer les juges à ne pas prononcer une si terrible sentence.

Le malheureux père ne se consola jamais de cet événement horrible. Il croyait que c'était pour le faire mourir lui-même, ou le rendre fou par l'excès du chagrin, que les juges avaient condamné son fils, et il prétend que certains d'entre eux l'avaient avoué. Aucun de ces malheurs n'arriva, ajoute-t-il : il conserva la vie et la raison, mais peu s'en fallut qu'il ne devînt insensé.

Cardan ne croyait pas son fils coupable de la tentative d'empoisonnement dont il était accusé. Il avait préparé une défense, mais il ne fut pas admis à la présenter aux juges. Il citait le fils naturel d'un notaire qui, accusé et convaincu d'avoir empoisonné ses deux sœurs, filles légitimes, afin de rester seul héritier de son père, ne fut cependant condamné qu'aux galères.

« Imaginez, dissait-il, un jeune homme irrité, s'efforçant de lutter contre tant de causes physiques et morales de tourment; trompé, déshonoré, couvert d'opprobre par une femme qu'il a épousée sans dot, à l'insu et contre la volonté de son père, que feriez-vous en pareil cas ? Etc. »

Après cet événement affreux, la situation de Cardan fut intolérable. Il ne pouvait être maintenu avec honneur dans sa chaire, ni être destitué ouvertement pour ce motif. Devenu l'objet du mépris ou de la commisération de ses concitoyens, il allait, marchant devant lui, dans la campagne, sans se rendre compte de rien. Sa présence était désormais pénible à ses amis, et il évitait de les rencontrer. Il ne savait de quel côté porter ses pas.

A ces tourments vint bientôt se joindre la conduite infâme et criminelle, ou plutôt la démence de son second fils. « Je fus plus d'une fois contraint, dit-il, de le faire arrêter, de le repousser violemment, de l'exclure de mon héritage. » Ses malheurs étaient au comble.

Il ne pouvait demeurer plus longtemps à Milan. Il résigna sa place, quitta sa patrie et se retira à Rome, où il reprit la composition de ses ouvrages scientifiques.

C'est à Rome qu'il écrivit, à l'âge de soixante-quatorze ans, ce traité de *Propria Vita*, qui devait fournir ample matière à ses biographes.

Cet homme, aussi extraordinaire par ses malheurs que par son génie, mourut à Rome, en 1576. Telle est, du moins, la date que porte son testament; mais rien ne prouve qu'il n'ait pas vécu quelques années encore après la rédaction de cette pièce.

Dans le cinquième chapitre de son ouvrage de *Propria Vita*, intitulé *Statura et forma corporis*, Cardan nous donne une idée de sa personne. Sa taille était médiocre, ses pieds courts et larges vers les doigts. Il avait la poitrine un peu étroite, les bras un peu grêles, la main droite proportionnellement plus grosse que l'autre, les doigts écartés, et tels, qu'aux yeux d'un chiromancien, ils auraient pu passer pour un signe extérieur de rudesse et de stupidité. « J'eusse été honteux, dit-il, qu'un chiromancien vît mes doigts ». Il avait le cou un peu long et mince, le menton divisé, la lèvre inférieure grosse et pendante, les yeux très-petits et paraissant presque fermés, excepté dans les moments où il regardait très-attentivement. Son front était large et dégarni de cheveux, vers les tempes. Sa barbe et ses cheveux étaient roux. Il avait l'habitude de porter ses cheveux coupés, ainsi que sa barbe, qui se divisait en deux, comme le menton. « J'avais la voix forte, dit-il, à tel point que j'en étais quelquefois repris par ceux *qui feignaient d'être mes amis* (1). » — Voilà un trait tout à fait dans la manière de J.-J. Rousseau, et qui révèle une même disposition d'esprit.

Il avait le regard fixe d'un homme qui pense, les dents supérieures de devant grandes, le visage un peu allongé, et le teint d'un rouge pâle; sa tête était étroite et arrondie en arrière. Il avait au cou une légère tumeur dure et de forme sphérique (c'était sans doute un goître).

(1) « Sermo altior, adeo ut reprehenderer ab his qui se amicos mihi simulabant. »

Il nous parle aussi, avec beaucoup de détails, de son tempérament (1). S'il est, dit-il, d'une complexion débile, c'est par l'effet d'un concours de diverses causes ; savoir, par la nature, par les accidents, par les maladies. Il a toujours été tourmenté, tantôt par des fluxions à la tête, tantôt par des maladies de poitrine, tantôt par des maux de ventre et d'estomac, à tel point qu'il s'estime en bonne santé, lorsqu'il n'est affecté que d'un enrouement ou d'une toux. Ses flux de ventre lui causent un profond dégoût pour toute espèce d'aliment. A l'âge de cinquante-deux ans, il commença à perdre rapidement ses dents ; il ne lui en manquait auparavant qu'une ou deux. Il avait eu, dans sa jeunesse, des palpitations de cœur, maladie héréditaire, dont les soins médicaux l'avaient débarrassé. Il avait été pareillement guéri de la goutte et d'hémorroïdes ; mais tout excès dans le boire et dans le manger lui était nuisible. Il était continuellement incommodé par des maladies de peau.

Pendant son enfance et sa jeunesse, dit-il dans le chapitre *de Exercitatione*, il s'était exercé à tous les genres de lutte, et il avait acquis une telle dextérité qu'on le comptait au nombre des plus intrépides. Il luttait avec la semelle, avec le poignard, avec la pique macédonienne, avec la hache, avec le glaive, parant les coups à l'aide d'un bouclier, ovale ou rond, grand ou petit, et couvert du manteau grec. Il s'exerçait aussi à courir, à nager, à monter à cheval ; mais il n'osait pas trop décharger les armes à feu. Il avait peur du tonnerre, qui lui semblait presque un effet de la colère du ciel. Il était d'un naturel timide ; mais son expérience et son habileté aux jeux de la lutte lui donnaient un certain courage. Quand il exerça la médecine, il fit ses visites à cheval, ou monté sur une mule, mais le plus souvent à pied. A partir de 1562, à Bologne et à Rome, il commença à faire usage d'une voiture suspendue, et il persévère, ajoute-t-il, dans cette habitude.

Dans le chapitre VIII, *Victus ratio*, il parle de sa manière de vivre, et des règles d'hygiène qu'il suivait. Il se couchait à dix heures du soir. Il faisait rarement usage de médicaments ; seulement, il se frictionnait toutes les parties du corps avec une espèce d'huile ou de graisse, etc.

---

(1) Chapitre VI, *de Valetudine*.

Dans le chapitre *Cogitatio de nomine perpetuando*, il nous parle de ses hésitations à entrer dans la vie littéraire.

« Je ne voyais rien, dit-il, qui pût servir de fondement à mes espérances de renommée, ni la richesse, ni le crédit, ni une santé forte, ni le solide appui d'une famille bien établie, ni aucun genre d'industrie qui me fût propre, pas même une connaissance suffisante de la langue latine. Je n'avais ni amis ni parents pour me donner quelque appui et me fournir autre chose que misère et abaissement. Quelques années après, un songe vint faire naître en moi un espoir favorable; mais je ne voyais nullement par quel moyen je pourrais être aidé dans l'étude du latin, à moins que ce ne fût par un miracle. Cependant je fus ramené par la réflexion, de telle sorte que rien ne me parut plus vain que cet espoir, et à plus forte raison le dessein en lui-même. — Comment, me disais-je, écriras-tu des choses qu'on veuille lire? Mais sur quel sujet intéressant qui te soit aussi familier que des lecteurs peuvent le désirer? Et ton style! as-tu appris du moins à t'exprimer avec une élégante correction, et tes écrits pourront-ils soutenir la lecture? Admettons qu'on te lise; est-ce que, dans notre siècle, le débit de tes ouvrages s'accroîtra chaque jour au point que les livres antérieurs, loin d'être seulement négligés, seront délaissés ou dédaignés? Combien d'années les tiens dureront-ils? Cent, mille, dix mille? Montre-moi un exemple, un seul entre mille. Mais puisque tout ce qui a eu un commencement doit avoir une fin, puisque tout doit cesser d'être, etc... Et en attendant, tu vas être consumé par l'espérance, torturé par la crainte, épuisé par les travaux! Passe donc agréablement le reste de ta vie! »

Cardan avait une diction facile et un grand talent d'improvisation; il s'animait d'autant plus dans la discussion qu'il se sentait plus fort. Ses adversaires le redoutaient dans les discussions publiques, et ce fut par là principalement que sa réputation devint européenne. Il improvisait ordinairement ses leçons. Celles qu'il fit à Bologne furent presque toutes improvisées.

Un des plus curieux chapitres du *Propria Vita* est celui qui est consacré à la confession de *ses vices et de ses erreurs. Mores et animi vitia, et errores*.

On a comparé, non sans raison, le livre *de Propria Vita* de Cardan aux *Confessions* de J.-J. Rousseau. En effet, ces deux écrivains ont fait avec une égale franchise, et même sans la moindre atténuation, un aveu de leurs erreurs, de leurs fautes et de leurs penchants vicieux. J.-J. Rousseau, dans ses *Confessions*, avoue sans détour les défauts, les mauvaises inclinations, les actions honteuses qu'il a à se reprocher; et il les avoue, tout en déclarant qu'il est le meilleur des hommes. Jérôme Cardan s'attribue, également, de nobles et rares qualités : il se souvient des bienfaits (1) ; il aime la justice, et il est fort attaché à sa famille (2) ; il méprise l'argent (3) ; il est partisan de la gloire qui s'attache au souvenir des belles actions et aux travaux d'un homme après sa mort (4), etc. Mais dans l'aveu de ses défauts et de ses instincts ignobles et honteux, Cardan va beaucoup plus loin que ne devait aller son émule Rousseau. Il est porté, nous dit-il, à tout ce qui est vice, à tout ce qui est mal, excepté l'ambition (5). Il est colère, entêté, brutal, difficile à vivre, impudent, rancunier, curieux, traître, bavard, médisant, obscène et débauché. Il a le cœur froid et la tête chaude, etc.

Nous croyons que Jérôme Cardan et J.-J. Rousseau ont, l'un et l'autre, beaucoup exagéré leurs vices, et probablement aussi quelques-unes des bonnes qualités qu'ils se prêtent. Tous deux avaient eu beaucoup à se plaindre des hommes. Ils étaient nés pauvres, et ils ne cessèrent jamais de l'être. Ils sentirent plus d'une fois, comme Érasme, que le mérite et les talents servent peu dans le monde, et qu'il faut autre chose encore pour réussir parmi les hommes. Tant qu'ils furent obscurs, on les dédaigna, on les repoussa ; mais lorsqu'ils eurent acquis une certaine renommée, on les rechercha, on courut au devant d'eux, comme s'il fallait absolument, quand on est pauvre, s'être rendu célèbre pour avoir le droit de vivre et d'être estimé. Le savant italien et le philosophe génevois conçurent dès lors une mauvaise opinion de l'homme ; et ce fut peut-être le désir de se venger de l'injuste dédain dont ils avaient été l'objet pendant la première moitié de leur vie, qui les détermina à écrire leurs *Confessions*. Chacun d'eux, après avoir longtemps observé les hommes et s'être étudié lui-même, dut se dire : « Il est évident que je suis né avec des penchants vicieux et que le mal se trouve en moi, mêlé avec le bien, dans une certaine mesure. Mais le mal est compensé chez moi par des talents supérieurs et par les

---

(1) *Memor beneficiorum.*
(2) *Amans justitiæ, et suorum.*
(3) *Contemptor pecuniæ.*
(4) *Gloriæ post obitum cultor.*
(5) *Natura ad omne vitium et malum pronus, præter ambitionem.*

plus nobles qualités du cœur et de l'esprit. Il n'en est pas ainsi dans la plupart des hommes. Dans la classe qui est en possession des richesses, des honneurs et des dignités, on ne voit que bien rarement les erreurs, les défauts et les vices les plus odieux compensés par des talents réels et de grandes vertus. Pourquoi donc, au lieu de m'aider, quand j'étais pauvre et obscur, les hommes m'ont-ils repoussé avec dédain? » De là sans doute la pensée qui leur vint à tous deux, de vouer leurs contemporains au mépris des générations futures.

Le chapitre où Cardan fait l'aveu complet de ses erreurs, de ses fautes, de ses vices, de ses bizarreries, etc., est très-long, et nous n'avons pu en donner qu'une légère idée. Nous persistons toujours à croire, qu'en mal comme en bien, il a pris souvent plaisir à se peindre avec beaucoup d'exagération. Il en a été, du moins, ainsi de J.-J. Rousseau.

Nous trouverions de nombreux rapprochements à faire entre l'auteur de *Propria Vita* et l'auteur des *Confessions*; mais cela nous mènerait beaucoup trop loin. Tous deux s'étaient imaginé que le monde entier était conjuré contre eux. Dans Cardan, le chapitre XVII a pour titre : *Calumniæ, diffamatio, insidiæ ab accusationibus*. Nul doute que Cardan devenu célèbre, il n'eût beaucoup d'ennemis; mais quel philosophe, quel écrivain de réputation n'a pas eu ses envieux et ses ennemis?

Un homme qui a tant souffert physiquement et moralement dans sa vie, et qui, doué d'un incontestable génie, a exécuté des travaux immenses, méritait d'être traité avec plus d'indulgence que n'en ont eu pour lui tous ses biographes. Ils ont exagéré les bizarreries de son esprit et de son caractère, comme il a lui-même exagéré ses bonnes et ses mauvaises qualités. Quand on connaît son enfance souffreteuse et les maladies qui ne cessèrent de le tourmenter, jusqu'à l'âge de vingt-trois ans, on s'explique sa complexion faible, et l'on comprend qu'il fût sujet à des affections nerveuses. Mais il y a loin du tempérament nerveux à l'état habituel de folie extatique qu'on a voulu lui prêter, par une amplification de ses propres aveux. S'il avait, comme on le prétend, des visions, elles ne doivent pas être assimilées à celles d'un homme sujet à tomber en démence, mais plutôt aux rêves que fait, en dormant, un malade dont la tête a été trop fatiguée, soit par un excès de travail, soit par de pénibles préoccupations. A l'époque où Cardan écrivait ses *Confessions*, il avait soixante-quatorze ans. Plus d'une fois il se répète ou se contredit. Pourquoi lui reprocher de mentir, quand il est évident qu'il ne se trompe que par défaut de mémoire? Il lui arrive aussi quelquefois de s'exprimer d'une façon tellement ambiguë qu'on ne peut bien saisir sa pensée. Assurément, lorsqu'il dit dans un chapitre « qu'un soir il achète Apulée, et que le lendemain il le lit couramment sans avoir jamais ouvert auparavant un livre latin », il s'exprime mal ou il se trompe; car il nous a lui-même appris que dans son enfance il causait habituellement avec son père en latin; qu'il avait fait, à Pavie et à Padoue, toutes ses études d'une manière brillante; que, fort jeune encore, il avait suppléé, pendant quelque temps, dans leurs chaires, deux professeurs, l'un de géométrie et l'autre de dialectique. Un tel homme, quels que fussent d'ailleurs ses écarts d'imagination, ses singularités de caractère, et l'étrangeté de ses opinions sur certaines matières, n'a jamais pu passer pour un fou dans l'esprit de ses contemporains. Il est évident, pour nous, que les biographes ont trop pris à la lettre quelques passages du livre *de Propria Vita*, et qu'ils l'ont présenté à un point de vue qui n'est pas entièrement vrai (1). On a beaucoup parlé de ses extases, et d'un génie, ou démon familier, qu'il invoquait dans les occasions difficiles. Or voici comment il s'exprime lui-même : « Je sentais, soit par l'intermédiaire d'un *génie* préposé à ma conservation, soit parce que ma nature propre se trouvait placée aux dernières limites qui séparent la substance humaine et sa condition vitale de celle des êtres immortels (2). » Mais il revient sur cette affirmation dans son ouvrage *de Subtilitate*, et là nous dit « qu'il est certain de n'avoir connu en lui ni aucun *génie* ni aucun *démon* (3). »

Lorsque Cardan dit qu'il tombait en extase et qu'il voyait

---

(1) Voir Bayle (*Dictionnaire historique*), Montucla (*Histoire des mathématiques*), A.-J.-L. Jourdan (*Dictionnaire des sciences médicales*), Victorien Sardou (*Nouvelle Biographie générale*), Hoefer (*Histoire de la chimie*, t. II), Naigeon (*Encyclopédie méthodique*), Franck (*Notice lue à l'Institut*).

(2) « Sentiebam, seu ex *genio* mihi præfecto, seu quod natura mea in extremitate humanæ substantiæ conditionisque ut in confinio immortalium posita esset, etc. »

(3) « Ego certe nullum Daimonem an Genium mihi adesse cognosco. »

en songe tout ce qui devait lui arriver, nous sommes porté à ne voir en cela qu'une sorte d'état de magnétisme animal naturel, effet d'un tempérament nerveux et maladif. Le magnétisme ou somnambulisme naturel est un phénomène physiologique qu'il faut admettre. Mais une personne en cet état de somnambulisme ou de magnétisme animal peut paraître insensée dans un de ses accès, tout en jouissant, dans son état ordinaire, de l'entier exercice de ses facultés.

Cardan croyait à l'astrologie, et dans ses ouvrages il parle fréquemment de cet art prétendu. Mais au seizième siècle, pour ne pas croire à l'astrologie, il aurait fallu s'affranchir des préjugés et des croyances universelles. Cardan partagea sous ce rapport les opinions de ses contemporains, voilà tout ce qu'on peut dire.

Un écrivain savant, impartial et sérieux, Montucla, s'exprime ainsi au sujet de Cardan :

« Ce fut un homme fort extraordinaire. Doué d'un génie facile et d'une imagination brillante, il embrassa, successivement ou à la fois, toutes les connaissances humaines. On le vit orateur, naturaliste, géomètre, algébriste, astronome ou plutôt astrologue, médecin, physicien, moraliste et philologue (1). »

Le grand malheur de Cardan, comme écrivain, est de s'être continuellement trouvé dans les embarras d'une position très-dure; d'avoir rencontré, non des libraires instruits, mais de simples marchands de livres qui, manquant de lumières, ne jugeaient de la valeur d'un manuscrit que par le plus ou moins grand nombre de pages qu'il renfermait. Cardan, toujours pressé de toucher quelque argent, et ne songeant point à sa réputation, prenait, de tous les côtés, souvent sans examen et sans critique, les matériaux dont il avait besoin pour grossir un ouvrage, qu'il livrait à l'impression peut-être sans l'avoir lu et corrigé. Ainsi furent composés la plupart des deux cent vingt-deux traités qu'on lui attribue.

C'est par l'examen sommaire de ces ouvrages que nous terminerons cette notice.

(1) *Histoire des mathématiques*, troisième partie, liv. III.

II

De tous les ouvrages de Cardan, ceux qui ont eu le plus de réputation, et qu'on regarde comme les meilleurs, sont le traité *de Subtilitate* et le traité *de Veritate rerum*.

Le premier avait été sans doute écrit très-rapidement, comme tous les autres; mais, si Cardan l'avait composé en huit mois, il passa trois ans à le corriger et à le développer.

Le traité *de la Subtilité*, dont le titre ne fait nullement pressentir l'objet, est une sorte de résumé des connaissances scientifiques du seizième siècle, une véritable encyclopédie, comme en avaient laissé Albert le Grand au moyen âge, et comme Gesner en composa une au seizième siècle. C'était une grande tradition qui commençait à se perdre; car Gesner et Cardan sont les seuls qui aient entrepris cette tâche, qu'ils n'ont pu d'ailleurs terminer (1).

Dans l'ouvrage *de la Subtilité*, la plupart des faits qui se rapportent à l'histoire naturelle sont empruntés à Aristote et à Pline; mais les sciences physiques y sont traitées avec une grande supériorité. Cardan parle de l'air, avant les travaux de Pascal et de Mariotte, avant les découvertes chimiques de Priestley et Lavoisier; il est sur cette question bien supérieur à Pline, et la traite avec des vues très-larges. Il énonce sur la chaleur des idées très-scientifiques. Il montre que le froid n'est pas un état des corps, mais bien une différence avec une température antérieure. Il découvre, avant Rumford, que la chaleur est due au mouvement. Bien avant Descartes, il raisonne sur la lumière, prévoit le phénomène de la réfraction, et son influence sur la grandeur apparente des astres. Il émet, au sujet de la scintillation des étoiles, des idées pleines d'intérêt.

Le Traité *de la Subtilité* est, en résumé, une œuvre encyclopédique qui ne pouvait sortir que des mains d'un homme pro-

(1) Il existe une traduction française de cet ouvrage de Cardan : *Livres d'Hier. Cardanus, de la Subtilité et subtiles inventions, ensemble des causes occultes et actions d'icelles*, traduit en français par Richard Leblanc. Paris, 1556. In-4°.

fondément versé dans les sciences de l'antiquité, et doué d'une rare sagacité personnelle. On regrette, en le parcourant, de le trouver trop souvent déparé par des rêveries astrologiques, et par un amour du merveilleux, qui souvent met de l'incohérence dans l'exposition des idées; mais ces fautes ne proviennent que de l'esprit du temps. Un Italien de la Renaissance, même dans les sciences physiques et dans la médecine, ne pouvait faire abstraction de ce genre d'idées, qui étaient l'aliment ordinaire de tous les esprits de son temps et de son pays.

Nous allons donner un exposé sommaire de chacun des vingt et un livres qui composent le traité *de la Subtilité*.

Livre premier. — Il y a une substance première, dont tout l'univers a été composé. Lorsque la forme actuelle des corps est détruite, cette matière subsiste toujours, car rien ne s'anéantit. Cette pensée profonde est le résultat général auquel ont conduit les travaux et la philosophie de toute la science moderne. Il est clair que dans la nature, il y a, sous la variété de la forme, quelque chose de caché qui en est le *substratum*. Ce *substratum* ne se détruit jamais; la matière première persiste toujours.

Il n'y a point de vide dans la nature. Galilée n'avait pas encore énoncé cet axiome que le génie de Cardan l'avait deviné.

Il n'y a point d'espace sans corps. L'espace est éternel, immobile, immuable.

Les principes des choses naturelles sont : la matière, la forme, l'âme, l'espace et le mouvement.

Il n'y a que deux qualités premières, la chaleur et l'eau.

Le temps n'est pas un principe, mais il en approche, parce qu'il ne se fait rien sans lui. Le repos n'est pas non plus un principe, mais la liquidation d'un principe, comme la mort, le froid, la sécheresse.

Il y a trois choses qui sont éternelles de leur nature : l'intelligence, la matière première, et l'espace ou le lieu. La matière est toujours en même quantité dans l'univers, etc.

Livre II. — Cardan admet trois *éléments* des corps : la terre, l'air et l'eau. C'était la doctrine des anciens. L'eau est un principe générateur.

Tous les astres sont brûlants. Ils ont tous une lumière et un mouvement déterminés.

150 SAVANTS DE LA RENAISSANCE

Il n'y a point de lumière sans mouvement.

Le feu n'est point un élément, il n'engendre absolument aucun corps. La chaleur du soleil est la seule qui ait une force génératrice.

La flamme n'est qu'un air embrasé. Il est curieux de trouver ce principe de la chimie moderne aussi nettement posé trois siècles avant les expériences des chimistes, qui ont prouvé qu'une flamme n'est qu'un gaz chauffé au point de paraître lumineux.

La chaleur est une cause de putréfaction.

L'air en mouvement est froid et sec.

Le feu n'est point une substance, mais un accident, ainsi que la glace.

Les pierres et les poissons, vus dans l'eau, paraissent plus grands qu'ils ne sont.

Il règne une atmosphère autour des corps électriques. Cardan devine-t-il ce phénomène, ou bien l'avait-il observé?

Le troisième livre traite *du ciel;* le quatrième, *de la lumière;* le cinquième, *des mixtes;* le sixième, *des métaux;* le septième, *des pierres;* le huitième, *des plantes;* le neuvième, *des animaux qui naissent des matières en putréfaction.* Cardan admet les générations spontanées.

Le dixième livre, qui est très-long, est un abrégé de l'histoire générale et particulière des animaux. L'homme, considéré dans sa forme extérieure, dans tous ses organes, et par conséquent dans ses instincts, dans ses penchants, dans ses facultés, peut être, selon Cardan, avantageusement modifié, et les perfectionnements que l'on peut produire en lui peuvent se perpétuer et devenir une seconde nature. Il est certain que l'homme de notre temps pourrait être très-heureusement modifié par l'application prolongée d'un système d'éducation qui l'embrasserait tout entier. En agissant directement sur l'organisme, par le régime et par certains exercices combinés du corps et de l'esprit, on parviendrait à transformer ses instincts et à perfectionner ses facultés. Aujourd'hui, on s'applique aux progrès et aux développements des animaux et des plantes, et l'on arrive à réaliser des merveilles en ce genre. On ne néglige que le perfectionnement physique et moral de l'homme lui-même. C'est que les animaux et les plantes sont l'objet d'un commerce lucratif, et qu'il n'en est pas de même de l'homme.

On trouve çà et là, dans l'ouvrage *de la Subtilité*, d'excellents préceptes d'hygiène. Cardan conseille (1) à ceux qui veulent avoir une longue vie et une vieillesse exempte d'infirmités, d'être sobres dans leurs repas, d'éviter les pesanteurs de tête, de boire peu de vin, de ne pas abuser des plaisirs vénériens. Il ne faut faire usage, selon lui, ni de la saignée, ni des médicaments.

Dans le treizième livre *de la Subtilité*, Cardan traite des sens. On rencontre, dans ce chapitre, plusieurs observations curieuses et originales, que les limites dans lesquelles nous devons nous renfermer ne nous permettent pas de citer. Il dit, par exemple, que les alternatives rapides de perte et de gain sont la cause du grand plaisir qu'on prend au jeu, et il avoue, à sa honte (*turpe dictu*), qu'il passait à jouer des journées entières, au grand détriment de sa famille et de sa réputation; que les hommes qui ont l'odorat très-fin sont ordinairement des hommes de beaucoup d'esprit, etc.

Dans le quatorzième et le quinzième livre, il traite de l'âme, de l'entendement, du jugement, des passions et de leurs effets physiques. Il veut que tout ce qu'on écrit ait une utilité présente et immédiate; que l'objet, le but, le résultat en soient bien déterminés, et que les principes sur lesquels on raisonne soient inattaquables.

Dans le dix-septième livre, le meilleur de l'ouvrage, Cardan traite des sciences en général. Il entre dans des considérations géométriques sur les diverses propriétés du *cercle*, de la *parabole*, de l'*ellipse*, de l'*hyperbole*, du *cône*, de la *pyramide*, de la *sphère*, du *cylindre*, de la *spirale*, des *asymptotes*, etc. Il paraît vouloir s'attribuer l'invention de l'algèbre, qu'il appelle le *grand art* (2), mais ici il exprime mal sa pensée, ou bien une erreur s'est introduite dans le texte, car il dit ailleurs qu'on doit l'algèbre aux Arabes. Il a probablement voulu dire qu'il avait lui-même contribué, ce qui est vrai, à répandre parmi les savants la connaissance et l'usage de l'algèbre.

Dans le dix-septième livre, qui traite des arts et des inven-

---

(1) *De Subtilitate*, liber XII.
(2) « Ars quam nos magnam vocavimus, a nobis inventa editaque. »

tions humaines, Cardan fait, relativement à la *machine animale*, des observations fort justes. Dans le dix-huitième livre, il parle des choses *merveilleuses;* dans le dix-neuvième, des *génies* ou *démons;* dans le vingtième, des *premières substances*, c'est-à-dire des anges, enfin, dans le vingt et unième, *de Dieu et de l'Univers*.

Telle est la substance de ce grand ouvrage, que l'on peut lire encore aujourd'hui avec un profit réel.

Le traité *de Varietate rerum*, en dix-sept livres, n'est tantôt qu'une continuation, tantôt qu'un commentaire du précédent, dont il faisait d'abord partie. Nous nous bornerons à donner le sommaire des chapitres.

Premier Livre : De l'univers, de ses parties sensibles; de la cause des comètes; des climats; des hommes; des animaux; des plantes et de leurs différences remarquables. — *Deuxième Livre :* Des parties divines du monde, de la lumière, de l'influence des astres, etc. — *Troisième Livre :* Des mixtes en général, de leurs propriétés, des différentes saveurs, des odeurs, des couleurs, etc. — *Quatrième Livre :* Des métaux. — *Cinquième Livre :* Des pierres en général, de leur formation, de leur nature, de leurs propriétés, etc. — *Sixième Livre :* Des plantes, des causes de leurs différences, etc. — *Septième Livre :* Des animaux, de leur propagation, de leur fécondité, etc. — *Huitième Livre :* De l'homme, du sentiment, du sommeil et de la veille, des somnambules.

Dans le *Neuvième Livre*, Cardan applique les mathématiques à la solution de diverses questions. En astronomie, il suit Ptolémée, et ne va pas au delà de ses conclusions. Le *Dixième Livre* traite des feux artificiels, de la force du feu, de la distillation, des procédés et des manipulations chimiques, de la fabrication du verre, etc. — *Onzième Livre :* Des différents arts, de la navigation, de la construction des vaisseaux, de l'architecture, de quelques machines de guerre, des clepsydres, des vases, des ustensiles de cuisine, etc. — *Douzième Livre :* Des résultats prodigieux de l'industrie humaine, etc. — *Treizième Livre :* De la fabrication du papier, de l'art de teindre et de faire pousser les cheveux, etc. — *Quatorzième et Quinzième Livres :* De la divination et des présages, des fascinations, des oracles, de l'âme des bêtes, du langage des animaux, etc. — *Seizième Livre :*

Des prodiges, des secrets merveilleux, de la magie naturelle. — *Dix-septième Livre:* Des costumes de différentes nations, de la variété des langues, des cabinets de curiosités, des bibliothèques, de la magnificence des anciens dans leurs édifices.

On voit, par la seule énumération de ces titres de chapitres, quelle prodigieuse variété de connaissances Cardan rassemblait dans sa tête. Il avait beaucoup voyagé : il avait parcouru toute l'Italie et visité successivement l'Allemagne, la Suisse, la France, l'Angleterre, l'Écosse, etc. Il travailla toujours, même en voyageant. « Ce fut, dit-il, en parcourant les bords de la Loire, en 1552, que, n'ayant rien à faire, je composai mes commentaires sur Ptolémée (1). » Aucune des connaissances humaines ne lui était indifférente, et il a écrit sur presque toutes les branches du savoir humain. Sans doute, il puisa beaucoup dans les anciens, mais a-t-il jamais existé un homme capable de tirer de son propre fonds dix volumes in-folio? Cardan, trop pauvre pour avoir des secrétaires, travaillait seul, et n'est-ce pas déjà un mérite de sa part, que d'avoir puisé dans tant d'auteurs grecs, latins, arabes? La médecine était une des sciences qu'il avait le plus cultivées. Aussi jouissait-il, dans toute l'Europe, de la réputation méritée d'un très-habile médecin. Ses écrits sur la théorie et la pratique de l'art de guérir forment une partie considérable de ses œuvres.

On trouve dans Cardan l'idée fondamentale de la théorie ingénieuse et profonde que Leibnitz a développée dans sa *Théodicée*.

« La réflexion, dit-il, m'a confirmé dans la pensée que tout ce que Dieu fait est bien, si on le considère d'une manière générale et dans ses rapports avec l'univers. Les choses qui me semblent mauvaises pour moi sont bonnes, relativement au tout; car c'est moi qui suis fait pour le tout, et non pas le tout pour moi. Le sel assaisonne et conserve mes aliments, et de même certains maux, certaines adversités ne sont, par rapport à l'univers, que des espèces de dissonances qui contribuent à l'harmonie totale. »

Dans tous les ouvrages de Cardan, même dans ceux qu'on regarde comme les plus mauvais, on rencontre, çà et là, des pensées, des réflexions, des observations, qui révèlent l'homme

---

(1) « Interim, dum iter agerem in Ligeri flumine, nec haberem quod facerem, commentaria in Ptolemæum scripsi, anno MDLII. *De Propria Vita,* cap. XLV. »

de génie. Il ne puise pas dans les anciens en simple copiste, mais en penseur qui, possédant en lui-même une idée du sujet qu'il traite, cherche à le modifier, à le développer, à le perfectionner. C'est ce qu'il fait, par exemple, dans la musique et dans les mathématiques. En étudiant les théories de Ptolémée et d'Aristoxène sur la musique, il y ajoute des faits ignorés et des règles nouvelles.

Les ouvrages de Cardan sur l'arithmétique, l'algèbre et la géométrie contribuèrent beaucoup au progrès des mathématiques, pendant le seizième siècle. Il fut le premier qui, dans les équations des 2e, 3e et 4e degrés, remarqua les diverses valeurs de l'inconnue, et les distingua en positives et négatives. Cette découverte, contenue dans l'*Ars magna*, jointe à une autre qu'on doit à Viète, devint le fondement de toutes celles d'Harriot et de Descartes sur l'analyse des équations. Cardan montra que les équations cubiques sont susceptibles de trois solutions différentes, et il en donna des exemples. On peut voir, dans Euler, et dans tous les grands traités d'algèbre, en quoi consiste la théorie connue sous le nom de *cas irréductible*.

Tartaglia avait découvert la formule générale des équations cubiques. Cardan le supplia de la lui révéler, et Tartaglia finit par céder à sa prière. Mais Tartaglia avait négligé de donner la démonstration de l'exactitude de cette formule. Cardan trouva cette démonstration, avec le secours de Louis Ferrari, son élève, et il la publia dans son *Ars magna*. Tartaglia cria à l'infidélité, et une querelle, qui n'était pas à l'avantage de Cardan, agita quelque temps le monde lettré. Cardan fut très-affecté de l'injustice de son compatriote, « qui a mieux aimé, dit-il, voir en lui un rival et un supérieur qu'un ami attaché par un service réel ».

Cardan connaissait aussi les racines imaginaires, et il eut quelque part à la résolution des équations du quatrième degré.

L'algèbre ne servait encore qu'à la solution de problèmes numériques, mais le perfectionnement qu'elle reçut des mathématiciens de cette époque prépara les brillants développements qu'elle devait recevoir entre les mains de Viète et de Descartes.

Tous les physiciens savent que l'on appelle *suspension de Cardan* l'ingénieux procédé de suspension imaginé par le mathématicien de Milan, pour soutenir l'aiguille des boussoles marines, de telle façon que cette aiguille demeure toujours horizontale, malgré les diverses inclinaisons du navire. Ce même système a été appliqué à divers organes ou appareils de mécanique ou de physique, ainsi qu'aux lampes de salle à manger, que l'on suspend au plafond, au moyen de deux petits tourillons placés en travers de l'axe de la lampe et par l'intermédiaire desquels elle repose sur son support, ce qui assure sa verticalité constante, indépendamment du mouvement du support.

L'*Ars magna*, le traité *de la Subtilité*, le traité *de la Variété des choses*, œuvres fondamentales de Cardan, n'excluent pas une foule d'autres ouvrages de moindre importance, car on a attribué jusqu'à 222 traités à ce fécond écrivain (1).

Tous ces travaux, toutes ces découvertes doivent restituer à Cardan le caractère exclusivement scientifique, que plusieurs de ses biographes ont par trop négligé et obscurci. Au lieu du philosophe, du médecin, du physicien, du mathématicien, du savant encyclopédiste qui fit un moment très-grand bruit en Europe, et que les princes et les Universités se disputaient, soit comme médecin, soit comme professeur, on a fait de Cardan un illuminé et un extatique. Leibnitz et Gabriel Naudé l'ont déclaré fou. Parker l'appelait fanatique. Naigeon, dans l'*Encyclopédie*

---

(1) Ses autres ouvrages, ou du moins les principaux, sont : *Opus novum de proportionibus numerorum, motuum, ponderum, sonorum, aliarumque rerum mensurandarum, non solum geometrico more stabilitum, sed etiam variis experimentis et observationibus rerum in natura, solerti demonstratione illustratum*, Bâle, 1570, in-fol. ; — *Praeceuta, seu de Prudentia civili liber*; Leyde, 1627. — *Ars magna arithmeticæ*. Lyon ; — *Claudii Ptolemæi Pelusini libri quatuor de astrorum judiciis, cum expositione Hier. Cardani*, Bâle, 1554. — *Sytesierum somniorum omnis generis insomnia explicantes libri IV*. Bâle, 1582, in-4°; — *de Temporum et Motuum erraticorum restitutione*, Nuremberg, 1547, in-4° avec *Aphorismorum astronomicorum segmenta, septem libri de judiciis geniturarum ; — de Revolutione annorum, mensium et dierum ad dies criticos et ad electiones liber ; — de Utilitate ex adversis capienda libri quatuor*, Bâle, 1561, in-8°. — *de Sapientia libri V, quibus omnis humanæ vitæ cursus vivendique ratio explicatur*. Nuremberg, 1544, in-4°, avec le *de Consolatione*. Genève, 1624, in-8°, traduit en français. Paris, 1661, in-12. — *Opuscula medica et philosophica*. Bâle, 1566, in-4°. — *De Libris propriis eorumque ordine et usu, ac de mirabilibus operibus in arte medica factis*. Lyon, 1557, in-8°. — *De Immortalitate animarum liber*. Lyon, 1545. — *De Sanitate tuenda*, libri IV, Rome, 1780. — *Opuscula medica senilia*. Lyon, 1638. — *Contradicentium medicorum libri X*. Paris, 1549. — Dix-sept livres des *Paralipomènes*, et une quantité considérable de traités, *de Usu ciborum ; de Urinis ; de Salsaparilla ; de Venenis ; de Epilepsia ; de Apoplexia*, etc.

Toutes les productions de Cardan ont été réunies dans la grande édition de 1663, publiée sous ce titre : *Hieronymi Cardani Mediolanensis philosophici ac medici celeberrimi opera omnia*, curâ Car. Sponzii. Lyon, 1663, dix vol. in-folio.

méthodique, dit que sa vie n'est qu'un tissu d'extravagances et d'actions ridicules. Les écrivains les plus modérés voient surtout en lui un visionnaire, un illuminé, qui avait le privilége de tomber, à volonté, dans des contemplations extatiques. Or rien dans l'histoire de sa vie ne justifie cette appréciation. L'existence de Jérôme Cardan fut celle d'un écrivain et d'un savant, assidûment attaché à son œuvre. On le voit sans cesse écrire, professer, publier des ouvrages, qui ajoutent à la somme des connaissances humaines, et tirer parti, pour ses études, des déplacements continuels auxquels le condamnent les vicissitudes de sa carrière et la nécessité d'échapper aux embarras d'une situation, qui fut toujours pénible et précaire (1). Rien, dans sa conduite ni dans les principales actions de sa vie, ne répond à l'idée que la plupart des biographes donnent de Cardan en prenant trop au pied de la lettre ce qu'il a dit lui-même de ses songes et de ses prétendues visions, toutefois en se contredisant et revenant sur cette affirmation dans une autre partie de ses ouvrages. Non, Cardan ne fut point le philosophe et l'extatique dont parle Naigeon. Ce fut un savant de premier ordre, qui, malheureusement, demeura, pendant toute sa vie, aux prises avec la pauvreté et l'infortune, et en même temps, accablé sous le poids constant des souffrances physiques. Il est vivement à désirer que ces fausses appréciations, tirées d'anciens auteurs, soient abandonnées, et que le philosophe de Milan n'apparaisse devant la postérité qu'avec ses malheurs et son génie.

(1) M. Libri a donné, dans son *Histoire des sciences mathématiques*, en Italie, t. III, p. 167, une appréciation très-juste de l'esprit philosophique et des œuvres de Cardan.

BERNARD PALISSY

BERNARD PALISSY

L'établissement des chemins de fer a été funeste à ceux qui se mettent en route, non pour arriver vite, mais simplement pour voyager, à ceux qui parcourent un pays dans le but de s'instruire, de voir à leur aise et par eux-mêmes, les hommes et les choses, ce qui est le meilleur enseignement de l'âme et des yeux. C'est ainsi qu'en 1849, étudiant tout frais émoulu, je parcourais, pour mon instruction scientifique, les principales villes du midi de la France. J'avais vu Marseille et tous ses aspects merveilleux; Toulon, avec son bagne sinistre et ses hôpitaux flottants. J'avais visité Toulouse la savante et son riche Capitole; j'avais parcouru son jardin botanique et ses collections d'histoire naturelle, en compagnie de mes anciens maîtres et amis, Moquin-Tandon et N. Joly. J'avais vu Bordeaux et ses Facultés naissantes, sans oublier la lugubre tour Saint-Michel, habitée par des momies séculaires, qui, appuyées contre les murs du caveau ténébreux, comme des marionnettes sans emploi, ont l'air de regarder le visiteur, avec leurs grands orbites vides, en croisant leurs bras décharnés sur leur ventre de parchemin. J'avais visité, en compagnie du docteur Bertrand, agrégé de la Faculté de médecine de Montpellier, les divers services chirurgicaux des vastes hôpitaux de la belle cité bordelaise. Le lendemain, je partais, par le bateau à vapeur de la Gironde, pour me rendre à Saintes, patrie de l'immortel artiste et de l'immortel savant qui a nom Bernard Palissy.

Les chemins de fer, qui ont supprimé les diligences, ont également supprimé les bateaux à vapeur; de sorte que la génération actuelle ne peut plus se faire une idée juste des distractions et des plaisirs variés qu'offrait jadis au touriste, cette manière de voyager. Il est impossible d'imaginer un spectacle plus imposant que celui que présentait le bateau à vapeur partant de Bordeaux, à cinq heures du matin, un jour d'été, par un brillant lever de soleil. A travers une forêt de navires, on suivait les quais superbes; on admirait le pont de la Gironde, avec ses arches rougeâtres; et l'on s'engageait enfin au milieu des vertes campagnes qui bordent les rives du fleuve d'une végétation continue. C'était pour les yeux une fête continuelle.

En quelques heures, nous étions à Blaye, où le lit du fleuve commence à prendre une majestueuse largeur, annonçant les approches de l'Océan. Là, je quittai le bateau, et après avoir jeté un coup d'œil curieux sur le château gothique et la citadelle crénelée, qui servit de prison, en 1832, à une princesse du sang royal de France, je grimpai dans la voiture publique qui conduisait de Blaye à Saintes.

J'avais bourré mes poches des livres de Bernard Palissy, désireux, avant de visiter les lieux qu'immortalisa son génie, de me bien pénétrer de ses écrits : le *Discours admirable de la nature des eaux des fontaines*, le *Traité des métaux et alchimie*, la *Recepte véritable par laquelle tous les hommes de la France pourront apprendre à multiplier et à augmenter leurs thrésors*, vénérables in-18, jaunis par le temps, que m'avait procurés le vieux bouquiniste de la rue du Cardinal, à Montpellier, mon voisin Fontanel, à qui Dieu fasse paix, car c'était un savant homme et un honnête marchand. J'avais été tellement absorbé, pendant la route, par l'attachante lecture des œuvres de Palissy, que c'est à peine si je m'aperçus que nous arrivions au but de notre voyage.

Saintes est assise au pied d'un coteau verdoyant, sur la rive droite de la Charente. Un pont que franchit la route annonce l'entrée de la ville.

Il était neuf heures du soir quand nous arrivâmes au pont de Saintes. Je sautai hors de la diligence, et au lieu d'entrer dans la ville, je descendis au bas du pont, et me mis à parcourir, à la clarté des étoiles, dans le silence de la nuit, les rives solitaires de la Charente. Cette promenade, au clair de lune, n'avait aucun but. J'allais devant moi, sans désir, sans objet particulier, et seulement pour voir, sous l'aspect mystérieux que leur prêtaient le silence et la nuit, les lieux charmants où vécut le savant et l'artiste qui fut une des gloires les plus pures de notre patrie. J'apercevais, en imagination, celui que venait chercher mon pèlerinage scientifique. Il me semblait le voir errer, comme moi, au bord du fleuve tranquille, pour y chercher une distraction aux souffrances cruelles qui attristèrent sa vie. Les sensations délicieuses que mon âme ressentit en ces heures de paix et de sérénité ne s'effaceront jamais de ma mémoire.

Ce fut là, du reste, tout ce que je recueillis, à Saintes, comme souvenir de Palissy. Lorsque, le lendemain, je parcourus la ville, en quête des traces historiques qu'avait pu y laisser l'immortel potier, je ne trouvai rien qui répondît à mon désir. On me montra un grand espace décoré du nom de *Tuilerie de Palissy*, désignation apocryphe, qui ne mérite aucune confiance, et une place publique de la ville qui attendait et qui attend encore la statue de Palissy. Voilà tout ce que je trouvai sur le vieux Bernard, dans la ville de Saintes, sa patrie. C'était peu, mais ma promenade nocturne, au bord de la Charente, m'avait donné tout ce que je venais chercher : une vive et profonde impression de l'âme, et le désir de faire partager à d'autres cette même impression. Aujourd'hui seulement, après bien des années, je puis satisfaire au désir d'exprimer les sentiments de pieuse admiration que m'ont toujours inspirés la pureté de la vie, la noblesse de l'âme et la science profonde de Bernard Palissy; et c'est une tâche que j'entreprends avec joie.

I

Bernard Palissy naquit à la Capelle-Biron, village du diocèse d'Agen, situé sur les confins de l'Agenois et du Périgord, vers la fin du quinzième siècle ou au commencement du seizième (1).

Tous les biographes ont répété que Bernard Palissy était le fils d'un potier de terre; mais rien ne justifie cette affirmation, que démentent les paroles de Palissy lui-même. Il nous dit, en effet, en racontant ses premiers essais de cuisson des poteries vernissées, qu'il ignorait complétement la pratique de cet art (2). Il se montra très-inexpérimenté et très-novice quand il eut à faire marcher des fourneaux, pour la cuisson des poteries. Il n'eût pas éprouvé cet embarras s'il eût été le fils d'un potier, car il aurait eu de bonne heure sous les yeux ce genre d'opérations.

Palissy appartenait certainement à une famille d'artisans ou d'ouvriers, mais il est impossible de dire quel métier exerçaient ses parents.

Quelle que fût leur profession, il est permis de présumer que l'éducation première de Bernard Palissy fut conforme à son humble origine. Il dut être élevé comme le sont ordinairement la plupart des enfants qui naissent dans la classe des simples ouvriers, c'est-à-dire dans le travail manuel, interrompu par la fréquentation d'une école élémentaire. Un exercice en plein air, sous un climat sain, et des aliments communs, mais en quantité suffisante, sont éminemment propres à développer les forces musculaires et à former un tempérament vigoureux. On verra, dans la suite, que Bernard Palissy eût infailliblement succombé sous les dures épreuves qu'il eut à subir pendant une longue période de sa vie, s'il n'eût été doué d'une constitution et d'un tempérament capables de seconder les détermi-

---

(1) Selon l'historien d'Aubigné, « *Palissy mourut en* 1589, *à l'âge de quatre-vingt-dix ans*. » Mais un autre écrivain, Lacroix du Maine, assure que « *Palissy, philosophe naturel et homme d'un esprit merveilleusement prompt et aigu, florit à Paris en* 1584, alors âgé de soixante ans et plus, et faisant des leçons de sa science et profession. » S'il avait plus de soixante ans, en 1564, il devait être né entre 1514 et 1520. Ces dates, relatives à la naissance et à la mort de Palissy, sont les seules qui nous aient été transmises par ses contemporains, dont il fut, d'ailleurs, presque ignoré. La date de 1510, que la plupart des biographes donnent pour celle de sa naissance, n'est qu'une moyenne entre les différentes époques indiquées par Lacroix du Maine et d'Aubigné. Le *Dictionnaire de Moréri* (1736), l'*Abrégé du Dictionnaire historique* (1772), l'*Extrait de l'art de la peinture sur verre*, par Le Viel (1774), etc., font naître Bernard Palissy à Agen même.

(2) « Je n'avais nulle connaissance des terres argileuses. » (*Art de terre*.)

nations de son indomptable volonté. On jugera, par sa conduite et par ses actions, que son éducation première avait dû être aussi saine au point de vue moral qu'au point de vue physique.

Il est probable qu'on l'envoya de bonne heure dans une petite école, ou dans un couvent, pour apprendre à lire, à écrire, à calculer. Les petites écoles pour l'instruction de l'enfance n'étaient pas alors aussi rares qu'on se l'imagine; il y en avait dans les couvents, dans les cathédrales, dans les presbytères.

Vint le moment de choisir une profession et d'entrer en apprentissage. A quelle industrie le jeune Bernard fut-il d'abord destiné? Ce ne fut pas sûrement à celle de potier; car en lisant, dans son *Art de terre*, la description des premières expériences auxquelles il se livra pour découvrir l'émail, on s'aperçoit bien, comme nous le disions plus haut, qu'il ignorait complétement l'art du potier. Son apprentissage eut pour objet la *pourtraiture* et la *verrerie*, c'est-à-dire la peinture sur verre et l'art d'assembler les vitraux peints.

Il apprit, outre la peinture sur verre, l'art de lever les plans.

« Je n'avais pas, dit-il, beaucoup de biens, mais j'avais la *pourtraiture*. L'on pensait, en notre pays, que je fusse plus savant, en l'art de peinture, que je n'étais, ce qui causait que j'étais souvent appelé pour faire des figures pour les procès (plans figuratifs de certains lieux, dressés en vertu d'ordonnances judiciaires pour l'instruction des procès). Or, quand j'étais en telles commissions, j'étais très-bien payé, aussi ai-je entretenu longtemps la vitrerie, jusques à ce que j'aie été assuré pouvoir vivre de l'art de terre. Aussi en cherchant ledit art, j'ai appris à faire l'alchimie avec les dents (c'est-à-dire en s'imposant des privations) (1) »

Cet art de la *vitrerie* et de la *pourtraiture* comportait, au seizième siècle, de nombreux détails, et embrassait diverses spécialités : il comprenait les éléments du dessin et de la perspective linéaire, la peinture sur verre et sur faïence, etc. Il se rattachait donc, par ses principales branches, à la catégorie des *arts libéraux*. Les ogives de nos vieilles cathédrales, ornées de ces riches vitraux où l'on voit figurés les principaux traits de la Bible et de la vie des saints, nous expliquent ce qui composait, à l'époque de la Renaissance, l'art de la *pourtraiture* et de

(1) *Art de terre*.

la *vitrerie*. Bernard Palissy fut employé, dans sa jeunesse, à des travaux de ce genre.

Voilà pourquoi, dans un acte passé en 1540 à Fontenai-le-Comte, il prend la qualité d'*honorable homme*. « L'exercice de la *verrerie*, dit-il, constitue un état noble, et *ceux qui y besognent sont nobles aussi*. »

C'est encore pour cela que Bernard Palissy a été quelquefois anobli, et désigné sous le nom de Bernard *de* Palissy; mais il faut bien se garder de lui conserver cette vaine particule.

On se demandera peut-être comment ce simple fils d'artisans put recevoir une éducation assez complète pour se rendre capable d'exercer, dans sa jeunesse, les professions d'arpenteur et de peintre vitrier, c'est-à-dire l'art de lever les plans et celui de colorier le verre, de le découper par fragments nuancés, pour en former des mosaïques transparentes, destinées à l'ornement des églises. L'organisation des corporations ouvrières à l'époque de la Renaissance peut expliquer l'apparente contradiction de l'hypothèse que nous émettons, à savoir que Palissy était fils de pauvres artisans et qu'il s'était pourtant rendu habile de bonne heure, dans l'exercice de certains arts libéraux.

La *pourtraiture* et la *vitrerie* constituaient, au seizième siècle, une grande profession, qui embrassait diverses spécialités. Sous le règne de saint Louis, les grandes corporations d'arts, métiers et professions, avaient été organisées. Dans chaque corporation, le personnel des travailleurs se composait, en général, d'apprentis, d'ouvriers, de compagnons et de maîtres. Or, cette organisation, qui précéda la création des *jurandes* et des *maîtrises*, était éminemment favorable aux classes laborieuses. Si un enfant né dans une pauvre famille montrait une aptitude prononcée et d'heureuses dispositions, on trouvait toujours le moyen de le placer convenablement en apprentissage. Dans l'état d'éparpillement où vivent, de nos jours, les ouvriers des divers états, on comprend difficilement les ressources qui existaient pour les artisans français, pendant les deux derniers siècles, époque où l'esprit d'association régnait à tous les degrés de l'échelle sociale, et y maintenait une solidarité professionnelle, pleine d'avantages pour eux.

Le père de Bernard Palissy put donc trouver dans Agen un établissement de vitrerie où son fils fut reçu comme apprenti, à des conditions qui n'avaient rien d'onéreux. Une fois là, il dut se faire estimer par ses rares qualités et sa constante application. Admettre qu'un tel apprenti soit devenu, dans la suite, un des meilleurs ouvriers qu'il y eût alors dans la *pourtraiture* et la *vitrerie*, ce n'est pas assurément sortir de l'ordre des faits ordinaires.

La partie élémentaire du dessin, surtout du dessin linéaire, qui était indispensable dans l'art de la vitrerie, dut conduire tout naturellement notre jeune ouvrier à l'art de dresser des plans figuratifs, à l'étude de l'arpentage et de la levée des plans. C'est ainsi que peut s'expliquer cette demi-éducation libérale que dut recevoir le jeune Bernard, et dont il tira de bonne heure un parti si avantageux pour gagner sa vie et pousser plus loin encore ses études.

Lorsqu'il se crut assez habile dans la pratique de l'art qu'il avait étudié, il partit, suivant l'usage, alors généralement établi parmi les ouvriers des diverses professions, pour faire son *tour de France* et même son *tour d'Allemagne*. Il allait de ville en ville, subsistant de son double travail de peintre-vitrier et d'arpenteur.

« Il voyagea, dit Faujas de Saint-Fond, dans tout le royaume, depuis les Pyrénées jusqu'à la mer de Flandres et des Pays-Bas, et depuis la Bretagne jusqu'au Rhin. Il parcourut, en détail, à ce qu'il semble, toutes les provinces de la France et, en outre, la basse Allemagne, les Ardennes, le pays de Luxembourg, le duché de Clèves et le Brisgau, etc. Il habita principalement le *Guistrais*, le *Bourdelais* et l'*Agenois*, son pays natal. Il dit lui-même qu'il passa quelques années à Tarbes, capitale de Bigorre, et qu'il séjourna successivement dans plusieurs autres lieux de la France. Toutes les contrées qu'il parcourut fournirent matière à ses observations. Les monuments de l'antiquité de notre globe et les divers objets de l'histoire naturelle attiraient principalement son attention. Rien de ce qui peut être l'objet d'une sérieuse étude n'échappait à ses regards. Aussi, en lisant ses ouvrages, est-on surpris de l'étendue et de la variété de ses connaissances (1). »

Les voyages contribuent singulièrement à former le caractère et à développer les facultés de l'esprit. On les regardait

(1) Préface de l'édition in-4° des *Œuvres de Bernard Palissy*.

autrefois comme le complément indispensable de l'apprentissage dans les classes ouvrières, et des études libérales dans les classes supérieures. Il est impossible de parcourir successivement certains pays sans être frappé de la diversité des mœurs, des coutumes, des usages, des goûts des populations que l'on visite. Tout diffère, plus ou moins, d'une contrée à l'autre, dans les trois règnes de la nature; et l'intime solidarité qui existe entre tous les êtres dans l'ordre général de la création fait que l'homme lui-même est modifié, au point de vue physique et moral, par l'influence du climat et des habitudes propres à chaque pays. La diversité des langues prouve suffisamment que les hommes n'ont pas partout la même manière de sentir et de concevoir. Mais à ces différences de langage correspondent d'autres différences dans les idées, dans les opinions et dans la culture des arts. Un jeune homme qui voyage pour s'instruire observe ces différences, et son esprit s'éclaire ou s'étend par des rapprochements et des comparaisons utiles.

C'est une vérité qui n'est pas assez comprise dans le système actuel de notre éducation. Il serait d'une haute importance pour la formation de l'esprit et du caractère d'un jeune homme, qu'il pût consacrer une année, au sortir du lycée, à des voyages d'instruction en Allemagne, en Angleterre, en Italie. Quel trésor de connaissances pratiques et quelle source d'instruction réelle, et en même temps de légitimes plaisirs, ne donneraient pas à un jeune homme déjà instruit, ces voyages salutaires, fidèle et intelligente imitation des anciennes pratiques de nos ouvriers, *compagnons du tour de France*.

Avant notre siècle, tout ouvrier habile et rangé pouvait parcourir la plus grande partie de l'Europe, bien que sa famille fût pauvre et qu'il ne dût attendre d'elle aucun secours. Il ne lui fallait que du travail, et il en trouvait toujours quelque part. Ce fut ainsi que voyagea Bernard Palissy. S'il n'eût point quitté le sol natal, il n'eût certainement jamais acquis le même talent de style, le même goût dans les arts, la même originalité dans la science. C'est en parcourant le monde, en interrogeant les hommes, en consultant la nature qu'il apprit des vérités alors ignorées des érudits.

Le jeune Bernard séjourna plus ou moins longtemps dans les principales provinces de la France. Il passa plusieurs années à

Tarbes, et l'on voit, par certains passages de ses écrits, qu'il avait fait une étude approfondie de toutes les contrées du Béarn et des Pyrénées.

Il semble avoir fait un assez long séjour dans les Ardennes, pays de forêts et de montagnes, dont la plus grande partie avait été à peine explorée par les savants. Parcourant ce pays en observateur, il y puisa bon nombre de connaissances, qui l'aidèrent plus tard à former ses théories scientifiques. Il étudia avec le même soin la basse Bourgogne, la Bretagne, l'Anjou, le Poitou, la Touraine et d'autres parties de la France, toujours dirigé par un instinct naturel qui le portait à observer et à recueillir des faits. N'oublions pas qu'il voyageait en simple ouvrier, en ouvrier qui fait son tour de France ; que, pour subvenir à ses besoins, il était obligé de s'arrêter dans les villes, d'y consacrer une grande partie de son temps aux travaux de sa profession ; et que, pendant un séjour prolongé dans le même lieu, les dimanches et les fêtes devaient être les seuls jours dont il pût disposer pour se livrer à ses promenades dans la campagne.

L'observation de la nature ne fut d'abord pour le jeune Bernard qu'un délassement agréable. Mais comme il joignait à une sagacité rare un goût artistique déjà développé, il ne s'en tint pas longtemps à cette admiration vague et stérile que le vulgaire éprouve à l'aspect d'un objet remarquable pour la science ou les arts. Après avoir admiré, dans son ensemble, quelqu'une des innombrables productions de la nature, il s'arrêtait à l'examen des détails ; il s'interrogeait lui-même sur les causes, sur l'origine du phénomène soumis à ses recherches. Comme il n'avait point de livres de physique ou d'histoire naturelle, et qu'il n'en connaissait point d'autre que celui de la nature, il n'existait aucun intermédiaire entre lui et les objets qu'il se proposait d'étudier. S'il eût été déjà en possession d'une méthode scientifique, propre à le guider dans ses observations, il aurait pu s'épargner un peu de peine, mais assurément il n'eût ni aussi bien vu ni aussi bien retenu. Qui sait même s'il n'eût pas été rebuté tout d'abord, par la science imparfaite et les classifications arbitraires alors en honneur dans les livres et dans les écoles! Il était né avec un rare talent d'observation, que la fausse et pesante érudition scolastique eût infailliblement étouffé, si ses parents ne s'étaient trouvés hors d'état de le faire étudier dans les écoles. « L'éducation scientifique de Palissy, dit M. Cap, au lieu de commencer par les livres, partit des bases les plus certaines, les plus fécondes, savoir l'*expérience* et l'*observation*. »

Il fit des excursions au delà de nos frontières ; il visita la Flandre, les Pays-Bas, une partie de l'Allemagne et les provinces Rhénanes. Les observations qu'il recueillit en Allemagne, sur les arts et sur les sciences naturelles, paraissent avoir été plus nombreuses et, à certains égards, plus importantes que celles qu'il avait réunies en France.

En Allemagne, il put admirer les œuvres posthumes d'Albert Dürer, ainsi que diverses productions de l'art italien de la Renaissance, qu'on transportait en France, à la cour de Fontainebleau, à travers les contrées de l'ancienne Germanie. Il y avait déjà longtemps qu'Albert Dürer, célèbre graveur de Nuremberg, avait exécuté des chefs-d'œuvre, tant sur bois, qu'en taille-douce.

« As-tu pas vu, dit Palissy combien les imprimeurs (c'est-à-dire les graveurs) ont endommagé les peintres et pourtrayeurs savants? J'ai souvenance d'avoir vu les histoires (images) de Notre-Dame (de la Vierge) imprimées de gros traits, après l'invention d'un Allemand nommé Albert, lesquelles histoires vinrent une fois à tel mépris (tombèrent dans un tel discrédit), à cause de l'abondance qui en fut faite, qu'on donnait pour deux liards chacune desdites histoires, combien que la pourtraiture fût d'une belle invention (1)! »

Palissy, après cette longue période de voyages, revint en France, et vers 1535, il se fixa à Saintes, où il se maria.

Jusque-là, jeune ouvrier n'ayant à songer qu'à lui seul, il avait pu, sans effort, subvenir à ses besoins, et même satisfaire, par le produit de son travail, quelques fantaisies artistiques ou scientifiques. Avec le mariage et ses devoirs, de nouvelles obligations lui étaient imposées. Palissy eut plusieurs enfants, et pour faire subsister sa famille, son unique ressource était toujours la *pourtraiture* et l'*arpentage*.

Mais ce n'est pas tout, pour l'ouvrier chargé d'une famille nombreuse, que d'avoir une grande activité de corps et d'esprit et d'être habile dans sa profession. A quoi lui servent ces avan-

(1) *Art de terre.*

tages, s'il manque de travail, ou si le travail qu'il trouve, après avoir longtemps cherché, n'est pas suffisamment rétribué? C'est précisément ce qui arriva à Bernard Palissy. Par un effet de circonstances diverses qu'on ne s'explique pas bien, la *pourtraiture* et l'*arpentage* tombèrent en discrédit dans la Saintonge. On le conçoit, à la rigueur, pour la *pourtraiture*, qui était un art d'imagination et de goût, plus ou moins subordonné à la fantaisie du moment et aux caprices de la mode. Mais il ne pouvait en être ainsi de l'arpentage, qui est un art indispensable dans toutes les sociétés civilisées. Il est probable que les ouvriers, devenus trop nombreux, se firent une concurrence, d'où résulta bientôt, dans le prix de la main-d'œuvre, une réduction, qui les mit pour la plupart, dans l'impossibilité de pourvoir suffisamment aux besoins de leur famille. Palissy fut de ce nombre.

Une période de misère et d'angoisses commençait pour lui. Que faire pour sortir de cette situation? Chercher un autre genre de travail, dont le produit puisse suffire aux besoins de sa famille? Mais s'il ne peut l'obtenir que dans une profession qui lui soit tout à fait étrangère, à quoi ce travail lui servira-t-il? Palissy cherche pourtant, et en cherchant, il se jette dans l'inconnu. Il s'abandonne à l'espoir de faire quelque découverte qui puisse devenir l'objet d'une industrie nouvelle. Il s'attache à chercher la préparation des émaux, et particulièrement celle de l'émail blanc. Une coupe de terre émaillée ou un fragment de vase étrusque qui lui étaient tombés sous la main avaient fait naître en lui cette idée.

Le voilà donc qui commence à se livrer, sur cette matière, à de nombreux essais. Pendant des années, ses recherches n'ont d'autre résultat que d'aggraver sa situation, soit en l'entraînant dans des dépenses ruineuses, soit en le portant à négliger de plus en plus les travaux de sa profession. Nous raconterons bientôt, d'après le récit qu'il en fait lui-même dans son *Art de terre*, les longues et cruelles déceptions qu'il rencontra, ses chagrins, ses souffrances physiques et morales, son incroyable persévérance, les obstacles qu'il eut à vaincre, et l'heureux succès qui vint enfin récompenser ses efforts.

La misère l'obligeait de temps en temps, à suspendre ses recherches, pour faire des travaux, médiocrement rétribués, qui lui étaient offerts dans la vitrerie; car il ne pouvait laisser mourir de faim sa femme et ses enfants.

Il en était là lorsque, au mois de mai 1543, François Ier établit un impôt sur le sel, et chargea le maréchal de Montmorency d'aller, à la tête d'un détachement de troupes, percevoir le nouveau droit en Saintonge. En arrivant dans cette province, le premier soin du maréchal fut d'asseoir l'impôt sur des bases équitables et à peu près certaines. Il ordonna d'arpenter les îles et les marais salants de la Saintonge et d'en dresser le plan. Bernard Palissy fut un des arpenteurs-géomètres chargés de cette opération, soit qu'il eût sollicité lui-même cet emploi temporaire, soit qu'on l'eût désigné aux commissaires nommés par le maréchal, comme un des hommes les plus capables du pays.

Cette nomination était une bonne fortune pour Palissy. Ses travaux, largement rétribués par le maréchal de Montmorency, lui procurèrent une avance, qui lui permit de reprendre ses premiers essais, sans être obligé de les interrompre pendant un certain temps, pour se livrer aux travaux de la vitrerie.

Nous allons raconter les faits en citant, le plus souvent que nous le pourrons, les paroles mêmes de Palissy. Ces passages de son *Art de terre*, où il raconte avec tant de force et de naïveté ses tribulations et ses angoisses, ont été souvent reproduits, parce qu'ils permettent d'apprécier le style si remarquable du célèbre potier :

« Il y a, dit-il, vingt-cinq ans passés qu'il me fut montré une coupe de terre, tournée et émaillée, d'une telle beauté, que dès lors, me rappelant plusieurs propos, que l'on avait tenus en se moquant de moi, lorsque j'étais occupé à peindre des images, j'entrai en discussion avec ma propre pensée. »

Cette coupe émaillée était sans doute le produit des manufactures de Faenza (Italie). Ou bien, c'était une coupe antique, un vase étrusque, car les anciens avaient connu l'art de recouvrir les poteries d'une couche d'émail. Mais cet art était alors complétement ignoré en France; il était réservé à Palissy de le créer parmi nous.

Lorsque Palissy vit que la vitrerie n'était plus guère demandée dans la contrée qu'il habitait, il s'imagina que, s'il parvenait à composer des émaux, il lui serait aisé de faire des vaisseaux de terre émaillée et des produits d'ornementation. Dès lors, sans songer qu'il n'avait encore nulle connaissance des terres argileuses, il se mit à chercher la composition et le mode d'application des émaux, comme un homme qui va à tâtons dans les ténèbres. Sans savoir de quelles matières sont composés les émaux, il prenait toutes les substances qu'il supposait pouvoir lui donner un résultat utile. Après les avoir pilées et broyées, il achetait une quantité de pots de terre qu'il mettait en pièces (tessons). Il marquait chaque tesson, et il inscrivait soigneusement à part, pour mémoire, la matière dont il l'avait couvert. Il plaçait ensuite toutes ces pièces dans un fourneau qu'il avait construit à sa *fantaisie*, et il les faisait cuire pour voir si ces *drogues* lui donneraient quelque couleur de blanc. Sachant, en effet, que l'émail blanc est la base de tous les autres, il ne cherchait à obtenir que l'émail blanc.

Cependant, comme il n'avait jamais vu cuire de la terre, et qu'il ignorait à quel degré de chaleur s'opère la fusion de l'émail, il n'eût jamais pu rien obtenir d'utile par ce moyen, lors même que les matières qu'il employait eussent été bonnes. En effet, tantôt il avait trop chauffé, et tantôt pas assez; dans le premier cas, les matières étaient brûlées, dans le second, elles n'étaient pas assez cuites; et comme il ne pouvait en apprécier la cause, il ne faisait rien de bon. Il attribuait son insuccès au mauvais choix des matières. Quelquefois, le résultat eût pu être satisfaisant, ou du moins lui indiquer la voie qu'il avait à suivre pour atteindre le but, s'il eût pu entretenir le feu du fourneau au degré qu'exigeait la nature des matières. Mais la conduite du feu était toujours une opération difficile. En outre, en mettant les pièces dans le fourneau, il les arrangeait sans ordre prémédité, de telle sorte que, dans le cas même où les matières eussent été bonnes et le feu parfaitement conduit, il lui eût été impossible de réussir.

« M'étant ainsi abusé plusieurs fois, dit-il, avec grands frais et labeurs, j'étais tous les jours à piler et broyer nouvelles matières, et construire nouveaux fourneaux, avec grande dépense d'argent et consommation de bois et de temps. »

Quand il eut ainsi *bâtelé* (verbe très-expressif qui n'est plus en usage et dont il indique ici le sens, en se l'appliquant naïvement à lui-même), quand il eut ainsi imprudemment *bâtelé* plusieurs années, il s'avisa, pour éviter désormais pareils inconvénients, d'envoyer dans quelque four de potier les échantillons qu'il voulait faire cuire. Il acheta donc encore plusieurs vaisseaux de terre, qu'il mit en pièces, comme de coutume; il couvrit d'émail trois ou quatre cents tessons, et les envoya dans une poterie, située à une lieue et demie de sa demeure, avec prière au potier de permettre que ces épreuves fussent cuites dans son fourneau. Le potier y consentit sans peine. Mais lorsque la fournée fut cuite et que l'on retira les épreuves, Palissy n'en *reçut que honte et perte*, car il ne s'y trouvait rien de bon, attendu que le four du potier n'était pas assez chaud.

Ne connaissant pas la véritable cause qui empêchait ses épreuves de réussir, il attribuait toujours son insuccès au mauvais choix des matières. Il continuait donc à faire des compositions nouvelles et à les envoyer au même potier, « toujours avec grands frais, perte de temps, confusion et tristesse ».

Quand il vit que ses nombreux essais n'aboutissaient à rien, il prit quelque temps de relâche, et renonçant à chercher davantage le secret de la composition des émaux, il se remit à exercer son art de peinture et de vitrerie.

« Ce fut, dit-il, quelques jours après que survinrent certains commissaires, députés par le roi, pour ériger la gabelle au pays de Saintonge, lesquels m'appelèrent pour figurer les îles et pays circonvoisins de tous les marais salants dudit pays. Or, après que ladite commission fut parachevée et que je me trouvai muni d'un peu d'argent, je repris encore l'affection de poursuivre la suite desdits émaux. »

Comme ses épreuves n'avaient pu réussir ni dans ses fourneaux, ni dans les fours des potiers, il résolut, cette fois, d'avoir recours à ceux des verriers. Il achète environ trois douzaines de pots de terre tout neufs; il les met en pièces, il broie une grande quantité de diverses matières, et obtient des compositions, qu'il étend, à l'aide d'un pinceau, sur deux ou trois cents tessons. Il porte ensuite toutes ces pièces dans une verrerie.

Les fours des verriers sont plus fortement chauffés que ceux des potiers, ce qui faisait espérer un résultat satisfaisant. C'est en effet ce qui arriva, car dans le four du verrier, ses compositions commencèrent à fondre.

Encouragé dans sa recherche de l'émail blanc, par ce premier résultat, Palissy continua à faire de nouveaux essais.

« Pendant deux ans, dit-il, à partir de ce moment, je ne faisais qu'aller et venir aux verreries prochaines, tendant aux fins de parvenir à mon intention. Dieu voulut qu'ainsi que je commençais à perdre courage, et que, pour le dernier coup, je m'étais transporté à une verrerie, ayant avec moi un homme chargé de plus de trois cents sortes d'épreuve, ils se trouva une desdites épreuves qui fut fondue dedans, quatre heures après avoir été mise au fourneau, laquelle épreuve se trouva blanche et polie, de sorte qu'elle me causa une joie telle que je pensais être devenu nouvelle créature ; et pensais dès lors avoir une perfection entière de l'émail blanc. »

Cette expérience était décisive ; elle ouvrait la voie qui devait le conduire au succès. Malheureusement, elle l'induisait en erreur quant à la proportion des substances employées, car cette proportion n'était pas juste.

Il se mit à fabriquer lui-même, à tourner et à façonner des vaisseaux de terre, besogne pour lui fort difficile, car il n'avait jamais vu fabriquer des poteries de terre.

Lorsque cet ouvrage, qui l'occupa sept ou huit mois, fut achevé, il entreprit de construire un four semblable à celui des verriers ; mais il n'en vint à bout qu'avec un indicible labeur. En effet, il était obligé de maçonner, de détremper le mortier, de tirer l'eau, d'aller chercher et de porter sur son dos la brique, n'ayant pas le moyen de nourrir et de payer un homme pour l'aider.

Il fit cuire, une première fois, tous ses vases de terre ; mais quand il fallut procéder à une seconde cuisson, il eut à vaincre des difficultés immenses et à surmonter des fatigues inouïes. C'est dans cette occasion qu'un jour, manquant de bois pour entretenir ses fourneaux, il jeta au feu les meubles de sa maison et jusqu'aux planches du parquet.

Mais écoutons-le racontant lui-même ses tristesses, ses angoisses et ses labeurs :

« Au lieu de me reposer, dit-il, après tant de travaux effectués, et tant de peines éprouvées, il me fallut travailler encore plus d'un mois, nuit et jour, pour broyer les matières qui m'avaient donné, dans le four des verriers, un blanc si admirablement beau. Après avoir broyé les matières et formé la composition, j'en couvris tous les vaisseaux que j'avais faits. Je mis le feu au fourneau par les deux gueules, ainsi que je l'avais vu faire dans la verrerie; et j'y plaçai mes vaisseaux avec l'espoir de voir bientôt fondre l'émail. Mais, chose malheureuse pour moi! je passai six jours et six nuits à faire brûler sans cesse du bois par les deux gueules, sans qu'il me fût possible de faire fondre l'émail. J'étais comme un homme désespéré. Bien que je fusse tout étourdi, non moins par le chagrin que par la fatigue, je ne laissai pas de m'apercevoir que j'avais mis en trop petite quantité la matière qui devait faire fondre les autres. Je me remis donc à piler et à broyer une nouvelle quantité de cette matière, sans toutefois laisser refroidir mon fourneau, deux choses qui, faites en même temps, me causaient une extrême fatigue. Quand j'eus ainsi de nouveau composé mon émail, je fus encore obligé, pour en faire l'épreuve, d'aller acheter d'autres pots, ceux que j'avais faits avec tant de peine étaient entièrement perdus. Je mis mes nouvelles pièces d'émail dans le four, et je continuai à chauffer au même degré.

« Mais là-dessus, il m'arriva un nouveau malheur; le bois me manqua. Je fus contraint de brûler d'abord les étais qui soutenaient les treilles de mon jardin, et puis les tables et jusqu'au plancher de la maison pour faire fondre ma seconde composition.

« J'étais dans des angoisses telles que je ne saurais en donner l'idée : j'étais tout tari et desséché par le labeur et par la chaleur du fourneau; il y avait plus d'un mois que ma chemise n'avait séché sur moi; encore pour me consoler, on se moquait de moi, et même ceux qui auraient dû me secourir allaient crier par la ville que je faisais brûler le plancher; et, par tel moyen, on me faisait perdre mon crédit, et m'estimait-on être fol. »

D'autres disaient qu'il cherchait à faire de la fausse monnaie, et que c'était là ce qui le faisait sécher sur pied. Il s'en allait par les rues « *tout baissé comme un homme couvert de honte* ».

Il s'était endetté partout, et personne ne le secourait. Il ne pouvait payer les mois de nourrice de ses enfants. Au lieu de venir à son aide, on se moquait de lui : « Qu'il meure de faim, disait-on ; il le mérite, puisqu'il a abandonné son métier ! »

Toutes ces paroles cruelles arrivaient à ses oreilles, quand il passait par les rues.

Il lui restait cependant quelque espérance, car ses derniers essais avaient été heureux ; et bien qu'il fût encore éloigné du but, il en savait pourtant assez déjà sur cette partie, pour être en état de gagner sa vie.

PALISSY TRAVAILLANT A LA FUSION DE SES ÉMAUX

Après s'être reposé quelque temps, et voyant que nul n'avait pitié de lui, il se dit à lui-même :

« Pourquoi t'attrister encore, puisque tu as trouvé ce que tu cherchais ! Travaille, et tu feras honte à tes détracteurs. »
« Lorsque j'étais, ajoute-t-il, en telle tristesse et tel débat d'esprit, l'espérance releva un peu mon courage. Je considérai qu'il me faudrait beaucoup de temps pour faire de ma main une fournée entière ; et pour gagner du temps, pour montrer plus tôt que j'avais découvert le secret de l'émail blanc, je pris un ouvrier potier, je lui donnai certains modèles, et pendant qu'il façonnait des vaisseaux de terre conformément à mon ordonnance, je m'occupai de quelques médaillons. »

Mais sa situation était digne de pitié. Il était obligé de nourrir son ouvrier potier à crédit, dans un cabaret voisin, parce qu'il n'avait pas le moyen de le nourrir dans sa maison.

Palissy et son ouvrier travaillèrent ensemble pendant six mois. Il donna alors congé à son aide, et pour lui payer son salaire, il fut contraint, faute d'argent, de lui céder ses propres vêtements. Sa misère était extrême, et les matériaux lui manquaient entièrement pour construire le four destiné à cuire les vases qu'il avait préparés. Il ne put s'en procurer qu'en démolissant l'ancien fourneau, qu'il avait construit à l'imitation de celui des verriers. Mais il avait été si rudement chauffé pendant six jours et six nuits, que le mortier et la brique s'étaient liquéfiés et vitrifiés. En le démolissant, il se coupa cruellement les doigts, de sorte qu'il était « obligé de manger son potage avec les doigts enveloppés de lambeaux de toile. »

Palissy ne parvint qu'à grand'peine à construire ce nouveau four. Il était obligé d'aller, sans aide et sans repos, quérir lui-même l'eau, le mortier, la pierre.

Quand il eut construit ce nouveau four, il fit cuire l'*œuvre* en première cuisson. Ensuite, par *emprunt* ou *autrement*, il se procura les *étoffes* (matériaux) pour faire des émaux et couvrir ses échantillons, car tout avait bien réussi dans la première cuisson.

Lorsqu'il eut acheté les substances propres à composer l'émail, il fut obligé de passer plusieurs jours à piler et à broyer ces substances. Il lui parut alors plus commode de les broyer au moyen d'un moulin à bras. Mais pour faire tourner ce moulin, il fallait deux hommes très-forts. Comme il ne pouvait payer ces aides, il fit lui-même la besogne de deux hommes : « chose, dit-il, estimée impossible. »

Les substances étant broyées, il en couvrit ses vaisseaux et ses médailles, il disposa bien le tout dans le four, et commença à faire du feu. Il espérait retirer de sa fournée trois ou quatre cents livres de poteries émaillées.

Hélas! le lendemain, quand, après avoir éteint le feu, il put considérer son œuvre, il demeura saisi de douleur. Les émaux étaient excellents et étaient parfaitement entrés en fusion ; mais un accident survenu dans le four avait tout perdu. Le mortier qu'il avait employé pour construire son fourneau était plein de cailloux ; par l'effet de la violence du feu, ces cailloux, s'étant brisés, avaient lancé leurs éclats contre les émaux déjà liquéfiés, et s'y étaient incrustés. Les vaisseaux et les médaillons, qui sans cela eussent été fort beaux, se trouvaient donc détruits.

« Je fus si marri que je ne te le saurais dire, et non sans cause, car ma fournée me coûtait six vingt écus. J'avais emprunté le bois et les étoffes, et une partie de ma nourriture en faisant cette besogne. J'avais tenu en espérance mes créditeurs (créanciers) qu'ils seraient payés de l'argent qui proviendrait des pièces de ladite fournée, qui fut cause que plusieurs accoururent dès le matin, quand je commençais à désenfourner. »

A la tristesse dont il était accablé, vinrent se joindre la honte et la confusion. On voulut lui acheter à vil prix les pièces de cette fournée, et il refusa de les vendre, parce que :

« C'eût été le seul moyen d'un décriement et un rabaissement de mon honneur. »

Il les brisa toutes, et il se coucha désespéré.

« Non sans cause, ajoute-t-il, car je n'avais plus moyen de subvenir aux besoins de ma famille, et dans ma maison, je n'avais que des reproches. Au lieu de me consoler, on me donnait des malédictions. Mes voisins disaient que je n'étais qu'un fou, et qu'en vendant cette fournée, j'en eusse retiré plus de huit francs. »

Le chagrin qu'il éprouva, joint à l'excès de ses fatigues, le rendirent malade, et l'obligèrent à rester quelque temps au lit.

Cependant il reprit courage. Pour s'efforcer de sortir de sa cruelle position, il se mit à exécuter quelques peintures, et par plusieurs moyens, il parvint, non sans peine, à toucher quelque argent.

Le courage lui revenant peu à peu, il se dit qu'après avoir parcouru toute la série des chances mauvaises, il n'avait plus désormais à craindre aucun obstacle qui pût l'empêcher de réussir. Il recommença donc à s'occuper, comme auparavant, de cet art qui lui avait déjà causé tant de déceptions et de pertes.

En cuisant une autre fournée, il eut encore à subir les effets d'un accident qu'il n'avait pu prévoir. La violence de la flamme avait porté sur les vases couverts d'émail, quantité de cendres, qui s'étaient attachées à l'émail liquéfié. Il en était résulté qu'en certaines parties de leur surface, les vaisseaux étaient rudes et mal polis. Il chercha le moyen d'éviter désormais le même accident; et c'est alors qu'il inventa les *cazettes*, c'est-à-dire les enveloppes qui servent aujourd'hui dans les fabriques de porcelaine, pour défendre de l'action des cendres les pièces placées dans le four.

Il fit faire un grand nombre de ces *manchons* de terre, pour renfermer ses pièces d'émail à l'intérieur du four, et pour les mettre ainsi à l'abri du contact des cendres ou de tout autre corps étranger.

Il croyait s'être mis en mesure de prévenir tous les accidents semblables à ceux qui lui étaient arrivés jusques-là. Mais il en survint d'autres, auxquels il n'avait pas songé. Tantôt une fournée était trop cuite, tantôt elle ne l'était pas assez, et elle était ainsi entièrement perdue. Il avait encore, dit-il, si peu d'expérience en ce genre, qu'en fait de cuisson il ne pouvait distinguer le trop du trop peu. Quelquefois il arrivait que la fournée était trop cuite devant, tandis que derrière elle ne l'était pas assez. En voulant remédier à cet inconvénient, il la brûlait derrière, et il ne la faisait pas assez cuire devant; ou bien, elle était trop cuite à droite, et pas assez à gauche. Il arrivait encore que l'émail était trop clair d'un côté et trop épais de l'autre; et s'il y avait dans le four des émaux de diverses couleurs, les uns étaient brûlés avant que les autres fussent fondus. Dans chacun de ces cas la perte était toujours sérieuse. Il eut à essuyer de grandes pertes avant d'avoir appris à chauffer également un four dans toutes ses parties. On ne parvient, dans les arts, à bien faire l'opération, même la plus simple en apparence, qu'après un long apprentissage.

Ce ne fut qu'au bout de dix ans que Palissy parvint à exécuter quelques pièces de poterie émaillée, tout à fait irréprochables. Ces premiers produits le mirent à même de pourvoir à sa subsistance et à celle de sa famille. Mais comme il se proposait de pousser beaucoup plus loin l'art qu'il venait de créer, il continua de se livrer à de nouveaux essais. C'est alors qu'il inventa ces *pièces rustiques* qui ont rendu son nom immortel dans les arts.

Ces *pièces rustiques* sont des vases, ou des plats de faïence, sur lesquels il plaçait des reptiles, des poissons, des coquillages en relief, avec les couleurs qu'ils ont dans la nature. Mais que d'essais infructueux! que de peines et de dépenses perdues, avant d'obtenir un plein succès! Le degré de fusibilité n'était pas le même pour les émaux de diverses couleurs. Le vert des lézards était brûlé avant que la couleur des serpents fût fondue; la couleur des serpents et celle des écrevisses, des tortues, étaient à l'état de fusion avant que l'émail blanc qui formait le fond eût acquis toute sa beauté. Tout cela, jusqu'au moment où il fut parvenu à rendre tous ses émaux fusibles au même degré, lui causa un tel labeur qu'il faillit mourir de fatigue.

« Aussi, dit-il, en me travaillant à telles affaires, je me suis trouvé l'espace de plus de dix ans si fort écoulé en ma personne, qu'il n'y avait aucune forme ni apparence de bosse aux bras ni aux jambes; ainsi étaient mesdites jambes toutes d'une venue; de sorte que les liens de quoi j'attachais mes bas de chausses étaient, soudain que je cheminais, sur les talons avec le résidu de mes chausses. Je m'allais souvent promener dans la prairie de Saintes, en considérant mes misères et ennuis. Et sur toutes choses, de ce que, en ma maison même, je ne pouvais avoir nulle patience, ni faire rien qui fût trouvé bon. J'étais méprisé et moqué de tous. Toutefois, je faisais toujours quelques vaisseaux de couleurs diverses, qui me nourrissaient tellement quellement. »

Il recevait déjà beaucoup d'argent pour ses *figures rustiques* bien réussies; mais ce n'était pas toujours la partie la plus considérable de la fournée, parce que, son four étant en plein air, la chaleur de l'été, la gelée de l'hiver, ou bien les vents et les pluies, gâtaient ses ouvrages, avant leur entière cuisson.

Pour prévenir ces accidents, il fut obligé d'entourer ses fours d'une charpente, et d'emprunter les lattes, les tuiles et les clous qui étaient nécessaires pour construire cet abri. Souvent, n'ayant pas de matériaux en quantité suffisante pour bâtir, il était obligé d'employer du lierre et des plantes grimpantes, pour préserver ses fours de la pluie. A mesure que ses ressources s'augmentaient, il démolissait ce qu'il avait mal construit, pour le reconstruire mieux et plus solidement. Aussi, des gens de bon sens qui le voyaient opérer, des artisans experts, des maçons, des tailleurs, et même des sergents d'armes, enfin « un tas de vieilles », disaient-ils avec dérision, qu'*il ne savait que faire et défaire*.

Ce qu'il y avait de pis, c'est que le signal de ces persécutions et de ces moqueries cruelles était donné par les personnes de sa famille ou de son entourage.

« J'ai été plusieurs années que, n'ayant rien de quoy faire couvrir mes fourneaux, j'estois toutes nuits à la mercy des pluyes et vents, sans avoir aucun secours, ayde ni consolation, sinon des chats-huants qui chantoient d'un côté, et des chiens qui hurloient de l'autre. Parfois il se levoit des vents et tempestes qui souffloient de telle sorte le dessus et le dessous de mes fourneaux, que j'estois contraint de quitter le tout, avec perte de mon labeur. Et me suis trouvé plusieurs fois qu'ayant tout quitté, n'ayant rien de sec sur moi à cause des pluyes qui estoient tombées, je m'en allois coucher à la minuit, ou au point du jour, accoutré de telle sorte comme un homme que l'on auroit traisné par tous les bourbiers de la ville; et en m'en allant retirer, j'allois bricolant sans chandelle, tombant d'un costé et d'autre, comme un homme qui seroit yvre de vin, rempli de grandes tristesses; d'autant qu'après avoir longuement travaillé, je voyois mon labeur perdu. Et, en me retirant ainsi souillé et trempé, je trouvois en ma chambre une seconde persécution pire que la première, qui me fait à présent esmerveiller que je ne sois consumé de tristesse. »

Dès qu'il fut en pleine possession de son art, il produisit des vases, des statuettes, des bassins et d'autres ouvrages variés, qu'il appela du nom collectif de *rustiques figulines* (du latin *figulina rustica*, poterie rustique). Bientôt, ravis de la beauté de ses *figulines*, tous les seigneurs de la Saintonge se les disputèrent, pour en orner leurs châteaux et leurs parcs. Au nombre de ceux qui furent les premiers protecteurs de Palissy, et qui signalèrent aux autres ses talents et ses productions, on cite le comte de Maulévrier. Dès lors Palissy se trouva à l'abri de la misère.

Les substances qu'il faisait entrer dans la composition de ses émaux étaient : le plomb, l'étain, le fer, l'antimoine, le *saphre de cuivre* (préparation de cobalt), l'arène (gros sable ou gravier), le salicor (soude de Languedoc), la cendre gravelée (cendre de lie de vin brûlée), la litharge, et le manganèse (pierre de Périgord).

Les nombreuses recherches de minéraux et terres, et l'art de manipuler toutes ces substances qui occupèrent Palissy pendant vingt ans l'amenèrent à étudier les sciences physiques et naturelles. Il apprit à distinguer les différents produits, végétaux et minéraux, et il devint un habile chimiste pour son temps, grâce aux expériences et aux observations multipliées auxquelles il fut obligé de se livrer, pendant ses travaux d'artiste et de potier.

En 1548, sous Henri II, les saulniers, profitant des embarras ou des incertitudes qui se produisent souvent au commencement d'un nouveau règne, se révoltèrent, et refusèrent de payer l'impôt de la gabelle. Le connétable Anne de Montmorency, chargé de réprimer cette révolte, se rendit en Saintonge. Là, il vit les premières *rustiques figulines* sorties de l'atelier de Palissy. Cette invention artistique lui plut singulièrement. Il admira les talents de l'auteur; il se prit même d'affection pour sa personne, et le chargea de travaux importants pour son château d'Ecouen, auquel avaient déjà travaillé l'architecte Jean Bullant et le sculpteur Jean Goujon.

Ce n'était pas pour Palissy un médiocre avantage que de voir son nom joint à ceux de deux grands artistes, déjà célèbres à cette époque.

Les *rustiques figulines* étant au nombre de ces ouvrages qu'on peut aisément transporter d'un lieu dans un autre, il n'était pas nécessaire que Palissy allât se fixer au château d'Ecouen, pour exécuter les commandes du connétable. Cela, d'ailleurs, aurait eu plus d'un inconvénient. L'air, les eaux, les terres, à Ecouen et dans les environs, ne pouvaient être les mêmes que ceux de la contrée où Palissy avait fait jusque-là tous ses essais, et déterminé, non sans peine, les proportions des substances qu'il employait. Changer de pays, c'eût été peut-être s'exposer à quelque déception nouvelle, et se mettre dans la nécessité d'entreprendre de nouveaux essais. Palissy avait acquis trop d'expérience pour ne pas voir que son art ne pouvait être ainsi tout d'un coup transplanté, et le connétable lui-même le comprit. En effet, il ordonna de construire à Saintes, pour Palissy, un atelier convenable, et c'est là que furent exécutés les ouvrages destinés au château d'Écouen.

II

Voilà donc Palissy dans une position où tout homme, doué d'un grand talent et d'une grande activité, est assuré, dans des temps ordinaires, de vivre heureux et tranquille des fruits de son travail. Mais on n'était pas alors dans des temps ordinaires. De 1546 à 1550 environ, des moines allemands et des envoyés genevois avaient importé dans la Saintonge, comme en d'autres provinces, les idées de Luther et de Calvin.

Bientôt la religion nouvelle compta dans ce pays des prosélytes ardents et nombreux. Bernard Palissy se fit protestant et il fut l'un des premiers, dans la Saintonge, à professer ouvertement le nouveau culte. On croit même qu'il devint ministre du saint Évangile.

Palissy a raconté, sous le titre d'*Histoire* l'établissement dans son pays de la religion réformée, et les persécutions dont elle fut l'objet.

« Si tu avais vu, dit-il, les horribles débordements des hommes, que j'ai vus durant ces troubles, tu n'as cheveux en la tête qui n'eussent tremblé. Et celui qui n'a vu ces choses ne saurait jamais penser combien la persécution est grande et horrible. Je ne m'esmerveille pas si le prophète David aima mieux élire la peste, que non pas la famine et la guerre, en disant que, s'il avait la peste, il serait à la mercy de Dieu, mais qu'en la guerre, il serait à la mercy des hommes, etc. (1). »

(1) Édition de 1777, publiée par Faujas de Saint-Fond et Gobet, pages 619 et suivantes.

Son imagination fut frappée des atrocités qui étaient commises dans la Saintonge, au nom de la religion, et il raconte avec énergie ces événements dans son *Histoire* (1). On trouve dans cet écrit plusieurs détails intéressants, mais que nous ne pourrions rapporter ici sans nous écarter de notre sujet; car c'est la biographie de Palissy, et non l'histoire de la Réforme dans la Saintonge, que nous avons à traiter. Il est probable, nous le répétons, que Palissy fut pasteur calviniste dans la ville de Saintes, et qu'en cette qualité, il donna toujours le premier exemple de la charité, du courage et du dévouement.

Un ancien prêtre catholique, nommé Philabert Hamelin, avait embrassé la religion réformée. Il s'était rendu à Genève, et après avoir passé quelque temps dans cette Rome du calvinisme, il était revenu à Saintes, où il prêchait avec ardeur la religion nouvelle. On l'arrêta, et on le jeta en prison, comme un malfaiteur.

« C'était, dit Palissy, un homme si parfait en ses œuvres, que ses ennemis étaient contraints de confesser qu'il était d'une vie sainte, toutefois sans approuver sa doctrine. Je suis tout esmerveillé, comment les hommes ont osé asseoir un jugement de mort sur lui, vu qu'ils savaient bien et avaient entendu sa sainte conversation... Dès lors qu'il fut amené ès-prison de Saintes, je prins la hardiesse (combien que les jours fussent périlleux en ce temps-là) d'aller remontrer à six des principaux juges et magistrats de Saintes, qu'ils avaient emprisonné un prophète, un ange de Dieu, envoyé pour annoncer sa parole, et jugement de condamnation aux hommes sur le dernier temps, leur assurant qu'il y avait onze ans que je connaissais Philabert Hamelin d'une si sainte vie, qu'il me semblait que les autres hommes étaient des diables au regard de lui. Il est certain que les juges usèrent d'humanité en mon endroit, et m'écoutèrent bénignement : aussi parlais-je à un chacun d'eux, étant en sa maison. Finalement ils traitèrent assez bénignement ledit maître Philabert ; toutefois ils ne se peuvent excuser qu'ils ne soient coupables de sa mort. Vrai est qu'ils ne le tuèrent pas, non plus que Pilate et Judas Jésus-Christ ; mais ils le livrèrent entre les mains de ceux qu'ils savaient bien qu'ils le feraient mourir. »

Ces premiers supplices n'étaient que le prélude des rigueurs terribles qui allaient bientôt suivre l'édit de 1559, par lequel le roi ordonnait de mettre à mort les protestants, et défendait au parlement de faire grâce ou d'accorder des commuta-

(1) *Œuvres complètes de Palissy*. Édition de M. Cap, in-18. Paris, 1844, p. 99.

tions de peine. Bientôt des soldats, ayant des prêtres à leur tête, envahissent la ville de Saintes, l'épée au poing. Mais tous ceux de l'Église réformée s'étaient retirés. Les catholiques ne rencontrèrent dans les rues qu'un calviniste de Paris, qui était allé à Saintes pour ses affaires, et il le mirent à mort.

« Ils allèrent ensuite de maison en maison, dit Palissy, prendre, piller, saccager, gourmander, rire, moquer, gaudir, avec toutes dissolutions et paroles de blasphèmes contre Dieu et les hommes ; et ne se contentaient seulement de se moquer des hommes, mais aussi se moquaient de Dieu ; car ils disaient que *Apimus avait gagné le Père éternel.* »

Palissy se tenait caché dans la ville, et pendant quatre mois, il échappa à toutes les recherches. Mais, dénoncé par le doyen et par le chapitre, il fut arrêté. Il allait comparaître devant des juges impitoyables, tous parents ou amis des membres du chapitre, et sa condamnation à mort était certaine, lorsque le duc de Montpensier se hâta d'intervenir, pour le soustraire à ce péril imminent. Il défendit formellement aux juges de connaître de cette affaire. D'autres personnages puissants, tels que les seigneurs de Bury, de Jarnac, de Ponts, s'interposèrent également en sa faveur. Pour le soustraire plus sûrement au péril, on demandait sa mise en liberté immédiate ; mais on ne put l'obtenir. Palissy avait excité contre lui, par ses prédications, des haines trop ardentes. Il fut envoyé à Bordeaux, pour y être jugé par le parlement.

Pendant sa détention, des hommes animés d'un fanatisme barbare s'étaient précipités sur son atelier. Ils commençaient à le saccager, et ils se disposaient à le détruire de fond en comble, lorsque le seigneur et la dame de Ponts, qui avaient beaucoup d'influence à Saintes, se hâtèrent d'intervenir. Ils firent remarquer que l'atelier de Palissy avait été construit par l'ordre du connétable de Montmorency, et que ce prince ne manquerait pas de regarder sa destruction comme une grave offense envers lui-même. D'un autre côté, le duc de Montpensier et le comte de la Rochefoucauld déclarèrent qu'ils prenaient sous leur protection spéciale la demeure de Palissy. A partir de ce moment, l'atelier fut à l'abri de toute atteinte.

Il ne s'agissait plus que de sauver la personne du potier artiste, et ce n'était pas ce qu'il y avait de plus facile. Il ne fallut rien moins que l'intervention personnelle du connétable.

Il n'y avait pas un moment à perdre; car l'exécution eût suivi de près une sentence de mort rendue par le parlement de Bordeaux.

Informé de l'état des choses, le connétable de Montmorency alla trouver, en toute hâte, la reine mère. Il s'agissait d'obtenir de Charles IX la mise en liberté de Palissy, sans jugement. Le roi avait le droit de faire grâce; mais il ne pouvait l'exercer, sans qu'un jugement et une condamnation eussent été prononcés. Il fallut donc chercher un détour pour que le roi qui, par son édit de 1559, avait défendu de gracier aucun religionnaire, pût faire un acte de clémence, sans paraître se contredire. On trouva enfin le moyen cherché. Palissy fut, par une ordonnance spéciale, attaché à la cour, comme *inventeur des rustiques figulines du roi*. Il échappait ainsi à la juridiction du terrible parlement de Bordeaux, et n'était désormais justiciable que du grand conseil. Or le grand conseil était entièrement à la discrétion du roi. Le procès se trouvant ainsi indéfiniment ajourné, Palissy fut mis en liberté.

Environ un an après sa sortie de la prison de Bordeaux, il avait repris ses voyages, et il se trouvait à La Rochelle, où il faisait imprimer l'ouvrage qui a pour titre : *Recepte véritable*, etc., dont il sera question plus loin. Par un juste hommage de reconnaissance, ce livre fut dédié à Catherine de Médicis et au connétable de Montmorency.

De La Rochelle, Palissy partit pour Paris. Plusieurs raisons l'empêchaient de demeurer fixé à Saintes. Il avait alors environ cinquante-quatre ans; son titre d'*inventeur de rustiques figulines du roi* lui assurait non-seulement un travail bien rétribué, mais encore une place parmi les grands artistes de ce temps. Il ne pouvait donc hésiter à aller s'établir à Paris.

Ainsi les persécutions qu'il avait subies et les dangers mêmes qu'il avait courus avaient contribué à le pousser dans la carrière du succès. S'il n'avait pas été poursuivi, arrêté, emprisonné; si sa vie n'eût pas été menacée, il n'aurait jamais quitté la Saintonge; il ne se serait pas trouvé sous la protection immédiate de Catherine de Médicis; il n'aurait jamais connu personnellement plusieurs grands artistes italiens, et joui d'une existence qui devait paraître fort brillante à un simple ouvrier comme lui.

Une fois établi dans la capitale, Palissy travailla à la décoration des demeures royales; mais il ne fut pas tenu de s'y consacrer tout entier. Catherine de Médicis, qui lui avait sauvé la vie, avait acquis le droit d'exiger beaucoup de lui. Cependant, loin d'en abuser, elle lui laissa toute son indépendance d'artiste. Il continua à travailler pour le château d'Écouen; il décora en outre un grand nombre d'habitations princières : les châteaux de Chaulnes, de Nesles, en Picardie, de Reux, en Normandie, etc.

Peiresc parle avec admiration des belles poteries de Palissy qu'il vit au château d'Écouen, lorsqu'il le visita en 1606. On était, en particulier, une immense table de marbre noir et blanc, incrustée de coquilles peintes. Dans la chapelle du château, on voyait la *Passion du Christ*, en seize tableaux, réunis en un seul cadre, et peints sur émail, d'après Albert Dürer. Les verrières du château étaient toutes de Palissy, ainsi que les pavés en carreaux de faïence, dont il avait inventé la composition, le dessin, les couleurs. Suivant Gobet, qui les vit au siècle dernier, ces vitraux étaient d'un éclat inimaginable. Dans une allée du parc était une grotte rustique, dont Palissy parle plusieurs fois dans ses écrits.

Le château d'Écouen, situé à quatre lieues de Paris, avait été bâti par Anne, duc de Montmorency, connétable et grand maître de France, qui avait prodigué, pour l'embellir, toutes les ressources de l'art contemporain.

Palissy était tout à la fois peintre et sculpteur. Mais lorsque son talent d'artiste se fut entièrement développé, et qu'il s'attacha à reproduire la nature extérieure, en couleur ou en relief, il fut, avant tout, émailleur. Il peignait en émail l'argile qu'il avait modelée sur la nature.

C'est, en effet, dans la nature même que Palissy prenait tous les sujets et tous les matériaux de ses compositions. Sur ses vases, on voit un lièvre qui court, une écrevisse qui étend ses longues pattes, ou un lézard qui se contracte en grimpant. Dans des bassins, ce sont des reptiles, mêlés à des coquilles, sur un lit de sable; des poissons qui nagent tout autour, dans une eau jaillissante; sur les bords, on voit des tortues, des plantes marines, des fougères, etc.

Un fait qui montre avec quel degré de perfection Palissy

était parvenu à imiter la nature dans ses compositions, c'était un chien en émail qui se trouvait dans son atelier. Ce chien était si parfaitement modelé, la pose, la physionomie et toutes les nuances de couleur et de forme en étaient si vraies, si naturelles, qu'un véritable chien, un chien vivant, hargneux et querelleur, étant entré un jour, par hasard, dans l'atelier, alla rôder plusieurs fois, en grognant, autour de la figure d'émail. Palissy, en rapportant ce fait, laisse entrevoir combien il en fut heureux.

« Ce n'est pas seulement, dit M. Alfred Dumesnil, harmonie des couleurs entre elles, vivacité des tons, réussite matérielle. L'*art de terre* a une physionomie morale. Il se prête essentiellement aux représentations de la campagne. Les couleurs propres aux poteries émaillées ont les tons graves et riches qui dominent dans les productions de la terre. Sur les vases de Palissy, vous retrouvez les jaunes blonds et dorés des moissons qui vont mûrir, les bleus foncés et violâtres des lointains de forêts, les verts intenses des épais pâturages, les bruns vigoureux des terres fraîchement labourées. Chacun des plats de Palissy vous redonne la saveur puissante d'une pleine campagne rendue par un homme des champs, et, si je devais expliquer l'attrait singulier des œuvres de l'*art de terre*, je dirais qu'il tient à l'accord des sentiments, des habitudes de l'artiste avec les objets qu'il représente et la matière dont il s'est servi (1). »

Les poteries émaillées de Bernard Palissy étaient fort en vogue de son vivant, et il en produisait une quantité considérable. Il était de mode, parmi les grands seigneurs de ce temps, d'avoir son château et son parc ornés d'ouvrages rustiques sortis des mains de l'*inventeur des rustiques figulines du roi*, de l'habile artiste protégé et recommandé par Catherine Médicis. La noblesse de province voulut, en cela, comme en beaucoup d'autres choses, imiter la cour. Dans les parcs, toutes les allées, ainsi que les grottes, les tonnelles, les pièces d'eau furent littéralement peuplées de statues et de groupes émaillés. Dans l'intérieur des palais, des châteaux, des maisons opulentes, c'étaient des ornements d'un autre genre. L'imagination fertile de Palissy variait à l'infini ses compositions rustiques. On conserve dans le musée du Louvre et à l'hôtel de Cluny, plusieurs de ses chefs-d'œuvre de poterie en relief, des *salières*, ou grands plats à compartiments, des corbeilles à fruit

---

(1) *Bernard Palissy, le potier de terre.* In-12, Paris, 1851, pages 34-35.

et une foule d'ustensiles de ménage, plats, assiettes, bassins, bouteilles, saucières, flambeaux, écritoires, etc. Dans d'autres genres, c'est tantôt le monde sous-fluvial des eaux qui se trouve représenté, avec ses habitants aux brillantes écailles; tantôt une verte prairie, émaillée de blanches marguerites, où les papillons viennent butiner; tantôt une mare, où l'on voit, au milieu des joncs, des nénuphars et d'autres plantes aquatiques, des grenouilles avancer timidement la tête.

« Ailleurs, dit M. Jules Salles, on admire une série de coquillages aux volutes cannelées, la couleuvre qui s'enroule sur elle-même, le scarabée aux étuis dorés, le lézard endormi au soleil, ou prêt à s'élancer sur la proie qu'il guette avec patience. Et tout cela est arrangé avec un art et un goût qui font de chaque pièce un véritable tableau (1). »

Il abandonne parfois le monde des eaux pour traiter des sujets d'un ordre plus élevé, tels que les scènes de la fable, les grands faits de l'histoire, des sujets tirés de l'Écriture sainte, etc., et il les traite comme peut le faire un artiste de génie qui, entièrement maître de la partie matérielle de son art, dont il a surmonté les difficultés, n'a plus à s'appliquer désormais qu'à donner un corps à l'idéal qu'il a rêvé dans sa jeunesse.

On a fait paraître récemment une *Monographie de l'œuvre de Palissy*, œuvre dessinée, lithographiée et coloriée, d'après les originaux, par MM. C. Delange et Borneman, accompagnée d'un texte historique et critique, par M. Sauzay, conservateur adjoint du musée du Louvre. On pourra désormais, en consultant cette monographie, se faire une idée juste de ces *rustiques figulines*, curieux ornements des palais, des châteaux princiers et des parcs au seizième siècle, ouvrages en partie détruits par le temps, en partie dispersés par l'ignorance ou l'incurie. Sans doute il en existe de nombreux débris dans les musées du Louvre et de Cluny et dans plusieurs cabinets de curieux, en France et dans les pays étrangers; mais la collection publiée par MM. Delange et Borneman a l'avantage de réunir dans un même cadre la représentation des originaux épars dans divers musées.

(1) *Étude sur Bernard Palissy, sa vie et ses travaux, précédée de quelques recherches sur l'art céramique.* In-12, 2ᵉ édition, page 81. Nimes, 1856.

« Beaucoup de personnes, disent les éditeurs de cette monographie, ne considèrent, même encore aujourd'hui, Bernard Palissy que comme revêtant d'émail les animaux, les plantes et les coquillages qu'il moulait sur nature. A leurs yeux, Palissy n'est qu'un simple mouleur en poteries. Tout en reconnaissant le talent immense qui existe dans ces bassins rustiques, talent qui certes suffirait pour immortaliser un homme, nous revendiquons, au nom de la mémoire de Palissy, un titre plus noble, celui d'artiste dans sa plus grande acception; en un mot, celui de *sculpteur en terre* que lui avaient mérité, dès 1570, ses grands travaux, aujourd'hui détruits, et qui n'avaient pu être exécutés que par un artiste, tout à la fois architecte et sculpteur. »

Les éditeurs de cette monographie ont d'abord expurgé avec soin l'œuvre véritable de Palissy de la multitude de surmoulages et de grossières imitations qui ne peuvent, à aucun titre, être admises parmi les œuvres d'un artiste qui avait l'habitude de briser tout ce qui sortait de son four avec quelques défauts. Après cette élimination préalable, ils ont reconstruit, à ce qu'ils assurent, « l'œuvre du maître telle qu'il l'eût avouée lui-même, si elle était sortie de ses mains. »

De 1566 à 1572, Catherine de Médicis fit travailler à la construction du palais et du jardin des Tuileries. Ce palais tira son nom d'une fabrique de tuiles qui occupait l'emplacement sur lequel il fut élevé. Pendant qu'on jetait les fondements de l'édifice futur, Palissy, chargé d'exécuter, d'avance, divers travaux d'ornement, fut logé, soit dans les dépendances du Louvre, soit dans quelque ancien bâtiment qui restait peut-être encore sur la partie de l'emplacement destiné au jardin et au palais. C'est pour cela qu'il fut quelquefois nommé, à cette époque, *Maître Bernard des Tuileries*.

Ses deux fils, Nicolas et Mathurin, le secondèrent dans ses travaux pour l'ornement du palais et du jardin des Tuileries. Ce fait est constaté par un compte adressé à la reine mère, concernant les dépenses qu'elle a ordonnées pour les travaux d'embellissement. Le manuscrit de ce compte, qui se trouve à la Bibliothèque impériale, porte la date de 1570. Palissy, chargé, comme émailleur, d'orner des produits de son atelier une grotte du jardin, figure, dans ce mémoire, pour une somme assez importante. Deux autres émailleurs, de même nom que lui, se trouvent associés à ses travaux. Champollion-Figeac, qui le premier a fait connaître ce manuscrit, s'est trompé en regardant Nicolas et Mathurin comme les frères de Palissy : ils étaient bien ses fils.

À cette époque, c'est-à-dire en 1572, arriva le sinistre drame de la Saint-Barthélemy. Les travaux que Palissy exécutait pour la reine mère, et son titre d'inventeur des *rustiques figulines du roi*, le firent échapper à la mort. Pendant tout le temps que dura le massacre, il fut caché dans l'enceinte du château des Tuileries, encore en construction.

On a fait, au mois de juillet 1865, l'intéressante découverte de vestiges des fours de poterie de Bernard Palissy. En creusant pour les fondations de la nouvelle galerie restaurée des Tuileries et du Louvre, on trouva une construction en briques, qui ressemblait à un four à tuiles. Le déblaiement ayant été poursuivi avec attention, on dégagea entièrement ce four, et dans l'un de ces foyers, on trouva une douzaine de grands moules de figures d'animaux et de plantes bizarres. Or, dans un manuscrit de Palissy, découvert en 1861 par M. Fillon, chez un revendeur de La Rochelle, et qui a été publié par ce savant *(Lettre à M. de Montaiglin)*, le célèbre potier donne la description des figures qu'il propose à la reine d'exécuter, pour orner une grotte monumentale qui serait placée dans le jardin des Tuileries. Les moules trouvés dans les fouilles du Carrousel répondent parfaitement à cette description.

Dans le même four se trouvait le moule du torse d'un soldat, que l'on croit avoir été l'un des Suisses de Catherine de Médicis; c'était, du moins, un homme d'une taille extraordinaire.

On ne saurait douter que le four découvert en 1865, sous la place du Carrousel, ne soit un de ceux que Palissy avait établis à proximité de la grotte qu'il voulait embellir, et qui faisait partie du jardin des Tuileries.

Les moules découverts parmi les vestiges de l'ancien four de Bernard Palissy ont, d'ailleurs, mis en lumière un fait assez inattendu : c'est que Palissy ne prenait pas toujours la peine de façonner les objets naturels dont il ornait ses poteries. Il se servait simplement d'un moule, pris sur l'objet même qu'il voulait représenter. Il prenait sur un lézard, par exemple, un moule d'argile ou de plâtre qui lui servait ensuite à mouler la figure du lézard, qu'il appliquait sur ses vases, avant leur cuisson. Ainsi pour les écrevisses, les serpents, les fruits, etc.

Cette découverte a causé quelque déplaisir aux admirateurs enthousiastes de Bernard Palissy. On peut ne pas approuver un tel procédé et y voir le signe d'un art inférieur; mais on comprend que le potier de Saintes ne pût guère opérer autrement, quand on connaît l'immense quantité de produits qui sortaient de ses mains. Dans tous les cas, on ne peut nier le fait, en présence des moules trouvés dans les fouilles de la place du Carrousel.

Après avoir exécuté une quantité immense de travaux, soit en province, dans divers châteaux, soit à Paris, Palissy devait jouir d'une certaine aisance. Il ne se bornait plus désormais, à vivre au jour le jour, continuellement inquiet pour le lendemain. Il consacrait à l'exercice de son art d'émailleur, non plus la journée tout entière, mais seulement un certain nombre d'heures par jour, cherchant des sujets, esquissant des modèles, et se déchargeant sur ses fils, Nicolas et Mathurin, d'une partie de l'exécution. De temps en temps, il mettait la dernière main à des ouvrages presque achevés ; le plus souvent il se bornait à diriger, à surveiller. Il lui restait ainsi beaucoup de temps, qu'il consacrait à l'étude des sciences naturelles. La chimie, la géologie, la physique du globe, l'agriculture avaient pour lui beaucoup d'attraits.

Pendant les voyages qui avaient occupé une partie de sa jeunesse, il avait trouvé les plus agréables distractions dans la contemplation de la nature, et la curiosité avait bientôt éveillé en lui l'esprit d'observation. Après avoir beaucoup vu, observé, comparé, il commença à distinguer un ordre et une certaine régularité dans ce qui, seulement entrevu d'un coup d'œil superficiel, ne présente d'abord qu'une apparence de désordre et d'irrégularité. Dans la prodigieuse variété des phénomènes de la nature, il soupçonna l'existence d'un ordre harmonique, c'est-à-dire le principe fondamental de la science. Les impressions et les idées de sa jeunesse, loin de s'effacer avec l'âge, s'étaient renouvelées, étendues et développées pendant quarante ans, à mesure que de nouveaux objets étaient offerts à lui, soit dans les *cabinets de raretés*, soit dans les laboratoires d'alchimie, alors si nombreux, soit dans le vaste domaine de la nature, exploré à la surface et dans le sein du globe.

C'est ainsi que Palissy était arrivé à réunir tout un cabinet

CONFÉRENCE PUBLIQUE DE BERNARD PALISSY SUR L'HISTOIRE NATURELLE

d'histoire naturelle, et à résumer, dans une collection de minéraux et de plantes, ses connaissances, ses impressions et ses souvenirs.

Il n'avait eu d'abord pour s'instruire, comme il le dit lui-même (*Traité des pierres*), d'autre livre que le ciel et la terre, dans lequel, ajoute-t-il, il est permis à chacun de lire. Mais il n'entendait ni le latin ni le grec, et il eût voulu savoir si les philosophes de l'antiquité avaient expliqué, comme il l'entendait lui-même, le livre de la nature, ou s'ils l'avaient autrement compris. C'est dans ce but qu'il résolut d'ouvrir à Paris de véritables *conférences*. Ainsi, l'institution des conférences qui, de nos jours, ont rendu tant de services à la diffusion des connaissances scientifiques, remonte au seizième siècle, et à l'humble potier de Saintes. Les conférences de Palissy étaient même payantes, comme celles de notre Athénée de Paris, et Palissy va nous expliquer pourquoi il faisait payer un écu à la porte.

« J'eusse été fort aise, dit-il, d'entendre le latin et lire les livres des philosophes, pour apprendre des uns et contredire aux autres. Étant en ce débat d'esprit, je m'avisai de faire mettre des affiches par les carrefours de Paris, afin d'assembler les plus doctes médecins et autres, auxquels je promettais montrer en trois leçons tout ce que j'avais connu des fontaines, pierres, métaux et autres natures. Et afin qu'il ne s'y trouvât que des plus doctes et des plus curieux, je mis en mes affiches que nul n'y entrerait qu'il ne baillât un écu à l'entrée desdites leçons, et cela fesais-je en partie pour voir si, par le moyen de mes auditeurs, je pourrais tirer quelque contradiction qui eût plus d'assurance de vérité que n'ont pas les preuves que je mettais en avant. Sachant bien que, si je mentais, il y en aurait des grecs et des latins qui me résisteraient en face, et qui ne m'épargneraient point, tant à cause de l'écu que j'avais pris de chacun, que pour le temps que je les eusse amusés; car il y avait bien peu de mes auditeurs qui n'eussent profité de quelque chose pendant le temps qu'ils étaient à mes leçons. Voilà pourquoi je dis que, s'ils m'eussent trouvé menteur, ils m'eussent bien rembarré; car j'avais mis dans mes affiches que, partant que les choses promises en icelles ne fussent véritables, je leur rendrais le quadruple. Mais, grâce à mon Dieu, jamais homme ne me contredit d'un seul mot (1). »

Ce fut au printemps de 1575, que Palissy, alors âgé de soixante-cinq ans, ouvrit ses conférences d'histoire naturelle, en

---

(1) *Traité des pierres*.

présence des personnes les plus distinguées de Paris. Il nous a lui-même transmis la liste de la plupart de ses auditeurs, au nombre desquels se trouvaient des ecclésiastiques élevés en dignité, des médecins et des chirurgiens renommés, diverses personnes de distinction, appartenant à la noblesse ou au clergé. Il cite particulièrement Ambroise Paré, le célèbre chirurgien des rois de France.

Ce ne fut pas sans étonnement que l'on entendit un potier, qui n'avait étudié dans aucune école, qui ne savait ni latin ni grec, qui n'avait conquis aucun grade universitaire, disserter avec sagacité sur la formation des pierres, sur les différentes causes qui concourent à leur décomposition et à leur renouvellement, sur la production du cristal de roche, etc.

Les leçons de Palissy continuèrent pendant dix années. Malheureusement, les détails manquent sur cette partie si importante de sa vie.

Il devait parler d'après les objets d'histoire naturelle, de physique et de chimie qu'il mettait sous les yeux de ses auditeurs. Il dut, sans doute, avoir recours, plus d'une fois, à l'expérience, pour établir quelques points essentiels de sa doctrine. Si l'on en juge par ses écrits, sa diction devait être animée et pittoresque. Il eût été bien extraordinaire qu'un homme qui avait tant vu, observé et pensé dans sa vie, n'eût pas été doué d'une imagination féconde et d'une élocution originale et facile.

On dit qu'à la fin de sa première leçon, un alchimiste, que l'opinion de Palissy sur l'*or potable* avait un peu froissé, vint l'aborder, lorsque l'auditoire se fut retiré, et lui reprocha son injustice à l'égard de l'*or potable*. Mais ce reproche n'était fondé que sur un malentendu, et après une courte explication, Palissy et l'alchimiste se séparèrent, satisfaits l'un de l'autre.

Il y a lieu de s'étonner que l'Université de Paris, si jalouse de ses priviléges et si intolérante en matière de doctrine, n'eût point défendu à Palissy, qui n'était ni licencié ni docteur, de se livrer à l'enseignement public. Elle trouvait apparemment qu'un simple potier qui n'avait jamais étudié ni le latin ni le grec ne méritait pas qu'on s'occupât de lui.

Nous ne connaissons pas le programme du cours de Palissy,

mais on peut deviner par ses ouvrages quel dut être, pendant dix années, l'objet de son enseignement. En 1580, il fit imprimer ses *Discours admirables ;* en 1584, selon Faujas de Saint-Fond et Gobet (les éditeurs de ses *Œuvres*), il continuait encore son cours. Toutes ses leçons devaient donc rouler principalement sur les diverses matières qu'il a traitées dans son *Discours admirable.*

Il faisait ses démonstrations publiques dans son cabinet d'histoire naturelle, le premier qu'ont eût vu jusque-là dans Paris. On peut se faire une idée de cette collection, d'après la pièce tirée des œuvres de Palissy, qui a pour titre :

« *Copie des écrits* (ou *Étiquettes raisonnées*) qui sont mis au-dessous des choses merveilleuses que l'auteur de ce livre a préparées et mises par ordre en son cabinet; pour prouver toutes les choses contenues en ce livre, parce qu'aucuns ne voudraient croire, afin d'assurer ceux qui voudront prendre la peine de les venir voir en son cabinet, et les ayant vues, s'en iront certains de toutes choses écrites en ce livre. »

Ce cabinet était disposé, non d'après une méthode générale, ou un ordre systématique, mais dans l'ordre des démonstrations qui faisaient l'objet de ses leçons ou de ses conférences.

Bernard Palissy peut donc être regardé comme le premier professeur qui ait fait, en français, c'est-à-dire en langue vulgaire, à Paris, un véritable cours d'histoire naturelle et de physique du globe, et qui, pour donner plus de précision à ses idées ou pour les établir sur des faits constatés, se soit avisé de former une collection de tous les objets les plus propres à confirmer ses théories en physique et en histoire naturelle, notamment sur la formation des cristaux, sur les pétrifications et sur les principes de la géologie.

Il fallait presque de l'audace pour oser prendre la parole et disserter sur les sciences, devant un auditoire composé d'hommes instruits et distingués. Le maintien de Bernard Palissy dut être d'abord humble et timide et son débit mal assuré. Il s'excusa sans doute en disant « qu'il n'était ni latin, ni grec, ni hébreu, ni poëte, ni rhétoricien, mais un simple artisan, bien pauvrement instruit aux lettres (1). »

---

(1) *Épître au maréchal de Montmorency.*

« Aucuns pourront dire qu'il est impossible qu'un homme destitué de la langue latine puisse avoir intelligence des choses naturelles; que c'est à moi une grande témérité de parler et d'écrire contre l'opinion de tant de philosophes fameux et anciens, lesquels ont écrit des effets naturels et rempli toute la terre de sagesse. Je sais aussi qu'autres jugeront selon l'extérieur, disant que je ne suis qu'un pauvre artisan, etc. Nonobstant toutes ces considérations, je n'ai laissé de poursuivre mon entreprise... j'ai dressé un cabinet auquel j'ai mis plusieurs choses admirables et monstrueuses que j'ai tirées de la matrice de la terre, lesquelles rendent témoignage certain, etc. (1) »

M. Cap, dans l'*introduction* qu'il a placée en tête de son édition des *Œuvres complètes de Bernard Palissy*, compare à un congrès scientifique ces conférences, où, dit-il, un homme sans culture, sans connaissance de l'antiquité, venait exposer les résultats de ses découvertes, en présence de tout ce que la capitale renfermait alors de savants, et provoquer la critique, la contradiction, l'argumentation sur les sujets les plus ardus.

Les personnes qui connaissent bien l'histoire morale du seizième siècle, c'est-à-dire les mœurs générales, l'enseignement donné dans les écoles, les idées et les opinions universellement reçues et accréditées, etc., ne s'étonneront point qu'un homme d'un très-grand génie, mais dont le nom était sans autorité, n'ait eu, parmi ses contemporains, qu'une réputation éphémère. Le ton dédaigneux que prend à son égard, dans ses *Mémoires*, son contemporain d'Aubigné, prouve que les conférences de Palissy n'avaient eu qu'un faible retentissement et que son immense talent, comme écrivain et comme professeur, resta presque complétement inconnu de son temps.

Le *Traité des eaux et fontaines* qui fut publié à l'époque où Palissy faisait ses cours, c'est-à-dire en 1580, a été considéré comme le résumé de ses conférences. Il est probable que ces leçons portaient, en effet, sur les matières contenues dans cet ouvrage que nous examinerons bientôt avec les autres productions de Palissy. Mais son enseignement devait embrasser également tous les autres objets qui sont étudiés et considérés dans ses différents écrits.

(1) *Épitre au sire Antoine de Ponts.*

Les conférences de Palissy durent être, de temps en temps, interrompues par les persécutions religieuses qui vinrent encore affliger le vieux savant, à Paris, comme elles avaient inquiété et menacé le jeune artiste dans sa patrie. Ses leçons publiques avaient quelquefois pour objet, relativement à l'histoire naturelle et à la physique du globe, des points qu'il était difficile d'aborder sans mécontenter les théologiens. Le fanatisme, à cette époque, était trop implacable et trop surexcité, pour n'avoir pas les yeux fixés sur un homme dont les précédents sentaient fortement le fagot.

En 1588, Palissy, malgré son grand âge, fut arrêté et mis à la Bastille. On ne sait trop pourquoi Mathieu de Launay, l'un des *Seize*, c'est-à-dire l'un des chefs ligueurs, voulait absolument que ce vieillard octogénaire fût mené au *spectacle public*, en d'autres termes, à l'échafaud. Le duc de Mayenne, sans doute en considération de l'âge et des talents de Palissy, fit ajourner l'exécution.

Un jour enfin, Henri III paraît, lui-même, sur le seuil du cachot où se trouvait renfermé l'ancien protégé de Catherine de Médicis. Le roi venait rendre visite au vieux Bernard, pour l'engager à fléchir sur l'article de la religion, ce qui lui aurait permis d'étendre sur lui sa clémence. Palissy refusa de rien céder, et il tint au roi un langage assez sévère. Comme Henri III lui disait qu'il était contraint d'en agir ainsi : « J'ai pitié de vous, lui dit-il, qui me dites que vous êtes contraint. Vous, Sire, et ceux qui vous contraignent, ne pourrez jamais rien sur moi, parce que je sais mourir (1). »

Il paraît que les deux filles d'un procureur au parlement étaient détenues à la Bastille, en même temps que Palissy, et que ce dernier réclamait pour elles la clémence du roi. D'Aubigné, contemporain de Palissy, a parlé deux fois, dans ses *Mémoires*, de cette visite du roi au vieux Bernard. Voici ce qu'il en dit, dans la *Confession de Sancy* (chapitre 7) :

« Que direz-vous du pauvre potier M⁵ Bernard, à qui le roi parla un jour en cette sorte : « Mon bonhomme, il y a quarante-cinq ans que vous

---

(1) D'Aubigné, *Histoire universelle*, 2ᵉ partie, liv. III, chap. 1.

SAVANTS DE LA RENAISSANCE

êtes au service de la reine, ma mère, et de moi ; nous avons enduré que vous ayez vécu en votre religion parmi les feux et les massacres ; maintenant, je suis tellement pressé par ceux de Guise et mon peuple, qu'il m'a fallu, malgré moi, mettre en prison ces deux pauvres femmes et vous ; elles sont demain brûlées et vous aussi, si vous ne vous convertissez. » — Sire, répond Bernard, le comte de Maulévrier vint hier de votre part pour promettre la vie à ces deux sœurs, si elles voulaient vous donner chacune une nuit. Elles ont répondu qu'encore elles seraient martyres de leur honneur, comme de celui de Dieu. Vous m'avez dit plusieurs fois que vous aviez pitié de moi, mais, moi, j'ai pitié de vous, qui avez prononcé ces mots : *je suis contraint*. Ce n'est pas parler en roi. Ces filles (1) et moi, qui avons part au royaume des cieux, nous vous apprendrons ce langage royal : que les *Guisards*, tout votre peuple, ni vous, ne sauriez contraindre un *potier* à fléchir les genoux devant des statues. »

Il est assez probable que le roi se retira très-choqué de l'indomptable fierté de Palissy, et de la leçon qu'il avait osé lui donner. Cependant, loin de se venger en l'abandonnant à la haine des fougueux ligueurs qui demandaient sa tête, il résista, avec une fermeté généreuse, à leurs pressantes sollicitations. Palissy ne mourut qu'un an après, c'est-à-dire en 1589, toujours prisonnier à la Bastille. Les violentes secousses qu'il avait éprouvées, son grand âge et peut-être aussi la privation d'exercice et d'air pur, furent les causes de sa mort. La démarche de Henri III allant visiter le vieux Bernard dans son cachot de la Bastille prouve d'une manière assez évidente que la cour tenait à le conserver ; mais on conviendra que la protection du roi et de la cour, envers le grand artiste, se manifesta d'une étrange façon, en le tenant sous les verrous dans les derniers temps de sa vie.

---

(1) Filles de Jacques Foucaud, procureur au Parlement. Elles furent brûlées quelques mois après.

HENRI III VISITE BERNARD PALISSY EMPRISONNÉ A LA BASTILLE

III

Bernard Palissy a été un homme de génie, comme savant et comme écrivain. Il est un de ceux qui ont le plus contribué, au seizième siècle, à dissiper les ténèbres dont la scolastique avait enveloppé l'esprit humain. L'examen de ses principaux ouvrages démontrera la vérité de cette proposition.

Le premier de ses ouvrages, celui qui fut imprimé à La Rochelle, en 1583, a pour titre : « *Recepte véritable par laquelle tous les hommes de France pourront apprendre à multiplier et à augmenter leurs thrésors. Item, ceux qui n'ont jamais eu connaissance des lettres pourront apprendre une philosophie nécessaire à tous les habitants de la terre. Item, en ce livre est contenu le dessin d'un jardin autant délectable et d'utile invention qu'il en fut oncques vu. Item, le dessin et ordonnance d'une ville de forteresse, la plus imprenable qu'homme ouït jamais parler; composé par maître Bernard Palissy, ouvrier de terre, et inventeur des rustiques figulines du Roi, et de Monseigneur le Duc de Montmorency, pair et connétable de France; demeurant en la ville de Xaintes.* »

Ce titre paraît long quand on considère que l'ouvrage lui-même n'a guère que cent et quelques pages. Dans ce petit livre, qui n'est qu'une sorte de causerie littéraire et scientifique, en forme de dialogue, *par demandes et par réponses*, l'auteur semble s'être proposé de passer en revue une foule de questions différentes, sans laisser le plus souvent apercevoir les analogies et les rapports suivant lesquels elles se présentent et se succèdent dans tel ordre, plutôt que dans tel autre. Cependant, en y regardant avec attention, on voit qu'elles s'enchaînent logiquement dans l'esprit de Palissy. Quelquefois il énonce une question, et après l'avoir légèrement effleurée, il passe à une autre; mais il ne la quitte que pour y revenir plus tard. C'est la manière de Montaigne, c'était celle des anciens, c'est même la nôtre dans la conversation ordinaire. C'est peut-être de tous les genres de littérature celui où le véritable esprit trouve le mieux sa place, celui où l'on aime à rencontrer cet aimable abandon, cette continuelle variété qui souvent ont tant de charme pour le lecteur ou pour l'auditeur.

Palissy a mis en tête de son premier ouvrage littéraire une sorte de préface commençant ainsi :

« Ami lecteur, puisqu'il a plu à Dieu que cet écrit soit tombé entre tes mains, je te prie, ne sois si paresseux ou téméraire de te contenter du commencement ou partie d'icelui ; mais afin d'en apporter quelque fruit, prends peine de lire le tout, sans avoir égard à la petitesse et abjecte condition de l'auteur, ni aussi à son langage rustique et mal orné, t'assurant que tu ne trouveras rien à cet écrit qui ne te profite, ou peu, ou point. »

Nous allons donner une analyse de l'ouvrage, en conservant la forme, par *demandes* et *réponses*, que l'auteur a adoptée :

« D. — Il semble, à t'entendre parler, que la philosophie soit nécessaire aux laboureurs.
« R. — Il n'est au monde aucun art auquel une grande philosophie soit plus nécessaire qu'à l'agriculture ; et conduire l'agriculture sans philosophie, c'est dégrader la terre et les choses qu'elle produit, et je m'esmerveille que la terre et natures produites en icelle ne crient vengeance contre certains meurtrisseurs, ignorants et ingrats qui, journellement, ne font que gâter et dissiper les arbres et plantes sans aucune considération. Si la terre était cultivée comme elle devrait l'être, elle produirait deux ou trois fois plus. »

Ici l'auteur cite un agriculteur, excellent philosophe (c'est-à-dire très-éclairé, très-instruit) qui, par son labeur et son industrie, faisait rapporter à sa terre beaucoup plus que ne rapportaient les terres de ses voisins. Il fut accusé de sorcellerie et traduit, comme sorcier, devant des juges. Il comparut, accompagné de ses enfants et de ses serviteurs, et suivi de son attelage, de son chariot, avec tous les outils et instruments propres à l'agriculture. « Voilà, dit-il en les montrant aux juges, et en indiquant divers outils de son invention, voilà toute ma sorcellerie. C'est par mon travail et par celui des mains de mes enfants et de mes serviteurs que ma petite terre donne des produits meilleurs et plus abondants que ceux des terres de mes voisins. » Le bonhomme fut acquitté et grandement loué.

Palissy continue ensuite, à peu près en ces termes. Nous

abrégeons un peu son texte et le débarrassons de quelques tournures de phrases trop surannées.

« D. — Dis-moi, je te prie, en quoi il est nécessaire que les laboureurs entendent la philosophie....

« R. — Je ne saurais te citer tous les faits qui montrent à quel point la *philosophie naturelle* est nécessaire aux agriculteurs. Les actes d'ignorance dont je suis tous les jours témoin dans l'agriculture me tourmentent souvent l'esprit, parce que je vois que chacun, s'efforçant de s'agrandir, ne cherche que les moyens de sucer la substance de la terre sans la travailler ; et on laisse tous les soins de la culture à de pauvres ignares ; et il s'ensuit que la terre est *adultérée*, ainsi que ce qu'elle produit, et on commet de grandes violences contre les bêtes bovines que Dieu a créées pour aider l'homme dans ses travaux.

« D. — Je te prie de me montrer quelques fautes commises dans l'agriculture, pour que je puisse ajouter foi à tes paroles.

« R. — Quand tu visiteras des villages, examine un peu les fumiers que les laboureurs tirent de leurs étables et qu'ils placent indifféremment tantôt en des lieux bas, tantôt en des lieux élevés, sans autre soin que celui de les empiler. Considère ensuite ce qui arrive dans les temps pluvieux : l'eau qui tombe sur ces fumiers les pénètre et, les traversant du sommet à la base, elle en détache une teinture noire qu'elle emporte quand, à la faveur d'une inclinaison du terrain, elle peut librement s'écouler. Un fumier, ainsi lavé, n'est bon qu'à servir de parade. Répandu dans un champ, il n'y fait aucun profit. Voilà donc une preuve manifeste d'ignorance qui est grandement à regretter.

« D. — Je n'en crois encore rien, si tu ne me donnes pas d'autres raisons.

« R. — Si tu sais pourquoi on répand du fumier dans un champ, tu n'auras pas de peine à croire ce que je t'ai dit. Le fumier rend à la terre une partie de ce qui lui a été enlevé. On sème du blé avec l'espoir que chaque grain en rapportera plusieurs. Or, cela ne peut arriver sans que quelque substance soit ôtée de la terre. La substance d'un champ, où l'on a semé et récolté pendant plusieurs années, a été emportée avec la paille et le grain. C'est pour cela qu'on a besoin d'y apporter du fumier, etc. Et, si je dis que les fumiers ne doivent pas être abandonnés à l'action dissolvante des pluies, c'est parce que les pluies en emportent le *sel*, qui est la principale vertu du fumier.

« D. — Tu me dis là une chose qui me fait encore plus rêver que toutes les autres. Je sais que plusieurs se moqueront de toi, parce que tu prétends qu'il y a du *sel* dans le fumier. Explique-moi cela.

« R. — Tout à l'heure, tu trouvais étrange qu'une certaine philosophie me parût nécessaire aux laboureurs, et, à présent, tu me demandes des raisons qui dépendent assez de mon premier propos. Tiens donc pour certain qu'il n'est point de semence, bonne ou mauvaise, qui n'apporte en soi quelque espèce de sel, et quand les pailles, foins et autres herbes, sont putréfiés, les eaux qui passent à travers en détachent le sel. C'est ainsi qu'un poisson salé, qui trempe longtemps dans l'eau, perd toute sa substance *salsitive* et n'a plus de saveur. De même, lavés par les pluies, les fumiers perdent leur sel.

« D. — Tu pourrais là-dessus parler pendant un siècle, je n'en croirais pas mieux qu'il y a du sel dans le fumier et dans toutes les plantes.

« R. — Je vais maintenant te donner des raisons qui pourront te convaincre, à moins que tu n'aies une tête d'âne posée sur les épaules. Tu connais le *salicor*, cette herbe qui croît dans les terrains de Narbonne et de Saintonge. Eh bien, cette substance que les apothicaires et les philosophes alchimistes appellent *sel alcali*, s'obtient par la combustion du salicor. C'est un sel qui vient d'une herbe. La fougère aussi est une herbe qui, par la combustion, se réduit en une *pierre de sel*, que les verriers emploient, avec d'autres matières, pour faire du verre. Le sucre est une espèce de sel qu'on extrait d'une sorte de roseau appelé canne à sucre. Il est vrai que tous les sels n'ont ni la même saveur, ni les mêmes propriétés, ni les mêmes apparences. Je puis t'assurer qu'il y a sur la terre des sels d'une infinité d'espèces. Il n'existe aucune herbe, aucune plante dont la substance ne contienne quelque espèce de sel. Les fruits n'auraient ni saveur, ni odeur, ni aucune vertu, s'ils ne contenaient aucun sel. On ne saurait les empêcher de se pourrir. Je te citerai comme exemple un fruit qui est fort à notre usage, le fruit de la vigne. Une chose certaine, c'est que, par la combustion de la lie du vin, on obtient le sel appelé *sel de tartre* (tartre). C'est un mordant. Dans l'humidité, il se liquéfie et forme alors l'huile de tartre, qu'on emploie pour la guérison des dartres. Voilà des raisons qui doivent te persuader qu'il y a du sel dans les plantes et dans les arbres (1). »

Palissy entre ici dans divers détails, dont nous ne pouvons donner qu'une idée sommaire. Il examine les propriétés des vins de Montpellier, au point de vue de ce qu'il entend par le mot de *sel*. Il dit ensuite comment on peut extraire du sel des herbes et des plantes de toute espèce. Si toutes les cendres sont plus ou moins bonnes pour faire des lessives, c'est parce que dans les cendres de toute sorte, il y a un sel qui se dissout dans l'eau, et que cette dissolution saline, pénétrant à travers le linge, se mêle avec les matières grasses ou impures qui le salissent, les détache du tissu, et, en s'écoulant, les emporte avec elle. Si l'on fait bouillir, dit-il, dans un chaudron, jusqu'à siccité, le liquide recueilli de la lessive, après la complète évaporation de l'eau, on trouve le sel au fond du chaudron. Il montre ensuite comment on peut s'assurer qu'il y a du sel dans la fumée et différents sels dans différentes fumées. Il considère ensuite le *tan*, cette écorce de chêne pilée dont se servent les tanneurs pour préparer les peaux, et il explique les effets qui résultent du tannage. Le borax, l'alun, le salpêtre sont au nombre des sels qu'il nomme.

(1) *Recepte véritable*, pages 14-17, édition de Cap, in-18. Paris, 1844.

Il revient ensuite aux laboureurs, lesquels, quelque temps avant de semer, portent le fumier dans les champs et l'y disposent d'abord par petites piles placées à certaine distance les unes des autres. Au bout de plusieurs jours, ils répandent à peu près également, de tous côtés, le fumier de chaque petite pile, et ne laissent rien à la place où il avait séjourné ; et cependant c'est à cette place même que le blé devient plus épais, plus haut, plus vert et plus droit. Pourquoi en est-il ainsi? C'est parce que l'eau des pluies survenues pendant le temps où le fumier était en petites piles l'a pénétré et, en passant à travers, a dissous et entraîné dans la terre, sous chaque pile, les parties salines contenues dans le fumier.

M. Hœfer, dans son *Histoire de la chimie*, dit, au sujet de ce passage :

« Trois cents ans nous séparent bientôt de Bernard Palissy, et l'expérience de nos jours a parfaitement confirmé ces idées. Il est évident que ce sont les sels, et notamment les sels ammoniacaux (sulfate, carbonate et chlorhydrate) qui jouent le rôle le plus important dans l'action des engrais (1). »

Palissy parle ensuite longuement de la taille des arbres, de l'action des pluies sur les arbres, etc. On voit qu'il ne parle que de ce qu'il a vu; qu'il a étudié, en véritable observateur, les différentes essences de bois. Il entre dans une foule de détails concernant l'agriculture forestière, et par là, non-seulement il agrandit le domaine de la science, mais il crée, ou tout au moins, il contribue à former et à étendre la partie de la langue vulgaire que les littérateurs et les poëtes eussent laissée complètement inculte. Il fallait trouver de nouveaux termes, de nouvelles expressions, de nouvelles tournures de phrases, pour décrire, avec une certaine précision, les faits récemment observés dans les sciences naturelles et les diverses modifications qui se présentaient dans les phénomènes observés. Quand on examine attentivement les œuvres de Palissy, on retrouve dans le style le génie de l'artiste joint à celui du vrai savant.

Nous passons ici plusieurs pages remplies de faits de détail

(1) Tome II, p. 91.

sur la nutrition et la reproduction des végétaux, sur les différences qui existent entre les terres, les plantes et les fruits des terrains montueux, des coteaux, et les terres, les plantes, les fruits des plaines et des vallées. Les arbres à fruit qui croissent sur des lieux élevés donnent des fruits dont la saveur est plus agréable et d'un goût plus exquis que ceux des arbres de même espèce croissant dans les plaines, etc. Les chaînes de rochers qui forment les montagnes sont, par rapport au globe terrestre, ce que la charpente osseuse est au corps humain... Palissy entre ensuite dans diverses considérations sur la nature des plantes. Dans toutes il y a du *sel*; on en trouve même qui sont entièrement composées de *sel*.

Il est impossible de reproduire, dans une simple analyse, tous les détails remarquables qu'on rencontre dans les écrits de Palissy. On ne peut que mettre en évidence quelques-uns des plus saillants. Selon lui, il y a des sels dans presque tous les corps de la nature, minéraux, végétaux et animaux, et tous ceux qu'il désigne, à l'exception du sucre, sont encore considérés en chimie comme de véritables sels. Il établit, par l'expérience et l'observation, une théorie des engrais, qui est comme un avant-goût de celle de notre temps.

Les anciens croyaient que les sels nuisent à la végétation. Palissy prouve, au contraire, que ce sont précisément les matières salines contenues dans les engrais qui contribuent au développement des végétaux. On trouverait, même encore de nos jours, beaucoup de choses utiles à apprendre en lisant Palissy.

Enfin, dans sa *Recepte véritable*, il arrive, à travers une foule de digressions et après mille détours, à la description de son *jardin délectable* et de sa *forteresse*. Là se déploient, en même temps, l'imagination poétique de l'artiste, les connaissances variées du savant et les talents de l'écrivain. On voit qu'il avait étendu ses études jusqu'à l'architecture. Il avait médité Vitruve, qu'il cite plusieurs fois dans ses écrits. Ainsi déjà, du temps de Palissy, on avait une traduction française des dix livres de Vitruve.

En 1580, Palissy fit imprimer à Cambrai, en un volume in-8°, les traités suivants : *Discours admirables de la nature des eaux et fontaines, tant naturelles qu'artificielles ; des métaux, des sels et salines; des pierres, des terres, du feu et des émaux; avec plusieurs autres excellents secrets des choses naturelles. Plus, un traité de la marne fort utile et nécessaire à ceux qui se mêlent d'agriculture. Le tout dressé par dialogues, ès quels sont introduits la théorique et la pratique. Par M. B. Palissy, inventeur des figulines du Roi et de la Reine, sa mère.*

Tel est le titre sous lequel il publia ce volume, qu'il dédia au sire de Ponts, l'un de ses protecteurs. Il désigne la scolastique par le nom de *théorie*, et l'expérience ou l'observation par le nom de *pratique*. On imagine bien que la théorie, ou scolastique, joue souvent un rôle ridicule, et qu'elle est constamment bafouée par la pratique. Nous allons passer en revue les différents traités des *Pierres*, des *Terres d'argile*, des *Sels*, des *Eaux et fontaines*, des *Métaux* et de l'*Alchimie*, etc., qui sont réunis sous le titre commun de *Discours admirables de la nature des eaux et fontaines*, sans nous astreindre, d'ailleurs, à suivre l'ordre dans lequel se succèdent ces traités.

Dans le traité des *Terres d'argile*, Palissy, s'arrêtant au mot *argile*, se permet de regarder comme inexacte l'étymologie qu'en avaient donnée les *latins et les grecs de la Sorbonne*. Il y a, dit-il, de grandes différences entre les terres argileuses. Il y en a qui sont blanches, sablonneuses, fort maigres et qui, pour être cuites convenablement, exigent un grand feu. Elles sont bonnes à faire des creusets. Il en est d'autres qui, à cause des substances métalliques qu'elles contiennent, se liquéfient par l'action d'une forte chaleur. Palissy remarque, avec raison, qu'une certaine quantité d'eau est contenue dans toute espèce d'argile, et que cette eau, expulsée par la chaleur, fait crever et casser, en s'évaporant, les pièces moulées avec cette matière. L'argile se contracte par l'action du feu, etc.

Palissy est le premier qui, par l'expérience et l'observation, soit parvenu à établir une théorie rationnelle de la *cristallisation*. Il soutient, dans le *Traité des pierres*, que les sels et d'autres matières ne peuvent cristalliser qu'en passant par l'état liquide, c'est-à-dire après avoir été liquéfiés par la chaleur ou dissous dans l'eau.

« Depuis quelque temps, dit-il, j'ai connu que le cristal se congelait dans l'eau; et ayant trouvé plusieurs pièces de cristal formées en pointes de diamant, je me suis mis à penser qui pourrait être la cause de ce; et étant en telle rêverie, j'ai considéré le salpêtre, lequel étant dissous dedans l'eau chaude, se congèle (cristallise) au milieu ou aux extrémités du vaisseau où elle aura bouilli; et encore qu'il soit couvert de ladite eau, il ne laisse à se congeler. Par tel moyen que l'eau qui se congèle en pierres ou métaux n'est pas eau commune, etc. (1). »

La cristallographie renferme les principales données de plusieurs grands problèmes de physique et de chimie; et c'est à Palissy que la science moderne doit les premières notions exactes que l'on ait eues, au seizième siècle, sur cette question fondamentale.

La *marne* est un mélange d'argile, de sable, de sulfate et de carbonate de chaux, qu'on employait depuis longtemps, comme engrais, à l'époque où vivait Palissy. Les principaux éléments de la géologie, *sondage, puits artésiens, stratification du sol*, etc., se trouvent réunis dans le *Traité de la marne.*

« Je ne puis, dit-il, te donner moyen plus expédient que celui que je voudrais prendre pour moi, si je voulais trouver la marne. Je voudrais chercher toutes les terrières desquelles les potiers, briquetiers, se servent en leurs œuvres, et de chacune terrière j'en voudrais fumer une portion de mon champ, pour voir si la terre serait... puis, je voudrais avoir une *tarière* bien longue, laquelle *tarière* aurait au bout de derrière, une douille creuse, sur laquelle je planterais un bâton, auquel il y aurait par l'autre bout un manche au travers en forme de tarière; et ce fait, j'irais par tous les fossés de mon héritage auxquels je planterais ma tarière jusques à la longueur du manche, et l'ayant retirée hors du trou, je regarderais dans la concavité de quelle sorte de terre elle aurait apporté, et l'ayant nettoyé, j'ôterais le premier manche, j'en mettrais un plus long, etc. (1). »

Il y a là le fondement de tout un système de sondage, permettant de reconnaître la nature des sous-sols. Si, en sondant, il rencontrait des rochers, nous dit Palissy, il les percerait au moyen d'une *tarière torcière*. Par là, ajoute-t-il, on pourrait trouver non-seulement de la marne, mais même des *eaux pour faire des puits*, et ces eaux, bien souvent, pourraient monter plus haut que le lieu où la tarière les aura trouvées. Cela se pourra faire, dit-il, moyennant qu'elles viennent de plus haut que le fond du trou qu'on aura fait.

(1) *Des Pierres*, édition de Cap, p. 64.
(2) *De la Marne*, p. 340, édition de Cap.

Il dit ailleurs :

« Nous savons qu'en plusieurs lieux les terres sont faites par divers bancs, et en les fossoyant, on trouve quelquefois un banc de terre, un autre de sable, un autre de pierre et de chaux, et un autre de terre argileuse, et communément les terres sont ainsi faites par bancs distingués. Regarde les carrières des terres argileuses près de Paris, entre Auteuil et Chaillot, etc., etc. »

« Les principaux éléments de la géologie, dit M. Hœfer (1), se trouvent dans le *Traité de la marne* et dans d'autres traités de Palissy. »

Dans le *Traité des eaux et fontaines*, le but était d'enseigner et de développer avec détail une nouvelle méthode pour construire des fontaines artificielles qui fussent une imitation complète des sources naturelles.

Avant d'entrer en matière, Palissy croit qu'il est convenable d'examiner avec soin les différentes qualités des eaux le plus en usage. Il considère, en premier lieu, celles des puits ; il les compare les unes avec les autres ; il les analyse aussi bien qu'on pouvait le faire en ce temps-là. Sa conclusion, c'est que les eaux des puits sont d'ordinaire trop crues, trop froides, quelquefois même croupissantes. Les eaux des mares valent moins encore : elles sont dangereuses pour les hommes, comme pour les animaux. Très-souvent, elles sont corrompues ; elles renferment des multitudes d'insectes, quelquefois des reptiles malfaisants. Celles des citernes sont préférables ; mais elles sont dormantes et sujettes, soit à s'altérer, soit à s'épuiser pendant les grandes chaleurs de l'été.

Les eaux des sources, celles des fontaines, sont les plus saines, les plus naturelles, les plus agréables.

Il se trouve ainsi conduit à l'examen des différentes méthodes qui ont été employées dans tous les temps pour conduire les eaux d'un lieu à un autre. Il examine, compare, balance les avantages et les inconvénients de ces différentes méthodes. Celle qui lui paraît la plus sûre, et en même temps la plus propre à conduire les eaux à de très-grandes distances, est celle des aqueducs. Il rappelle, à cette occasion, les étonnants ouvrages

---

(1) *Histoire de la chimie*, t. II, p. 89.

que les Romains avaient exécutés en ce genre. Il en reste, dit-il, des ruines qui caractérisent le génie de ce grand peuple; et ces ruines nous montrent, d'un autre côté, que le temps seul renverse, sans nul effort et par le seul effet de son action lente et continue, ce que les hommes ne sont parvenus à élever qu'avec des dépenses, des fatigues et des difficultés prodigieuses.

Mais, en examinant avec la plus grande attention les eaux des puits, des marais, des citernes, il ne néglige pas de nous apprendre que les eaux des sources souterraines elles-mêmes peuvent éprouver des altérations causées par des matières salines, bitumineuses, etc.; et que, parmi les eaux minérales, il en est dont l'usage, prescrit en médecine, peut contribuer au rétablissement de la santé.

Palissy examine, en passant, les qualités de ces eaux minérales. Quelques-unes lui paraissent propres, dans des occasions assez rares, il est vrai, à guérir certaines maladies qui avaient résisté à d'autres remèdes; mais il est loin de penser, avec les médecins empiriques de son temps, qu'elles soient généralement bonnes pour toutes les maladies.

Il dit aussi quelques mots sur les eaux thermales, dont il attribue la chaleur à des matières sulfureuses, à du charbon fossile, à des bitumes et à d'autres corps inflammables qui existent en abondance dans le sein du globe.

A propos des matières inflammables qui se trouvent dans des couches souterraines, il aborde la question des tremblements de terre. Il expose une théorie, fondée sur les phénomènes qui peuvent résulter des actions mutuelles et simultanées de l'eau, de l'air et du feu. C'est par là, suivant lui, que se produisent ces formidables ébranlements, qui ont fait croire quelquefois que toute la nature terrestre était en danger. Ses propres recherches et ses nombreuses observations l'ont mis à même de faire des rapprochements ingénieux et d'entrer, sur cette partie de la physique du globe, dans des détails qui ne sont pas sans intérêt.

Après cette digression sur les tremblements de terre, il rentre dans son sujet : il traite des eaux de source et des fontaines.

Une opinion généralement admise du temps de Palissy, et que, cinquante ans plus tard, François Bacon soutenait encore, c'est que les fontaines sont produites, ou par l'infiltration des eaux de la mer, ou par l'évaporation et la condensation des eaux que renferment des cavernes situées à l'intérieur des montagnes. Palissy combat cette opinion. Il prouve que les eaux de source proviennent de l'infiltration des eaux de pluie, lesquelles tendent à descendre dans l'intérieur de la terre, jusqu'à ce que, rencontrant un fond de roc ou une couche imperméable d'argile, elles s'y arrêtent, et finissent par se faire jour à la partie déclive du terrain qu'elles ont traversé. Tel serait, selon Palissy, le moyen d'établir des fontaines artificielles, « à l'imitation et le plus près approchant de la nature, en ensuivant le formulaire du *souverain fontainier*... » Ce procédé, il le décrit avec une exactitude, une précision, une clarté qui ne laissent rien à désirer.

Il arrive ensuite aux fontaines jaillissantes, et donne l'explication de ce phénomène naturel. Pour qu'il se produise, il faut que l'eau qui jaillit parte d'un point plus élevé que celui où elle apparait, car « les eaux ne s'élèvent jamais plus haut que les sources d'où elles procèdent. » On voit par là que d'un coup d'œil il embrassait dans son ensemble le phénomène de la circulation des eaux à la surface et à l'intérieur du globe.

Des savants avaient dit que, dans les rivières, les glaces se forment, non à la surface mais au fond de l'eau. Palissy (*Traité des glaces*) soutient, par des arguments probables, qu'elles se forment à la surface. Sur ce point, la science moderne n'a pas encore dit son dernier mot.

Dans une autre partie du même traité, pour démontrer la porosité des corps, il s'appuie sur des exemples ingénieux et sur des observations qui lui sont propres. Dans mainte circonstance, il avait observé que certaines substances, abandonnées à elles-mêmes, ont une tendance à se rapprocher et à s'unir. Il désigne cette tendance par le nom d'*attraction*.

Il y a des coquillages qui se présentent avec des couleurs irisées. Palissy, cherchant la cause de ce phénomène, entre dans un ordre d'idées qui touchent, pour ainsi dire, à la décomposition de la lumière. L'arc-en-ciel ne se produit, dit-il, que lorsque « le soleil passe directement au travers des pluies qui lui sont opposites. »

A la suite du *Traité des eaux et fontaines*, se trouve l'explication du phénomène du *mascaret*, ou *barre*, sorte de reflux des eaux de la mer dans les fleuves, qui est occasionné par la marée montante. Il avait observé ce phénomène à l'embouchure de la Dordogne.

Dans le *Traité des métaux et de l'alchimie*, il appelle l'attention sur la manière dont se forment les sels et les cristaux, et il pose les premiers principes de la cristallographie. Il remarque l'analogie qui existe entre certaines pétrifications et les minéraux cristallisés; et il cherche à expliquer par la même théorie les uns et les autres. Il exprime des idées tout à fait neuves sur l'*affinité*, qui réunit les corps de diverse nature, et sur l'*attraction*, « cette matière suprême qui attire, dit-il, les choses de même nature. » Ce mot *attraction* que l'on croit particulier au temps de Pascal ou de Newton, est souvent employé dans les ouvrages de Palissy dans le sens tout à fait scientifique qu'on lui donna plus tard.

Ce n'est pas seulement l'aimant qui a la propriété d'attirer les choses qu'il *aime*; l'ambre et d'autres substances attirent le fétu. L'huile jetée sur l'eau se rassemble en une masse, et les sels dissous dans un liquide parviennent à se réunir, pour former des cristaux. Il trouve des phénomènes analogues dans les plantes et dans les animaux, et semble pressentir le système universel des attractions et des répulsions de la matière.

Dans le même *Traité des métaux et alchimie*, Palissy parle de la pétrification du bois et infiltrations ferrugineuses, des *ichthyolithes* ou poissons pétrifiés, etc.

« Il est doncques aisé à conclure, dit-il, que les poissons qui sont réduits en métal ont été vivants dans certaines eaux et étangs, lesquelles eaux se sont entremêlées à autres eaux métalliques, qui depuis se sont congelées en minière d'airain et ont congelé le poisson et la vase, et les eaux communes se sont exhalées suivant l'ordre commun qui leur était ordonné, comme je t'ai dit ci-dessus; et si lorsque les eaux se sont congelées en métal, il y eût eu en icelles quelque corps mort, soit d'homme ou de bête, il se fût aussi réduit en métal; et de ce n'en faut aucunement douter (1). »

Il aborde, dans ce traité, la question, si ardue à cette époque, de l'origine de cette immense quantité de débris de corps marins qu'on rencontre de toutes parts, sur la partie sèche

(1) Édition de Cap, page 239.

du globe terrestre, et jusqu'aux sommets des montagnes les plus élevées. Cardan supposait que, pendant le déluge, les coquilles, venues de la mer, avaient été transportées dans les terres, et s'y étaient pétrifiées. Palissy réfute vigoureusement cette opinion de Cardan, et tâche d'établir, par l'explication ingénieuse d'un grand nombre de faits, son propre système.

Après avoir dit que les eaux de la mer abandonnent certaines plages, pour en couvrir d'autres, il transporte, en esprit, ses auditeurs sur les Ardennes, et sur d'autres montagnes qu'il avait parcourues dans sa jeunesse; il leur montre la variété des corps organisés fossiles qu'on y rencontre.

« Si tu avais considéré le grand nombre de coquilles pétrifiées qui se trouvent en la terre, tu connaîtrais que la terre ne produit guère moins de poissons portant coquilles que la mer : comprenant en icelle les rivières, fontaines et ruisseaux (1). »

Il ajoute ensuite :

« Par quoi je maintiens que les poissons armés, et lesquels sont pétrifiés en plusieurs carrières, ont été engendrés sur le lieu même, pendant que les rochers n'étaient que de l'eau et de la vase, lesquels depuis ont été pétrifiés avec lesdits poissons, comme tu entendras plus amplement ci-après, en parlant des rochers des Ardennes (2)...

Un peu plus loin, au sujet des pierres qui forment les collines des environs de Sédan, de Soubise, à l'embouchure de la Charente, de Soissons, de Villers-Cotterets, etc., Palissy entre dans des considérations qui prouvent qu'il était près de comprendre la véritable origine des êtres fossiles.

« Et par ce qu'il se trouve aussi, dit-il, des pierres remplies de coquilles, jusques au sommet des plus hautes montagnes, il ne faut que tu penses que les dites coquilles soient formées comme aucuns disent que nature se joue à faire quelque chose de nouveau. Quand j'ai eu de bien près regardé aux formes des pierres, j'ai trouvé que nulle d'elles ne peut prendre forme de coquille ni d'autre animal, si l'animal même n'a bâti sa forme. Par quoi te faut croire qu'il y a jusques au plus haut des montagnes des poissons armés et autres, qui se sont engendrés dedans certains cassars ou réceptacles d'eau, laquelle eau mêlée de terre et d'un sel congélatif et régénératif, le tout s'est réduit en pierre avec l'armure du poisson, laquelle est demeurée en sa forme... (3). »

(1) Édition de Cap, page 67.
(2) Ibidem, page 274.
(3) Ibidem, page 277 (des Pierres).

« ... Enfin, continue-t-il, j'ai trouvé plus d'espèces de poissons en coquilles d'iceux, pétrifiés en terre, que non pas des genres modernes qui habitent dans la mer Océane. Et combien que j'aie trouvé des coquilles pétrifiées d'huîtres, sourdons, availlons, iables, moucles, d'alles, couteleux, petoncles, châtaignes de mer, écrevisses, burgaulx et de toutes espèces de limaces, qui habitent en ladite mer Océane, si est-ce que j'en ai trouvé en plusieurs lieux, tant ès terres douces de Xaintonge que des Ardennes, et au pays de Champagne d'aucunes espèces, desquelles le genre est hors de notre connaissance, et ne s'en trouve point qui ne soient lapifiées (1). »

Personne n'ignore que la théorie de Palissy sur l'origine des coquilles qui existent au sommet des montagnes fut attaquée par Voltaire. Il est curieux de voir avec quel dédain l'illustre philosophe de Ferney a fait mention des idées du pauvre potier, dont il était loin de soupçonner le génie.

« Faut-il que tous les physiciens, dit Voltaire, aient été les dupes d'un visionnaire comme Palissy ! C'était un potier de terre qui travaillait pour le roi Henri III ; il est l'auteur d'un livre intitulé : *Le moyen de devenir riche et la manière véritable par laquelle tous les hommes de France pourront apprendre à multiplier leurs trésors et possessions*, par maître Bernard Palissy, inventeur des *rustiques figulines du roi*. Ce titre seul suffit pour faire connaître le personnage. Il s'imagina qu'une espèce de marne pulvérisée qui est en Touraine était un magasin de petits poissons de mer. Des philosophes le crurent. Ces milliers de siècles pendant lesquels la mer avait déposé ses coquilles à trente-six lieues dans les terres, les charmèrent, et me charmeraient tout comme eux, si la chose était vraie.

« ... Mais on aime les systèmes ; et depuis que Palissy a cru que les mines calcaires de Touraine étaient des couches de pétoncles, de glands de mer, de buccins, de phollades, cent naturalistes l'ont répété. »

Parmi les naturalistes qui répétaient, au temps de Voltaire, cette théorie de Palissy, se trouvaient les esprits clairvoyants en histoire naturelle; et parmi ceux qui ont repris et défendu, après le temps de Voltaire, ces mêmes idées, se trouvent des hommes qui s'appelaient Cuvier, Léopold de Buch, Brongniart, Valenciennes, et avec eux toute la génération actuelle. La géologie moderne a été en partie édifiée sur les observations et les faits entrevus, dans le sous-sol de la Touraine, par l'humble potier de Saintes. Voltaire s'était efforcé de tourner en ridicule les idées de Palissy, jusqu'au jour où Buffon, prenant cette cause en main, eut réduit son adversaire au silence. Le critique de Ferney était sur son domaine dans les questions de

---

(1) Édition de Cap, page 260-261 (*des Pierres*).

littérature, de philosophie, de politique et d'art; mais, en histoire naturelle, il était mal à l'aise, et il n'eut pas le beau rôle dans sa discussion avec Buffon.

Cuvier va jusqu'à regarder les idées ingénieuses et les observations de Palissy comme le premier fondement de la géologie moderne.

Nous avons considéré Palissy comme artiste et comme savant; nous terminerons en disant quelques mots de l'écrivain.

Palissy avait étudié, non dans les livres, mais dans la nature. Son intelligence ne s'était point rétrécie, affaissée, étiolée, sous le poids d'une fastidieuse érudition de mots. Elle s'était librement développée, par la contemplation des scènes harmonieuses du monde physique. A cette époque de la vie où la mémoire des élèves de collége n'est encore remplie que de sèches et stériles nomenclatures classiques, la sienne était déjà enrichie d'une foule d'idées justes et vraies, de notions réelles et précises, de tableaux pittoresques et grandioses.

Pendant la première partie de sa vie, lorsqu'il habitait Saintes, Palissy, dans ses moments de loisir, avait beaucoup étudié la Bible. Devenu un des apôtres les plus fervents de la réforme, et se croyant obligé d'instruire les ignorants, il lisait et relisait l'Ancien et le Nouveau Testament; et, après les avoir bien compris lui-même, il tâchait d'en rendre la doctrine accessible à l'intelligence inculte des gens du peuple. Il est probable qu'il écrivit d'abord ses instructions, ses exhortations. Peu à peu, en expliquant, en discutant, il s'accoutuma à improviser. Enfin, il parvint à se faire une méthode d'exposition, qui devait être bonne, du moins pour lui, puisqu'elle s'était présentée naturellement à son esprit. D'un autre côté, ses travaux d'artiste et ses nombreuses observations en chimie et en histoire naturelle le portèrent à lire des traductions d'ouvrages anciens. On peut juger, par divers passages de ses traités, que, bien qu'il n'eût étudié ni le latin, ni le grec, il n'était pourtant pas demeuré tout à fait étranger à la connaissance de l'antiquité. Mais, s'il parvint à se former un style clair, pittoresque, animé, véritablement original, ce fut surtout par les efforts continuels qu'il était obligé de faire, pour décrire des faits ignorés, pour peindre des idées neuves et hardies, qui n'avaient pas encore été exprimées en langue vulgaire. C'est principalement dans les traductions de l'Écriture sainte qu'il apprit le fond de la langue française, telle à peu près qu'on la parlait alors; et ce fut en la maniant comme artiste, et comme savant, qu'il parvint à l'enrichir d'une foule de termes, d'expressions et de tournures qu'on ne rencontre point dans les autres écrivains de ce siècle.

C'est ainsi que Palissy parvint à se faire un style qui n'appartient qu'à lui et qui eut l'avantage de pouvoir servir de modèle aux écrivains venus après lui.

Ce qui caractérise le style de Palissy, c'est qu'il s'élève avec la grandeur du sujet, et s'applique exactement à l'importance de la question traitée; c'est ensuite une grande vigueur d'expression et une vérité saisissante dans les images. Palissy appliquait instinctivement cette règle fondamentale et si fort recommandée par Voltaire dans le dernier siècle, et avant lui, par Horace et Boileau, qui consiste à rendre toujours le style propre au sujet.

Un ou deux extraits suffiront pour donner une idée de ce talent de style que nous trouvons dans Palissy.

« Quelques jours après que les émotions et guerres civiles furent apaisées, dit-il, et qu'il eut plu à Dieu nous envoyer sa paix, j'étais un jour me promenant le long de la prairie de cette ville de Xaintes, près du fleuve de Charente, et ainsi que je contemplais les horribles dangers, desquels Dieu m'avait garanti au temps des tumultes et horribles troubles passés, j'ouïs la voix de certaines vierges qui étaient assises sous certaines aubarées (plantations d'aubiers) et chantaient le psaume 104. Et parce que leur voix était douce et bien accordante, cela me fit oublier mes premières pensées, et m'étant arrêté pour écouter ledit psaume, je laissai le plaisir des voix et entrai en contemplation sur le sens dudit psaume, et ayant noté les points d'icelui, je fus tout confus en admiration, sur la sagesse du prophète royal, en disant à moi-même : O divine et admirable bonté de Dieu ! A la mienne volonté, que nous eussions les œuvres de tes mains en telle révérence comme le prophète nous enseigne en ce psaume ! Et dès lors je pensai de figurer en quelque grand tableau les beaux paysages que le prophète décrit. »

Après le style noble et poétique, voici un échantillon de style familier, qui est plus dans la manière habituelle de l'auteur :

« Un duc italien, quelque temps après que sa femme fut accouchée d'une fille, philosopha en soi-même que le bois était un revenu qui venait en dormant. Pourquoi il commanda à ses serviteurs de planter en ses terres le nombre de tant de mille pieds d'arbres, disant ainsi que les dits arbres vaudraient cent mille livres, qui était le prix qu'il prétendait donner à sa fille. Voilà une prudence grandement louable. A la même volonté, qu'il y en eût plusieurs en France qui fissent le semblable. Il y en a plusieurs qui aiment le plaisir de la chasse et la fréquentation des bois; mais cependant ils prennent ce qu'ils trouvent, sans se soucier de l'aveuir. Plusieurs mangent leurs revenus à la suite de la cour, en bravades, dépenses superflues, tant en accoutrement qu'autres choses; il leur serait beaucoup plus utile de manger des oignons avec leurs tenanciers, et les instruire à bien vivre, montrer bon exemple, les accorder de leurs différends, les empêcher de se ruiner en procès, planter, édifier, fossoyer, nourrir, entretenir, et en temps requis nécessaire, se tenir prêts à faire service à son prince pour défendre la patrie. »

La langue de Palissy est la même, au fond, que celle de Montaigne. C'était bien le français du temps où ces deux écrivains ont vécu; le français d'Amyot, précepteur de Charles IX et traducteur de Plutarque; le français de Ronsard, de Marot, etc.

On a comparé le style de Palissy à celui de Montaigne. Leur liberté de pensée et de langage est, en effet, à peu près égale, et dans l'un comme dans l'autre de ces écrivains, on trouve une certaine verve, des tours ingénieux, des expressions vives, pittoresques, *prime-sautières*, enfin une logique serrée, qui n'exclut pas toujours la finesse et la malice. Mais l'âme de Palissy était fortement empreinte du sentiment religieux, et celle de Montaigne était ouvertement sceptique. L'un, étranger à l'érudition des livres, avait passé la plus grande partie de sa jeunesse à contempler la nature dans tout ce qu'elle offre à l'homme de plus beau, de plus touchant, de plus varié; l'autre, familiarisé, dès l'enfance, avec le latin et le grec, s'était nourri de la lecture des anciens et avait transporté les idées philosophiques et les formes littéraires de l'antiquité, dans une langue vulgaire, à peine dégagée de sa grossièreté primitive. Montaigne et Palissy parlaient la même langue, mais leur style, évidemment, ne pouvait être le même.

Les œuvres de Palissy, qui se composent de la *Recepte véritable pour augmenter ses trésors*, et des *Discours admirables de la nature des eaux et fontaines*, furent réunies, en 1636, en deux volumes in-8°. Le premier volume a pour titre : *Le moyen de devenir riche et la manière véritable par laquelle tous les hommes de France pourront apprendre à multiplier leurs trésors*, par M. Bernard Palissy, inventeur des *rustiques figulines du roi*. Le second volume a pour titre : *Seconde partie du moyen de devenir riche*, contenant les *Discours admirables de la nature des eaux et fontaines*. Cette édition publiée par Robert Fouet, libraire, est fautive, et le libraire est inexcusable d'avoir supprimé, tronqué beaucoup de passages qui lui paraissaient devoir exciter la susceptibilité du clergé.

En 1777, Faujas de Saint-Fond et Gobet, naturalistes de mérite, donnèrent, en un beau volume in-4°, les *Œuvres de Bernard Palissy*, accompagnées de notes instructives et de nombreux documents. Cette publication fut un bel et noble hommage rendu au célèbre écrivain. Il est regrettable seulement que les éditeurs aient complétement interverti l'ordre des divers traités, dont se composent les œuvres authentiques de Palissy, et qu'ils aient, en outre, inséré parmi ses œuvres un opuscule qui n'était pas de lui. Cet opuscule a pour titre : *Déclaration des abus et ignorances des médecins*.

En 1844, M. P.-A. Cap a publié une excellente édition, en un volume in-18, sous ce titre : *Œuvres complètes de Palissy*. Revue sur les textes originaux avec le plus grand soin, elle présente les ouvrages de l'auteur dans l'ordre de leur publication. L'opuscule *Déclaration des abus et ignorances des médecins* n'est donné qu'en appendice, comme n'étant pas de Palissy.

D'après M. Camille Duplessy, auteur d'une *Étude sur la vie et les travaux de Bernard Palissy*, couronnée par la *Société d'agriculture, sciences et arts d'Agen* (1), et que nous avons plus d'une fois consultée avec profit pour la notice que l'on vient de lire, l'auteur de ce dernier opuscule serait un apothicaire de Lyon, nommé René Brailler.

(1) Cette *Étude* a été publiée dans les *Mémoires de la Société d'agriculture d'Agen* en 1855, avec des remarques intéressantes du rapporteur, M. Cazenave de Pradines.

GEORGES AGRICOLA

GEORGE AGRICOLA

La science de la métallurgie, qui, selon le témoignage de Pline, florissait en Espagne du temps des Romains, s'était si bien perdue dans les siècles suivants, qu'au moyen âge et à la Renaissance, il fallut en chercher les principes, comme si on ne les eût jamais connus. Dans l'antiquité romaine, les artistes et les ouvriers se communiquaient verbalement leurs connaissances, et rien n'avait été écrit sur l'art d'exploiter les mines. Ce que l'on trouve sur cette matière, dans les auteurs latins, est si peu de chose, qu'il est difficile de se faire aujourd'hui une idée exacte de l'étendue et du degré des connaissances des anciens sur cette branche de la science.

C'est en Italie qu'on trouve, au seizième siècle, les premiers signes du réveil de la métallurgie scientifique et de la minéralogie, comme des sciences naturelles, en général. C'est là que furent publiés les premiers commentaires des ouvrages anciens concernant les métaux ou les pierres, ainsi que les premiers livres originaux sur cette question. Nous n'en citerons que le *Miroir des pierres* (*Speculum lapidum*), de Camille Leonardi de Pesaro, publié à Venise en 1502.

Mais ce ne fut pas l'Italie qui imprima à cette science les plus grands progrès, parce que le sol de ce pays n'est pas assez riche en mines, ou que les minerais qu'il possède ne sont pas exploités depuis aussi longtemps que celles de l'Allemagne.

Le seizième siècle fut, en quelque sorte, l'âge d'or des mines, qui prit son essor surtout en Allemagne. On exploitait alors, dans ce pays, les gisements métalliques avec une très-grande activité.

L'Autriche occupe, à cette époque, le premier rang parmi les contrées métallifères, surtout à cause des mines d'argent de la Bohême. La Saxe vient au second rang; elle a de riches mines d'argent, d'étain et de fer, en Misnie et en Thuringe. Les mines d'or de Goldecrenach, près Bayreuth, rapportaient, chaque semaine, au margrave de Brandebourg environ quinze cents florins d'or. Les comtes de Mansfeld réalisaient de grands bénéfices, par les travaux métallurgiques qui s'exécutaient dans leurs domaines. Les comtes de Schletz tiraient une fortune colossale de l'exploitation des mines d'argent de leur contrée. Les barons de Pfluz acquirent de grandes richesses par les fouilles de Schlakenwald, qui fournissaient de l'étain, et les barons de Rosenberg étaient leurs dignes émules. Les familles nobles des Schleinitz et des Schonberg s'enrichirent par l'exploitation des mines de Freyberg, et celles des Stortedel et des Spiegel édifièrent leurs fortunes dans les entreprises métallurgiques du Schneeberg.

Les nombreuses lois et ordonnances, concernant l'exploitation des mines, qui datent de cette époque, et surtout les essais de statistique concernant la production des métaux que l'on trouve chez les auteurs contemporains, prouvent suffisamment l'importance que l'art métallurgique avait prise en Allemagne, au seizième siècle. On ne sera donc pas surpris d'apprendre que ce soit aux savants de ce pays que la métallurgie et la minéralogie aient dû, à l'époque de la Renaissance, leurs fondements et leurs progrès.

Le plus grand métallurgiste du seizième siècle, celui qui le premier observa les minerais et les métaux, celui dont les œuvres ont joui le plus longtemps d'un crédit universel, fut George Agricola. C'était un homme avide d'instruction, à qui rien ne coûtait lorsqu'il s'agissait d'acquérir quelque nouvelle connaissance, et qui dépensa toute sa fortune pour scruter les secrets de la nature. Il fraya, dans l'étude des minéraux, une route nouvelle, comme Gesner devait le faire bientôt, pour les animaux et les plantes. L'impulsion qu'Agricola donna à la science minéralogique eut les plus heureux résultats, en engageant les chercheurs dans la voie de l'observation directe et de l'expérience. La pureté et l'élégance du style de cet écrivain contribuèrent puissamment, d'ailleurs, indépendamment de leur portée scientifique, à répandre la lecture de ses œuvres. Formé à l'école que nous appelons aujourd'hui classique, Agricola écrivait le latin d'une façon magistrale. Il s'abstenait scrupuleusement d'employer les termes barbares, affectionnés par les alchimistes, lesquels, il est vrai, ne tenaient pas à être compris, et s'inquiétaient peu, dès lors, de faire usage de termes impropres ou équivoques.

George Agricola naquit le 24 mars 1494, à *Glaucha* (1), en Misnie. Selon de Thou et d'autres écrivains, son véritable nom serait *Bauer*, d'après les uns, *Landmann*, d'après les autres : ces deux mots allemands signifient *agriculteur*, en latin, *agricola*. On sait qu'à cette époque, les savants avaient l'habitude de traduire leurs noms en latin ou en grec, quelquefois même partie en latin, partie en grec, pour les mettre en harmonie avec la langue dans laquelle ils écrivaient. C'est ainsi que nous voyons *Schwartzerde*, l'élève et l'ami de Luther, prendre le nom de *Mélanchthon* (*terre noire*); le géographe *Waldseemuller* devenir *Hylacomylus* (*meunier de la forêt*), etc. Cette manie se retrouve, d'ailleurs, sous une autre forme, chez nos écrivains contemporains, qui aiment à accoler à leurs noms, celui de leur bourg natal (de Cassis, de Cassagnac, etc.), innocente vanité qui n'est prise au sérieux que par eux-mêmes.

On ne sait rien de la famille d'Agricola, ni de ses premières années. De 1518 à 1522, il fut directeur de l'école de Zwickau; et il étudia ensuite la médecine à Leipzig, où il s'attacha à Petrus Mosellanus. De Leipzig, il se rendit en Italie, et passa deux ans à Venise, ville qui avait alors le privilége du commerce le plus considérable des produits chimiques.

De retour en Allemagne, Agricola s'éprit d'une grande passion pour la métallurgie. Il visita les montagnes de la Bohême, les plus fertiles en argent de toutes celles de l'Europe, et il ne tarda pas à se convaincre que la métallurgie offrait beau-

(1) Le nom de cette ville s'écrit aujourd'hui *Glauchau*. D'après M. Hoefer, Agricola serait né à Chemnitz, en Saxe, et aurait tiré de là le surnom de *Kempucius* ou de *Kempisianus*.

coup plus d'intérêt et d'avenir qu'on ne le supposait généralement alors.

Cependant, d'après les conseils de ses amis, qui tenaient en grande estime ses talents de médecin praticien, il se fixa, en 1527, à Joachimsthal, en Bohême, où il se livra à l'exercice de la médecine. Seulement, il consacrait tous ses loisirs à ses études favorites. Il employait tout le temps que lui laissaient ses malades et les soins de sa maison, soit à des conversations avec les mineurs et les autres personnes versées dans la métallurgie, soit à la lecture des rares auteurs anciens qui se sont occupés de cet art : Pline, Dioscoride, Galien et Strabon. Ses entretiens avec les mineurs l'initièrent à la pratique de leur art, et ses lectures lui firent reconnaitre combien de lacunes il aurait à combler, lorsqu'il voudrait écrire lui-même sur cette matière.

Agricola exerçait la médecine avec beaucoup de succès; mais quoique sa pratique fût heureuse et qu'elle lui rapportât beaucoup, il s'en dégoûta bientôt, parce que sa passion pour la métallurgie et pour l'histoire naturelle, en général, le détournait, malgré lui, de toute autre idée. Pour mieux satisfaire ce penchant, et se livrer sans réserve à la vocation qui l'entraînait, il se retira, en 1531, à Chemnitz, c'est-à-dire dans cette partie de la Misnie qu'on nomme les *Montagnes*, où se trouvaient les mines appartenant à l'électeur de Saxe, les plus riches et les plus anciennes de l'Europe.

A partir de ce moment, il s'appliqua, sans relâche et avec la plus grande ardeur, à observer toutes les choses curieuses que la nature lui offrait abondamment, et il y dépensa toute sa fortune, qui était assez modique. Son ami, le savant Cammerstadt, lui fit alors obtenir de l'électeur Maurice de Saxe une pension annuelle et un logement gratuit, pour lui permettre de poursuivre ses travaux, sans avoir à s'inquiéter des soins matériels de l'existence.

Afin de demeurer en relation avec ceux qui l'intéressaient le plus, Agricola devint, à Chemnitz, le médecin des ouvriers des mines. Il eut, de cette manière, beaucoup de facilités pour s'instruire du mode d'exploitation des richesses souterraines, pour bien connaître les diverses espèces et le gisement des divers minerais.

AGRICOLA DIRIGEANT L'EXPLOITATION DES MINES DE FREYBERG

Plus tard, il se maria, devint médecin de la ville, enfin bourgmestre de Chemnitz. Son immense savoir et sa modestie, lui concilièrent l'estime et l'amitié des hommes les plus distingués de son époque, parmi lesquels nous citerons Érasme, George Fabricius, Wolfgang Meurer, Valerius Cordus, Dryander et Commentadt.

C'est à Chemnitz qu'Agricola a composé la plupart de ses ouvrages, car un seul fut imprimé avant son établissement dans cette ville. Trois ou quatre des plus importants parurent pour la première fois en 1546, année qui fit époque dans l'histoire de la métallurgie et de la minéralogie.

Nous allons essayer de donner une idée de ces ouvrages, qui sont également importants au point de vue de l'histoire générale de la science, et au point de vue spécial de la chimie.

Le premier ouvrage d'Agricola ayant trait à la métallurgie est son *Bermannus* (1), *sive de re metallica dialogus*, imprimé pour la première fois en 1530, à Bâle, chez Frobenius. Écrit sous forme d'un dialogue entre le savant Bermannus et deux médecins nommés Ancon et Nævius, il traite des connaissances des anciens en minéralogie, des produits que l'on retire des différentes mines d'Allemagne, des us et coutumes des mineurs, enfin de tout ce qui intéresse la métallurgie.

Ce dialogue brille par la pureté du style, aussi bien que par la variété des connaissances qui y sont déployées. Dans l'édition de 1657, que nous avons sous les yeux, il est précédé d'une lettre du grand Érasme, aux frères André et Christophe de Konrity, datée du mois de mars 1529 et dans laquelle Érasme fait le plus grand éloge du *Bermannus*, qu'il paraît avoir lu en manuscrit, puisqu'il exprime l'espoir que Frobenius l'imprimera avec plaisir.

« J'ai lu, dit Érasme, le dialogue de notre George sur la métallique, et je ne saurais dire si je l'ai fait avec plus de plaisir ou de fruit. La nouveauté du sujet m'a charmé... mais ce qui a surtout captivé mon attention, c'est la vivacité de l'exposition. Au lieu de lire la description de ces vallées et collines, de ces mines et de ces appareils, j'ai

---

(1) *Bermannus* est le nom latinisé de *Bergmann*, qui signifie mineur.

cru les voir devant moi... Notre ami a débuté d'une manière heureuse, et je n'attends rien de médiocre d'un pareil génie... (1). »

Ce jugement si favorable d'un homme tel qu'Erasme, peu enclin à la flatterie, était fait pour encourager Agricola à persévérer dans cette voie nouvelle.

Il développa les mêmes questions plus au long, dans les différents ouvrages qu'il publia dans la suite, et principalement dans son grand traité de métallurgie, qui parut pour la première fois en 1546, sous ce titre : *Georgii Agricolæ Kempnicensis de re metallica libri XII, quibus officia, instrumenta, machinæ, ac omnia denique ad metallicam scientiam spectantia non modo luculentissime describuntur, sed et per effigies, suis locis insertas, ita ob oculos ponuntur ut clarius tradi non possint*. Lipsiæ, 1546, in-folio. Cet ouvrage, orné d'un grand nombre de gravures insérées dans le texte, ainsi qu'il est dit dans le titre qu'on vient de lire, fut réimprimé un grand nombre de fois et traduit en allemand, d'abord en 1621, puis en 1806 (par Lehmann). Il a été considéré longtemps comme une autorité irrécusable, et comme l'ouvrage classique sur la matière. Les préceptes qu'il renferme ont guidé tous ceux qui se sont occupés de l'exploitation des mines, et ce que l'on y trouve concernant l'essai des minerais a fait loi pendant plus de deux siècles. On nous pardonnera donc de donner une analyse quelque peu détaillée d'un ouvrage de cette importance.

Le traité *de Re metallica* est divisé en douze livres, et précédé d'une épître dédicatoire adressée à Maurice de Saxe, feld-maréchal de l'empire, et à son frère Auguste. Dans cette dédicace, Agricola fait un éloge enthousiaste de la métallurgie. A ses yeux, elle est plus ancienne que l'agriculture, que l'on regarde comme la doyenne de toutes les sciences humaines, car les premiers agriculteurs, dit-il, ont eu besoin d'instruments de métal. (Il ne pouvait penser à l'âge de pierre, alors inconnu.) La métallurgie promet, selon lui, plus de profit que l'agriculture,

(1) « Evólvi Georgii dialogum de metallicis, nec satis possum dicere majore ne id voluptate fecerim an fructu. Magnopere delectavit argumenti novitas... præcipua verum me attentum habuit rerum sub oculos expositarum energia; visus sum mihi valles illas et colles et fodinas et machinas non legere, sed spectare... Feliciter prælusit Georgius noster, nec ab illo ingenio quidquam expectamus mediocre. »

pourra seulement qu'on ait bien choisi le terrain. C'est elle qui doit enrichir les rois. Agricola fait ensuite l'historique de la question, et il montre combien peu de notions il a pu emprunter à ses prédécesseurs.

Le premier livre de son traité est une introduction élégante, dans laquelle il énumère les diverses sciences que doit posséder le métallurgiste, sans compter le savoir en physique et en chimie. Il faut que le métallurgiste, dit-il, ait étudié la philosophie, pour connaître l'origine et la nature des produits souterrains et pouvoir juger *a priori* de la manière la plus commode de s'en approcher; — la médecine, afin de pourvoir à la santé des ouvriers, prévenir les dangers auxquels ils sont exposés et guérir les maladies que comporte leur profession; — l'astronomie, pour connaître les régions du ciel et juger ainsi, d'avance, de l'étendue des filons; — la géométrie, pour faire les nivellements; — l'arithmétique, pour tenir les comptes; — l'architecture et la peinture, pour construire et pour dessiner; — enfin, la jurisprudence, en tout ce qui concerne le droit des mines. Il passe ensuite en revue les inconvénients et les avantages que peut offrir la pratique de la métallurgie, et ce qu'on « peut dire contre cet art et contre les mineurs. » Il cite les poëtes anciens qui ont déclamé contre l'or et l'argent, et il se pose cette question : « L'exploitation des mines peut-elle être considérée comme une profession déshonorante? » Comme on le pense bien, Agricola apporte des arguments victorieux qui prouvent que la métallurgie est une *profession honnête*, puisque le mineur amasse des trésors, comme l'agriculteur, sans violence, sans fraude et sans malice. Cette discussion est fort intéressante, parce qu'elle caractérise l'époque où vivait l'auteur. Il n'avait pas seulement à construire sa science de toutes pièces, il lui fallait encore la rendre recommandable aux yeux de ses contemporains.

Le second livre renferme des instructions pratiques, à l'adresse des mineurs. L'auteur traite des moyens de découvrir l'existence des gisements métalliques, et désigne la nature des montagnes qui recèlent les filons métalliques. Avant qu'on rencontre un filon assez abondant pour dédommager l'entrepreneur de ses premiers frais, il faut souvent, dit-il, beaucoup de patience et de grandes dépenses. Aussi conseille-t-il de se mettre plusieurs associés pour entreprendre des fouilles, parce que les échecs des premiers débuts se supportent alors plus facilement. L'exploitation des mines convient, selon lui, aux gouvernements ou aux sociétés de capitalistes, plutôt qu'aux particuliers. Agricola conseille déjà l'usage des *compagnies*.

Il recommande ensuite de bien examiner la nature du terrain, les qualités de l'air et de l'eau de la contrée, avant d'entreprendre des fouilles. Il est essentiel, suivant lui, qu'il y ait des forêts dans le voisinage, afin d'avoir toujours du combustible pour la calcination du minerai et pour la construction des édifices et des machines.

Agricola compte parmi les signes extérieurs qui décèlent au dehors une veine métallique l'absence de rosée sur les herbes. Les veines souterraines, dit-il, exhalent des effluves chaudes et sèches, qui font que la rosée ne peut s'y déposer. Ces effluves ont aussi pour effet, suivant lui, de brûler les herbes et les arbres qui croissent à la surface; de sorte qu'une végétation chétive et pauvre en sucs, des arbres à feuilles de couleur livide, terne, noirâtre, trahissent toujours la présence d'un filon métallique. On la reconnaît aussi, parfois, à certaines espèces d'herbes ou de champignons qui ne croissent pas ailleurs.

En parlant de la *baguette divinatoire*, Agricola nous apprend qu'à cet égard, les opinions des mineurs sont divisées. Les uns méprisent la baguette, les autres en font usage. Les uns se servent dans tous les cas d'une baguette de coudrier fourchue, qu'ils tiennent par les deux branches; les autres emploient la baguette de coudrier, pour l'argent seulement. Ils emploient une baguette de frêne pour la recherche du cuivre; une baguette de fer ou d'acier pour l'or, etc. Agricola réfute l'opinion, pourtant bien répandue de son temps, que la baguette tournante se dirige vers le sol, dès qu'on passe sur une veine métallique, parce que le métal exerce une attraction sur la baguette. Il rapporte qu'il a fait faire cette expérience devant lui, et déclare que lorsque la baguette divinatoire fait la culbute, c'est toujours par un mouvement accidentel des mains de l'expérimentateur, ou par un coup de pouce que celui-ci n'a pas craint de donner. Par conséquent, si l'on a jamais découvert, en employant ce moyen, quelques dépôts métalliques ou des sources d'eau, c'est par un simple effet du hasard. Il termine cette discussion en ces termes :

« Le mineur, puisque nous voulons que ce soit un homme grave et un homme de bien, ne fait pas usage de la baguette ensorcelée. Puisque nous voulons qu'il soit versé dans la physique et homme raisonnable, il comprend que la baguette fourchue ne peut lui servir à rien. Il existe des signes naturels de la présence des veines qu'il doit s'attacher à observer. »

Ce jugement droit et clairvoyant d'un savant du seizième siècle contraste avec le succès universel qui accueillait, à cette époque, les tourneurs de baguettes, lesquels faisaient merveille en tous pays, pour la recherche des mines et des eaux, au moyen de la baguette divinatoire (1).

Dans le troisième livre, Agricola traite des filons, c'est-à-dire des cavités ou canaux qui traversent les grandes roches, et qui sont ordinairement le réceptacle des minerais. Il indique leurs différentes formes et directions, leur puissance relative, et ce que le mineur peut conclure de leurs affleurements ou de la richesse en métaux du sable sur lequel coulent les eaux de source.

Dans son quatrième livre, l'auteur traite des applications de la géométrie ou de l'arpentage, dans le cas de concessions de mines; il explique comment les mesures qu'on peut exécuter à la surface font connaître l'épaisseur et la longueur des filons.

Il était d'usage alors que celui qui avait découvert une veine allât en prévenir le maître mineur (*magister metallicorum*) et le priât de lui attribuer le droit de fouille (*jus fodinæ*). Le maître lui donnait alors la tête du filon ; le reste était attribué aux autres personnes, dans l'ordre de leurs demandes. Un dixième des produits bruts appartenait au souverain. Mais avant le seizième siècle, l'usage était tout autre. La tête du filon (c'est-à-dire sept mesures) était attribuée à l'auteur de la découverte, le reste au souverain, à sa femme, à son grand écuyer, à l'échanson et au grand chambellan. Ces distributions avaient lieu avec force solennités.

Agricola expose les règles de la discipline très-sévère à

(1) Voir l'histoire de la *Baguette divinatoire*, dans notre ouvrage : *Histoire du merveilleux dans les temps modernes*, t. II, in-18, 2ᵉ édit., Paris, 1860.

laquelle étaient sujets les ouvriers mineurs, et qui, trop souvent, usait leurs forces avant l'âge. La journée était divisée en trois parties, appelées travaux (*operæ*). Chaque travail était de sept heures ; les trois heures intermédiaires qui restaient sur les vingt-quatre de la journée étaient consacrées à l'échange des ouvriers qui se relevaient. Pendant la nuit, ils chantaient pour s'empêcher de dormir. Dans la plupart des mines, on ne permettait à chaque ouvrier qu'un seul travail de sept heures par jour, rarement deux.

Le cinquième livre expose les opérations nécessaires pour arriver jusqu'au minerai, c'est-à-dire la manière de percer les puits, de conduire les galeries, de les soutenir, etc., ainsi que les moyens de décider les questions litigieuses entre les propriétaires de mines voisines.

Le sixième livre comprend la description de tous les instruments qu'emploie le mineur, depuis le marteau jusqu'aux machines d'épuisement. Tout cela est illustré par un grand nombre de gravures fort claires, intercalées dans le texte. Leur examen montre combien les instruments employés par les mineurs du seizième siècle ont subi peu de variations depuis cette époque.

Dans le septième livre, Agricola décrit les creusets, les fourneaux d'essai et les moyens de traiter le minerai en grandes masses. Il expose, d'une manière très-détaillée, l'art de l'essayeur. L'opérateur commence par faire fondre le minerai, en le chauffant avec du charbon dans un fourneau de briques ; après quoi il le chauffe dans une coupelle de cendres, avec du plomb qui doit être exempt d'argent, opération qui s'appelle aujourd'hui *coupellation*. Agricola s'étend longuement sur l'essai des différents minerais ; il indique aussi l'emploi de l'eau-forte pour séparer l'argent de l'or.

Le huitième livre a pour objet le lavage, le grillage, le bocardage et la fonte. Les minerais sont d'abord broyés avec des marteaux, et réduits en fragments assez minces pour qu'on puisse les soumettre au feu. Alors on les grille, pour les débarrasser du soufre qui les accompagne ordinairement (les minerais sont, en effet, presque toujours des sulfures métalliques), et qui nuit plus qu'aucune autre substance à tous les métaux, excepté à l'or.

Pour effectuer le grillage, on commence par construire une

sorte de fossé rectangulaire, où l'on met des bûches jusqu'à la hauteur d'une ou deux coudées. Sur les bûches, on place des morceaux de minerai pilé, en commençant par les fragments les plus gros. On couvre le tout de poussier de charbon et de sable mouillé, de manière à former une espèce de meule de charbonnier, à laquelle on met le feu, toujours en plein air. Si la mine est très-riche en soufre, le grillage s'effectue sur une large plaque de fer, percée de trous par lesquels le soufre s'écoule dans des vases pleins d'eau.

Quand le minerai contient de l'or ou de l'argent, on le broie dans des moulins à pilon (c'est ce qu'on appelle le bocardage); ensuite on le lave à grande eau, sur un plan incliné, et on y mêle du mercure. L'amalgame que l'on obtient de cette manière étant fortement comprimé dans une peau, le mercure s'échappe, sous forme d'une pluie fine, et l'or reste dans le tamis. Cette application du mercure à l'extraction de l'or était connue des anciens, et les chercheurs d'or de la Californie en font encore usage de nos jours.

Le neuvième livre contient la description des soufflets avec lesquels on alimente le feu pour le grillage des minerais, et celle des fourneaux dans lesquels se fait cette opération. Ces fourneaux sont de forme carrée; le minerai y est introduit avec du poussier de charbon et de l'argile. Au bout d'un certain temps (quatre heures si la mine est riche), on perce la paroi inférieure du fourneau, avec un grand ringard de fer; le métal fondu s'écoule alors dans une rigole de sable, où il se refroidit. Les scories sont enlevées avec des cuillers de fer.

Il s'agit, dans le dixième livre, de l'affinage des métaux précieux et des moyens de séparer l'or de l'argent ou l'argent du plomb. Agricola indique, pour dissoudre l'argent à chaud, l'emploi de l'acide nitrique, qu'il appelle *aqua valens* (eau-forte); l'or se dépose au fond du vase, sous forme de poudre. Il dit aussi que l'on peut substituer l'huile de vitriol (acide sulfurique) à l'eau-forte pour le même usage, et décrit l'eau régale (acides azotique et chlorhydrique) comme dissolvant l'or. Il donne enfin d'autres procédés pour obtenir la séparation de l'or et de l'argent, tels que l'emploi du soufre, de l'antimoine ou de certaines poudres composées avec lesquelles on fait fondre l'alliage.

Dans le onzième livre, l'auteur traite de la coupellation (la coupelle est un petit creuset fait de cendres ou d'os calcinés). Il explique de quelle manière ce procédé peut servir à débarrasser l'argent de ses impuretés : cuivre, plomb, etc.

Le douzième livre s'occupe de quelques sujets accessoires qui n'intéressent que la chimie. Agricola y parle de différents sels que l'on obtient par l'évaporation des eaux de mer, des eaux de source, etc., et qu'il appelle *sucs concrétés*. Il indique la manière de préparer les vitriols de fer et de cuivre (*atramentum sutorium*, noir des cordonniers) en exposant les pyrites à l'action combinée de l'air et de l'eau. Il termine ce livre en expliquant la fabrication du verre.

« Les verriers, dit-il, fabriquent des choses diverses : des pots, des assiettes, des balances, des miroirs, des animaux, des arbres, des vaisseaux ; choses magnifiques et merveilleuses que j'ai vues à Venise quand j'y ai fait un séjour de deux ans, et surtout les jours de l'Ascension, époques où les verreries envoient leurs marchandises à Venise. »

Dans ce même traité *de Re metallicâ*, Agricola fait connaître le molybdène, l'antimoine, les pyrites. L'antimoine devint très-célèbre, de son temps, par les emplois qu'il reçut dans la chimie et la médecine.

Presque en même temps que son grand *Traité de métallurgie*, Agricola publia un *Traité des choses qui sortent de la terre* (*De naturâ rerum quæ effluunt e terra*, 1546) et son fameux *Traité des fossiles*.

Le premier de ces ouvrages est dédié à Maurice de Saxe. L'auteur y décrit les différentes eaux minérales et leurs propriétés physiques, les bitumes, et en général tout ce qui s'écoule de la terre. Dans le quatrième livre, il parle aussi des cavernes qui exhalent un air délétère, et il cite un grand nombre de localités connues par l'existence de ces cavernes.

L'ouvrage *sur les Fossiles, de Naturâ fossilium*, est un véritable traité de minéralogie. Il est divisé en dix livres, et l'on y trouve la première méthode de classification des minéraux. Agricola les partage en *terres, sucs concrets, pierres, minerais* ou *demi-métaux* et *métaux purs*. Tout imparfaite qu'elle soit, cette division fut longtemps conservée dans la science. Les subdivisions des cinq chapitres sont encore plus irrégulières. Agricola distingue les terres qu'emploie l'agriculture; celles qui servent à la poterie, au foulon, aux peintres et aux artistes; et enfin les terres dont on fait usage en médecine. Les pierres sont divisées par lui en pierres communes et cailloux, pierres précieuses, marbres et roches.

Malgré ces classifications vicieuses, le livre *Des fossiles* est inestimable, si on considère le temps et les circonstances dans lesquelles il fut composé. Agricola y donne des renseignements fort intéressants sur le soufre que l'on tirait d'Irlande, de Naples, de la Sicile, etc. « On en fait, dit-il, des allumettes, des fils ou éclats de bois soufrés, servant à allumer le feu; » ce qui prouve l'ancienneté des allumettes soufrées. Agricola parle encore de l'emploi du soufre dans la fabrication de la poudre de guerre, qui sert à lancer les boulets de pierre ou de fer. Il indique aussi la véritable origine du camphre, qu'il dit provenir d'un arbre particulier, ressemblant au peuplier et dans l'ombre duquel peuvent se tenir, dit-il, cent personnes.

Les deux traités *De re metallicâ* et *De naturâ fossilium* ont fait époque dans la science et ont servi de guide à tous les minéralogistes, jusqu'au dix-huitième siècle.

On peut regarder comme leur complément le livre *De veteribus et novis metallis* (des métaux anciens et nouveaux), qui témoigne d'une profonde connaissance des auteurs anciens et d'une longue habitude de l'exploitation des mines. Agricola y donne des détails curieux et authentiques sur la richesse minérale de l'Allemagne et sur l'origine des mines les plus célèbres.

Voici comment il raconte la découverte de la mine de Ramelsberg, près Goslar :

« Un gentilhomme, dont le nom n'a pas été conservé par l'histoire, attacha un jour son cheval, qui s'appelait *Ramel*, aux branches d'un arbre sur la montagne. Le cheval, frappant et remuant la terre de son pied ferré, mit à nu une mine de plomb, ainsi que le cheval Pégase, d'après les poètes anciens, fit jaillir une fontaine en frappant le rocher de son pied. Comme la source découverte par le cheval ailé de la mythologie avait reçu le nom d'Hippocrène (source du cheval), la mine de la montagne Goslar fut baptisée *Ramelsberg* (mine de Ramel). »

La découverte des mines de Freyberg est due également au hasard. Des charretiers qui apportaient du sel, de Halle en

Bohême, en passant par la Misnie, rencontrèrent, sur la route, des morceaux de galène que les ruisseaux avaient mis à découvert. Ils reconnurent ce minerai pour celui qu'ils avaient l'habitude de chercher à Goslar, pour le transporter ailleurs. Ils en prirent des échantillons et les portèrent à Goslar, où on les examina. L'analyse ayant montré que ces galènes contenaient plus d'argent que celles de Ramelsberg, un certain nombre de mineurs allèrent s'établir dans le lieu où s'éleva plus tard la ville de Freyberg. Ils furent bientôt rejoints par des mineurs de Cellerfeld, en Saxe, qui, s'étant brouillés avec le souverain du pays, avaient détruit leurs ateliers et quitté la contrée. Telle fut l'origine de la prospérité de la ville de Freyberg.

Les mines d'argent de Kuttenberg, en Bohême, furent découvertes par un moine, qui, en se promenant dans la forêt, y trouva, un jour, un peu d'argent natif qui sortait de terre et avait été mis à découvert par les eaux. Il suspendit son froc à l'arbre au pied duquel il avait trouvé le métal précieux, et courut avertir les bourgeois de la ville voisine. On fouilla le terrain et on y reconnut une mine d'argent inépuisable qui fut appelée le *Kuttenberg* (montagne du froc). Les mines d'argent d'Aberthame, près de Joachimsthal, dans lesquelles Agricola avait lui-même quelques intérêts, furent découvertes par un pauvre ouvrier qui habitait la forêt, où il gardait les troupeaux de son maître. Voulant un jour creuser un trou, pour y conserver ses pots de lait, il trouva dans le déblai des traces d'argent, et il s'empressa de demander le droit de fouille pour ce point de la forêt.

Quelque temps avant l'apparition de ses grands ouvrages de minéralogie et de métallurgie, c'est-à-dire en 1539, Agricola avait déjà publié un livre intitulé *De ortu et causis subterraneorum*. Dans cet ouvrage, qui intéresse plus particulièrement l'histoire de la géologie et de la physique, Agricola s'efforce d'expliquer les principaux phénomènes de notre globe, d'après les principes d'Aristote.

Il parle des volcans, du régime des eaux terrestres, de l'origine des métaux, que les alchimistes font naître, soit d'un mélange de soufre et de mercure, soit de cendres mouillées par l'eau. Ces dernières opinions ne provoquent que des railleries de sa part.

Au commencement du cinquième livre de cet ouvrage, Agricola cherche à prouver que les métaux augmentent et s'accroissent au sein de la terre, à la manière des plantes. Il cite, comme preuve à l'appui de ce principe, que les galeries de mines se rétrécissent quelquefois spontanément, que le fer se reproduit sans cesse dans les mines de l'île d'Elbe, et que le plomb, d'après Galien, augmente de poids lorsqu'il est exposé à l'humidité. « Les toitures de plomb dont on couvre les édifices les plus riches sont trouvées, au bout de quelques années, beaucoup plus lourdes par ceux qui les ont posées le premier jour. » Cette observation, qu'Agricola donne comme une preuve de l'accroissement d'un métal, était fort mal interprétée par lui. C'est l'oxygène de l'air qui intervient, dans ce cas, et qui se combine chimiquement avec le plomb. Agricola ne se doutait pas de la véritable explication de ce fait, qui fut donnée, au siècle suivant, par le chimiste français Jean Rey.

On est surpris de ne pas retrouver, dans un autre ouvrage qu'il fit paraître en 1657, le bon sens et le jugement dont il fait preuve dans ses autres écrits. Agricola, comme le vulgaire des mineurs, croyait aux gnomes et aux habitants mystérieux des lieux souterrains. Dans son livre des *Animaux souterrains* (*De animantibus subterraneis*), il ne craint pas de répéter ce qu'Aristote avait dit des *animaux pyrigones*, qui naissent et vivent dans le feu, et meurent dès qu'on les tire du foyer. Ces animaux sont plus grands que des mouches, dit-il, et se rencontrent dans les fourneaux à minerai.

Dans le même ouvrage, il classe parmi les *substances souterraines* les démons qui habitent les mines. Il divise ces démons en deux catégories: ceux qui sont nuisibles aux mineurs, et ceux qui leur sont favorables. Les premiers sont d'un aspect sauvage et terrible; tel était celui qui tua, de son terrible souffle, plus de douze ouvriers à Annaberg, dans la galerie nommée *Couronne de roses*. Il ressemblait à un cheval au cou très-long et aux yeux flamboyants. Tel était aussi le gnome qui, à Schneeberg, dans la mine de Saint-Georges, saisit un ouvrier, et le jeta du haut de la galerie, en lui meurtrissant le corps. Cet esprit était vêtu d'un froc noir.

« Il y a ensuite, ajoute Agricola, les démons d'un naturel inoffensif, que les Allemands appellent *Kobalds* (du grec *Kobalos*). Ces farfadets sont d'une humeur très-gaie; ils rient sans cesse. Ils font semblant d'être très-affairés, mais en réalité, ils ne font rien. Ce sont des nains qui ont l'air très-vieux, et qui sont vêtus comme des mineurs, avec un tablier de cuir. Ils se tiennent dans les puits et les galeries, et paraissent ouvrir les filons et emporter les produits des fouilles, mais ce n'est là qu'une apparence. Ils ennuient quelquefois les mineurs en jetant sur eux du gravier, mais ils leur font rarement du mal, si on ne les blesse par des moqueries ou des injures.

« Les farfadets ont quelque analogie avec les *Guteli*, ou *Wichtel*, qui accomplissent en cachette une partie des travaux domestiques et soignent les chevaux; et avec les *Trolls* qui, sous la forme d'hommes et de femmes, vont prendre service dans les maisons, en Suède. Mais les démons des montagnes se rencontrent exclusivement dans les mines fécondes en métaux; aussi leur présence est-elle de bonne augure et propre à encourager les ouvriers. »

Agricola se fait ici l'écho des croyances populaires de tous les mineurs de son temps.

Les farfadets, dont il raconte si naïvement les faits et gestes, ont toujours joué un grand rôle dans les légendes et contes de fées de l'Allemagne. Le passage que nous avons cité prouve qu'à l'époque de la Renaissance ces croyances superstitieuses étaient assez répandues et assez enracinées pour troubler un esprit aussi ferme et aussi exempt de préjugés que celui de l'homme qui fut le fondateur de la minéralogie.

Le *Traité des êtres souterrains* renferme, d'ailleurs, des observations fort curieuses sur les mœurs de certains animaux, tels que les vers de terre, les taupes, etc.

Agricola s'est beaucoup occupé des monnaies, ainsi que des poids et mesures. Il examina tout ce que Budé, Léonard Porcius et Alciat avaient écrit sur cette matière, et il fut amené à combattre leurs opinions. Alciat voulut se défendre et nier les erreurs que le médecin saxon avait relevées dans ses écrits, mais il n'y trouva point son compte, car il avait affaire à plus fort que lui.

Agricola publia successivement cinq ou six traités sur ce sujet: (*De pretio metallorum et monetis, De restituendis ponderibus atque mensuris*, etc.). On lui attribue encore une harangue politique *Sur la nécessité de faire la guerre aux Turcs* (*De bello Turcis inferendo*), imprimée à Bâle en 1538, ainsi qu'un *Traité de la peste*, imprimé en 1554, et un écrit de controverse intitulé: *De traditionibus apostolicis*, qui n'a peut-être jamais été imprimé. Quant au petit ouvrage qui parut à Cologne, en 1531, sous le titre de : *Lapis philosophorum, G. Agricolæ philopistii*, il est certain qu'il n'est pas de lui, car, dans ses ouvrages, Agricola ne perd aucune occasion de se moquer des chercheurs de pierre philosophale.

Les écrivains qui ont parlé d'Agricola ne donnent aucun détail sur sa vie privée. Voici un trait qui est mentionné par ses biographes et que nous citerons, d'après Savérien :

« Agricola, dit cet auteur, savait sacrifier ses plaisirs à ses devoirs, et il paraît que les qualités de son cœur étaient aussi estimables que celles de son esprit. Il était attaché au duc Maurice et au duc Auguste, et il ne cessait de leur donner des preuves de son attachement. Il le prouva bien dans une occasion qui se présenta. Ces seigneurs furent obligés d'aller joindre en Bohême l'armée de Charles Quint. Quoique notre philosophe fût retenu chez lui, et par les attraits de son cabinet et par ses affaires domestiques, il les suivit, pour leur témoigner sa fidélité. Il abandonna ainsi pour eux le soin de son bien, ses enfants et sa femme qui était enceinte (1). »

Agricola mourut à Chemnitz, le 21 novembre 1555, âgé de soixante et un ans. On dit que la maladie qui l'emporta fut une fièvre chaude, gagnée dans une dispute de théologie où il s'était mis fort en colère. Il mourut dans la religion catholique. Dans sa jeunesse, lorsqu'il enseignait encore le grec à l'école de la ville de Zwickau, il se sentit si scandalisé du honteux trafic des indulgences, qu'il fut au moment d'embrasser la religion protestante. On a même conservé une épigramme qu'il fit contre les indulgences, et qu'on afficha, en 1519, dans les rues de Zwickau. Voici ces vers qui, étant écrits en latin, ne s'adressaient qu'aux savants, et dans tous les cas, n'étaient pas trop incendiaires :

> Si nos injecto salvabit cistula nummo,
> Heu ! nimium infelix tu mihi, pauper, eris ;
> Si nos, Christe, tuo servatos morte beasti,
> Jam nihil infelix, tu mihi, pauper eris (2).

Le zèle que le jeune maître d'école montra à cette époque pour

---

(1) *Vies des philosophes modernes*, in-12, tome IV.
(2) Si la tirelire doit nous sauver par l'argent qu'on y jette, vous êtes trop malheureux à mes yeux, ô pauvres ; mais si c'est nous, ô Jésus-Christ ! que vous avez sauvés et béatifiés par votre mort, alors les pauvres ne sont plus à plaindre.

la religion protestante se refroidit avec l'âge, et il demeura catholique.

La chaleur qu'il déploya en combattant, sur ses vieux jours, la religion réformée lui attira des haines si violentes que, lorsqu'il mourut, les protestants de Chemnitz le laissèrent cinq jours sans vouloir l'ensevelir. Bayle raconte, dans son *Dictionnaire*, qu'il fallut transporter son corps à Zeitz, où il fut enterré dans la principale église. Matthiole, dans une *Lettre à Gaspard Navius*, parle de cet incident : « Il est triste, dit-il, que cet illustre et honnête vieillard n'ait pu trouver dans sa patrie le peu de terre qu'il fallait pour couvrir son corps. »

Le savant George Fabricius, contemporain d'Agricola, composa son épitaphe, par laquelle nous terminerons cette courte biographie :

> Viderat Agricolæ, Phœbo monstrante, libellos
> Jupiter, et tales edidit ore sonus :
> Ex ipso hic terræ thesauros eruet Orco
> Et fratris pandet tristia regna mei (1).

(1) « Jupiter ayant aperçu les écrits d'Agricola, que lui montrait Phœbus, fit entendre ces paroles : Celui-ci ira chercher jusque dans les enfers les trésors de la terre, et il découvrira aux yeux des hommes les tristes domaines de mon frère. »

CONRAD GESNER

CONRAD GESNER

Une des plus touchantes et des plus intéressantes figures parmi toutes celles des savants de la Renaisssance, est assurément celle du naturaliste suisse, Conrad Gesner, qui a été appelé le *Pline de l'Allemagne*, surnom au-dessous de la vérité, car l'esprit de Gesner était plus profond et plus original que celui de Pline.

Les travaux de Gesner, qui sont d'une étonnante variété, ont donné une impulsion immense à l'histoire naturelle. Lorsque Gesner vint se joindre à la phalange des novateurs qui tenaient en main, au seizième siècle, l'étendard du progrès, le règne de la scolastique touchait à sa fin ; les vieux préjugés étaient ébranlés et l'esprit scientifique prenait son essor. On commençait à comprendre qu'il ne faut pas étudier la nature dans les livres des anciens philosophes, mais dans ses œuvres mêmes, et qu'on doit demander à l'observation et à l'expérience, la base de tout raisonnement et de toute science. Il appartenait à Gesner d'introduire ces grandes vérités dans l'histoire naturelle. Il en fit lui-même l'application, en publiant des descriptions authentiques, accompagnées de figures dessinées d'après nature, et en essayant, le premier, de coordonner les types d'animaux et de plantes, suivant une classification logique. On pourrait l'appeler le père de la méthode naturelle.

Mais là ne se borne pas le mérite de Gesner. Il contribua, pour une large part, à l'avancement de la philologie, de la linguistique, de la numismatique, etc. Sa célèbre *Bibliothèque universelle* fut le premier grand ouvrage de bibliographie publié après la découverte de l'imprimerie, et elle servit de modèle à tous les recueils du même genre qui furent entrepris plus tard. Si Gesner n'embrassa pas, comme les grands hommes de l'antiquité et quelques savants du moyen âge, le cercle entier des connaissances humaines, il n'en fut pas moins l'un des plus éclatants exemples de l'universalité du savoir. Si l'on réfléchit qu'il n'a pas atteint l'âge de cinquante ans, qu'il fut constamment pauvre et toujours aux prises avec une mauvaise santé, on aura peine à comprendre le nombre prodigieux de travaux de toute sorte qu'il sut mener à bonne fin et ses longs ouvrages qu'il a laissés.

Conrad Gesner naquit à Zurich, le 26 mars 1516, de parents d'une condition médiocre, et dont il n'était pas le seul enfant. Son père, Urse Gesner, était marchand fourreur; sa mère s'appelait Agathe Frick (et non Barbe, comme le disent quelques-uns de ses biographes).

Le pauvre fourreur de Zurich n'aurait pu subvenir aux frais de l'éducation de son fils, sans l'assistance de son beau-frère, Jean Frick, ecclésiastique et chapelain de la ville. L'oncle Jean Frick se chargea du jeune Conrad, et le plaça dans une excellente école, celle de Fraumünster. Le bon oncle Frick lui inspira de bonne heure le goût de la botanique. C'est ce que nous apprend la dédicace que Conrad Gesner a placée en tête de son *Catalogue des plantes*, adressée à Jean-Jacques Amman.

« Mon oncle Jean Frick, homme aussi bon que digne, aimait la botanique par-dessus tout. Encore enfant, il me retira de chez mon père pour me nourrir dans sa maison ; il me conduisait souvent dehors et m'apprit à cultiver et à soigner son unique jardinet, petit, mais rempli de toutes sortes de plantes. Là, il passait avec moi ses heures de loisir, me répétant les noms des plantes jusqu'à ce que je pusse lui apporter aussitôt toutes celles qu'il me demandait, soit des champs, soit de son jardin. Il était habitué à se servir d'herbes pour sa propre santé et pour celle de ses amis, et c'est ainsi qu'il parvint, par la simplicité de sa vie et par l'usage de ses herbes, à l'âge de quatre-vingts ans, sans avoir jamais été malade... »

L'école de Fraumünster, à Zurich, où Gesner fit ses premières études, était alors dirigée par Oswald Myconius, qui avait beaucoup élevé le niveau des études. Gesner trouva dans cet excellent homme non-seulement un professeur hors ligne, mais encore un ami, qui le défendit et l'aida en toute occasion. La correspondance de Gesner, qui est conservée encore aujourd'hui à la bibliothèque de la ville de Saint-Gall, en Suisse, renferme de nombreux témoignages de cette touchante affection.

Le jeune Conrad montra, dès l'enfance, une ardeur extraordinaire pour l'étude. Il comprenait qu'il aurait à lutter contre des obstacles de toute nature, pour entrer et se maintenir dans la carrière des sciences, vers laquelle il se sentait appelé. En effet, sa famille était hors d'état de rien faire pour lui, et les revenus de son oncle, le chapelain de Zurich, étaient extrêmement bornés.

Il était depuis quelques années dans l'école de Fraumünster, lorsque son oncle, ne pouvant s'imposer de plus longs sacrifices, se vit obligé de confier le jeune homme à un professeur d'éloquence latine, Jean-Jacques Ammau, qui consentit à le prendre chez lui, et qui le garda pendant trois ans, bienfait immense dont Gesner se souvint toute sa vie.

C'est le même Jacques Amman qui délivra le grand Érasme d'un abcès à la face, par un moyen qui n'avait rien de médical, mais qui était tout littéraire, comme il convenait à un philosophe. Il lui montra le premier exemplaire des *Epistolæ obscurorum virorum (Lettres d'hommes obscurs)*. Érasme, à la lecture de ce spirituel pamphlet, fut pris d'un tel rire, que son abcès s'ouvrit et qu'il fut guéri.

Une circonstance particulière vint heureusement fournir à notre jeune étudiant le secours qui lui manquait pour continuer son instruction. A cette époque, fut fondé à Zurich le *studicatenant (bourse d'étudiants)*, institution généreuse, dont le but était de secourir les écoliers plus riches de talent que d'argent. Gesner, alors âgé de quatorze ans, obtint le premier cette bourse. Le curé de Glas, le célèbre Ulric Zwingle, qui fut le chef de la réforme religieuse en Suisse, et qui devait mourir les armes à la main, pour défendre la religion nouvelle, était alors recteur de l'Université de Zurich, et tout-puissant en ce pays. C'est à lui que Conrad Gesner dut s'adresser pour obtenir la faveur qu'il sollicitait et de laquelle dépendait tout son avenir.

La lettre que le jeune étudiant de Zurich écrivit au chef de la réforme religieuse en Suisse, mérite d'être conservée. Nous en donnons la traduction :

« Très-cher Zwingle, écrit Gesner, je ne veux pas te laisser ignorer dans quelle situation je suis. J'ai tout et je n'ai rien ; il me manque tout et il ne me manque rien, comme fait dire à Gnato le comique ancien (Térence). Je suis tout adonné à mes travaux et me livre avec un zèle égal à l'étude de la littérature grecque et de la littérature latine. Mais toutes mes espérances menacent d'être détruites ! Mon bon oncle, Jean Frick, est sur le seuil de la tombe ; mon professeur, Jacques Amman, ne voudrait probablement pas non plus me garder, après la mort de ce dernier ; mon père ne pourrait pas me prendre avec lui, car il est chargé d'une troupe d'enfants qu'il peut à peine nourrir, et personne, dans ma parenté, ne pourrait prendre soin de moi. Que deviendrait alors l'infortuné Conrad ! Ainsi donc, je te prie et t'implore, gracieux Zwingle, veuille obtenir, par ton humanité si bienfaisante, que je sois compris dans le nombre des pensionnaires, comme le sont Sébastien Schmidt, Jean Fries, Bénédicte Finster. Si mon vœu était exaucé, tu pourrais dire certainement que je n'oublie pas le bien qu'on m'a fait et suis reconnaissant, et je m'adonne aux sciences avec le plus grand zèle. Adieu.

« Écrit dans la maison de Jean-Jacques Amman, le 27 octobre 1531. »

Cette demande fut agréée, l'année suivante, par le consistoire de Zurich, et Conrad Gesner fut compris au nombre des boursiers de la ville.

Mais le jeune homme ne devait pas revoir son noble protecteur, Zwingle, qui périt, comme on le sait, le 11 octobre 1531, à la bataille de Capell, dans la guerre civile qui avait éclaté entre les cantons catholiques et protestants de la Suisse.

Tous les malheurs devaient fondre à la fois sur le jeune étudiant, car son père lui-même périt dans cette bataille.

Un de ses oncles, André Gesner, épicier de son état, qui avait combattu dans les rangs des religionnaires, fut atteint de quatre blessures, et laissé pour mort. On avait expédié sur le champ de bataille le bourreau de Zug, chargé d'achever tous les blessés. Le bourreau s'approcha d'André Gesner, qu'il se disposait à immoler comme les autres, quand le blessé fut reconnu par les valets qui l'assistaient : « Épargne-le, s'écrièrent-ils, c'est le jeune épicier qui nous apportait nos vivres. Nous nous chargeons de lui ! » C'est ainsi que fut sauvé l'oncle André Gesner. Il vécut encore quatorze ans, s'il faut s'en rapporter à la chronique de Jacques Meyer, citée par Hanhart, dans sa *Vie de Conrad Gesner* (1).

(1) Conrad Gesner, *Ein Beitrag zur Geschichte des Wissenschaftlichen Strebens und der*

Cet oncle André devait être la souche des Gesner, qui s'illustrèrent plus tard, dans divers genres de littérature. Le plus célèbre d'entre eux, est Salomon Gesner, l'auteur des *Idylles*, de la *Mort d'Abel* et du *Premier navigateur*, né en 1731.

La triste fin de son père, la mort du grand réformateur Zwingle, qui l'avait protégé, affligèrent profondément le jeune écolier. Pour comble de malheur, le professeur Jacques Amman, frappé, pour sa quote-part, de contributions imposées par les vainqueurs, ne pouvant plus le garder à sa charge, se vit bientôt forcé de le renvoyer à sa mère.

La pauvre veuve du fourreur était chargée d'enfants, qu'elle avait grand'peine à nourrir, tout en les faisant travailler, avec elle, à des professions manuelles. Gesner ne savait que ce qui s'apprend dans les livres; il était donc le seul des enfants de la veuve qui ne pût contribuer à l'entretien de la famille. Il résolut d'aller tirer parti, à l'étranger, de ses connaissances littéraires.

Son ancien professeur, Oswald Myconius, avait déjà parlé de lui à un de ses amis, Wolfgang Fabricius Kœpflein, ministre protestant à Strasbourg, savant homme qui s'occupait de recherches sur la langue hébraïque. Gesner, qui était déjà assez versé dans le latin, le grec et l'hébreu, pouvait l'assister dans ses travaux.

Gesner se mit donc en route pour Strasbourg, muni d'une lettre de recommandation de Myconius pour le savant pasteur. Il n'avait que seize ans, et souffrait encore d'une maladie de poitrine, qui l'avait mis aux portes du tombeau.

Kœpflein consentit à prendre Conrad chez lui, en qualité de secrétaire, moyennant une rétribution modique. Il l'installa dans son cabinet, et l'accabla de travaux, qui lui laissaient à peine un moment de liberté. Cependant, il trouva le temps de composer en vers grecs une série d'élégies en l'honneur du héros Ulric Zwingle, dont il voulait venger la mémoire. Ces élégies sont conservées à la bibliothèque de Zurich.

Absorbé par les recherches qu'il faisait pour son maître, et

Glaubensverbesserung im 16ten Jarhundert, von Johannes Hanhart, Stadtpfarrer in Winterthur. In-l8, Winterthur, 1824. (Conrad Gesner, Essai sur l'histoire des sciences et le progrès des croyances religieuses pendant le seizième siècle, par Jean Hanhart, pasteur de la ville de Winterthur, Winterthur, 1824.)

par des leçons particulières de littérature grecque qu'il donnait au libraire Wendelin Richelius, le pauvre écolier se trouvait dans l'impossibilité d'achever sa propre instruction. Il écrivit une lettre lamentable à l'homme de qui dépendait son sort.

C'était le pasteur Bullinger, tout-puissant dans la municipalité de Zurich, et qui avait beaucoup contribué à lui faire obtenir sa bourse. Il lui représenta sa malheureuse situation : « Je vois fuir, dit-il, ma jeunesse, le moment le plus propice pour apprendre ; elle m'abandonne et me dit : Personne ne me ressaisit par derrière : οὐθεὶς ἐπὶ ὀπαζεται ἔξω. » Il supplie Bullinger de lui envoyer des secours équivalents à ceux dont d'autres jeunes gens, boursiers comme lui, jouissaient déjà à Zurich, afin qu'il puisse revenir dans sa ville natale et y reprendre le cours de ses études.

Au bout de trois mois, Gesner, ne pouvant tenir davantage au travail dont le chargeait son patron, quitta Strasbourg, et retourna à Zurich, où il attendit avec anxiété le résultat de ses démarches.

Ce résultat fut plus prompt qu'il ne l'avait espéré. La municipalité de Zurich lui accorda, ainsi qu'à son camarade Jean Frisius, une légère pension, destinée à leur permettre de voyager pour leur instruction.

Munis d'une petite somme d'argent, nos deux amis partirent un beau matin pour la France. Ils étaient munis d'un passeport, qui les faisait reconnaître comme des pensionnaires de la municipalité de Zurich, envoyés à l'étranger pour s'instruire.

Ils se rendirent d'abord à Bourg-en-Bresse. Mais leur pension, calculée sur le prix de la vie en Suisse, était en complet désaccord avec le genre de vie qu'on était obligé de mener à l'Université de Bourg ; car la table seule coûtait 8 francs par mois ! Aussi leur bourse se trouva-t-elle bientôt à sec, et Gesner dut-il accepter, pour vivre, la charge de précepteur des fils du professeur Wolmar.

Cependant son désir était surtout d'étudier la médecine et l'histoire naturelle, et ce genre d'études ne pouvait pas être poussé bien loin à Bourg, où l'on n'enseignait que le droit. Aussi trouvons-nous, un an après, le jeune étudiant à Paris, en compagnie de son ami Frisius ; il était alors âgé de dix-huit ans.

Dans la fougue de sa jeunesse, le jeune Gesner se livrait avec une véritable passion, aux études les plus diverses; il dissipait ses forces intellectuelles en négligeant de les concentrer sur un seul sujet. Il se reproche cette imprudence, dans un passage très-curieux de sa *Bibliothèque universelle*. Il ne tenait qu'à lui, dit-il, de devenir bien plus instruit qu'il ne le devint. Son esprit, trop ambitieux de connaissances, voulait tout apprendre, et il ne faisait qu'effleurer les matières. Il lisait indifféremment tous les livres qui lui tombaient sous la main, sans avoir la patience de les lire en entier et avec l'application nécessaire, parce qu'il était toujours impatient de passer à d'autres ouvrages qui tentaient sa curiosité. C'est là un exemple qu'il supplie les jeunes gens de ne pas imiter.

Son séjour en France ne fut pas de longue durée. Les persécutions contre les protestants, qui commençaient alors, par l'ordre de François Ier, le déterminèrent à quitter Paris. Il revint à Strasbourg, en décembre 1534.

Au commencement de l'année suivante, l'académie de Zurich le rappela, pour lui confier une petite place de régent dans l'école municipale. Cette place infime suffisait à peine pour le faire vivre, et lui prenait trois heures de sa journée. « C'est une place, dit-il dans une lettre à Myconius, qui ne me donne d'autre espoir que celui d'avoir très-faim. »

Conrad Gesner n'avait que vingt ans; il était pauvre comme Job, et pourtant il se décida à épouser une jeune fille, aussi pauvre que lui. On ne connaît pas son nom, on sait seulement qu'elle fut toujours maladive, comme Gesner lui-même.

On vint lui offrir, à cette époque, une place de directeur d'une institution de jeunes gens, dans le midi de la France, avec des appointements convenables. Mais les autorités de Zurich ne lui permirent pas de l'accepter. On consentit, à ce propos, à augmenter son traitement.

Bientôt on l'envoya à Bâle, avec une pension à peu près suffisante, pour y continuer ses études en médecine, car il s'était décidé à suivre cette carrière.

Il avait, en effet, montré dès sa jeunesse, un goût prononcé pour la médecine et pour les sciences naturelles : Jacques Amman avait reconnu de bonne heure ses aptitudes particulières pour cette étude. Mais il aurait été imprudent de le pousser entièrement dans cette voie, lorsqu'il n'avait d'autres ressources que la pension que lui faisait la municipalité de Zurich. Les chanoines qui composaient le corps municipal de Zurich ne lui auraient point pardonné de négliger les études théologiques. Quand il s'abandonna librement, plus tard, aux travaux d'histoire naturelle qui ont fait sa gloire, la faveur de ses anciens protecteurs se refroidit d'une manière sensible.

Il avait pourtant, comme nous venons de le dire, obtenu la permission de continuer à Bâle ses études en médecine. La pension qui lui était accordée ne suffisait pas à tous les frais de son séjour; car il achetait des livres et commençait à réunir une petite bibliothèque.

Sa profonde connaissance de la littérature grecque lui fut utile à cette époque, en ce sens qu'il y trouva un gagne-pain. Un libraire de Bâle, Patri, voulait faire paraître une nouvelle édition d'un dictionnaire grec et latin, ouvrage composé par une société de gens de lettres. Gesner fut chargé de le compléter par des extraits du grand dictionnaire grec de Favorinus; et il se livra à ce travail avec un zèle consciencieux. Mais quand le nouveau lexique parut en 1537, le jeune auteur vit avec peine que le libraire n'avait publié qu'une faible partie de ses additions, soit parce qu'il les trouvait trop nombreuses, soit parce qu'il voulait en réserver une partie, comme appât, pour les éditions ultérieures.

Patri mourut peu de temps après la publication de cette édition, et les notes inédites de Gesner furent perdues, ce qui le chagrina beaucoup. Mais l'ouvrage fut depuis réimprimé plusieurs fois, et Gesner fournit à chaque édition de nouveaux suppléments.

Les honoraires de ce travail le soutinrent pendant un an, à Bâle.

Il fut appelé, l'année suivante, à Lausanne, où le sénat de Berne venait de fonder une académie. On lui accorda la chaire de grec, avec des appointements qui suffisaient pour le faire vivre, lui et sa famille, et lui permettaient de se livrer à son goût pour la médecine, dont il espérait toujours se faire un revenu sérieux.

L'avenir se présentait donc à lui sous des couleurs plus riantes, lorsqu'au moment de partir pour Lausanne, une affaire pénible faillit renverser le fragile édifice de son bonheur. Son oncle, Jean Frick, était mort, et le petit héritage qu'il avait laissé avait été partagé entre quatre héritiers. Parmi ces héritiers était une de ses tantes, religieuse dans un couvent des bords du Rhin. La part d'héritage de cette religieuse, qui représentait environ 50 florins d'or, avait été confiée à Gesner, avec la charge d'en payer les intérêts et de rendre le capital à la mort de sa tante. Mais celle-ci crut devoir faire donation de ce legs à un de ses frères, et Gesner fut sommé de payer immédiatement la somme qu'il avait reçue. Comme la somme n'était pas prête, le créancier le poursuivit judiciairement, le menaçant de saisie. Cette affaire fut arrangée par l'intervention de son ami Bullinger; mais les ressources sur lesquelles Gesner devait compter lui firent ainsi subitement défaut.

Gesner demeura trois ans à Lausanne. L'amitié des savants professeurs, ses collègues, lui fit trouver très-agréable le séjour de cette ville, où il avait joui de tous les loisirs qu'il pouvait désirer. Il faisait de fréquentes excursions dans les montagnes, avec plusieurs jeunes gens qui s'estimaient heureux de profiter de ses connaissances, et il commençait à collectionner aussi les plantes qui croissaient dans les environs. En même temps, il lisait avec ardeur les anciens médecins et naturalistes.

C'est alors qu'il entreprit la tâche de composer quelques ouvrages de botanique, qui n'étaient à la vérité que des extraits d'anciens auteurs, mais qui furent d'une grande utilité à cette époque, où aucun traité en langue nationale n'existait sur la science des végétaux. Le premier de ces ouvrages, petit traité de botanique d'après Dioscoride, Théophraste, Pline, Paul d'Égine, etc., renfermait les descriptions, par ordre alphabétique, des plantes les plus connues. Il parut en 1541, en trois éditions différentes, qui furent imprimées à Bâle, à Paris et à Venise (1). Le second, simple catalogue alphabétique des plantes (2), avec leurs noms en quatre langues : latin, grec, allemand et français, formé à l'aide des ouvrages anciens et complété par les résultats des excursions, dont nous avons parlé, vit le jour en 1542.

Gesner publia à la même époque différents opuscules sur

---

(1) *Enchiridion historiæ plantarum, ordine alphabetico*, Bâle, 1541, in-8°; Venise, in-16.
(2) *Catalogus plantarum*, etc. Zurich, 1542, in-4°.

l'*Usage des médicaments*, un extrait de Galien et d'autres petits travaux. On voit que ce jeune homme de vingt-trois ans ne perdait pas son temps.

Au mois d'octobre 1540, Gesner quitta Lausanne. Il avait renoncé à sa chaire, pour se rendre à Montpellier et y prendre le grade, tant désiré, de médecin.

La Faculté de Montpellier jouissait, à cette époque, d'une juste célébrité. C'est là qu'un médecin devait avoir reçu le bonnet de docteur, s'il voulait être entouré d'une considération sérieuse. L'admirable climat de Montpellier contribuait encore à attirer dans cette Université célèbre des malades et des élèves de toutes les parties du monde.

Il était d'usage, à Montpellier, qu'un élève désireux de s'instruire dans un art s'attachât à quelque praticien, pour recevoir de lui des leçons. En arrivant à Montpellier, Gesner chercha donc quelque habile docteur, pour s'instruire dans son commerce journalier, tout en suivant les cours de la Faculté. Mais il ne trouva personne qui voulût de lui. Ce refus l'indisposa contre la docte Faculté. Il ne resta à Montpellier que le temps nécessaire pour se perfectionner dans l'anatomie et la botanique. Il renonça à passer devant cette Faculté ses examens de médecine et revint à Bâle pour y conquérir le diplôme de docteur.

Pendant son séjour à Montpellier, Gesner s'était lié assez intimement avec les hommes les plus célèbres de cette université, avec Pierre Belon, avec le médecin espagnol Jacobus, très-versé en botanique, avec le célèbre voyageur et naturaliste Léonard Ranwolf, et d'autres savants, dont le commerce lui fut plus tard fort utile.

Reçu docteur à Bâle, en 1541, il retourna à Zurich, pour s'y livrer à la pratique de la médecine.

Peu de temps après son arrivée, on lui confia une chaire de philosophie et de physique au collége Carolin. Assuré dès lors de pouvoir subvenir à son existence, il commença à se livrer entièrement à ses recherches favorites.

Après avoir fait paraître les deux ouvrages de botanique dont nous avons déjà parlé, il traduisit du grec un *Traité des syllogismes*. Plusieurs voyages en Suisse et en Savoie, qu'il entreprit surtout pour fortifier sa santé ébranlée, lui servirent en même temps à étendre ses connaissances. Il parle avec enthousiasme de ces voyages, dans son petit livre sur le *lait* et les *laiteries*, précédé d'une *Lettre sur la beauté des montagnes*, qui parut à Zurich, en 1541 (1).

« Pourquoi, dit-il dans cette lettre, tant de sommets se dressent-ils à ces hauteurs? Ce sont les dépôts inépuisables au sein desquels se forment les sources, les ruisseaux et les fleuves, d'où les pays environnants tirent leurs provisions d'eau. C'est à leurs pieds que nous trouvons nos beaux lacs de la Suisse; il y en a même souvent sur les sommets les plus élevés des Alpes. D'autres trésors se cachent dans leurs entrailles. Leurs sources minérales deviennent des fontaines de santé et de vie pour ceux qui n'en craignent pas l'accès difficile. »

Vient ensuite une description poétique de la nature alpestre, et des plaisirs que procure une excursion dans la pure atmosphère des montagnes.

Il publia, peu de temps après, des traductions, des *Sentences* de Jean Stobée, des *Allégories* d'Héraclide du Pont, du *Discours* de Chrysostome sur Homère, des *Commentaires* de Michel d'Éphèse sur Aristote, une édition expurgée des *Épigrammes* de Martial, et une foule d'autres travaux de philologie qu'il serait inutile d'énumérer. Il prit aussi une part active à l'édition de Bâle, du grand dictionnaire latin d'Ambroise Calepin, dont il a beaucoup corrigé le texte, en ajoutant plus de quatre mille mots tirés de l'édition de Venise.

Un voyage à Francfort lui fit faire connaissance avec le savant Arnold Arlenius, bibliothécaire de l'ambassadeur d'Espagne à Venise. Ce dernier le décida à venir fouiller dans les riches bibliothèques de l'Italie. Nous le rencontrons, en effet, à Venise, dans l'été de 1544, occupé à recueillir des matériaux pour sa fameuse *Bibliothèque universelle*.

La *Bibliothèque universelle* de Gesner, qui parut en 1545, est une des productions les plus étonnantes de la littérature. Ce n'est rien moins que le catalogue complet de tous les auteurs, connus ou obscurs, qui avaient écrit jusque-là en latin, en grec ou en hébreu. La première partie de cet immortel ouvrage parut à Zurich en 1545. En voici le titre com-

---

(1) *De lacte libellus philologus pariter ac medicus, cum epistola ad Jacobum Avienum Glaroneusem de montium admiratione.*

plet : *Bibliotheca universalis, sive catalogus omnium scriptorum locupletissimus, in tribus linguis, latinâ, græcâ et hebraicâ, exstantium et non exstantium, veterum vel recentiorum, in hanc usque diem, doctorum et indoctorum, publicatorum et in bibliothecis latentium. Tiguri,* 1545, in-fol. Ce recueil renferme les titres de tous les ouvrages connus alors, en hébreu, en grec et en latin, soit qu'ils existassent ou qu'ils fussent perdus, et souvent un sommaire de leur contenu, un jugement sur leur mérite et quelque échantillon de leur style. Les remarques que l'auteur hasarde sur les savants ses contemporains témoignent d'une rare bonté de cœur et d'une grande impartialité. Cet ouvrage fut d'une utilité extraordinaire pour son époque, et cette riche mine de matériaux est loin encore d'avoir été épuisée, car elle fournit très-souvent des renseignements plus sûrs et plus exacts que ceux qu'on trouve dans les écrits des bibliographes modernes. Le bibliographe Frédéric-Adolphe Ébert appliqua à Gesner ces mots qui se lisent sur le monument de Casaubon : *O bibliographorum quidquid est, assurgite huic tam colendo nomini!* (Levez-vous tous, ô bibliographes, devant ce nom digne de vénération.)

D'après le plan de l'auteur, cet ouvrage devait se composer de trois parties : une liste alphabétique des noms d'auteurs, un catalogue des livres, rangés par ordre de matières, et une table générale. Mais il n'a paru que la première partie, dont nous avons rappelé plus haut le titre, et les dix-neuf premiers livres de la seconde, sous le titre de *Pandectes (Pandectarum sive partitionum universalium libri XXI),* ainsi que le vingt et unième livre consacré aux ouvrages de théologie. Le vingtième, qui devait contenir la médecine, ne vit point le jour, parce que l'auteur ne crut jamais l'avoir porté au degré nécessaire de perfection.

En 1555, parut un *Appendice à la bibliothèque de Gesner.* Cet ouvrage a été abrégé et complété par Lycesthène, par Josias Simler, par Constantin, par Jean-Jacques Frisius et par d'autres; mais ces abrégés ne valent pas l'original, car on n'y trouve que la partie purement bibliographique; les extraits, les jugements qui l'accompagnent si souvent dans le grand ouvrage ont été supprimés.

La *Bibliothèque universelle* de Gesner obtint le plus grand succès et lui rapporta quelque argent. Avant même qu'elle eût paru, le duc Otto Henri, qui devait régner dans le Palatinat, fit instamment prier l'auteur de lui faire parvenir les feuilles déjà imprimées, afin qu'il pût se guider par ses indications, dans le choix des livres qui devaient composer sa bibliothèque.

Un autre seigneur éclairé, le comte de Fugger, d'Augsbourg, qui possédait une collection de manuscrits très-précieux, pria Gesner de venir le voir, et lui offrit des conditions très-avantageuses, s'il voulait se charger de l'éducation de ses petits-fils, et devenir son bibliothécaire.

De telles propositions pouvaient séduire le jeune savant, qui aurait trouvé ainsi toute facilité de voyager avec les fils de son protecteur, et de faire connaissance avec les bibliothèques de tous les pays; mais après avoir hésité quelque temps, il refusa, prévoyant qu'il lui serait impossible de s'entendre avec le vieux comte, fervent catholique, qui voyait avec mécontentement le penchant de ses petits-fils pour les nouvelles doctrines religieuses. Élève des Zwingle, des Bullinger, des Koepflein, Gesner ne put se décider à sacrifier ses convictions à son bien-être. Il préféra rester à Zurich, dans une position peu brillante assurément, mais qui lui permettait de rester fidèle à ses opinions religieuses.

La bibliothèque d'Augsbourg contenait des manuscrits précieux; quelques-uns lui furent plus tard confiés, pour les publier. Il perdit beaucoup de temps à traduire une foule de petits traités grecs; mais il préparait en même temps son grand ouvrage d'histoire naturelle. Dans l'histoire de sa vie qu'il a insérée dans la *Bibliothèque universelle*, Gesner parle avec une grande franchise des divers travaux, plus ou moins littéraires, qu'il avait publiés jusque-là.

« Je crois devoir avouer, y dit-il, relativement à la plupart de mes écrits, qu'il n'y en a presque pas un seul qui ait été élaboré et perfectionné autant que le sujet le demandait et que j'aurais pu le faire si j'avais gardé ces écrits pendant quelque temps pour les livrer. Mais cette joie ne m'a pas encore été donnée, à cause de ma situation domestique si précaire. Moi-même, comme tant d'autres de mes semblables, nous sommes obligés de travailler pour le pain quotidien. Ainsi, je dois prier les lecteurs de mes ouvrages de bien songer que je ne manque pas de zèle et d'application, ni du désir de créer quelque chose de plus parfait; mais qu'il me manque le temps et le loisir; deux déesses inexorables me pressent de me hâter : la Misère et la Nécessité. Toutefois, je puis affirmer de bonne foi qu'il n'a paru de moi aucun travail (travail, c'est le mot qu'il faut) dont j'eusse à rougir et qui ne surpasse au moins en quelque manière ceux qui ont été faits antérieurement sur les mêmes sujets. »

Ce noble et franc aveu doit nous rendre indulgents pour les défauts de quelques-uns de ses ouvrages. Quand on considère le nombre immense des matériaux que Gesner a recueillis, étudiés, coordonnés et utilisés, on est frappé d'admiration, et l'on comprend que l'auteur n'ait pu donner un entier degré de perfection aux détails de tant de monuments d'érudition.

A peine sa *Bibliothèque universelle* avait-elle paru, que Gesner s'occupait de la publication de son *Histoire naturelle* accompagnée de dessins sur bois. Il avait conçu dès sa jeunesse le plan de cet ouvrage.

L'*Historia animalium* vit le jour de 1551 à 1560. Gesner a voulu réunir dans ce vaste recueil tout ce qui avait été noté, observé, remarqué, publié dans tous les temps, sur l'histoire naturelle. Il se proposait de tout vérifier par lui-même, et de combler toutes les lacunes par l'observation directe des objets dont il devait donner la description. Il avait ce coup d'œil juste et pénétrant, qui distingue les grands naturalistes comme les grands peintres. Quoique myope et obligé de se servir de lunettes, il était excellent observateur, habile dessinateur, et possédait la mémoire des formes. Toutes les descriptions qu'il donne des animaux qu'il a étudiés, soit en Suisse, soit pendant ses voyages en Allemagne, en France et en Italie, sont d'une exactitude parfaite. Il rapporte sur les animaux de la Suisse, qu'il avait particulièrement examinés, beaucoup d'observations, qui ne sont pas encore à négliger aujourd'hui. Il s'appliqua avec un zèle consciencieux à se procurer des dessins fidèles de toutes les espèces qu'il n'avait pu observer par lui-même. Les nombreux amis et correspondants que son mérite lui avait conciliés dans presque tous les pays de l'Europe ne pouvaient mieux l'obliger qu'en lui expédiant les figures et la description des productions plus ou moins rares de leur contrée, ou même les objets en nature, qu'il faisait alors peindre et graver.

En effet, malgré sa pauvreté, il entretint constamment un dessinateur près de lui. Il avait, dans sa parenté, un peintre habile, Jean Thomas, qui lui fut très-utile. Grâce à l'obligeance de ses amis et aux sacrifices qu'il s'imposait, il parvint à réunir un nombre immense de figures exactes de quadrupèdes, d'oiseaux, de poissons et d'insectes, et à former un cabinet d'histoire naturelle, qui peu à peu se compléta et s'étendit. C'était la partie la plus essentielle des matériaux dont il avait besoin.

Les objets une fois réunis, il fallait les classer et les dénommer. C'était une besogne aussi difficile que de les rassembler. Gesner voulait donner les noms des animaux, dans les principales langues anciennes et modernes. Déjà, dans les *Pandectes* (seconde partie de sa *Bibliothèque universelle*), il avait donné une liste alphabétique des animaux les plus connus, avec leurs noms en grec, en latin, en allemand, en français et en anglais, et tous les animaux dont il possédait déjà un dessin y étaient marqués d'un astérisque. En même temps, il suppliait tous les amis des sciences naturelles qui liraient cette liste de l'aider en lui communiquant les dessins qui lui manquaient encore. « Car, dit-il, il me faut chercher à obtenir par des prières ce que, n'ayant point de riche Mécène, je ne pourrais me procurer par mes faibles moyens; mais je mentionnerai certainement avec reconnaissance tous ceux qui m'auront aidé. »

Sa correspondance imprimée et inédite nous apprend combien il tenait à se procurer les noms usités dans les divers pays, par l'obligeance des connaisseurs et des naturalistes. Il cherchait à connaître les noms donnés à certains animaux par les pêcheurs ou par les chasseurs. Il montrait lui-même ses dessins à ces diverses gens, et les questionnait sur les noms des animaux. Il notait en marge de ses dessins les noms qui lui avaient été communiqués et qui appartenaient aux différentes langues, afin de comparer entre elles les descriptions que les auteurs avaient données des différents objets sous ces mêmes dénominations. Il s'imposa en un mot un travail d'Hercule, mais d'un Hercule patient et persévérant.

Il entreprit de lire tout ce qui avait été écrit sur l'histoire naturelle, en hébreu, en latin, en grec, en italien, en français, en allemand et en hollandais, et d'en extraire tout ce qui pouvait trouver place dans son recueil. Il ne s'agissait pas seulement, en effet, de décrire les animaux, mais de rassembler tout ce qui concernait leurs mœurs, leur utilité, l'étymologie de leurs dénominations, et de rappeler ce qu'avaient écrit à ce sujet les auteurs anciens et modernes. Cette entreprise aurait effrayé le travailleur le plus intrépide ; mais Gesner n'y vit rien qui fût au-dessus de ses forces, car il était à la hauteur d'une pareille tâche. Il lut tout. Il lut jusqu'aux scoliastes grecs, et en fit des extraits! Cela nous donne la mesure de la patience d'un Allemand érudit. Il écrivait ses divers extraits, ses notes, qu'il recueillait partout, sur de petites feuilles de papier à têtes de lettres, et les numérotait ensuite. On s'effraye à la pensée du nombre incalculable de ces petits papiers. Ses matériaux étaient peu à peu accrus, à tel point qu'il ne pouvait différer davantage de les coordonner.

Gesner, à la vérité, n'a pas établi de classification des animaux, il n'a point créé de systèmes, ni fixé de genres. La science n'en était pas encore là. Mais très-souvent il indique les vrais rapports des êtres, et l'on ne saurait trop admirer l'esprit de saine critique dont il fait preuve, à une époque où tous les naturalistes raisonnaient si mal et conservaient encore un si profond respect pour l'autorité des anciens.

Savérien, dans son *Histoire des philosophes modernes*, fait remarquer qu'il n'y a dans l'*Histoire naturelle des animaux* de Gesner ni ordre ni méthode. « Les anciens, dit ce biographe, n'en connaissaient point, et Gesner n'avait point enchéri sur eux. » Gesner devait commencer par le commencement, c'est-à-dire par la réunion des types connus d'animaux. Il n'a pas assez vécu pour coordonner, par une classification méthodique, les matériaux immenses que son ouvrage renferme. Il adopta l'ordre alphabétique, qui pouvait suffire pour cette première tentative d'une description générale des trois règnes de la nature. Dans son ouvrage, beaucoup de détails paraissent aujourd'hui inutiles, beaucoup de choses semblent mal disposées, mal digérées. Cependant on est encore séduit par la vivacité du style, par la vérité et l'animation des descriptions, par l'érudition et le goût dont l'auteur fait preuve. Sa manière d'écrire contraste avec la sécheresse des traités du même genre qui avaient été publiés par quelques autres savants.

Pour faire apprécier le soin avec lequel Gesner a préparé son grand ouvrage, nous donnerons ici la traduction de deux lettres insérées dans la consciencieuse *Biographie de Conrad Gesner*, écrite en allemand par Jean Hanhart, à laquelle nous empruntons la substance de cette notice biographique. La première de ces lettres fut écrite par Gesner, la veille du jour de Pâques de 1557, à son ami Gaspard Wolf, qui étudiait alors la médecine à Montpellier.

« J'apprends, écrit Gesner à son ami Wolf, qu'il se trouve en Provence et en Languedoc, et par conséquent probablement aussi dans les environs de Montpellier, une espèce de lézard ou de salamandre que l'on appelle en France *blandin*, vraisemblablement à cause de sa démarche lente et caressante; animal très-venimeux, comme étoilé sur le dos, ayant les côtés noirâtres, le milieu du dos jaune et le ventre brun. Je te prie de faire des recherches sur cette bête et de la comparer avec ma description du salamandre, si quelqu'un chez vous possède mon histoire des ovipares. Si tu trouves qu'elle diffère du salamandre par sa forme et sa couleur, tu la feras peindre pour moi avec ses couleurs naturelles. Si on trouvait des serpents dans vos environs (chez nous, il n'y en a qu'un petit nombre d'espèces, mais dans les climats chauds et riverains, il doit s'en trouver beaucoup), je te prie de faire pour eux la même chose, ou du moins de chercher à connaître le nom, l'aspect et le poison de chacun de ces animaux. »

La seconde de ces lettres qui retracent si bien le genre de vie et les habitudes des savants au seizième siècle, est écrite à Gesner par l'évêque anglais Parkhust. Gesner l'avait chargé d'une commission pour son ami *Caius* (John Key, de Norwich, médecin d'Édouard VI, de Marie et d'Élisabeth), quand le savant évêque retourna en Angleterre lors de l'avénement d'Élisabeth, après avoir vécu quelque temps à Zurich, où il s'était réfugié pour échapper aux persécutions de la reine Marie d'Angleterre. Parkhust avait fait son possible pour rencontrer le célèbre médecin, mais toujours sans succès, et il fut obligé d'écrire à Gesner cette lettre, datée du 21 mai 1559 :

« Je te salue, et te salue bien des fois, mon Gesner bien aimé. Dès mon arrivée à Londres, je suis allé pour voir ton *Caius*, et pour lui remettre ta lettre, et comme il n'était pas chez lui, je l'ai donnée à sa servante. Car il n'a pas de femme, et n'en a jamais eu. Il ne se passe pas de semaine sans que je me transporte chez lui au moins deux ou trois fois. Je frappe alors à la porte de sa maison. La fille vient, mais n'ouvre pas; elle se contente de regarder par le judas de la porte et me demande ce que je veux. Alors, je la prie de me dire où est son maître, s'il est à la maison, ou bien aussi quelquefois s'il veut y être ! Elle me répond invariablement qu'il n'y est pas. C'est un homme qui ne se montre au grand jour nulle part. Maintenant on me répond déjà qu'il est en voyage. Je ne puis donc rien t'écrire de lui. Mais si je le rencontrais par hasard quelque part, je lui dirais son affaire. Il apprendra qui je suis. »

Un autre savant anglais qui aida beaucoup Gesner dans l'accomplissement de son projet fut William Turner, célèbre théologien et médecin, qui se vit également obligé de chercher un asile en Suisse, pour échapper aux persécutions fanatiques de la reine Marie.

Gesner n'oublie jamais de citer tous ceux qui ont contribué à enrichir son ouvrage, soit par des renseignements, soit par l'envoi de figures authentiques ou des objets eux-mêmes. Nous trouvons dans la liste de ses collaborateurs les Français Daléchamp, Guillaume Rondelet et Pierre Belon. Les plus célèbres parmi ses amis allemands sont : Fabricius, Melchior Gailand, Jean Keutmann, Achille Gasser; en Italie, il était aidé par Cardan, Aldrovande, Mundella, Bassavolus. Tous sont cités par Gesner, dans ses ouvrages, en des termes qui témoignent de sa sincère gratitude.

Les quatre premiers livres de l'*Histoire des animaux* parurent dans un intervalle de sept ans, de 1551 à 1558. Le cinquième et dernier ne fut publié qu'après sa mort, en 1587.

Le premier livre traite des *quadrupèdes vivipares*; le deuxième, des *quadrupèdes ovipares*; le troisième, des *oiseaux*; le quatrième, des *poissons* et autres animaux aquatiques. Le cinquième, qui fut publié par Jacques Carron, médecin de Francfort, traite des *serpents*; il est plus rare que les autres. Gaspard Wolf y joignit en 1587 une histoire du scorpion, œuvre posthume de Gesner. Le plan de l'ouvrage exigeait un sixième livre sur les *insectes*, mais il est douteux que Gesner eût commencé à le rédiger

Outre cette première édition latine, il en a paru plusieurs autres, en allemand, en français, ainsi que divers abrégés.

Dans son grand ouvrage, les animaux sont rangés, comme nous l'avons dit, d'après l'ordre alphabétique de leurs noms latins. Les détails que l'auteur donne sur chaque animal sont divisés en huit chapitres, renfermant les noms que l'animal porte dans les différentes langues anciennes et modernes; sa description anatomique et son aspect, ses variétés et les pays qu'il habite; la durée de sa vie, de son accroissement, le temps de la gestation, le nombre de la portée, les maladies auxquelles l'animal est sujet, et la manière de les guérir, ses mœurs et ses instincts; son utilité dans l'économie domestique; les aliments qu'on en tire, les remèdes qu'il fournit, les poisons et antidotes qui s'y rattachent; enfin les images dont il a doté la poésie, l'éloquence ou l'art héraldique; les épithètes qu'on lui a données, les proverbes où il joue un rôle, les anecdotes qu'on a faites sur lui, etc., etc.

L'*Histoire des animaux* porte en sous-titre cette recommandation, très-justifiée : *Opus philosophis, medicis, grammaticis, philologis, poetis et omnibus rerum linguarumque variarum studiosis, utilissimum, simul incaudissimumque futurum.* Il fallait être Gesner pour oser entreprendre de remplir un cadre aussi vaste. On est étonné à la seule vue des in-folio de l'*Historia animalium*, qui occupent toute une travée à la bibliothèque du Muséum d'histoire naturelle de Paris; mais quand on les a parcourus, on ne peut se défendre d'un sentiment d'admiration pour l'auteur. Il juge lui-même, d'ailleurs, son travail avec tant d'impartialité, qu'il est impossible de ne pas reconnaître combien il y a mis de conscience. Il s'excuse de n'avoir pas toujours pu donner des dessins authentiques, en rappelant qu'il a constamment indiqué les sources dans lesquelles il a puisé, et il ne dissimule pas ses doutes au sujet de certaines figures d'animaux empruntées à des ouvrages plus anciens.

Les gravures que Gesner fit exécuter, d'après les dessins originaux, sont très-exactes; celles qu'il fut obligé d'emprunter ne les valent pas. Gesner sent très-bien lui-même que son ouvrage est un peu trop chargé de détails et de faits étrangers à l'histoire naturelle; mais comme Jérôme Cardan, il était contraint de travailler vite et de vivre du produit de ses ouvrages. Il a dit avec raison qu'il aurait été plus bref s'il eût disposé de plus de temps. Il n'eut pas le temps d'être court!

D'après Cuvier, on peut considérer l'*Histoire des animaux* de Gesner comme la première base de la zoologie moderne. Aldrovande l'a copié presque littéralement, Jonston n'a fait que l'abréger. Plus d'un auteur célèbre y a puisé, sans s'en vanter, une érudition facile; et l'on a remarqué que les passages des naturalistes anciens qui ont échappé à Gesner sont également restés inconnus à ses successeurs. Son exactitude consciencieuse justifie, d'ailleurs, la confiance de ses nombreux copistes. Il donne, avec autant de critique que l'on peut en demander à cette époque, une infinité de détails nouveaux qu'il s'est procurés lui-même ou par ses correspondants, et ses notes sont en général fort exactes, de sorte qu'on peut encore en tirer parti de nos jours.

Une seule des cinq parties de l'ouvrage de Gesner manque un peu d'originalité : c'est l'*Histoire des poissons*. Il fut obligé de copier, en y faisant quelques additions, les ouvrages de ses contemporains, Pierre Belon et Guillaume Rondelet.

Après la publication de l'*Histoire des animaux*, Gesner fit paraître plusieurs abrégés du même ouvrage, faits sur un autre plan, sous le titre d'*Icones animalium*, *Icones avium*, etc. (1553 à 1560), qui ne sont que des collections de figures d'animaux. Ici, il abandonne l'ordre alphabétique, pour suivre une sorte de classification naturelle, par ordres et par genres. Chaque figure est accompagnée d'une courte description, qui suffit pour faire reconnaître les espèces, et pour dispenser de l'achat du grand ouvrage. On pouvait se procurer pour un prix plus élevé les mêmes figures coloriées à la main.

C'est dans ces derniers ouvrages que Gesner prononce pour la première fois le nom de *genre* (*genus*). Le premier, il compara l'ensemble et les détails des animaux, et commença à grouper autour d'un type commun, le *genre*, plusieurs *espèces* voisines. Il réunit même quelques genres en un seul groupe naturel, ce qui fut le premier pas vers l'établissement des *familles naturelles* d'animaux. Si Gesner n'a fait que pressentir vaguement la classification naturelle en zoologie, au moins il indique, en général, très-bien, les vrais rapports des êtres, et les caractères communs qui rapprochent les individus entre eux.

Les conditions de la vie au milieu desquelles se trouvait Gesner n'étaient pas cependant de nature à favoriser ces travaux immenses et à en alléger le poids. Pour se livrer avec fruit à l'étude de la nature et à la contemplation de ses spectacles infinis, il ne faut pas être en proie aux difficultés et aux angoisses de la vie. Rivé jour et nuit, pendant de longues années, à son bureau, pour ne pas laisser chômer les presses de son ami Froschauer, l'imprimeur; engagé pour le même travail dans une correspondance extrêmement étendue, il était accablé, en outre, des soucis domestiques. Non-seulement ses revenus étaient insuffisants, mais il était encore forcé de s'occuper lui-même du ménage, à cause de la mauvaise santé de sa femme. Il était absolument privé de la sérénité et du calme qu'exigent les travaux d'un savant. Dans une courte biographie de Gesner, placée en tête de ses ouvrages *(Opera omnia)*, Schmiedel s'exprime ainsi, à propos de ses chagrins domestiques :

« Par un coup de tête, il se maria. Il a gardé sa femme jusqu'à sa mort, et elle lui a survécu, quoiqu'elle fût, depuis sa naissance affligée de plusieurs infirmités, de spasmes quotidiens, de varices et d'ulcères qui en étaient la suite, et ce qui pis est, très-morose, impatiente et peu obéissante dans sa diète, ne voulant jamais prendre les médicaments ni supporter une opération (1). »

En 1552, il fut dangereusement malade, et ne se remit que peu à peu. Il avait alors quarante ans à peine. Sa pâleur, son corps maigre et exténué lui donnaient l'air d'un vieillard. Les étrangers qui venaient le voir à Zurich, attirés par le bruit de son nom, ne pouvaient comprendre comment cet homme, dont la renommée était européenne, restait dans une situation si infime et si misérable.

Cependant les offres de positions brillantes ne lui avaient pas manqué. L'archevêque Haper l'invita à venir se fixer en Angleterre; le médecin Gryon Seiler lui offrit une belle place à Augsbourg. Mais Zurich était pour lui la patrie aimée, qui avait élevé l'enfant, encouragé l'adolescent, secouru le talent de l'homme. A son foyer vivaient sa vieille mère, ses amis d'enfance, ses anciens professeurs, qui lui témoignaient un attachement paternel. Il était libre de prier Dieu à sa manière et selon

(1) « Intempestivo consilio, uxorem duxit. Cum hac conjunctus vixit usque ad obitum, illaque post se reliquit, et si pluribus a longo tempore aegritudinibus pressa, spasmis fere quotidianis, varicibus, ulceribusque, inde natis, vexata fuerit; et quod maximum, morosior, impatiens atque victu inobediens semper esset, neque medicamina neque manum chirurgicam pro auferendo malo sustinere voluerit. »

le vœu de son cœur. D'un autre côté, l'admirable situation de Zurich, ses environs enchanteurs, remplis de tant de souvenirs, contribuaient à l'attacher par des liens indissolubles à la terre natale.

Gesner comprit pourtant qu'il était urgent de songer à chercher une position meilleure. C'est ce qu'il fit en écrivant à son ami Bullinger une lettre que nous reproduisons en entier, comme le document le plus touchant et le plus curieux de l'histoire de la vie de ce grand naturaliste. Gesner y expose avec autant de modestie que de justesse ses travaux passés, sa situation, ses besoins et ses vœux, pour décider son ami à demander aux autorités de Zurich l'adoucissement de sa position.

« *Conrad Gesner à Henri Bullinger* (1558).

« Après avoir enfin terminé, grâce à Dieu, mon livre des *Animaux aquatiques*, je vais être encore forcé, moi pauvre homme exténué de fatigue, de me charger de quelque travail de longue haleine. Depuis vingt ans, je n'ai jamais joui du bonheur de pouvoir me reposer une seule fois, de mes veilles si fatigantes et si peu interrompues. Je suis loin de souhaiter un repos paresseux, inactif; tout ce que je désire, c'est d'avoir des loisirs comportant un peu plus de liberté, et une vie plus en harmonie avec mes titres de médecin et de professeur public. Jusqu'ici je ne pouvais guère satisfaire aux devoirs de cette position que d'une manière superficielle, étant sans cesse occupé d'écrire des livres et perdant mon temps à ces merveilles d'impressions. Si je pouvais arriver à avoir un peu plus de loisir, je pourrais espérer de voir revenir ma santé qui, à en juger par ma pâleur mortelle et mon corps émacié, se trouve gravement compromise en ce moment. Je recouvrerais la gaieté de mon esprit, qui, maintenant, est presque toujours assombri et triste ; je pourrais aussi exercer avec plus de succès ma profession de médecin, et faire, avec plus de fruit, mes cours à l'Académie. On pourrait m'objecter que je ne suis pas forcé d'écrire; pourquoi ne pas me contenter de mes appointements! Mais, si je n'avais pas travaillé avec tant d'assiduité, qui est-ce qui aurait payé mes créanciers, quand je suis revenu de France où j'avais de si minces subsides pour mon entretien? Qui nous aurait soutenu, moi et les miens, quand vous (les seigneurs du chapitre de Zurich) m'avez laissé pendant longtemps avec trente florins par an? Avec quoi me serais-je acheté une maison, après avoir été obligé de changer sans cesse de logement? Comment aurais-je pu secourir mes parents, mes neveux et nièces, qui, pour la plupart, sont très-nécessiteux, et ma pauvre chère mère! Ne faudrait-il pas mentionner aussi que ma santé déjà ébranlée exigeait une nourriture un peu plus choisie, et que j'avais besoin de beaucoup de livres dispendieux pour pouvoir continuer mes recherches? En ce moment, les mêmes sources de dépenses nécessaires existent toujours; elles s'accroissent même avec le nombre de mes parents indigents. Par toutes ces raisons, je suis forcé de vivre, non comme un médecin ou comme un amateur des sciences, mais comme le plus infime et le plus pauvre des manouvriers. Quelques-uns croiront peut-être que je dois être riche, parce que j'ai acheté ma maison, il y a déjà assez longtemps de cela, et plus tard un jardin hors la ville, et que, même encore récemment, j'ai fait bâtir à grands frais. Mais il me fallait une maison, si je ne voulais continuellement quitter un logement pour un autre. Quant à mon jardinet, je l'avais acheté dans le but d'y cultiver des herbes dont la connaissance et l'usage sont indispensables au médecin; mais la misère m'a forcé de m'en défaire afin d'avoir de quoi faire arranger dans ma maison quelques chambres un peu commodes, dont je m'étais passé jusque-là.

« Pardonne-moi, mon Bullinger, si je te répète ce que tu connais pour la plus grande partie; si je le fais, c'est pour trouver auprès de toi des conseils dans mes perplexités.

« Le libraire Frobenius, de Bâle, me demande de comparer, pour lui, la traduction latine de Galien avec le texte grec original (travail immense s'il en fut); dans un mois je dois rendre une réponse définitive. L'imprimeur Froschauer, de Zurich, désire que je fasse pour lui un extrait des trois grands volumes de mon *Histoire naturelle des animaux*. Ainsi donc, lorsque je suis épuisé, exténué, affaibli par tant de fatigues, à moitié aveugle et ayant à peine, parfois, conscience de moi-même (et pourrait-il en être autrement après des travaux littéraires si variés, si étendus et entrepris par nécessité?); je dois de nouveau m'atteler à mon ancien joug; je dois me charger d'un nouveau travail qui, pendant deux ou trois années entières, me permettra à peine de respirer. Pourrais-tu me conseiller cela, toi, mon ami! Donne-moi, je t'en prie, un conseil plus bienveillant, afin que je puisse enfin soigner ma santé, mon esprit et mon corps; afin que je n'aie plus à passer les longues nuits à peu près sans sommeil (car l'activité de mon esprit, surexcité par le travail prolongé fort avant dans la nuit, et le chagrin de n'entrevoir aucune lueur d'espoir, aucune perspective d'un sort meilleur et plus tranquille, tout cela m'ôte le sommeil); empêche que je ne sois dévoré par une noire mélancolie et ne m'en aille peu à peu de chagrin et d'épuisement. Ne pourriez-vous donc pas vous résoudre à m'accorder des appointements plus suffisants pour ma besogne doublée, étant médecin de la ville et lecteur public, et ayant servi mon pays depuis vingt ans dans cette qualité, en sorte que je puisse jouir d'un peu plus de repos, maintenant que la vieillesse approche! En vérité, je ne suis plus capable de supporter tant de veilles et des travaux aussi fatigants. Les imprimeurs ne demandent que de gros livres, ils ne veulent pas des petits, même quand on les leur offre gratis. Je suis, par la grâce de Dieu, à même d'avoir quelques succès comme médecin, plus de succès même que les médecins ordinaires, pourvu que je puisse y mettre le temps, que les malades se décident à suivre mes ordonnances et à ne pas m'appeler trop tard. Les médecins les plus illustres des cours royales et princières sont mes amis; bien souvent, dans leurs lettres intimes, ils me communiquent des remèdes rares ou des renseignements importants, que je leur rends pareillement; quelques-uns de ces hommes célèbres m'appellent même leur maître. Je n'écris pas tout ceci pour toi, mon Bullinger, mais seulement pour que tu puisses au besoin (et il en est grand besoin!) me recommander par toutes ces raisons et par d'autres aux membres du conseil.

« On pourrait me dire, peut-être, qu'il y a encore d'autres médecins plus jeunes qui doivent être aidés. Cela peut se faire, il est vrai, avec les mêmes fonds d'où je tire mes appointements, partie de l'État, partie du chapitre ; mais ils sont jeunes, ils ne sont pas sans fortune, et ils gagneront plus que moi par l'exercice de leur profession ; je ne suis pas fait pour gagner de l'argent, cela ne va pas à mon caractère. D'ailleurs, je leur céderai bientôt le terrain ; mon corps se ressent d'une vieillesse précoce et ma face l'annonce. Je ne sais quel parti prendre si tu ne viens pas à mon secours, mon ami, et si je ne trouve pas d'encouragement auprès de toi, le chagrin que me cause l'ingratitude de ma patrie me tuera. Si tu en avais la ferme volonté, et si tu parlais pour moi, tu obtiendrais beaucoup. Tu es mon seul protecteur, et c'est à toi que je voudrais devoir une position indépendante et tout ce qui peut encore me faire aimer la vie. Ce que tu promettras en mon nom, ce que tu diras pour me faire valoir, je chercherai à l'exécuter avec une consciencieuse fidélité. Voici ce que je désire. Avec votre recommandation et votre certificat que, par mes leçons et mes cours, je mérite déjà autant d'honoraires que les autres professeurs (je ne veux pas, par là, me comparer à eux, mais je crois cependant que vous pourriez le dire de moi), mon affaire devrait être soumise au Sénat, à qui on présenterait en même temps mon livre des animaux aquatiques, de manière à leur faire voir combien d'efforts et de labeur j'ai dû m'imposer pour écrire, dans l'espace de vingt ans, douze volumes presque aussi forts, ce qui m'empêche beaucoup trop, ou même à peu près entièrement, de vaquer à mes affaires de médecin. Il convient que je leur rende compte de l'emploi que j'ai fait de mon temps, surtout en ce moment où j'ai terminé un si grand ouvrage et où je dois en commencer un autre. Si les membres du conseil veulent que je continue de la même manière, je le ferai. Si, par leur munificence, ils veulent bien m'aider à me livrer davantage à l'art médical, cela sera aussi. Comme médecin, si je pouvais donner plus de soins à cette profession, je serais capable, avec l'aide de Dieu, de délivrer de grands hommes des maladies les plus dangereuses, et même, s'il m'est permis de m'exprimer ainsi, de les sauver du gouffre de la mort. Si jamais, ce que Dieu veuille empêcher! la peste nous visitait de nouveau, je connais bien quelques remèdes précieux et spéciaux, mais il me faudrait le temps de les préparer et je ne l'ai pas maintenant. Si nos conseillers désirent que je sois un bon médecin bien actif, il faut aussi qu'ils se montrent envers moi des protecteurs généreux et bienveillants. Aucun des médecins contemporains n'emploie l'ouverture des artères temporales; très-peu d'entre eux savent faire les injections de la matrice dans des cas compliqués. Ces procédés et d'autres encore, connus aux anciens médecins depuis Hippocrate, ont été plusieurs fois employés par moi avec succès. J'ai guéri plusieurs cas d'hydropisie, d'apoplexie et d'épilepsie, et d'autres maladies graves, lorsqu'on ne m'appelait pas trop tard et qu'on suivait mes instructions. J'ai conservé la vie à plusieurs vieillards asthmatiques qui semblaient déjà près d'expirer. Dans la connaissance des animaux, des herbes et des remèdes simples, si nécessaire pour la préparation des remèdes, les premiers médecins de notre temps m'accordent la suprématie sur tous les médecins anciens ou vivants. Je ne trouverais pas facilement mon maître dans la connaissance de la langue grecque, indispensable pour l'intelligence des écrits des anciens médecins (il y en a beaucoup, et moi-même je possède quelques manuscrits encore entièrement inédits), car je lis et j'écris le grec aussi couramment que ma langue maternelle. C'est à regret que je dis tout cela moi-même, et je ne voudrais le faire que vis-à-vis de toi ou de quelques autres qui ne sauraient me soupçonner de manquer de modestie.

« Pardonne-moi la franchise de ces épanchements, et que je puisse compter sur ta sollicitude, ainsi que je fais avec une entière confiance. Si tes recommandations me sont utiles, si j'obtiens plus de loisir, moins pour mon propre profit que pour celui du public, je t'en serai éternellement reconnaissant à toi et aux tiens. Si ma situation ne change pas, je passerai mes jours, comme par avant, dans un labeur excessif et dans le chagrin, et m'étiolerai complétement, ou je ne sais quel parti je prendrai.

« Adieu.

« Ton Conrad GESNER. »

A peine Gesner eut-il écrit cet exposé, touchant et véridique, de sa triste situation, qu'il résolut d'aller voir lui-même son ami Bullinger. Après une entrevue intime avec Bullinger, dans laquelle il lui ouvrit tout à fait son cœur, en lui faisant connaître ses justes désirs et ses espérances, il revint chez lui un peu plus calme, et ajouta à la lettre qu'on vient de lire le post-scriptum suivant :

« J'avais écrit ces lignes avant de t'avoir communiqué oralement ma situation et ce que je désire obtenir. Je t'envoie néanmoins cette lettre parce que tu m'as promis d'épouser mon affaire, d'un côté pour compléter ce que tu sais, et d'un autre côté pour te mieux rappeler tout ce qui a été dit. Je crains que la pétition des jeunes médecins ne nuise beaucoup à la mienne, et que les protecteurs de ces braves et habiles jeunes gens que j'aime beaucoup moi-même ne cherchent publiquement ou en cachette à m'empêcher de réussir, croyant que ce qui me serait accordé serait perdu pour les autres. Si tu t'aperçois que telles fussent leurs idées, je te prierais de leur représenter que si j'obtiens des appointements plus élevés, cela profitera même à ces médecins plus jeunes, non-seulement lorsqu'ils reviendront de leur voyage à l'étranger, mais encore, surtout, quand j'aurai quitté cette vie d'ici-bas pour une vie meilleure et éternelle, ce qui, sans doute, arrivera bientôt. Ainsi, ce que tu auras fait pour moi aura été fait pour eux aussi. Je n'attends pas de réponse, puisque tu me l'as déjà donnée oralement. Si tu le trouves bon, tu présenteras au bourgmestre et aux principaux membres du conseil municipal l'essence de mon mémoire latin; mais si tu croyais qu'il valût mieux écrire en allemand une supplique pareille, je t'en enverrai une pour la leur lire. Tout ce que tu feras pour moi dans cette affaire, j'en garderai un souvenir reconnaissant.

« Ton Conrad GESNER. »

Bullinger s'occupa avec zèle de la demande de Gesner, et ses efforts ne restèrent pas inutiles. Les mérites et la gloire de son ami parlaient assez haut en sa faveur. On ne put se refuser à reconnaître la justesse de ses réclamations, et en 1558, il obtint le grade et le traitement de chanoine, faveur qui, depuis cette époque, est restée le partage de celui des médecins de Zurich qui est chargé de la chaire de physique.

Gesner, que tant de tracas domestiques avaient accablé jusque-là, se trouva alors dans une situation tolérable; et il put s'adonner à l'espoir de consacrer désormais ses loisirs à la science qui avait eu les préférences de sa jeunesse, c'est-à-dire à la botanique.

Les connaissances des anciens en botanique étaient extrêmement superficielles et peu étendues. Dioscoride, comme nous l'avons dit dans le premier volume de ce recueil, n'a parlé que de six cents plantes, et il les décrit avec si peu de clarté qu'il est quelquefois impossible de savoir de quel végétal il parle. On s'était contenté, au moyen âge, de traduire les écrits des anciens, et de chercher à reconnaître les plantes d'après leurs descriptions. Ce travail stérile de vérification ne pouvait faire avancer la science d'un pas. Gesner, après avoir résumé les travaux des anciens, dans les deux ouvrages de compilation dont nous avons parlé, fut le premier à entrer dans la voie de l'observation directe en botanique.

Nous avons déjà dit comment il avait été initié dans sa jeunesse, par son oncle Jean Frick, à la connaissance des plantes. Il resta fidèle, pendant toute sa vie, à ce goût, éveillé dès l'enfance; et ses dernières années furent consacrées à préparer un grand ouvrage de botanique. Il ne put malheureusement l'achever. Son *Histoire des Plantes* ne fut publiée, incomplète qu'elle était, que deux siècles après sa mort.

Ses nombreux voyages et ses excursions dans les Alpes lui avaient permis de recueillir une foule de plantes et de commencer un herbier disposé d'après un plan méthodique. En même temps, il cultivait dans son petit jardin de Zurich un grand nombre de végétaux. On y voyait des fleurs rares des Alpes, aussi bien que des plantes exotiques. Gesner était ravi d'y conduire ses amis et de leur expliquer ses trésors. Plus tard, quand sa situation se fut améliorée, il s'arrangea un second jardin. Dans l'un et dans l'autre, il semait et cultivait ce que ses correspondants lui envoyaient de plus rare, de l'Allemagne, de l'Italie, de la France, etc. Il n'y avait à Zurich que deux autres jardins particuliers, et ils étaient peu éloignés du sien. L'un appartenait au chirurgien Pierre Hafner, l'autre au pharmacien Jean-Jacques Clauser. Les trois amis étaient, en quelque sorte, copropriétaires de leurs jardins; chacun communiquait avec empressement ce qu'il possédait.

Gesner eut l'idée de fonder à Zurich un jardin public de botanique. Ce projet ne fut mis à exécution que plus tard; mais on conserve encore le mémoire dans lequel il demande aux autorités de Zurich « de concéder aux trois médecins de la ville un terrain où ils puissent planter des arbres et d'autres végétaux étrangers, qui non-seulement finiraient par former des ombrages où l'on pourrait se promener, mais encore fourniraient aux pharmaciens des plantes médicamenteuses. » Il explique longuement quelle devait être l'exposition de ce jardin, et il cite comme exemples à imiter les jardins publics qui existaient alors à Pise et à Padoue.

Comme il ne pouvait se procurer toutes les plantes étrangères, il cherchait au moins à en avoir des dessins fidèles. Excellent dessinateur lui-même, il s'efforçait de saisir le caractère particulier de chaque plante dans ses fleurs, dans les étamines et les pistils, ainsi que dans les graines. En 1553, il avait déjà réuni plus de cent dessins de plantes rares, et chaque année augmentait sa collection, grâce aux figures peintes ou aux plantes desséchées que lui expédiaient ses correspondants. Ses immenses lectures l'avaient familiarisé avec tout ce qui avait été écrit dans tous les temps sur la botanique, et sa bibliothèque était garnie de tous les ouvrages dont il avait besoin pour ce genre d'études.

Ainsi préparé, il débuta, comme écrivain botaniste, par une préface qu'il plaça en tête de la traduction latine, faite par Kyler, du *Livre des herbes*, d'Hieronymus Bock, dit Trajus, laquelle parut en 1552, sous ce titre : *Hieronymi Tragi de stirpibus, maxime earum quæ in Germania nascuntur, commentariorum libri tres*. Dans cette préface, Gesner fait l'histoire critique des auteurs qui ont écrit sur la science des végétaux. L'ouvrage de Bock contient plusieurs gravures nouvelles qui avaient été communiquées par Gesner à l'éditeur Richelius.

Il se trouva qu'à la même époque où Gesner préparait sa grande *Histoire des plantes*, un professeur de Tubingue, Léonard Fuchs, avait formé, de son côté, le projet de publier un ouvrage sur le même sujet, avec des gravures sur bois. Cet ouvrage devait paraître à Bâle. Le professeur Fuchs fut très-mécontent d'apprendre que Gesner allait sur ses brisées. Il essaya même de l'en détourner. Gesner, qui ne comprenait pas la jalousie de métier et qui estimait beaucoup Léonard Fuchs, lui répondit par une lettre très-digne et très-noble, dans laquelle il faisait comprendre que chacun a le droit d'apporter sa pierre à l'édifice de la science, et proposait à Fuchs plusieurs arrangements qui avaient pour but de mettre en commun une partie de leurs travaux :

« Tu désires, dit-il à Fuchs, que d'autres t'envoient leurs observations ; je serais content de voir que beaucoup d'amateurs le fissent, afin d'aider à l'achèvement de ta grande et belle entreprise. Moi-même je le ferais volontiers, si je n'avais pas déjà collectionné depuis trop longtemps, ou si mes notes étaient mises au net de manière à pouvoir t'être utile ; car j'ai la plus grande confiance dans ton savoir et dans ton jugement. Mais cette énorme quantité d'observations se trouve plutôt déposée à l'état de notes, que rédigée, sur d'innombrables petits carrés de papier, et tout cela est écrit de manière à ne pouvoir servir à personne excepté à moi-même. De plus, je n'ai pas le temps, en ce moment, de les mettre au net, et j'ai encore plus de matériaux dans ma tête que dans mes papiers ; car, depuis ma première jeunesse, j'ai trouvé ma plus grande satisfaction dans l'étude de la botanique, et m'occuper de cette science restera jusqu'à la fin de mes jours ma passion favorite. Ainsi, ne me prive pas de ma liberté et de la joie de ma vie... »

Gesner propose de lire les épreuves de l'ouvrage de Fuchs, et de lui communiquer ses remarques, ou de faire des additions à son ouvrage lorsqu'il aurait paru. Il désire, de son côté, de pouvoir réunir plus tard les gravures de Fuchs aux siennes, afin de composer un abrégé accompagné de dessins, comme il en avait fait de son *Histoire des animaux*. Fuchs, défiant et jaloux, n'accepta aucune de ces propositions, faites pourtant avec toute la sincérité qui caractérisait Gesner, et leur amitié s'en ressentit.

Gesner a donné des échantillons de ses figures de plantes dans un petit écrit sur les *herbes qui brillent la nuit* : *De raris et admirandis herbis noctu lucentibus, quæ lunariæ* (1555).

Les anciens parlent de ces herbes noctiluques. Josèphe en décrit une, qu'il nomme *baaras*, en accompagnant sa description de commentaires merveilleux. « Sa couleur est comme celle de la flamme; sur le soir, elle est lumineuse et semble jeter des étincelles de feu. Elle n'est pas facile à prendre; elle recule et s'enfuit quand on en approche; si l'on parvient à la toucher, sans en avoir une semblable à la main, on ressent un coup qui est mortel. » Pline fait mention d'une autre plante lumineuse, qu'il appelle *nyctegretun* : elle est couleur de feu, de petite taille, et armée de feuilles piquantes. A ces deux plantes, Gesner ajoute l'*aglaphatis marina* et l'*aglaphatis terrestris*, qui, toutes les deux, brillent la nuit, ainsi que le *thalassigle*, ou la *potamaneis* qui luit dans les eaux. « Une autre sorte d'herbe lunaire, à feuille ronde, qu'on appelle aussi l'*étoile de terre*, dit Gesner, se remplit tellement des rayons de la lune qu'elle s'ouvre la nuit pour luire comme une étoile. » Gesner, qui n'avait pas vu ces merveilles par lui-même, ne sait trop ce qu'on doit penser de ces récits.

Gesner eut, à cette époque, une discussion assez désagréable avec André Mathiole, savant médecin et botaniste, sur la question de savoir quel est le véritable *aconit* de Dioscoride. Il fut soutenu dans ce débat, par Melchior Guilandus, savant prussien, et il dut constamment modérer l'emportement de son défenseur, qui égalait celui de leur commun adversaire.

La piété avec laquelle Gesner respectait les travaux inédits des savants morts avant de rien publier se manifeste dans sa conduite envers Valerius Cordus, dont on lui confia les *Recherches sur les plantes*. L'auteur de cet ouvrage était mort à Rome. Gesner fit imprimer, en 1561, ses *Œuvres complètes*, en y ajoutant un grand nombre de belles gravures, ainsi qu'un appendice dans lequel il décrit plusieurs plantes rares, et entre autres la tulipe, très-peu connue encore.

Il avait mis au jour en même temps un manuel d'horticulture (*De hortis Germaniæ*, 1561), dans lequel on trouve une liste alphabétique des plantes qui se cultivent dans les jardins et des instructions sur la manière de les faire prospérer.

Ces diverses publications n'étaient que les bribes du grand ouvrage de botanique qu'il avait sur le chantier. Il excitait continuellement ses amis à lui envoyer des notes de botanique, ou des exemplaires desséchés de plantes curieuses. En 1559, il fit voyager à ses frais un jeune homme versé dans la botanique, qui lui rapporta des Alpes et du Piémont, une foule de végétaux, entre autres le véritable hellébore noir.

Benoît Aretius, professeur de théologie à Berne, propriétaire d'un beau jardin, où il cultivait des herbes alpestres, Félix Plater, Théodore Zwinger, le botaniste français Jean Bauhin et beaucoup d'autres, lui communiquaient régulièrement leurs trouvailles. Ses collections s'enflaient à vue d'œil, et il commençait à embrasser d'un regard assuré le règne végétal tout entier, comme un voyageur placé sur le sommet d'une montagne embrasse le paysage qui s'étend à ses pieds, quand il ressentit les premiers frissons de la mort. « Si tu voyais ma figure, écrit-il à son ami Kenntmann en 1563, tu y verrais l'image de la tombe. » Une toux persistante et des maux de tête, auxquels se joignit une tumeur, l'avertirent que sa fin s'approchait.

Gesner s'était accoutumé à faire, au moins tous les deux ans, une petite excursion dans les montagnes, autant pour des raisons de santé que pour herboriser. Il a laissé d'intéressantes descriptions de ses voyages, surtout de celui qu'il fit au mont Pilate, en 1555, avec trois de ses jeunes amis. On y trouve de curieux détails sur le *lac de Pilate*, dans lequel, dit-on, Pilate a été enseveli, opinion que Gesner prend la peine de réfuter.

En 1559, Gesner se rendit à Augsbourg, où l'appelait une invitation de l'empereur Ferdinand I*er*, qui était venu présider la diète. Gesner lui avait dédié son livre des *Poissons*, et l'empereur manifestait la plus grande estime pour le savant médecin de Zurich.

En 1560, il alla demander aux eaux de Bade le soulagement d'une cruelle douleur sciatique. Il se rendit, l'année suivante, aux eaux de Worms pour continuer sa cure. La guérison se fit attendre, ou du moins fut très-incomplète; mais il mit à profit ces divers voyages pour étudier une foule d'eaux minérales. Les eaux thermales avaient déjà fait le sujet d'un livre qu'il avait publié en 1553.

Il revint ensuite à Zurich, pour ne plus le quitter. Avec l'argent que lui avaient rapporté ses dernières publications, il se

LE CABINET D'HISTOIRE NATURELLE DE GESNER, A ZURICH

fit arranger, dans sa maison, un vaste et magnifique cabinet d'histoire naturelle. Les quinze fenêtres à vitraux coloriés qui l'éclairaient représentaient les diverses espèces de poissons. La bibliothèque était disposée autour de cette vaste pièce, et les deux artistes étaient placés près des croisées, pour se livrer à leur travail.

C'est dans cet asile de la science et de l'étude que Conrad Gesner recevait les nombreux étrangers qui venaient lui rendre visite à Zurich; ensuite, il les promenait dans son jardin, et leur montrait les plantes rares qu'il y cultivait.

Ce jardin n'était pas seulement pour lui un objet d'études où il puisait les éléments de ses recherches de botanique; il faisait servir les plantes à des préparations médicinales.

Gesner aimait à expérimenter sur lui-même les vertus thérapeutiques des plantes. Il fit, de cette manière, des essais avec le *polygala*, l'*angélique*, le *doronic*, la *gratiole* et l'*hellébore noir*. Il est intéressant de voir comment il parle, dans une de ses lettres adressée à son ami Occo, célèbre médecin d'Augsbourg, des expériences qu'il faisait sur lui-même avec les plantes médicinales.

« Toi, dit-il dans cette lettre, et notre ami commun Gasser ne m'approuvez point d'essayer sur moi-même quelques médicaments énergiques, tels que l'hellébore. Mais je puis te donner plusieurs raisons graves qui me déterminent à agir ainsi. D'abord ma complexion pituiteuse exige de temps en temps quelques remèdes, et les remèdes ordinaires ne me font pas beaucoup d'effet; ensuite je suis possédé du désir de connaître les vertus des médicaments simples (c'est-à-dire des herbes), afin de pouvoir mieux conseiller mes malades et moi-même. Alors je ne pourrai pas seulement répéter dans mes écrits ce que d'autres ont déjà dit, mais encore citer mes propres observations, et ces observations se font toujours beaucoup mieux et plus sûrement sur notre propre corps que sur autrui. Toutefois, je n'agis pas avec imprudence; je ne fais d'essais qu'avec des remèdes que je sais être énergiques, mais non dangereux; ensuite, je ne prends d'abord de plantes telles que l'hellébore ou la gratiole, etc., et qu'un petit nombre de grains ou de gouttes, si on leur a donné la forme liquide, et j'augmente peu à peu la dose jusqu'à ce que je sente l'effet que je me proposais de produire. Je n'ai fait que peu d'expériences avec des plantes que personne avant moi n'avait, à ma connaissance, osé employer; et alors je me fiais au jugement de mes sens, que j'ai si bien perfectionnés par un long exercice que je puis presque toujours, par son odeur seule, reconnaître la vertu purgative d'une herbe. »

Gesner avait été quelquefois imprudent dans les essais, faits sur lui-même, des plantes qu'il ne connaissait pas. Il voulut essayer de la même façon un remède contre la faiblesse d'estomac indiqué dans un livre allemand comme un fortifiant extraordinaire, et qui consistait en une infusion d'hellébore dans l'eau chaude additionnée de vin. Il en avait pris un petit verre, deux heures avant le souper. Pendant qu'il était à table, il sentit une grande chaleur à la langue et au gosier, à la face et dans toute la tête.

« Je continuai de manger et je buvais sans inquiétude, dit-il, car la nature de l'hellébore m'était déjà connue par d'autres expériences. Mais bientôt il s'y joignit des hoquets et une enflure du pharinx, avec une gêne de la respiration comme si je devais étouffer. Je me levai alors et me promenai dans la chambre. Les hoquets duraient déjà depuis une demi-heure; je cherchai à provoquer des vomissements avec le doigt et avec une barbe de plume, après quoi je me remis. »

On trouve dans une autre de ses lettres, de curieuses remarques sur le tabac, plante qui venait alors d'être introduite en Europe, et dont les vertus actives étaient encore inconnues de tous.

« C'est probablement de France que tu as reçu cette feuille que Funke m'envoie comme venant de toi, écrit Gesner. Comme tu n'avais ajouté ni le nom ni la description de ses propriétés, je me suis décidé à essayer cette plante, mais seulement en mâchant un fragment de la feuille, sans l'avaler. Une petite portion de la feuille me fit déjà une telle impression que j'en devins comme ivre et que je chancelais comme un bâtiment qui descend rapidement un fleuve. Dans une deuxième et une troisième expérience, j'éprouvai les mêmes effets. Or, je me souvins d'avoir lu dans une relation de voyage qu'une herbe américaine, appelée *Phou* par les indigènes, produisait des effets semblables, mais qu'on l'employait constamment à des fumigations. Je pris donc un morceau de la feuille, et l'ayant pulvérisé, je le jetai sur la braise; puis, j'aspirai la fumée par la bouche et le nez, au moyen d'un entonnoir. Je n'en éprouvai rien de désagréable, sauf une certaine acreté. Le lendemain, je me mis à aspirer une plus grande quantité, et j'éprouvai un peu de vertige, mais beaucoup moins qu'après avoir mâché la feuille. Elle a une vertu merveilleuse pour produire une sorte d'ivresse stupéfiante; c'est pour cette raison que ces peuplades aspirent cette fumée avant d'aller au combat ou de se risquer dans un grand danger. C'est très-certainement la même plante que les Français appellent *Nicotiana*, du nom de l'ambassadeur Nicot, qui l'a introduite en France. Si tu en as encore quelques feuilles, je te prie de m'en envoyer encore, afin que je puisse compléter mes expériences. »

Gesner, on le voit, prenait goût au tabac; il s'y serait promptement habitué, en vrai professeur allemand.

En thérapeutique, il était ennemi des médicaments chimiques, que Paracelse avait mis à la mode, et il défendait avec vigueur, sur ce point, les vieux errements de la médecine d'Hippocrate et de Galien.

Parmi ses nombreux écrits consacrés à la matière médicale, on peut distinguer un recueil qu'il publia en 1552, sous un pseudonyme : *Thesaurus Hieronymi Philiatri de Remediis secretis (Manuel des remèdes secrets par Jérôme Filiatre)*. Ce recueil eut un grand succès, à cause des nombreuses préparations pharmaceutiques qui y sont indiquées. Par les conseils de ses savants amis, il signa de son nom une seconde édition de cet opuscule, revue et augmentée.

Le plus considérable de ses travaux dans la même direction est son *Introduction aux œuvres de Galien*, dans laquelle il donne une biographie du grand médecin de Pergame, avec une revue critique de toutes les éditions de ses ouvrages, et de tous les commentaires auxquels il a donné lieu.

Gesner s'est aussi occupé de minéralogie. Son petit *Traité sur les figures des fossiles, des pierres et des gemmes* (Zurich, 1565) attira l'attention sur les pétrifications et sur les cristaux. Gesner s'occupe, dans cet opuscule, de la forme extérieure des minéraux, que les auteurs précédents avaient presque toujours négligée. C'est le sujet principal de son livre, comme le prouvent les titres des quinze chapitres : Chapitre Ier, *Des pierres plus remarquables par les lignes et les points qui forment leur surface que par le corps même*; chapitre II. *Des pierres qui ont rapport aux corps célestes et aux éléments*; chapitre III. *Des pierres qui se rapportent aux météores*; chapitre IV. *Des pierres qui ressemblent aux choses terrestres inanimées*; chapitre VII. *Des pierres qui ressemblent aux herbes*; chapitre VIII. *Des pierres qui imitent les fruits*; chapitre IX. *Des pierres qui imitent les arbres*; chapitre X. *Du corail*, etc., etc. Gesner examine, dans cet ouvrage, la figure géométrique que prennent les substances minérales quand elles sont abandonnées à elles-mêmes et qu'elles cristallisent dans leurs solutions. Il considère les stalactites et autres formations accidentelles.

Gesner, on le voit, embrassa dans ses immenses travaux les trois règnes de la nature.

Observateur par excellence, il ne laissait passer, sans l'étudier aucun phénomène qui intéressât les sciences naturelles. C'est ainsi qu'il publia un travail sur un météore igné que l'on avait observé en 1551 : *Historia et interpretatio prodigii quo cœlum ardere visum est per plurimas Germaniæ regiones, ineunte anno* 1551.

Pour compléter le résumé des travaux de Gesner, nous avons à parler de ses ouvrages de philologie. Il possédait à fond non-seulement les trois langues savantes, le latin, le grec et l'hébreu, mais encore l'allemand, le français, l'italien et le hollandais. Il s'était aussi occupé d'anglais et d'arabe. L'ouvrage de linguistique le plus remarquable qui ait été publié à cette époque est, sans contredit, son *Mithridate*, qui parut en 1555, sous ce titre : *Mithridates, sive de differentiis linguarum, tum veterum, tum earum quæ hodie apud diversas nationes in toto orbe terrarum in usu sunt, observationes*. Cet ouvrage donne une courte notice de presque toutes les langues anciennes et modernes, alors connues, et au nombre de cent trente, rangées par ordre alphabétique. Il contient plusieurs idées ingénieuses sur les rapports des langues entre elles, et sur la grammaire générale, idées qui ont été plus amplement développées par les modernes. Le *Mithridate* d'Adelung ne lui est supérieur qu'en raison de la somme immense de connaissances dont la glossologie s'est enrichie dans l'espace de deux siècles.

On trouve, dans le livre de Gesner, un tableau de l'oraison dominicale en vingt-deux langues, et une traduction de cette oraison en hexamètres non rimés, qui est le premier essai qu'on ait fait de ce genre en allemand. Gesner a eu aussi le mérite d'encourager le savant Josué Mahler à publier son excellent dictionnaire allemand qui, de nos jours encore, peut servir à faire connaître les dialectes suisses. Les explications y sont données en latin. Gesner l'accompagna d'une préface, dans laquelle il s'étend longuement sur la richesse de sa langue maternelle. Il forme, en même temps, le vœu qu'un homme capable veuille entreprendre la publication d'une *Bibliothèque universelle* des livres allemands, comme lui-même en a publié une pour les trois langues savantes, et il promet de donner à l'auteur d'un tel ouvrage sa riche collection de littérature allemande.

Gesner possédait, entre autres curiosités, une liste de quelques milliers de noms propres authentiquement allemands, qui avaient été recueillis dans les archives et les chroniques par un de ses amis; il avait enrichi ce manuscrit d'une foule de notes sur l'origine et la signification de ces noms. Il étudiait aussi beaucoup l'ancienne langue gothique, et il chercha, mais en vain, un éditeur pour la traduction des évangiles dus au moine Ottfried. Vous saurions davantage relativement à ces recherches, si une partie des lettres de Gesner à son ami Achille Gasser n'eussent pas été perdues par accident.

Gesner était d'une piété exemplaire, également éloignée du scepticisme et de l'intolérance. Il demeura toujours fidèle au culte protestant. Sa connaissance profonde du grec et de l'hébreu, lui permettait de lire dans l'original les saintes Écritures. On trouve beaucoup de témoignages de ses sentiments profondément religieux dans les préfaces de l'*Histoire des animaux*, où sa belle âme se manifeste dans toute sa simplicité et sa candeur. Dans l'épître dédicatoire placée en tête du *Livre des Quadrupèdes*, Gesner expose sa manière de comprendre la grandeur et la dignité de la science. Cette épître se termine par l'extrait du *Livre de Job* où il est parlé des vues de la Providence au sujet des animaux. La préface du *Livre des Oiseaux* est suivie d'une citation, empruntée à Théodore de Gaza, et chacune des autres se termine également par des fragments tirés, soit de la Bible, soit des philosophes de l'antiquité. Gesner déclare que son but, en se livrant à l'étude des sciences naturelles, a été d'y trouver comme une échelle morale pour s'élever à la contemplation du grand architecte de l'univers, souverain maître, père de toutes choses, de la nature et de nous-mêmes. Il regrette que Pline ait personnifié la nature au lieu de rapporter à Dieu tous les phénomènes du monde. L'histoire de chaque objet, dit-il, devrait être comme un hymne à la sagesse et à la bonté divine, car l'esprit doit toujours remonter de l'œuvre à son sublime auteur.

Gesner ne se bornait pas, d'ailleurs, à faire preuve de sentiments pieux. Il s'est occupé spécialement des doctrines chrétiennes et de l'étude de la théologie. Sa *Bibliothèque universelle* montre qu'il avait parcouru tous les ouvrages qui traitent de la dogmatique ou de la morale. On y trouve un tableau encyclopédique des différentes branches des sciences théologiques, que l'on peut regarder, dit Hanhart, l'auteur de sa biographie et lui-même pasteur de l'église de Winterthur, comme un chef-d'œuvre. Sa correspondance avec Bullinger, Beza, Pierre Martyr, Bucer, Jean Hooper et d'autres, nous prouve qu'il prenait un intérêt sérieux aux affaires de l'Église et au développement du protestantisme. Les évêques protestants anglais, chassés par la reine Marie, trouvèrent à Zurich un accueil des plus bienveillants, et Gesner leur fut utile autant que cela dépendait de lui.

Un des plus beaux documents de la sincérité de ses opinions religieuses, est sa lettre à Jacques Daléchamp, de Lyon, qui était retourné à l'Église romaine après avoir embrassé la doctrine protestante. Nous regrettons que la longueur de cette lettre nous empêche de la rapporter. Ajoutons que Gesner fréquentait l'église avec une grande régularité : il ne manquait jamais au prêche de son ami Bullinger, le dimanche et deux autres jours de la semaine.

Le mérite de Gesner l'avait fait distinguer de l'empereur d'Allemagne, Ferdinand Ier. Déjà, comme nous l'avons vu, l'empereur l'avait fait venir à Augsbourg, en 1559, et il lui avait accordé un privilége impérial pour empêcher la contrefaçon de ses ouvrages, car à cette époque, si peu de temps après la découverte de l'imprimerie, les contrefacteurs commençaient à faire parler d'eux. En 1564, Ferdinand lui accorda un diplôme impérial et des armoiries emblématiques de ses travaux. Dans ces armoiries, que Gesner composa lui-même, on voyait un aigle, un lion, un dauphin couronné et un basilic tenant une émeraude dans la gueule, puis un cygne étoilé. Gesner fut heureux de cette distinction, non pour lui-même, mais pour les enfants de son oncle André, qui vivait encore, âgé alors de quatre-vingts ans, et dont la descendance composait une famille de cent trente personnes.

L'empereur fit, en même temps, frapper une médaille en l'honneur du célèbre naturaliste de Zurich. Le diplôme, auquel s'attachaient certains priviléges, était considéré comme une très-grande faveur. Gesner, dans son testament, le transmit à l'aîné de la famille, avec un legs de cent florins, dont les intérêts devaient servir à habiller, tous les ans, deux enfants pauvres de leur famille.

Il instituait, par le même testament, un repas annuel, qui devait réunir tous les Gesner chez leur aîné. Pendant ce repas, tous les convives devaient boire dans une coupe dorée que Gesner tenait de sa mère, et ceux qui avaient eu des discussions entre eux devaient se réconcilier en buvant à cette coupe de famille.

Tous ces traits peignent bien l'âme naïve et tendre de ce grand naturaliste, qui fut en même temps un grand homme de bien.

En 1564, la peste avait éclaté à Bâle et s'était propagée à Zurich. Elle y reparut l'année suivante et y fit de nombreuses victimes. La vieille mère de Gesner, âgée de quatre-vingts ans, était morte en 1564. A cette seconde apparition, la maladie enleva beaucoup de ses amis, et il eut bientôt le pressentiment du sort qui l'attendait. Il ne cessa pourtant pas un seul moment de prodiguer ses soins aux malades; il composa, avec les médecins Keller et Wolf, des *instructions* sur la meilleure manière de traiter la peste.

Le dimanche 9 décembre 1565, il revint de l'église avec un malaise général. Il n'y fit pas grande attention; mais le lundi, un abcès se déclara sur la poitrine et un autre sous l'aisselle. C'étaient les symptômes de la peste. Gesner comprit qu'il était condamné, car tous ceux qui avaient été atteints sous ses yeux avaient succombé. Cependant il ne voulut pas se mettre au lit, et continua de travailler. Il écrivit son testament, mit ordre à ses affaires, remit tous ses manuscrits et ses collections de botanique à son ami Gaspard Wolf, qui promit de terminer et de publier l'*Histoire des plantes*, et ne pensa plus qu'à son salut éternel.

Bullinger et le professeur de théologie Simler l'assistèrent pendant ses derniers jours. Il mourut dans la nuit du 13 au 14 décembre 1565, âgé de quarante-neuf ans et neuf mois. Son convoi funèbre fut accompagné par une foule immense.

Quelques mois après, Gaspard Wolf, dans une *Lettre à Jean Crato*, qui n'était qu'une annonce de la publication prochaine des *Œuvres botaniques de Gesner*, fit connaître les matériaux que lui avait confiés son illustre ami, promettant de faire son possible pour les publier. Gesner avait laissé plus de quinze cents figures de plantes peintes, dessinées ou gravées sur bois, ou dessinées à la plume, et il avait apporté beaucoup de soins à représenter les organes de la fructification, au point de vue scientifique, dont l'importance ne lui avait point échappé. Dans sa *Lettre à Jean Crato*, Wolf donnait quelques échantillons de ces figures. Le monde savant attendait dès lors, avec une impatience facile à comprendre, la publication annoncée. Mais Wolf, après avoir publié trois livres des *Lettres de Gesner relatives à la médecine* (*Epistolæ medicinales*, Zurich, 1577), sentit que le fardeau dont il s'était chargé était trop lourd pour ses épaules. En 1586, il vendit les manuscrits à Joachim Camerarius, pour la somme de cent cinquante florins; il lui céda aussi, moyennant vingt-cinq florins, les exemplaires de Dioscoride, de Théophraste et de Pline, qui avaient appartenu à Gesner, et se trouvaient chargés d'annotations de sa main.

Camerarius orna de plus de cent figures de Gesner les deux ouvrages qu'il publia, en 1586 et en 1588, sous ce titre : *De plantis epitome utilissima*, et *Hortus medicus et philosophicus*, mais sans citer le nom de Gesner. Ces figures, qui étaient excellentes pour l'époque, rehaussèrent tellement la valeur des livres de Camerarius, que pendant longtemps ils furent recherchés de tous ceux qui voulaient étudier la botanique. Camerarius légua ces trésors à son fils, lequel mourut sans héritier mâle. Les dessins de Gesner tombèrent alors successivement dans les mains de la famille Nutzli, du médecin George Wolckamer et de son fils, et enfin dans celles du conseiller Trew, de Nuremberg, qui compléta les collections et en confia la publication au professeur Casimir Christophe Schmiedel.

C'est ce dernier qui publia enfin, de 1753 à 1759, les deux magnifiques volumes in-folio intitulés : *Opera botanica Gesneri*, qui renferment toutes les figures laissées par Gesner, avec les notes et les descriptions qui s'y rapportent.

« Gesner, dit Cuvier fut le plus grand zoologiste de son siècle. Il en a été aussi le plus grand botaniste. Il parcourut, pour recueillir des plantes, la Suisse, le Piémont, l'Alsace, la Lombardie et la France méridionale ; il parvint à en déterminer plus de huit cents espèces nouvelles. Dans plusieurs petits ouvrages, il s'attacha surtout à démontrer que les plantes ne doivent pas être distribuées d'après toutes leurs parties sans distinction, mais que c'est dans les organes de la fructification, c'est-à-dire dans la fleur et dans le fruit, qu'on doit chercher leurs caractères génériques, et par conséquent aussi leur caractère de supériorité; car il est évident que plus une partie est importante, plus elle appartient à un degré supérieur de la méthode, à ses divisions les plus générales. Il fit voir encore que toutes les plantes qui ont des fleurs et des fruits semblables se ressemblent par leurs autres formes et souvent aussi par leurs propriétés, et que quand on rapproche ces plantes, on obtient aussi une classification naturelle. Ces principes ont été la première base de toute la botanique moderne. Si Gesner avait eu le temps de terminer ses travaux, il est probable qu'il serait devenu un auteur classique en botanique comme il l'a été en zoologie (1). »

M. de Blainville a porté le jugement suivant sur le naturaliste de Zurich :

« Le premier, dit-il, Gesner a donné une description complète des êtres... il a le premier raisonné et établi une description comparative suivant un ordre déterminé, où tout ce qui concerne un être serait relaté... C'est à lui que nous devons la distinction de l'ordre naturel et de l'ordre artificiel... Les tableaux synoptiques des genres, joints à ses nombreuses feuilles, marquent un premier pas vers la méthode naturelle... C'est encore à lui que nous devons le commencement de collections d'objets naturels et d'objets représentés en figure. En lui finit le monde ancien et commence l'âge moderne de la science (2). »

Nous ajouterons que c'est à Gesner que l'on doit l'usage d'appliquer aux végétaux les noms de naturalistes célèbres. Cet honneur a été rendu deux fois à sa propre mémoire. Une espèce de tulipe (*tulipa Gesneriana*) porte son nom, et Plumier l'a également donné à un arbuste d'Amérique qui, plus tard, a formé un genre (*Gesneria*) dans la famille des campanulacées.

---

(1) *Histoire des sciences naturelles*, tome II, page 193.
(2) *Histoire des sciences de l'organisation*, par de Blainville et l'abbé Maupied. In-8°. Pau, 1841. Tome II, pages 177-179.

GUILLAUME RONDELET

Le *mas de Rondelet* se voit encore aux portes de Montpellier. Il est situé au bout des prés d'Arenes et de Maurin, dans la direction de la mer. Le voyageur qui suit la voie du chemin de fer de Montpellier à Cette rencontre, à trois kilomètres de la gare de Montpellier, cette petite *villa*, qui n'a jamais cessé, depuis trois siècles, de s'appeler le *mas* (campagne) *de Rondelet*, et qui est reconnaissable à sa tourelle ronde, surmontée d'un dôme, que couronne une girouette. Son architecture, qui ne présente pourtant rien de saillant, a tout le cachet du seizième siècle. Depuis 1637, elle appartient à la famille Plantade.

C'est dans cette modeste *villa* que le célèbre naturaliste, professeur et chancelier de l'Université de Montpellier, l'auteur de l'ouvrage *de Piscibus (sur les Poissons)*, si admiré au seizième siècle, passa une grande partie de sa vie, occupé à des observations de zoologie et de botanique, qui le placèrent au rang des premiers naturalistes de la Renaissance.

Les trois siècles et demi qui se sont écoulés depuis le temps où Rondelet se livrait, dans cette retraite paisible, à l'étude de l'histoire naturelle y ont nécessairement apporté bien des changements. On n'y trouve plus aucun vestige de ces vastes viviers dans lesquels Rondelet élevait des poissons, et que Tournefort y voyait encore vers 1690. Ils étaient alimentés par l'eau de la fontaine d'Albe, située à 500 mètres de dis-

GUILLAUME RONDELET

tance, et que le peuple de Montpellier désigne sous le nom de *fon de Jonas*. En 1840, on voyait encore quelques ruines de l'aqueduc qui conduisait au *mas de Rondelet* l'eau de la *fon de Jonas*. Ces derniers vestiges ont été ou détruits ou comblés à cette époque, mais on voit encore à gauche, quand on suit la route du *mas de Rondelet*, après avoir traversé le chemin de fer, quelques débris de tuyaux de poterie, qui conduisaient l'eau de la fontaine d'Albe aux viviers de Rondelet.

Non loin de là, vers l'est, et dans la direction de la plaine de Lattes, on aperçoit également l'ancien *mas de Saporta*, avec sa tourelle carrée et demi-féodale, forme propre aux manoirs de l'ancienne bourgeoisie. C'était la maison de campagne d'un autre naturaliste, Saporta, ami et collègue de Rondelet, qui lui succéda comme chancelier de l'Université de Montpellier. Cette maison de campagne, qui appartient aujourd'hui à M. Louis Viala, est connue vulgairement sous le nom de *mas des Sept-Portes* ou *mas de Séportes*, corruption regrettable du nom de Saporta.

Le naturaliste salue avec respect la modeste villa qui fut la demeure favorite et le siège des études zoologiques du savant que Rabelais, son condisciple et son ami, a immortalisé, sous le nom et la figure de *Rondibilis*, mais qui n'avait pas besoin de cette consécration littéraire pour vivre dans les souvenirs de la postérité savante.

Guillaume Rondelet était né à Montpellier, le 27 septembre 1507, de Renaude de Moncel et de Jean Rondelet, bourgeois et marchand d'épices *(aromatarius)* de la bonne ville de Montpellier. Au moyen âge et pendant la Renaissance, la profession d'*aromatarius* n'était pas celle du vulgaire épicier de nos jours. Elle compensait le mercantilisme par quelques connaissances scientifiques, et embrassait alors les trois professions, aujourd'hui distinctes, de pharmacien, de droguiste et d'épicier.

L'honnête marchand d'épices mourut de bonne heure, laissant cinq fils et deux filles. Albert, le fils aîné, succéda à son père dans son commerce, et devint le soutien et le tuteur de ses frères.

Il s'attacha en particulier au jeune Guillaume, et il subvint aux frais de son éducation universitaire, tant à Montpellier qu'à Paris.

Le jeune Guillaume avait été destiné à l'état ecclésiastique ; on lui réservait une place de chanoine régulier dans l'église de Maguelonne. En effet, le prévôt du chapitre était un de ses oncles, qui lui promettait d'avance sa protection ; et son père, par son testament, lui avait légué une pension de cent écus, destinée à payer son entrée dans un couvent. Mais le jeune homme ne se sentait aucune vocation pour l'état monastique ; il le prouva plus tard, en devenant huguenot. Il trompa les projets de sa famille en déclarant, de bonne heure, qu'il voulait s'adonner aux études scientifiques, et particulièrement à la médecine.

Les premières années de ses études classiques furent très-pénibles. Des pédagogues fatiguèrent longtemps, sans profit, son intelligence, qui ne se développait qu'avec lenteur. En 1525, on se décida à l'envoyer à l'Université de Paris, pour y faire son cours d'humanités : il avait alors dix-huit ans.

Le jeune étudiant passa quatre ans à Paris. Au bout de ce temps, il revint à Montpellier, et se fit inscrire, le 2 juin 1529, sur le registre consacré à recevoir les noms des étudiants de l'Université de médecine.

Guillaume Rondelet se fit remarquer, de bonne heure entre ses condisciples, par son aptitude et son zèle. Une année après son inscription, c'est-à-dire en 1530, les professeurs le nommèrent, pour un an, *procureur des écoliers*. Entre autres fonctions attachées à cette charge temporaire, le *procureur des écoliers* percevait, au profit de la Faculté, les frais d'études que versaient les étudiants.

C'est à ce titre, qu'au mois de septembre 1530, Rondelet reçut les frais d'inscription de François Rabelais, de Chinon, avec lequel il ne tarda pas à se lier d'une étroite amitié.

Celui que le vulgaire ne connaît aujourd'hui que sous le nom du « joyeux curé de Meudon », était un savant de premier ordre, qui s'était déjà distingué dans toutes les branches des connaissances humaines. Il avait quarante-deux ans lorsqu'il se rendit à Montpellier, pour obtenir le grade de docteur en médecine. Il y parut, non en disciple, mais en maître. Il ne s'assit point sur les bancs des écoliers, mais, pour ainsi dire, dans la chaire du professeur. Les trois ans de noviciat que l'on exigeait des aspirants au grade de bachelier en médecine, furent à peu près supprimés pour lui. Reçu bachelier le 1ᵉʳ novembre 1530, c'est-à-dire deux mois seulement après son inscription sur le registre des étudiants, il fut autorisé à remplacer les trois mois de leçons imposés aux aspirants à la licence, par l'explication d'Hippocrate et de Galien, faite non d'après les simples traductions latines qui étaient entre les mains des écoliers, mais sur le texte grec. Les rectifications, variantes et commentaires auxquels il se livra sur ces textes grecs frappèrent d'admiration l'Université et la ville.

Mais François Rabelais ne se laissait pas entièrement absorber par les travaux d'érudition qui lui avaient déjà fait une réputation européenne. Il y avait aussi pour lui l'heure des joyeux ébats, et sa verve inépuisable mettait souvent en fête toute la basoche médicale de Montpellier. Il était le boute-en-train de la bande insouciante des écoliers, et savait également dérider la gravité des maîtres. C'est à Montpellier qu'il composa la farce si connue de la *Femme mute*, ou « *la morale comédie de celvy qui avait une femme mute.* » Rabelais lui-même joua le rôle principal dans ce joyeux *patelinage*, et son ami Guillaume Rondelet, l'étudiant, en remplit un autre dans la même *sottie*, de concert avec plusieurs écoliers dont l'auteur de *Pantagruel* nous a conservé les noms.

Mais c'étaient là les adieux à la vie d'étudiant ; Guillaume Rondelet va maintenant s'attacher au côté sérieux de sa carrière.

Dès qu'il eut le grade de bachelier en médecine, il voulut, sans autre retard, s'exercer à la pratique de l'art de guérir, et il alla s'établir comme médecin à Pertuis, petite ville écartée, assise au pied des Alpes de Provence.

Comme sa clientèle ne pouvait fournir que de faibles ressources au jeune bachelier, il s'en créa d'autres en donnant des leçons de grammaire à des enfants, c'est-à-dire en tenant une petite école. Son excellent frère, Gilbert, l'aidait de sa bourse, pour alléger ce temps d'épreuve, cette vie de privations et d'études. De même que Ramus, dans l'Université de Paris, avait été domestique d'un écolier, pour devenir écolier lui-même, Guillaume Rondelet, perdu dans un coin de la Provence, se fit pédagogue, pour acquérir les moyens de devenir un jour docteur en médecine.

Cette double existence d'étudiant et de précepteur, Guillaume Rondelet fut contraint de la mener encore lorsqu'il alla continuer, à Paris, ses études médicales. Tout en suivant les cours de l'Université de médecine, il entra, en qualité de précepteur, dans la maison du vicomte de Turenne, dont la famille avait tous ses biens et ses liens dans le bas Languedoc.

Au seizième siècle, la vie était rude aux savants. Pour obtenir le grade de docteur en médecine, c'est-à-dire membre de la Faculté, il fallait bien du temps et des travaux. En quittant Paris, Rondelet alla s'établir dans une petite ville de l'Auvergne, à Maringues, pour s'y livrer à la pratique de son art, et se préparer ainsi aux difficiles épreuves du doctorat.

Ce bonnet de docteur, objet de tant de désirs, il l'obtint enfin à Montpellier, où il retourna en 1537. Il fut reçu par le professeur Jean Falcon, son maître.

Bientôt des jours meilleurs arrivèrent pour le nouveau docteur de la Faculté. Son frère Albert, qui avait toujours été le soutien de la famille, étant mort, Guillaume Rondelet épousa, au mois de janvier 1538, une jeune fille, belle, mais sans fortune, nommée Jeanne Sandre, qui vivait chez sa sœur aînée, Catherine Sandre, et qui fut dotée par elle. Les embarras de sa situation intérieure s'augmentèrent encore par ce mariage.

Catherine Sandre ne se borna pas à doter sa sœur ; avec l'assentiment de son mari, elle voulut garder chez elle, pendant quatre ans, le jeune couple. Elle fut pour Rondelet une véritable mère adoptive. Ne pouvant vivre à Montpellier qu'avec une extrême difficulté, Rondelet était au moment de partir pour Venise, afin d'y rejoindre son protecteur, l'évêque Pellicier, alors ambassadeur près de cette république. Sa belle-sœur le détourna de cette résolution par de nouveaux sacrifices qu'elle s'imposa pour lui. A la mort de son mari, elle lui fit cession de la moitié, et bientôt de la totalité de ses biens, à la seule condition de vivre avec eux. La dévouée Catherine fut toujours pour son beau-frère, un guide précieux dans les difficultés de la vie.

Guillaume Rondelet eut deux filles et trois fils, qu'il ne conserva pas. L'aîné des garçons étant mort en bas âge, Rondelet voulut en faire lui-même l'autopsie. On pourrait mal augurer du cœur d'un père qui ose entreprendre une telle action ; mais il paraît établi que Rondelet ne se proposait, en cette triste occasion, que de rechercher l'existence, sur son fils mort, d'une affection qu'il redoutait pour ses autres enfants. A cela on peut objecter qu'il aurait pu demander à un de ses confrères ce pénible service; mais les médecins capables de pratiquer une autopsie étaient alors bien rares; Rondelet était peut-être le seul, à Montpellier, en état de l'entreprendre. Quoi qu'il en soit, mille traits bien connus attestent que la bonté de son cœur et sa sensibilité étaient sans égales.

L'évêque Guillaume Pellicier, que ses fonctions sacerdotales n'empêchaient pas d'être un savant illustre et un naturaliste consommé, fut le parrain de l'une des filles de Rondelet. Le cardinal de Tournon et l'évêque de Valence, Jean de Montluc, furent les parrains de deux fils jumeaux de Rondelet, nés en 1545. On voit, par ces hautes relations, que déjà la fortune souriait à notre docteur.

L'évêque Guillaume Pellicier eut le mérite d'attirer vers l'histoire naturelle les remarquables facultés de Rondelet.

C'était une noble et grande figure que celle de Guillaume Pellicier, prince de l'Église, grand seigneur, homme lettré, diplomate en renom, érudit achevé et naturaliste de premier ordre. C'est à lui que la France dut les manuscrits grecs, hébreux et syriaques qu'il rapporta de Venise en 1540, et qui constituèrent le fond primitif de la bibliothèque du Louvre, sous François I*r*. La botanique, à laquelle il sut initier Rondelet, lui dut quelques découvertes, qu'il faisait, en se promenant, avec son savant ami, sur les plages de Maguelonne, son évêché, ou dans les prairies de son château de Montferrand, qui se dressait sur une colline volcanique, aux portes de Montpellier.

Dans un dîner chez le noble évêque, on avait servi du *garum*, sorte d'épice composée de poisson conservé, et dont l'usage remontait jusqu'aux anciens, car Pline en fait mention. Rondelet s'appliqua à rechercher quel était le poisson qui entrait dans la composition du *garum*, et il trouva que c'était le *piccarel*. D'autres présument que le *garum* avait pour base la chair de maquereau, exprimée et réduite en liquide.

Le cardinal de Tournon, le second protecteur de Rondelet, et qui fut aussi le protecteur de Pierre Belon, facilita beaucoup les études de notre naturaliste, en lui procurant l'occasion de fréquents voyages. Rondelet fut attaché, comme médecin, à la maison de ce grand seigneur, qui était à la fois, comme l'évêque Pellicier, prince de l'Église et diplomate. C'est ainsi que Rondelet put visiter toutes les villes de la Hollande et qu'il résida à plusieurs reprises à Rome, d'où il pouvait se rendre dans les diverses Universités de l'Italie.

Guillaume Rondelet fut nommé, en 1545, professeur à l'Université de médecine de Montpellier. Comme sa charge de médecin attaché à la maison du cardinal de Tournon, ne l'occupait que six mois, il pouvait alternativement remplir ses fonctions de professeur et poursuivre ses études de naturaliste. Il prépara ainsi, de longue main, le livre qui devait immortaliser son nom, l'*Histoire des poissons*.

Il n'y avait alors dans les Universités aucune chaire, spéciale pour l'histoire naturelle, pas même pour l'anatomie. Toutes ces sciences rentraient dans l'enseignement général de la médecine, dont les cours se distribuaient entre les professeurs, dans deux assemblées trimestrielles, tenues à Pâques et à la Saint-Luc. Rondelet se voua plus particulièrement à l'enseignement de l'anatomie et de l'histoire naturelle, qui comprenait seulement alors la zoologie, quelques notions imparfaites de minéralogie, et la connaissance des plantes, la seule botanique de ce temps.

Dans l'emplacement qu'occupe aujourd'hui, près de l'église Saint-Mathieu, le jardin de l'école supérieure de pharmacie de Montpellier, Guillaume Rondelet fit construire, en 1556, de concert avec ses collègues, les professeurs de l'Université, Jean Schyron, Antoine Saporta et Jean Bocaud, un amphithéâtre pour les démonstrations anatomiques. C'était le premier qui eût encore existé à Montpellier, bien que les dissections publiques eussent été autorisées par le gouverneur du Languedoc, en 1376, et en 1496, par un décret du roi Charles VIII.

Rondelet se fit très-peu connaître comme minéralogiste, par la raison que cette science n'existait alors qu'à l'état rudimentaire. On lui attribue d'avoir, sinon découvert, au moins retrouvé les vertus curatives des eaux minérales de Balaruc, que Nicolas Dortoman, un de ses élèves, fit connaître plus tard, dans un traité spécial. Il se distingua dans la botanique, mais sans sortir de l'esprit de cette science à cette époque, qui se réduisait à la connaissance des simples, et à leur emploi dans l'art de guérir.

C'est en zoologie que Guillaume Rondelet devait marquer à jamais sa trace. Dans un ouvrage *sur les Poissons (de Piscibus)*, écrit en latin, et publié à Lyon, en 1554, il consigna ses observations personnelles et toutes les connaissances acquises jusqu'à lui, sur les poissons et sur un certain nombre d'animaux aquatiques, qui n'ont été que beaucoup plus tard séparés de la classe de poissons. Par un juste sentiment de reconnaissance, il dédia cet ouvrage à son noble protecteur, le cardinal de Tournon.

En 1556, deux ans après la publication de son grand ouvrage, Rondelet fut élevé au poste de chancelier de l'Université. Il vit s'accroître, avec cette charge, ses devoirs et ses fatigues. Trois ou quatre heures de leçons l'occupaient chaque jour ; et une bonne partie de ses journées était employée à visiter les malades que lui attirait sa grande renommée de praticien. Il consacrait à la lecture une partie de ses nuits.

On comprend qu'une existence aussi active devait promptement épuiser les ressorts d'une constitution qui n'avait jamais été forte. Les malheurs publics et les troubles civils, frappant vivement son esprit, furent, pour lui, d'autres causes d'affaiblissement. Les questions religieuses l'occupèrent aussi. Il avait embrassé la religion réformée, et voulait s'imposer le rôle difficile de conciliateur entre des passions extrêmes.

Des deuils de famille vinrent ensuite l'affliger. Après avoir perdu ses trois filles, il vit mourir sa belle-sœur, Catherine, qui avait été pour lui une mère tendre et dévouée. En 1560, sa femme, Jeanne Sandre, mourut, et fut bientôt suivie dans la tombe par une de ses filles, Catherine, qui portait le nom de sa chère bienfaitrice, et que Rondelet aimait de la plus vive tendresse.

Au bout de quelque temps, il s'engagea dans un second mariage. Il épousa une jeune fille, Tryphène de la Croix, qui appartenait à une noble famille de Nîmes. Il en eut un fils, que la mort vint encore lui ravir.

Tous ces chagrins avaient profondément ébranlé son âme, naturellement sensible et aimante. Il essayait en vain de chercher des distractions dans la science, dans l'agriculture, dans l'observation de la nature, au sein de sa délicieuse retraite des prés d'Arène. Frappé au cœur, il ne menait plus qu'une vie languissante et pleine de tristesse.

Un acte de dévouement devait terminer sa vie. Son ami, le jurisconsulte Coras, le pria d'aller visiter sa femme, malade à Réalmont, près d'Albi. Il se trouvait alors, pour des affaires de famille, à Toulouse, où sévissait une épidémie, et il était lui-même atteint d'une dyssenterie grave, mais dont le repos aurait certainement triomphé. Il ne sut pas résister à l'appel de l'amitié, et se mit en route, à cheval, sous un brûlant soleil de juillet. Il arriva, au bout de deux jours, à Réalmont, brisé, frappé à mort. Une maladie, suite de la fatigue et de l'épuisement, l'emporta, après dix jours de souffrances, le 20 juillet 1566. Sa mort fut celle d'un chrétien qui voit arriver l'heure de sa fin avec des espérances éternelles.

La pratique de la médecine et la fréquentation des hommes de cour avaient enrichi Rondelet; mais à sa mort, il ne laissa presque aucune fortune, et l'on dut vendre sa maison de campagne. C'est qu'il avait la manie de bâtir, et qu'étant lui-même son architecte, il faisait abattre ses constructions quand il n'en était pas content, pour en édifier de nouvelles. C'est ce que son biographe latin, Laurent Joubert, exprime en disant : *Mutabat quadrata rotundis* (il remplaçait les formes carrées par des formes rondes), c'est par une de ses inconstances d'architecte qu'il donna à son *mas* ces formes rondes qui sont aujourd'hui comme le caractère de cette maison de campagne, pour ainsi dire historique.

Rondelet a laissé quelques opuscules ou traités de médecine de peu d'importance (1) que nous négligerons pour ne parler que de son grand ouvrage sur les *Poissons*.

(1) Voici les titres de ses ouvrages de médecine : *Methodus de materia medicinali et compositione medicamentorum*, Padoue, 1556; in-8°. — *De ponderibus, seu justa quantitate et proportione medicamentorum liber*. Padoue, 1556; in-8°. — *Methodus curandorum omnium morborum corporis humani, in tres libros distincta*, Paris, 1574; in-8°. Lyon, 1583; in-8°. On trouve dans ce recueil : *De dignoscendis morbis, de morbo gallico, de internis et externis remediis, de pharmacopolarum officina. — Tractatus de urinis*. Francfort, 1610; in-8°.

On a encore de Rondelet : *Formulæ aliquot de internis sanitatis tuendæ*, à la suite de l'*Historia plantarum* de Lobel (Anvers, 1576; in-fol.), un *Traité sur la thériaque*,

De Piscibus marinis libri XVIII, in quibus veræ piscium effigies expressæ sunt, tel est le titre de ce livre, qui fut imprimé à Lyon en 1553, et dont la traduction française fut publiée, trois ans après, dans la même ville.

Le livre *de Piscibus* est accompagné de figures sur bois. Les quatorze premiers livres, qui sont consacrés à des généralités, sont presque entièrement empruntés à Aristote et à Théophraste. Mais le reste est le fruit des observations personnelles de l'auteur. Toutefois, aucun ordre systématique ne préside à l'exposition de faits. L'auteur se borne à distinguer les poissons de mer et d'eau douce ; et comme il n'existait alors aucune classification, il embrasse dans ses études, les animaux les plus disparates. Tous les animaux qui vivent dans l'eau sont compris dans ses descriptions : la loutre et le castor, aussi bien que des coquillages et des insectes aquatiques.

A part ce défaut, qui n'est que le reflet de l'état de l'histoire naturelle au seizième siècle, le livre *de Piscibus* est une œuvre précieuse, tant pour l'histoire de la science que pour la science elle-même. Cuvier a donné de cet ouvrage l'appréciation suivante :

« Les trois premiers auteurs d'ichthyologie, dit-il, après la renaissance des lettres, étaient contemporains et firent paraître leurs ouvrages à peu près en même temps : Belon en 1553 ; Salviani et Rondelet en 1554 ; mais Rondelet est de beaucoup supérieur aux deux autres par le nombre de poissons qu'il a connus, et par l'exactitude des figures qu'il en a données. La première partie de l'ouvrage traite des animaux marins, et les quatre premiers livres ont pour objet les généralités ; les suivants, jusqu'au quinzième, les poissons de mer, distribués seulement en gros, d'après leurs rapports extérieurs ; le seizième, les cétacés, parmi lesquels Rondelet comprend les tortues et les phoques ; le dix-septième, les mollusques ; le dix-huitième, les crustacés. Une seconde partie comprend les coquilles, en deux parties, et les insectes zoophytes en un. Viennent ensuite quatre livres sur les poissons des lacs, des étangs, des rivières et des marais. On trouve dans ce volume les figures de cent quatre-vingt-dix-sept poissons de mer, de cent quarante-sept d'eau douce, et d'un nombre assez considérable de coquillages, de mollusques et de vers, ainsi que de quelques reptiles et de quelques cétacés. L'artiste que Rondelet employait doit avoir été d'une habileté singulière et d'une fidélité très-rare pour le temps, car ses dessins, bien que gravés en bois et assez grossièrement, sont encore tous parfaitement reconnais-

dans le *Dispensaire de Valerius Cordus*. (Leyde, 1627 ; in-12. Ibid., 1652 ; in-12), et un autre des *miscellanées*, à la suite du *Thesaurus pharmaceuticus* de Schwenkfeld. Tous ces écrits de médecine sont aujourd'hui oubliés.

sables ; quelques figures de cétacés seulement sont faites d'imagination. Les voyages de Rondelet l'avaient mis à même de recueillir des poissons de plusieurs mers, et le séjour qu'il fit à Rome, joint à sa longue habitation à Montpellier, lui donna surtout une connaissance si exacte des poissons de la Méditerranée qu'un assez grand nombre de ceux qu'il a publiés n'ont pu être décrits que d'après lui par les naturalistes qui lui ont succédé, et n'ont été revus que dans les derniers temps et par des hommes qui s'étaient spécialement voués à cette recherche, tels que MM. Risso et Savigny. Mais toutes les fois qu'on les a retrouvés, on s'est convaincu de l'exactitude de l'ouvrage de Rondelet. On peut donc assurer que, pour les poissons de la Méditerranée, c'est cet ouvrage qui a fourni presque tout ce qu'en ont dit Gesner, Aldrovande, Willughby, Artedi et Linné ; quant à Bloch, il parle très-peu des poissons de cette mer. De Lacépède lui-même a été, pour plusieurs espèces, obligé de s'en rapporter à Rondelet. Le texte n'a pas le même mérite que les figures, à beaucoup près ; au lieu de descriptions positives et de détails sur les habitudes et l'instinct des poissons, tracés d'après nature, l'auteur s'occupe de rechercher les noms qui leur ont été donnés par les anciens et les qualités qu'ils leur ont attribuées ; et comme il est presque impossible aujourd'hui de fixer les espèces auxquelles appartiennent les noms conservés dans les écrits des anciens, tout cet échafaudage d'érudition est sans aucun fondement. Quelques détails d'anatomie, fondés sur les observations de l'auteur, étaient alors d'une plus grande utilité que ses recherches critiques, mais il les a peu multipliés (1). »

Le portrait de Rondelet, qui figure en tête de cette notice, a été gravé d'après celui qui existe dans la collection de la Faculté de médecine de Montpellier. La physionomie du célèbre chancelier avait pour caractère une certaine gravité doctorale, relevée par une pointe de malice, ce qui répond bien à l'idée qu'on peut se faire aujourd'hui du docteur *Rondibilis*, auquel Rabelais dit en son *Pantagruel* : « Monsieur notre maistre, vous soyez le très-bien venu, j'ai prins moult grant plaisir, vous oyant. »

M. le professeur J.-E. Planchon, dans un discours prononcé le 15 novembre 1865, à la séance solennelle de rentrée des Facultés de Montpellier, intitulé : *Rondelet et ses disciples, ou La Botanique à Montpellier au seizième siècle*, qui nous a été d'une grande utilité pour cette biographie, décrit ainsi la personne de Rondelet :

« Par sa taille courte et ramassée, Rondelet justifiait presque son nom malignement traduit *Rondibilis*. Mais s'il était *impense crassus*, il n'était pas du moins *ventricosus*. Ses traits sont loin de la classique noblesse de

(1) *Biographie* de Michaud, p. 425.

l'ovale et du grand nez aquilin. Le cou gros et court, le front vaste et bombé, les yeux vifs, le nez droit et légèrement relevé, la bouche un peu lippue et sensuelle, tout annonce la finesse un peu railleuse unie à la vigueur de la pensée. Il y a dans cette tête du Socrate et du Rabelais. Le tempérament répond au visage : sanguin et bilieux à la fois. Le caractère est à l'avenant : impatiences fréquentes, retour rapide à la bienveillance naturelle ; goût de la bonne chère et surtout des aimables convives ; amour de la musique, de la danse et des amusements scéniques ; parole abondante, facile, variée, captivant l'attention et semant de traits piquants un enseignement sérieux ; insouciance de la vie pratique et surtout de la fortune matérialisée dans l'argent ; Rondelet sait à peine ce qu'il gagne et moins encore ce qu'il possède. Vers la fin de sa vie surtout, il aurait pu thésauriser ; mais l'amour de la bâtisse le tient ; il démolit pour reconstruire, en changeant parfois, dit Joubert, les choses carrées en choses rondes, *quadrata rotundis*.

« Libéral jusqu'à la prodigalité, dévoué dans ses amitiés jusqu'à l'imprudence, trop vif quelquefois dans ses premiers jugements, mais revenant aisément à la vue calme et saine des choses, il eut les défauts de ses qualités, les aimables faiblesses des natures généreuses (1). »

Outre M. Planchon, dont la récente notice sur *Rondelet et ses disciples* contient les renseignements les plus précis que l'on ait encore rassemblés sur ce savant, Rondelet a eu quelques biographes à Montpellier. Laurent Joubert, l'illustre fondateur ou restaurateur de l'Université de cette ville, a écrit, en latin, une excellente notice biographique sur ce savant (2). On trouve dans la seconde partie de cet ouvrage le récit circonstancié de la mort de Rondelet, fait par Claude Formy.

La biographie de Rondelet, par Laurent Joubert, est la source la plus authentique à laquelle on doive se rapporter pour bien connaître les faits intimes de la vie et du caractère de ce savant. La dernière partie, qui porte le titre *Épitaphia* et qui a bien le caractère du temps, comprend non-seulement les nombreuses épitaphes qu'on a écrites à propos de Rondelet, mais aussi les élégies, épigrammes et sentences composées au sujet de ce personnage. Elle renferme trente-huit pièces, presque toutes en vers, en langues française, latine, grecque, hébraïque et chaldéenne. L'épitaphe la plus remarquable est celle qui dut être inscrite sur son tombeau, à Réalmont. Elle avait été composée par son ami Coras.

(1) Page 21, in-8°. Montpellier, 1866.
(2) GULIELMI RONDELETII *vita, mors et epitaphia, cum catalogo scriptorum ab eo*

La voici :

« Epitaphium Rondeletii. *Numini sacro.*

« *Et memoriæ quietique æternæ Gulielmi Rondeletii, medicorum facile principis in schola Monspeliensi clarissimi professoris regii, omnium mortalium judicio digni : qui solus medicam tractaret artem, religionis pietate sanctissimi cunctis litterarum studiorumque ornamentis cumulatissime præditi, Joannes Cerasius, jurisconsultus Regiusque Tholosæ senatore, amicorum optimus ad sempertinum amicitiæ charitatisque monumentum rem acerbissimam cum bonis piisque omnibus acerbissimo dolore mærens ponendum curavit.* »

Le professeur Victor Broussonnet a publié, en 1828, dans les *Éphémérides médicales de Montpellier*, une courte notice biographique, sous ce titre : *Notice sur Guillaume Rondelet*. Enfin, les *Mémoires pour servir à l'histoire de la Faculté de Montpellier*, par Jean Astruc, œuvre capitale et classique pour l'histoire des sciences à Montpellier, renferment beaucoup de faits, de détails concernant le professeur célèbre dont nous venons d'esquisser la vie.

relictorum, quæ ad D. Jouberti manus pervenerunt. (In L. Joub. operum latin. tom. secund. Lugd., 1582; in-4°, p. 185-222).

Première partie : Gulielmi Rondeletii vita, per Laur. Jouberium, anno Domini 1568, p. 186-192 ; Deuxième partie : Gul. Rondeletii fœcitus morbus et mors, per D. Claud. Formium, theologum assidentem, p. 193-199 ; Troisième partie : Gul. Rondeletii epitaphia, p. 200-222.

ANDRÉ VÉSALE

ANDRÉ VÉSALE

L'enseignement et la pratique de l'art de guérir avaient été héréditaires dans la famille d'Hippocrate, l'immortel fondateur de la médecine dans l'antiquité. André Vésale, qui fut le créateur de l'anatomie, à l'époque de la Renaissance des lettres, des sciences et des arts, appartenait également à une famille traditionnellement vouée à la profession médicale.

Le véritable nom de cette famille était *Wittings*. Comme elle était originaire de Wesel, dans le duché de Clèves, elle avait pris le nom de *Wésele* ou *Wessale*, d'où vint ensuite le nom de *Vésale* que porta l'anatomiste éminent dont nous allons raconter la vie et analyser les travaux.

André Vésale naquit à Bruxelles, le 31 décembre 1514. Son père était pharmacien de la princesse Marguerite, tante de Charles Quint, et gouvernante des Pays-Bas. Son grand-père Éwrard Vésale, médecin et mathématicien, s'était fait remarquer par des *Commentaires sur Rhasès* et sur les quatre premières sections des *Aphorismes d'Hippocrate*. Son bisaïeul, Jean de Wésale, avait été successivement médecin de l'empereur Maximilien, professeur et enfin recteur de l'Université de Louvain. Il avait dépensé une partie de sa fortune pour former une collection de manuscrits de médecine.

Le jeune Vésale fut, pour ainsi dire, destiné, dès le berceau, à embrasser la profession dans laquelle s'étaient distingués ses ancêtres.

Il fit ses humanités à Louvain, et ses progrès durent être rapides. En effet, à l'âge de seize à dix-sept ans, il s'exprimait en un latin très-correct, et lisait presque couramment les auteurs grecs. Ce jeune homme, encore sur les bancs des écoles, devait être déjà profondément versé dans la connaissance du grec, puisque l'imprimeur vénitien Junta le chargea de corriger les épreuves du texte original de son édition de Galien. Il entendait aussi la langue arabe.

Dans l'Université de Louvain, André Vésale ne s'en tint pas aux études purement littéraires. Il embrassa avec la même ardeur les sciences physiques et mathématiques. Il se préparait donc à l'étude des sciences médicales en suivant la méthode encyclopédique des anciens, recommandée par l'école d'Hippocrate. Les savants du seizième siècle n'avaient pas rompu avec la tradition des anciens, qui exigeaient des connaissances encyclopédiques, et non la spécialité de quelques études circonscrites. Ils savaient qu'il existe un fonds commun de connaissances qu'il faut nécessairement acquérir, indépendamment de celles qui doivent faire l'objet de chaque profession particulière. Ils savaient que tout s'enchaîne dans les travaux de l'esprit, et qu'on ne peut être bon médecin, physicien ou mathématicien à l'esprit inventif, sans avoir préalablement acquis des connaissances variées, qui donnent à l'esprit, dans le domaine des sciences et des lettres, la puissance et la flexibilité nécessaires. Cette méthode est aujourd'hui en défaveur complète, et c'est pour cela que l'on voit si peu d'hommes doués d'un véritable génie.

Après avoir terminé son cours de philosophie à l'Université de Louvain, Vésale se disposa, sans aucune perte de temps, à commencer ses études en médecine. Il se rendit, dans ce but, à Montpellier.

L'école de Montpellier était alors célèbre comme dépositaire des doctrines des médecins arabes. On y enseignait l'anatomie. André Vésale commença, dans cette école, ses études de médecine, et il y prit ses premières notions d'anatomie.

Depuis plus d'un siècle, les docteurs de l'école de Montpellier avaient obtenu du gouverneur du Languedoc, Louis d'Anjou, frère du roi de France Charles V, l'autorisation de disséquer, chaque année, le cadavre d'un supplicié; et la même autorisation leur avait été conservée par Charles le Mauvais, roi de Navarre ; par Charles VI, roi de France, et enfin, par Charles VIII. Ce dernier avait confirmé cette autorisation, par la délivrance de lettres patentes, en date de 1496, portant que les docteurs de l'Université de Montpellier auraient le droit « *de prendre tous les ans un cadavre de ceux qui seront exécutés.* » L'anatomie de l'homme était donc, à Montpellier, l'objet d'une étude toute spéciale, grâce à la facilité offerte aux élèves, de vérifier, chaque année, sur la nature, les principaux faits anatomiques.

Vésale dut ne passer que peu de temps à Montpellier, s'il est vrai qu'il quitta cette école en 1532, c'est-à-dire à l'âge de dix-huit ans, comme le dit M. Burggraeve, auteur d'un ouvrage intitulé *Études sur André Vésale*, auquel nous aurons à emprunter nos plus sûres indications (1).

C'est à Paris que se rendait le jeune étudiant, en quittant Montpellier.

L'Université de médecine de Paris venait d'être récemment fondée par François Ier. Désireux de créer en France une Université de médecine qui pût contre-balancer la renommée de celle de Montpellier, le roi avait fait venir d'Italie un professeur célèbre, et avait créé pour lui, au Collège de France, une chaire de chirurgie. Ce professeur était Guidi Guido, plus généralement connu sous le nom de Vidius. François Ier avait aussi accordé, dans le nouvel établissement universitaire, une chaire à un médecin allemand, Gonthier d'Andernach, profondément versé dans les littératures latine et grecque, pour commenter publiquement Hippocrate et Galien.

Gonthier d'Andernach, avant d'être appelé à Paris, avait enseigné le latin et le grec dans l'Université de Louvain. C'est lui, sans doute, qui détermina le jeune Vésale à quitter Montpellier, pour venir à Paris. On peut du moins le présumer, quand on voit que Vésale fut au nombre des élèves et des collaborateurs de Gonthier d'Andernach.

Guidi Guido ayant été rappelé dans sa patrie, Jacques Dubois, plus connu sous le nom de Sylvius, le remplaça dans la chaire d'anatomie, au Collège de France.

---

(1) *Études sur André Vésale*, par Burggraeve, professeur d'anatomie à l'Université de Gand. In-8º; Gand, 1841.

Pendant les trois ou quatre ans qu'il passa à Paris, Vésale se livra presque exclusivement à l'étude de l'anatomie. Il suivait les cours de Sylvius et de Fernel, et fut, selon Cuvier (1), le *prosecteur*, c'est-à-dire l'aide anatomiste de Gonthier d'Andernach.

« Étant à Paris, pour apprendre la médecine, je commençai, nous dit-il, à mettre la main à l'anatomie. » Mais il ne se contentait pas des démonstrations superficielles confiées au barbier-prosecteur. Il s'exerçait sur les animaux, pour être mieux en état d'opérer sur les cadavres humains. A la troisième dissection à laquelle il assista, il commença, à l'invitation de ses condisciples et de ses maîtres, à démontrer sur le cadavre, avec beaucoup plus d'étendue et de détails qu'on n'avait coutume de le faire, car on se bornait alors à découvrir les viscères. A sa seconde démonstration, il essaya de disséquer les viscères et de séparer tous les muscles de la main avec plus de soin qu'on ne l'avait fait jusque-là.

« Car, ajoute-t-il, excepté huit muscles de l'abdomen déchirés indignement, et dans un ordre détestable, jamais personne, pour dire vrai, ne m'a montré aucun muscle, aucun os, et bien moins encore la série des veines et des artères (2). »

On voit, par cette citation, en quoi consistait, au seizième siècle, l'enseignement de l'anatomie, dans l'école de Paris. Des commentaires publics sur Galien, l'ouverture de quelques animaux, et de loin en loin, la dissection d'un cadavre humain, faite solennellement, en présence des élèves et du professeur, par la main des barbiers, et qui ne durait jamais plus de trois jours, à cause de la décomposition du cadavre, voilà à quoi se réduisaient les démonstrations anatomiques à l'école de Paris, pendant l'époque de la Renaissance.

L'ardeur avec laquelle Vésale se livrait à l'étude le fit promptement remarquer de ses professeurs et de ses condisciples. Dans une leçon de Sylvius, il se trouva en état de résoudre un point délicat d'anatomie. On cherchait les valvules qui existent à la base des poumons; invité par Sylvius

---

(1) *Histoire des sciences naturelles*, tome II.
(2) Préface de la *Grande Anatomie*.

à montrer aux élèves cette particularité anatomique, Vésale s'en tira parfaitement (1).

On le voyait souvent, nous dit-il lui-même, « dans le cimetière des Innocents ou à la butte de Montfaucon, disputer à des chiens affamés une proie déjà en putréfaction. » Passionné pour l'étude de l'anatomie, il ne perdait aucune occasion de se procurer quelques parties du corps humain. C'est dans ce but qu'il rôdait dans les cimetières, et jusque sous les fourches patibulaires, où l'on accrochait les restes des suppliciés.

La guerre ayant éclaté entre François Ier et Charles Quint, Vésale se crut obligé de quitter la France. Il retourna à Louvain, où il fut autorisé à faire, publiquement, des démonstrations d'anatomie. Jusque-là, dans l'Université de Louvain, on s'était borné à lire, à expliquer, à commenter Galien. Le véritable enseignement de l'anatomie, qui consiste à observer l'organisme, apparut ainsi, pour la première fois, dans cette Université.

Vésale se loue de l'appui qu'il trouva parmi les jeunes professeurs de la Faculté. Quant à ceux dont l'esprit s'était usé dans les lieux communs de la scolastique, ils ne sentirent pas probablement l'importance de ce nouveau genre de démonstration. Ils aimèrent mieux continuer à suivre les vieux sentiers de la routine, que de prendre la peine d'explorer quelque coin d'un champ vaste et fertile, mais encore trop ardu pour leur intelligence.

Pendant son séjour à Louvain, Vésale parvint à se procurer un squelette complet, préparation fort rare alors, et qui fut pour lui un précieux secours, pour ses leçons et ses études. Vésale a raconté lui-même comment il parvint à s'emparer de ce squelette, grâce à une expédition qui peint à merveille les mœurs du temps et le caractère décidé de notre anatomiste.

Il avait pour ami, à Louvain, un jeune étudiant de Groningue, nommé Gemma, qui devint, par la suite, mathématicien distingué. Leur goût mutuel pour les sciences physico-mathématiques et la convenance de leurs caractères les avaient rapprochés.

C'était toujours vers les cimetières ou les lieux d'exécution

---

(1) De Blainville et Maupied, *Histoire des Sciences de l'organisation*, t. II, p. 186.

des criminels que le jeune Vésale dirigeait les pas de son ami : *trahit sua quemque voluptas*. Un jour qu'ils étaient sortis pour se promener, ils arrivèrent au champ des exécutions, et distinguèrent, sur la potence, un véritable squelette. C'était un pendu, que les oiseaux de proie avaient entièrement dépouillé de ses chairs et rapidement transformé en un squelette magnifique. Quelle bonne fortune pour Vésale! Les os, lavés par la pluie et desséchés par le vent, étaient d'une blancheur éclatante. Jamais plus belle pièce osseuse ne s'était offerte à ses yeux.

Après l'avoir considéré d'un œil avide, il conçoit le dessein de se l'approprier. Mais l'exécution n'était pas sans difficulté, ni même sans danger. Avec le secours de son ami, il se hisse jusqu'au haut du gibet, et s'efforce de décrocher le squelette. Il en enlève facilement les membres, mais le tronc était fixé par une chaîne de fer, qui résiste à ses efforts. Cependant il ne peut se résoudre à abandonner sa proie. Seulement, comme il craint que pendant le jour on ne vienne l'interrompre, il attendra la nuit pour achever son expédition. Il rentre dans la ville, puis, à la nuit tombante, il en sort et se rend de nouveau dans le même lieu. Il est seul, cette fois, mais il réussit à se hisser jusqu'au haut de la potence. Là, redoublant d'efforts, il vient enfin à bout de décrocher le tronc du squelette. Il en rassemble avec soin toutes les pièces, et les cache dans la terre, pour venir les retirer dans un moment plus opportun. Pendant la nuit suivante, en effet, il vient chercher son trésor enfoui, et l'introduit clandestinement dans la ville.

Quand il exposa pour la première fois, dans ses leçons, ce squelette aux regards de ses auditeurs, on lui demanda, avec une curiosité très-naturelle, comment il était parvenu à se le procurer. Il répondit qu'il l'avait rapporté de Paris. Par cet innocent mensonge, commandé par l'intérêt de la science, il évitait de s'attirer une méchante affaire.

A l'âge de vingt ans, il se décida à entrer dans l'armée de Charles Quint, en qualité de chirurgien. Les événements de la guerre le ramenèrent en France, vers 1535. Ce fut alors seulement, c'est-à-dire pendant qu'il soignait les blessés et les malades de l'armée de Charles Quint, qu'il eut pour la première fois l'occasion de disséquer entièrement un cadavre

EXPÉDITION NOCTURNE DE VÉSALE AUX FOURCHES PATIBULAIRES DE LOUVAIN

humain. Il n'avait jusque-là assisté que deux fois, lorsqu'il étudiait à Paris, à deux dissections complètes.

Il suivait toujours l'armée de Charles Quint. Se trouvant en Provence, il éprouva le désir d'aller visiter l'Italie.

L'Italie était alors, en Europe, le principal foyer des sciences et des arts. Ses Universités, qui comptaient dans leur sein des professeurs plus ou moins célèbres, étaient toutes indépendantes les unes des autres, et par conséquent, animées d'un esprit d'émulation par lequel chacune s'efforçait de se distinguer des autres par la supériorité de son enseignement. Quiconque alors avait de l'érudition et du talent pouvait se présenter librement aux concours établis pour les chaires des Universités. Il n'était arrêté par aucune de ces entraves qu'on a imaginées chez nous, dans notre siècle même, et qui ont suffi pour exclure quelquefois des chaires publiques des hommes d'un mérite réel. En Italie, au seizième siècle, la liberté des concours mit en lumière une foule d'hommes de talent : Cardan, Galilée, Keppler, Vésale, etc., purent se présenter sans obstacle aux concours, ou bien furent directement nommés, sans avoir d'autre titre que leur réputation, ou quelque ouvrage scientifique.

En Italie, comme à Paris et à Louvain, Vésale se livrait à des excursions nocturnes. Il s'introduisait dans les cimetières, pour s'y procurer des fragments de cadavres, qu'il gardait chez lui des semaines entières, au risque de contracter des maladies par les émanations méphitiques qui s'en exhalaient. Il obsédait les magistrats en vue d'obtenir que les corps des suppliciés fussent abandonnés à l'Université, pour les études des élèves et des maîtres.

Admis bientôt à faire publiquement des démonstrations anatomiques, il acquit une certaine réputation. En 1537, malgré sa jeunesse (il n'avait que vingt-trois ans) et sa qualité d'étranger, le sénat de Venise le nomma professeur d'anatomie à l'Université de Padoue. C'est dans cette même Université que, cinquante années plus tard, Galilée, nommé aussi à une chaire, par un décret du sénat vénitien, fera ses plus brillantes découvertes, sans avoir même pris le grade de maître ès arts.

La position qu'il venait de conquérir à l'Université de Padoue répondait à tous les désirs de Vésale. Maître absolu de la direction de ses travaux, disposant des ressources d'un établissement riche en collections de zoologie et d'anatomie comparée, placé enfin sur un vaste théâtre, il pouvait librement entreprendre, avec toutes chances de succès, l'œuvre de rénovation qu'il méditait déjà depuis quelque temps.

« Au seizième siècle, et au commencement du dix-septième, dit G. Cuvier, l'université de Padoue était la principale école de médecine; elle eut constamment de très-grands maîtres, et Vésale fut un des plus célèbres. Il y enseigna depuis 1540 jusqu'en 1549. »

Vésale avait reconnu que les descriptions de Galien ne s'accordaient pas avec les résultats de ses dissections de l'homme. Il n'avait osé d'abord s'en rapporter à lui-même, ni au témoignage de ses yeux. Il avait déjà commenté trois fois, dans ses cours publics, l'ouvrage de Galien, sans oser formuler ses doutes sur les inexactitudes nombreuses qu'il y rencontrait. Il ne pouvait croire que Galien, le plus grand et le plus autorisé des médecins après Hippocrate, eût commis de semblables erreurs. Cependant, lorsqu'il se fut livré à de fréquentes dissections, et surtout lorsqu'il eut comparé les cadavres humains à ceux de certains animaux, il fallut bien se rendre à l'évidence, et reconnaître que l'anatomie de Galien se rapporte, non à l'homme, mais au singe, c'est-à-dire à l'animal qui, par sa conformation, se rapproche le plus de l'homme.

A partir de ce moment, Galien, dont l'autorité avait été si longtemps son guide, perdit auprès de lui toute confiance, et il conçut la pensée de refaire entièrement l'anatomie humaine. Pour exécuter ce travail immense, qui devait faire une véritable révolution dans les sciences naturelles, il étudia, avec toute l'attention dont il était capable, la véritable structure de l'homme. Le scalpel à la main, il en examina successivement toutes les parties, une à une et à plusieurs reprises, avec un soin extrême. Son regard scrutateur descendait jusqu'aux moindres fibres; et chaque fois que le résultat de ses investigations différait, sur un point quelconque, des indications données par Galien, il le notait en marge du livre même de l'anatomiste grec.

Voilà comment ce jeune homme de vingt-huit ans prépara sa *Grande Anatomie*.

Pendant le séjour qu'il fit en Italie, Vésale ne professa pas seulement à Padoue; il fit aussi des cours d'anatomie à Pise et à Bologne. Le grand-duc de Toscane, Cosme de Médicis, parvint à l'attirer à l'Université de Pise, non par l'importance du traitement, mais par les facilités qu'il lui offrait, pour ses études anatomiques. Vésale ne fut exclusivement attaché à aucune de ces trois Universités, ou du moins il s'était réservé le privilége de se rendre de l'une à l'autre, et d'y faire des cours, dont la durée n'était ordinairement que de sept semaines (1). Il consacrait à la composition de son ouvrage tous les moments de loisirs dont lui permettaient de disposer ses devoirs de professeur. La *Grande Anatomie* fut achevée en 1543.

L'imprimerie de Bâle passait alors pour une de celles qui méritaient le mieux la confiance des écrivains. C'est là qu'il résolut de faire imprimer son ouvrage. La *préface* du livre avait été écrite dès l'année 1542. Lorsqu'en 1555, Vésale en donna une seconde édition, qui n'est guère qu'une répétition de la première, rien ne fut changé à l'ouvrage, ni à la préface. « Tout ce que la *Grande Anatomie* présente de beau et de grand, dit Cuvier, est donc l'ouvrage d'un jeune homme de vingt-huit ans. »

Les planches avaient été gravées sur bois, en Italie, d'après des dessins extrêmement remarquables. Dans cette période où tous les arts d'imagination et de sentiment brillaient d'un si vif éclat, l'Italie possédait dans tous les genres, des génies de premier ordre, et un grand nombre d'artistes de talent. On a dit que les planches de l'anatomie de Vésale furent dessinées par Titien. Si cette assertion est inexacte, on peut du moins présumer qu'elles furent l'ouvrage de l'un des meilleurs élèves de Titien. On envoyait d'Italie à Bâle les bois, à mesure qu'ils étaient gravés, d'après les dessins.

Avant même que la *Grande Anatomie* eût vu le jour, les idées de Vésale, connues dans une partie du monde savant, produisaient une sensation profonde. De toutes parts, les élèves accouraient dans la ville d'Italie où il professait, pour le voir et l'entendre. « Les maîtres eux-mêmes, dit de Blainville, descendaient de leurs chaires pour aller grossir la foule de ses auditeurs. » Obéissant à l'opinion générale, il avait, à son entrée dans la carrière de l'enseignement, proclamé Galien

---

(1) *De fabrica ad Cæsarem (Anatomia magna).*

le plus grand des anatomistes. Mais il l'avait abandonné, après s'être aperçu que le médecin de Pergame ne disséqua jamais aucun corps humain. On était curieux d'entendre de la bouche de Vésale le récit de ses recherches et l'exposé des faits qui l'avaient conduit à relever dans Galien plus de deux cents erreurs anatomiques. Il se fit ainsi d'ardents admirateurs.

La renommée apprit à Charles Quint qu'il s'était produit, dans un des États soumis à sa domination, un médecin de génie, qui professait à Padoue l'anatomie d'une manière si brillante, que de tous côtés on accourait pour l'entendre. Charles Quint résolut d'attirer Vésale auprès de lui. Il lui offrit un poste avantageux à sa cour et dans ses armées. Vésale accepta, et aussitôt que sa présence lui parut moins nécessaire, soit à Padoue, principal centre qu'il avait choisi pour son enseignement, soit à Bâle, où s'imprimait son ouvrage, il se rendit auprès de son souverain, à qui il fut présenté, en 1543. L'empereur apprécia tout son mérite et l'envoya, en qualité de chirurgien, à l'armée qui opérait dans la Gueldre (1).

Il passa quelque temps à Nimègue, pour soigner le légat de Venise, qui s'y trouvait dangereusement malade; et il fut assez heureux pour lui rendre la santé. Il partit ensuite pour Ratisbonne, où Charles Quint, atteint d'une attaque de goutte, l'avait fait appeler.

C'est à peu près à cette même époque que fut terminée l'impression de sa *Grande Anatomie*.

Jamais ouvrage scientifique n'avait été attendu avec autant d'impatience. Les tendances et les vues de l'auteur étaient déjà connues par ses leçons publiques, et l'on savait qu'elles étaient de nature à porter une rude atteinte à bien des réputations établies dans les diverses Universités de l'Europe. Mais ces vues et ces tendances ne s'étaient produites jusque-là que dans les cours de Vésale. Or, les expressions plus ou moins fugitives de l'enseignement oral, que les auditeurs peuvent diversement interpréter, ne laissent souvent dans leur esprit que des idées incomplètes et dépourvues de cet enchaînement naturel qui en détermine la valeur. Il n'en est pas de même d'un ouvrage écrit, après de longues méditations, par un homme

---

(1) *Vesalii de Radice chinæ epistola (Lettre sur la racine de Squine).*

de génie en pleine possession de lui-même et de son sujet. Là, chaque terme, chaque expression a un sens précis; la pensée, fixée pour ainsi dire sous la forme que l'auteur a voulu lui donner, ne peut jamais échapper au lecteur, qui est toujours libre de s'y arrêter ou d'y revenir tant qu'il veut.

Vésale avait parfaitement mesuré la portée de son entreprise. Avant de livrer son ouvrage à l'impression, il avait consulté plusieurs savants distingués. Presque tous, par respect pour Galien ou par attachement à la routine, lui avaient conseillé de ne point le publier. En tout temps et partout, le gros des savants est resté le même. Comme ils n'ont ni le courage ni l'activité d'esprit qui leur seraient nécessaires pour recommencer leurs études, ils s'attachent obstinément à ce qu'ils ont appris, et le plus souvent, ils repoussent sans examen toute idée nouvelle : ils voudraient que la marche de l'esprit humain s'arrêtât juste au point où ils se sont arrêtés eux-mêmes en terminant leurs études. Vésale ne trouva que deux hommes, véritablement éclairés, qui l'encouragèrent dans sa noble entreprise : l'un était le professeur Antonio Genua, son collègue à l'Université de Padoue; l'autre, Wolfang Herwert, noble citoyen d'Augsbourg (1). Les noms de ces deux bons esprits, sans lesquels, peut-être, l'ouvrage de Vésale n'eût jamais vu le jour, méritent d'être conservés à l'histoire.

Vésale voulut, par un travail préliminaire, préparer les anatomistes aux matières traitées dans son grand ouvrage : il fit imprimer, et présenta au prince Philippe, fils de Charles Quint, un *Manuel d'anatomie*, sorte de table raisonnée de sa *Grande Anatomie*. Il introduisit dans cet abrégé un certain nombre de planches gravées sur bois, représentant les dispositions principales du corps humain (2).

Quant à son grand ouvrage, si attendu de tous, si redouté de quelques-uns, il parut, avec une dédicace à Charles Quint. Vésale se ménageait ainsi une protection puissante contre les fureurs et les haines qui ne pouvaient manquer de fondre sur lui. Dans cette *Épître dédicatoire à l'empereur* (*Dedicatio ad Cæsarem*), il explique la nécessité de faire un nouveau

---

(1) Ad. Burggraeve, *Études sur A. Vésale*, p. 23.
(2) *Ibidem*, p. 26.

traité d'anatomie et le droit qu'il croit avoir acquis de le composer.

« Fils, petit-fils et arrière-petit-fils de médecins distingués, je devais satisfaire à ce besoin, au risque de rester étranger au mouvement scientifique qui a commencé avec votre règne, et de me rendre indigne de mes nobles ancêtres. »

Il rappelle ensuite ses veilles, ses efforts et les recherches laborieuses auxquelles il n'a cessé de se livrer depuis sa jeunesse.

« Jamais, ajoute-t-il, je ne serais devenu anatomiste si, pendant que j'étudiais la médecine à Paris, je ne m'étais appliqué très-assidûment aux dissections, et si je m'étais borné aux manipulations grossières que pratiquaient des chirurgiens ignorants. »

Il parle ensuite de ses travaux à l'Université de Louvain et de son professorat à Padoue, à Bologne, à Pise.

« Là, continue Vésale, secouant le joug des maîtres et des écoles, je me suis attaché à démontrer l'homme sur l'homme lui-même. A quoi m'eût-il servi, en effet, de chercher ces connaissances dans les livres ? Il nous reste à peine quelques fragments de ce qu'ont écrit Hérophile, Érasistrate, Marinus et tant d'autres illustres auteurs. Quant à ceux qui ont suivi Galien, tels qu'Oribase, Théophile, les Arabes et nos modernes, si tant est qu'ils aient laissé quelque chose digne d'être lu, tous se sont attachés à le compiler, à le commenter, et le plus souvent, à le défigurer de la façon la plus ridicule. Est-ce là le respect que l'on doit à un grand écrivain ? Est-ce en perpétuant ses erreurs qu'on prétend conserver sa mémoire intacte ? Qu'ai-je fait, moi qu'on accuse de l'avoir calomnié ? Je lui ai constamment rendu justice. Mais au lieu d'imiter la commun de nos médecins qui n'y trouvent pas la moindre faute à reprendre, tandis que Galien se corrige souvent lui-même et relève, dans un endroit, des négligences ou des inexactitudes qu'il a commises dans d'autres ; au lieu de suivre en aveugle ce déplorable exemple, j'ai contrôlé ses opinions et prouvé, pièces en main, que le médecin de Pergame a fait des dissections, non sur l'homme, mais sur des animaux, particulièrement sur des singes. En ceci, Galien n'a pas été coupable, puisqu'il a été arrêté par un préjugé plus fort que sa volonté et son génie. Les coupables sont ceux qui, ayant sous les yeux les organes de l'homme, s'obstinent à copier servilement les erreurs de leur idole (1). »

Jetant ensuite un coup d'œil sur l'enseignement de l'anatomie, il s'écrie :

---

(1) Traduction de Burggraeve. *Études sur Vésale*, p. 29-30.

« Que dira-t-on de ces professeurs qui, du haut de leurs chaires, répètent emphatiquement, comme des perroquets, ce qu'ils trouvent dans les livres, sans avoir jamais fait par eux-mêmes la moindre observation, ou qui font leurs leçons d'après des pièces si monstrueusement préparées, que les spectateurs, au milieu des halles, en apprendraient bien davantage d'un boucher.

» … Au reste, je ne me cache pas qu'ayant à peine accompli ma vingt-huitième année, on me trouvera bien hardi d'avoir osé attaquer le médecin de Pergame. Je sens que je serai exposé aux morsures de ceux qui, n'ayant pas, comme moi, étudié l'anatomie avec une constante application, ainsi que je l'ai fait dans les écoles d'Italie, ont suivi, avec tous les autres, les opinions erronées de l'anatomiste grec, et qui maintenant, consumés par l'envie et par la honte, ne peuvent pardonner à un jeune homme d'avoir découvert et démontré ce qu'ils n'avaient encore ni vu ni même pressenti, eux, vieillis dans l'exercice de l'art et se disant les maîtres de la science (1). »

En dévoilant les nombreuses erreurs anatomiques de Galien, Vésale mettait, par cela même, en lumière l'ignorance et l'incapacité des anatomistes de son temps. Ses découvertes prouvaient que les docteurs du seizième siècle, entièrement dépourvus d'esprit d'observation, n'avaient jamais su voir dans les cadavres qu'ils faisaient disséquer sous leurs yeux que les dispositions organiques du singe. Dans leurs prétendues *démonstrations* d'anatomie, ils se bornaient à réciter les paroles du maître, sans même se douter qu'elles ne pouvaient s'appliquer exactement au corps de l'homme. Vésale avait prévu les haines implacables qu'il allait soulever contre lui, et certes, le dernier passage que nous avons cité de sa *Préface à l'Empereur* n'était pas fait pour les apaiser.

Ses ennemis furent nombreux, en effet. Parmi les plus acharnés, figura Sylvius (Jacques Dubois), son ancien maître, le célèbre professeur d'anatomie de Paris. Sylvius avait puisé dans Galien, son idole, toutes ses connaissances anatomiques; maintenant que l'autorité du médecin de Pergame était ébranlée, puisqu'on lui reprochait déjà plus de deux cents erreurs, qu'allait devenir sa propre réputation? Jacques Dubois

(1) « At interim me non latet quam exosus iste, meæ ætatis qua vigesimum octavum annum nondum excessi, occasionem parum auctoritatis habebit, ne quam minimè ob crebram non verorum Galeni dogmatum indicationem, ab illorum morsibus erit tutus qui, perinde ac nos in Italicis scholis anatomen non sedulo sunt agressi, quosque jam senes invidia ob juvenis recto inventa tabescentes, pudebit, cum cæteris Galenum subsecutis, hactenus secutisve, eaque quæ modo proponimus, et si magnum sibi in arte nomen arrogant. » (*Epist. ded. ad Cæs.*)

comprenait cela parfaitement; et sa fureur était extrême, en songeant que ce coup lui était porté *par ce petit Vésale, qu'il avait vu naguère assis sur les bancs de son école* (1). Dans l'excès du dépit, Sylvius composa contre Vésale un pamphlet ayant pour titre : *Sylvius Vaesani calumnias depulsandus*. Les calomnies que le vieux Dubois reproche à Vésale sont d'avoir prétendu que Galien a donné l'anatomie du singe pour celle de l'homme.

Vésale, cherchant des erreurs dans Galien et désertant son culte, n'est *qu'un orgueilleux, un impie, un calomniateur, un transfuge, un monstre, dont l'haleine impure empoisonne l'Europe*. Le pamphlet de Sylvius continue à peu près sur ce ton, d'un bout à l'autre.

La conduite de Vésale envers son vieux professeur fut constamment celle d'un homme qui joint la supériorité du caractère à celle du talent. Il ne répondit point au pamphlet de Sylvius, et ne cessa jamais de parler avec respect d'un homme dont il appréciait les talents, et d'un maître auquel il conservait une véritable reconnaissance.

Mais bientôt se révéla un adversaire plus redoutable pour lui : ce fut Eustache, professeur d'anatomie à Rome, qui a attaché son nom à la découverte de la voie de communication entre le tympan de l'oreille et l'arrière-bouche *(trompe d'Eustache)*.

Pour combattre le novateur, Barthélemi Eustache n'eut recours ni aux pamphlets ni à la satire : il invoqua des arguments puisés dans la science même. Vésale ayant déjà beaucoup à faire, pour donner une description générale de l'organisation de l'homme, avait laissé à ses successeurs la recherche des anomalies anatomiques. Cette lacune devint la citadelle de ses antagonistes, qui se mirent à chercher, dans les différents individus de l'espèce humaine, les anomalies pouvant justifier les descriptions de Galien. Eustache parvint ainsi à expliquer quelquefois certaines différences que Vésale avait remarquées entre la structure ordinaire de l'homme et les descriptions de l'anatomiste grec (2). D'un autre côté, Vésale n'a-

---

(1) Burggraeve, *Études sur Vésale*, p. 32.
(2) Eustache, *Tractatus de vena azygoutica*.

vait guère considéré que l'homme adulte, ce qui était déjà un travail fort étendu. Or nos organes varient avec l'âge ; il n'en est presque aucun qui ne change de forme, de consistance et de proportion, aux différentes époques de la vie ; et ces variations sont très-importantes à consigner dans un traité d'anatomie ou de physiologie. Eustache résolut d'en faire une étude approfondie, et il les prit à leur origine. Il commença l'étude des anomalies de l'organisme humain dans le fœtus, et poursuivit cet examen dans des individus arrivés aux différents âges de la vie.

Vésale, attaqué, sinon d'une manière injurieuse, du moins avec une grande acrimonie de langage, par un des plus habiles anatomistes de l'Europe, ne pouvait se dispenser de répondre à ces critiques. Pour mieux juger des raisons et des faits que lui opposait son adversaire et pour être plus à portée de lui répondre publiquement, il se rendit à Padoue.

L'Université de Padoue accueillit avec joie son ancien professeur, et mit à sa disposition les cadavres qui lui étaient nécessaires pour ses recherches et ses démonstrations publiques. Son succès fut complet ; l'évidence des faits qu'il exposa ne laissa aucun doute dans l'esprit de ses auditeurs.

De Padoue il se rendit successivement à Pise et à Bologne. Dans toutes les Universités d'Italie, il était reçu avec enthousiasme et applaudi avec chaleur. Partout, élèves et professeurs se groupaient autour de sa chaire. Ce fut assurément l'époque la plus brillante de sa vie.

Cependant les violentes et continuelles accusations de Jacques Dubois contre Vésale s'étaient répandues dans toute l'Europe. On finit par faire une question théologique d'un simple différend entre Galien et les novateurs en anatomie.

Les ennemis de Vésale étaient parvenus à faire croire que ses découvertes n'étaient que des mensonges, et un moyen pour lui d'obtenir quelque célébrité. N'ayant pu le vaincre par la science, ils s'efforçaient de l'anéantir par la calomnie. Malheureusement, cette lâche entreprise obtint un plein succès. Les choses allèrent au point, que Charles Quint se crut obligé d'ordonner une enquête, de faire examiner le livre de Vésale, pour le censurer, s'il méritait de l'être.

En 1556, les théologiens de l'Université de Salamanque furent appelés à décider s'il était permis à des catholiques d'ouvrir des corps humains (1). Les moines espagnols, plus libéraux que les ennemis de Vésale, tant français que flamands, répondirent *que cela était utile, et par conséquent licite.*

Malgré cette demi-victoire, Vésale était affecté au plus haut point de l'inqualifiable injustice de ses contemporains. L'ordre donné, par Charles Quint, de commencer une enquête sur son ouvrage lui causait un chagrin profond. Il avait développé, au temps de sa jeunesse, des forces surhumaines, pour donner essor à son génie et poursuivre, en peu d'années, des travaux immenses ; il se trouva sans énergie pour défendre sa renommée. Plusieurs hommes qui, par l'activité d'esprit et la supériorité de leurs talents, paraissaient appelés à contribuer au progrès du savoir humain se sont trouvés ainsi arrêtés au milieu du chemin, par les haines qu'ils soulevaient et les persécutions qu'ils rencontraient. Vésale en fut un exemple. Dégoûté des critiques déloyales qu'on lui opposait, il renonça à continuer la lutte. Il jeta au feu ses livres et ses manuscrits, innocentes causes de la triste expérience qu'il venait de faire de l'ingratitude et de la méchanceté des hommes.

« En un instant, dit M. Burggraeve, le travail de plusieurs années fut dévoré par les flammes, perte à jamais déplorable, puisque la science fut privée des richesses que la nouvelle position où Vésale allait se trouver ne lui permit plus de recouvrer (1). »

Il quitta l'Italie et retourna dans son pays, avec l'espoir que, par sa présence, il lui serait peut-être plus facile d'imposer silence à ses ennemis ; car c'était en Belgique et en France que se trouvaient les plus acharnés. Il alla résider à Bruxelles, où il sembla désormais vouloir s'effacer entièrement.

D'après M. Burggraeve, la maison que Vésale habita à Bruxelles était située dans la *rue Haute*, à l'endroit même où s'éleva depuis le couvent des Capucins. Pendant longtemps ces religieux, voulant conserver la mémoire du grand anatomiste, datèrent tous leurs actes *ex ædibus Vesalianis.*

En 1546, Vésale se rendit à Bâle, pour diriger la réimpression de son ouvrage. Pendant son séjour dans cette ville, il donna quelques démonstrations publiques d'anatomie. En reconnais-

(1) *Études sur Vésale*, p. 35.
(2) Ouvrage cité, p. 35.

sance de l'accueil qu'on lui avait fait à Bâle, il offrit à l'école de médecine de cette ville un squelette qu'on y conserve encore.

Après l'abdication de Charles Quint, Vésale suivit, en Espagne, son successeur Philippe II, en qualité de médecin de la cour.

Ici finit sa carrière scientifique. Nous avons dit, dans la *Vie de Christophe Colomb*, ce qu'était la cour d'Espagne, à la fin du quinzième siècle. Cinquante ans après, c'est-à-dire au temps de Philippe II, la cour d'Espagne était, à divers égards, pire que sous le règne de Ferdinand et d'Isabelle. Aucun lieu du monde ne pouvait moins convenir à l'esprit ardent et à la nature expansive de Vésale. L'orgueil, l'ignorance, les préjugés, les basses jalousies, voilà ce qu'il trouva à la cour de Philippe II. Bientôt il s'y sentit consumer par la tristesse et l'ennui.

Cette situation d'esprit était peu compatible avec le goût de l'étude; et les haines des docteurs espagnols qui commencèrent à se déchaîner contre lui contribuèrent encore à le détourner du travail. Sa qualité d'étranger et le succès qu'il obtint, dit-on, comme chirurgien, dans un cas important, furent les principales causes de l'hostilité que manifestèrent contre lui les médecins de la cour. Voici le fait qui excita, dit-on, ces mauvais sentiments.

Don Carlos, fils de Philippe II, qui devait plus tard mourir victime de la sombre jalousie de son père, avait fait une chute et s'était grièvement blessé à la tête. Vésale, dans une consultation de médecins, soutint, contre l'avis des docteurs, que la trépanation était nécessaire. On fit l'opération, et le prince guérit. Les médecins de Madrid ne purent lui pardonner ce succès.

Il faut ajouter, comme correctif à cette histoire, que l'auteur espagnol d'une *Notice historique sur Vésale*, dont M. Burggraeve rapporte le texte entier, contredit formellement ce récit. Il dit que Vésale ne vit le prince que le onzième jour de sa chute, et que l'avis de pratiquer la trépanation ne fut aucunement suivi. De sorte que le malade guérit sans opération, et que par conséquent il ne dut rien aux conseils de Vésale (1).

Dans la cour ignorante et dévote de Philippe II, Vésale passait l'existence la plus triste et la plus solitaire. Il vivait dans un milieu sombre et méfiant, entouré d'ennemis plus ou moins

---

(1) *Études sur Vésale*, p. 42-45.

avoués, et ce qui était le plus pénible, privé de tout moyen de se tenir au courant des progrès de la science. Pendant qu'il se laissait ainsi oublier, à la cour d'Espagne, l'anatomie, science qu'il avait fondée, faisait des progrès rapides en France et en Italie. De jeunes rivaux, des émules, menaçaient d'éclipser sa gloire. L'ennui et le regret consumaient son âme; il résolut de s'arracher à cette position intolérable. Mais il fallait un prétexte auprès du monarque, soupçonneux et dur, dont il était le serviteur. Il invoqua un vœu religieux, et demanda à Philippe II l'autorisation d'aller faire un pèlerinage à Jérusalem.

En présence du pieux motif invoqué par Vésale, le roi consentit à le laisser partir.

On trouve, dans les biographies de Vésale, une histoire dramatique, mais de pure invention, par laquelle on a coutume d'expliquer son départ subit. Le journaliste Linguet a répandu en Europe, en haine des Espagnols et de l'Inquisition, cette anecdote erronée, que déjà, il est vrai, Ambroise Paré avait rapportée sans nommer Vésale, et que Boerhaave, en Allemagne, avait admise, dans la préface des œuvres de l'anatomiste belge. On prétend que Vésale aurait ouvert une femme encore vivante, dont il voulait faire l'autopsie pour rechercher la cause de sa mort. D'autres parlent d'un gentilhomme, et non d'une femme.

Cuvier rapporte, sans critique, cet événement (1). Richerand, dans la *Biographie* de Michaud, le repousse, et d'une façon formelle.

« Pour mettre le cœur à découvert, il faut, dit Richerand, ouvrir la poitrine, couper les cartilages, scier les côtes, enlever le sternum, faire, en un mot, des incisions longues, profondes, et bien capables de ranimer la vie, avant que le cœur puisse être aperçu, par la division du péricarde. »

Le savant professeur d'anatomie à l'Université de Gand, M. Burggraeve, que nous citons souvent, parce qu'il est incontestablement le plus complet de tous les biographes de Vésale, a fait de nombreuses recherches et s'est donné beaucoup de peine pour éclaircir ce point fondamental de la vie de Vésale. Grâce à l'intervention de M. Nothomb, ministre de l'intérieur

(1) *Histoire des sciences naturelles*, t. II, p. 22.

en Belgique, il a pu se procurer une notice extraite d'un ouvrage inédit sur l'*Histoire philosophique et critique de la médecine espagnole*, par Hernandez Moréjon, professeur de clinique à l'école de Madrid. Dans cette notice, dont M. Burggraeve rapporte le texte espagnol, Hernandez Moréjon, après avoir repoussé comme fabuleux certains bruits qu'on avait trop légèrement accueillis sur Vésale, s'exprime ainsi, à l'égard du fait dont nous parlons :

« Une troisième fable qu'on rapporte sur l'anatomiste belge est que l'Inquisition le condamna à mort, pour avoir ouvert un gentilhomme espagnol qu'il avait traité pendant sa maladie, et parce que, dans cette opération, les assistants avaient remarqué que le cœur battait encore ; mais que, par la protection de Philippe II, la peine fut commuée en celle d'un voyage expiatoire à Jérusalem. Ceux qui ont inventé ce troisième conte ne songent même pas à le prouver. Comment se nommait ce gentilhomme qu'il aurait ouvert encore vivant? Quels furent les témoins qui le prouvèrent à l'Inquisition? Devant quel tribunal, de ceux qui existaient alors en Espagne, le procès fut-il porté? Pourquoi don Antonio Lorente, dans ses *Annales en histoire critique de l'Inquisition*, ne fait-il aucune mention d'un pareil procès, quoiqu'il y parle de Vésale? Pourquoi ses écrivains contemporains de la mort de l'anatomiste belge, et quelques-uns même qui furent ses collègues à la cour, gardent-ils un profond silence sur un événement qui, s'il avait été vrai, aurait sans doute fixé leur attention, et dont ils auraient parlé, les uns pour le plaindre, les autres pour le blâmer, et tous pour exalter la clémence du monarque? Pourquoi? Parce que le fait est absolument faux. L'historien Sprengel, en parlant du restaurateur de l'anatomie, du grand Vésale, rapporte, seulement comme *on dit*, la part qu'il eut dans le traitement du prince des Asturies, et quant au fait de l'Inquisition, il le croit entièrement controuvé. Et notre Lampillas, qui n'est point suspect, parce qu'il n'était ni médecin ni chirurgien, n'a-t-il pas démontré, avec Sprengel, la même chose? Loin que Vésale eût des ennemis envieux et des persécuteurs en Espagne, les professeurs de ce pays le comblèrent d'éloges et exaltèrent son profond savoir et sa dextérité en anatomie. Les preuves irréfragables de cette vérité se trouvent dans Valverde, Pedro Ximeno, Collado, Daza et un grand nombre d'autres auteurs (1). »

Il est donc certain qu'il n'y eut contre Vésale, en Espagne, ni accusation d'homicide, ni jugement, ni condamnation. Il est bien établi, pourtant, qu'il obtint de Philippe II, l'autorisation de quitter la cour et de partir de Madrid pour se rendre en Palestine. Le désir d'accomplir un vœu religieux, tel est le motif qu'avait invoqué Vésale auprès du roi d'Espagne. Mais,

(1) Cité par Burggraeve, p. 45-46.

d'après le botaniste Clusius (Delécluse), qui arriva à Madrid le jour même où Vésale en partait, une maladie de langueur s'était emparée du célèbre anatomiste belge.

Cette maladie n'était autre chose, selon nous, que la tristesse, le regret, l'ennui qui l'accablaient à la cour d'Espagne, et le chagrin qu'il ressentait de voir les progrès que l'anatomie faisait sans son propre concours, en divers pays étrangers.

Fallope, noble de Modène, plus jeune que lui, avait hérité de sa chaire d'anatomie à Padoue. Fallope était doué d'un véritable génie, et on lui fournissait, à Padoue, autant de cadavres qu'il en demandait pour ses travaux. Il ne tarda pas à se distinguer par les plus brillantes découvertes. En 1561, il fit paraître, à Venise, ses *Observationes anatomicæ*, ouvrage où, sous des formes extrêmement polies et même respectueuses, il prend, à quelques égards, la défense des anciens et attaque, sur plus d'un chef, les opinions de Vésale. Ce dernier, qui était alors à la cour de Charles Quint, lui répondit par un ouvrage intitulé : *Anatomicarum observationum Fallopii examen*, qu'il fut malheureusement obligé de composer de mémoire, n'ayant pu trouver dans tout Madrid une seule tête osseuse d'homme. Les objets d'investigation et d'étude lui manquant, il put, dans cet ouvrage, n'être pas tout à fait à la hauteur de son génie; mais sa *Grande anatomie* n'en était pas moins le point de départ de la science nouvelle, et le travail sur lequel Fallope avait basé ses observations.

Vésale était en Espagne lorsqu'il reçut cet ouvrage de Fallope. Les succès de son émule réveillèrent dans son esprit non-seulement le souvenir de ceux qu'il avait lui-même obtenus auparavant, dans cette même Université de Padoue, mais ils lui rappelèrent aussi les implacables haines et les calomnies dont il avait été l'objet autrefois, pour avoir accompli ces travaux mêmes que Fallope attaquait. De là, sans doute, des douleurs morales, des regrets poignants, qui le consumaient nuit et jour, et qui le décidèrent à quitter l'Espagne.

Vésale partit de Madrid le jour même, avons-nous dit, où Clusius (Delécluse) y arrivait. On lui apprit que Vésale avait été atteint d'une maladie dont il n'était parvenu que difficilement à se guérir, et qu'à la suite de cette maladie, il avait fait auprès du roi les plus vives instances pour obtenir la permission de se retirer, alléguant pour motif le vœu qu'il avait fait d'aller visiter la Terre sainte. Clusius ajoute que, non-seulement on lui accorda la permission qu'il sollicitait, mais qu'en outre on lui donna toutes les facilités nécessaires pour accomplir son voyage : « Je tiens toutes ces particularités, écrivait Clusius à l'historien De Thou, de Ch. Tisnacq, chef du conseil des Pays-Bas à Madrid ».

Vésale était marié. Après son premier voyage en Italie, il avait épousé Anne van Hamme, fille de Jérôme, conseiller et maître de la chambre des comptes à Bruxelles, et d'Anne Asseliers. Il n'eut qu'une fille, nommée Anne, qui, par son mariage avec le grand fauconnier du roi d'Espagne, Jean Mol, perdit son beau nom de Vésale ou de Wesele. On a dit qu'Anne van Hamme était d'un caractère difficile et contrariant, et que ce fut une des causes qui déterminèrent Vésale à partir pour un si long voyage. Mais, à nos yeux, la cause principale de son départ, c'était le désir de retourner en Italie, pour y défendre sa réputation d'anatomiste, compromise par les découvertes et les écrits de Fallope. L'ouvrage qu'il avait composé : *Anatomicarum observationum Fallopii examen*, était tout à la fois une réponse à Fallope et une apologie de sa *Grande Anatomie*. Il désirait que son successeur à l'Université de Padoue le connût le plus tôt possible. Or, il fallait du temps pour l'imprimer, et d'ailleurs, il n'eût peut-être pas été facile de le faire imprimer en Espagne. Vésale en avait déjà parlé à Tiepolo, ambassadeur de Venise, qui se trouvait alors en mission en Espagne, auprès du roi, et il lui avait confié son manuscrit, que Tiepolo, devant bientôt retourner à Venise, se chargea de remettre lui-même à Fallope, en passant par Padoue.

Malheureusement l'ambassadeur de Venise, retenu par la guerre, ne put partir que l'année suivante, et lorsqu'il arriva à Venise, Fallope venait de mourir. Tiepolo garda le manuscrit, sans le communiquer à personne, avant d'avoir reçu un avis de l'auteur. Ce contre-temps inattendu avait vivement contrarié Vésale, et rendait plus ardent encore son désir de se rendre en Italie.

Enfin, toutes ses dispositions étant prises, Vésale quitta Madrid, et s'embarqua pour le grand et dangereux voyage de la Terre sainte. Il prit place sur un navire, qui le conduisit à

Venise. Là, le général de la République, Malatesta de Rimini, lui ayant donné passage sur un bâtiment vénitien, Vésale s'embarqua pour l'île de Chypre, où il parvint heureusement; et il se rendit enfin en Palestine.

Il était encore à Jérusalem, lorsqu'il reçut, de la part du sénat de Venise, une offre qui mettait le comble à ses vœux : on lui proposait la chaire d'anatomie de Padoue, que la mort de Fallope avait laissée vacante.

Vésale n'avait encore que cinquante-huit ans, et avec l'indépendance de l'esprit, il avait recouvré toute son ardeur pour l'étude. En tenant compte des travaux accomplis par Eustache et par Fallope, il pouvait perfectionner singulièrement sa *Grande Anatomie*, et reculer davantage les limites des sciences naturelles.

Tels étaient les sentiments qui remplissaient et agitaient son âme ardente, pendant qu'il s'occupait, à Jérusalem, des préparatifs de son retour. Malheureusement, la destinée contraire devait renverser ces espérances. Vésale quitte Jérusalem, le cœur plein de joie, et il s'embarque pour Venise. Mais le 2 octobre 1564, une horrible tempête se déclare dans la mer Ionienne. Le vaisseau, devenu le jouet des vents et des flots, est violemment poussé contre les côtes de l'île de Zante, où il fait naufrage.

L'île de Zante est située à cinq lieues de la côte de Morée, vis-à-vis du golfe de Lépante. Cette île était habitée par une population de pêcheurs et de gens tout occupés des soins de leur commerce.

Le malheureux Vésale, naufragé dans cette île inhospitalière, jeté, à demi mort de fatigue et de faim, sur une côte déserte, se traîna, comme il put, dans l'intérieur des terres. Malade, manquant de tout, et ne recevant aucun secours, il périt dans la misère et dans l'abandon. Un habitant de Venise, amené par son commerce dans l'île de Zante, reconnut le malheureux Vésale et lui fit donner une sépulture catholique. Il fit graver sur la pierre cette inscription :

TUMULUS ANDREÆ VESALII BRUXELLENSIS
QUI OBIIT IDIBUS OCTOBRIS, ANNO MDLXIV
ÆTATIS VERO SUÆ QUINQUAGESIMO
QUUM HIEROSOLYMIS REDIISSET

NAUFRAGE DE VÉGALE A L'ILE DE ZANTE, DANS LA MER IONIENNE.

Voici la liste des ouvrages de Vésale, avec la date de leur publication : *Paraphrasis in nonum Rasæ* (1537) ; — *Additamenta et correctiones in Guntheri institutionibus anatomicis* (1538) ; — *Epistola de vena secanda in pleurisia* (1539) ; — *Prima tabula anatomica. Venetiis* (1540) ; — *De humani corporis fabricâ.* Bâle (1543) (*Grande Anatomie*) ; — *Epitome de fabricâ humani corporis.* Bâle (1543) (*Abrégé de la Grande Anatomie*) ; — *Epistola ad Joachimum Ralonts,* etc., *rationem modumque propinandi radicis chynæ decocti,* etc. (1546) ; — *Anatomicarum Gabrielis Fallopii observationum examen,* — enfin, *Chirurgia magna,* compilation publiée quatre ans après sa mort.

Boerhaave fit paraître à Leyde, en 1725, les *Œuvres complètes de Vésale* en latin. L'ouvrage forme deux volumes in-folio.

Si l'on considère que la guerre, les voyages et sa position de médecin de la cour d'Espagne firent perdre à Vésale un temps considérable, on trouvera, en jetant les yeux sur la liste de ses ouvrages, que, bien que sa mort ait été prématurée, il a cependant beaucoup produit.

C'est principalement comme anatomiste qu'il faut envisager Vésale. Sous ce rapport, le plus important de ses ouvrages est celui qui a pour titre : *De la structure du corps humain* (*De humani corporis fabrica*), connu plus généralement sous le nom de *Grande Anatomie.* Nous allons essayer, d'après Cuvier, Ad. Burggraeve, Blainville et Vésale lui-même, d'en donner une analyse.

Pour composer cet ouvrage, qui comprend sept livres, Vésale puisa dans trois sources différentes, à savoir : les anciens, ses contemporains, et lui-même. Le plan qu'il adopte est à peu près le même que celui de Galien.

Dans le premier livre, il donne la description des os; et les figures qui accompagnent cette description sont excellentes. Il expose, autant que le comportait l'état des sciences au seizième siècle, la composition chimique, les usages et les différences de grandeur, de forme, de proportion et de structure, des os du corps humain. Il était impossible qu'il observât le squelette humain, sans reconnaître que les os décrits par Galien ne sont point ceux de l'homme. Aussi, en le suivant pas à pas, réfute-t-il, à chaque instant, le médecin de Pergame. Il montre, par exemple, que Galien est tombé dans des erreurs manifestes, relativement aux os du *sacrum* (os impair qui fait suite à la colonne vertébrale, et forme l'arrière-partie du bassin) et du *sternum* (os plat et long, situé au devant de la poitrine), etc. Il traite ensuite des cartilages. Il indique leur position, leurs usages, et montre en quoi ils se rapprochent et en quoi ils diffèrent des os.

Il traite, dans le quatrième chapitre, de la structure et de l'union des os avec les cartilages. Depuis le cinquième jusqu'au treizième, il s'attache à décrire la structure de la tête, et la présente sous tous les aspects, à l'intérieur et à l'extérieur, au moyen d'excellentes figures. Il rejette une erreur adoptée par les anciens, à savoir qu'une humeur blanche et visqueuse, la *pituite*, descend du cerveau dans le nez. Il montre qu'il n'existe aucune communication entre le cerveau et l'intérieur du nez. Des osselets de l'oreille interne, il ne connaît que l'*enclume* et le *marteau*.

Du chapitre quatorzième au dix-neuvième, il décrit la colonne vertébrale dans son ensemble et dans ses détails. Arrivé au *sacrum* et au *coccyx* (petit os situé à l'extrémité du *sacrum*, et qui termine le tronc), il donne, au lieu du sacrum de l'homme, la figure d'un *sacrum* de singe, et celle d'un *sacrum* de chien, parce que Galien avait décrit ces deux os d'après les squelettes de ces deux animaux.

Dans les chapitres suivants, il décrit la poitrine, l'articulation d'une côte avec son appendice cartilagineux, les membres antérieurs, depuis l'*omoplate* de l'épaule et la *clavicule*, jusqu'aux phalanges des doigts, les cartilages des paupières, du nez, des oreilles, de la *trachée-artère*, les *bronches*, le *larynx*, etc.

L'examen des os le conduit aux ligaments qui les unissent. Il a, le premier, parlé des ligaments de la colonne vertébrale, c'est-à-dire des *cartilages inter-vertébraux*.

Il traite dans le second livre, des muscles qui servent à mouvoir les os. Examinant la doctrine admise par les adorateurs enthousiastes de Galien, sur la structure et le jeu physiologique des muscles, Vésale la combat hardiment, et la réfute par un grand nombre de faits, clairs et décisifs. Il pose ensuite sa propre doctrine, qui, au point de vue de l'état actuel de la science, n'est point, à la vérité, tout à fait exempte d'erreur, mais qui, de son temps, était un progrès marqué. On regrette qu'il ait été forcé d'étudier quelques faits secondaires, non sur l'homme, mais chez les animaux, ce qui l'a conduit à donner inexactement la description de quelques parties, après avoir si amèrement reproché lui-même à Galien, d'avoir fait ses études sur des animaux. Cette erreur est manifeste pour le *placenta* (masse vasculaire et charnue, qui fait partie des enveloppes du fœtus), car ce qu'il a décrit est le placenta de la chienne.

Le troisième livre est consacré aux veines et aux artères. Il expose l'ensemble et les ramifications des deux systèmes, *veineux et artériel*. C'est la partie de son ouvrage qui laisse le plus à désirer. Il eût fallu, pour la bien traiter, qu'il opérât des injections dans les vaisseaux ; mais la science anatomique n'en était pas encore là. Cependant sa description des veines et des artères fut un progrès sérieux pour l'époque où elle parut.

Dans le quatrième livre, il considère les nerfs dans leur origine et dans leur distribution à tous les organes. Il rappelle que les anciens confondaient, sous la dénomination de *nerfs*, les ligaments, les tendons et les nerfs proprement dits, et qu'ils les faisaient naître du cœur. Il ajoute que c'est à Hérophile, à Hippocrate, Erasistrate et à Galien, qu'on doit la connaissance de la véritable origine des principaux nerfs. Il pose en principe que les nerfs naissent du cerveau et de la moelle épinière. Il les regarde comme composés de trois parties : une intérieure, de même nature que la substance cérébrale et naissant de cette substance même, et deux membranes, qui recouvrent cette partie intérieure, comme elles recouvrent le cerveau. Il signale l'inégale consistance des nerfs affectés aux sens spéciaux, et à ceux qui président à la locomotion. Il distingue la moelle épinière du cervelet, et suit la moelle allongée jusqu'au point où on la suit encore aujourd'hui. Il donne deux figures de l'origine des nerfs qui sortent de l'encéphale. Dans l'une, on voit le cerveau renversé, présentant d'une manière très-distincte l'origine des sept paires de nerfs que l'on comptait depuis Galien jusqu'à lui. Il admet ces sept paires, toutefois en reconnaissant qu'à la rigueur on pourrait en compter un plus grand nombre. Dans la seconde figure, il présente le cerveau dans sa position normale, mais de profil, et laissant voir l'origine des nerfs. Il étudie les sept paires de nerfs dans leur origine et dans toutes leurs ramifications. Il passe ensuite à l'étude de la moelle épinière et à celle des nerfs qui en dérivent. Il compte trente paires de nerfs, sortant de la moelle épinière ou allongée.

Dans les cinquième et sixième livres, il décrit les viscères abdominaux et donne leur figure. Il a mieux entrevu que ses devanciers les fonctions de la rate.

La description de la poitrine et des valvules du cœur, qui se trouve dans son sixième livre, aurait dû le conduire, dit Cuvier, à la découverte de la circulation du sang. Vésale restitue au cœur sa véritable position, qui est un peu à gauche et non au milieu de la poitrine, comme on le disait de son temps. Cet organe, ses ventricules, ses oreillettes, ses valvules, ainsi que leurs fonctions et leurs usages, sont parfaitement étudiés.

Le septième livre traite du cerveau. Vésale a fait faire de grands progrès à l'étude de cet organe, qu'il a figuré et décrit dans toutes ses parties. Il commence par en examiner les fonctions générales, et cite, à ce propos, l'opinion de saint Thomas, d'Albert le Grand et de Scot, lesquels plaçaient dans les ventricules les diverses facultés de l'intelligence et de la volonté. En parlant des circonvolutions de la substance cérébrale, il rappelle que les philosophes et les médecins de l'antiquité, avant Galien, les regardaient comme le siège de nos facultés, idée qui fut réfutée par Galien. Il commence par la description des membranes du cerveau; il énumère ensuite le nombre des parties de la masse encéphalique, il indique la situation et la forme des circonvolutions, et distingue la substance du cerveau de celle du cervelet. Pour donner un exemple de la vérité de ses descriptions, voici ce qu'il dit du *corps calleux* :

« Quand on écarte les deux hémisphères du cerveau, on aperçoit une bandelette blanche, longue et étroite qui les réunit. Elle est située au centre du cerveau, mais plus rapprochée de la partie antérieure que de la partie postérieure. Sa surface supérieure, libre au fond du sillon des hémisphères, est convexe ; sur les côtés, il se continue avec la substance blanche ou centrale du cerveau, et non avec la substance grise ou verticale. »

En décrivant la face inférieure du corps calleux, il est naturellement amené à parler de la cloison des ventricules latéraux (*septum lucidum*). Il est le premier qui ait fait connaître, dans l'homme, cette espèce de lame fibreuse.

« La face interne ou inférieure du corps calleux, dit-il, ne peut se voir qu'autant qu'on ouvre les ventricules droit et gauche. On remarque alors comment ce corps se recourbe sur lui-même en arc de cercle, de manière à former en avant et en arrière ses cavités. Cette surface interne n'est pas libre ; mais il se détache de la ligne médiane un prolongement qui, devenant de plus en plus mince, finit par former la cloison de ces cavités. Cette cloison est formée de la même substance que le cerveau en général ; mais elle est tellement mince et transparente que, lorsqu'on la regarde contre le jour, ou à travers la flamme d'une bougie, elle devient transparente (1). »

Vésale a décrit, dans tous leurs détails, les ventricules du cerveau, dont la connaissance est très-ancienne, mais qui, du temps d'Hérophile, n'avaient été encore indiquées que d'une manière générale. Il compte quatre ventricules. « Il a décrit suffisamment, dit de Blainville, toutes les autres parties du cerveau, et s'il a été beaucoup moins heureux dans ce qui tient aux organes des sens spéciaux, c'est parce que la physiologie lui manquait (2). »

Il parle, dans le même livre, de la *glande pinéale*, corps placé au milieu du cerveau, et ainsi nommé parce qu'on lui trouvait une ressemblance avec une pomme de pin. On sait que Descartes, pendant le siècle suivant, en fit le siège de l'âme. La glande pinéale se trouve constamment dans l'homme et dans les mammifères ; elle est même généralement plus développée chez les animaux mammifères, que chez l'homme. Vésale a observé que c'est dans la cervelle de l'agneau qu'on trouve la glande pinéale la plus volumineuse. Cet organe n'a, selon lui, d'autre fonction que de soutenir les vaisseaux à leur entrée dans le ventricule mitoyen, pour qu'ils n'en obstruent pas l'ouverture. On ignore complétement encore aujourd'hui le rôle de ce corps dans l'organisme cérébral, comme on ignore le rôle physiologique précis de la plupart des autres éléments anatomiques du cerveau.

Vésale a parfaitement compris l'arrangement des diverses parties de l'encéphale.

(1) Traduction de M. Burggraeve, *Études sur Vésale*.
(2) *Histoire des sciences de l'organisation*, t. II, p. 213.

Dans son dernier chapitre, *De vivorum sectione nonnullâ*, il présente des considérations et une série d'expériences sur l'ablation de certaines parties du corps dans les animaux vivants. De semblables expériences avaient été faites par Galien; mais Vésale, en les poussant beaucoup plus loin, prépara les grandes découvertes de Harvey sur la circulation et la génération. C'est d'abord sur les os et sur les cartilages que Vésale fait ses expériences. Par la rupture de l'une ou de l'autre des pièces du squelette, il montre que les os et les cartilages sont le soutien de tout le mécanisme animal, que les ligaments transverses ou annulaires, limitent et dirigent l'action des muscles, et c'est sur un cadavre qu'il prend ses exemples. Il coupe le ligament au milieu du *carpe* (partie entre l'avant-bras et la main, appelée vulgairement *poignet*) et il montre l'effet qui en résulte. Une expérience analogue étant faite sur un chien vivant, on voit les tendons des muscles fléchisseurs sortir de leur gaîne. Il montre comment, pendant les contractions des muscles, les fibres se raccourcissent et se relâchent pendant l'inaction. Il prouve aussi que la ligature d'un nerf, qui se distribue aux muscles fléchisseurs du poignet, paralyse les mouvements de flexion de la main; et que ce mouvement se rétablit dès que la ligature du nerf est enlevée. Il démontre encore, par l'expérience, que la section longitudinale d'un muscle n'en altère pas le mouvement, mais que le mouvement est altéré par une section transversale profonde, affectant les nerfs. Il indique la manière de s'assurer que c'est la substance même du nerf et non son enveloppe membraneuse qui transmet la puissance vitale. Il démontre encore que la section transversale de la moelle épinière paralyse à l'instant le mouvement et la sensibilité dans toutes les parties situées au-dessous de cet organe.

Il constate que la ligature des artères arrête, au-dessous, toute pulsation du sang; — que la dilatation et la contraction du cœur concordent avec les pulsations des artères; — que les poumons suivent les mouvements de la poitrine; — que si l'on découvre la plèvre et qu'on la perce entre deux côtes, le poumon s'affaisse aussitôt; et que l'animal meurt, comme s'il était suffoqué, lorsqu'on fait la même opération des deux côtés, etc.

Tout cela est de la belle et bonne physiologie expérimentale. Ses expériences sur le cerveau n'apprirent presque rien à

Vésale, et ses recherches sur les organes de la vue, de l'ouïe, de l'odorat, du goût et du tact, furent très-incomplètes. Sa mort prématurée ne lui laissa pas le temps de terminer son œuvre. Il était réservé à ses successeurs, et surtout à Harvey, de la compléter.

La *Grande Anatomie* de Vésale, qui eut pour résultat la création de l'anatomie au seizième siècle, était l'ouvrage d'un jeune homme de vingt-huit ans. C'est à sa seule méthode que Vésale dut ce prodigieux succès. Il convient donc d'en dire quelques mots.

La méthode qu'il a suivie, et qui apparaît sans cesse dans son ouvrage, est la suivante. Il commence par constater l'état de la science dans la série des travaux accomplis jusqu'à lui. Puis vient l'exposé de ses propres observations, qui détruisent les erreurs anciennement adoptées, ou qui confirment, étendent et développent les vérités acquises. Cette marche était la meilleure, tant pour se diriger lui-même que pour faire ressortir aux yeux des autres l'importance de ses travaux, et rendre plus sensibles les progrès dus à ses investigations et à son génie. Mais il fallait, pour procéder ainsi, posséder une érudition sûre et profonde. Ses fortes études préliminaires, en littérature et en philosophie, aidèrent le jeune Vésale à se mettre très-vite en possession des connaissances des anciens; ce que nul autre n'eût été à même de faire, même avec un génie égal au sien.

Si Ambroise Paré, son contemporain, dont nous allons rapporter maintenant la vie et les travaux, n'eût pas été d'une complète ignorance en fait de littérature; si sa destinée lui eût permis de consacrer à l'étude des lettres et des sciences de l'antiquité les années qu'il passa dans une boutique de barbier-chirurgien, son esprit, de bonne heure agrandi et développé par l'érudition, aurait eu infiniment plus de portée et de profondeur. Il serait devenu, avec le secours des études classiques, grand physiologiste, au lieu de rester simple chirurgien; on aurait admiré en lui l'homme de tête, au lieu de l'homme de main. C'est parce que Vésale s'était abreuvé, de bonne heure, aux sources de l'érudition classique, qu'il changea, en si peu d'années, la face de l'anatomie.

AMBROISE PARÉ

Pendant que je parcourais, en 1865, les provinces italiennes de la Capitanate et des Abruzzes, j'avais fait une remarque à l'endroit des enseignes de barbier. Dans toutes les petites villes de ces provinces, les barbiers ont pour enseigne, non les trois petits plats à barbe, traditionnels en France, qui, suspendus à la porte, se balancent et s'entre-choquent au gré du vent, mais un petit tableau où figure un bras nu, d'où s'élance un jet de sang, formant un arc liquide et rougeâtre. Ce sont leurs armes parlantes.

L'Italie du sud, demeurée en arrière de la civilisation, retrace assez bien, à nos yeux, l'état de l'Europe à l'époque de la Renaissance. Les habitudes du peuple, son esprit de superstition, quelque peu farouche, joints à la simplicité dans sa manière de vivre, et à son amour des anciennes coutumes locales, rappellent les populations de l'Europe au seizième siècle.

Dans les provinces de l'Italie méridionale, les barbiers sont les seuls chirurgiens du village et souvent de la ville ; ils saignent et exécutent les opérations de la petite chirurgie. Les apothicaires exercent encore des fonctions consacrées par un antique usage, et le médecin, paisiblement assis devant le *brasero* de l'apothicaire, attend, toute la journée, les ordres de sa clientèle. La boutique de l'apothicaire est son cabinet de consultation, et celle du barbier le théâtre de ses prescriptions chirurgicales.

AMBROISE PARÉ

Ce sont là les habitudes du seizième siècle : elles ont disparu du reste de l'Europe; mais elles se sont immobilisées et revivent encore dans les petites villes de l'Italie méridionale.

A l'époque de la Renaissance, en France comme dans le reste de l'Europe, la chirurgie était exclusivement entre les mains des barbiers. La dignité du médecin abandonnait la saignée, le pansement des plaies, le traitement des blessures, etc., au barbier, qui avait acquis par le maniement du rasoir, une dextérité particulière. Aussi ce dernier prenait-il bravement le titre de *maître chirurgien-barbier*. A Paris, les *maîtres chirurgiens-barbiers* formaient une corporation assez importante; elle avait des privilèges qu'elle maintenait avec fermeté.

Le maître chirurgien-barbier recevait dans sa boutique sa double clientèle : nobles bourgeois et varlets, à raser, à friser, à accommoder; malades à saigner ou à panser. Rarement il condescendait à raser lui-même le client : il abandonnait ce travail à ses apprentis.

L'apprenti barbier-chirurgien accommodait la pratique sous l'œil sévère du maître. Quand ses occupations lui laissaient quelque répit, il prenait un livre, pour s'initier à quelques connaissances de la petite chirurgie; ou bien il allait écouter les leçons de quelque maître chirurgien de l'école de Saint-Côme. En un mot, il s'exerçait aux deux branches de sa profession : à l'art du barbier et à celui du chirurgien, avec l'espoir de devenir plus tard patron lui-même, et de tenir boutique à son tour.

L'auteur d'une *Lettre sur les chirurgiens modernes*, écrite au dix-huitième siècle, a tracé un tableau fort curieux, de la condition de l'apprenti barbier-chirurgien à l'époque de la Renaissance.

« A peine, dit cet écrivain, le coq a-t-il chanté, que le garçon se lève pour balayer la boutique et l'ouvrir, afin de ne pas perdre la petite rétribution que quelque manœuvre, allant à son travail, lui donnera pour se faire faire la barbe en passant. Depuis ce moment, jusqu'à deux heures de l'après-midi, il court chez cinquante pratiques; il va peigner des perruques; attendre, dans l'antichambre ou sur l'escalier, la commodité de chacun; mettre en papillottes les cheveux de l'un; passer au fer celui de l'autre, et faire le poil à tous. Vers le soir, s'il est de ceux qui ont envie de s'instruire, il prend un livre. Mais la fatigue et le dégoût que cause nécessairement l'étude à ceux qui n'y sont point accoutumés lui procurent bientôt un profond sommeil qu'interrompt quelquefois le bruit d'une petite cloche suspendue à la porte, laquelle l'avertit de faire le poil à un paysan qui entre... Jamais homme n'a exigé tant de respect d'un domestique, et jamais un blanc, dans les îles, n'a cherché plus avidement à profiter de l'argent que lui coûte un nègre, que le maître chirurgien à profiter du pain et de l'eau qu'il donne à ses garçons. Une autre après-midi que celle où ils ont congé, il ne leur permettra pas de sortir pour aller aux leçons publiques, de peur de perdre l'argent d'une barbe, qui ne viendra peut-être pas. C'est pourquoi les médecins, poussés par un esprit de charité, faisaient à ces pauvres jeunes gens des leçons de chirurgie, dès quatre heures du matin. »

Cette condition d'apprenti barbier fut celle d'Ambroise Paré dans une grande partie de sa jeunesse. Il devint à son tour *maître barbier-chirurgien*, et tint assez longtemps boutique en plein Paris. C'est de là qu'il partit, pour devenir le chirurgien des rois de France et des personnages les plus considérables de l'Europe. Mais son point d'origine ne doit pas être méconnu ; et pour rester fidèle à l'esprit de l'histoire, il faut dire qu'Ambroise Paré fut le plus illustre des barbiers-chirurgiens de la Renaissance. Il fut, ce que l'on appellerait dans le style des *boulevardiers*, comme les nomme M. Veuillot, un *barbier réussi*. C'est l'histoire de ce barbier de génie que nous avons à raconter.

I

La plupart des hommes supérieurs qui ont paru dans le monde étaient issus de familles pauvres et se sont formés par eux-mêmes. Bernard Palissy et Ambroise Paré, tous deux Français et contemporains, nous en offrent, au seizième siècle, deux exemples remarquables. Ils se sont illustrés tous les deux dans des genres très-différents, mais il a existé, entre la vie de l'un et celle de l'autre, des analogies frappantes. Les parents d'Ambroise Paré, comme ceux de Bernard Palissy, étaient de simples ouvriers qui vivaient du travail de leurs mains ; les uns et les autres à peu près également pauvres et obscurs. Enfants, Paré et Palissy furent envoyés dans des écoles du peuple, pour y apprendre à lire, à écrire, à calculer. Un peu plus tard, ils entrèrent en apprentissage, l'un chez un peintre en vitrerie, l'autre chez un barbier. Il s'agissait pour eux non de faire des études savantes, mais d'apprendre à exécuter, avec plus ou moins de tact et d'habileté, des travaux manuels.

Chacun d'eux, après avoir achevé son apprentissage, pourvut, par le travail, à sa subsistance et, en même temps, dirigé par son propre génie, consacra à l'étude tous les moments que les jeunes gens ordinaires passent dans les distractions et les plaisirs. Tous deux embrassèrent la religion réformée et se rencontrèrent à Paris; car Ambroise Paré assista, comme nous l'avons dit, avec plusieurs grands personnages, aux leçons publiques que fit Palissy sur l'histoire naturelle. Tous deux échappèrent aux massacres de la Saint-Barthélemy, sauvés, l'un par Charles IX, l'autre par Catherine de Médicis, qui protégeait, dans l'*inventeur des rustiques figulines*, l'intendant chargé de la décoration des jardins royaux, et dans le chirurgien du roi, un homme précieux par ses talents et les services qu'il avait rendus. Paré et Palissy, qui n'avaient point étudié dans les Universités, ignoraient l'un et l'autre le latin. Ils ne connaissaient d'autre langue que le français de ce temps, langue encore grossière et bornée, que dédaignaient les érudits. Quand ils furent obligés d'écrire, chacun dans son genre, pour faire connaître les découvertes utiles et les observations nouvelles qu'ils avaient faites, ils contribuèrent sensiblement, et à leur insu, à la richesse et au développement du langage.

Nous ne pousserons pas plus loin cette comparaison entre ces deux hommes célèbres. On a déjà lu dans ce volume la biographie de Palissy; abordons, sans plus de retard, celle de Paré.

Ambroise Paré naquit, en 1517, à Laval, dans la province du Maine, aujourd'hui chef-lieu du département de la Mayenne. Son père, qui exerçait la profession de coffretier ou de menuisier, eut trois fils et une fille. La fille épousa Claude Viart, chirurgien de Paris. Jehan, l'aîné des trois fils, fut barbier-chirurgien à Vitré, en Bretagne. Un autre, c'était le second, vint exercer à Paris, rue de la Hachette, la profession de son père, c'est-à-dire celle de menuisier.

Quant à Ambroise, on ne saurait dire avec une entière certitude comment ni en quel lieu s'écoula son enfance. Le chirurgien Percy, qui entreprit, au commencement de notre siècle, des recherches historiques sur Ambroise Paré, dit que le père d'Ambroise lui fit d'abord apprendre ce qu'on enseignait alors dans les écoles primaires ; et qu'ensuite il le mit en pension chez un prêtre, le chapelain Orsoy. Fort mal payé pour enseigner le latin au jeune Ambroise, notre chapelain tâchait de se dédommager en obligeant l'enfant à travailler à son jardin, à soigner sa mule, à faire, en un mot, le service d'un domestique.

Avec un pareil système, les études classiques d'Ambroise ne devaient pas être fort avancées quand il quitta la maison du chapelain. Il fut placé alors chez un maître barbier-chirurgien de Laval nommé Vialot. Il y fit son apprentissage, c'est-à-dire apprit à raser, à saigner et à pratiquer quelques opérations de petite chirurgie.

Un *lithotomiste*, — c'est ainsi qu'on appelait, à l'époque de la Renaissance, le chirurgien spécialiste habile dans l'art d'extraire, par une opération sanglante, les calculs formés dans la vessie, — un *lithotomiste* célèbre, Laurent Colot, fut, un jour, appelé à Laval, pour opérer de la taille un des confrères du chapelain chez lequel Ambroise avait commencé ses études latines. Ambroise demanda la permission d'assister à l'opération, et dès ce moment la vocation chirurgicale se manifesta chez lui.

Il existe un petit cahier manuscrit de la main d'Ambroise Paré, plein de notes sur divers sujets, qui appartenait au docteur Begin, de Strasbourg. Begin a publié les plus intéressants passages de ce manuscrit. Le petit nombre de détails biographiques qu'il renferme, sont d'une authenticité qui ne saurait être mise en doute. C'est là que l'on apprend que Paré, dans sa jeunesse, avait résidé trois ans à Paris. Mais on n'y trouve pas le nom de la ville dans laquelle il fit ses premières études de barbier-chirurgien, en quittant sa ville natale. Était-ce à Angers, où il se trouvait en 1525, ou bien à Vitré, chez son frère Jehan, le barbier-chirurgien ? Il est probable que la dernière supposition est la vraie.

Qu'il eût travaillé chez son frère, le barbier de Vitré, ou chez un autre frater, il est certain que son premier maître fut un barbier. Et comme il fallait commencer par l'apprentissage, il est encore certain que, pendant plusieurs années de sa jeunesse, il employa son temps à faire la barbe, à peigner, à fabriquer des lancettes, à aider son patron dans le pansement des plaies simples, des ulcères et des tumeurs. Ces occupations, du reste, se rapportant à l'habileté des doigts et à la légèreté de la main, sont un excellent exercice préparatoire à la pratique de la chirurgie, et les élèves externes du service chirurgical de nos hôpitaux, ne font pas autre chose.

Ambroise Paré, après avoir passé six à sept années d'apprentissage en province, vint à Paris, pour y prendre les leçons des barbiers-chirurgiens les plus renommés dans leur art.

Les chirurgiens, en général, formaient alors, à Paris, deux corporations distinctes : les *chirurgiens* proprement dits et les *barbiers-chirurgiens*. Les premiers étaient organisés en confrérie, sous le patronage de saint Côme, et recevaient un diplôme, qui les déclarait aptes à soigner toute espèce de blessures et à pratiquer toutes les opérations de la chirurgie. Les barbiers-chirurgiens subissaient également un examen, en présence de docteurs en médecine et de chirurgiens jurés, et on leur délivrait un diplôme spécial. Les chirurgiens dépendaient directement de la Faculté de médecine, et n'exerçaient leur art que sous sa surveillance. Ils ne pouvaient enseigner publiquement, car ils n'avaient que le titre de *maître* et non celui de *docteur*. A plus forte raison, ne pouvaient-ils faire partie de la Faculté de médecine, qui savait tenir à une distance très-respectueuse le corps des chirurgiens de Saint-Côme.

Ambroise Paré ne donne pas le nom du frater chez lequel il fit son apprentissage. Il suivait les leçons qu'un docteur régent en médecine faisait pour les apprentis barbiers, à l'école de Saint-Côme. Mais il ne nomme aucun des maîtres sous lesquels il a étudié. L'instruction que les jeunes apprentis pouvaient retirer de ces conférences devait être d'ailleurs peu développée, car le docteur-régent, spécialement chargé de cette partie de l'enseignement public, se bornait à expliquer à ses auditeurs les chapitres de l'ouvrage de Guy de Chauliac, relatifs aux tumeurs, aux plaies, aux ulcères. Tout au plus y ajoutait-il quelques considérations générales sur les fractures et les luxations. Il n'était jamais question d'anatomie.

Voilà comment Ambroise Paré passa les années de sa jeunesse. Il eut besoin d'un grand courage pour supporter les fatigues, les privations et les dégoûts de toute sorte, qui se renouvelaient pour lui, chaque jour, pendant son apprentissage à Paris. Les maîtres chirurgiens-barbiers étaient, en général, fort durs pour leurs apprentis, parce qu'ils avaient été traités eux-mêmes avec peu de douceur pendant leur apprentissage. Tout est routine dans les professions : Ambroise Paré ne dut pas faire une exception à la règle générale. On exigeait de lui ce que l'on exigeait des autres jeunes gens ; on réclamait tout le temps et tout le travail qu'il devait à son maître, et on lui laissait seulement quelques heures de la journée pour assister aux leçons publiques destinées aux apprentis chirurgiens-barbiers. Mais que de difficultés n'eut-il pas à vaincre, et quelle force d'esprit et de caractère ne lui fallut-il pas déployer, pour s'élever de la boutique d'un barbier jusqu'au palais des rois, et pour devenir successivement le chirurgien ordinaire de Henri II et de François II, et le premier chirurgien de Charles IX et de Henri III !

Malgaigne présume que les simples garçons barbiers, bien plus nombreux que les apprentis chirurgiens, formaient la majorité des élèves des cours de chirurgie, et qu'après avoir subi certaines épreuves, ils pouvaient être admis à remplir, à l'Hôtel-Dieu, les fonctions d'internes. Paré ne s'était pas borné à suivre les leçons publiques faites d'après Guy de Chauliac. Il s'était procuré le livre de ce chirurgien, ainsi que d'autres, par exemple Jean de Vigo, et il les étudiait assidûment, dans les courts moments de loisir que lui laissait le travail manuel de la boutique de son patron.

Il parvint ainsi à acquérir une instruction qui lui permit d'être admis comme interne à l'Hôtel-Dieu. « Peut-être, ajoute Malgaigne, ces fonctions d'interne suffisaient-elles *pour faire gagner maîtrise.* » Quoi qu'il en soit, Ambroise Paré entra comme interne à l'Hôtel-Dieu de Paris.

Paré nous apprend que, dans un hiver rigoureux, quatre malades ayant eu le bout du nez gelé, ce fut lui-même qui leur en fit l'amputation. Il aime à parler de son séjour à l'Hôtel-Dieu, qu'il compte parmi ses plus beaux titres.

« Faut savoir, dit-il, que par l'espace de trois ans, j'ai résidé en l'Hôtel-Dieu de Paris, où j'ai eu le moyen de voir et connaître, en égard à la

AMBROISE PARÉ APPRENTI-BARBIER, CHIRURGIEN A PARIS

grande diversité de malades y gisans ordinairement, tout ce qui peut être d'altération et maladie au corps humain; et ensemble y apprendre, sur une infinité de corps morts, tout ce qui se peut dire et considérer sur l'anatomie, ainsi que souvent j'en ai fait preuve très-suffisante, et cela publiquement à Paris aux écoles de médecine. C'est beaucoup ce que dessus, pour parvenir à la connaissance des grands secrets de la chirurgie (1). »

Percy dit qu'un médecin nommé Goupil, professeur au Collége de France, employa Paré comme barbier-chirurgien auprès de ses malades, et que les conseils de ce médecin contribuèrent à donner au jeune apprenti-barbier le goût de la science et le désir de s'instruire.

Vers 1536, Paré quitta l'Hôtel-Dieu, et fut reçu maître barbier-chirurgien. Un docteur régent de la Faculté de médecine de Paris, après avoir, selon l'usage, procédé à l'*audition, examen et expérience* d'Ambroise Paré; après *avoir vu et considéré ses réponses*, le déclara *idoine* (apte) *et suffisant, tant en théorie qu'en pratique, à guérir les clous, antrax, bosses et charbons*, et en donna certificat, c'est-à-dire lui délivra le diplôme de *maître-chirurgien-barbier*.

Muni de ce diplôme, Ambroise Paré pouvait, comme la plupart de ses confrères, ouvrir une boutique, se créer une clientèle, la faire servir par des apprentis et des garçons, et recueillir, sans se donner beaucoup de peine, les bénéfices du métier. Mais ses ressources actuelles ne lui permettaient pas encore d'ouvrir une boutique, avec la certitude de réussir. Il préféra prendre un autre parti, pour le moment.

En 1536, la guerre venait d'éclater entre François Ier et Charles Quint, et une armée française marchait vers le Midi. Paré, quoique très-jeune encore, sollicita et obtint la faveur d'entrer, en qualité de chirurgien, au service du maréchal de Monte-Jean, colonel général de l'infanterie dans cette armée. La guerre offrait alors aux chirurgiens les meilleures occasions de s'instruire et des moyens de fortune presque assurés.

La première affaire où il se trouva, fut celle du Pas-de-Suze, et dès son début, comme chirurgien, il apporta une amélioration à la manière de traiter les blessures par les armes à feu.

Il n'avait eu, à l'Hôtel-Dieu de Paris, aucune occasion de voir

(1) *Advis au lecteur.*

des blessures par les arquebuses. Tout ce qu'il savait de leur traitement, c'est que Jean de Vigo recommande de cautériser ces plaies avec de l'huile bouillante, parce que, la poudre à canon étant réputée vénéneuse, il fallait se hâter de détruire par le feu ce venin au sein des plaies. Les chirurgiens de ce temps employaient tous cette méthode barbare. Ils versaient de l'huile bouillante sur la plaie récente! Les malheureux malades souffraient bien plus cruellement du traitement que de la blessure.

Ambroise Paré commença donc par opérer comme les autres chirurgiens de l'armée. Mais un jour l'huile vint, par hasard, à lui manquer, et il essaya de traiter les blessures par un simple baume adoucissant. Il était rempli d'inquiétude sur le résultat de ce pansement, et s'attendait à trouver, à la visite du lendemain, tous ses blessés morts par l'action vénéneuse de la poudre. Il fut heureusement détrompé, car, le lendemain, ses blessés se portaient mieux que ceux dont les plaies avaient été cautérisées. Dès lors, la méthode barbare de la cautérisation par l'huile bouillante fut abandonnée dans l'armée. Ce jeune homme de vingt ans débutait dans la chirurgie par un bienfait rendu à l'humanité souffrante.

Écoutons-le raconter lui-même ce fait, avec sa simplicité ordinaire.

« Je n'avais encore vu traiter les plaies faites par l'arquebuse; il est vrai que j'avais lu en Jean de Vigo (livre Ier, des *Plaies en général*, chapitre 8) que les plaies faites par les *bastons à feu* (arquebuses) participent de *venenosité*, à cause de la poudre; et pour leur curation commande de les cautériser avec l'huile de Sambuc, en laquelle soit mêlée un peu de thériaque. Et pour ne faillir, paravant qu'user de ladite huile fervente, sachant que telle chose pourrait apporter au malade extrême douleur, je voulus savoir, premièrement que d'en appliquer, comme les autres chirurgiens faisaient pour le premier appareil, qui était d'appliquer ladite huile la plus bouillante qu'il leur était possible, dedans les plaies, avec tentes et setons; dont je pris la hardiesse de faire comme eux. Enfin mon huile me manqua, et je fus contraint d'appliquer en son lieu, un digestif fait de jaune d'œuf, huile rosat et térébenthine. La nuit je ne pus bien dormir à mon aise, pensant que, par faute d'avoir cautérisé, je trouvasse les blessés où j'avais failli à mettre de ladite huile, morts empoisonnés; qui me fit lever de grand matin pour les visiter, où, outre mon espérance, trouvai ceux auxquels j'avais mis mon médicament digestif, sentir peu de douleur à leurs plaies, sans inflammation et tumeur, ayant assez bien reposé la nuit. Les autres où l'on avait appliqué ladite huile, les trouvai fébricitans, avec grande douleur, tumeur et inflammation aux environs de leurs plaies. Adonc je me délibérai de ne jamais plus brûler ainsi cruellement les pauvres blessés de harquebusades (1). »

L'armée de François Ier entra dans Turin. Là, Ambroise Paré rencontre un chirurgien piémontais, qui avait la réputation de guérir mieux que tout autre les blessures faites par les armes à feu », au moyen d'un baume dont il faisait usage. Il lui fit la cour pendant deux ans », comme il le raconte lui-même (2), pour obtenir la recette de ce remède. Le Piémontais lui donna, ou lui vendit cette recette, à la condition que le secret n'en serait jamais divulgué. Paré explique avec détail la composition de ce baume, qui n'était qu'un remède de bonne femme.

A Milan, le maréchal de Monte-Jean, devenu lieutenant général du roi, en Piémont, avait envoyé chercher un médecin de grande réputation, pour le traiter de quelque maladie interne. Ce médecin, qui était souvent appelé aussi pour visiter les blessés, trouvait toujours Ambroise Paré, qui entrait en consultation avec lui et quelques autres chirurgiens. Quand une opération chirurgicale avait été décidée, c'était Ambroise Paré qui y mettait la main ; « et il faisait promptement et dextrement, et d'une grande assurance ».

Le médecin milanais admirait son adresse, son habileté, et il s'en étonnait d'autant plus que Paré était encore très-jeune. Causant un jour avec le maréchal de Monte-Jean, il lui dit : « Vous avez là un chirurgien, jeune par le nombre des années, mais vieux par le savoir et l'expérience. Gardez-le bien, car il vous fera service et honneur. » — « Le bonhomme, ajoute Paré, ne savait pas que j'avais demeuré trois ans à l'Hôtel-Dieu de Paris, pour y traiter les malades. »

C'est à Turin qu'il fit sa première amputation, il la pratiqua dans l'articulation du coude, pour une gangrène du bras. Après l'opération, il appliqua le feu, pour arrêter l'hémorragie, suivant l'usage de tous les chirurgiens de son temps, « n'ayant, dit-il, en ce temps-là, aucune autre méthode ni façon de faire (3) ». Cependant, dans toutes les précautions qu'il prit

---

(1) *Premier discours sur le fait des Harquebusades.* (Œuvres complètes d'Ambroise Paré, édition de Malgaigne, t. III, p. 125.)
(2) *Ibidem*, p. 126.
(3) *Apologie et voyages (Voyage de Turin).*

pour préserver le blessé du tétanos, on trouve les premières lueurs du talent qu'il devait déployer plus tard.

Le maréchal de Monte-Jean mourut à Turin, pendant la campagne. Ambroise Paré refusa d'entrer au service de son successeur. Il quitta Turin, à la suite de la maréchale de Monte-Jean, et revint à Paris.

Ambroise Paré était maître barbier-chirurgien et ancien interne à l'Hôtel-Dieu. A ces titres venaient se joindre l'expérience qu'il avait acquise pendant trois ans dans l'armée. Ces conditions devaient lui assurer une clientèle excellente dans sa profession de maître barbier-chirurgien. Il ouvrit donc une boutique à Paris, reçut des apprentis et se livra à l'exercice de sa double profession, selon les us et coutumes de son temps. Celui qui devait être le chirurgien de quatre rois de France tenait en main le peigne et le rasoir!

En 1541, Ambroise Paré se maria. Il épousa la fille d'un valet, le *valet chauffe-cire* de la chancellerie de France.

En 1542, la guerre, qui venait de se rallumer, l'appela à jouer sur les champs de bataille un rôle plus digne des talents dont il avait fait preuve en Piémont, sous le maréchal de Monte-Jean. La maréchale avait conservé le souvenir des témoignages de confiance donnés au jeune barbier-chirurgien, par son mari. Elle était de la famille des Chateaubriand, alors puissante en Bretagne; et ce fut sans doute par quelque membre influent de cette famille qu'elle le fit recommander à un grand seigneur breton, M. de Rohan, qui avait levé une compagnie et s'apprêtait à guerroyer contre les Espagnols. M. de Rohan consentit à prendre Ambroise Paré comme chirurgien de sa compagnie.

A cette époque, on le sait, les armées étaient tout autrement organisées qu'elles le sont de nos jours. Un homme de guerre, pourvu de ressources suffisantes, réunissait une cinquantaine d'hommes, qu'il tenait à sa solde, et avec sa *compagnie* allait combattre pour son roi. Il choisissait un chirurgien, auquel il donnait une solde, et qui suivait ses hommes, pour donner ses secours aux malades et aux blessés. Pendant le moyen âge, les compagnies françaises n'avaient eu, comme chirurgiens, que d'ignorants fraters, qui faisaient le métier de suivre les bandes armées et qui occasionnaient plus de mal aux hommes que le fer de l'ennemi. Lorsque, après les batailles, ces fraters ambulants ne suffisaient pas, on allait en chercher dans les villes voisines. Ce ne fut qu'à la Renaissance que les compagnies militaires commencèrent à s'attacher de vrais chirurgiens en état de rendre quelques services. Ambroise Paré fut un des premiers qui exercèrent, d'une façon régulière, le service de santé des armées, institution si utile et qui, dans notre siècle seulement, a reçu des perfectionnements sérieux.

Ce fut donc en qualité de chirurgien de la compagnie de Rohan qu'Ambroise Paré partit, en 1543, pour se rendre, avec son nouveau maître, à l'armée de Perpignan. Obligé de s'y rendre en toute hâte, il partit à cheval, et cette course forcée lui causa une telle fatigue, qu'arrivé près de Lyon, il rendait, au lieu d'urine, du sang pur (1).

Cet accident ne l'empêcha pas de parvenir au camp, et d'y arriver assez tôt pour saisir une belle occasion de faire preuve de sagacité dans son art.

Le maréchal de Brissac avait reçu un coup de feu à l'omoplate, et les chirurgiens ne pouvaient parvenir à trouver la balle. M. de Rohan lui envoya Ambroise Paré, qui découvrit la balle, grâce à une idée, qui, bien que toute simple, n'était pourtant venue à aucun des autres médecins traitants. Cette idée consistait à placer le blessé dans la position où il était quand il avait reçu le coup de feu, et à chercher ainsi la direction qu'avait dû prendre le projectile. La balle se révéla alors par une légère saillie sous la peau. Elle fut extraite par le chirurgien du dauphin, Nicole Lavernault.

L'année suivante, Paré fit partie de l'expédition de Landrecies. Il revenait à Paris après chaque campagne et y reprenait ses occupations de barbier-chirurgien ; car sa boutique était restée ouverte pendant son absence de Paris.

Après la campagne de Perpignan, le vieux docteur Sylvius (Jacques Dubois), professeur d'anatomie au Collège de France, voulut le voir et l'entendre. Ce médecin célèbre qui, selon le malin auteur de son épitaphe (2), n'avait jamais rien donné à personne, sacrifia un dîner à sa curiosité. Il invita le jeune Paré

(1) *Opérations de chirurgie*, chap. LII.

(2)   *Sylvius hic situs est, qui nihil gratis dedit nunquam /
      Mortuus est, gratis quod legis ista dolet.*

à sa table, et lui fit raconter son exploit. Dans son entretien avec Sylvius, Ambroise Paré insista sur le précepte, entièrement nouveau alors, pour la recherche et l'extraction des balles, de mettre le blessé dans la position où il se trouvait lorsqu'il avait reçu le coup de feu. Sylvius écouta avec la même attention les récits des observations sur lesquelles le jeune chirurgien avait établi sa doctrine pour le traitement des blessures et des plaies causées par les arquebuses. Il le pria, avec « *grande affection* » de mettre par écrit sa doctrine et de la communiquer au public.

Encouragé par un homme aussi éminent dans la science, Ambroise Paré composa son ouvrage, en fit graver les figures, et l'on vit paraître, en 1545 : *la Méthode de traiter les plaies faictes par les harquebuses et autres bastons à feu, et de celles qui sont faictes par des flèches, dards et semblables; aussi des combustions spécialement faictes par la pouldre à canon, composée par Ambroise Paré, maistre barbier-chirurgien à Paris.*

La publication de ce livre causa quelque émotion parmi les médecins, qui étaient habitués à voir un barbier-chirurgien prendre le rasoir ou la lancette, mais non la plume. Dalechamp, Riolan et Gourmelen, le plus injuste et le plus acharné, se distinguèrent parmi les adversaires d'Ambroise Paré. « Ils l'accusèrent, dit le docteur Williaume, d'avoir copié les auteurs italiens, parce qu'il avait, en effet, pendant ses voyages, appris diverses choses des chirurgiens de cette nation (1). »

On aurait dû le remercier, au contraire, d'avoir enrichi la médecine et la chirurgie françaises des connaissances utiles qu'il avait recueillies dans les pays étrangers. Mais Ambroise Paré, sans avoir fait des études littéraires dans un collège, osait prendre la plume, pour proposer, non en latin, mais en langue vulgaire, quelques innovations dans son art. Il devait soulever par là le *servum pecus* de la routine, et exciter contre lui la haine et l'envie des médecins.

Ce qu'il y eut de plus fâcheux pour lui, c'est que les barbiers ses confrères firent alliance avec les médecins. Ils regardaient avec quelque colère un de leurs pareils qui semblait

---

(1) *Recherches biographiques, historiques et médicales sur Ambroise Paré*, par Ambroise Williaume, docteur en médecine. Épernay, 1857, in-8°.

vouloir s'élever au-dessus d'eux. Quand un esprit d'élite se produit dans une corporation, c'est toujours dans le sein de cette corporation même, bien plus qu'ailleurs, qu'il trouve ses premiers ennemis.

Avant Ambroise Paré, plusieurs ouvrages anciens sur la chirurgie et sur la médecine avaient été traduits et publiés en français, pour l'instruction des chirurgiens et des barbiers. « La Faculté de Paris, dit Malgaigne, voyait avec déplaisir abattre ainsi une à une toutes les barrières de la science... Les médecins de la Faculté ne voulaient pas que les barbiers-chirurgiens pussent en savoir autant et plus qu'eux (1). »

Le latin était alors rigoureusement exigé pour l'obtention des diplômes de médecin et de chirurgien; de sorte que le candidat le plus habile en anatomie et en chirurgie était obligé, pour se faire admettre, d'exposer, en un latin diffus et barbare, ce qu'il eût pu dire dans la langue commune, avec infiniment plus de précision et de clarté. Il est vraiment singulier que la langue d'un ancien peuple qui ne cultiva jamais aucune science ait été, dans le moyen âge, dans les temps modernes et jusqu'à nos jours, une condition *sine qua non* pour obtenir les diplômes de chirurgien ou de médecin, et pour prétendre à une chaire dans les sciences physico-mathématiques ou dans les sciences naturelles!

Jusqu'au temps où parut Ambroise Paré, la chirurgie, en France, n'avait été enseignée publiquement que par des médecins. Les apprentis barbiers-chirurgiens, de la confrérie de Saint-Côme, étaient les prosecteurs des cours d'anatomie de la Faculté. Le professeur se bornait à pérorer en chaire, laissant au barbier le soin de la dissection et de la démonstration. Le professeur était un lettré qui avait appris des mots; le prosecteur était un homme sans lettres, mais qui connaissait l'anatomie.

En 1539, Charles Étienne, un des plus habiles professeurs de la Faculté de médecine, conçoit l'idée de publier un ouvrage sur l'anatomie. Comme il était moins versé dans la connaissance des choses que dans celle des mots, il a recours à son prosecteur, Étienne de la Rivière, barbier-chirurgien, et tous

(1) Introduction aux *Œuvres d'Ambroise Paré*, t. 1ᵉʳ, p. 253.

deux, l'un complétant l'autre, composent l'ouvrage en commun. Lorsque l'ouvrage est achevé, Charles Étienne le publie sous son nom, sans faire aucune mention de son collaborateur. Le barbier-prosecteur crie et réclame; mais le professeur repousse une prétention qui lui paraît outrecuidante. L'affaire fut portée au Parlement. Sur le rapport d'une commission composée de deux docteurs en médecine et de deux chirurgiens, le Parlement rendit un arrêt, qui donnait, en partie, gain de cause au barbier.

Ce procès releva un peu dans l'opinion publique la condition des barbiers-chirurgiens, et donna quelque émulation à la confrérie de Saint-Côme. On pensa qu'il n'était pas impossible, à la rigueur, qu'un homme fût habile chirurgien sans savoir le latin et sans posséder le diplôme de docteur. Cette opinion, qui commençait à s'accréditer, fut utile à Ambroise Paré. Mais ce fut surtout la pratique de son art dans les expéditions militaires qui fit sa réputation.

En 1545, au siège de Boulogne, Ambroise Paré donna une preuve d'habileté qui le mit fort en évidence. Il guérit le duc de Guise d'un coup terrible de lance, dont il devait porter toute la vie la marque sur le front. Voici le fait, tel qu'Ambroise Paré le raconte lui-même.

« Monseigneur le duc de Guise, François de Lorraine, fut blessé devant Boulogne d'un coup de lance qui, au-dessus de l'œil dextre, déclinant vers le nez, entra et passa outre de l'autre part, entre la nuque et l'oreille; d'une si grande violence que le fer de la lance, avec portion du bois fut rompu et demeura dedans; en sorte qu'il ne put être tiré hors qu'à grand'force, même avec des tenailles de maréchal. Nonobstant toutefois cette grande violence, qui ne fut sans fracture d'os, veines et artères, et autres parties rompues et brisées, mondit seigneur, par la grâce de Dieu, fut guari (1). »

L'auteur d'un petit volume in-12, publié en 1686, intitulé : *Vie de Gaspard de Coligny*, cité par Malgaigne, est entré, relativement à la blessure du duc de Guise, dans beaucoup de détails, qui lui ont été fournis soit par la tradition, soit par des mémoires de famille.

On avait d'abord jugé que le blessé ne pourrait jamais sup-

(1) *Apologie*, *Voyages*, t. III, p. 696. Édition de Malgaigne.

AMBROISE PARÉ EXTRAIT LE FER DE LANCE DE LA FIGURE DU DUC DE GUISE

porter l'opération ; on croyait que le tronçon de la lance resté dans la plaie, n'offrant aucune prise, ne pourrait être retiré ; et que d'ailleurs, il était si près de l'œil, qu'en le retirant on ferait sauter l'organe de la vue. Ambroise Paré parut d'abord partager ce sentiment. Mais plutôt pour plaire au roi, qui lui ordonnait d'épuiser son savoir en cette occasion, que dans l'espoir de réussir, il prit les tenailles d'un maréchal, et demanda au duc de Guise de lui permettre que, pour avoir plus de force, il appuyât le pied sur son visage :

« Pourquoi non ? répondit le duc ; ne vaut-il pas mieux souffrir un peu de mal, pour qu'il m'en vienne un grand bien ?... »

Paré s'y prit avec tant d'adresse, qu'il tira le tronçon sans endommager l'œil. Bien que la douleur qu'éprouvait le duc fût extrême, il ne laissa échapper que cette exclamation : « Ah ! mon Dieu ! » Il se tut ensuite, sans laisser paraître le moindre signe de douleur.

Paré estimait qu'il fallait un miracle pour le sauver. Mais les trois premiers jours après l'opération s'étant écoulés sans qu'aucun accident grave fût survenu, il conçut l'espoir de le guérir. Cette nouvelle, bientôt répandue dans toute l'armée, lui valut les remerciements des soldats et des chefs. Le duc guérit en effet, et c'est en souvenir de cet accident qu'on lui donna le surnom de Guise *le Balafré*.

Le siège de Boulogne fut suivi de quelques années de paix. Lorsque les troupes rentraient en France, Paré revenait à Paris.

Il méditait sur tout ce qu'il avait vu et fait pendant la campagne, rédigeait ses observations chirurgicales, et attendait le moment de mettre en œuvre, pour en composer un corps d'ouvrage, les matériaux qu'il avait recueillis sur les champs de bataille. Il aimait cette chirurgie des armées, « où l'on traite, dit-il, les blessés sans fard et sans les mignarder à la façon des villes ». Elle élevait son âme, par l'idée, noble et vraie, qu'il faut se faire de la chirurgie militaire, dans laquelle, selon ses expressions « le gain estant éloigné, le seul honneur vous est proposé, ainsi que l'amitié de tant de braves soldats auxquels on sauve la vie (1). »

(1) Advis au lecteur.

Après le siége de Boulogne, il revint à Paris: il était alors dans l'aisance, et avait fermé sa boutique de barbier-chirurgien. Il consacra tous ses loisirs à l'étude spéciale de l'anatomie. On avait publié une traduction française de l'ouvrage latin de Charles Etienne dont nous avons parlé plus haut; mais cette traduction, qui formait un volume in-folio, coûtait trop cher pour les apprentis barbiers. Paré conçut le dessein de publier un livre plus commode et meilleur. Il fut poussé à ce travail par Sylvius, dont il était alors probablement le prosecteur, et qui était devenu son protecteur et son ami. C'était du moins lui que Sylvius envoyait en ville, pour faire les saignées qu'il prescrivait.

Paré s'était déjà beaucoup occupé de dissection. Il dit lui-même qu'il ne laissa jamais échapper une occasion de disséquer, même pendant ses campagnes. Mais la période de sa vie à laquelle, suivant Malgaigne, on doit rapporter les dissections publiques qu'il fit aux écoles de la Faculté, avec Thierry de Hiry, son ami d'enfance, alors maître barbier-chirurgien comme lui, fut celle où il disséqua avec le plus d'assiduité. Non-seulement ils disséquèrent des corps humains, mais ils firent aussi des expériences et des études sur les animaux. Enfin, Ambroise Paré publia, en 1550, un petit volume, ayant pour titre : *Briefve collection de l'administration anatomique, avec la manière de conjoindre les os et d'extraire les enfants tant morts que vivants du ventre de leur mère, lorsque nature de soi ne peut venir à son effet.* En composant ce livre, il avait fait usage des traductions de Galien, par Jean Canape, et aussi du livre de Larivière, dont il cite la méthode pour l'assemblage des os du squelette.

Après la publication de son second ouvrage, il songea à faire une deuxième édition de son livre des *Plaies d'harquebuses*. Il revit, corrigea, augmenta son ouvrage, et quand le manuscrit de la seconde édition fut prêt, il en parla à M. de Rohan, qui lui conseilla d'en faire hommage au roi.

Le jour même où le premier exemplaire de ce livre fut offert à Henri II, qui avait succédé à François Ier, son père, l'ordre fut donné de rassembler l'armée sur les frontières de Champagne : c'était en 1552. M. de Rohan commandait cinquante hommes d'armes, et Ambroise Paré était toujours chirurgien de sa compagnie : il se mit en route tout de suite. On manqua de vivres dans cette nouvelle campagne, et Paré faillit mourir de faim.

Un des serviteurs du *capitaine-enseigne* de la compagnie de Rohan, ayant voulu pénétrer, avec quelques autres, dans une église où s'étaient retirés des paysans, parce qu'on espérait y trouver des vivres, fut tellement maltraité, qu'il revint avec sept coups d'épée à la tête, dont le moindre pénétrait l'épaisseur du crâne. Il en avait reçu quatre autres sur les bras, et un sur l'épaule droite, qui coupait plus de la moitié de l'omoplate. Il fut rapporté au logis de son maître,

« Lequel le voyant ainsi navré, dit Ambroise Paré, et qu'aussi devait-on partir le lendemain dès la pointe du jour, et n'estimant pas qu'il dût jamais guérir, fit caver une fosse, et le voulait faire jeter dedans, disant qu'aussi bien les paysans le massacreraient et tueraient. Mû de pitié, je lui dis qu'il pourrait encore guérir s'il était bien pansé. Plusieurs gentilshommes de la compagnie le prièrent de le faire mener avec le bagage, puisque j'avais cette volonté de le panser : ce qu'il accorda ; et après que je l'eus habillé, fut mis en une charrette, sur un lit bien couvert et bien accommodé, qu'un cheval traînait. Je fus son médecin, son apothicaire, son chirurgien, son cuisinier, je le pansai jusqu'à la fin de la cure, *et Dieu le guarit* (1). »

Ce trait admirable peint, à lui seul, tout Ambroise Paré. Quand le blessé si miraculeusement guéri, reparut, pour la première fois, dans le camp, tous les hommes de la compagnie de Rohan témoignèrent leur reconnaissance à l'habile et charitable chirurgien, par une souscription faite en sa faveur. Les hommes d'armes donnèrent chacun un écu, et les simples archers un demi-écu.

Ce fut dans la même campagne qu'Ambroise Paré appliqua pour la première fois l'idée qu'il avait eue de remplacer dans les amputations la cautérisation de la plaie par la ligature des artères coupées. Cette belle pensée lui était venue que, puisqu'on appliquait la ligature aux veines et aux artères, dans les plaies produites par accident, on pourrait tout aussi bien l'appliquer aux plaies produites par les amputations. Deux de ses confrères, barbiers-chirurgiens de Saint-Côme, auxquels il avait soumis cette idée, s'étaient rangés de son avis, et il n'atten-

(1) *Apologie. Voyage d'Allemagne*, p. 152. (Édition de Malgaigne.)

dait qu'une occasion pour mettre la méthode nouvelle en pratique

L'occasion se présenta au siége de Dauvilliers. Un coup de feu, dirigé à travers la tente de M. de Rohan, atteignit un gentilhomme de sa suite, et lui brisa la jambe. « Il me fallut, dit Paré, parachever de la couper, ce que je fis sans appliquer les fers ardents. »

En faisant usage de la ligature, au lieu du feu, après l'amputation, Ambroise Paré épargna au gentilhomme les plus vives douleurs, et en même temps, il enrichit la chirurgie de l'une de ses plus brillantes conquêtes.

Dès que Dauvilliers se fut rendu, on leva le camp, et Paré partit pour Paris avec son gentilhomme, « auquel il avait, dit-il, coupé la jambe. » Il le renvoya en sa maison, « gaillard, avec une jambe de bois. »

En cette même année 1552, il était à Paris, lorsque le duc de Vendôme, chef de l'armée, et qui fut plus tard roi de Navarre, se trouvant à Saint-Denis, l'envoya prendre, et lui déclara qu'il l'emmenait avec lui comme chirurgien.

« Quand je fus en sa présence, dit Paré, le duc me pria (sa prière m'était un commandement) de le vouloir suivre à ce voyage. Et voulant faire mes excuses, disant que ma femme était au lit malade, me fit réponse qu'il y avait des médecins à Paris pour la traiter, et qu'il laissait bien la sienne, qui était d'aussi bonne maison que la mienne, me promettant qu'il me traiterait bien. Et dès lors, il fit commandement que je fusse couché en son état. Voyant cette grande affection qu'il avait de me mener avec lui, je ne l'osai refuser (1). »

Paré alla joindre le duc de Vendôme, à Château-le-Comte. Il s'agissait d'aller combattre les Espagnols, en Picardie. Cependant l'expédition se borna au sac de quelques châteaux, autour de Hesdin.

Dans cette courte campagne, le duc de Vendôme avait pris son chirurgien en amitié. Il en parla au roi avec tant d'admiration et d'éloges, que celui-ci voulut le connaître. Ambroise Paré fut présenté, à Reims, à Henri II, qui lui déclara aussitôt qu'il l'attachait à son service et lui promit de « lui faire du bien ».

---

(1) *Apologie*, t. III, p. 699.

C'était pour le modeste barbier-chirurgien un bonheur inespéré. De ce jour date l'origine de sa fortune. Nommé chirurgien ordinaire de Henri II, il pouvait s'attendre à une carrière brillante et rapide. Il ne tarda pas, d'ailleurs, à justifier cette faveur.

Charles Quint venait de passer le Rhin, avec une armée de cent vingt mille hommes ; et le 20 octobre 1552, le duc d'Albe, un de ses meilleurs généraux, avait mis le siége devant Metz.

« Il avait, dans cette ville, dit Paré (1), six mille hommes, entre autres sept princes, savoir : le duc de Guise, lieutenant du roi, et MM. d'Enghien, de Condé, de Montpensier, de La Roche-sur-Yon, de Nemours, et plusieurs autres gentilshommes avec un nombre de vieux capitaines et gens de guerre, lesquels faisaient souvent des saillies (sorties) sur les ennemis. »

Le duc de Guise avait établi des hôpitaux et mis en réquisition tous les barbiers de la ville, pour soigner les blessés et les soldats épuisés par les fatigues du siége. Mais les conditions sanitaires étaient détestables, et les blessés mouraient, dans des proportions effrayantes : le mot de poison circulait dans l'armée, assiégée et malade. Le duc de Guise et les princes demandèrent, avec instance, au roi, de leur envoyer Ambroise Paré, avec des médicaments. Le roi fit écrire au maréchal de Saint-André, son lieutenant à Verdun, de faire entrer, à tout prix, son chirurgien dans la place.

Le maréchal de Saint-André gagna un capitaine italien, qui, pour quinze cents écus, s'engagea à faire entrer Paré dans la ville de Metz.

« Le roi, dit Paré, m'envoya quérir, et me commanda de prendre de son apothicaire nommé Daigne, tant telles drogues que je verrais être nécessaires pour les blessés assiégés : ce que je fis tant qu'un cheval de poste en pouvait porter. Le roi me donna charge de les porter à M. de Guise, et aux princes et capitaines qui étaient à Metz. »

Paré et le capitaine italien prirent la route de Metz. Dès qu'ils furent arrivés à huit ou dix lieues de la place, ils ne marchèrent plus que pendant la nuit. Ils avaient à traverser le camp des Espagnols qui assiégeaient la ville. Paré pensa

(1) *Apologie, voyages.*

d'abord qu'il ne leur serait jamais possible de passer sans être vus, et par conséquent, pendus ou étranglés. « Pour vrai, dit-il naïvement, j'eusse bien volontiers voulu être encore à Paris. » Toutefois « Dieu conduit si bien notre affaire que nous entrons dans la ville à minuit, avec un certain signal que le capitaine avait avec un autre capitaine de la compagnie du duc de Guise. »

Le duc était dans son lit quand on lui annonça l'arrivée de Paré. Il l'admit, à l'instant même, auprès de lui. Après avoir reçu la communication dont le courageux chirurgien avait été chargé par le roi, il donna l'ordre de préparer pour lui un logement, et de le bien traiter. Après quoi il le congédia, en lui donnant rendez-vous pour le lendemain, sur la brèche.

Ce fut, en effet, sur la brèche, que le duc de Guise, qui savait frapper les imaginations, présenta le chirurgien ordinaire du roi aux princes, seigneurs et capitaines. Paré fut accueilli avec des transports de joie; on le fêta comme un libérateur.

Sans perdre de temps, on l'envoya auprès d'un blessé, M. de Magnane, qui avait eu la jambe cassée par un obus, et qui souffrait horriblement, pour s'être confié aux soins d'un charlatan. Il fixa la jambe fracturée dans un appareil qui ôta sur-le-champ les douleurs au malade. Puis il alla voir un autre blessé, M. de Bugueno, frappé d'un coup de pierre à la tête, et qui était sans connaissance depuis quatorze jours. Il le fit trépaner. Il se mit ensuite à traiter tous les autres malades de la ville assiégée.

On connaît l'issue de ce siége. Charles Quint vit tous ses efforts se briser devant la résistance et la valeur de Guise. Contraint de lever le siége de Metz, il vit sa gloire et son prestige s'éclipser par cet échec éclatant. Le génie du duc de Guise, puissamment secondé par l'intrépidité des hommes qui composaient la garnison, avait obtenu ce glorieux résultat.

Ambroise Paré revint à Paris après la levée du siége.

« Après que le camp fut entièrement rompu, dit Paré, je distribuai mes malades entre les mains des chirurgiens de la ville, pour les parachever de panser; puis je pris mon congé de M. de Guise, et m'en revins devers le roi, qui me reçut avec bon visage, et me demanda comment j'avais pu entrer dans la ville de Metz. Il me fit donner deux cents écus. »

L'année suivante, le roi l'envoya à Hesdin, pour qu'il fût prêt à porter aux assiégés les secours de son art.

Cette ville de la Picardie, prise et reprise plusieurs fois, était alors occupée par nos troupes et assiégée par l'armée de Charles Quint. Ici, la valeur des soldats et des chefs était la même ; mais on n'avait pas veillé avec autant de sollicitude aux besoins des malades et des blessés, ou à l'approvisionnement de la ville, bloquée par les impériaux. La situation où se trouvaient nos troupes à Hesdin était affreuse. La nourriture, les médicaments, le linge, tout manquait. Il faut lire dans le livre de Paré (1) la peinture navrante qu'il fait de l'état de la place assiégée. Les chefs tinrent conseil, pour délibérer sur la reddition de la ville. Ambroise Paré, qui était en grande considération parmi eux, autant que parmi les soldats, prit place au conseil, et donna son avis.

« Le conseil fut tenu, où je fus appelé, dit Paré, pour savoir si je voulais signer, comme plusieurs capitaines, gentilshommes, et autres, que la place fût rendue. Je fis réponse qu'elle n'était pas tenable, et que je le signerais de mon propre sang, pour le peu d'espérance que j'avais que l'on pût résister aux forces des ennemis, et aussi pour le grand désir que j'avais d'être hors de cet enfer et grand tourment : car je ne dormais ni nuit, ni jour, pour la grande quantité de blessés qui pouvaient être en nombre de deux cents. Les morts rendaient une grande putréfaction, étant entassés les uns sur les autres comme fagots, n'étant point couverts de terre, à cause que n'en avions pas. Et si j'entrais en un logis, il y avait des soldats qui m'attendaient à la porte lorsque j'en sortirais pour en panser d'autres. C'était à qui m'aurait, et me portaient comme un corps saint, ne touchant du pied en terre, malgré les uns des autres, et ne pouvais satisfaire à ce grand nombre de blessés... »

Les conditions demandées par les assiégeants, ayant été acceptées, Hesdin se rendit, et les commissaires espagnols entrèrent dans la ville, pour s'emparer de ceux des assiégés dont les familles avaient le moyen de payer rançon.

Ici se présentait, pour Ambroise Paré, un grand danger. En déclarant son nom, il serait bien traité par les Espagnols, mais certainement retenu prisonnier, pour longtemps, et contraint d'exercer son art en faveur des blessés ennemis. S'il dissimulait son nom et sa qualité, il s'exposait à être mis sur le pied des prisonniers ordinaires, qui étaient souvent traités de la façon la

(1) *Apologie. Voyage à Hesdin.* t. III, p. 709.

plus barbare, et que l'on égorgeait sans pitié quand on ne pouvait en obtenir quelque tribut. Dans cette perplexité, Ambroise Paré se décida à se déguiser, sans renoncer toutefois à déclarer sa qualité de chirurgien. Il échange ses vêtements contre ceux d'un soldat, et se noircit la chemise avec de la suie, de telle sorte que, sous cet accoutrement bizarre, il ressemble plutôt au ramoneur qu'au chirurgien du roi. Il se place auprès d'un blessé, homme de distinction, M. de Martigues. Bientôt après, les soldats espagnols entrèrent par la brèche et se conduisirent à l'égard des Français désarmés moins comme des hommes irrités, dit Paré, que comme des bêtes féroces.

Les médecins et les chirurgiens de l'Empereur allèrent visiter M. de Martigues; car ce seigneur prisonnier avait été adjugé au duc de Savoie, qui espérait en tirer une importante rançon. Interrogé sur la manière dont le blessé avait été soigné, Paré décrivit les effets qu'avait produits, dans la poitrine, la balle qui avait traversé les poumons, endommagé les côtes, etc. Il leur déclara qu'à son avis, la plaie était mortelle.

Les chirurgiens espagnols furent étonnés de la justesse et de la clarté que déployait, dans cette exposition, le chirurgien français prisonnier. Malgré lui, Ambroise Paré avait dépassé le but; il avait laissé percer, dans ses discours, le bout de l'oreille, non de l'âne, mais du savant.

Deux jours après, M. de Martigues avait rendu le dernier soupir. Les médecins et les chirurgiens de l'Empereur vinrent visiter le corps, et décidèrent qu'on en ferait sur-le-champ l'ouverture, pour se rendre compte des ravages du projectile. Le chirurgien de l'Empereur pria Ambroise Paré de faire cette autopsie. Il ne savait comment s'y prendre lui-même pour y procéder, et se trouvant heureux d'avoir sous la main un habile homme, il ne voulait pas perdre une si belle occasion. Paré s'excusa d'abord, mais le chirurgien espagnol insista, le priant de le faire « pour l'amour de lui ». Paré persistant toujours dans son refus, le chirurgien de l'Empereur répliqua, d'un ton plus résolu, qu'il fallait céder, et que, s'il persistait à refuser plus longtemps, il pourrait s'en repentir.

Contraint d'obéir, Paré procéda à l'autopsie. Oubliant en ce moment, la prudence qui lui était commandée par sa situation, il se laissa aller à la petite vanité d'éblouir, par ses connaissances anatomiques, les chirurgiens espagnols. Il ouvrit le corps, montra les diverses parties des viscères qui avaient été atteintes par la balle, et prouva que la description détaillée qu'il avait donnée avant la mort du blessé était parfaitement conforme à la réalité. Il fit, en un mot, une magnifique leçon d'anatomie chirurgicale. Quand il eut terminé sa démonstration, il embauma le corps, ce que personne parmi les assistants n'eût été capable de faire.

Le savant, l'anatomiste s'était trahi. On ne le reconnaissait pas encore pour le chirurgien de Henri II, mais on voyait en lui un homme de premier ordre, comme chirurgien et comme médecin. C'est ce que comprit bien vite le chirurgien de l'Empereur, qui, le tirant à part, lui dit : « Si tu veux t'attacher à mon service et devenir mon aide, je te donnerai un habit neuf, je te traiterai bien, et tu iras toujours à cheval. » Paré le remercia de l'honneur qu'il daignait lui faire, mais il déclara ne vouloir prendre aucun service hors de sa patrie.

Il était prisonnier du duc de Savoie, chef de l'armée victorieuse, qui toutefois ignorait son nom et sa qualité. Le duc de Savoie lui proposa, à son tour, d'entrer dans son armée, comme chirurgien. Paré refusa cette nouvelle offre, et persista dans sa résolution, malgré la colère du duc, qui menaçait de l'envoyer aux galères.

Sa bonne étoile le tira enfin de ce mauvais pas. Un des chefs de l'armée du duc de Savoie, M. de Vaudeville, gouverneur de Gravelines, avait entendu parler de ce chirurgien français prisonnier, dont le duc de Savoie ne pouvait rien obtenir, et ne savait que faire. Espérant être guéri, par ses soins, d'un abcès qu'il portait à la jambe depuis sept ans, il pria le duc de Savoie de lui céder cet habile homme.

En effet, un matin, Ambroise Paré voit entrer chez lui, à sa grande surprise, quatre hallebardiers allemands, qui lui ordonnent de les suivre, et le conduisent chez le colonel de Vaudeville, gouverneur de Gravelines. Le colonel l'accueille gracieusement, lui apprend qu'il est désormais à lui, et que s'il parvient à le guérir de son ulcère à la jambe, il lui rendra la liberté sans rançon.

La guérison était sûre, mais elle demandait du temps. Paré fut employé, durant cet intervalle, à panser des blessés dans le camp. En bon ennemi qu'il était, Ambroise Paré ne manquait pas de jeter un regard investigateur sur l'état des ressources militaires des Allemands. Il reconnut ainsi « qu'ils n'avaient plus de grosses pièces de batterie, mais seulement vingt-cinq ou trente de campagne (1). »

Bientôt l'ulcère du gouverneur se trouva diminué et presque guéri. M. de Vaudeville, tenant loyalement sa parole, rendit la liberté à Ambroise Paré, qui avait eu le bonheur de réussir à cacher son nom. Un passe-port lui fut délivré, et un trompette lui fut donné, pour l'accompagner jusqu'aux avant-postes français, qui se trouvaient à Abbeville. Là il prit des chevaux et se rendit auprès du roi, qui le reçut avec une joie inexprimable.

« Il envoya quérir MM. de Guise, et Connestable d'Estrés, pour entendre de moy ce qui s'estoit passé à notre prise de Hedin : et leur en fis fidèle rapport, et leur asseuray avoir veu les grosses pièces de batterie qu'ils avoient menées à sainct Omer : dont le Roy fut joyeux, parce qu'il craignait que l'ennemy ne vint plus avant en France. Il me fit donner deux cens escus pour me retirer en ma maison : et moy fort joyeux d'estre en liberté, et hors de ce grand tourment et bruit de tonnerre de la diabolique artillerie, et loing des soldats blasphémateurs et renieurs de Dieu. »

Lorsque le roi avait appris qu'Ambroise Paré était prisonnier, il avait fait écrire à sa femme qu'elle fût sans inquiétude, car il se chargeait de le racheter. Le captif, comme on vient de le voir, s'était délivré lui-même ; mais la promesse du roi ne pouvait être vaine ; Henri II lui fit donner deux cents écus, représentant le prix de sa rançon.

II

Paré n'avait encore que trente-six ans. Aidé par ses talents et par la fortune, de simple barbier il était devenu, en peu d'années, chirurgien ordinaire du roi de France, et sa réputation commençait à pénétrer à l'étranger. Cependant il n'avait

---

(1) *Apologie et voyages*, t. III, p. 719. (Édition de Malgaigne.)

d'autre diplôme que celui de maître barbier-chirurgien. Il ne pouvait, avec ce seul diplôme, obtenir l'autorisation de faire un cours public de chirurgie, car le diplôme de docteur était, comme nous l'avons dit, indispensable pour enseigner publiquement. Mais pour présenter et soutenir une thèse de docteur en chirurgie, il fallait être d'abord *bachelier*, puis *licencié*. Or tous ces examens se faisaient en latin, et la thèse elle-même devait être écrite et discutée dans cette langue. Bien que Paré fût déjà la plus haute renommée chirurgicale de son temps et l'un des plus savants anatomistes, la difficulté eût été pour lui insurmontable, car il n'avait fait aucune étude littéraire et ne savait pas un mot de latin. Son heureuse étoile vint encore l'affranchir de toutes ces entraves.

Pendant qu'il servait dans les armées, la confrérie des chirurgiens de Saint-Côme, avec le consentement tacite de l'Université, s'était peu à peu transformée en *collége*. Par une supplique adressée à François Ier, supplique habilement rédigée, ils avaient obtenu *le droit de jouir et user des priviléges universitaires*. Vers 1549, le collége de Saint-Côme, pour entrer en pleine possession de ses droits, essaya d'instituer, en faveur de ses élèves, une chaire d'anatomie. La Faculté s'en émeut; elle s'adresse au Parlement, lequel, par un arrêt en date de 1551, « défend au lieutenant-criminel, aux maîtres et gouverneurs de l'Hôtel-Dieu, et à l'exécuteur de la haute justice, de délivrer aucun corps mort pour l'anatomie, *sans une requête signée du doyen* de la Faculté; et en outre, défend aux chirurgiens-barbiers et autres de faire *aucune anatomie ni dissection* qu'en la présence d'un docteur en médecine, lequel *docteur interprétera ladite anatomie et dissection en la manière accoutumée* (1). »

Ainsi Ambroise Paré, le plus habile chirurgien anatomiste de son temps, ne pouvait être autorisé à faire en public une leçon d'anatomie sans être assisté d'un *docteur*, même des plus ignares, qui *interprétât la dissection en la manière accoutumée*.

Dans cet état de choses, le collége de Saint-Côme avait un intérêt puissant à faire accorder à Ambroise Paré la chaire d'anatomie, tant pour la haute faveur dont il jouissait auprès du

(1) Malgaigne, Introduction aux Œuvres d'Ambroise Paré, p. 257.

roi, que pour la renommée qu'il avait acquise parmi le peuple et la noblesse. On le pressa donc, de toutes manières, de prendre le grade de docteur. Les édits du Parlement de 1544, les statuts de la Faculté prescrivaient rigoureusement de faire les examens en latin. On passa par-dessus toutes les règles, par-dessus tous les usages. Il fut convenu que le récipiendaire ne serait pas interrogé, mais qu'il se bornerait à lire une dissertation latine, écrite d'avance, sur le sujet de sa thèse.

Ambroise Paré demanda donc, le 18 août 1554, à être admis aux examens de bachelier et de licencié. Il fut reçu *bachelier* le 23 du même mois, *licencié* le 8 octobre, et *maître* ou *docteur* en chirurgie, suivant Peyrilhe, le 18 décembre. On ne connaît pas le sujet de sa thèse, qui se borna, sans doute, à quelque lecture en latin, faite pour la forme.

La réception de Paré fut gratuite, et la cérémonie de sa réception très-brillante. Elle fut soutenue, suivant l'usage, dans une église, l'église des Mathurins, en présence du recteur; la Faculté était représentée par Fernel et Millet. Le lendemain, le roi Henri II fit un présent de cent écus au nouveau docteur.

Nous disons que la réception de Paré fut brillante. Cependant elle prêta quelque peu à rire, aux hommes instruits de ce temps, qui ne pouvaient tenir leur sérieux, en entendant le récipiendaire écorcher bravement le latin qu'on lui donnait à lire. Les docteurs et les licenciés universitaires ne manquèrent pas de se répandre, contre lui, en allusions ironiques, en épigrammes et en mots piquants, qui n'étaient pas toujours du meilleur goût. Le satirique Riolan a laissé, à ce propos, une page fort curieuse. Il fait allusion à la réception d'Ambroise Paré, lorsqu'il écrit à propos des querelles de la Faculté, en 1577 :

« Le chirurgien est à l'égard du médecin ce qu'est le dentiste pour le chirurgien. Et s'il est permis à ceux-ci de professer publiquement leur art, pourquoi pas aux dentistes?... Dira-t-on qu'ils ne savent pas le latin? Mais entre les chirurgiens qui excellent aux œuvres de l'art, il en est (chacun sait de qui je veux parler, sans qu'il soit besoin que je les nomme) qui ne savent pas décliner leur propre nom. Nous les avons vus appelés de la boutique du barbier à la maîtrise chirurgicale, et reçus gratis contre la coutume, de peur que les barbiers reconnus plus habiles que les chirurgiens ne fissent honte à leur collége. Nous les avons entendus débitant de la manière la plus plaisante du monde le latin qu'on leur avait soufflé, et ne comprenant pas plus ce qu'ils disaient que ces enfants à qui, dans les colléges, les professeurs font répéter des harangues grecques. Certes, si vous voulez une preuve que de tous, tant qu'ils sont, il y en a bien peu qui sauraient articuler congrument, je ne dis pas improviser, dans la circonstance, la voilà bien manifeste. C'est que celui qui ouvrit la séance lâcha presque autant de solécismes que de mots. Et plût à Dieu qu'il n'eût péché que dans les mots, et qu'il n'eût point déraisonné dans les choses! Et pourtant, si ce coryphée de la faction, si ce chef de file qui, le premier affronta le public et s'exposa au jugement des doctes pour devenir la fable du vulgaire, s'il avait reçu sur les doigts autant de coups de férule qu'il avait péché de fois contre les rudiments de la grammaire et écorché Despautère, il aurait lui-même depuis longtemps les mains tout écorchées! »

Riolan ne prononçait pas le nom de Paré. Mais l'allusion est si transparente, que chacun avait ce nom sur les lèvres. Un maladroit ami prit le soin, du reste, d'empêcher que personne n'en ignorât. Il publia une réponse à Riolan (1), dans laquelle il prenait la peine de défendre un homme qui n'en avait nul besoin, et qu'il désignait sans nécessité à la malignité de ses adversaires.

Rien n'est plus dangereux qu'un maladroit ami,
Mieux vaudrait un sage ennemi.

Après avoir passé deux ans à Paris, principalement occupé d'études anatomiques, Ambroise Paré reprit, en 1557, sa vie militaire. Les campagnes ou voyages qu'il fit à cette époque portent dans son ouvrage (*Apologie*) les titres suivants :

Bataille de *Saint-Quentin*, 1557 ; — *camp d'Amiens*, 1558 ; — *Havre de Grâce*, 1563 ; — *Rouen*, 1562 ; — *bataille de Dreux*, même année ; — *bataille de Montcontour*, 1569 ; *voyage de Flandres* ; — *voyage de Bourges*, 1562 ; — *bataille de Saint-Denis*, 1567 ; — *Bayonne*, 1564. Nous nous bornerons à citer quelques faits sans entrer désormais dans des détails, qui, nécessairement du même genre que la plupart de ceux qu'on vient de lire, rendraient notre récit monotone.

A la bataille de Saint-Quentin, le connétable de Montmorency ayant été blessé et fait prisonnier, le roi envoya Paré

---

(1) *Ad cujusdam incerti nominis medici apologiam parum philosophicam pro chirurgia responsio.* (Cité par Malgaigne, *Introduction*, p. 269.)

pour lui donner des soins. Mais le duc de Savoie refusa de le recevoir dans son camp, parce que, dit-il, après l'affaire de Hesdin, il s'était aperçu que Paré, introduit dans un camp ennemi, *savait faire autre chose que de la chirurgie*. Il s'arrêta donc à La Fère, où il y avait encombrement de blessés, envahis par la pourriture d'hôpital. Il pria qu'on envoyât à sa place d'autres chirurgiens, et retourna à Paris.

Ce fait pourrait donner à penser que, déjà gâté par la fortune et la faveur, Ambroise Paré donnait plus volontiers ses soins aux grands seigneurs qu'aux simples soldats : il n'en est rien pourtant.

L'année suivante, le roi l'envoya à Dourlan, où il ne pénétra qu'à travers mille dangers.

En 1559, Henri II frappé, à l'œil, dans un tournoi, par la lance de Montgommery, expirait onze jours après. Paré conserva sa place de chirurgien ordinaire, près de son successeur, François II.

François II mourut, après un règne d'environ dix-huit mois. On soupçonna qu'il avait été empoisonné, et le nom de Paré se trouva, très-malheureusement, mêlé dans les bruits qui coururent sur cet événement. Entreprendre de le justifier, comme s'il pouvait être vraisemblable que jamais un tel homme eût pu concevoir la pensée de commettre le crime le plus lâche et le plus odieux, ce serait insulter à sa mémoire. La confiance absolue que lui accorda Charles IX, successeur de François II, mit bientôt, d'ailleurs, un terme aux bruits calomnieux que la haine avait répandus au sujet de la mort prématurée du roi.

Charles IX eut l'occasion d'éprouver sur lui-même l'habileté et le dévouement d'Ambroise Paré, qu'il avait nommé son premier chirurgien.

« Les médecins, dit le docteur Willaume, lui ayant prescrit une saignée, on appela, pour la pratiquer, un de ses chirurgiens ordinaires, qui avait, par-dessus tous, la réputation de bien saigner; cependant le tendon, disent les historiens, plus vraisemblablement un filet nerveux, fut piqué; ce fut Antoine Portail qui eut ce malheur. Paré, qui, par délicatesse, tait son nom en nous racontant le fait, consola son confrère, et l'excusa si heureusement qu'il ne fut pas disgracié, puisqu'il devint, par la suite, premier chirurgien de Henri III. Paré sut, par l'application du bandage roulé sur tout le membre et l'instillation de l'huile de térébenthine chaude dans la piqûre, prévenir des accidents qui pouvaient devenir funestes, et contre lesquels il avait pris d'avance son parti en grand chirurgien. Il conserva ainsi à son maître un bras dont il devait, plus tard, faire un si cruel usage (1). »

Paré avait une clientèle nombreuse, et comme il n'existait pas alors de voitures commodes pour faire des courses et se transporter aisément dans les différents quartiers de Paris, il faisait ses visites à cheval. Le 4 mai 1561, il se disposait à passer la Seine, en bateau, lorsque, ayant appliqué un coup de houssine sur la croupe de son cheval, pour le faire avancer, il en reçut un coup de pied, qui lui brisa les deux os de la jambe gauche. Il tomba, et dans sa chute, la peau, la chausse et la botte furent percées par les parties aiguës des os fracturés. Deux chirurgiens-barbiers, Antoine Portail et Richard Hubert, firent le premier pansement. Quand le blessé eut été transporté dans son domicile, on appela Étienne de la Rivière, célèbre barbier-chirurgien. Paré fut retenu deux mois au lit. Ce ne fut qu'au bout de trois mois que, guéri sans claudication, il put reprendre son service (2).

Pendant la minorité de Charles IX, la France gouvernée par la reine mère, Catherine de Médicis, se trouva divisée en deux grands partis, les protestants et les catholiques. Toute la politique de Catherine consistait à favoriser tantôt l'un tantôt l'autre des deux partis, et à paraître tenir la balance égale entre eux. Le parti catholique finit par prévaloir dans les conseils de la cour, et la guerre civile éclata.

Ambroise Paré suivit l'armée royale dans toute la campagne de 1562. Après avoir réduit Blois, Tours et Bourges, on alla mettre le siége devant Rouen. Ici une épidémie de pourriture d'hôpital sévit cruellement parmi les blessés.

« Il y avait, dit Paré, un air si malin qui était cause que plusieurs mouraient, voire de bien petites blessures, de façon qu'aucuns estimaient que les balles avaient été empoisonnées. Ceux du dedans disaient le semblable de nous; car encore qu'ils fussent bien traités de leurs nécessités dedans la ville, ils ne laissaient point de mourir comme ceux du dehors (3). »

(1) *Études historiques sur Ambroise Paré.*
(2) Malgaigne, *Introduction*, p. 265.
(3) *Apologie*, t. III, p. 723.

Presque toutes les plaies, même les plus légères, se compliquaient de pourriture. Comme ce n'étaient pas seulement les soldats, mais aussi les grands seigneurs et les princes qui en étaient affectés, on s'en émut vivement, et le jeune roi demanda à Paré l'explication de cet effrayant phénomène. Ce dernier chercha les moyens d'en combattre les effets, et modifia plusieurs fois, sur ce point, sa thérapeutique, sans parvenir à de bons résultats. C'était une de ces affections qui sévissent si fréquemment sur les blessés des armées en campagne.

Quelques jours avant l'assaut de Rouen, le roi de Navarre reçut, à l'épaule, un coup de feu dont il mourut. La balle avait pénétré dans l'articulation; Paré ne put parvenir à la trouver.

Après la prise de Rouen, il revint à Paris. Quelques semaines après, le roi l'envoya au comte d'Eu, qui avait été blessé d'un coup de feu à la bataille de Dreux. Mais Paré ne put le sauver.

Les partis, épuisés par la guerre, conclurent un traité de paix. Ambroise Paré, de retour à Paris, et jouissant de quelques loisirs, augmenta de trois livres l'édition précédente de son *Traité de chirurgie*, qui n'en avait que sept, et publia, en 1564, sa *Chirurgie en dix livres*.

Cet ouvrage venait à peine de paraître, lorsque Paré, obligé de suivre la cour, partit, avec le roi Charles IX, pour ce long voyage à travers les provinces qui ne dura pas moins de deux ans.

A Montpellier, Paré fut mordu au doigt par une vipère, dans la boutique d'un apothicaire. Il se traita lui-même et n'éprouva aucun accident.

En 1565, la peste se déclara dans diverses parties du royaume. Paré, qui la rencontrait partout où il passait, eut occasion de faire des recherches sur les effets du traitement par la saignée. Dans ce pénible voyage, il eut lui-même une autre maladie, un anthrax à l'aisselle, et un autre plus considérable au ventre, qui lui laissa une cicatrice énorme.

De retour à Paris, il y trouva une épidémie, non de peste, mais de petite vérole et de rougeole. Prompt à saisir les leçons de l'expérience, il composa et publia, en 1568, sur ces maladies, qu'il avait été à même de bien observer, un ouvrage ayant pour titre : *Traité de la peste, de la petite vérole et rougeole, avec une description de la lèpre.*

Au fléau des épidémies qui sévissaient en diverses parties de la France vint se joindre celui de la guerre civile. Il y eut entre les catholiques et les protestants une foule de combats meurtriers. Après celui de Saint-Denis, Paré pansa les blessés, au nombre desquels se trouvait le connétable de Montmorency, qu'il ne put sauver.

Dans son voyage de Flandres, il eut des succès, vraiment rares, qu'il raconte avec beaucoup de détails (1).

Le marquis d'Avret avait reçu, sept mois auparavant, un coup d'arquebuse, près du genou. L'os était fracturé, et ni les médecins ni les chirurgiens flamands ne pouvaient le guérir. Charles IX lui envoya Ambroise Paré.

Accompagné de deux gentilshommes, il arriva au château d'Avret, situé à une lieue et demie de Mons, et trouva le marquis dans un état presque désespéré. Pendant le séjour d'environ deux mois qu'il fit au château d'Avret, il visitait, dans les environs, les malades pauvres ou riches qui réclamaient ses soins. « Je proteste, dit-il, que je n'en refusai pas un seul, et que je leur fis à tous le plus de bien qu'il me fût possible. »

Quand on apprit que le marquis d'Avret commençait à se bien porter, la joie publique se manifesta par des fêtes populaires; car ce jeune seigneur était aimé dans les chaumières comme dans les châteaux. Quant à Ambroise Paré, partout où il passait, le peuple accourait au devant de lui et lui témoignait, à sa manière, son admiration. L'accueil qu'on lui fit à Mons fut une véritable ovation.

Le marquis d'Avret, parfaitement guéri, lui donna un riche présent et le fit reconduire à Paris, jusques dans sa maison, par son maître d'hôtel et par deux pages.

Mais à Paris, des confrères jaloux lui faisaient quelquefois expier, par des attaques aussi vives qu'injustes, les petits mouvements d'orgueil qu'avaient pu quelquefois exciter dans son âme ses succès multipliés, ainsi que les présents et les distinctions flatteuses qu'il recueillait. Nous laisserons de côté ces querelles de métier.

(1) Tome III, pages 726 et suivantes. (Édition de Malgaigne.)

III

Ambroise Paré était huguenot. Ce fait résulte non-seulement des témoignages d'écrivains contemporains, mais de ses propres écrits. Il dit, en effet, qu'au siége de Rouen « il faillit être victime du fanatisme catholique ». Malgré les persécutions exercées contre les religionnaires, il avait toujours persisté dans sa foi, car il était persuadé, comme Henri IV, qu'aucune religion n'empêche d'être honnête homme. Catherine de Médicis lui ayant demandé un jour s'il s'attendait à être sauvé dans l'autre monde :

« Oui, certes, madame, lui répondit-il, parce que je fais ce que je peux pour être brave homme dans celui-ci, et que Dieu est miséricordieux, entendant bien toutes les langues, et content qu'on le prie en français ou en latin. »

Le roi et Catherine de Médicis avaient donc laissé leur vieux chirurgien prier Dieu en français.

Lorsque l'abominable projet du massacre général des huguenots fut arrêté entre Charles IX et sa mère et fixé à la nuit du 24 août 1572, l'un et l'autre songèrent à préserver la vie d'Ambroise Paré. C'est ce que nous ont appris plusieurs écrivains contemporains, et surtout Brantôme et Sully.

« Le roi, dit Brantôme, criait incessamment : *Tuez, tuez*. Il n'en voulut sauver aucun, sinon maître Ambroise Paré, son premier chirurgien et le premier de la chrétienté, et l'envoya quérir et venir le soir dans sa chambre et garde-robe, lui commandant de n'en bouger ; et disait à quelques-uns de ses cruels conseillers qui murmuraient de cette exception, qu'il n'estait raisonnable qu'un qui pouvait servir à tout un petit monde fust ainsi massacré. Et si ne le pressa point de changer de religion, non plus que sa nourrice. »

On a prétendu qu'après la Saint-Barthélemy, Ambroise Paré abjura la religion réformée. Malgaigne s'exprime ainsi :

« Je l'avoue, il me paraît incontestable que, du moins après la Saint-Barthélemy, Ambroise Paré faisait profession de foi catholique (1). »

(1) Introduction aux *Œuvres d'Ambroise Paré*, p. 231.

Peut-être Ambroise Paré, au moment du massacre, avait-il laissé espérer sa conversion au catholicisme. Mais rien n'a jamais pu établir qu'il ait transgressé sa foi religieuse, et toute sa vie dépose contre une pareille faiblesse. Pour prendre au sérieux cette supposition, il faudrait n'avoir pas lu, dans Sully, la réponse décidée qu'Ambroise Paré fit à Charles IX, le lendemain du massacre de la Saint-Barthélemy. Comme le roi lui déclarait que le moment était venu de se faire catholique, Ambroise Paré lui répondit :

« Par la lumière de Dieu! il doit vous souvenir, Sire, que vous m'avez promis, pour que je n'aie jamais à vous désobéir, de ne pas me demander quatre choses : à sçavoir de rentrer dans le ventre de ma mère, de ne me trouver en une bataille ou combat, de quitter votre service, ny aller à la messe (1). »

Ambroise Paré demeurait au Louvre, dans le palais de Charles IX. Il avait sur ce prince l'ascendant que donnent l'âge, les services et les vertus. On sait que, tourmenté de cruels remords après la Saint-Barthélemy et saisi d'un mal secret qui troublait son âme et son corps, Charles IX fit venir Ambroise Paré, et lui dit :

« Je ne sais ce qui m'est survenu depuis deux ou trois jours, mais je me trouve l'esprit et le corps grandement émus, voire, tout ainsi que si j'avais la fièvre, me semblant à tout moment, aussi bien veillant que dormant, que ces corps massacrés se présentent à moi, les faces hideuses et couvertes de sang; je voudrais que l'on n'y eust pas compris les imbécilles et innocents. »

Paré, profitant habilement du repentir du roi, tout en lui parlant de sa santé, lui conseilla de faire cesser les massacres, et de révoquer les ordres sanglants envoyés dans les provinces. Les mémoires du temps assurent que la fin de ces horreurs fut, en partie, le fruit de cette conversation du roi avec son chirurgien.

Peu de temps après, c'est-à-dire le 31 mai 1574, Charles IX succombait à une maladie affreuse, qui fut considérée comme un châtiment du ciel. Son frère, qui régnait en Pologne, se hâta de revenir en France, et monta sur le trône, sous le nom de Henri III.

(1) Sully, *Économie*, t. 1er

Le nouveau roi garda au Louvre Ambroise Paré. Il le nomma, presque en même temps, son valet de chambre et son conseiller.

Ambroise Paré avait perdu sa première femme, et s'était remarié, en 1573, avec la fille d'un chevalier du roi, nommée Angélique Rousselet.

Pendant la même année, il publie ses *deux livres de la génération et des monstres*, et il annonce qu'il est occupé d'une grande entreprise qu'il a promise au roi : c'était la collection de ses *œuvres de chirurgie*.

Elles parurent, en effet, l'année suivante, en un magnifique volume in-folio, sous ce titre : *Les œuvres de M. Ambroise Paré, conseiller et premier chirurgien du roi*.

Un ancien doyen de la Faculté, Gourmelen, que Paré avait un peu maltraité, demanda, pour retarder la mise en vente des *Œuvres de Paré*, l'application d'un ancien arrêt, *portant défense de publier aucun livre de médecine sans l'approbation préalable de la Faculté de médecine de Paris*. On alléguait que Paré avait abordé, dans son *Introduction*, des hauts points de philosophie et de médecine, par exemple les questions *des éléments, des humeurs, des facultés, des actions, des esprits*, etc., toutes choses essentiellement médicales, que la Faculté revendiquait comme étant, en quelque sorte, sa propriété. Autre grief de la même force : l'ouvrage contenait un *livre sur les fièvres*!

Cette grave affaire fut portée devant le Parlement. Mais il n'y eut point d'arrêt prononcé, et le livre parut dans son intégrité. Un peu de bon sens et une science réelle valaient mieux que ce latin dont les docteurs de Paris étaient si fiers. S'ils tenaient tant à leur jargon pédantesque, c'est qu'il leur permettait d'imposer au vulgaire.

Dans les derniers temps de sa vie, Paré lisait beaucoup. Il travaillait à l'ouvrage ayant pour titre : *Des animaux et de l'excellence de l'homme*. Il annotait aussi ses œuvres imprimées. Il prenait peu de part aux querelles qui continuaient entre les chirurgiens et les docteurs de la Faculté, et il laissait dire, lorsque, de temps en temps, on l'attaquait encore. Gourmelen, dans un livre imprimé en 1583 ou 1584, l'apostrophait ainsi : « Paré, mon ami, quand vous exercez la chirurgie, le peuple fait cas de vous ; mais quand, sortant des bornes de votre profession, vous censurez les médecins et les apothicaires, les petits enfants se moquent ».

Ambroise Paré mourut le 22 décembre 1590, à l'âge de quatre-vingts ans, en sa maison du quartier Saint-André-des-Arts, à Paris.

M. le docteur Achille Chéreau, à qui l'on doit beaucoup de recherches sur l'histoire de la médecine à Paris, nous a communiqué l'acte de décès d'Ambroise Paré, qui se trouve sur le registre de la paroisse Saint-André-des-Arts, déposé aujourd'hui à l'Hôtel de Ville, et qui correspond à nos actes de l'état civil. « En ce jour, samedi 22 décembre 1590, a été enterré, dans l'église Saint-André-des-Arts, à Paris, au bas de la nef, près du clocher, M. Ambroise Paré, premier chirurgien du roi. »

La gravure et la sculpture ont reproduit, à l'envi, la physionomie de Paré. Le sculpteur David (d'Angers) l'a conservée à la postérité, dans la statue qui fut élevée à Laval à la mémoire du plus illustre de ses enfants. Sa physionomie porte l'expression d'une certaine dignité, jointe à cette gravité que donne l'habitude des réflexions sérieuses.

Quant aux traits de son caractère, le plus saillant était celui d'une profonde piété. Il ne laisse échapper, dans ses ouvrages, aucune occasion de rendre hommage au Créateur. Avant comme après la Saint-Barthélemy, son langage fut toujours inspiré par le sentiment religieux. Tout le monde connaît sa célèbre devise, inscrite sur tous les monuments consacrés à sa mémoire : *Je le pansay, Dieu le guarit.* C'était là l'expression sincère de sa pensée. Il pratiqua toujours deux vertus, peu communes alors dans son pays, si violemment troublé par les dissensions civiles et les guerres de religion : la tolérance et la charité. On le voit, sur les champs de bataille, donner également ses soins aux catholiques et aux huguenots. S'il avait une pointe de vanité, facile à comprendre, elle était inoffensive et douce; jamais il ne cherchait à écraser les autres du poids de sa renommée et de ses titres. Quoique premier chirurgien et conseiller du roi, il continua toujours à fréquenter les chirurgiens-barbiers, ses anciens confrères. Il causait familièrement avec eux, et, loin de rougir de son passé, il aimait à en réveiller le souvenir en revenant avec bonheur sur les années de sa jeunesse, qu'il avait passées à l'Hôtel-Dieu de Paris. Aucun sentiment de jalousie, aucun esprit de rivalité ou de dénigrement, ne parut jamais l'animer. Il accordait volontiers ses éloges aux médecins et aux chirurgiens de mérite. Sa clientèle considérable lui avait beaucoup rapporté, et malgré ses grandes dépenses, il avait ramassé une véritable fortune. Il possédait trois maisons dans Paris, une hôtellerie au faubourg Saint-Germain, une maison de campagne à Meudon (1). Demeurant dans la paroisse Saint-André-des-Arts, près du pont Saint-Michel, il occupait de vastes appartements, qui étaient nécessaires tant pour sa famille que pour lui-même, pour sa bibliothèque et pour son cabinet de *raretés*, consistant en une belle collection de pièces d'anatomie chirurgicale. Il avait rassemblé les ouvrages de près de deux cents auteurs, qu'il cite dans ses *œuvres complètes*. Comme il n'entendait pas le latin, il faisait traduire en français les ouvrages qui n'avaient pas encore été traduits et qu'il voulait connaître.

Il jouissait dans la ville de l'estime respectueuse de la plupart des docteurs de la Faculté et des chirurgiens de Saint-Côme. A la cour, la droiture de son caractère, les services qu'il avait rendus, son extrême bienveillance et la haute faveur dont il jouissait l'avaient mis en relations assidues avec les princes, les grands seigneurs et les poëtes. Il fut chanté par Ronsard, le plus célèbre des poëtes de ce temps.

Nous avons dit qu'Ambroise Paré avait épousé, en premières noces, la fille du *valet chauffe-cire du roi*, Jeanne Maselin. Il eut une fille de sa première femme, circonstance qui avait été ignorée jusqu'ici, mais qui résulte de l'acte de naissance relevé, sur les registres de la paroisse Saint-André-des-Arts, par le docteur Chéreau, qui a bien voulu nous en donner communication (2).

De sa seconde femme, Jacqueline Rousselet (ou Rousset), il eut deux fils, qui moururent l'un et l'autre, âgés d'un an ; et quatre filles, Anne, Marie, Jacqueline et Catherine, ainsi qu'il

---

(1) Documents cités par E. Bégin.
(2) « Le lundi 30 septembre 1560, dernier jour desdits mois et an, fut baptisée Catherine, fille de M⁴ Ambroise Paré, chirurgien ordinaire du roy, et de Jehanne Maselin, sa femme. Son parrain est M⁴ Gaspart Martin, maitre barbier de cette ville, et marraines sont Catherine Brion, femme de Loys Le Prince, marchand de vins, et Marguerite Clairet, femme de feu Estienne Clairet, et Jehanne de Prince ».

résulte des relevés faits par M. le docteur Chéreau des registres de la paroisse Saint-André-des-Arts.

M. le docteur Chéreau a également relevé les actes de mariage de trois filles d'Ambroise Paré : Catherine, mariée le 28 mars 1581, à François Rousselet, trésorier du frère du roi; Anne, mariée le 4 juillet 1596, à Henry Simon, conseiller et trésorier du roi, à Bourbonnais en Nivernais; et Catherine Paré, mariée le 29 septembre 1603, à noble Claude Hédelin, conseiller du roi en la chambre du Trésor (1).

---

(1) Le mercredy 29 avril 1576, fut baptisé Ambroise, fils de M° Ambroise Paré, chyrurgien du roy, et de Jacqueline Rousset, sa femme. Les parrains Monsr Charles, comte de Maulfier, et Monsr le marquis d'Elbeuf. La marraine, dame Phelippes de Montespedon, duchesse de Beaupreau, et princesse de la Roche-sur-Yon.

Le lundy 14 janvier 1577, décéda Ambroyse Paré, fils de M° Ambroyse Paré, chyrurgien du roi, et de Jacqueline Rousset, sa femme. Et ce mesme jour fut enterré en l'esglise de Sainct André.

Le mercredi 8 novembre 1583, a esté baptisé Ambroise, fils de M° Ambroise Paré, conseiller du roy, et premier chirurgien du roy et de Jacqueline Rousselet, ses père et mère. Les parrains M° Jacques Mareschal, conseiller du roy, procureur de sa majesté en la prévosté de son hostel et grande prévosté de France et advocat au conseil d'Estat; et M° Jacques Guillemeau, chirurgien du roi juré à Paris. La marraine, damoiselle Anne de Mamères, fille de maistre Estienne de Mamères, advocat au grand conseil.

De ce mesme jour 19 août 1584, a été enterré dans ladite église, près le cloché, Ambroise, fils de M° Ambroise Paré, premier chirurgien du roy, et de Jacqueline Rousselet ses père et mère.

Le jeudi 6 janvier 1578, fut baptisée Marie, fille de M° Ambroise Paré, premier chyrurgien du roy et de Jacqueline Rousselet, sa femme. Le parrain M° Jehan Camus, secrétaire des finances. Les marraines, damoiselle Marie du Tillet, femme de Monsr Seguier, lieutenant civil, et Marie Boulaye, veuve de feu Jacques Rousselet.

Le 8 octobre 1579, fut baptisée Jacqueline, fille de M° Ambroise Paré, premier chyrurgien du roy, et de Jacqueline Rousselet. Le parrain, noble personne, M° Jehan Lallemant, seigneur de Venise, maître des requêtes et conseiller du roy. Les marraines, Marix Lallemant, femme de Monsr ... prévost des marchands de Paris, et Antoinette Lallemant (?) femme de Monsr Pierre Charles, auditeur du roy et conseiller en la chambre des Comptes.

Le samedy 16 dudit mois, fut baptisée Anne, fille de M° Ambroise Paré, premier chirurgien du roi, et de Jacqueline Rousset, sa femme. Sa marraine, haulte et puissante princesse, madame Anne d'Alet, femme de haut et puissant seigneur, Jacques de Sobroye, duc de Nemours. Le parrain Monsr Charles de Sobroye, fils desdits prince et princesse.

Le 12 février 1581, fut baptisée Catherine, fille de M° Ambroise Paré, premier M° chirurgien du roy, et de Jacqueline Rousselet, ses père et mère. Le parrain, Monsr Vincent Moussey, conseiller au parlement. Les marraines, Barbe Rousselet, femme d'Odier Martin, archer de la garde du corps du roy, et Catherine, une des filles dudit M° Ambroise Paré.

IV

Ambroise Paré a été appelé, avec juste raison, le *père* ou le *restaurateur de la chirurgie française*. Il trouva, en effet, la chirurgie dans l'enfance, et il la laissa dans un tel état de perfectionnement, que certaines de ses parties, telles que le traitement des plaies, n'ont encore été modifiées en rien, après lui et jusqu'à nos jours. A l'époque où il commença ses études, on se bornait, dans les écoles de médecine, à expliquer les écrits des Arabes, à commenter ceux de Lanfranc et de Guy de Chauliac. Comme il n'y avait alors aucune anatomie, il ne pouvait y avoir aucune chirurgie. Dédaignée des médecins et abandonnée à des gens sans lettres et de profession manuelle, la chirurgie occupait les assises infimes de l'édifice médical, et ne justifiait que trop alors l'étymologie grecque de son nom ($\chi\epsilon$ίρος, main). Il n'y avait aucun goût pour l'observation, aucun principe pour la pratique. Déjà, sans doute, quelques hommes de génie avaient apparu dans l'art chirurgical : des méthodes excellentes avaient été proposées et consignées dans des livres. Mais par le défaut d'érudition des chirurgiens de cette époque, ces méthodes étaient tombées dans l'oubli. Toute la règle des chirurgiens de ce temps, c'était de recourir à l'autorité des anciens galénistes ou des Arabes et de fermer les yeux sur les phénomènes de la nature.

Paré suivit une voie tout opposée. Fort peu érudit, mais praticien sans rival, il prit pour école les champs de bataille. C'est sur ce théâtre qu'il appliqua les connaissances qu'il avait acquises ; ce fut la nature seule qu'il interrogea, et c'est ainsi qu'il parvint à faire sortir la chirurgie de sa trop longue enfance.

Il n'est peut-être aucune question chirurgicale qu'Ambroise Paré n'ait envisagée dans ses ouvrages, et qu'il n'ait éclairée des lumières de son observation. Si l'on veut cependant signaler avec plus de précision les questions qu'il a contribué plus particulièrement à élucider, on peut citer les suivantes.

Il a introduit une véritable révolution dans le traitement des plaies de toute nature, et particulièrement des plaies d'armes à feu. Il a simplifié le traitement des fractures et des luxations, qui se compliquait singulièrement, alors, de l'emploi de toutes sortes de machines vicieuses et barbares. Il a simplifié l'art des bandages, partie si importante de la chirurgie, et qui était restée dans l'état même où l'avaient laissée les Grecs. Il a imaginé beaucoup d'opérations nouvelles, et en a tiré d'autres de l'oubli regrettable dans lequel elles étaient tombées : telles sont les opérations de hernie et de taille par le *grand appareil*. Il éclaira le diagnostic et le traitement des maladies de la vessie, de l'urètre et de la prostate, couvertes jusque-là d'une obscurité complète. Il fit disparaître la cautérisation dans le traitement des plaies en général, et inventa la ligature des artères, comme moyen de remédier à l'hémorragie après les amputations.

Les deux dernières innovations que nous venons de rappeler, c'est-à-dire la cautérisation bannie du traitement des plaies et l'application de la ligature aux artères divisées par l'instrument, pendant les amputations, ont toujours été particulièrement admirées, et ont placé leur auteur au rang des bienfaiteurs de l'humanité. Nous ne parlerons ici que de ces deux méthodes.

C'est dans son ouvrage sur les *plaies d'harquebuses*, que l'illustre chirurgien démontre que la poudre à canon n'est pas vénéneuse, comme on l'avait toujours prétendu, et que les projectiles qu'elle lance n'introduisent dans l'économie aucune sorte de venin. Il explique, de la manière la plus satisfaisante, les phénomènes généraux que provoque ce genre de blessures, c'est-à-dire l'ébranlement et le désordre nerveux, ainsi que la contusion locale. A la pratique pernicieuse et cruelle, qui était alors en usage, et qui consistait à brûler, par l'huile bouillante ou le fer rouge, les parties affectées, afin de détruire au sein des tissus le prétendu poison, il substitua les incisions, le débridement et l'application d'onguents suppuratifs et émollients, c'est-à-dire la méthode même qui est aujourd'hui suivie partout.

Pour apprécier l'importance de la réforme qu'il introduisit dans la chirurgie, en imaginant la ligature des artères après les amputations, il faut se rappeler les graves accidents qui compliquaient autrefois les amputations des membres, et dont la seule idée faisait trembler le malade, et quelquefois le chirurgien. On n'avait à opposer à l'hémorragie qui suit les grandes opérations que des moyens infidèles et cruels. Quand une artère importante était tranchée par le fer, c'était souvent une entreprise insurmontable que d'arrêter l'écoulement du sang. La compression des gros troncs artériels, ou la constriction du membre, le tamponnement, l'application sur la plaie, des agents styptiques de toute sorte, échouaient presque toujours, et le malade perdait la vie, au milieu des tentatives précipitamment faites, pour empêcher l'exhalation du sang. Le seul moyen d'arrêter l'hémorragie avec certitude, c'était de cautériser par le fer rouge l'énorme surface de la plaie. Mais peu de malades résistaient à la suppuration et aux accidents généraux qu'amenait l'emploi de ce qu'on appelait et de ce qu'on appelle encore le *cautère actuel*. Quand le malade échappait, il lui restait une plaie dont la cicatrisation était interminable.

Il nous semble aujourd'hui que c'était une idée bien simple que de saisir avec une pince, après l'amputation, chaque artère divisée et béante, de la tirer légèrement au dehors, et d'oblitérer son calibre par l'application d'un fil fortement serré. Galien, et même avant lui, Celse, avaient signalé cette méthode, pour arrêter l'hémorragie dans les cas de blessures. Il semble donc qu'il n'y avait qu'un pas à faire pour appliquer ce même procédé au cas de l'amputation des membres pratiquée dans un but chirurgical. C'est le propre des grandes découvertes d'étonner les hommes par leur simplicité, — lorsque toutefois, elles sont accomplies; la difficulté est de les accomplir. Personne encore, avant Ambroise Paré, n'avait songé à faire le pas dont nous parlons. Ambroise Paré lui-même hésita beaucoup avant de le tenter. Après avoir suivi dans sa jeunesse la pratique générale consistant à opposer à l'hémorragie, après de grandes opérations, l'application cruelle du fer rouge, après avoir mûrement réfléchi sur ce point et soumis ses doutes à quelques savants confrères, il se décida à faire l'essai de sa nouvelle méthode. Toutefois, pendant qu'il appliquait les ligatures, il avait eu soin de tenir près de lui les fers rouges et le brasier ardent, tout prêt à recourir à ce moyen, si la ligature échouait (1). Quel ne fut point son bonheur lorsqu'il reconnut

(1) *Des plaies d'Harquebuses*, liv. XII, chap. xxxv.

AMBROISE PARÉ INVENTE LA LIGATURE DES ARTÈRES APRÈS LES AMPUTATIONS.

l'efficacité absolue d'un procédé aussi simple et aussi facile !

Malgré les succès innombrables qu'il avait obtenus de l'emploi de cette méthode, et dont il avait rendu témoins les praticiens les plus éclairés de son temps, la ligature des vaisseaux, après les grandes opérations, ne prit que faiblement faveur. Ses élèves mêmes, témoins de ses succès et confidents de ses pensées, tels que Guillemeau, qui traduisit ses œuvres en latin, et Pigrai, qui en donna un abrégé, ne l'adoptèrent qu'avec de grandes restrictions, et comme par égard pour la mémoire de leur maître. Dans leur pratique personnelle, ils s'en tenaient à la cautérisation par le feu. Ainsi l'art rétrograda, sur ce point, après Ambroise Paré, qui semblait avoir trop devancé son époque. Il est certain que le procédé de la ligature après les amputations n'a été repris que dans notre siècle, par le chirurgien Desault, qui se décida à l'employer peu de temps après son entrée à l'hôpital de la Charité. Jusque-là les chirurgiens avaient rejeté cette méthode, par la crainte que les ligatures ne tombassent trop vite, et que l'hémorragie ne recommençât au sein des tissus, dans la plaie fermée. On aurait pu se rappeler que, pendant trente ans, Ambroise Paré avait employé ce mode opératoire sans le moindre accident.

Par l'ensemble des travaux et des études pratiques que nous avons rapidement énoncés, Ambroise Paré parvint à tirer la chirurgie de l'ornière où elle se traînait depuis tant de siècles. Sa pratique aux armées et dans la ville, ses préceptes oraux et ses ouvrages si clairs, contribuèrent à former un certain nombre de disciples, qui répandirent ses doctrines. Tels furent, en France, Guillemeau et Pigrai, ses plus chers élèves, Jacques Demarque, Habicot, Delanoue et Thévenin. Ses écrits, pénétrant à l'étranger, y donnèrent le goût de la bonne chirurgie. Ils inspirèrent, en Allemagne, Fabrice de Hildan et Scultet; en Italie, Fabrice d'Aquapendente, Marchetti, Margati, etc.

Tel fut l'homme de bien et l'homme de génie qui, selon l'expression du docteur Willaume, « pendant le cours d'une vie longue et laborieuse, appliqua toutes ses facultés au perfectionnement de l'art salutaire par excellence, corrigea des procédés défectueux ou cruels, en introduisit de plus sûrs et de plus doux, combattit des erreurs funestes, fit connaître des vérités utiles, et mérita ainsi le titre de restaurateur de la chirurgie ! »

Voici la liste des ouvrages d'Ambroise Paré :

La méthode de traicter les playes faites par harquebuses. — Briefve collection de l'administration anatomique. — La méthode curative des playes et fractures de la teste humaine. — Anatomie universelle du corps humain. — Dix livres de la chirurgie. — Traicté de la peste, de la petite vérole et rougeole. Cinq livres de chirurgie. — Des bandages, des fractures, des luxations, des morsures et des goustes. — De la génération de l'homme et des monstres, tant terrestres que marins. — Discours de la mumie, des venins, de la licorne et de la peste.

Toutes ces productions sont réunies dans ses *Œuvres* publiées par lui en 1561. (*Les Œuvres d'Ambroise Paré, conseiller et premier chirurgien du roi, divisées en vingt-sept livres avec figures et portraits, tant de l'anatomie que des instruments de chirurgie.*) Il a paru treize éditions des œuvres d'Ambroise Paré, tant à Paris qu'à Lyon. Guillemeau jugea à propos d'en faire une traduction latine, qui parut, en France, en 1582.

Les œuvres d'Ambroise Paré ont été réunies de nos jours par Malgaigne, qui a revu toutes les parties du texte et les a enrichies de notes précieuses (1). Une introduction historique, du plus grand mérite, ajoute encore à l'importance de ce recueil, qui a fait revivre pour la génération présente les travaux du vieux chirurgien de la Renaissance.

(1) *Œuvres complètes d'Ambroise Paré, revues et collationnées sur toutes les éditions, avec les variantes, ornées de 217 planches et du portrait de l'auteur, accompagnées de notes historiques et critiques, et précédées d'une introduction sur l'origine et les progrès de la chirurgie en occident, du sixième au seizième siècle, et sur la vie et les ouvrages d'Ambroise Paré*, par J.-F. Malgaigne; 3 vol. in-8°. Paris, 1840; chez J.-B. Baillière.

NICOLAS KOPERNIK

Les documents originaux manquent sur la vie de Kopernik. La plus ancienne biographie que nous ayons du créateur du système de l'astronomie moderne ne fut composée que cent ans après sa mort, par Gassendi. Au dix-septième siècle, le nom de Kopernik était fort connu; mais son livre, condamné par la congrégation de l'*Index*, était devenu rare. D'un autre côté, le procès intenté à Galilée avait montré à quel point il pouvait être dangereux de faire publiquement l'éloge de Kopernik et de son système. Des Polonais instruits, qui avaient passé un temps considérable à recueillir des faits et des souvenirs relatifs à l'illustre astronome, parvinrent à établir qu'il était de leurs compatriotes; mais ils n'osèrent publier une histoire de sa vie, ou s'ils la publièrent, l'Inquisition romaine trouva le moyen de la faire disparaître.

Kopernik n'avait laissé, dans le diocèse de Warmie et dans les contrées où il était connu, d'autre réputation que celle d'un chanoine charitable et savant. Durant sa vie, son génie pour les sciences physico-mathématiques ne fut apprécié que par un très-petit nombre d'esprits éminents. Il avait été livré sur un théâtre, aux sarcasmes et à la risée de la multitude, et cette auréole de célébrité n'attirait pas de grands admirateurs à sa mémoire. Un siècle au moins s'était déjà écoulé depuis qu'il reposait dans la tombe, lorsque Gassendi, compulsant les lettres et les manuscrits laissés par Tycho Brahé, pour composer la biographie de cet astronome célèbre, découvrit dans ses papiers une copie de vers latins que Tycho Brahé avait adressée à Kopernik, après avoir reçu de lui le petit instrument nommé *règle parallatique*. Cette circonstance fortuite inspira à Gassendi l'idée de recueillir également des renseignements et des notes sur Kopernik, et d'ajouter, comme supplément à la biographie de Tycho Brahé, une courte notice sur Kopernik.

Gassendi consacre à Tycho trois cent quatre pages de son livre et seulement cinquante à Kopernik (1). Mais ces pages sont extrêmement précieuses pour les faits et les détails qu'elles renferment et qui, sans doute, fussent tombées dans un éternel oubli, si Gassendi n'eût pris la peine de les rassembler. Gassendi put probablement consulter la correspondance qui avait existé entre Kopernik et Rheticus. Il dut aussi avoir communication des lettres de l'évêque de Warmie, Dantiscus, et de l'évêque de Culm, Gysius; et c'est sans doute dans cette correspondance qu'il put recueillir tous les renseignements qu'il nous a laissés.

Il est singulier que la plupart des biographes qui ont écrit sur Kopernik ne citent jamais cette biographie latine de Gassendi. Ni Bailly ni Delambre, les deux savants historiens de l'astronomie, ne l'ont connue. Le Polonais Adrien Krzyzanowski, professeur à l'Université de Varsovie, qui s'est livré à de longues recherches, à Bologne, à Rome, à Cracovie, à Thorn, à Warmie, pour recueillir jusqu'aux moindres détails de la vie et des travaux de Kopernik, son compatriote, ne connaissait davantage ce travail de Gassendi; aussi le résultat de ses recherches est-il demeuré incomplet. M. Bertrand, qui a consacré une notice à Kopernik, dans son volume, récemment publié, sur les *Fondateurs de l'astronomie moderne*, ne paraît pas l'avoir lue. Les auteurs des articles Kopernik, dans la *Biographie* de Michaud et la *Biographie générale* de Firmin Didot, la mentionnent, mais ne l'ont pas consultée.

En 1801, la *Société littéraire de Varsovie* ouvrit un concours sur l'*Éloge de Kopernik*. Il fallait « montrer ce que devaient

(1) *Tychonis Brahæi Vita.* In-4°, p. 65.

à Kopernik les sciences mathématiques, nommément l'astronomie, au siècle où il vécut. » Le prix fut décerné au professeur polonais Jean Sniadecki, pour son *Discours sur Kopernik*, qui fut imprimé à Varsovie, en 1803, en polonais et en français, et réimprimé à Varsovie en 1818 (1). Ce discours est plutôt un tableau et une histoire de l'astronomie au seizième siècle, qu'une biographie de Kopernik. L'auteur rapporte seulement le résultat de quelques investigations particulières faites en Pologne, pour recueillir les souvenirs du grand astronome, dans les lieux qu'il habita, par Martin Molski, Czacki, et Staroste de Novogorod.

Tous les renseignements sur la vie de Kopernik contenus dans la plupart des ouvrages, tant anciens que modernes, que nous venons de citer, ont été réunis dans une excellente biographie composée par un savant polonais, M. Jean Czynski, et qui parut en 1847 sous ce titre : *Kopernik et ses travaux* (2). Cet ouvrage fut publié avec le secours et sous le patronage de plusieurs réfugiés polonais, qui tenaient à honneur de faire revivre le nom du plus illustre des savants de leur pays. C'est dans ce dernier ouvrage et dans la biographie latine de Gassendi, que nous avons puisé la plupart des matériaux de la notice que l'on va lire.

I

Nicolas Kopernik naquit à Thorn, petite ville de la Pologne prussienne, le 19 février 1473. « Le trait de lumière qui éclaire aujourd'hui le monde, a dit Voltaire, est parti de la petite ville de Thorn. »

Son grand-père, qui habitait la Bohême et qui jouissait d'une certaine aisance, fut tenté par les avantages que paraissait offrir alors le séjour dans les villes de la Pologne. Il quitta son pays, alla s'établir à Cracovie, et se fit inscrire sur les registres de

---

(1) *Discours sur Nicolas Kopernik*, par Jean Sniadecki ; in-8°, Varsovie, 1818.
(2) Un vol. in-8°, Paris, 1847.

la bourgeoisie de cette ville. C'était en 1396, sous le règne de Ladislas. Il acheta une propriété à Cracovie, et se livra au commerce. Ses enfants furent appelés, à Cracovie, à des fonctions honorifiques, que l'on n'accordait qu'à des bourgeois notables. L'un d'eux, né en Pologne, faisait le commerce des céréales et de la boulangerie. Il alla s'établir à Thorn, petite ville très-commerçante, alors incorporée à la Pologne, et située sur les rives de la Vistule. Il s'allia à une ancienne famille polonaise, et épousa la sœur de l'évêque de Warmie, Barbe Wasselrode. On voyait, en 1847, et peut-être voit-on encore à Thorn, dans la rue Sainte-Anne, la maison que le père de Nicolas Kopernik avait reçue en dot.

Un an après son mariage, il fut élu, par ses nouveaux concitoyens, membre du conseil municipal. Le 12 février 1473, sa femme mit au monde Nicolas Kopernik.

Le jeune Nicolas fut envoyé comme externe à l'école Saint-Jean, à Thorn, où il apprit à lire, à écrire, à calculer. Le soir, de retour chez son père, il étudiait les rudiments du latin et du grec. Il se montra de bonne heure studieux et réfléchi.

Il n'avait pas plus de dix ans lorsqu'il eut le malheur de perdre son père. A partir de ce moment, ce fut l'évêque de Warmie, Luc Wasselrode, son oncle, qui se chargea de diriger ses études et de surveiller son éducation.

A l'âge de dix-huit ans, quand il eut achevé ses études élémentaires, il fut envoyé à l'Université de Cracovie, où il se fit inscrire au nombre des étudiants, sous le nom de *Nicolaus Nicolaï de Thorunia*. Cette Université jouissait alors d'une grande renommée; on y voyait arriver des étudiants de la Bohème, de la Bavière, de la Suède et de l'Allemagne. Kopernik s'y appliqua à la philosophie et à la médecine, jusqu'à ce qu'il eût obtenu le grade de docteur. Et comme, depuis ses premières années, il aimait aussi passionnément les sciences mathématiques, il n'avait pas cessé de s'en occuper avec beaucoup d'ardeur. Il suivit les leçons d'Albert Brudzewski, lequel, dans cette Université, professait les mathématiques avec une remarquable habileté. Non-seulement il était assidu à son cours, mais, en outre, il profitait de la faveur qui lui était accordée, ainsi qu'à quelques autres, de l'entendre en particulier. Brudzewski lui inspira un goût déterminé pour l'astronomie, lui apprit l'usage de l'astrolabe (instrument servant à prendre les hauteurs des astres), et lui indiqua la méthode qu'il devait suivre pour se livrer à une étude approfondie de cette science (1).

Les jeunes Polonais qui suivaient, avec Kopernik, le plus assidûment les cours du savant professeur, et qui, en outre, assistaient à ses explications et à ses entretiens particuliers, étaient Jacques de Kobylin, Waposki, Szadecki, Ilkuski.

Le dessein de Kopernik était de terminer d'abord tous ses cours d'études, à Cracovie, et d'aller ensuite visiter Rome et les Universités de l'Italie. Les voyages étaient encore, en Europe, le couronnement des études dans les classes supérieures, comme ils étaient le complément de l'apprentissage dans les classes d'artisans; et l'Italie passait, à juste titre, pour un des pays les plus propres à éveiller l'imagination ou à perfectionner le goût, par la magnificence et la variété des sites, par la beauté du ciel, par la grandeur des souvenirs historiques et la splendeur des arts. Kopernik pensait que, pour être à même d'apprécier un chef-d'œuvre de peinture, de sculpture ou d'architecture, etc., soit la perfection des détails, soit dans la vue de l'ensemble, il ne faut pas être entièrement étranger à la culture des arts. Il résolut donc, avant d'entreprendre son voyage d'Italie, de se donner quelque talent dans la peinture. C'était un excellent moyen pour recueillir ses impressions, pour conserver le souvenir des plus beaux sites, pour ébaucher quelques plans topographiques, etc. En s'occupant des diverses parties des mathématiques, il s'était appliqué d'une manière toute spéciale à la perspective, et c'était par là que lui était venue l'idée d'apprendre à dessiner et à peindre (2).

Bientôt il fut en état non-seulement de reproduire des

(1) « In academia Cracoviensi, philosophiæ dedit operam, et subindè etiam medicinæ; quousque est adeptus doctoratûs gradum. Interim vero, quia, a primis annis arbore, Mathesoes magnâ tenebatur, non neglexit sanè prælectiones Alberti Brudzewii, in eodem academia mathematicas arteis profitendis, quem etiam fuit solitus et convenire, et audire privatim. Astrolabii usum, et rationem cum ab eo didicisset, ac jam inciperet astronomiam penitius intelligere..... » (Gassendus, Vita Copernici.)

(2) « Cum partesi vero omnes mathesoes curaret, tum perspectivæ speciatim incubuit, ejusque occasione picturam tum addidicit, tum eo usque calluit, ut perhibeatur etiam se ad speculum eximie pinxisse. Consilium autem pingendi ex eo cepit, quod peregrinationem, se potissimum in Italiam cogitam, in animo haberet, non modo adumbrare, sed graphicè etiam, quantum posset, exprimere quidquid occurraret observatu dignum. » (Gassendi N. Copernici Vita.)

paysages, mais aussi de faire des portraits parfaitement ressemblants.

Lorsqu'il eut achevé ses études, il quitta Cracovie et retourna à Thorn. Il y passa quelque temps auprès de sa mère et de son oncle ; puis il partit pour l'Italie. Il avait alors vingt-trois ans.

Il s'arrêta d'abord à Padoue. Là, il suivit des cours de philosophie et de médecine, et il y fut couronné, à la fin de la troisième année, par le professeur Nicolas Teatinus. Jean Czynski, qui rapporte ce fait, ajoute : « Dans les archives de la section médicale de l'Université de Padoue, il est mentionné, sous la date de 1499, que le professeur Teatinus mit sur la tête de l'élève polonais les deux couronnes de philosophie et de médecine (1). »

Il régnait, à cette époque, dans tous les esprits d'élite, une activité inquiète, qui les poussait vers les régions de l'inconnu. Des conceptions grandioses, des aspirations ardentes exaltaient les âmes. L'invention de l'imprimerie, la découverte du nouveau monde et les merveilles qu'on en racontait, la face nouvelle que commençaient à prendre sensiblement les connaissances humaines, tout contribuait à exciter les imaginations et à faire naître ou à développer des talents qui, dans un autre siècle, seraient restés peut-être à jamais engourdis. Les travaux et la gloire des deux astronomes Purbach et Regiomontanus excitaient au plus haut degré l'émulation de Kopernik, qui brûlait de marcher sur leurs traces.

Il y avait alors, à Bologne, un professeur qui enseignait l'astronomie avec beaucoup d'éclat. C'était Dominique Maria, de Ferrare. Kopernik, pendant son séjour à Padoue, avait fait plusieurs fois le voyage de Padoue à Bologne, pour le voir et l'entendre. Doué d'une rare intelligence et passionné pour la vérité, le jeune Polonais fut facilement admis dans l'intimité de Maria, charmé d'avoir un tel auditeur (2). Ils observèrent ensemble, en 1496, une occultation d'*Aldebaran* (étoile fixe dans la constellation appelée l'*Œil du Taureau*).

Apprécié par Dominique Maria à sa juste valeur, Kopernik

---

(1) *Kopernik et ses travaux*, p. 31.
(2) « Nec vero difficile fuit in optimi viri familiaritatem admitti. » (Gassendus, *Copernici Vita*.)

fut jugé digne d'occuper une chaire dans l'Université de Rome, et il obtint, en 1499, à l'âge de vingt-sept ans, la place de professeur de mathématiques.

Doué d'un remarquable talent d'exposition, le jeune professeur attira autour de sa chaire un auditoire nombreux et choisi. La manière brillante dont il fit son cours et le succès qu'il rencontra rappelaient ceux dont avait joui précédemment Régiomontanus. Il faisait ses leçons d'astronomie d'après l'*Almageste* de Ptolémée ; et comme il aimait à exposer avec méthode et clarté les principes établis par le célèbre astronome d'Alexandrie, il y revenait fréquemment et les examinait avec toute l'attention dont il était capable. Il soupçonna bientôt que ces principes étaient trop compliqués et s'éloignaient trop de la simplicité ordinaire des lois de la nature, pour être admis comme vrais. Il n'est rien de tel, pour juger les principes d'une science, que d'être obligé de les exposer clairement dans un cours public.

Bien d'autres avant Kopernik, notamment Roger Bacon, n'avaient pas été satisfaits du système astronomique de Ptolémée. Il s'agissait d'en concevoir un plus simple et plus vrai, et c'était là, depuis la destruction des écoles pythagoriciennes, ce qu'aucun astronome n'avait pu ou n'avait osé entreprendre. Les questions difficiles découragent souvent les esprits médiocres ; elles excitent, au contraire, ceux qu'anime le feu du génie. Kopernik résolut de chercher un système astronomique plus conforme à la nature que celui de Ptolémée. Dans ce dessein, « il se donna la peine, dit-il, de relire tous les ouvrages scientifiques anciens qu'il put se procurer, pour chercher s'ils ne renfermaient pas quelque opinion autre que celle qui était enseignée dans les écoles, concernant les mouvements des sphères du monde (1). »

Il vit d'abord, dans Cicéron, que Nicetas avait émis l'opinion que la terre se meut (2). Il trouva, dans Plutarque, que d'autres avaient eu la même idée. Kopernik cite textuellement ce que Plutarque rapporte du système de Philolaüs, à savoir, « que la terre tourne autour de la région du feu (région

---

(1) Préface de *Revolut. celest.*
(2) *Nicetam sensisse terram moveri.*

éthérée), en parcourant le zodiaque, comme le soleil et la lune. »

Les principaux pythagoriciens enseignaient la même doctrine. La terre, selon eux, n'est pas immobile au centre du monde; elle tourne en cercle; elle est loin d'occuper le premier rang parmi les corps célestes. Timée de Locres, encore plus précis, appelait les cinq planètes alors connues les *organes du temps*, à cause de leurs révolutions, et il ajoutait : *Il faut supposer la terre, non pas immobile à la même place, mais tournant au contraire sur elle-même, en se transportant dans l'espace.*

Archimède nous apprend qu'Aristarque, de Samos, composa un ouvrage ayant pour but de soutenir *que le soleil est immobile, et que la terre se meut autour de lui, en décrivant une courbe circulaire, qui a pour centre le soleil* (1). Il est difficile d'être plus positif et plus net. Aristarque fut accusé d'irréligion pour avoir « troublé le repos de Vesta ». Son livre se perdit; ce qui veut dire que les sectateurs du culte de Vesta parvinrent à supprimer tous les manuscrits qui en existaient.

Il est certain que les anciens, dans des temps antérieurs à l'établissement de l'école d'Alexandrie, ont eu une idée, plus ou moins complète, du vrai système du monde, et que cette idée, si contraire aux apparences, avait eu, chez eux, pour fondement, une suite de preuves déduites du raisonnement et de l'observation. Comment Aristarque, de Samos, eût-il pu composer un livre spécial pour défendre sa doctrine du système du monde, s'il n'eût en aucune preuve à en donner? Cette doctrine était assurément, comme nous l'avons dit dans le premier volume de cet ouvrage, celle qu'avait adoptée Hipparque, qui, de tous les astronomes de l'antiquité grecque, fut incontestablement le plus habile; et c'est pour cette raison sans doute qu'on fit disparaître tous ses ouvrages. Ptolémée devait les connaître, puisqu'il y puisa une foule de résultats obtenus par l'observation et par le calcul, qu'il fit entrer dans son système. Seulement, il rejeta tout ce qui était en opposition avec les anciens dogmes religieux, bien sûr d'avance que les partisans d'Aristarque de Samos et d'Hipparque, s'il en existait encore, n'oseraient prendre la plume pour le contredire. Ptolé-

---

(1) Archimède, in *Prammus*.

KOPERNIK OBSERVANT, A ROME, UNE ÉCLIPSE DE LUNE.

mée s'attacha, dans son *Almageste*, à combattre, et souvent par les plus mauvaises raisons, le double mouvement de la terre.

Kopernik trouva donc, dans quelques écrivains de l'antiquité, non pas la description du vrai système du monde, système abandonné depuis plus de seize siècles, mais l'idée générale qui en avait été comme le fondement. C'était déjà beaucoup, sans doute, que d'être en possession de cette idée et d'avoir en même temps la certitude qu'elle avait été adoptée par de savants philosophes et par de très-habiles mathématiciens dans l'antiquité. Mais il ne suffisait pas d'avoir la base du système; il s'agissait de construire le système lui-même. Sous ce rapport, Kopernik avait tout à faire. Pour ébaucher seulement cette œuvre immense, il fallait des observations nouvelles, de longs calculs, des méditations, et avec tout cela, du génie.

Nous avons laissé Kopernik à Rome, faisant preuve, dans sa chaire de mathématiques, d'un remarquable talent d'exposition. Au mois de novembre de l'année 1500, il observa à Rome une éclipse de lune.

Le siége pontifical était alors occupé par Alexandre VI, le même qui fit brûler Savonarole, le précurseur de Luther. Rome était déchirée par des dissensions intestines et par des guerres extérieures; de sorte que personne n'y était en sûreté, les libres penseurs bien moins que les autres. Kopernik jugea prudent d'aller chercher dans sa patrie l'indépendance et la tranquillité dont il avait besoin pour se livrer à ses études. Il revint donc à Varsovie, en 1502, après avoir donné sa démission de professeur de mathématiques à l'Université de Rome.

Deux carrières, également honorables, s'ouvraient devant lui, en Pologne. Il pouvait exercer la médecine, qu'il avait étudiée avec grand succès, ou bien demander la chaire de son ancien professeur, Albert Brudzewski, demeurée vacante depuis sa mort, qui remontait à sept ans, et se consacrer tout à fait à l'enseignement public. A son arrivée à Cracovie, il fut accueilli cordialement par ses anciens condisciples, et renoua avec eux des liens d'amitié qui durèrent autant que sa vie. Soutenu par eux, et jouissant de l'estime générale, il aurait aisément réussi à obtenir la chaire de son maître. Mais comme il estimait, avant tout, le calme, le recueillement et la solitude, il aima mieux renoncer à la vie du monde et embrasser l'état ecclésiastique.

L'évêque de Cracovie, Jean Konarski, et le suffragant Jacques Zaremba lui conférèrent les ordres sacrés. Ce fut pour s'adonner tout entier aux sciences qu'il embrassa l'état ecclésiastique.

Dès qu'il fut prêtre, trois sortes d'occupations absorbèrent son temps et ses pensées : les devoirs du sacerdoce, l'exercice de la médecine en faveur des pauvres, et la recherche d'un nouveau système astronomique.

C'est ainsi qu'il vivait à Cracovie, ou à Thorn, entouré de quelques anciens amis de sa famille, lorsqu'en 1510, sur la recommandation de son oncle, l'évêque de Warmie, il fut nommé chanoine à Frauenbourg, petite ville située sur les bords de la Vistule, qui, depuis 1454, en vertu du traité de Thorn, était sous la domination des rois de Pologne.

La nomination à un poste de chanoine était ce qu'ambitionnaient alors tous les savants de l'Allemagne, pour avoir à la fois la tranquillité d'esprit qui permet le travail, et la vie facile : *otium cum dignitate*. Mais, par une exception rare et malheureuse, Kopernik ne trouva pas dans le canonicat de Frauenbourg la solitude paisible et la liberté d'esprit qu'il désirait.

Il y avait alors, en Allemagne, un ordre moitié religieux moitié guerrier, fort turbulent, ennemi des Polonais, et, à tort ou à raison, accusé de vivre de rapines et de brigandages : c'était l'ordre *Teutonique*. Les chevaliers teutoniques étaient redoutés des villes les plus voisines de leur domination, qu'ils troublaient et persécutaient sans cesse. Ils ne respectèrent pas davantage la retraite du chanoine astronome. Toutes les fois que Kopernik portait plainte contre eux, ils se bornaient à nier le fait, ou bien ils répondaient par des calomnies. Après l'avoir attaqué dans ses droits de possession, ils poussèrent leur hypocrite audace jusqu'à l'accuser devant la diète de Posen, dans un pamphlet, outrageant pour son caractère, d'avoir été lui-même l'agresseur. Pour obtenir justice contre eux, il eut besoin d'être soutenu par tout le crédit dont jouissait l'évêque de Warmie.

Délivré, pour quelque temps, des vexations de ses turbulents voisins, les chevaliers teutoniques, Kopernik se livra avec ardeur, mais sans rien négliger de ses devoirs de prêtre et de citoyen, à ses savantes études. Par son caractère, par ses vertus, par ses talents, il avait acquis l'estime et la confiance des évêques et du corps des chanoines. Dans toutes les affaires importantes qui se présentaient, on faisait appel à ses lumières, à ses connaissances, à son esprit juste et droit.

La diète de Grudzionz venait d'être convoquée. L'Université de Cracovie le nomma membre de la diète et le chargea de représenter le collége des chanoines. En même temps, les évêques lui confièrent l'administration des biens de leur diocèse.

Kopernik trouvait trop de charmes dans l'étude des constellations célestes, pour aimer beaucoup à se mêler d'affaires administratives. Mais quand il était obligé d'accepter une mission de ce genre, il s'attachait à la remplir de manière à justifier toute la confiance qu'on lui avait accordée. En 1513, après la mort de l'évêque Fabian de Lusianis, ayant été nommé administrateur du diocèse, il s'aperçut que des biens de l'Eglise avaient été usurpés par l'ordre teutonique. Il s'agissait d'en demander et d'en obtenir la restitution. Comme il avait été déjà lui-même inquiété dans sa propre possession, par les chevaliers teutoniques, il savait d'avance quels hommes actifs, puissants et perfides il allait avoir pour adversaires. Homme ferme et résolu en présence des obstacles, quelle qu'en fût la nature, il n'hésita pas à entamer la lutte. Il s'adressa au roi de Pologne, Sigismond Ier. Il mit sous ses yeux les titres de propriété, et obtint l'autorisation de poursuivre en justice l'ordre Teutonique.

Il fallut de la persévérance et du temps pour venir à bout de cette affaire. A la fin, l'ordre, condamné, se vit contraint de restituer les terres de l'Église. Les chevaliers teutoniques, irrités par la perte de leur procès, prodiguèrent à Kopernik les injures et les menaces; ils lui suscitèrent des tracasseries qui fatiguèrent excessivement son esprit, mais sans l'ébranler.

Une question importante était à l'ordre du jour, dans la diète de Grudnionz. L'altération des monnaies, qui fut le grand moyen financier des États, pendant le moyen âge et la Renaissance, avait été poussée trop loin en Pologne. Les choses en étaient à ce point, que les commerçants étrangers ne voulaient plus échanger leurs produits que contre des lingots d'or ou d'argent pur. A cette époque, plusieurs villes de la Pologne avaient le privilége de frapper monnaie, et de là était résultée une sorte d'anarchie monétaire, dont l'ordre Teutonique, placé sur les frontières de la Pologne, avait profité, pour mettre en circulation une monnaie dans laquelle il entrait beaucoup de cuivre et peu d'argent; ce qui avait déconsidéré toute la Pologne, au point de vue commercial. On entendait de tous les côtés, des plaintes contre les embarras et les abus qui résultaient de la circulation de ces pièces sans valeur. Cette situation étant devenue intolérable, il fallait en déterminer les véritables causes et indiquer les moyens d'en prévenir le retour.

Telle fut la question que Kopernik eut à traiter devant la diète. Prenant la parole, il remonte à l'origine du mal, qu'il suit dans ses développements, et après avoir montré le danger qui menace en général la Pologne, et en particulier la Prusse, il propose, pour ramener la confiance, rétablir le crédit et sauver d'une ruine imminente le commerce et l'industrie nationale, d'abolir le privilége de frapper monnaie accordé à Thorn, à Elbing, à Leipzig, et de fixer une seule ville où la monnaie serait fabriquée, d'après une même base et sous la sauvegarde du roi de Pologne. On retirerait de la circulation l'ancienne monnaie, et on la remplacerait par une monnaie nouvelle. Il serait prescrit à la Lithuanie, à la Pologne, à la Prusse et à tous les États soumis au roi, de ne faire usage, dans leurs transactions industrielles et commerciales, que de la monnaie nationale, qui offrirait toutes les garanties propres à faire renaître la confiance et à satisfaire, en même temps, aux besoins des particuliers et de l'Etat.

La réforme que proposait Kopernik était claire, simple et d'une évidente utilité; elle ne laissait entrevoir, dans son application, d'autres difficultés que celles que ne manquent jamais de soulever quelques intérêts privilégiés. Ce furent des difficultés de ce genre qui empêchèrent son adoption. D'une part, tous ceux qui spéculaient sur la dépréciation des monnaies le combattirent, par des raisons spécieuses; d'autre part, les villes en possession de frapper monnaie défendirent avec obstination leurs priviléges. Ce projet ne fut donc pas exécuté. La diète décida que le manuscrit de Kopernik serait déposé honorablement aux archives de Grandzionz. Ce manuscrit original, que Leibnitz chercha inutilement, fut déposé dans les archives de Kœnigsberg, par les soins du roi de Prusse, qui le réclama en 1801. Il en existe une copie officielle dans la bibliothèque du lycée de Varsovie. Jean Czynski donne un résumé de cette dissertation, écrite en latin (1).

Malgré ses occupations de diverse nature et les tracas que lui suscitaient, de temps en temps, ses implacables ennemis, les chevaliers teutoniques, Kopernik, passionné pour l'étude, et ne perdant jamais un instant, se livrait, dans une tour qui lui servait d'observatoire, à toutes les recherches relatives à son système astronomique. Le manuscrit de l'ouvrage célèbre dans lequel il expose son système astronomique fut terminé en 1530, mais il ne le livra pas encore à l'impression. S'il est vrai que ce fut à l'époque où il professait les mathématiques à Rome qu'il commença à regarder le système de Ptolémée comme incompatible avec les véritables lois de la nature, et qu'il résolut dès lors, de se livrer à des recherches, pour en établir un autre, moins compliqué et plus satisfaisant, il dut consacrer près de trente ans à ce travail.

Cependant l'hostilité des chevaliers teutoniques contre le chanoine astronome était toujours ardente. Savérien nous dit qu'ils l'avaient accusé déjà de se livrer beaucoup trop à l'étude, et d'être peu assidu aux offices divins (2). Mais comme il n'avait encore rien publié sur l'astronomie, ils ne pouvaient intenter contre lui aucune accusation directe, au sujet des opinions que les savants lui attribuaient, d'une manière plus ou moins vague, sur le mouvement de la terre. Pour l'atteindre dans l'estime et dans la considération dont il jouissait, ils répandirent des bruits propres à le rendre, aux yeux de la multitude, un objet de risée ou de mépris. Des histrions et des comédiens ambulants furent payés par les moines teutoniques, pour aller, de ville en ville, tourner en ridicule et parodier Kopernik sur leurs tréteaux. Plus le personnage qui remplissait le rôle de l'astronome visionnaire était grotesque et extravagant, plus la foule manifestait, par ses éclats de rire et par

(1) *Kopernik et ses travaux*, par Jean Czynski, p. 47-54.
(2) *Histoire des Philosophes modernes*, t. V, p. 67.

ses applaudissements ironiques, le plaisir qu'elle éprouvait à ces représentations.

Les comédiens obtinrent partout, même dans le voisinage de la demeure de Kopernik, un succès prodigieux. Ses amis, indignés, l'engageaient à mettre obstacle à ces impudentes représentations. « Laissez-les faire, répondait-il. Je n'ai jamais ambitionné les applaudissements de la foule ; j'ai étudié ce qui ne saurait être pour elle un objet d'estime et d'approbation, et je n'ai point appris les choses auxquelles elle est toujours disposée à donner son suffrage (1). » Ces paroles n'étaient pas l'expression d'une orgueilleuse supériorité. Elles n'étaient qu'une protestation légitime contre un entraînement aveugle et une manifestation injurieuse pour lui.

Il continua donc à soigner les malades et à préparer lui-même des médicaments pour les pauvres. Habile médecin, il fit d'excellentes cures, et sa renommée comme praticien s'accrut au point que, des contrées éloignées, il lui venait quelquefois des malades qui, abandonnés par d'autres médecins, voyaient en lui leur dernier espoir. S'il n'était point admiré parmi le peuple, pour sa vaste érudition de mathématicien et d'astronome, il l'était du moins pour les soins touchants qu'il prodiguait aux pauvres et pour son dévouement aux intérêts publics. Il rendit à sa commune des services importants, comme le prouve le fait que nous allons rapporter.

La petite ville de Frauenbourg est située sur une colline privée d'eau. Les habitants étaient obligés d'aller à une demi-lieue de là, puiser l'eau dans la rivière de Banda. Kopernik fit construire un appareil mécanique pour élever l'eau de la rivière jusqu'au haut de la ville. Il fit d'abord construire une écluse, qui servit à conduire les eaux de la rivière au pied de la colline. Là il plaça un mécanisme ingénieux, qui, mû sans doute par la force du courant, fit monter l'eau jusqu'à la tour de l'église. Nous n'avons point la description exacte de ce mécanisme ; mais il est certain qu'à partir de cette époque, les habitants de Frauenbourg ne furent plus obligés d'aller chercher l'eau à la rivière. En reconnaissance de ce service, ils firent placer au bas de la machine une pierre où se trouvait gravé le nom du bienfaiteur.

(1) « Nunquam volui populo placere; nam quæ ego scio non probat populus, et quæ probat populus ego nescio. »

Les talents, les vertus, la charité chrétienne de Kopernik; sa profonde indifférence pour ces comédiens de carrefour qui le représentaient comme un personnage ridicule et bouffon, finirent par produire en sa faveur une réaction énergique. Les honnêtes gens, indignés, firent sentir tout ce qu'un pareil spectacle avait de révoltant, et bientôt les comédiens, hués et sifflés à leur tour, n'osèrent plus se permettre la moindre allusion offensante pour Kopernik (1).

Au concile de Latran, lorsqu'il fut question de la réforme du calendrier, une commission fut nommée, sous la présidence de l'évêque Paul de Middelbourg. Kopernik, à cette époque, n'avait encore rien publié sur l'astronomie; mais ses grandes connaissances n'étaient ignorées de personne. Paul de Middelbourg lui écrivit, l'invitant d'une manière pressante à communiquer à la commission le résultat de ses observations et de ses calculs, et à vouloir bien l'éclairer de ses lumières (2). Mais il désirait méditer encore, avant de livrer ses calculs à la publicité. Cependant, comme il ne pouvait rester indifférent à une invitation qui lui venait de Rome, il expédia à la commission romaine, une copie manuscrite de ses tables, ainsi que ses observations et ses calculs.

Un document, qui prouve mieux encore la haute opinion qu'on avait conçue des travaux de Kopernik, est la lettre, citée par Gassendi, que le cardinal de Capoue, Nicolas Schomberg, lui adressa, le 1ᵉʳ novembre 1536.

« Depuis quelques années, écrit le cardinal Schomberg, on parle tant de ton mérite, que j'ai voulu moi-même, après avoir examiné tes pensées avec attention, me ranger, dans notre pays, du côté des hommes auprès desquels tu jouis d'une si haute renommée. J'ai vu non-seulement que tu as scruté avec une rare habileté les travaux et les découvertes des anciens mathématiciens, mais qu'en outre tu as trouvé une nouvelle interprétation de la mécanique céleste. Tu nous apprends que la terre se meut; que le soleil, immobile, occupe le centre du monde; que la lune, placée entre Mars et Vénus, accomplit dans l'espace, avec les éléments inhérents à sa sphère, une révolution annuelle autour du soleil. Je viens aussi d'apprendre que tu as élaboré des commentaires ayant

---

(1) « Perspecta athletarum illius virtus adeo fuit, ut impossibilis comicus exhibitatus fuerit, et bonorum interim incurrerit indignationem. » (Gassendus, Copernici Vita.)

(2) « Is per litteras Copernicum consuluit, et ut, pro ea qua erat peritia et industria, operam conferret, vehementer sollicitavit. » (Gassendus, Copernici Vita.)

pour objet d'expliquer la raison de cette nouvelle astronomie, et que tu as dressé des tables dans lesquelles les mouvements des étoiles sont calculés avec une précision qui a excité l'admiration de tous ceux qui ont été à même de les examiner. Voilà pourquoi, homme très-savant, je te prie instamment, si je puis te le demander sans être importun, de me communiquer tes découvertes, etc. (1). »

Un des hommes qui avaient le plus contribué à répandre ce sentiment d'admiration, si vivement exprimé dans la belle lettre du cardinal de Capoue, dont nous venons de citer une partie, était George Joachim Rheticus, jeune professeur extrêmement distingué et qui devint le disciple chéri de Kopernik.

Rheticus professait les mathématiques à Wittemberg, lorsqu'il entendit parler de l'astronome de Frauenbourg. Il était mécontent de toutes les hypothèses qui formaient le système astronomique de Ptolémée; celui de Kopernik le charma par son extrême simplicité, et il ne douta pas qu'il ne fût beaucoup plus conforme aux lois de la nature. Il donna sa démission, abandonna sa chaire et partit pour la Prusse polonaise, avec le dessein d'aller trouver Kopernik et de s'attacher à lui, en qualité de disciple et d'ami. C'était en 1539.

Avant de se rendre à Frauenbourg, Rheticus alla voir, à Nuremberg, un homme qu'il vénérait entre tous. C'était Schoner, professeur de mathématiques. Il lui fit part de son désir d'être attaché à Kopernik, comme disciple, afin de se trouver bien à portée d'étudier sa doctrine, et d'y être pleinement initié. Schoner l'encouragea à suivre cette détermination.

Rheticus partit donc pour Frauenbourg. Il obtint de Kopernik la faveur de s'établir près de lui, et de suivre assidûment ses travaux.

Rheticus était, depuis deux mois à peine, auprès de Kopernik que, déjà plein d'admiration pour l'illustre astronome et pour ses grandes pensées, il adressa, sous forme de lettre à Schoner, son maître, un écrit où, en exposant une partie de la nouvelle théorie astronomique il exprime pour son immortel auteur, la plus respectueuse admiration. Cet écrit, publié sous le titre de *Narratio prima*, a été joint comme supplément à l'ouvrage *de Revolutionibus*. Nous en reproduirons quelques passages, d'après Gassendi :

(1) Gassendus, *Copernici Vita*, p. 25.

« Je désire, très-savant docteur Schoner, écrit Rheticus, que tu poses d'abord en principe que l'homme illustre dont maintenant j'étudie les œuvres n'est inférieur à Regiomontanus par son savoir et ses talents, ni en astronomie ni en aucun autre genre de doctrine. Je le comparerais cependant plus volontiers à Ptolémée. Non que le célèbre astronome grec me paraisse supérieur à Regiomontanus, mais il a de commun avec mon maître d'avoir pu, avec l'aide de la Providence, achever le développement de sa théorie; tandis que, par un cruel arrêt du destin, Regiomontanus a vu finir ses jours avant d'avoir pu poser les colonnes sur lesquelles devait s'élever son édifice.

« ..... Quand, chez toi, très-savant docteur Schoner, continue Rheticus, il y a un an, je considérais, sur la théorie des mouvements célestes, les travaux de notre Regiomontanus, et ceux de Purbach, son maître, et les tiens, et ceux des autres mathématiciens illustres, je commençais à comprendre combien les recherches, les investigations, les travaux nécessaires devaient être énormes pour ramener l'astronomie, cette reine des mathématiques, dans sa véritable demeure céleste, et pour rétablir dignement la forme de son Empire. Mais Dieu a voulu me rendre témoin de l'accomplissement de ces immenses travaux, bien supérieurs à l'idée que je m'en faisais d'avance, et dont mon maître soutient le poids, en se jouant, après avoir surmonté les difficultés qu'il présente dans sa plus grande partie. Je sens que, dans mes rêves, je n'avais pas même entrevu l'ombre de cette tâche grandiose (1). »

Rheticus, professeur de mathématiques, avait du talent et de l'érudition. Lorsqu'il écrivait sa *Narratio prima*, il vivait auprès de Kopernik, et il était à même de le voir à chaque instant. Si Kopernik n'eût pas été un de ces hommes rares qu'on trouve toujours plus grands à mesure qu'on les voit de plus près, il n'eût pas tardé à déchoir dans l'esprit de Rheticus, pendant le séjour assez long que celui-ci fit chez l'illustre astronome. On cite des hommes célèbres qui, pendant leur vie, n'ont pu conserver le prestige dont ils étaient entourés qu'en tenant les

---

(1) « Principio autem de statuas velim, doctissime D. Schonere, hanc virum, cujus nunc opera utor, eumi doctrinarum genere, et astronomiæ peritia Regiomontano non esse vojorem. Libentius autem eum cum Ptolemæo æstimem; sed quia hanc felicitatem cum Ptolemæo præceptor meus communem habet, ut institutam astronomiæ emendationem, divina adjurante clementia, absolverit; cum Regiomontanus, heu crudelio fato, ante columnas suas positas evita migravit. »

« ... Cum apud te anno superiori essem, atque in emendatione motuum, Regiomontani nostri, Purbachii præceptoris ejus, tuos, et aliorum doctorum virorum labores viderem, intelligere primum incipiebam, quale opus, quantusque labor esset futurus, hanc reginam mathematum astronomiam, ut digna erat, in regiam suam reducere, formamque imperii ipsius restituere. Verum, cum Deo ita volente, spectator ac testis talium laborum alacri animo, ut sustinet, et magna ex parte superavit jam, præceptori meo viro factus; me, nec umbram quidem tantæ molis laborum somnii eos video. » (Gassendi *Copernici Vita*.)

372   SAVANTS DE LA RENAISSANCE

autres hommes à une certaine distance, et en ne se laissant voir que de loin et par intervalles.

Kopernik ne répondait qu'avec une extrême modestie aux témoignages d'admiration dont il était l'objet. Ce n'était point, disait-il, par une vaine ostentation d'esprit (1) ni par amour pour la nouveauté (2) qu'il avait cherché, en astronomie, une autre manière de rendre raison des phénomènes célestes. Poussé par la marche même des choses (3), c'est-à-dire par le développement des connaissances humaines, il avait été conduit à s'avancer dans une voie autre que celle que suivaient par préférence les anciens, notamment Ptolémée (4). Il professait pour les anciens le plus grand respect, et il ne parlait qu'avec admiration de Ptolémée, dont il renversait complétement la théorie. C'est, disait-il de lui, *le plus éminent des mathématiciens* (5). Quant à Hipparque, il *s'était distingué par une sagacité admirable* (6).

Rheticus envoya, le 9 octobre 1539, au mathématicien Schoner, sa *Narratio prima*, qui contient un résumé du troisième livre de l'ouvrage de Kopernik. Il y ajouta une description de la province de la Prusse polonaise qui avait eu le bonheur de produire l'illustre astronome. Il fit parvenir un exemplaire de ce même écrit, à un savant mathématicien, son ancien ami, nommé Achille Gassarus, qui le publia en 1541, avec une dédicace à George Vogelinus, philosophe et médecin célèbre.

Vogelinus envoya les vers suivants, qui furent placés en tête du travail de Rheticus.

« Antiquis ignota viris, mirandaque nostri,
Temporis ingeniis iste libellus habet.
Nam ratione nova, stellarum quæritur ordo,
Terraque jam currit, credita stare prius.
Artibus inventis celebris sit docta vetustas,
Nemodo laus studiis desit, honorque novis

(1) *Ostentandi in genii causa.*
(2) *Novitatis studio.*
(3) *Sed rebus ipsis sic exigentibus.*
(4) « *Alia incessitur via, quam cæteræ, ac Ptolemæum potissimum.* » (Gassendus, *Copernici Vita*, p. 26.
(5) *Illum eminentissimum mathematicorum appellans.*
(6) *Et Hypparchum circa mira sagacitatis.*

Non hoc judicium metuunt, lumenque periti
Ingenii : solus livor obesse potest,
At valeat livor : paucis etiam ista probentur;
Sufficiet doctis si placuere viris (1).

Jamais disciple ne se dévoua avec autant de zèle à propager la gloire de son maître, que ne le fit Rheticus à l'égard de Kopernik. Il met l'astronome de Frauenbourg au-dessus de tous ses contemporains, et quelquefois, en parlant de lui, il semble ne pas trouver des termes assez forts pour exprimer, comme il le voudrait, les sentiments de respect et d'admiration qu'il éprouve. C'est ainsi que, dans son épître à Hartman (2), après avoir dit que Kopernik est au moins égal en génie à tous les grands hommes de l'antiquité, dans les arts et dans les sciences, et surtout en astronomie, il ajoute :

« Nous devons féliciter notre siècle d'avoir produit ce rare génie qui vient seconder puissamment les efforts de l'esprit humain et faire jaillir de vives lumières sur nos plus importants objets d'étude. Pour moi, je pense qu'il ne peut arriver dans l'humanité rien de plus heureux que de se trouver en commerce intime avec un tel homme. Si jamais, dans la république des lettres, mes travaux sont jugés de quelque valeur, je veux qu'on l'attribue à mon maître, et ce sera désormais le but utile vers lequel je dirigerai mes études. Ainsi, lorsque je t'adresse cette composition, que je sais être écrite d'une manière très-ingénieuse, je le fais pour la réputation de l'homme illustre qui en est l'auteur, et je voudrais que tu fusses charmé de recevoir un tel présent. »

Rheticus quitta son maître après avoir recueilli de lui les principes de son système astronomique, et s'être familiarisé, sous sa direction, avec les observations célestes.

Kopernik avait composé un *Traité de trigonométrie rectiligne et sphérique*. Il remit à son élève, en se séparant de lui, le manuscrit de ce traité. Rheticus, à son tour, alla le confier à

---

(1) « Cet opuscule renferme des choses qui furent inconnues aux hommes distingués dans l'antiquité, et qui seront admirées par les génies de notre temps. On y montre, par des considérations nouvelles, la raison de cette harmonie qui règne dans les mouvements célestes, et on fait mouvoir la terre qui, auparavant, était regardée comme immobile. Que la docte antiquité soit célèbre, à juste titre, par l'invention des arts, à la bonne heure; mais ni les éloges, ni la gloire ne doivent être refusés aux découvertes récentes ou aux études nouvelles. Les recherches modernes ne redoutent ni un pareil jugement, ni la sévère critique des esprits éclairés. La malignité de l'envie peut seule leur faire obstacle. Mais qu'importe l'envie! Si ce travail a un petit nombre d'approbateurs, pourvu qu'il plaise aux vrais savants, cela suffira. »

(2) *Gassendi op. cit.*, p. 30.

un professeur de Nuremberg, George Herman, ami du père de Kopernik, l'engageant à le publier.

La *Trigonométrie* de Kopernik fut, en effet, publiée par George Herman, à Wittemberg, sous ce titre : *De lateribus et angulis triangulorum tum planorum rectilinearum, tum sphæricorum, libellus eruditissimus et utilissimus, cum ad plerasque Ptolemei demonstrationes intelligendas, tum vero ad alia multa, scriptus clarissimo et doctissimo viro D. Nicolao Copernico Toronensi*. En tête de l'ouvrage est une épître à George Herman.

Gassendi rapporte une partie de cette épître, qui commence ainsi :

« Ceux qui tâchent d'expliquer Ptolémée, ont à considérer beaucoup de triangles, et je désirerais certainement que les anciens traités de Menelaüs et de Théodore existassent encore. Régiomontanus en a composé un aussi. Mais l'illustre Copernic, bien longtemps avant d'avoir pu le connaître, a composé un ouvrage très-savant sur les triangles, dans le temps où, en parcourant les écrits de Ptolémée, il travaillait à sa propre théorie des mouvements célestes. Tu aimais le frère de Copernic que tu as connu à Rome. Je suis sûr que tu aimeras l'auteur lui-même, ce vaste génie qui, dans toutes les sciences, et surtout en astronomie, est égal aux hommes les plus célèbres. »

Cet opuscule prouve que Kopernik a contribué au développement de la trigonométrie, car il renferme la solution de cet important problème : *dans un triangle sphérique quelconque, étant donnés les trois côtés, trouver les angles*; et réciproquement : *les triangles étant donnés, déterminer les trois côtés, dans le cas même où aucun des trois angles n'est droit*.

Delambre a jugé cet opuscule avec trop de sévérité :

« Kopernik, dit Delambre, démontra les divers théorèmes de Ptolémée; mais il prend la moitié des cordes, qu'il ne nomme pourtant pas *sinus*. Sa table ne va que de 10' en 10'. Il ne parle pas de tangentes. Sa trigonométrie rectiligne n'offre rien de nouveau. Pour la trigonométrie sphérique, il commence par démontrer le théorème des quatre sinus, il démontre, par les triangles complémentaires, les quatre théorèmes des triangles rectangles... L'idée de ces *triangles complémentaires* est tirée du cinquième livre de Régiomontanus. »

Jean Sniadeski prouve, dans son *Discours sur Kopernik*, que Delambre a mal jugé ce point de l'histoire des mathématiques (1). Régiomontanus avait assurément fait cette décou-

(1) J. Sniadeski, *Discours sur Copernic*, p. 84.

verte, mais, comme dit Gassendi, elle resta très-longtemps cachée, et Kopernik ne put la connaître dans le temps où il écrivait son opuscule sur la trigonométrie. Regiomontanus qui, en 1473, époque de la naissance de Kopernik, avait déjà rempli l'Allemagne de son nom, fut appelé à Rome, pour travailler à la réforme du calendrier, et il y mourut. Il avait confié à Walterus, riche citoyen de Nuremberg, son collaborateur, son ami, ses importantes découvertes et tous ses manuscrits. Quelques-uns de ses écrits s'égarèrent; d'autres ne furent imprimés que longtemps après. Walterus étant mort sans avoir fait part au public des ouvrages dont il n'était que le dépositaire, ses successeurs, peu soucieux de cette partie de son héritage, en laissèrent perdre une grande partie, et le reste aurait eu probablement le même sort, si un magistrat de Nuremberg ne les eût achetés et confiés aux soins de Schoner père et fils, pour les faire imprimer. C'est dans cette dernière partie des manuscrits de Regiomontanus, que se trouvait le traité de trigonométrie rectiligne et sphérique.

A ces observations de Sniadecki viennent se joindre les résultats de l'examen auquel s'est livré Jean Czynski, le biographe moderne qui s'est attaché à rassembler le plus de matériaux touchant la vie et les travaux de Kopernik.

« Cette trigonométrie, dit-il (1), publiée par Rheticus, offre les premières tables de sinus calculées de minute, sur un rayon de 10,000,000, tandis que celles de Regiomontanus n'étaient calculées que pour un rayon de 60,000. Rheticus, encouragé par son maître et suivant ses conseils, poussa les calculs de ces tables de dix en dix secondes jusqu'à un rayon de 1,000,000,000,000,000. Si cet immense travail, publié par Otto après la mort de Rheticus, sous le titre : *Palatinum de triangulis*, rendit un service immense aux mathématiciens, c'est encore à l'exemple, aux encouragements et aux travaux préliminaires de Kopernik qu'il faut l'attribuer (1). »

Nous arrivons au grand ouvrage *de Revolutionibus orbium cœlestium*, et à sa publication.

Kopernik avait un petit nombre d'amis intimes, hommes d'élite et d'une grande érudition. Il leur communiquait ses vues, ses travaux, et ce fut par leurs conseils qu'il ajouta à certaines parties de son ouvrage les détails qui étaient néces-

(1) Jean Czynski, *Kopernik et ses travaux*, p. 65.

saires pour le compléter. Celui qui, par ses observations judicieuses, son profond savoir et le zèle qu'inspire une amitié sincère, contribua le plus au développement de plusieurs chapitres, en déterminant Kopernik à se livrer sur quelques points à des recherches nouvelles, fut le vénérable évêque de Culm, Tideman Gisius, Polonais d'origine. Ce fut encore lui qui insista le plus pour que l'auteur livrât son ouvrage à la publicité.

« Les hommes distingués et les mathématiciens studieux, dit Rheticus, doivent, ainsi que moi, une grande reconnaissance à l'évêque de Culm, pour avoir fait offrir cette œuvre à la république des lettres (1). »

Quant à Kopernik lui-même, écoutons, à ce sujet, son biographe, Gassendi :

« Kopernik, dit Gassendi, consentait volontiers à faire passer dans le domaine public tout ce que son livre pouvait renfermer de réellement utile ; mais il n'était pas accoutumé à se faire de brillantes illusions sur son mérite personnel, et il prévoyait d'ailleurs que ses opinions, par leur nouveauté, pourraient être choquantes pour un très-grand nombre de personnes. Il trouvait donc préférable de ne communiquer son travail qu'à ses seuls amis, à ceux qui aiment le juste et le vrai, comme cela se pratiquait dans les écoles pythagoriciennes, où l'on se passait de la main à la main les livres de doctrine, sans s'exposer à soulever les clameurs de la multitude (2). »

Dans son épître au pape Paul III, qui sert de préface à son livre *sur les mouvements des corps célestes*, Kopernik nous apprend qu'il hésita longtemps à le laisser publier. Il lui semblait qu'il ferait peut-être mieux de suivre l'exemple de certains pythagoriciens, qui, ne voulant rien laisser par écrit, communiquaient oralement aux adeptes les mystères de la philosophie. Voici les paroles de l'illustre astronome :

« Des hommes éminents, dit-il, et en assez grand nombre, me poussaient, m'exhortaient, dans l'intérêt des études mathématiques, à publier mon ouvrage, et à ne pas hésiter plus longtemps, retenu par la crainte, à le produire au grand jour. Ils pensaient que plus sa doctrine paraissait absurde à un grand nombre de personnes, à cause du mouvement de la terre, et plus la faveur et l'admiration avec lesquelles on accueillerait son ouvrage seraient grandes, lorsque, par les démonstrations les plus

---

(1) « Quare merito boni viri et studiosi mathematum reverendissimo domino Culmensi magnas, juxta me, habebunt gratias, quod hanc operam Reipublicæ præstiterit. »

(2) Gassendus, *Vita Copernici*, p. 31.

claires, on en aurait rendu plus intelligibles tous les endroits obscurs, ou persuadé par ces raisons, et aussi, un peu séduit par l'espoir du succès, il a permis enfin à ses amis de faire cette publication pour laquelle ils l'avaient si longtemps sollicité (1). »

Il se céda enfin aux instances de ses amis. Il mit entre les mains de Gysius l'ouvrage, accompagné de l'épître au pape, l'autorisant à en disposer comme il l'entendrait. Gysius connaissait les talents de Rheticus et les sentiments qui l'attachaient à Kopernik, car il s'était rencontré avec lui à Frauenbourg. Persuadé qu'il ne pouvait confier cette publication à de meilleures mains, il lui expédia le manuscrit.

Rheticus pensa que l'édition ne pouvait nulle part se faire avec plus de soin qu'à Nuremberg, car s'il ne pouvait lui-même être toujours présent et diriger l'impression, il comptait dans cette ville plusieurs amis, hommes fort distingués par leurs talents et leur érudition, tels que Schoner, Osiandre et d'autres, qui se chargeraient avec plaisir de ce soin (2).

Ce fut Osiandre qui prit le plus à cœur cette entreprise et qui fut chargé de la conduire. Il ne se borna pas à diriger l'impression de l'ouvrage; il rédigea une petite préface, une sorte d'avertissement adressé au lecteur, qu'il plaça en tête du livre sans se nommer et sans dire que cette préface ne fût pas écrite par l'auteur du livre. C'était de la part d'Osiandre un malheureux excès de zèle, car l'avertissement était en pleine contradiction avec la manière de penser de Kopernik.

« Ossiandre, dit Gassendi, ne se borna pas à diriger les travaux ; mais il y ajouta, sans se nommer, une courte préface adressée au lecteur, touchant les *hypothèses présentées ou proposées dans l'ouvrage*. Son intention était, en cela (bien que Kopernik eût positivement admis le mouvement de la terre, non comme une simple hypothèse, mais comme une vérité satisfaisante pour son esprit), l'intention d'Osiandre, disons-nous, était d'apaiser ceux qui seraient choqués de cette opinion, et de faire

---

(1) « Idem apud me agerent alii (amici) non pauci viri eminentissimi et doctissimi, adhortantes, ut meam operam, ad communem studiosorum mathematices utilitatem, propter conceptam metum, confesse non recusarem diutius. Fore, ut quanto absurdior plerisque, nunc hæc mea doctrina deterræ motu videretur, tanto plus admirationis, atque gratiæ habitura esset, postquam per editionem Commentariorum meorum caliginem absurditatis sublatam viderent liquidissimis demonstrationibus. His igitur persuasoribus, eaque spe adductus, tandem amicis permisi, ut editionem operis, quam diu a me petiissent, facerent. » (*Epistola ad Paulum tertium.*)
(2) Gassendus, *Copernici vita*, p. 35.

excuser l'auteur comme ayant adopté le mouvement de la terre, *non par à titre de principe, mais seulement à titre de simple hypothèse* (1). »

Cette préface, pleine d'hésitations et d'incertitude, était entièrement contraire à la dignité du caractère de Kopernik et à tous les actes de sa vie. Ce n'est donc pas dans ce morceau qu'il faut chercher les vrais sentiments de l'auteur, mais bien dans son *Épître au pape*, dont le langage est plein de conviction et de dignité. L'admiration et le respect qui s'attachèrent à sa mémoire, devant la postérité eussent été amoindris par ce malencontreux prélude, si Gassendi, à une époque où il existait encore des notes et des lettres écrites par des contemporains de Kopernik, ne se fût donné beaucoup de peine pour rétablir la vérité sur ce point et restituer à Osiandre ce qui n'appartenait pas à Kopernik.

Nous croyons utile de rapporter ici la traduction de l'*avertissement* placé par Osiandre en tête de l'ouvrage *de Revolutionibus* :

« Les érudits seront choqués par la nouveauté de l'hypothèse sur laquelle repose ce livre, où l'on suppose la terre en mouvement autour du soleil, qui reste fixe ; mais, s'ils veulent y regarder de plus près, ils reconnaîtront que l'auteur n'est nullement répréhensible. Le but de l'astronome est d'observer les corps célestes et de découvrir la loi de leurs mouvements, dont il est impossible d'assigner les véritables causes ; il est permis, par conséquent, d'en imaginer arbitrairement, sous la seule condition qu'elles puissent représenter géométriquement l'état du ciel, et ces hypothèses n'ont aucunement besoin d'être vraies, ni même vraisemblables. Il suffit qu'elles conduisent à des positions conformes aux observations. Si l'astronome admet des principes, ce n'est pas pour affirmer la vérité, mais pour donner une base quelconque à ses calculs (2). »

M. Bertrand trouve cet avertissement d'Osiandre contraire au sentiment comme à la pensée de Kopernik ; et en effet, il est en opposition formelle avec la déclaration ferme et précise de l'*Épître au pape Paul III* qui vient après.

(1) « Ac proinde non modo operarum (Osiander) inspector fuit, sed præfationem quoque ad Lectorem (tacito licet nomine) de hypothesibus operis adhibuit. Ejus in eo consilium fuit, ut, tametsi Copernicus motum terræ habuisset, non solum pro hypothesi, sed pro vero etiam placito, ipse tamen ad eum, ob illos, qui leviter offenderetur leniendum, excusatum eum faceret, quasi talem motum, non pro dogmate sed pro hypothesi assumpsisset. »

(2) Bertrand, *Les fondateurs de l'astronomie moderne*. In-8°. Paris, 1864, p. 51.

« Je dédie mon ouvrage à Ta Sainteté, dit Kopernik, pour que tout le monde, les savants et les ignorants, puissent voir que je ne fuis point le jugement et l'examen. Ton autorité et ton amour pour les sciences en général, et pour les mathématiques en particulier, me serviront de bouclier contre les méchants et perfides détracteurs, malgré le proverbe qui dit qu'il n'y a pas de remède pour la morsure d'un calomniateur. »

Il est fâcheux qu'après avoir exprimé une opinion aussi juste, M. Bertrand la fasse suivre d'une réflexion qui, bien qu'exprimée sous la forme d'un doute, et avec une restriction atténuante, est blessante pour la mémoire de Kopernik.

« Mais, ajoute M. Bertrand, la prudence humaine est pleine de contradictions, et l'on ne peut affirmer que Kopernik n'ait pas vu et approuvé l'avertissement d'Osiandre; son approbation, si elle fut obtenue, a été un acte de pure condescendance envers ses disciples. »

Nous sommes convaincu que la préface d'Osiandre ne fut pas soumise à Kopernik, car ce dernier n'en aurait pas permis l'insertion. Il tenait sans doute beaucoup à l'estime de ses disciples, comme à celle de la postérité, et il savait qu'une condescendance de ce genre n'aurait pu qu'y porter atteinte.

Dès que l'impression fut achevée et que l'ouvrage fut prêt à paraître, Rheticus se hâta d'en adresser un exemplaire à l'auteur. Mais déjà la mort avait étendu sur lui son aile funèbre. Kopernik avait joui d'une assez forte santé pendant toute sa vie, lorsqu'il fut atteint d'une hémorrhagie de peu d'importance. A ce premier accident succéda tout à coup une attaque d'apoplexie, qui amena la paralysie du côté droit du corps. A partir de ce moment, sa mémoire et la force de son esprit s'affaiblirent sensiblement, et il ne songea plus qu'à se préparer à la vie meilleure dans laquelle il allait entrer.

Le jour même où il venait d'être frappé de cette attaque funeste, et quelques heures avant qu'il rendît le dernier soupir, arriva l'exemplaire de son livre, qui lui était envoyé par Rheticus. On le lui présenta sur son lit de mort; il put le voir et le toucher; mais, en ce moment solennel, sa pensée était absorbée par d'autres préoccupations. Convenablement préparé à quitter cette terre, il rendit son âme à Dieu, le 24 mai 1543 (1).

(1) Voici le texte de Gassendi relativement à la mort de Kopernic : « Cæterum editio perfecta jam erat, illudque exemplum Rheticus ad ipsum mittebat, cum

Il fut enseveli dans l'église de Warmie, dont il avait été chanoine et où il avait laissé les plus touchants souvenirs. Sur la pierre modeste qui couvrait son tombeau, on grava cette humble prière, pour servir d'épitaphe :

NON PAREM PAULO VENIAM REQUIRO,
GRATIAM PETRI NEQUE POSCO, SED QUAM
IN CRUCIS LIGNO DEDERIS LATRONI
SEDULUS ORO.

« Je ne demande pas la grâce accordée à Paul, ni celle donnée à Pierre ; je sollicite seulement la faveur que vous avez faite au larron attaché sur la croix. »

Trente ans après la mort de Kopernik, Martin Kromer, auteur d'une *Histoire de Pologne*, ayant été appelé à l'épiscopat de Warmie, ne voulut pas prendre possession du chapitre sans rendre un solennel hommage à l'illustre astronome de Frauenbourg. Il fit remplacer la pierre qui couvrait son tombeau, par un marbre, sur lequel on grava cette inscription :

D. O. M.
R. D. NICOLAO COPERNICO
TORUNNENSI, ARTIUM,
AT MEDICINÆ
DOCTORI,
CANONICO WARMIENSI
PRÆSTANTI ASTROLOGO,
ET EJUS DISCIPLINÆ
INSTAURATORI
MARTINUS CROMERUS,
EPISCOPUS WARMIENSIS
HONORIS, ET AD POSTERITATEM
MEMORIÆ CAUSA POSUIT
MDLXXXI (1).

esse, ut optimus Gisius ad ipsum Rheticum rescripsit, qui vir fuerat tota ætate valetudine satis firma, laborare cœpit sanguinis profluxio, et insequuta et ex improviso paralysi ad dextrum latus. Per hoc tempus memoria illi, vigorque mentis debilitatus. Habuit nihilominus, unde hanc vitam et dimittendam, ut cum meliore commutandam se compararet. Contigit autem, ut eodem die, ac horis non multis priusquam animam efflaret, operis exemplum ad se destinatum, sibique oblatum, et viderit quidem, et contigerit; sed erant jam tum aliæ ipsi curæ. Quare ad hoc compositus, animam Deo reddidit, die Maii, 24 anno MDXLIII.. »

(1) Czynski, *Kopernik et ses travaux*, p. 25-26.

KOPERNICK MOURANT REÇOIT LE PREMIER EXEMPLAIRE DE SON LIVRE
SUR LES *Mouvements célestes*

Le portrait qui figure en tête de cette notice est tiré de l'ouvrage de Gassendi, qui l'avait fait graver d'après un tableau qui se trouve dans la cathédrale de Strasbourg (1).

Kopernik était grand, et sa taille bien prise annonçait la vigueur. Il avait les joues colorées et des yeux beaux et vifs, qui reflétaient toutes les impressions de son âme. Ses longs cheveux tombaient en boucles sur ses épaules. L'ensemble de sa physionomie avait ce genre d'harmonie qui est l'effet d'une contemplation habituelle, quand l'expression de la douceur et de la bonté vient s'y joindre. C'est ce qu'a voulu peindre Nicodème Frischlinus dans des vers latins que rapporte Gassendi :

> « Quem cernis, vivo retinet Copernicus ore,
> Cui decus eximium formæ parfecit imago,
> *Os rubrum, pulchri oculi, pulchrique capilli,*
> *Cultaque Appellaes imitantia membra figuras*
> Illum scrutanti similem, similemque decenti
> Aspiceres, qualis fuerat, cum sidera jussit,
> Et cœlum constare loco, terramque rotari
> Finxit, et in medio mundi Titana locavit (2). »

Fortement constitué, Kopernik eût sans doute vécu plus longtemps, s'il eût été plus attentif à ménager ses forces. Il usait trop peu pour lui-même des bons conseils qu'il donnait à d'autres, comme médecin. Jusqu'au moment où il éprouva l'attaque qui le mit au tombeau, il continua toujours à travailler beaucoup. Il travaillait pendant le jour et une grande partie de la nuit. L'évêque de Culm, Gysius, son ami le plus intime, assure qu'il n'était étranger à aucune science, et il ajoute que, dans l'art de guérir, il passait pour un nouvel Esculape. Il préparait certains médicaments avec tant d'habileté, et il les appliquait si heureusement, que les pauvres soulagés par ses soins le vénéraient comme une divine providence.

Kopernik écrivait en latin, et son style, remarquable par une précision et une clarté qui le rendaient essentiellement propre à exprimer les vérités mathématiques, rappelle souvent les an-

---

(1) On a dit, par erreur, que la fameuse horloge de la cathédrale de Strasbourg avait été construite par Kopernik. Jamais Kopernik n'alla à Strasbourg, et le planétaire de cette église ne fut commencé que trente ans après sa mort.

(2) Teint coloré, beaux yeux, belle chevelure, des membres dont les belles proportions rappelent les peintures d'Apelles, esprit qui paraît commander aux autres, fixer le firmament, et faire mouvoir la terre en plaçant le soleil au centre du monde.

ciens auteurs dont la lecture l'avait inspiré. Il ne perd jamais son temps à débiter des phrases inutiles; jamais il ne s'abandonne à de vaines déclamations. Cependant, lorsque, laissant de côté, pour un moment, les longs calculs et les considérations géométriques, il contemple, dans son ensemble, le magnifique spectacle du ciel, son esprit s'anime, sa pensée s'élève, et alors seulement, dans le tableau grandiose qu'il décrit, son style revêt les plus brillantes couleurs poétiques. Il comparait notre univers à un temple magnifique, dont le soleil, destiné à l'éclairer et à l'animer, occupe le centre.

« Qui pourrait assigner, dit-il, dans ce temple, un autre lieu d'où le flambeau du monde pût distribuer plus convenablement ses rayons dans l'espace immense qu'il embrasse? Ce n'est point toutefois sans raison que les uns le nomment *lumière* (cause de la formation des images, source de la vie organique), les autres, *esprit*, *âme*; d'autres, *suprême directeur*. Trimégiste le regarde comme un Dieu visible, et Sophocle comme une puissance électrique qui anime et contemple l'ensemble de la création. C'est sans doute ainsi que l'astre du jour, assis sur son trône royal, au centre de notre univers, gouverne la famille céleste qui tourne dans l'espace autour de lui (1). »

La lettre qu'il reçut du cardinal de Capoue, sept ans avant l'époque où l'ouvrage *de Revolutionibus* fut livré à l'impression, prouve que, depuis bien des années, Kopernik avait, dans la *république des lettres*, comme on disait alors, une certaine célébrité. Cette célébrité lui attirait fréquemment des visiteurs, les uns, gens instruits, qui venaient demander des éclaircissements sur les nouvelles hypothèses astronomiques, les autres, trop peu éclairés pour chercher sérieusement à s'éclairer davantage, et qui, incapables de comprendre les raisons et les preuves mathématiques sur lesquelles Kopernik établissait l'hypothèse du mouvement de la terre, venaient proposer des objections frivoles contre une opinion qu'ils mettaient au nombre des plus bizarres aberrations de l'esprit humain. Kopernik voyait bientôt à quels hommes il avait affaire. S'il distinguait en eux un esprit pénétrant, des lumières acquises, et

(1) « In medio vero omnium residet sol. Quis enim in hoc pulcherrimo templo lampadem hanc in alio vel meliori loco poneret, quam unde totum possit illuminare? Si quidem non inepte quidam lucernam mundi, alii mentem, alii rectorem vocant; Trimegistus visibilem Deum, Sophoclis electra intuentem omnia. Ita profecto tanquam in solio regali sol residens circum agentem gubernat astrorum familiam. »

un jugement sûr, il leur communiquait ses manuscrits, il réfutait leurs objections, il discutait avec eux, et ces discussions devaient être quelquefois pour lui très-fatigantes lorsqu'il se croyait obligé d'entrer dans des détails de géométrie et de calcul. Quant à ceux qui ne voulaient connaître de sa théorie que ce qu'il en fallait tout juste, non pour la comprendre, mais pour la dénigrer, il n'entrait avec eux dans aucune explication scientifique et les laissait partir persuadés qu'ils l'avaient embarrassé.

Il ne prodiguait pas le nom d'ami. Sa parole et ses engagements étaient sacrés. Il aimait Rheticus, comme un père aime son fils; et Rheticus, pénétré de respect et d'admiration, lui voua toute son existence. C'est par les écrits du disciple qu'on a pu obtenir quelques renseignements précieux sur les qualités du maître. Il était en correspondance non-seulement avec quelques hommes d'élite, qui étaient ses amis, mais aussi avec plusieurs autres qui, par des talents distingués joints à une grande érudition, jouissaient alors d'une certaine célébrité dans le monde savant.

Dans les premières années de notre siècle, plusieurs savants polonais se sont imposé la tâche de visiter les villes qu'avait habitées Kopernik, afin de recueillir quelques renseignements conservés par la tradition, et, à leur retour dans leur pays, ils ont publié des notices dont on trouve un résumé à la suite du *Discours sur Kopernik*, publié par Sniadeski, à Varsovie en 1802.

Les Polonais Thadée Czacki, Molski, et d'autres écrivains, membres de la *Société littéraire de Varsovie*, communiquèrent à l'auteur de ce dernier ouvrage les résultats de leurs recherches : « Nous avons recueilli, disent-ils, quelques-unes de ses lettres familières, et nous en envoyons une pour servir, au besoin, à vérifier ses manuscrits en cas que le hasard en fasse rencontrer quelques-uns. »

Rien ne caractérise mieux l'énergie du sentiment national des Polonais, que la piété patriotique et les soins attentifs avec lesquels ils se sont appliqués à recueillir jusqu'aux moindres vestiges des souvenirs de Kopernik, dans tous les lieux qu'avait habités ou parcourus ce grand homme!

Nous croyons devoir citer la relation intéressante du pélerinage qui fut entrepris par Martin Molski et Thadée Czacki, à Frauenbourg, pour découvrir les derniers vestiges du séjour du célèbre astronome.

« Kopernik, dit Martin Molski, était à la fois chanoine de Warmie et administrateur des biens du chapitre d'*Allestein*. Il passait alternativement son temps dans ces deux endroits, et il avait dans l'un et dans l'autre un observatoire. Dans la maison qu'il habitait et qu'occupe aujourd'hui (1802) un pasteur luthérien, étaient collés au-dessus d'une cheminée des vers écrits de ses propres mains.

« Il n'y a que quinze ans, un autre souvenir, vestige intéressant de ses travaux, commençait, après avoir existé pendant deux siècles et demi, à disparaître entièrement. C'était une ouverture ovale, pratiquée au-dessus de la porte pour faire aboutir les rayons du soleil à un point déterminé dans la seconde chambre. Un locataire avait fait boucher cette ouverture. (C'était le gnomon astronomique que s'était ménagé chez lui Kopernik pour observer l'heure de midi, la hauteur méridienne du soleil, les solstices, les équinoxes, et pour déterminer l'obliquité de l'écliptique.)

« La tour voisine où montait Kopernik, et où il passait des nuits à observer le ciel est mal entretenue. Le bruit des chaînes avertit désagréablement les visiteurs que la partie inférieure de cette tour a été transformée en une prison. Nous arrivâmes à Frauenbourg. En nous rendant à l'église, où reposaient les cendres de Kopernik, nous avions son nom à la bouche. Les vieillards et les jeunes gens, accoutumés dès l'enfance à prononcer ce nom avec attendrissement, laissant à l'admiration des savants les productions sublimes du génie de Kopernik, rappelaient son souvenir, à la vue de ce qui les intéresse de plus près. Frauenbourg, situé sur une montagne, où se trouve l'église, manquait d'eau, et toute la banlieue n'avait point de moulin. A une demi-lieue de la ville, coule une rivière nommée *Bauda*. Kopernik en élève les eaux moyennant une écluse qui avait quinze aunes et demie de pente; il les conduit au pied de la montagne, où il fait construire un moulin, et à côté un rouage dont le jeu pousse l'eau avec une force qui la fait monter à la hauteur de la tour de l'église. Cette eau, conduite par des tuyaux au haut de la montagne, a fourni aux besoins de ses habitants, et tous les chanoines en furent pourvus chez eux abondamment par le moyen des communications qui l'amenaient jusque dans la cour de leurs maisons. Cette construction intéressante porte l'inscription suivante pour perpétuer la mémoire du bienfait de Kopernik :

HIC PATIUNTUR AQUÆ, SURSUM PROPERARE COACTÆ,
NE CAREAT SITIENS INCOLA MONTIS OPE.
QUOD NATURA NEGAT, TRIBUIT KOPERNICUS ARTE,
UNUM, PRÆ CUNCTIS, FAMA LOQUATUR OPUS.

« La machine se trouve aujourd'hui en partie détruite. Le chapitre, restreint dans ses revenus, par les événements de 1772, se propose de la rétablir avec le moins de frais possible. Il se conserve une tradition parmi les personnes les plus instruites, que sous Louis XIV on en avait demandé un modèle.

« Nous entrâmes dans l'église. Près de l'autel, affecté au canonicat de

Kopernik, était une pierre sépulcrale enveloppée en partie par une balustrade de marbre qui entoure le grand autel. Des sphères, grossièrement gravées, et les lettres NICOL indiquaient le lieu où reposaient les restes précieux du grand homme. L'illustre chapitre, qui attache autant de vénération à la mémoire de Kopernik qu'il montre de zèle pour ce qui intéresse la gloire d'une nation commune, permit d'écarter les obstacles. En lavant la pierre, on pouvait distinguer les lettres NICOL... COP.....US; et dans la seconde ligne : Obiit AN. M..., le reste des lettres étaient effacées. La pierre étant levée, on fouilla à l'ouverture ; car avant le dix-huitième siècle, les chanoines de Varmie n'avaient point de tombeaux particuliers. Nous avons été présents à l'ouvrage... On ne découvrit que quelques ossements déjà à demi pourris. Le chapitre a retenu un sixième de la dépouille mortelle de Kopernik, et nous emportâmes le reste, avec un certificat en forme, muni de la signature des premiers prélats du chapitre ; nous envoyons à l'église de Pulawy un tiers de ces restes précieux, et nous gardons les deux tiers pour la société.

« Nous n'avions rien épargné pour découvrir quelques écritures de Kopernik... on trouve de ses signatures sur les actes du chapitre. Nous y avons vu, non sans intérêt, que le chapitre ne regrettait point les dépenses pour fournir aux frais de son voyage en Italie (où, peut-être, il avait déjà préparé le premier canevas de son nouveau système). Les habitants de Frauenbourg nous assuraient qu'ils s'étaient longtemps conservé quelques instruments travaillés par Kopernik lui-même. On sait que Tycho s'était vanté de posséder des règles parallactiques, faites en bois, de la propre main de cet homme, comme il l'appelle, incomparable. Il les avait reçues en présent de Hannow, chanoine de Warnice. Tous ces souverains ont péri. Les personnes mêmes qui nous disaient avoir encore vu quelques-uns de ces instruments ne s'accordaient point dans leurs récits, ni sur leur nombre, ni sur leur nature et leur forme. Les écrits de Kopernik, que nous cherchions en vain, auront probablement subi le même sort. Un de ses manuscrits en matière monétaire, sur laquelle, comme Newton, il avait été appelé à travailler, doit se trouver dans une ville de la Prusse polonaise. Nous avons recueilli quelques-unes de ses lettres familières, et nous en envoyons une pour servir, au besoin, à vérifier ses manuscrits, en cas que le hasard en fasse rencontrer quelques-uns.

« Nous avons visité l'appartement qu'il occupait ; il n'était composé que d'une pièce à l'étage supérieur ; elle était flanquée d'une galerie qui communiquait avec son observatoire. On voit encore en bas un bout d'escalier qui y conduisait. Cette chambre avait vue, de trois côtés, sur un bras de mer ; le quatrième donnait sur une plaine, masquée aujourd'hui par une tour bâtie depuis (1). »

Nous trouvons le fait suivant dans les *Œuvres complètes d'Arago* (2).

En 1807, Napoléon Ier, passant par Thorn, désira recueillir

---

(1) *Discours sur Nicolas Copernic*, par Jean Śniadecki. Réimprimé à Varsovie, 1818. Pages 129-132.
(2) 3me vol. *Notices biographiques*, Copernic

personnellement tout ce que la tradition avait conservé touchant la vie de Kopernik. On lui apprit que la maison de l'illustre astronome était occupée par un tisserand. Il s'y fit conduire. Cette habitation, de très-mince apparence, se composait d'un rez-de-chaussée et de deux étages. Tout y était conservé dans l'état primitif. Le portrait du grand astronome était suspendu au-dessus du lit, dont les rideaux de serge noire dataient du vivant de Kopernik. Sa table, son armoire, ses deux chaises, tout le mobilier du savant était là.

L'empereur demanda au tisserand s'il voulait lui vendre le portrait du grand homme. Il eût voulu l'acquérir pour le faire transporter au Louvre, dans le *musée Napoléon*. Mais l'artisan considérant ce portrait comme une sainte relique, qui portait bonheur à sa famille, refusa de le vendre. L'empereur, respectant cette touchante superstition, n'insista pas. Après avoir quitté la maison de Kopernik, il alla visiter à l'église Saint-Jean le tombeau de l'auteur de l'ouvrage *sur les révolutions des corps célestes*. L'ayant trouvé endommagé par le temps, il ordonna les réparations nécessaires, et le fit transporter à côté du maître-autel, parce qu'à cette place il pouvait être vu de tous les points de l'église.

II

Après avoir fait connaître la vie de Kopernik, son caractère, ses habitudes, son goût dominant pour l'étude et la contemplation, enfin, ses travaux secondaires, il nous reste à donner une idée sommaire de son grand ouvrage *des Révolutions des corps célestes* qui, en changeant la face de l'astronomie, fit faire à l'esprit humain un progrès immense.

Il parut pour la première fois en 1543, à Nuremberg, sous ce titre : *Nicolai Copernici Torinensis, de Revolutionibus orbium cœlestium, libri VI*.

Sur la page même du titre, l'imprimeur ou l'éditeur avait ajouté cette sorte d'annonce :

« Tu as dans cet ouvrage nouveau, studieux lecteur, les mouvements des étoiles, tant fixes qu'errantes, rétablis d'après les observations tant anciennes que récentes et, en outre, expliqués par de nouvelles hypothèses extrêmement curieuses. Tu y trouveras aussi des tables très-expéditives au moyen desquelles tu pourras calculer très-facilement, pour tel temps que tu voudras, ces mêmes mouvements. Donc, achète, lis, instruis-toi (1). »

L'ouvrage commence par ce malencontreux avertissement, ou préambule d'Osiandre, qui, placé là sans signature, a donné lieu à de lourdes méprises. Osiandre s'était proposé d'obtenir pour l'ouvrage l'indulgence des lecteurs, sans songer qu'en s'y prenant de cette manière, il s'exposait à ternir le beau caractère de Kopernik, ce qui était loin de sa pensée.

Après le préambule d'Osiandre, vient la lettre de Schomberg, cardinal de Capoue, lettre que nous avons précédemment reproduite, et par laquelle le cardinal, en donnant à Kopernik les plus grands éloges, le presse vivement de publier son œuvre, dans l'intérêt de la science. Osiandre, qui comptait beaucoup sur le bon effet que produirait infailliblement l'opinion d'un prince de l'Église, avait dû obtenir du cardinal l'autorisation de publier sa lettre.

Vient ensuite l'épître que Kopernik adresse au pape : « *Ad sanctissimum Dominum Paulum III, pontificem maximum, Nicolai Copernici præfatio.* » Cette épître, qui contient cinq pages, était certainement la seule préface que Kopernik se fût proposé lui-même de placer en tête de son ouvrage. S'il en eût voulu une autre, il l'eût demandée à son cher Rheticus, et l'on ne peut douter que celui-ci ne se fût empressé d'accomplir une volonté qui était sacrée pour lui.

Les premières propositions qui se présentent au début du livre *de Revolutionibus* sont celles-ci :

« La terre est sphérique, parce que, ainsi que le disaient les anciens, la sphère est de toutes les figures la plus parfaite. C'est, d'ailleurs, celle qui, sous la même étendue en superficie, circonscrit, en tout sens, le plus grand espace. Le soleil et la lune sont de forme sphérique. C'est la forme qu'affectent naturellement les corps, comme on le voit par les

(1) « Habes in hoc opere, jam recens nato et edito, studiose lector, motus stellarum, tam fixarum quam erranticarum, tum ex veteribus tum etiam ex recentibus, observationibus restitutos : et novis insuper ac admirabilibus hypothesibus ornatos. Habes etiam tabulas expeditissimas, ex quibus eosdem ad quævis tempus quam facillime calculare poteris. Igitur eme, lege, fruere. »

gouttes d'eau. Ainsi, sans nul doute, tous les corps célestes sont d forme sphérique. »

Kopernik s'appuie, pour établir la parfaite sphéricité de notre globe, sur les raisons qu'avaient données les anciens, et que des observations précises, plusieurs fois renouvelées, étaient pourtant venues déjà contredire. Nous savons, aujourd'hui, que la forme de la terre n'est point celle d'une sphère parfaite, et nous jugeons, par analogie, qu'il en est de même de tous les autres corps célestes, qui sont assujettis à deux mouvements simultanés, l'un de révolution sur leur axe, l'autre de translation dans l'espace. Mais Kopernik ne pouvait, à lui seul, créer la science astronomique, telle que l'ont laissée Keppler, Galilée, Newton, Halley, Laplace et plusieurs autres. Il fallait d'abord que ce grand homme parût, et qu'il renversât bien des obstacles, pour que le génie d'autres astronomes trouvât l'occasion de se développer. Sans Kopernik, la matière des études eût manqué à Keppler et à Newton.

Les raisons par lesquelles Kopernik prouvait la sphéricité de la terre sont à peu près les mêmes que celles qu'avait données Ptolémée. Un objet visible au loin, placé au haut du mât d'un vaisseau, et vu du rivage, paraît descendre à mesure que le vaisseau s'éloigne ; il disparaît le dernier, après toutes les autres parties du vaisseau. — Les eaux tendent à s'écouler vers les lieux les plus bas. — La sphéricité de la terre est encore prouvée par les éclipses de lune.

« Le mouvement des corps célestes, dit Kopernik, est uniforme, circulaire, perpétuel, ou composé de mouvements circulaires. » C'était là l'opinion des astronomes de l'antiquité. Il était réserver à Keppler de découvrir que les courbes que décrivent dans l'espace, tous les corps célestes, pendant leur translation, sont *elliptiques* et non circulaires. Mais Kopernik, nous le répétons, ne pouvait tout découvrir. Sa tâche consistait à établir la mécanique céleste sur ses véritables bases, et c'est ce qu'il a fait.

« On observe, dit-il, divers mouvements, dont le plus remarquable est le mouvement diurne. Il est la mesure de tous les autres. Il nous sert à mesurer le temps. Le soleil, la lune, les planètes ont des mouvements qui s'effectuent en sens opposé. Par le soleil nous avons les années, et par la lune les mois.

« Les mouvements inégaux sont assujettis à certaines périodes, ce qui serait impossible s'ils n'étaient circulaires. Le cercle seul peut ramener ce qui est arrivé déjà. Un corps céleste est simple et ne peut se mouvoir inégalement dans une orbite. »

Il est singulier que Kopernik, qui était un savant géomètre, n'ait pas songé à chercher si les phénomènes qu'il explique par des orbites circulaires ne pouvaient pas s'expliquer, d'une manière au moins tout aussi satisfaisante, par des orbites elliptiques. L'idée ne lui vint pas que l'opinion des anciens, sur ce point, pouvait être erronée, et, sans examen, il l'admit comme incontestable. Delambre dit que le mouvement elliptique n'est pas plus difficile à expliquer que le mouvement circulaire, et *qu'il y a l'infini à parier contre un, que tout mouvement est elliptique plutôt que circulaire.* Cela est vrai ; mais si Delambre était venu avant Keppler, aurait-il eu cette pensée si tranchante ? Les idées qui, une fois produites, paraissent toutes simples et naturelles, ne sont pas toujours celles qui se sont présentées les premières à l'esprit humain. Les anciens n'ont jamais soupçonné que la forme circulaire, selon eux la plus parfaite, ne représentât pas l'orbite des mouvements planétaires ; dans l'état où, de son temps, se trouvait l'astronomie, Kopernik ne pouvait le soupçonner davantage.

Il admit, comme Philolaüs et Héraclite de Pont, que la terre tourne en vingt-quatre heures, d'occident en orient, et qu'entraînés par ce mouvement, dont nous n'avons pas conscience, nous l'attribuons aux astres, qui semblent tourner en sens contraire, c'est-à-dire d'orient en occident. La principale difficulté qui avait empêché Ptolémée d'adopter ce mouvement, c'est, dit Kopernik, que si la terre tournait sur son axe en vingt-quatre heures, tous les points de sa surface seraient animés d'une immense vitesse, d'où résulterait une force de projection capable d'arracher de leurs fondements les édifices les plus solides et d'en lancer les débris dans l'espace.

« Cette force centrifuge, produite par la rotation de la terre, dit M. Bertrand, loin de pouvoir arracher les édifices de leurs fondements, diminue seulement le poids des corps, situés à l'équateur où elle est la plus forte, de trois grammes environ par kilogramme (1). »

(1) *Les fondateurs de l'Astronomie moderne.*

Mais les connaissances en mécanique du temps de Kopernik, non plus que du temps de Ptolémée, n'étaient pas assez avancées pour qu'on pût résoudre par le calcul cette difficulté. Kopernik se détermina par d'autres raisons : « Le mouvement de la terre est, selon lui, un mouvement *naturel;* les effets en sont tout autres que ceux d'un mouvement *violent*, et la terre, qui tourne en vertu de sa propre nature, ne doit pas être assimilée à une roue qu'on force à tourner. » Cet argument n'est pas d'une grande force; mais il suffit, joint à des considérations d'un autre genre, pour maintenir Kopernik dans la bonne voie. Dans l'hypothèse opposée, c'est-à-dire en admettant l'immobilité de la terre, il était bien plus difficile de s'expliquer le mouvement des corps célestes. Comment concevoir ce nombre infini de soleils, faisant ensemble, à des distances incalculables, une révolution complète autour de nous, dans l'espace de vingt-quatre heures, sans cesser, malgré la prodigieuse rapidité de leur mouvement, de conserver leurs positions relatives, et de former les mêmes arrangements, absolument comme s'ils étaient invariablement fixés à une même voûte solide qui tournerait tout d'une pièce? Cette difficulté est pleinement résolue par l'hypothèse de la rotation de la terre, et cette rotation est infiniment plus facile à concevoir que la révolution totale du ciel. Quand on est emporté par une voiture qui marche avec rapidité et d'un mouvement uniforme, la voiture paraît immobile, tandis que les objets fixés sur la route, les arbres, par exemple, semblent courir dans une direction contraire à celle de la voiture.

Kopernik, après une suite de développements, arrive à cette conclusion, que le mouvement de la terre est plus probable que son immobilité. On ne peut représenter, dit-il, les mouvements des corps célestes par des cercles homocentriques (c'est-à-dire qui ont le même centre). Or, s'il existe plusieurs centres, on peut mettre en doute que le centre du monde soit celui de la terre. « La gravité n'est qu'une tendance naturelle donnée par le Créateur à toutes les parties qui les portent à se réunir pour former des globes. » C'est très-probablement cette force qui a donné au soleil, aux planètes et à la lune une forme sphérique, mais qui ne les empêche pas d'effectuer leurs diverses révolutions. Si donc la terre a un mouvement autour d'un centre, ce mouvement sera semblable à celui que nous apercevons dans d'autres corps. Nous décrivons annuellement, avec notre planète, dit Kopernik, un cercle dans l'espace. Le mouvement que l'on attribue au soleil doit être remplacé par celui de la terre; et le soleil étant regardé comme immobile, les levers et les couchers des astres et toutes les circonstances observées auront lieu de même; les stations et les rétrogradations tiendront au mouvement de la terre; le soleil sera placé au centre du monde. C'est ce qu'exige l'ordre selon lequel tout se succède; c'est ce que nous enseigne l'harmonie de l'univers; c'est ce qu'on sera forcé d'admettre, si l'on veut y faire une sérieuse attention.

Delambre, qui n'aime pas à prodiguer les éloges, trouve que le chapitre dans lequel Kopernik traite des *divers mouvements de la terre* est excellent.

« Les anciens philosophes, qui placèrent le soleil au centre du monde, dit Delambre, avaient dû faire, au moins en partie, les mêmes raisonnements que fait Copernic; mais ils ne nous en ont rien transmis, peut-être même n'avaient-ils rien écrit... Il est remarquable que Ptolémée, en voulant démontrer l'immobilité de la terre, ne nous ait donné absolument aucune lumière sur ce point si important (1). »

Ainsi Kopernik est bien le premier qui ait exposé le vrai système du monde.

Suivons Kopernik lorsque, après avoir posé le principe du mouvement de la terre, il passe au mouvement propre des autres planètes.

« Personne ne révoque en doute que le ciel des étoiles ne soit le plus élevé. Les anciens philosophes ont rangé les planètes d'après la durée de leurs révolutions, par la raison que, *le mouvement étant le même pour toutes*, les objets éloignés doivent paraître se mouvoir plus lentement. Ils ont cru que la lune était la plus voisine de toutes les planètes, parce qu'elle fait sa révolution en moins de temps qu'aucune autre; que Saturne devait être plus éloigné que toutes les autres, puisqu'il lui faut plus de temps pour parcourir une orbite plus grande. Ils ont, au-dessous, placé d'abord Jupiter, et puis Mars. Les sentiments ont été partagés sur Vénus et Mercure. Les uns, comme le *Timée* de Platon, les

(1) *Histoire de l'Astronomie moderne* (Copernic).

placent au-dessus du soleil; les autres, comme Ptolémée, croient qu'elles sont au-dessous, etc. Les platoniciens pensaient que les planètes qui ne s'éloignent pas beaucoup du soleil devraient avoir des phases comme la lune, si elles étaient au-dessous du soleil, et même des éclipses. Or, c'est ce qu'on n'a jamais observé; donc, disaient-ils, ces planètes sont au-dessus du soleil. »

Kopernik discute ces différentes hypothèses, et il se range à l'opinion de Martianus Capella et à celle de quelques autres latins, qui disent que Vénus et Mercure tournent autour du soleil.

« Alors, dit-il, les digressions seront nécessairement déterminées par le rayon de leur orbite. Ces planètes ne tournant pas autour de la terre, l'orbe de Mercure sera renfermé dans celui de Vénus; mais qui nous empêche de rapporter au même centre Saturne, Jupiter et Mars? Il nous suffira de donner des rayons convenables à leurs orbes, qui embrasseront celui de la terre. Ces planètes, dans leur opposition respective avec la terre, en seront évidemment plus rapprochées que dans toute autre position, et surtout que dans leurs conjonctions; ce qui montre suffisamment que le soleil est le centre de leurs mouvements de translation, comme il est celui des mouvements analogues de Mercure et de Vénus. Entre ces planètes et Mars, nous placerons l'orbite de la terre, et, autour de la terre, l'orbite de la lune, qui en est inséparable. *Nous ne rougirons pas de déclarer que l'orbite de la lune et le centre de la terre tournent, en un an, autour du soleil, dans cette grande orbite terrestre dont le soleil est le centre. Le soleil sera immobile, et toutes les apparences seront expliquées par le mouvement de la terre.* Le rayon de cette orbite, quelque grand qu'il soit, n'est pourtant rien en comparaison de celui des fixes; ce qu'on nous accordera d'autant plus aisément que cet intervalle est partagé en une infinité d'orbes particuliers, par ceux mêmes qui ont voulu retenir la terre au centre. La nature ne fait rien de superflu, rien d'inutile, et sait tirer de nombreux effets d'une cause unique, etc. (1).

« La première de toutes les sphères, celle qui embrasse toutes les autres, est la sphère des fixes. Immobile, c'est à elle qu'on rapporte les positions de tous les astres et de tous les mouvements. A la vérité, les astronomes lui supposent un mouvement; mais nous montrerons que c'est à la terre même qu'appartient ce mouvement. Au-dessous, est la sphère de Saturne, qui fait sa révolution en trente ans; et puis, celle de Jupiter, qui fait la sienne en douze ans, et successivement, Mars, la Terre, Vénus, Mercure, qui accomplissent respectivement leurs révolutions, la première en deux ans, la seconde en un an, la troisième en neuf mois, la quatrième en quatre-vingt-huit jours. Enfin, au centre réside le soleil. Évidemment, pour tout éclairer, il ne saurait occuper une place plus convenable. Cet ordre présente une symétrie, une relation de mouvements et de grandeurs réellement admirables. »

(1) Traduction de Delambre. (*Histoire de l'Astronomie moderne. Copernic.*)

Kopernik explique pourquoi les arcs de rétrogradation sont plus grands dans Jupiter que dans Saturne, et plus petits que dans Mars; et de même aussi, pourquoi, dans Vénus, ils sont plus grands que dans Mercure. Il explique la proximité des planètes dans les oppositions, et montre que tous ces phénomènes dépendent du mouvement de la terre. Rien de semblable ne se produit dans les astres fixes, à cause de leur distance tellement grande que l'orbite de la terre, ou d'une étoile, ne serait pour ainsi dire qu'un point à peine perceptible. La scintillation des étoiles fixes indique, entre elles et Saturne, un assez grand espace. C'est par la scintillation que les étoiles se distinguent d'abord des planètes, « à cause, dit Kopernik, de la différence sensible qui existe entre les corps immobiles et les corps en mouvement. »

Delambre trouve, qu'à l'exception de la dernière phrase, ce chapitre surpasse tout ce qu'on avait écrit jusque-là, sur le système du monde, et assure à son auteur une gloire immortelle.

Qu'on remonte par la pensée à l'époque où fut composé l'ouvrage sur les *Révolutions célestes*, et l'on s'associera au sentiment d'admiration sans réserve qui a dicté à l'éloquent Bailly cette belle page:

« Si jamais il a été proposé un système hardi, c'est celui de Copernic. Il fallait contredire tous les hommes qui ne jugent que par les sens; il fallait leur persuader que ce qu'ils voient n'existe pas. En vain depuis leur naissance, où le jour a frappé leurs regards, ils ont vu le soleil s'avancer majestueusement de l'orient vers l'occident, et traverser le ciel entier dans sa course lumineuse; en vain les étoiles, libres de briller dans son absence, s'avancent sur ses pas et font le même chemin pendant la nuit, en vain le soleil paraît chaque jour, et dans le cours de l'année, s'éloigner des étoiles qui se dégagent successivement des rayons soleil, étoiles, tout est immobile; il n'est de mouvement que dans la lourde masse que nous habitons. Il faut oublier le mouvement que nous voyons pour croire à celui que nous ne sentons pas. C'est un homme seul qui ose le proposer, et tout cela pour substituer une certaine vraisemblance de l'esprit, sentie par un petit nombre de philosophes, à celle des sens qui entraîne la multitude. Ce n'est pas tout: il fallait détruire un système reçu, approuvé dans les trois parties du monde, et renverser le trône de Ptolémée qui avait reçu les hommages de quatorze siècles... Un esprit séditieux donne le signal, et la révolution s'opère (1)! »

(1) *Histoire de l'Astron. moderne*, liv. IX.

Pour établir son système, Kopernik avait tout à créer. On ne sera donc pas surpris si, dans les détails de l'explication du système du monde, il se trouva conduit à des résultats erronés. Accordant aux orbites planétaires la forme circulaire, au lieu de la forme elliptique qui leur appartient, il devait se trouver en désaccord, sur plusieurs points, avec les résultats de l'observation. Pour échapper à ces vicieuses conséquences, il fut obligé d'en revenir aux anciennes conceptions de Ptolémée, et d'admettre des épicycles pour certaines planètes. Il ne pouvait tout construire en même temps. Pour élever son édifice nouveau, il était obligé d'emprunter les vieux matériaux des monuments de l'antiquité. Nous ne suivrons donc pas Kopernik dans les détails de ses explications de la mécanique céleste, pour nous donner le facile avantage d'en faire ressortir les faiblesses. Nous ne critiquerons pas, avec Delambre, ce *troisième mouvement*, qu'il fut obligé d'accorder à la terre, et ses *épicycles*, regrettable retour aux vieilles conceptions de Ptolémée. Nous avons mis en lumière le principe fondamental de sa méthode, nous ne dirons rien des solutions secondaires qui forment une tache dans la beauté, dans la grandeur, dans la simplicité de sa conception.

Kopernik pensait qu'en astronomie on doit toujours commencer par l'observation des étoiles, et qu'avant d'établir la théorie d'aucune planète, il faut dresser un catalogue de leur position. Il prescrit d'observer la hauteur méridienne du soleil, de comparer cette hauteur à celle de l'équateur terrestre, etc. Il avait dressé des catalogues d'étoiles. Ces tables, dit Delambre, n'ont pas joui d'une grande réputation parmi les astronomes. Mais à cette époque, où tout était à faire, doit-on s'étonner que Kopernik n'ait pas tout fait, et qu'il se soit trompé souvent dans les détails? Delambre est désespérant par l'âpreté qu'il met souvent à relever les erreurs de ceux qui l'ont précédé dans la carrière de l'astronomie. Delambre était un très-savant et très-habile astronome; mais, de son temps, les méthodes de calcul étaient singulièrement perfectionnées; et les moyens d'investigation étaient très-multipliés en physique, en mécanique, en astronomie. S'il eût vécu au seizième siècle, eût-il égalé Kopernik en science et en génie? Il est permis d'en douter.

Kopernik, même en se trompant, entrevit plusieurs vérités nouvelles. Il avait, nous dit Bailly, le talent des rapprochements, qui conduit à celui de l'invention. Il vit que la précession des équinoxes est inégale; que l'obliquité de l'écliptique est variable, et que, l'écliptique étant immuable, ce qui est prouvé par la latitude constante des étoiles fixes, il ne peut y avoir de changement que dans les pôles de la terre, et par un mouvement propre à l'équateur terrestre. Voilà pourquoi il voulait qu'on dît, non pas que l'écliptique est incliné à l'équateur, mais, au contraire, que l'équateur est incliné à l'écliptique. Il rassembla toutes les variations de l'obliquité, de l'excentricité et de l'apogée du soleil, de la précession des équinoxes et de la durée de l'année, et il *attribua tous ces effets à une cause unique et générale.* Que lui manquait-il pour être à même d'indiquer cette cause? Un seul fait, une seule observation constatant que le soleil, de même que les planètes, effectue un mouvement de translation dans l'espace autour d'un centre. Pour expliquer, en les rapportant à la terre, puisque le soleil est supposé immobile, les variations de l'obliquité, de l'excentricité et de l'apogée solaire, de la précession des équinoxes et de la durée de l'année, il a attribué à la terre un troisième mouvement; il a imaginé, dans ses pôles, une oscillation, par laquelle chaque pôle s'élève et s'abaisse alternativement. Il croyait que toutes les planètes se meuvent dans des cercles, et comme il ne put trouver pour expliquer leurs inégalités, des raisons meilleures que celles qu'a données Ptolémée, il partit des mêmes hypothèses.

C'est dans le cinquième livre de son ouvrage *de Revolutionibus,* que Kopernik établit les mouvements des cinq planètes, Mercure, Vénus, Mars, Jupiter et Saturne. Mais ses explications, fondées en partie sur le rouage compliqué des épicycles, des excentriques, des déférents, dont son esprit ne pouvait se débarrasser tout d'un coup, manquent nécessairement d'exactitude et de clarté. Il a amélioré la théorie de la lune; il a indiqué une combinaison plus facile et plus simple, pour calculer sa double inégalité; il a fait une correction importante dans l'évaluation des distances, des parallaxes et des diamètres. Les deux inégalités qu'on remarque, en général, dans les planètes sont produites, selon lui : la première, par le mouvement de la terre; la seconde, par le mouvement qui est propre à chaque planète, etc. Reprocher à Kopernik, comme l'a fait Delambre, les suppositions arbitraires et les explications compliquées auxquelles il est nécessairement conduit par l'hypothèse des mouvements circulaires, c'est, au fond, lui reprocher de n'avoir pas substitué les mouvements elliptiques aux mouvements circulaires, en plaçant le soleil au foyer commun de toutes les orbites elliptiques décrites par les planètes. Il est pourtant bien évident que le même homme ne peut tout faire, et que Keppler ne pouvait se produire qu'après Kopernik.

C'est donc au point de vue des grandes idées générales, et non à celui des détails, qu'il faut se placer pour juger, comme il doit l'être, le génie de Kopernik. Sans lui, Keppler, Galilée, Newton et quelques autres grands hommes n'auraient pu émettre leurs vues scientifiques. C'est lui qui, par ses idées sur l'*attraction*, fit éclore plus tard, dans l'esprit de Newton, la gravitation universelle.

« Je pense, dit-il, que la pesanteur est une tendance que l'auteur de la nature a imprimée à toutes les parties de la matière pour s'unir et se former en masse. Cette propriété n'est point particulière à la terre ; elle appartient également au soleil, à la lune et à toutes les planètes. C'est par elle que les molécules de la matière, qui composent ces corps, se sont réunies et arrondies en globes, et conservent leur forme sphérique. Toutes les substances placées à la surface des corps célestes pèsent également vers les centres de ces corps, sans les empêcher de circuler dans leurs orbites. Pourquoi cette circonstance mettrait-elle obstacle au mouvement de la terre ? Ou si l'on suppose que le centre de gravité doive être nécessairement celui de tous les mouvements, pourquoi encore placerait-on ce centre dans la terre, tandis que le soleil et toutes ses planètes ont aussi leurs centres de gravité, et que le soleil, en raison de sa masse infiniment prépondérante, mériterait plutôt cette préférence ? Ce choix est d'autant plus raisonnable qu'on en déduit, d'une manière simple et aisée, toutes les apparences, tous les phénomènes dans les mouvements des étoiles et des planètes (1). »

De là à la gravitation universelle, telle que la conçut Newton, il n'y avait qu'un pas.

(1) « Equidem existimo gravitatem non aliud esse quam appetentiam quamdam naturalem partibus inditam a divina providentia opificis universorum, ut in unitatem integritatemque suam sese conferant in formam globi cometes. Quam affectionem credibile est etiam soli, lunæ, cæterisque errantium fulgoribus esse, ut ejus efficacia, in ea qua se repræsentant, rotunditate permaneant ; quæ nihilominus multis modis suos efficiunt circuitus. Si igitur et terra faciat alios, ut puta secundum centrum, necesse erit eos esse, qui extrinsecus in multis apparent, in quibus invenimus annuum circuitum. Quoniam si permutatus fuerit ex solari in terrestrem, soli immobilitate concessa ; ortus et occasus ac stellarum fixarum, quibus matutinum, vespertinumque fuint, eodem modo apparebunt, etc. » *De Revolutionibus*, lib. I, p. 9.

Bradley n'eût peut-être pas découvert la *rotation* de l'axe terrestre et l'*aberration* de la lumière, s'il ne se fût proposé de vérifier, par des observations, une opinion exprimée par Kopernik, à savoir que la distance de la terre au soleil n'est qu'un point insensible, en comparaison de la distance prodigieuse qui nous sépare des étoiles fixes.

Ainsi le livre de Kopernik a été, dans la science, la source d'une lumière nouvelle. Il a préparé et rendu possibles tous les progrès ultérieurs ; c'est grâce à lui que Keppler et Newton ont pénétré plus avant dans les secrets du sublime organisateur des mondes.

Le tribunal de l'Inquisition romaine ne se trompa pas sur la portée que devait avoir le livre du chanoine de Frauenbourg. Il y vit un flambeau nouveau qui s'élevait du sein des ténèbres de l'ignorance, et, selon sa mission, il se hâta de poser sur cette flamme son éteignoir traditionnel. La congrégation de l'Index condamna solennellement le livre *de Revolutionibus orbium cælestibus*, avec le regret de ne pouvoir poursuivre l'auteur, que la mort avait dérobé à sa vengeance. Le livre de Kopernik fut interdit « *donec corrigatur* », dit la sentence, « jusqu'à ce qu'il soit corrigé ». Mais le livre ne pouvait être corrigé, car lorsqu'un principe juste, grand et nouveau, est apparu dans le monde, il est à jamais acquis à l'humanité. Quand la flamme d'une vérité nouvelle a brillé devant les hommes, elle ne s'éteint plus.

« Ce n'est pas, dit Pascal, le décret de Rome sur le mouvement de la terre qui prouvera qu'elle demeure en repos. Si l'on avait des observations constantes qui prouvassent que c'est elle qui tourne, tous les hommes ensemble ne l'empêcheraient pas de tourner, et ne s'empêcheraient pas de tourner avec elle. »

La crainte d'exciter les censures de l'Église fit repousser, par le gros des savants, le livre de Kopernik, condamné par la congrégation de l'*Index*. La première édition n'avait été tirée qu'à un petit nombre d'exemplaires, et il y en eut sans doute beaucoup de détruits après la sentence de l'Inquisition. On en fit une seconde édition à Bâle, en 1556 ; une troisième à Amsterdam, en 1617.

Le système de Kopernik put se propager sans obstacle dans

les pays qui avaient accepté la réforme de Luther. Mais il n'en fut pas ainsi dans les pays restés catholiques. Vers la fin du dix-septième siècle, en France, Bossuet, admettant que le décret de Rome avait suffi pour réduire en poussière le système de Kopernik, ne daignait même pas y faire allusion, et s'écriait :

« Il n'y a pas de cours si impétueux que la toute-puissance divine n'arrête quand il lui plaît. Considérez le soleil, avec quelle impétuosité il parcourt cette immense carrière qui lui a été ouverte par la Providence! Cependant vous n'ignorez pas que Dieu ne l'ait fixé autrefois au milieu du ciel à la seule parole d'un homme. »

Fénelon osait à peine laisser entrevoir qu'il admettait le nouveau système astronomique. C'est ce qu'on voit par cette phrase, que rapporte M. Bertrand :

« Si cette flamme (le soleil) ne tourne pas et si, au contraire, c'est nous qui tournons, je demande d'où vient qu'elle est si bien placée dans le centre de l'univers, pour être comme le foyer et le cœur de toute la nature. »

En 1746, le père Boscowich, jésuite et savant géomètre, disait :

« Pour moi, plein de respect pour les saintes Écritures et pour le décret de la sainte Inquisition, je regarde la terre comme immobile. Toutefois, *pour la simplicité des explications, je ferai comme si elle tournait, car il est prouvé que dans les deux hypothèses, les apparences sont semblables* (1). »

Aujourd'hui, les défenses de l'Eglise se sont radoucies, sans être, pour cela, entièrement levées. Rome tolère les livres où est enseigné le dogme scientifique du mouvement de la terre; mais le décret de la congrégation de l'Index ayant été confirmé par la condamnation solennelle faite, au siècle suivant, de l'ouvrage de Galilée, les prêtres peuvent agir selon leur conscience, quand cette question est soulevée auprès d'eux.

C'est ce qui s'est manifesté, dans notre siècle, dans la patrie de Kopernik, au milieu d'une fête publique, consacrée à perpétuer la gloire de son nom.

---

(1) *Les Fondateurs de l'Astronomie moderne*, p. 58-59.

Le 5 mai 1829, à Varsovie, la *Société des amis des sciences* élevait à l'illustre astronome une statue exécutée par Thorwalsden. C'était une fête nationale, puisque l'on célébrait une des gloires les plus pures de la Pologne. Les rues que le cortége devait parcourir, pour se rendre dans la partie de la ville où s'élevait le monument, et ce lieu lui-même, étaient occupés par une foule immense. Toutes les fenêtres étaient pavoisées ou garnies de feuillage et de fleurs. Le cortége arrive à l'église, où l'on devait célébrer la messe. La foule remplissait ce temple majestueux, mais l'autel était désert. On attendit longtemps ; mais l'heure indiquée pour le service divin se passa, et aucun prêtre ne parut. Les prêtres catholiques de Varsovie n'avaient pas cru devoir, par leur présence dans l'église, honorer la mémoire du chanoine de Frauenbourg, dont le livre avait été condamné, deux siècles auparavant, par le tribunal de Rome.

TYCHO BRAHÉ

L'art de généraliser, c'est-à-dire de rapporter les idées et les faits, de les comparer entre eux, et d'en déduire une loi d'ensemble, est le seul qui conduise l'esprit humain aux grandes découvertes. Cette rare et puissante faculté est le privilége du génie. Kopernik ne connaissait guère, en astronomie, d'autres résultats obtenus par le calcul et par l'observation, que ceux que pouvait lui fournir Ptolémée; et ce fut en partant de là qu'il parvint à découvrir et à démontrer le véritable système astronomique. Il prit dans l'*Almageste* les observations et les faits dont s'était servi Ptolémée pour établir son hypothèse, et se plaçant à un autre point de vue, il fut conduit, par des rapprochements nouveaux, à des conclusions diamétralement opposées à celles qu'avait adoptées l'astronome d'Alexandrie.

Tycho Brahé n'avait pas le génie de Kopernik. Son esprit, moins vaste et moins fécond, ne le portait qu'à l'étude des détails. Il fut sans rival dans ce genre, et mérita ainsi d'être comparé à Hipparque, l'un des plus grands astronomes qui aient jamais paru. Il fallait des observations exactes et nombreuses, pour établir l'astronomie moderne sur des fondements solides, pour compléter la théorie de Kopernik, et préparer les grandes découvertes de Keppler. Mais les observations exactes sont difficiles, et même le plus souvent impossibles, sans le secours de bons instruments. Après avoir perfectionné les instruments,

TYCHO BRAHE

Tycho s'attacha à perfectionner l'art d'observer, art qui suppose par-dessus tout la précision du coup d'œil, la justesse d'appréciation, et une assiduité infatigable. Tycho Brahé porta, dans l'étude des détails, cette pénétration qui, selon Vauvenargues, est l'œil du génie; avant l'invention de la lunette astronomique, il prépara des matériaux précieux, dont les travaux de Keppler devaient bientôt faire sentir toute l'importance.

« Copernic, dit Bailly, fut le législateur de l'astronomie; il avait réformé le système du monde, il avait traité la science en philosophe. Mais l'art d'observer demandait un réformateur; ce réformateur fut Tycho Brahé, doué de l'esprit des détails, souvent plus utile que celui de l'ensemble. La science alors avait besoin de faits; il perfectionna les moyens de les acquérir; il fut un observateur infatigable; émule du landgrave, destiné à le surpasser par un dévouement plus entier et par les ressources de son génie, il forma une masse considérable d'observations; il atteignit des découvertes brillantes, et mérita d'être regardé comme un des plus grands astronomes qui aient paru sur la terre (1). »

Ce qui contribua beaucoup à l'immense renommée dont Tycho Brahé jouit, de son vivant, ce fut sa haute naissance. Il tenait de sa famille les avantages qui, bien plus que le génie, attirent les regards et l'admiration du vulgaire, c'est-à-dire les dignités et l'opulence. Tycho était un grand seigneur danois, très-fier, et qui tirait bien plus de l'éclat de son origine que de la supériorité de ses talents, la haute opinion qu'il avait de lui-même. Au contraire, le nom de Kopernik, le modeste chanoine de Frauenbourg, n'avait été connu de la foule que comme celui d'un personnage bouffon, qu'on montrait sur les tréteaux.

I

Tycho Brahé naquit le 13 décembre 1546, dans la terre de Knudstorp, en Scanie, province alors soumise au Danemark. Il appartenait à l'une des familles les plus illustres du Danemark. Otto Brahé, son père, était grand bailli de la Scanie occiden-

(1) *Histoire de l'astronomie moderne.*

tale. Il avait épousé Beata Billea, et il en avait eu dix enfants, cinq garçons et cinq filles, que sa fortune lui permit d'élever et de placer convenablement. Tycho fut le second. Les frères de Tycho jouirent d'un grand crédit dans leur patrie : trois firent partie du sénat, le quatrième devint grand bailli. Cette famille s'est éteinte dans le Danemark, mais il en existe encore, dit-on, une branche en Suède.

Deux proches parents de Tycho, l'un George, son oncle paternel, l'autre Steno, son oncle maternel, eurent pour lui une vive affection. George Brahé était sans enfants, et il demanda à son frère, de lui confier son second fils, Tycho. Le père n'y consentit qu'après beaucoup d'instances, mais enfin il permit que le jeune Tycho fût élevé auprès de son oncle George.

Celui-ci lui donna les meilleurs précepteurs, et lui fit commencer, à l'âge de sept ans, l'étude du latin.

Otto Brahé, père de Tycho, qui ne le perdait pas de vue, n'approuvait pas entièrement le genre d'éducation qu'on lui donnait. Il regardait la carrière des armes comme la seule digne d'un gentilhomme, et trouvait que son fils dérogeait en s'adonnant aux lettres et à la jurisprudence. Mais l'oncle, qui avait sondé les dispositions naturelles du jeune Tycho, et qui avait découvert en lui un grand désir de s'instruire, joint à une aptitude remarquable pour les sciences, persista dans sa résolution, et lui fit continuer le latin. Il le destinait à l'étude de la jurisprudence, dans l'espoir que Tycho deviendrait capable, un jour, de s'élever aux premières fonctions de l'État. Ce n'était pas seulement par l'éclat des services militaires, que les personnes nobles du Danemark pouvaient aspirer à ces fonctions brillantes, c'était aussi, par une grande habileté acquise dans la science du droit.

Cependant le père de Tycho ne tarda pas à changer d'avis relativement aux études littéraires. Il adopta complétement l'opinion qu'il avait d'abord repoussée; si bien qu'il fit d'abord étudier les belles-lettres à son troisième fils, Steno, et que la dernière de ses filles, Sophie Brahé, fut une latiniste émérite qui composait, avec une étonnante facilité, d'excellents vers latins.

Tycho étudia pendant cinq années entières, sous des maîtres spéciaux de littérature latine, que son oncle appelait auprès de lui. En faisant sous leur direction, ce qu'on nomme, en termes de collége, *ses humanités*, il s'attacha principalement à la poésie latine, qu'il cultiva toujours avec passion. Copenhague, capitale du Danemark, possédait une Académie célèbre. Tych y fut envoyé en 1559, c'est-à-dire à l'âge de douze ans, pour faire sa rhétorique et sa philosophie.

L'année suivante, le 21 août 1560, il y eut une éclipse de soleil, qui, sans être totale pour le Danemark, comme elle le fut pour le Portugal, ne laissa pourtant pas d'y être considérable, et excita vivement la curiosité des habitants de Copenhague.

Mais de tous les habitants de cette ville qui suivaient les phases de l'éclipse solaire, aucun ne fut plus profondément impressionné que le jeune élève de l'Académie. Les prédictions précises contenues dans les almanachs vulgaires des astrologues l'étonnaient au plus haut point. C'est en vain qu'il cherchait à s'expliquer comment, par la simple inspection des astres, on peut connaître d'avance les changements qui doivent s'effectuer dans le ciel et annoncer, longtemps avant leur apparition, certains phénomènes remarquables, tels que les conjonctions, les oppositions, les éclipses. Il regarda comme une chose presque divine que des hommes fussent parvenus à déterminer, avec tant de précision, les mouvements des corps célestes, au point de pouvoir assigner, pour une période éloignée dans les temps futurs, et leurs situations respectives et le lieu de chacun (1).

Tycho n'avait que treize ans, et, suivant Gassendi, le plus ancien et le plus complet de ses biographes, il était encore à Copenhague, lorsqu'il acheta des *éphémérides*, c'est-à-dire des Tables donnant, jour par jour, la situation des astres, pour y chercher des explications aussi détaillées que possible sur la théorie des planètes. Ce fut par là qu'il débuta dans l'étude de l'astronomie (2).

En 1562, il partit de Copenhague, avec son précepteur, pour se rendre à Leipzig. Conformément au désir formellement ex-

---

(1) « Quasi rem divinam habuit, posse homines adeo exquisitè callere motus siderum, ut illorum loca positusque mutuos prospicere, longe in futurum possint. » (Gassendus, *Tychonis Brahei Vita*, in-4°, Parisiis, MDCLIV, lib. I, p. 5.)

(2) « Atque hoc quidem ipsi initium studii astronomici fuit. » (*Ibid.*)

primé par son oncle, Tycho devait se consacrer tout entier à l'étude de la jurisprudence, et c'était uniquement pour cela qu'il avait été envoyé à Leipzig, dont l'Académie passait pour une de celles où le droit était enseigné de la manière la plus brillante. Son précepteur avait été expressément chargé de veiller à ce qu'il n'en fût pas autrement. Pour satisfaire au désir de son oncle, Tycho, pendant son séjour à Leipzig, s'occupa donc de la science du droit, mais d'un esprit souvent distrait par l'étude des astres. Il était vivement contrarié de ce que son précepteur, « dont le caractère avait été formé sans doute sous l'influence d'une constellation maligne (1) », ne voulut pas lui permettre de dérober à l'étude de la jurisprudence une heure qu'il pût employer à son gré.

Tycho employait la plus grande partie de la pension qui lui était fournie par sa famille en achats de traités élémentaires d'astronomie. S'il ne dépensait pas ainsi tout son argent, c'est que, le recevant par les mains de son précepteur, il était astreint à rendre compte de l'emploi qu'il en faisait. Mais toutes les fois qu'il ne pouvait être vu, il ouvrait ses livres d'astronomie. Il avait acheté un globe céleste, qui n'était pas plus gros que le poing, et la nuit, pendant que son précepteur dormait, il comparait les groupes d'étoiles qu'il apercevait dans le ciel, avec ceux qu'il trouvait représentés sur sa petite sphère. Au bout d'un mois, il connut parfaitement tous les groupes d'étoiles visibles à l'horizon. Il s'attacha ensuite à l'étude des planètes (2). Nous croyons devoir insister sur ces détails pour montrer combien le goût de Tycho Brahé pour l'astronomie s'était éveillé de bonne heure. Il n'avait alors que seize ans à peine.

Comme il désirait pénétrer jusqu'aux fondements mêmes de l'astronomie, dès qu'il eut reconnu que les Éphémérides étaient déduites des tables astronomiques, il se procura les *Tables de Kopernik* et les *Tables Alphonsines*, et, par de longs efforts,

---

(1) « Ægraque ferebat pædagogi genium, qui stellis quasi iratis natus, ferre non poterat, ut ullam succisivam horam ipsi impenderet. »

(2) « Quoties itaque pædagogus advertere non poterat, libros illos pervolutabat; et nactus globulum cœlestem (pugno scilicet non majorem), tum, cum pædagogus dormiret, invigilabat asterismis cœlestibus internoscendis; et ea quidem attentione illos comparabat cum iis qui erant in globo utcumque depicti; ut intra mensem omnnis qui fuerint in illo horizonte conspicui, probe perspectos haberet. Didicit et planetas nosce, etc.... » (Gassendus, *Tychonis Brahei Vita*, lib. I.)

il parvint à s'en rendre l'usage prompt et familier. Il fut ainsi en état de pouvoir déterminer les lieux des planètes relativement aux étoiles fixes; de joindre entre eux, par des lignes imaginaires, divers points déterminés de cette manière sur l'étendue du ciel, et de comparer ces points et ces lignes avec ceux qui se trouvaient indiqués dans la partie correspondante de son petit globe céleste.

Pour observer la distance des astres, il n'avait d'autre instrument qu'un simple compas, dont il dirigeait respectivement les branches vers les deux astres, après avoir placé la charnière près de son œil. Ce fut ainsi qu'il parvint à reconnaître, selon Gassendi, que les lieux obtenus par le calcul des tables ne concordaient point avec ceux qu'on pouvait obtenir par l'observation; qu'il en résultait le plus souvent des erreurs intolérables; et que cependant les calculs effectués d'après les tables de Kopernik s'éloignaient moins de la vérité que ceux effectués d'après les *Tables Alphonsines* (1). Il fit toutes ces remarques de lui-même, ajoute Gassendi, sans que nulle personne instruite eût pu l'aider de ses conseils et de ses lumières, et malgré les obstacles que lui opposait son précepteur, en le privant d'une liberté d'esprit suffisante. Il apprit, seul, non-seulement les principes de l'astronomie, mais encore toutes les parties indispensables des autres sciences qui s'y rapportent directement, telles que la géométrie, l'arithmétique, l'optique, etc., et il les étudia, dit Gassendi, comme avec un second précepteur, lequel n'était autre que lui-même (2).

Ces observations célestes, notre astronome en herbe les faisait pendant le sommeil de son précepteur. Quand le maître était endormi, l'élève se levait, ouvrait la fenêtre et, son compas aux yeux, il suivait, pendant les nuits sereines, le déplacement des planètes, ou cherchait à reconnaître la place des constellations et des étoiles annoncées par les tables de Kopernik (3). Les premières lueurs de l'aurore le surprenaient encore attaché à ce travail, surveillant, d'un œil, le sommeil

---

(1) « Potuerit deprehendere, non congruere hujus modi loca cum calculo ex utriusque tabellis deducto, et errore quidem plerumque intolerabili; tametsi calculus Alphonsinus magis à vero quam Copernicus, aberraret. » (Gassendus, lib. I, page 6.)
(2) « Exéculoïtque ut alio usus præceptor quam seipso non fuerit. »
(3) « Idque dormiente interim, ignorante pædagogo. » (Gass., p. 8.)

de son maître, et de l'autre, la situation relative des étoiles.

Il était depuis trois ans à Leipzig, lorsque la mort de son oncle George le détermina à retourner dans sa patrie. Il partit de Leipzig au mois de mai 1565.

De retour à Copenhague, il commença à s'occuper de l'état de ses affaires domestiques. Mais, le but qu'il se proposait surtout, c'était d'obtenir tout l'argent dont il avait besoin pour entreprendre un voyage qui, depuis quelque temps, était devenu le principal objet de ses préoccupations. En attendant, il continuait le cours de ses observations astronomiques, toujours à l'aide de son compas, son unique instrument.

A cette époque, les lettres et les sciences étaient en grande défaveur en Danemark. Personne ne voyait d'un bon œil le jeune Tycho, membre d'une famille illustre, se livrer ouvertement à des études libérales. Il eut à subir des scènes violentes dans sa famille. On le blâmait, avec emportement, de cette dérogation aux convenances de son rang. Son oncle Steno le soutenait seul contre tout le monde.

Outré de tant d'injustice, le jeune gentilhomme se détermina à partir, non sans laisser entrevoir le ressentiment profond qu'il éprouvait d'être forcé d'adopter un tel parti.

Au mois d'avril 1566, il était à Wittemberg. Son dessein était de visiter cette ville dans tous ses détails et de n'en partir qu'à la fin de l'hiver suivant. Mais une maladie épidémique qui se déclara l'obligea, au commencement de l'automne, à quitter Wittemberg, pour la petite ville de Rostock.

Son application à l'étude de l'astronomie ne l'empêchait pas de fréquenter le monde et de s'adonner aux distractions et aux plaisirs en rapport avec sa fortune et son rang. C'est dans un bal à Rostock que lui arriva une très-fâcheuse aventure, dont les traces et les conséquences devaient le suivre dans toute sa vie. Il se battit en duel, et il eut le nez abattu d'un coup de sabre. Les causes de ce duel ont été diversement rapportées. La version donnée par Gassendi paraît la plus probable. Voici la traduction du passage de la biographie latine de Tycho Brahé, relatif à ce fâcheux événement :

« La chose, dit Gassendi, se passa comme je vais le raconter. C'était, en 1556, le dix décembre. Dans un lieu destiné aux fêtes et aux grandes réunions, on célébrait des fiançailles; des chœurs de danse étaient en

TYCHO-BRAHÉ A LEIPZIG, ÉTUDIE L'ASTRONOMIE PENDANT LE SOMMEIL DE SON PRÉCEPTEUR

mouvement. Tycho, et un autre noble, Manderupius Pasbergius, qui faisaient partie de cette réunion, eurent entre eux une vive querelle, et tous deux sortirent, après s'être mutuellement offensés. Dix-sept jours après, ils se rencontrèrent encore dans une maison où l'on célébrait la fête anniversaire d'un jour de naissance, et, à l'occasion d'un certain jeu auquel ils prenaient part (car, assurément, bien que fort appliqué à l'étude, Tycho ne dédaignait pas les délassements que l'âge et les convenances autorisent), leurs ressentiments réciproques, déjà profonds, s'enflammèrent plus que jamais. Le lendemain, pour en finir, ils eurent recours aux armes. Le duel eut lieu à sept heures du soir, dans la plus profonde obscurité; c'était pendant une des dernières nuits du mois de décembre (et dans une contrée du Nord). Manderupius atteignit d'un coup Tycho à la figure et lui enleva presque toute la partie antérieure du nez. Il paraît, d'après Jean-Baptiste Laurus, qui, dans ses lettres, raconte le même fait, que la cause de la querelle, entre les deux jeunes nobles danois, était une sorte de rivalité, chacun prétendant être supérieur à l'autre par son habileté dans les sciences mathématiques. Laurus ajoute que Tycho remplaça la partie du nez dont il était privé par une partie de même forme, non en cire, mais en or et en argent; ces deux métaux étant unis l'un à l'autre de telle manière que, convenablement posés, ils simulaient un véritable nez. Guillaume Janson m'a raconté que, pendant les deux années entières qu'il a passées auprès de Tycho, celui-ci portait habituellement sur lui une petite boîte à onguent, pleine d'une substance gluante dont il enduisait assez fréquemment son nez. »

Cet accident diminua les attraits que pouvaient avoir pour Tycho les réunions du monde et le détermina à s'appliquer tout entier aux sciences. Si, plus tard, il épousa une simple paysanne, ce fut peut-être parce que, dans les familles nobles, il avait essuyé quelques humiliants refus, à cause de la difformité de son visage.

En 1567, il observa, à Rostock, vers les bords de la mer Baltique, une éclipse de soleil, qui fut de neuf à dix doigts.

Tycho demeurait encore à Rostock, continuant à faire des observations astronomiques. Il allait seulement, en été, passer quelque temps en Danemark; mais en hiver, il revenait à Rostock. Le 14 janvier 1568, il écrivait la lettre suivante à un de ses amis de Copenhague:

« Je me suis procuré, aujourd'hui, dans le collège des juristes, une habitation assez commode pour étudier le ciel, disposée selon mes goûts, et conforme à mes désirs. C'est là que, s'il plaît à Dieu, je passerai l'hiver; telle est ma résolution. Quant à ce que je devrai faire dans la suite, chaque jour l'indiquera. Je laisse à Dieu le soin de prévoir ce qui doit arriver, adoptant en cela le conseil du sage, ainsi qu'il est prescrit par cet ancien vers: *A toi le soin du moment, confie à Dieu celui de l'avenir* (1). »

(1) Gassendi, *Tychonis Brahei Vita*. In-4°. Parisiis, MDCLIV, lib. I.

Dans la même lettre, Tycho fait assez entendre que son départ de Copenhague avait été motivé par des causes dont il avait confié le secret à son ami Alburgensem.

« J'ai pensé, lui dit-il, que tu enseveliras ce secret dans le plus profond silence. Que personne ne pénètre ni ne soupçonne la chose dont je me plains, ni ce qui m'est arrivé dans ma patrie, et m'a poussé à m'en éloigner. Il est pour moi d'un intérêt majeur que personne ne sache que je me plains d'une chose quelconque (1), et, en réalité, je ne puis me plaindre de beaucoup de personnes ; car, dans ma patrie, tous mes parents et tous mes amis m'ont fait un accueil qui était bien au-dessus de mon mérite, et auquel il ne manquait qu'une seule chose, savoir, un peu de ménagement au sujet de mes études, dont ils étaient tous si mécontents. »

Les vrais motifs qui avaient déterminé Tycho à s'éloigner brusquement de sa famille, motifs qu'il avait confiés à son ami, avec prière de les *ensevelir dans un profond silence*, ne sont pas bien connus. On peut cependant présumer, d'après les paroles de Gassendi, qu'il y avait eu quelque scène de violence à Copenhague, dans le sein de sa famille.

En 1569, après avoir partagé la durée de son séjour entre Rostock et Wittemberg, il se décida à parcourir l'Allemagne. Nous ne le suivrons point dans les diverses villes qu'il visita successivement, ni dans les relations qui s'établirent entre lui et plusieurs savants astronomes, qui vivaient alors en Allemagne, et dont le plus célèbre était Guillaume IV, landgrave de Hesse.

La ville d'Augsbourg lui plut entre toutes, et il se décida à y faire un certain séjour. Il se lia surtout avec les deux frères Jean-Baptiste et Paul Hainzelios, personnages de qualité, amateurs d'astronomie.

Depuis longtemps déjà il avait conçu le dessein de construire des instruments propres à explorer le ciel beaucoup mieux qu'on ne l'avait pu faire jusque-là. Trouvant à Augsbourg, des ouvriers assez habiles pour exécuter, avec une rigoureuse exactitude, les instruments d'astronomie d'après les dessins qui leur seraient donnés, il commença à s'occuper de les faire construire. Gassendi décrit longuement ces instruments. Celui qui

---

(1) « Id enim per magni interest, ut nemo audiat me de villa reconqueri. » (Gassendus.)

fut le plus remarqué était un globe céleste, dont le diamètre avait près de six pieds. La somme que lui coûta cette sphère équivaudrait à trente mille francs de notre monnaie.

En 1570, Pierre Ramus, le célèbre philosophe dont nous avons donné la biographie dans ce volume, visitant les principales villes de l'Allemagne, s'arrêta à Augsbourg, et voulut voir les nouveaux instruments d'astronomie inventés par Tycho. Ramus les examina avec admiration. Il lui semblait presque incroyable que le globe céleste, malgré sa masse énorme, eût pu être construit avec tant de justesse et d'élégante régularité. Il engagea Tycho à donner une description et de la structure et de l'usage de son sextant. « Ce qui l'étonnait surtout, dit Gassendi, c'était que Tycho, si jeune encore, eût déjà fait preuve de tant de génie. »

En partant d'Augsbourg, en 1570, Tycho pria Paul Hainzelios de se servir de son quart de cercle pour étudier le ciel, et de lui communiquer, par lettres, le résultat de ses observations. Il lui fit cadeau de son sextant, et ne voulut prendre, pour observer le ciel pendant son voyage, que son compas, instrument facile à transporter. Il laissa sous sa garde le globe céleste, et se remit en route.

Après avoir visité une partie du nord de l'Allemagne, Tycho revint dans sa patrie. Sa famille continuait à voir dans sa prédilection pour les travaux astronomiques une fantaisie passagère, peu digne de son rang illustre. Son oncle Steno prenait seul sa défense. Il reconnaissait que son neveu avait en lui quelque chose qui annonçait un grand avenir, et lui déclara formellement qu'il voulait favoriser ses études.

La maison qu'habitait alors l'oncle Steno était un ancien couvent, situé non loin de Knudstorp, qu'il avait obtenu de la couronne, à titre de fief. Il céda à Tycho toutes les pièces qui lui parurent les plus commodes pour s'y établir et pour se livrer à l'observation du ciel.

Hors du couvent, et à quelques pas seulement du mur d'enceinte, était une petite maison qui fut convertie en laboratoire de chimie, car Tycho était chimiste passionné, et quelque peu alchimiste, comme les hommes de son temps. Là furent disposés des fourneaux et des appareils de chimie. Le bon Steno déclarait que, grâce à cet arrangement, son neveu pourrait embrasser le monde entier dans ses études, en observant, d'une part, tous les corps célestes, le soleil, la lune, etc., et, de l'autre, étudiant dans son laboratoire les corps terrestres, ou pour ainsi dire les *astres terrestres*, l'or, l'argent et les autres métaux, qui portaient alors les noms de *soleil et de lune*, etc. (1). On sait que, dans la langue des alchimistes, on désignait les métaux par les noms donnés au soleil, à la lune, etc., en faisant correspondre les degrés de valeur attribués aux métaux, aux degrés d'importance attribués aux planètes et aux autres astres, dans l'ordre universel. Les planètes et les métaux avaient, disait-on alors, des affinités étroites. De là, l'utilité pour un astronome, de se livrer à des travaux chimiques, pour bien connaître la nature et les propriétés des métaux.

Tycho, qui s'était déjà beaucoup occupé de chimie, se livra, dans son nouveau laboratoire, à des recherches qui le fatiguèrent beaucoup. Il voulait tout explorer, tout expliquer, tout étudier dans la nature. Il n'est, dit-il, aucun métal, aucun minéral, aucune pierre précieuse qu'il n'ait soumis à une analyse chimique (2). C'était en 1571, Tycho n'avait encore que vingt-cinq ans.

Le 11 novembre de l'année suivante, Tycho, sortant le soir de son laboratoire, parcourait la petite distance qui séparait son habitation du corps de bâtiment où il allait dîner, lorsque, tournant les yeux vers le ciel, il aperçut, dans la constellation de *Cassiopée*, une étoile qui ne s'y trouvait pas auparavant. Par sa grandeur et par son éclat, cette étoile attira toute son attention. Comme il n'en avait pas encore vu de semblable dans cette constellation, n'osant s'en rapporter à lui-même, il demanda à ses domestiques et à des voituriers qui marchaient souvent pendant la nuit, s'ils avaient jamais remarqué cette étoile. Tous déclarèrent que, dans cette partie du ciel, ils n'en avaient jamais vu de pareille. Tycho se hâta de remonter à son

---

(1) « Tycho proindè ut in cœnobio observatorium apparavit, sic in hac domo laboratorium; ac mirè placuit avunculo, quod declaravit se hac ratione integram astronomiam prosequi et excolere, quatenus in observatorio astra cœlestia, solem, lunam, cæteraque contemplabatur; in laboratorio verò circa astra terrestria, aurum, argentum, aliaque iisdem nominibus solis, lunæ, et cæterum efferrentur, occupabatur. » (Gassendus, *Tychonis Brahei Vita*, lib. I.)

(2) « Ac nihil non fuisse in metallis, gemmis, mineralibus, vegetabilibus expertum. »

observatoire, pour examiner l'astre nouveau qui venait de se révéler. L'étoile nouvelle de 1572 fut observée par tous les astronomes de l'Europe.

Dans un grand dîner auquel assistaient plusieurs grands personnages, on fit quelques plaisanteries sur la nouvelle étoile, et l'on parut mettre en doute la réalité de cette apparition. Le jeune astronome proposa de la montrer le soir même, si l'état du ciel le permettait. Et, en effet, le ciel se trouvant découvert, on put l'admirer dans tout son éclat.

Les amis de Tycho le pressèrent vivement de publier un mémoire qu'il avait composé sur la nouvelle étoile. Il résistait à leurs instances, estimant que le titre d'auteur serait compromettant pour sa dignité, et qu'il ne convenait pas à un gentilhomme de s'occuper de choses de ce genre ou de les livrer à la publicité (1). Tycho eut toujours l'inexplicable orgueil de mettre le rang que donne la naissance, bien au-dessus des travaux de l'esprit.

Cependant on avait publié sur la nouvelle étoile des notes très-inexactes et très-confuses. Ses amis l'engagèrent donc, plus vivement encore, à publier son livre. Son parent, Pierre Oxonius, chancelier de la couronne de Danemark et le premier personnage de l'État, lui suggéra l'idée de le publier sans y mettre son nom. Tycho se rendit à cet avis, et autorisa son ami Prateus à faire imprimer l'ouvrage. Le mémoire fut donc imprimé. Mais au dernier moment, satisfait sans doute de son œuvre, le fier gentilhomme daigna laisser inscrire son illustre nom sur la première page, au risque de passer, aux yeux de l'Europe, pour un pauvre diable de roturier.

Cet ouvrage répandit avec le plus grand honneur, dans le monde savant, la renommée du jeune astronome, qui n'eut pas lieu de se repentir de sa détermination. M. Bertrand, dans sa notice sur Tycho Brahé (2), dit que ce travail est un mélange confus d'observations exactes et d'appréciations erronées. Mais Tycho Brahé n'avait alors que vingt-six ans, et les rêveries astrologiques qui déparent son œuvre n'étaient que le reflet de l'esprit du temps. Au seizième siècle, l'astrologie et l'astro-

---

(1) « Fascinatus quod dedeceret nobilem virum quidquam harum rerum moliri, aut in publicum edere. » (Gassendus.)
(2) *Les fondateurs de l'Astronomie moderne.*

nomie se donnaient étroitement la main, et Tycho Brahé était, plus que tout autre, enclin aux excursions dans le domaine du merveilleux.

Le 8 décembre 1574, Tycho observa à Copenhague une éclipse de lune.

Sa réputation d'astronome croissait de jour en jour. Aussi les jeunes nobles de la cour, ainsi que les élèves de l'Académie de Copenhague, demandèrent-ils à Tycho de leur faire un cours d'astronomie. C'était mettre son orgueil de gentilhomme dans une situation difficile. Il refusa d'abord de se produire ainsi en public. Mais le roi lui-même ayant manifesté le même désir, Tycho comprit qu'il devait trop à la bienveillante affection du prince pour persister plus longtemps dans son refus.

Il commença son cours pendant l'hiver de 1574. L'exorde de son discours d'ouverture mérite d'être cité :

« Hommes illustres! et vous, jeunes étudiants! dit Tycho Brahé en montant dans sa chaire, j'ai été prié, non-seulement par quelques-uns d'entre vous, mais aussi par notre sérénissime roi lui-même, d'exposer dans des séances publiques quelques parties des sciences mathématiques. Une pareille tâche, qui ne m'est pas familière, ne convient guère mieux à mon rang et à ma naissance qu'à la faiblesse de mon génie et de mes études. Mais il ne m'est pas permis de résister à un désir qui est exprimé par la majesté royale, et je ne veux pas repousser celui que vous avez manifesté vous-mêmes. Dès les premières années de ma vie, j'ai été d'autant plus porté par mon propre penchant vers ces études, etc. (1). »

Ce discours avait surtout pour objet de recommander l'étude des mathématiques, qui embrassent les principes de toutes les sciences. Tycho recommande spécialement celles qui sont comme les ailes de l'astronomie (2), la géométrie et l'arithmétique, la trigonométrie, ainsi que l'optique, la géographie, la mécanique, etc.

Tycho Brahé s'était marié à Copenhague en 1573. Il avait épousé une simple paysanne, nommée Christiana. Cette mésalliance mécontenta singulièrement sa famille, et parut inexpli-

---

(1) « Clarissimi viri, vosque studiosi adolescentes, rogatus sum, non solum à quibusdam vestrum amicis meis, sed ab ipso etiam serenissimo Rege nostro, ut nonnulla in mathematicis disciplinis publice proponerem. Id muneris, etsi à meis conditionibus, et ingenii, ac exercitationis tenuitate admodum sit alienum, tamen regiæ majestatis petitioni resistere non licuit. »

(2) Quibus astronomia quasi alis evehitur. »

cable. On peut pourtant l'expliquer, quand on sait que Christiana était une belle jeune fille du village de Knudstorp, et que le cœur d'un astronome gentilhomme n'est pas fermé plus qu'un autre aux séductions de l'amour. D'ailleurs Tycho Brahé, avec son nez d'argent, ne pouvait guère espérer un bon accueil des jeunes demoiselles de la cour. Quoi qu'il en soit, Tycho, marié en 1573, eut, en 1574, une fille, qui fut nommée Magdelaine.

En 1585, son cours étant terminé, il entreprit un voyage en Allemagne et en Italie, que ses occupations l'avaient obligé de différer. Mais il n'emmena ni sa femme ni sa fille parce qu'il était incertain encore, et sur la route qu'il prendrait, et sur le pays qu'il irait d'abord explorer.

Il se dirigea vers la Hesse, pour faire une visite au landgrave Guillaume. Ce prince avait un goût particulier pour l'astronomie, et comptait parmi les meilleurs observateurs du ciel.

Tycho fut accueilli à Cassel, avec une joie inexprimable. Guillaume avait établi, au sommet d'une tour, son observatoire astronomique. Ils passèrent ensemble la plupart des nuits à faire des observations, qui devenaient, pendant le jour, le sujet de leurs entretiens. Il était question sans cesse de la *nouvelle étoile* que le landgrave avait commencé à observer le 3 décembre.

Tycho était depuis huit à dix jours chez le landgrave, vivant avec lui dans la plus agréable intimité, lorsque Guillaume perdit sa fille. Tycho, voyant le prince accablé de douleur, ne voulut pas prolonger plus longtemps chez lui son séjour, de peur de se rendre importun. Il partit donc, sans avoir même osé prier le landgrave de lui communiquer les observations qu'il avait recueillies sur la nouvelle étoile.

De Cassel il alla à Francfort, où il passa quelque temps. Il partit de là pour aller visiter les principales villes de la Suisse, de la France, de l'Italie, etc. Nous ne le suivrons pas dans ce long voyage. On peut sur ce point consulter les dernières pages du premier livre de Gassendi.

Après avoir atteint le dernier terme de ses voyages, Tycho songea à revenir dans sa patrie. Il voulut que son retour fût tenu secret, afin d'éviter le concours importun de ses amis et des jeunes nobles qui, dans leur empressement à le visiter, lui eussent ôté toute la liberté dont il avait besoin pour reprendre le cours de ses études (1). Il ne se doutait nullement de la surprise que lui réservait le roi.

Le landgrave de Hesse, ayant reçu des envoyés du roi de Danemark, leur avait expressément recommandé d'engager, en son nom, leur souverain à honorer de sa munificence royale et de sa bienveillance particulière, l'homme de génie qui était capable de restaurer l'astronomie. De son côté, le roi de Danemark savait que les princes s'honorent devant la postérité en récompensant noblement ceux de leurs contemporains qui cultivent les sciences, et il avait agi conformément à ces principes.

Tycho était chez lui, à Knudstorp, ne songeant qu'à ses affaires, lorsqu'un des jeunes nobles de la cour arrive, et lui remet une lettre du roi. Le roi le priait de venir le trouver aussitôt qu'il le pourrait.

Dès que Tycho paraît, le roi l'embrasse et lui déclare que son intention est de lui tenir compte de tous ses travaux. Il lui offre et lui concède en toute propriété l'île d'Hueno, située dans le détroit du Sund, entre la Zélande et la Scanie. Le roi accordait à Tycho cette île, comme une retraite convenable pour se livrer à l'étude de l'astronomie, et il se chargeait de toutes les dépenses nécessaires pour élever un édifice, construire les machines et les instruments, entretenir un personnel d'aides et d'employés et exécuter les travaux qu'exigeait un magnifique ensemble d'instruments à placer dans le nouvel observatoire.

L'île d'Hueno a deux lieues environ de circonférence. Elle a, de tous les côtés, une vue très-étendue ; au midi, son horizon paraît se confondre avec les eaux de la Baltique et les terres plates de la Scanie méridionale. Dans l'intérieur de l'île était alors un petit village, peuplé d'une quarantaine de paysans. Comme elle abondait en pâturages et en fruits, elle était peuplée de bétail et de gibier.

Le château, l'observatoire et les différentes constructions qu'on vit s'élever dans l'île, sous la direction de Tycho, furent en harmonie avec la munificence, vraiment royale, de Fré-

---

(1) « Redux tacite... fore se liberem sperabat ab importuno illo concursu tot nobilium, amicorumque, quo fuerum praesentiebat,......etc. » (Gassendus.)

déric II, munificence jusqu'alors sans exemple en Europe, et qui n'a pas été égalée depuis. Jamais position aussi brillante ne fut faite à un savant. Ce potentat du Nord, au seizième siècle, fit pour l'astronomie ce qu'aucun souverain, dans les temps modernes, n'a jamais songé à faire, en aucun pays, pour les progrès de la science.

Gassendi a donné une longue description de l'établissement astronomique de Tycho dans l'île d'Hueno. Le château, immense et très-élevé, était situé à un quart de lieue de la mer. Il renfermait, outre les galeries et les vastes appartements destinés à Tycho et à sa famille, des logements spacieux pour les aides, pour des gens de service, et de plus, une bibliothèque, une imprimerie et un laboratoire de chimie. Outre le grand observatoire, Tycho fit construire dans les jardins, un peu plus au midi, un pavillon portant le nom de *Stelleborg* (château des étoiles) pour observer le ciel pendant le jour.

Tycho Brahé dépensa à Uraniebourg, de son propre bien, cent mille écus danois, en sus des sommes que le roi avait fournies. Aussi rien n'avait-il été oublié dans ce palais de l'astronomie, ni les embellissements de peinture et de sculpture, ni les appartements convenables pour recevoir de nobles visiteurs, ni les somptueux jardins pour servir de promenade. Ce magnifique édifice fut appelé *Uraniebourg*, ou, comme dit Gassendi, *Cité céleste* (*Uraniburgum, hoc est cœli civitas*). Mais le nom danois *Uranienborg* se traduit mieux par *Palais d'Uranie*.

Nous représentons ici le palais d'Uranie, d'après une grande aquarelle du temps. Nous devons la communication de cet intéressant document à M. Le Verrier, directeur de l'Observatoire impérial de Paris, qui l'a reçu lui-même du directeur actuel de l'Observatoire de Copenhague.

L'auteur de l'article *Brahé*, dans la *Biographie universelle* de Michaud, s'exprime ainsi :

« Nous avons foulé ce sol classique pendant une année, nous y avons reconnu l'enceinte d'Uranienborg, qui est encore marquée par des éminences que forment des débris de briques ; les troupeaux bondissent aujourd'hui sur ces restes du palais d'Uranie. Plus loin, dans un champ de blé, on retrouve une cave qui passe pour avoir appartenu au château ; c'est ce débris qui a servi à Picard, envoyé par l'Académie des sciences de Paris, pour fixer la longitude et la latitude d'Uraniebourg. Le jardin, attenant à une métairie construite au bas de l'emplacement du château, conserve encore de faibles traces de son ancienne splendeur. On voit une prairie qui, du temps de Tycho, était le bassin d'un lac; on y reconnaît l'anse où mouillaient les bateaux de plaisance. Ce lac recevait les eaux pluviales, recueillies dans dix ou douze réservoirs épars dans l'île; du lac sortait un ruisseau dont la science hydraulique de Tycho avait fait un courant assez fort pour mouvoir un moulin qui, grâce à sa construction ingénieuse, servait tour à tour à moudre du blé, à faire du papier et à préparer des cuirs (1). »

Uraniebourg, qui ne fut entièrement terminé qu'en 1580, fut bientôt célèbre dans toute l'Europe. Des princes, des souverains voulurent le visiter. En 1590, Jacques VI, roi d'Écosse, y passa huit jours. Tycho avait réuni dans l'observatoire, la plus belle collection d'instruments qui eût encore existé, instruments qu'il avait lui-même, en grande partie, inventés ou perfectionnés.

C'est dans ce palais sans rival que Tycho Brahé vécut depuis 1577 jusqu'en 1597. Dans ce long intervalle, aucune belle nuit ne se passa sans qu'il en employât la plus grande partie à observer les planètes et les étoiles. Il considérait comme les résultats de l'enfance de l'art les observations qu'il avait faites avant son établissement à Uraniebourg. Nous ferons connaître les plus importantes de ces observations, dans l'exposé sommaire que nous donnerons plus loin, des travaux de cet astronome.

Le roi de Danemark, Frédéric II, mourut en 1588, et cet événement fut pour Tycho un malheur irréparable. Il craignait, non sans raison peut-être, de ne pas trouver dans Christian IX, son fils et son successeur, la même protection pour ses études et la même bienveillance que lui avait témoignée, pendant treize ans, son bienfaiteur Frédéric. Il ne pouvait cependant redouter, de la part du nouveau roi, de dispositions fâcheuses, car Christian IX n'avait que onze ans; il était encore mineur, le gouvernement du royaume était confié à quatre des plus anciens membres du conseil d'État. Ceux-ci ne parurent rien vouloir changer, pendant la minorité de Christian, à ce que Frédéric II avait établi.

(1) *Biographie universelle*, MEN.

PALAIS D'URANIBOURG, OBSERVATOIRE ASTRONOMIQUE DE TYCHO BRAHÉ DANS L'ÎLE D'HUENO

Tycho reprit donc le cours de ses travaux. Il composa sur les comètes un ouvrage dont il envoya des exemplaires à ses amis et aux plus habiles mathématiciens connus. Il était toujours en correspondance avec le landgrave de Hesse et avec plusieurs autres astronomes.

Les quatre conseillers d'État, au nombre desquels se trouvait un de ses meilleurs amis, Nicolas Caasius, chancelier du royaume, lui avaient confirmé, par un diplôme revêtu du sceau royal, la jouissance pleine et entière de tous les priviléges qu'il avait obtenus de Frédéric II. Il n'avait donc rien à craindre, pour le moment, relativement à son établissement, mais il n'était pas sans inquiétude pour l'avenir, car il ignorait par qui serait gouverné le royaume, lorsque Christian aurait atteint sa majorité.

En 1591, Christian fut élu roi de Danemark. Il eut le désir de visiter l'île d'Hueno, et il s'y rendit, accompagné de trois des sénateurs régents et d'un cortége de seigneurs de la cour. Il examina très-attentivement le château, ses tours, ses galeries, ses appartements, ainsi que les instruments, et il demanda à Tycho une foule de renseignements et d'explications.

Tycho s'était aperçu que le jeune roi admirait, par-dessus tout, un globe en cuivre doré, qui, au moyen d'un rouage intérieur, présentait une imitation des mouvements simultanés du soleil et de la lune, etc. Il s'empressa de le lui offrir, avec prière de vouloir bien ordonner qu'il fût placé dans son cabinet. Le roi l'accepta et le conserva très-soigneusement. A son tour, il fit présent à Tycho d'un magnifique collier d'or, auquel était suspendu son portrait.

Au mois d'avril 1591, Tycho écrivait au landgrave de Hesse :

« Le jeune roi élu me fait concevoir les plus grandes espérances pour le royaume, tant par son bon naturel que par l'éducation qu'il a reçue. Tout se passe paisiblement à la cour comme sous la régence, car ce sont toujours les mêmes membres du Conseil d'État, au nombre desquels est l'excellent Caasius, qui administrent le royaume. S'il survient une affaire grave et difficile, qui sort de l'ordre ordinaire, elle est renvoyée à l'assemblée générale du peuple, qui se tient tous les ans au solstice d'été. Et il en sera ainsi jusqu'à ce que l'esprit du roi ait été mûri par les années. »

Cependant les nobles de Copenhague qui entouraient le jeune

Christian ne cessaient de desservir dans son esprit l'astronome de l'île d'Hueno. On énumérait, en les exagérant, les libéralités dont il avait été l'objet pendant une longue suite d'années, et l'on demandait, avec malveillance, si les services qu'il avait rendus étaient en rapport avec ces dépenses excessives. On critiquait surtout le faste et l'esprit de grandeur de Tycho.

Beaucoup de gens, à la cour, supportaient avec peine qu'il jouît si longtemps des grands revenus qui lui avaient été octroyés par la munificence royale, et que son nom, devenu célèbre dans toute l'Europe, éclipsât toute autre renommée. Ceux qui cultivaient les lettres, ou qui en avaient la prétention, ne pouvaient supporter qu'en arrivant en Danemark, les étrangers recherchassent autre chose que la faveur de voir Tycho Brahé. Ils n'étaient rien eux-mêmes, en comparaison du célèbre astronome. Il n'y avait pas jusqu'aux médecins qui montrassent une jalousie mal dissimulée, en voyant les malades accourir non-seulement des différentes provinces du Danemark, mais de tous les autres pays, auprès de Tycho, qui les traitait et leur distribuait gratuitement des remèdes.

Tycho avait conservé toute la fierté de sa race, et son caractère paraissait quelquefois impérieux et altier. Sa naissance et son rang lui permettaient de traiter d'égal à égal avec les plus grands personnages de l'État, et il savait, à l'occasion, le rappeler à ceux qui l'oubliaient. Il s'était créé ainsi des ennemis, qui lui faisaient un grief général de quelques offenses particulières. Gassendi prétend que Tycho était quelque peu irascible. Il lançait quelquefois, contre ses inférieurs, des traits piquants, des mots épigrammatiques, et il ne supportait pas assez patiemment ceux qui lui venaient de ses égaux. Quelques passages de ses lettres montrent qu'il était fort attaché aux opinions qu'il avait conçues, et qu'il n'en supportait pas la discussion sans impatience.

C'était surtout avec les seigneurs de la cour, qu'il se montrait d'une humeur difficile et désagréable. Un jour, par exemple, le duc de Brunswick étant allé le visiter dans son île, Tycho lui fit une réception magnifique, et lui offrit un festin somptueux. Vers la fin du repas, comme il était déjà tard, le duc annonça son intention de se retirer. Tycho ayant répliqué à cette déclaration par un mot déplacé, le duc se leva furieux, se dirigea vers la porte, et sortit sans lui avoir dit adieu. Tycho demeura un moment à table, blessé du procédé du duc. Cependant, regrettant ce qui venait de se passer, il courut après son hôte, vers le navire, et après l'avoir appelé, lui montra, en signe de réconciliation, une coupe qu'il tenait à la main. Le duc détourna la tête et continua sa route, Tycho se détourna lui-même aussitôt et revint chez lui, sans reconduire son hôte jusqu'au bâtiment.

C'était ainsi que Tycho Brahé se faisait, parmi les grands, des ennemis implacables. Il s'était attiré la haine du grand maître du palais de Christian IV, Walchandorp, par une querelle née d'un motif bien futile. Un jour, le grand maître, se trouvant en visite dans l'île, avait excité et frappé un de ses chiens de chasse, qui l'avait poursuivi et mordu. De là, entre Tycho et Walchandorp, un échange de paroles offensantes et une violente altercation.

Son orgueil le rendait quelquefois brusque, difficile et trop impérieux à l'égard de ses subordonnés. Keppler, appelé à Prague par Tycho, en qualité d'aide astronome, y était à peine arrivé, qu'il écrivait à ses amis :

« Tout est ici incertain, Tycho est un homme avec lequel on ne peut vivre sans être sans cesse exposé à de cruelles insultes. La solde est brillante, mais les caisses sont vides, et on ne paye pas. Madame Keppler est obligée d'aller demander l'argent à Tycho, florin par florin. »

Keppler avait trop le sentiment de sa valeur personnelle pour supporter patiemment le ton hautain que Tycho prenait quelquefois avec ses employés. Ce n'est pas d'ailleurs à Uraniebourg, mais seulement à Prague, c'est-à-dire dans les derniers temps de la vie de Tycho Brahé, que Keppler travailla sous sa direction.

Le seigneur d'Uraniebourg avait un goût assez prononcé pour la magie et la cabale ; il s'en servait pour s'amuser aux dépens des habitants de son île. Il avait une collection variée d'automates, d'instruments de physique et de machines, dont il se servait pour produire, comme dans la magie, ces apparitions étranges, qui étonnent et, quelquefois même effrayent les ignorants. Il prenait un plaisir infini à se moquer de la crédulité des paysans de son île, lesquels s'imaginaient ainsi voir réellement des démons. Son étude constante du ciel lui avait fait la réputation de connaître l'avenir, et pour fortifier cette opinion, qui l'amusait extrêmement, lorsqu'il lui venait des gens crédules, il les émerveillait par certaines apparitions fantasmagoriques. Il avait disposé, dans une pièce située au-dessus de sa chambre à coucher, des appareils qui correspondaient avec sa chambre, avec la salle à manger, avec le musée de l'Observatoire, et il produisait des effets analogues à ceux qu'on montre aujourd'hui en évoquant *les esprits*. Mais il est bon d'ajouter que s'il se moquait de la superstition et de la crédulité des autres, il avait lui-même, et à juste titre, la réputation d'être passablement crédule et superstitieux.

Les courtisans de Copenhague ne manquèrent pas d'exploiter tous ces griefs contre Tycho. Le chancelier royal et le grand maître du palais, Walchandorp, exagérant auprès du jeune roi l'épuisement du trésor, mirent en avant la nécessité de révoquer les allocations pécuniaires accordées, sous divers prétextes, par le roi Frédéric II, surtout les *choses de rien* (*maximè verò in res nihili*), comme l'établissement astronomique de Tycho (*ut illum Tychonis*). Tycho essuya, surtout de la part du chancelier de Christian IV, des tracasseries, auxquelles il fut extrêmement sensible. En 1596, le chancelier lui avait écrit, en termes formels, que l'on ne pouvait demander au roi de consacrer les fonds disponibles à l'entretien des instruments astronomiques d'Uraniebourg. Quant à l'allocation qu'il avait été question d'accorder à cet établissement, le roi l'avait retirée, pour la consacrer à son propre usage (1).

Tycho comprit qu'il allait bientôt être abandonné à lui-même, et que la protection royale, qui, depuis vingt ans, lui avait permis de se consacrer, avec tant de zèle et d'honneur, aux progrès de l'astronomie, allait lui manquer. Pour ajouter à l'importance et à l'éclat du palais d'Uraniebourg, il avait dépensé une partie de sa fortune personnelle; et il ne pouvait se flatter, avec ce qui lui restait, de subvenir aux dépenses considérables qu'exigeait l'entretien de cet établissement somptueux. Peu attentif à ses affaires, il avait mêlé ses propres richesses aux libéralités royales, et laissé peu à peu son patrimoine s'absorber dans le trésor commun. C'était donc une ruine complète qui le menaçait,

---

(1) « ....Disertisque verbis ad eum scripserit, non esse regi integrum quicquam in astronomicorum instrumentorum curam conferre, ac memoratam præbendam suos in usus converterit. »

Toutefois, il ne laissa paraître que les justes sentiments d'une dignité offensée. Sans essayer une apologie inutile ou des sollicitations indignes de lui, il s'enveloppa dans sa douleur, et résolut, à part lui, de quitter à jamais la *cité d'Uranie* et l'île d'Hueno, bien qu'elle lui eût été concédée, pour sa vie, en toute propriété, sous le règne précédent.

Il se décida néanmoins à y demeurer, avec toute sa famille, jusqu'à l'année suivante. En attendant, il se procura, à Copenhague, une maison, où il fit transporter ses instruments les plus petits et les plus légers, ne laissant que les plus gros et les plus lourds, qui se trouvaient fixés dans le pavillon que l'on nommait *Château des étoiles*. Il renferma son mobilier dans les appartements, jusqu'au moment où il pourrait le faire enlever.

Dès qu'il vit que l'île d'Hueno n'était plus habitable pour lui, il arrêta son départ, et équipa un navire, qui devait emporter vers des rivages plus hospitaliers que ceux de sa patrie, toute la colonie d'Uraniebourg. Vers le milieu de l'été 1597, il fit enlever et porter sur ce navire tout ce qui pouvait être enlevé, et il mit enfin à la voile, emmenant non-seulement sa femme, ses deux fils, ses quatre filles et ses domestiques, hommes et femmes, mais encore la plus grande partie de ses élèves et employés, qui avaient demandé à le suivre et à tenter la fortune avec lui. Il emportait ce qui devait faire la consolation de son malheur et le fondement de sa gloire, c'est-à-dire ses instruments et ses registres d'observation.

L'équipage exilé se dirigea vers Rostock, ville dans laquelle Tycho Brahé comptait un grand nombre d'amis, depuis sa jeunesse. Il s'établit chez le gouverneur du Holstein, le duc de Rantzau, ami fidèle et dévoué, qui offrit la plus généreuse hospitalité à la colonie errante. Cependant Tycho ne s'installa chez le duc de Rantzau que d'une manière provisoire, car il n'était pas encore fixé sur le lieu du monde où il irait continuer ses travaux et terminer ses jours.

Il aurait trouvé chez le landgrave de Hesse-Cassel, le roi-astronome, une retraite toute naturelle; mais le landgrave était mort depuis quelques années, et son fils n'avait rien conservé des sentiments ni des goûts scientifiques de son père.

Il y avait alors à la tête de l'empire d'Allemagne un véritable Mécène de la science : c'était Rodolphe II, qui ne cessa, pendant tout son règne, de rechercher et d'encourager les hommes qui se distinguaient dans les sciences, et qui les cultivait lui-même avec honneur. Sur le conseil du duc de Rantzau, Tycho Brahé écrivit à l'empereur d'Allemagne ; il lui exposa sa situation, et demanda un asile pour lui et son observatoire errant. Il accompagna sa lettre de l'ouvrage manuscrit sur les *Instruments d'observation astronomique* qu'il lui dédia, et du catalogue de sept cents étoiles.

L'empereur d'Allemagne accueillit avec bonheur cette ouverture de l'astronome exilé. Il se hâta de lui répondre, pour l'inviter à se rendre immédiatement auprès de lui. Tycho Brahé arriva à Prague, en 1599.

L'empereur l'accueillit, non comme un simple particulier devenu célèbre par son génie, mais comme un souverain qui aurait perdu ses États. Il lui assigna une pension considérable, et pour sa résidence, il lui donna le choix entre trois châteaux du domaine impérial. Tycho se décida pour celui de Benateck, situé en Bohème, sur une colline riante, et entouré par les eaux de l'Isar.

Mais tous les agréments que lui offrait cette somptueuse retraite ne pouvaient lui faire oublier sa chère cité d'Uranie, que son cœur pleurait en secret, et sur laquelle se portait continuellement sa pensée. Les habitudes de vingt ans sont comme une seconde nature, dont on ne peut se dépouiller sans de cruels déchirements. Un autre motif qui l'empêchait de se plaire beaucoup dans sa nouvelle résidence, c'est qu'il ignorait la langue et les coutumes du pays, et qu'une bien grande distance le séparait de ses amis.

Aussi, une année à peine après son arrivée en Bohème, Tycho-Brahé priait-il l'Empereur de vouloir bien lui donner un asile à Prague. L'empereur acheta, dans cette ville, un hôtel magnifique, qu'il fit approprier aux goûts, aux habitudes, aux convenances de Tycho, et le mit à sa disposition.

Tycho Brahé rétablit, à Prague, l'observatoire d'Uraniebourg. Il y installa ses instruments, et appela près de lui, pour le seconder dans ses travaux, les astronomes les plus éminents : Muller, Fabricius et Keppler. Ce dernier, persécuté par les catholiques de Styrie, était alors dans la plus pénible situation,

TYCHO BRAHÉ QUITTE URANIEBOURG.

et il s'estima heureux de trouver une place dans l'Observatoire de Prague.

Cependant ce nouvel établissement ne devait pas jeter beaucoup d'éclat. Les nouveaux adjoints de Tycho Brahé n'avaient pas la docilité qu'il avait rencontrée pour ses aides, dans l'île d'Hueno, et Keppler n'était pas homme à se laisser détourner de sa voie par des inspirations étrangères. Il n'y eut donc pas, dans l'observatoire de Prague, l'ordre et la discipline qui avaient régné dans celui d'Uraniebourg. D'ailleurs, Tycho Brahé ne pouvait surmonter la tristesse et le chagrin que lui avait occasionnés sa disgrâce. Il ne pouvait se faire à l'exil; et son âme abattue, en proie au dégoût, à l'affaissement de l'âge et du malheur, n'avait plus la force de s'attacher au travail.

Un accident, qui aurait été insignifiant pour un autre, devint pour lui la cause d'une maladie, qui devint rapidement mortelle. Le 13 octobre 1601, se trouvant à dîner chez un grand personnage de Prague, il n'osa point se lever de table, bien que douloureusement pressé par un besoin. A son arrivée chez lui, il fut pris de rétention d'urine, et bientôt d'une inflammation de la vessie, qui amena une fièvre intense.

Dans le délire du malade, on distinguait ces paroles, qu'il répétait fréquemment et qui semblaient partir du fond de son âme : « *Il me semble que ma vie n'a pas été inutile* (*Ne frustrà vixisse videor*). »

« Toutes ses facultés intellectuelles reparurent, dit Gassendi, dès que le délire eut cessé, mais, après vingt-quatre jours de maladie, ses forces étaient entièrement épuisées, et il était évident qu'il n'avait plus que quelques heures à vivre. Il le sentit lui-même. Il souhaitait d'avoir accompli ses travaux pour la gloire de Dieu et il recommanda à ses fils et à son gendre, de ne point les laisser périr, nul d'entre eux, d'ailleurs, ne devait douter que le bon empereur n'en prît soin s'ils étaient placés sous son égide. Il exhorta ses fils, son gendre, ses disciples, à continuer sans interruption leurs études et leurs travaux, et, en recommandant à Keppler la célérité dans le travail des tables. S'étant rappelé que Keppler était fort attaché à la théorie de Kopernik : « Quand nous attribuons, lui dit-il, toi, au soleil, une attraction séduisante, et moi, aux planètes mêmes, une tendance à se porter vers lui avec ardeur, comme on se porte vers ce qui flatte, je te prie, mon cher Jean, de vouloir bien démontrer dans mon hypothèse toutes les choses que tu as à cœur de proclamer dans l'hypothèse de Kopernik (1). »

(1) « Quæso te, mi Joannes, ut quando quod tu soli pollicenti, ego ipsis planetis

Tycho, entouré de ses enfants, de ses disciples et de ses amis, mourut, à l'âge de cinquante-quatre ans et dix mois. Selon Gassendi, on crut un moment, mais à grand tort, dans le Danemark, qu'il avait été empoisonné par ses ennemis.

L'empereur d'Allemagne, en apprenant la mort de Tycho, donna des marques d'une grande douleur. Il ordonna de l'ensevelir, en grande pompe, à Prague, dans l'église de Tein.

Tycho était d'une taille ordinaire, mais plutôt grande que moyenne. Dans les derniers temps de sa vie, il était un peu gras et replet. Il était d'une constitution vigoureuse, très-actif, peu sujet par conséquent aux indispositions, et il ne l'était nullement à des maladies graves. Il n'avait jamais eu de strangurie avant celle qui causa sa mort. Il était tout au plus sujet à une espèce de migraine, que lui occasionnait un *coryza* qu'il avait contracté, disait-il, en faisant des observations par une nuit très-froide. Ses joues étaient d'un rouge vif, et sa chevelure d'un jaune foncé mêlé d'une légère teinte rougeâtre. L'ensemble des traits de son visage, et surtout l'effet de son nez artificiel, se comprenait mieux dans les portraits peints que sur les gravures.

On a publié plusieurs fois son portrait. Dans celui que Keppler mit au frontispice des *Tables Rudolphiennes*, il est représenté dans son costume de nuit, observant le ciel. Il portait alors une sorte de bonnet phrygien, le manteau grec, ou un capuchon et un manteau doublé. Le portrait que nous avons placé en tête de cette notice est la reproduction de celui que Gassendi fit graver pour sa biographie latine.

Que devint Uraniebourg après le départ de Tycho? Pendant quelque temps, la curiosité y attira encore des visiteurs. Mais la solitude et le silence ne tardèrent pas à se faire au milieu de cette île qui avait servi de brillante et somptueuse retraite aux sciences, dans ce qu'elles ont de plus élevé. L'île se dépeupla et revint à son état primitif. Le château d'Uraniebourg tomba peu à peu en ruines, et ses matériaux furent emportés par les pêcheurs. Un siècle après, en 1671, l'Académie des sciences de

ultro affectantibus, et quasi adulantibus tribue, velis eadem omnia in mea demonstrare hypothesi, quae in Copernicana declarare tibi est cordi. »

Paris eut besoin de faire déterminer avec précision la latitude d'Uraniebourg. Picard fut envoyé dans l'île d'Hueno pour cette détermination, ainsi que Tycho avait lui-même envoyé des géomètres fixer avec exactitude celle de l'observatoire de Kopernik, à Frauenbourg. Mais déjà il n'existait plus aucun vestige du *palais d'Uranie*, et il fallut exécuter des fouilles pour en retrouver les fondations.

« Ainsi passent les empires », dit Bossuet. Ainsi passent, dirons-nous, ces empires de la science que l'on appelle les grands observatoires astronomiques.

II

Nous donnerons une idée sommaire des travaux astronomiques de Tycho Brahé, en tenant compte de la manière dont ces travaux ont été envisagés par Gassendi, Bailly, Montucla, Delambre, Arago, Bertrand, etc. Nous ne nous attacherons qu'aux points fondamentaux, négligeant les détails, qui sont pourtant le côté essentiel des travaux de l'astronome d'Uraniebourg, parce que nous serions amené à entrer dans des considérations trop spéciales pour un ouvrage tel que le nôtre.

Tycho avait une grande admiration pour Kopernik. On le voit par ses écrits, et par la pièce en vers latins qu'il composa quand il eut reçu la règle de bois, grossièrement divisée à l'encre, dont Kopernik se servait pour ses observations célestes. Cependant il n'adopta pas son système. Comment expliquer cette contradiction? Tycho avait parfaitement vu que la distribution des orbites des corps célestes était vicieuse, dans le système de Ptolémée. Tant d'épicycles inutilement multipliés, un si grand nombre d'orbites employées pour expliquer les rétrogradations des planètes et la variété de leurs aspects relativement au soleil, tout cela lui parut contraire à tous les principes des mathématiques, comme à ceux de la nature. Il n'était pas non plus très-porté vers le système de Kopernik. Il craignait, dit Gassendi, d'admettre une absurdité, en supposant que la terre, cette masse lourde, inerte, si peu propre à se mouvoir, fût cependant mobile, douée même d'un triple mouvement, et qu'elle se mût parmi les autres planètes; « *ce qui est contraire*, disait Tycho, *non-seulement aux principes de la physique, mais aussi à ceux de la théologie et à l'Écriture sainte, car la stabilité de la terre est plusieurs fois affirmée dans les textes sacrés* ».

Gassendi ajoute : « Tycho ayant considéré tout cela, et ne se sentant point la force de l'admettre, appliqua son esprit à la création d'une théorie qui fût exempte de tous ces inconvénients ». Il la proposa avec ce titre, et sous cette forme :

« Nouvelle hypothèse du système du monde, récemment inventée par l'auteur, dans laquelle tout correspond parfaitement aux apparences célestes, par laquelle sont écartées et l'ordonnance vicieuse, et la trop grande complication de l'ancienne hypothèse de Ptolémée, et l'absurdité physique qui résulte du mouvement de la terre, dans l'hypothèse récente de Kopernik (1). »

Gassendi donne la figure du système imaginé par Tycho. La terre est supposée immobile au centre de la sphère des étoiles; la lune et le soleil tournent autour d'elle; mais les planètes Mercure, Vénus, Mars, Jupiter, Saturne tournent autour du soleil, pendant que cet astre accomplit lui-même sa révolution annuelle autour de la terre.

Un astronome, contemporain de Tycho, Ursus, auteur d'une découverte trigonométrique qui n'est pas dépourvue de mérite, disputa vivement à Tycho Brahé l'honneur de ce système (2). Cependant, il est loin de satisfaire mathématiquement à tous les phénomènes célestes. Ce n'est, au fond, qu'une fiction ingénieuse, qui semble avoir été choisie pour flotter entre les deux conceptions opposées de Ptolémée et de Kopernik. C'est de l'éclectisme en astronomie.

Tycho excellait dans l'étude des détails, mais il était dépourvu de cet esprit de synthèse, sans lequel une quantité considérable de matériaux, laborieusement préparés, dans les

---

(1) « Nova mundani systematis hypothesis ab Authore nuper adinventa, qua tum vetus illa Ptolemaica redundantia, et inconcinnitas; tum etiam recens Copernicana in motu terrae, physica absurditas, excluduntur, omnia quae apparentiis coelestibus aptissimè correspondent. »
(2) Montucla, *Histoire des Mathématiques*.

sciences, par l'expérience et par l'observation, deviendraient inutiles. Quand il était arrivé à obtenir des chiffres précis sur le déplacement régulier des corps célestes, il ne voyait plus rien à chercher. Le très-habile astronome observateur d'Uraniebourg ne se faisait évidemment aucune idée juste des forces de la nature harmoniquement coordonnées.

Ainsi Tycho n'adopta pas le système de Kopernik, parce que, d'un côté, « les livres sacrés affirment la stabilité de la terre », et de l'autre, parce qu'il craignait, « en supposant que notre globe, cette masse lourde, inerte, si peu propre à se mouvoir», se meut comme les autres planètes, d'admettre des propositions absurdes en physique. » La véritable raison était, peut-être, celle qu'il ne dit pas, mais qu'on devine. Les sommes considérables qu'exigeait l'entretien d'Uraniebourg, étaient fournies par le gouvernement danois. Tycho pouvait-il, sans se compromettre, et sans compromettre son gouvernement, se brouiller avec les théologiens et avec la cour de Rome, quand il avait déjà contre lui presque toute la noblesse danoise? Il n'en eut pas le courage. Au fond, il se souciait assez peu de tout système. Bien observer, transmettre à ses successeurs d'excellents catalogues d'étoiles, telle était sa grande affaire, et là il demeura sans rival.

Parmi les nombreuses obligations que l'astronomie pratique doit à Tycho, l'une des principales est d'avoir démontré, par de bonnes observations, les effets des réfractions astronomiques, et d'avoir entrepris de les soumettre au calcul. Il en dressa même des tables.

Le phénomène des réfractions astronomiques était connu depuis longtemps; car il en est question dans les ouvrages de Ptolémée, Alhazem, Roger Bacon, etc.; mais on ne paraissait pas encore s'être aperçu de son extrême importance pour le perfectionnement de l'astronomie. Tycho trouva que la réfraction horizontale est de 30 à 40 minutes, résultat qui, considéré par rapport au temps où il a été obtenu, doit être regardé comme un progrès. Mais l'astronome danois se trompa en deux points: d'abord en supposant les réfractions solaires plus grandes que celles des étoiles fixes; ensuite en admettant que les premières se terminent à peu près au 45° et les secondes au 20°. Or, les lois de l'optique nous apprennent que la réfraction doit s'étendre jusqu'au zénith, et que ses effets mathématiques sont les mêmes, qu'elle provienne de la lumière du soleil ou de celle des étoiles. Quant à la cause de la réfraction, il s'en fit d'abord une idée juste, mais il l'exposa mal ensuite dans son *Astronomia Progymnasmata*.

Dans ses observations, il tenait compte et de la réfraction et de la parallaxe solaire.

Pour faire ces observations, qui, par leur nombre et par leur accord, sont préférables à tout ce qu'on avait fait avant lui en ce genre, il se servait de cinq ou six espèces d'instrument, travaillés avec soin, dont il vante la grandeur, la solidité, la précision. C'est ainsi qu'il parvint à fixer la durée exacte de l'année à 365 jours 5 heures 45 minutes.

Tycho attribue une partie du mérite de ses observations à l'excellence de ses instruments. Il se procura un avantage non moins précieux, en inventant de nouvelles méthodes d'observation, supérieures à celles qu'avaient connues ses prédécesseurs. Les conseils du landgrave de Hesse, qui était en possession de bons instruments, du moins pour cette époque, et qui, en outre, avait auprès de lui quelques observateurs exercés, ne furent pas non plus sans utilité pour Tycho.

La fameuse étoile qui avait apparu dans la constellation de *Cassiopée*, et qui avait été observée avec beaucoup de soin par les astronomes de ce temps, occupait tous les savants de l'Europe. On consulta, à cette occasion, les travaux d'Hipparque, et l'on crut que, du temps de ce célèbre astronome, il avait paru aussi une nouvelle étoile. Ce fut là ce qui inspira à Tycho l'idée d'une réformation générale de l'astronomie. Il conçut le dessein de tout revoir par ses yeux. A l'exemple d'Hipparque, il voulut dresser un nouveau catalogue des étoiles, et il entreprit cette tâche immense avec d'autant plus d'ardeur, que, se trouvant en possession de méthodes et d'instruments perfectionnés, il avait l'espoir d'exécuter cet important travail avec plus de précision qu'Hipparque n'avait pu le faire.

Après avoir observé l'obliquité de l'écliptique, il détermina l'excentricité du soleil, afin d'être à tout moment en état de calculer le lieu de cet astre dans le ciel. Au moyen de ce lieu connu et de l'observation intermédiaire de Vénus, il fixa le lieu de quelques étoiles, dont les positions l'aidèrent à trouver celles des autres.

C'est ainsi que, par des observations répétées et par un travail énorme, il parvint à dresser un catalogue de sept cent soixante-dix-sept étoiles. Le landgrave avait entrepris le même travail, mais avec moins d'étendue et un peu moins d'exactitude. Son catalogue ne contient que quatre cents étoiles.

Tycho perfectionna considérablement la théorie de la lune, dont les anciens, principalement Hipparque et Ptolémée, s'étaient déjà fort occupés. Il fit, sur le mouvement de ce satellite, trois découvertes importantes.

Hipparque et Ptolémée avaient aperçu dans les mouvements de la lune, deux inégalités, l'une qui n'allait qu'à 5° dans les *sizygies* (c'est le nom qu'on donne à la position de deux corps célestes, quand ils se trouvent sur un plan passant par le centre de la terre et perpendiculaire à son orbite). Ces deux corps célestes peuvent être alors en *opposition* ou en *conjonction*. Par exemple, la lune et la terre étant situées dans ce plan, elles sont en *opposition* ou en *conjonction*, selon que la terre est entre la lune et le soleil ou la lune entre le soleil et la terre. On nomme révolution *sydonique* la durée du mouvement de la lune par rapport à ces conjonctions avec le soleil. La *variation* est une augmentation ou une diminution dans le mouvement moyen de la lune, en raison des situations respectives du soleil, de la lune et de la terre. L'*évection* est un changement par lequel la courbure de l'orbite lunaire s'approche ou s'éloigne de celle du cercle. Les *quadratures* sont les aspects de 90° sous lesquels nous apparaît la lune, dans les sizygies, par rapport au plan de l'orbite terrestre perpendiculaire au plan dans lequel se trouvent la lune et la terre.

La seconde inégalité remarquée par Hipparque et Ptolémée s'ajoute à la première dans les quadratures, et la porte jusqu'à 7° 40′. Tycho en découvrit une troisième, et c'était la plus grande, dans la moitié de l'intervalle qui se trouve entre une nouvelle ou une pleine lune et la quadrature. C'était une nouvelle découverte ajoutée à celle des anciens.

Il en fit encore une autre. On appelle *nœuds* les deux points d'intersection entre l'orbite lunaire et l'orbite terrestre. On connaissait avant Tycho le mouvement des nœuds, qui s'accomplit à peu près en dix-neuf ans, et on le croyait toujours égal et uniforme. Il s'aperçut que, dans le cours de cette révolution périodique, le mouvement des nœuds n'est pas toujours égal.

On avait cru que l'inclinaison de l'orbite lunaire sur l'orbite terrestre est constamment de 5°. Il découvrit que cette inclinaison est variable; il la trouva de 4° 58' 30" dans les sizygies et de 5° 17' 30" dans les quadratures, ce qui donne, pour la moyenne, 5° 8'. Il représenta les variations des nœuds et de l'inclinaison, par un seul mouvement du pôle de l'orbite lunaire dans un petit cercle. « Mais, dit Bailly, Tycho, tout grand homme qu'il était, voyait mieux les effets que les causes; il ne paraît point avoir été doué de la faculté de généraliser ses idées. Il avait admis des réfractions différentes pour la lune et pour les étoiles; il admit également une *équation du temps* (inégalité des jours) pour les mouvements du soleil et de la lune. » L'équation du temps naît de l'inégalité même du mouvement apparent du soleil, de sa marche effectuée obliquement par rapport à l'équateur, et presque toujours inégale, sur ce cercle, qui règle la durée des jours. Mais le cours du soleil ne changeait pas; c'était le mouvement de la lune, qui était tantôt accéléré, tantôt retardé dans le cours d'une année. Au reste, si Tycho s'est trompé sur les causes, il a souvent admirablement saisi les effets. Dans son grand ouvrage, intitulé *Astronomia Progymnasmata*, il embrasse presque toute l'astronomie.

C'est par l'exactitude qu'il avait introduite dans la manière d'observer et par les résultats de ses observations, que Tycho Brahé fit une véritable révolution dans l'astronomie.

Il observa très-soigneusement une comète; il la suivit longtemps dans son cours; il chercha dans quel point et sous quel angle la route qu'elle semblait suivre coupait l'orbite terrestre (1). Il prit sa parallaxe, qu'il trouva beaucoup plus petite que celle de la lune. (On appelle *parallaxe* l'angle formé, au centre d'un astre, par deux lignes tirées, l'une du centre de la terre, l'autre d'un point quelconque de sa surface.) Enfin, Tycho parvint à prouver, contre l'opinion de ses contemporains, que cette comète, bien loin d'être sub-lunaire, était dans une région très-élevée.

(1) Progymnasmata, 2ᵉ partie, p. 46.

Keppler raconte que Tycho, dans les dernières années de sa vie, s'était beaucoup occupé du mouvement des autres planètes, mais que, n'ayant jamais été très-satisfait de cette partie de ses travaux, il ne voulut pas la publier. Ses hypothèses, relativement aux planètes Mars, Jupiter, etc., étaient assez semblables à celles qu'il avait imaginées pour la lune. Autour du soleil, il supposait un excentrique, sur la circonférence duquel roulait, suivant une certaine loi, un épicycle qui, lui-même, en portait un autre, plus petit. C'est sur celui-ci que la planète était placée. Keppler, en formulant ses trois grandes lois astronomiques, fit disparaître pour toujours cette inextricable complication d'épicycles et d'excentriques.

Mais le monument le plus remarquable des travaux de Tycho Brahé, c'est le nombre étonnant d'observations qu'il fit pendant trente ans, et qu'il a consignées dans ses ouvrages.

« Le catalogue de Tycho, dit Arago, son titre le plus réel à la reconnaissance des savants de tous les âges, ne se compose que de sept cent soixante-dix-sept étoiles; mais les sept cent soixante-dix-sept ascensions droites et déclinaisons qu'on y trouve ont été, il serait injuste de ne pas le remarquer, le résultat du travail immense exécuté pendant un grand nombre d'années dans son observatoire à jamais célèbre d'Uraniebourg (1). »

Voici, d'après Delambre, la liste des ouvrages imprimés de Tycho-Brahé :

De nova stella anni 1572. — *De mundi ætherei recentioribus phenomena* 1588. — *Tychonis Brahæi apologia responsio ad cujusd.*, etc., 1591. — *Tychonis Brahæi, Dani, epistolæ astronomicæ libri*, 1596. — *Astronomiæ instrumenta mechanica*, 1570. — *Astronomiæ Progymnasmata*, 1603. — *Tychonis Brahæi, de discipulis mathematicis*, etc., 1621. — *Traduction du livre sur les comètes*, 1632. — *Tychonis Brahæi opera omnia*, 1648. — *Collectiones historiarum cœlestium*, 1657. — *Historiæ cœlestiæ*, 1666.

(1) *Notices biographiques*, t. III.

VASCO DE GAMA

La découverte de la route maritime des Indes a immortalisé le nom de Vasco de Gama. Ce que cherchait Christophe Colomb lorsqu'il fut conduit dans le nouveau monde, le navigateur portugais le découvrit réellement, peu d'années après.

Cette découverte ne fut pas l'œuvre du hasard, comme certains écrivains l'ont prétendu. Elle avait été préparée de longue main, poursuivie pendant près d'un siècle avec persévérance, calculée d'après de profondes combinaisons et de savantes conjectures. Elle fut inspirée par les plus savants principes de la cosmographie et de la navigation. Vasco de Gama partit muni de toutes les instructions et de tous moyens d'assistance que pouvaient lui fournir la science et la politique de l'époque. Une grande partie de son itinéraire était tracée d'avance, et le but de l'expédition était parfaitement connu de l'équipage. Si Christophe Colomb trouva toute autre chose que ce qu'il cherchait, et mourut sans même se douter de l'importance extraordinaire de ses découvertes géographiques, Gama fit exactement ce qu'il voulait faire. L'audace du grand navigateur, qui accomplit, avec ses compagnons, la circumnavigation de l'Afrique, à travers tant de périls, de souffrances, malgré les terreurs superstitieuses qui, dans les longues traversées, troublaient les âmes les plus solides à cette époque où l'art nautique n'offrait que des moyens si bornés, doit nous remplir d'admiration pour ces vaillants

VASCO DE GAMA

Portugais. La plupart des conquêtes que le Portugal dut à Vasco de Gama échappèrent, dans la suite, à cet État, et il ne lui reste aujourd'hui que la gloire d'avoir donné naissance à ces audacieux marins qui ont doté le monde d'horizons inconnus. Mais les découvertes géographiques du quinzième siècle ont exercé sur le développement de l'humanité une influence incalculable, et le Portugal, qui y prit une si large part, s'est acquis, de cette manière, une des places les plus honorables dans les annales de la civilisation.

Les commencements de la vie de Vasco de Gama sont entourés d'obscurité. Les historiens qui nous ont transmis ses découvertes se contentent de nous renseigner sur les faits relatifs à son premier voyage et à l'établissement des Portugais dans l'Inde, sans s'occuper des détails de la vie privée de ce grand navigateur. L'opinion la plus accréditée le fait naître dans la petite ville maritime de Sinès, située à vingt-quatre lieues de Lisbonne.

A en croire d'anciennes traditions, il descendait, par une branche illégitime, d'Alphonse III, roi de Portugal; sa famille remonterait au treizième siècle. Mais, quoique très-répandue au dix-septième siècle, cette opinion n'est confirmée par aucune preuve positive. Tout ce qu'on sait, c'est que Gama appartenait à une famille noble, qui tenait un certain rang en Portugal. Sous le règne d'Alphonse III, Alvaro Eanez de Gama avait contribué, par son courage, à la conquête du royaume des Algarves. C'est de ce personnage que descendait Estevam de Gama, alcade de Sinès, qui se signala sous Alphonse V, et c'est avec ce dernier que commence l'illustration de la famille.

Son petit-fils, qui se nommait comme lui Estevam, hérita de ses titres ; il fut grand alcade, non-seulement de Sinès, mais encore de Sylves, dans le royaume d'Algarves, puis commandeur de Seixal, attaché au service de l'infant don Fernando, père du roi don Manoel, enfin contrôleur de la maison du prince Alphonse, fils de Jean II.

Estevam de Gama jouissait d'une grande réputation, comme marin. Le roi Jean II lui destinait le commandement d'une flottille d'exploration, quand la mort le surprit. Il s'était marié avec doña Isabelle Sodré, fille de Jean de Resende, qui lui donna plusieurs enfants, parmi lesquels furent Vasco et Paulo. Il est probable que Paulo *da Gama* (1) était l'aîné de son frère, à la grande entreprise duquel il prit lui-même une part active.

L'époque de la naissance de Vasco *da Gama* ou *de Gama* est incertaine. Le P. Antonio Carvalho da Costa, et d'après lui le vicomte de Santarem, admettent qu'il naquit en 1469, ce qui lui donnerait vingt-huit ans seulement à l'époque où le roi lui confia sa première expédition. Cependant cette date est contredite par un document récemment retrouvé dans les archives espagnoles, et qui consiste en un sauf-conduit accordé, en 1478, par Ferdinand et Isabelle, à deux personnages, nommés Vasco da Gama et Lemos, pour passer à Tanger. Il est difficile de croire qu'un passe-port de cette nature ait été délivré à un enfant de neuf ans. La date de la naissance de Vasco reste donc enveloppée d'obscurité.

L'historien Castanheda dit qu'avant ses découvertes, le jeune Gama avait déjà acquis une grande expérience de la navigation, et la réputation d'un marin habile et résolu. On sait, d'ailleurs, qu'il était d'un caractère hardi et fortement trempé, d'une rare force d'âme, mais d'un tempérament violent et colérique. Il attira de bonne heure sur lui l'attention, car il était fort jeune lorsque le roi de Portugal le chargea d'une mission qui demandait une grande énergie.

Un navire portugais, revenant de Mina, avec une cargaison de poudre d'or et autres marchandises, avait été capturé, en pleine paix, par des corsaires français. Comme représailles, le roi donna à Vasco de Gama l'ordre d'aller saisir dans les ports français tous les navires de cette nation qui s'y trouvaient mouillés. Il commença, en effet, à s'acquitter de cette mission guerrière. Mais le roi de France, Charles VIII, s'étant hâté d'ordonner la restitution du bâtiment portugais et la punition des délinquants, il n'eut pas besoin d'accomplir ses ordres jusqu'au bout.

Vasco de Gama fut nommé, quelque temps après, gentilhomme

---

(1) Le mot *gama* signifie, en portugais, la *famille du daim*; *de Gama* est donc l'orthographe conforme à la grammaire, et c'est d'ailleurs celle suivie par les auteurs contemporains. Cependant l'usage a prévalu en France d'écrire *Vasco de Gama* et non *da Gama*.

de la maison du roi, et il épousa dona Catarina de Attayde, fille d'Alvaro de Attayde, seigneur de Pena Cova, une des plus grandes dames de la cour. Il eut, de ce mariage, plusieurs enfants, entre autres don Estevam, qui devint gouverneur des Indes, et don Christophe, qui mourut en Abyssinie. Don Francisco, l'aîné de ses fils, était né probablement avant son départ pour sa première expédition de découvertes.

Le roi Jean II avait, dès longtemps, conçu le projet de faire exécuter une tentative pour la circumnavigation de l'Afrique, et il avait chargé de cette périlleuse mission, un marin résolu, Bartolomeo Diaz. Mais ce dernier était revenu sans avoir pu l'accomplir. La capacité et le courage de Vasco de Gama inspiraient au roi Jean II une si grande confiance, qu'il lui donna, en 1487, dès le retour de Bartolomeo Diaz, la mission de reprendre la même recherche que Diaz n'avait pu mener à bien. Les instructions pour ce nouveau voyage, étaient déjà rédigées lorsque Jean II mourut, laissant au roi Manoel, son successeur, la gloire de mettre à exécution ses vastes projets.

L'historien Pedro de Mariz, employé aux archives portugaises, prétend que le commandement de cette expédition, préparée de si longue main, par Jean II, ne fut définitivement confié à Gama, par son successeur Manoel, que par suite d'un incident fortuit. Le roi Manoel, dit-il, était un soir à l'une des fenêtres de son palais, rêvant aux projets immenses que le roi Jean lui avait laissés en héritage, lorsque le hasard amena Vasco de Gama dans la cour du palais, en ce moment solitaire. Cette apparition soudaine fut regardée par le roi comme un avertissement providentiel : il prit aussitôt la résolution d'investir le jeune marin du commandement de la flotte qui devait chercher la route maritime des Indes (1). Mais d'autres écrivains affirment que ce fut à la suite d'une discussion très-approfondie du conseil royal, que Manoel prit cette résolution. Quoi qu'il en soit, il est certain que rien ne fut négligé pour faire réussir cette grande entreprise.

On possédait, à cette époque, des renseignements assez complets sur la route à suivre pour faire le tour de l'Afrique. Le projet de cette circumnavigation avait déjà germé dans l'esprit

(1) Article Gama, par M. Ferdinand Denis, dans la *Biographie générale* de Didot.

du prince Henri, qui fondait, en 1415, à Sagres, une *Académie de navigation*, où l'on enseignait les connaissances géographiques transmises par les Arabes, ainsi que l'usage de l'astrolabe et du quadrant pour calculer le temps et prendre la hauteur du pôle.

En 1432 et en 1447, deux amiraux, envoyés par le prince Henri, atteignirent successivement le cap Nun, le cap Bojador, le cap Blanc, enfin, en 1455, Denis Fernandez s'avançait jusqu'à la hauteur du cap Vert.

L'impulsion étant ainsi donnée, on s'aventura bientôt plus loin, malgré les terreurs qu'inspirait la *mer ténébreuse*. Sous Alphonse V, les Portugais franchirent l'équateur, et découvrirent les îles de la côte de Guinée. Enfin, en 1486, sous le roi Jean II, Bartolomeo Diaz alla jusqu'à l'extrémité sud de l'Afrique, et s'avança jusqu'à la baie de Lagoa, à 80 lieues au delà du cap. Mais, assailli par d'horribles tempêtes, il n'osa remonter l'Afrique de l'autre côté. Il donna à cette pointe fatale le nom de *cap des Tempêtes*, que le roi de Portugal changea en celui de *Bonne-Espérance*, afin de prévenir l'impression décourageante qu'aurait pu causer ce nom sinistre.

Les préjugés populaires attachaient les plus sombres idées à ce passage. On le croyait défendu par de mauvais génies, tels que le géant Adamastor, que Camoens, dans ses *Lusiades*, y place, pour interdire aux hommes l'entrée de ces redoutables solitudes.

Ces craintes superstitieuses n'avaient pourtant pas arrêté les rois de Portugal, et l'expédition envoyée par Jean II, sous la conduite de Bartolomeo Diaz, avait prouvé aux marins éclairés qu'il serait possible de doubler l'extrémité méridionale de l'Afrique, pour tenter le passage aux Indes. D'un autre côté, Pero de Covilham, noble portugais, s'était rendu dans l'Inde, en 1487, en passant par Alexandrie, afin d'y recueillir des renseignements positifs sur la géographie de ces contrées. Il était descendu le long de la côte orientale de l'Afrique, et l'on savait par lui qu'après avoir doublé l'extrémité sud de ce continent, il fallait, pour parvenir aux Indes, se diriger, dans l'Océan oriental, sur Madagascar et Sofala.

Ainsi, bien des études, bien des explorations antérieures avaient préparé le succès de la grande expédition qui fut confiée à Vasco de Gama par le roi Manoel, et tout promettait le succès de cette entreprise.

L'expédition de Vasco de Gama fut préparée avec tout le soin possible. Il importait de ne pas emmener de navires d'un port trop considérable; le roi fit donc construire quatre petits bâtiments, dont le plus grand jaugeait 120 tonneaux. On y employa les meilleurs bois, et on les doubla de fer de première qualité. Chaque navire eut des voiles et des amarres de rechange, et les cordages furent doublés; on emporta plus qu'il n'en fallait de provisions de bouche et d'armes. Enfin, on donna au *capitam môr* (grand capitaine) les meilleurs marins et les pilotes les plus expérimentés du Portugal.

L'escadre partit le samedi 8 juillet 1497. Cette date nous est connue grâce à la publication, faite par MM. Kopke et Payva, d'un important manuscrit ayant pour titre *Roteiro* (*routier*), conservé à la bibliothèque de Porto, et qui renferme une sorte de journal de voyage de l'expédition. L'auteur de ce manuscrit anonyme n'était qu'un simple marin de l'équipage de Gama, nommé Alvaro Velho. Mais les renseignements qu'il fournit, dans son langage simple et peu recherché, méritent toute confiance, car son récit est empreint d'une grande sincérité. M. Charton en a inséré la traduction dans le troisième volume des *Voyageurs anciens et modernes*, et M. Arthur Morelet, membre correspondant de l'Académie des sciences de Lisbonne, en a donné, en 1865, une traduction nouvelle (1).

Vasco de Gama planta son pavillon à bord du *Sam-Gabriel*. Le *Sam-Raphaël*, un peu moins grand, fut commandé par son frère Paulo. La caravelle le *Berrio*, eut pour capitaine Nicolas Coelho. Un petit bâtiment, chargé de munitions, fut confié à un serviteur de Gama, Pedro Nunès. Bartolomeo Diaz accompagnait l'expédition, mais sur un autre navire; il avait ordre de se diriger ensuite sur la côte d'Or, et de se rendre à Mina. Son ancien pilote, Pero de Alemquer, devait diriger le *Sam-Gabriel*. Le nombre total des marins s'élevait à 160.

La flottille mit à la voile d'un point de la côte nommé *Restello*, où s'élève aujourd'hui le couvent de Belem. Une semaine après, elle atteignit les îles Canaries. Pendant le jour suivant,

(1) *Journal du voyage de Vasco de Gama*. Paris, 1864. Grand in-8°.

le brouillard fut si épais que Paul et Vasco de Gama s'écartèrent chacun du reste de la flotte; mais l'on se retrouva aux îles du Cap-Vert. Bartolomeo Diaz, qu'on n'avait pas voulu laisser participer à cette expédition, se sépara bientôt de l'escadre, pour chercher seul la route des Indes.

Au commencement de novembre, la flottille entra dans la baie de Sainte-Hélène, au nord du cap de Bonne-Espérance, où l'on fit une station de huit jours. Là se trouvait la peuplade de Boschismans, avec laquelle l'équipage se mit en relation. On acquit la certitude que ces naturels savaient travailler le cuivre, métal qu'ils employaient à leurs ornements. Un des matelots, nommé Fernand Velloso, s'étant imprudemment avancé parmi eux, il s'ensuivit une escarmouche contre les naturels, qui blessèrent Vasco et quelques autres marins avec leurs zagaies, espèces de javelines dont le bout est durci au feu. Cet incident a fourni au Camoens le sujet d'un épisode de ses *Lusiades*.

On quitta cette baie le 16 novembre, et quelques jours après, on arriva à l'extrémité de l'Afrique. Dans ces parages dangereux, la flotte eut à lutter contre des vents de sud-est, et Vasco eut besoin de toute sa fermeté pour franchir le passage, si redouté, du *Cap des Tempêtes*.

Le 25 novembre, il relâcha dans la baie de Saint-Braz. Là le petit bâtiment de transport fut mis en pièces, après que l'on eut réparti son chargement sur les trois vaisseaux. Les naturels arrivaient en foule, sur la côte où se faisait cette opération. Mais, par sa prudence, Vasco de Gama sut éviter des collisions avec eux; il les terrifia par le bruit de l'artillerie.

Le 10 janvier 1499, on se trouvait dans un autre port: c'était la résidence des Cafres, peuplade redoutable qui, heureusement, montra des dispositions favorables aux étrangers.

En continuant sa route le long de la côte d'Afrique, Gama acquit bientôt la certitude qu'il ne s'était pas trompé dans ses prévisions. Il rencontra deux riches mahométans, qui se livraient au commerce sur cette côte, et qui lui donnèrent les renseignements les plus utiles sur le reste de la route à suivre pour arriver aux Indes.

Le 10 mars, Vasco de Gama mit à l'ancre devant l'île de Mozambique, habitée par des Arabes mahométans qui vivaient sous un sultan de leur religion, et qui faisaient un grand commerce avec la mer Rouge et avec les Indes.

Tant que les habitants crurent que les nouveaux venus appartenaient à leur religion, ils leur firent bon visage; mais quand on apprit qu'ils étaient chrétiens, les sentiments changèrent à leur égard. On leur tendit des piéges, pour les surprendre et les massacrer. « Les Maures se convertirent, dit le *Roteiro*, pour nous surprendre et pour nous tuer par trahison; mais leur pilote, que nous emmenions, nous découvrit tout le mal qu'ils se proposaient de nous faire si leurs complots réussissaient. » Vasco de Gama pressa alors le départ. Il était déjà à quatre lieues de Mozambique, lorsqu'il se trouva obligé de mouiller de nouveau devant cette île.

Le sultan de Mozambique lui envoya alors un nouveau pilote, sous prétexte de diriger les Portugais, mais en réalité pour les égarer. Pendant qu'ils renouvelaient leur provision d'eau sur la côte, ils furent attaqués par des Arabes, cachés derrière des palissades. Mais l'artillerie de leurs vaisseaux les délivra de ces importuns.

Gama rencontra, pour la première fois, dans ces parages, de grands bâtiments arabes, construits sans clous, au moyen de cordes de sparterie, et dont les pilotes savaient se diriger à l'aide de la boussole et de cartes marines. Les Portugais capturèrent quelques-uns de ces navires, et Gama fit partager entre les hommes de son équipage tout le butin, sauf les livres arabes qu'il se réserva, pour les montrer au roi, à son retour.

Il repartit le 29 mars. Quelques jours après, on mouilla dans le port de Mombaz.

La ville de Mombaz était mieux bâtie que Mozambique, et son commerce plus étendu. Les habitants firent le meilleur accueil aux étrangers, et leur apportèrent quantité de vivres, qui contribuèrent à améliorer la santé de l'équipage, ébranlée par les fatigues de la route.

Cependant le bon accord ne fut pas de longue durée, et Gama eut à subir de nouvelles trahisons de la part des mahométans.

Il fut plus heureux à Mélinde, où il arriva le jour de Pâques (15 avril 1498). Quoique cette ville appartînt, comme Mombaz, aux musulmans, l'expédition n'eut qu'à se louer des habitants.

Leur sultan vint rendre visite au chef de l'expédition, et l'invita à descendre à terre. Mais Vasco de Gama, devenu prudent par expérience, se contenta d'envoyer quelques hommes de son équipage, prétextant que son souverain lui avait défendu d'abandonner ses navires.

Il n'y avait, toutefois, aucune arrière-pensée chez les musulmans. Ils traitèrent les matelots avec la plus grande cordialité.

Le cheik de Mombaz accueillit Gama d'une manière franche et loyale. Il lui donna un pilote indien, qui étonna les Portugais par ses connaissances dans l'astronomie et dans l'art nautique. Ce pilote, nommé Malemo Cana, Indien de Guzurate, ne manifesta aucune surprise à la vue des cartes et des astrolabes dont se servaient les chrétiens. Il leur apprit que les marins de la mer Rouge observaient la hauteur du soleil avec des triangles et des quarts de cercle; qu'ils mesuraient aussi, avec ces instruments, la hauteur de l'étoile polaire, et qu'ils se dirigeaient aussi bien sur les étoiles boréales que sur les étoiles australes. Les Portugais furent surpris de trouver dans ces parages, réputés barbares, des navigateurs presque aussi instruits qu'eux-mêmes.

Malemo Cana, le pilote indien, conduisait l'escadre avec une telle habileté, qu'on toucha la côte de Malabar au bout de vingt-trois jours.

Le but de l'expédition était rempli, car on touchait à la côte indienne. Le 20 mai 1498, les navires portugais jetaient l'ancre à deux lieues au-dessous de Calicut.

Cette ville, alors la plus riche de l'Inde, avait pour souverain un prince que les Hindous nommaient *Samoudri-Radja*, nom qui, pour les oreilles portugaises, se changea en *Zamorin*.

Le lendemain de son arrivée en vue de la côte de Malabar, Vasco de Gama fit débarquer un des hommes de son équipage. Cet homme se fit aussitôt conduire chez deux Maures de Tunis qu'on lui désigna comme parlant le castillan et le génois. »

« Qui t'a amené ici? » lui dirent les deux Maures. « Nous venons chercher des épices », répondit l'envoyé. Les deux musulmans l'emmenèrent avec eux, et le traitèrent avec la plus grande cordialité.

Lorsqu'il revint à bord, il était accompagné de l'un de ses deux hôtes, qui, du plus loin qu'il aperçut l'équipage étranger, lui cria, en castillan : « Bonne chance! Nous avons ici beaucoup de rubis et beaucoup d'émeraudes! Rendez grâces à Dieu de vous avoir conduits dans un pays aussi riche! » Les matelots portugais l'écoutaient, pleins d'étonnement, ne pouvant croire qu'il y eût, si loin du Portugal, quelqu'un qui parlât leur langue.

Ce Maure fut très-utile aux nouveaux arrivants. Il introduisit les envoyés de Gama chez un des ministres de Zamorin, qui leur donna l'autorisation d'entrer dans le port de Calicut.

Zamorin fit savoir qu'il consentait à recevoir les Portugais en audience solennelle. Les officiers de Vasco le suppliaient de ne pas s'aventurer au milieu de ces peuplades inconnues, et peut-être perfides. Mais l'intrépide chef n'écouta rien. Il laissa à son frère Paul le commandement de la flotte, pendant son absence, et lui enjoignit, si ses tristes prévisions se réalisaient, de repartir immédiatement, sans tirer aucune vengeance des habitants du pays. Il débarqua alors avec douze hommes résolus, et se rendit auprès de Zamorin, qui les reçut en grande pompe, et l'accueillit d'abord très-favorablement.

Gama se flattait qu'il obtiendrait de ce souverain un traité de commerce, mais cet espoir fut déçu. Les commerçants arabes fixés en ce pays étaient habitués, depuis longtemps, à s'enrichir sans peine dans le commerce des épices. Ils ne pouvaient voir d'un bon œil des étrangers qui venaient avec l'espérance de partager leurs bénéfices. Ils ne s'étaient donc pas fait faute de prévenir Zamorin contre les Portugais, et de les représenter comme des pirates.

Ce qui nuisait surtout aux Portugais dans l'esprit de ce souverain, c'est qu'ils n'avaient apporté aucun présent assez riche pour lui être offert. Les objets que Gama tira de son vaisseau n'excitèrent que le dédain et les risées de l'entourage de Zamorin; on les refusa avec mépris.

Une singulière erreur était entrée dans l'esprit des Portugais et de Gama lui-même : ils se croyaient en pays chrétien. Ils prenaient les pagodes des Hindous pour des églises, et les statues de la divinité *Maha-Madja* allaitant son fils *Shakia-Bouddha*, pour la sainte Vierge. Cependant, ils conçurent quelque doute à la vue des images des divinités hindoues. Voici, en effet, ce qu'on lit dans la naïve traduction française que

Grouchy nous a donnée du récit de Casthameda, historien portugais contemporain :

« Au dedans de la chapelle, qui estoit un peu obscure, il y avait une image cachée en dedans le mur, que nos gens découvrirent de dehors, car on ne les voulut pas laisser entrer dedans, leur faisant signe que personne ne pouvoit là entrer, sinon les Cafres, lesquels, l'image, nommaient sainte Marie, donnant à entendre que c'estoit son image. Alors pensant le capitaine qu'ainsi fast, il se mit à genoux et les autres avec lui, pour faire leur oraison. Jean de Saa, qui doutoit que ce fust une église de chrestiens pour avoir vu la laydure des images qui estoient peintes aux murailles, en se mettant à genoux, dit : — Si cela est au diable, je n'entends toutefois adorer que le vray Dieu. — Le capitaine général, qui bien l'entendit, se retourna vers lui en se riant... »

Cette préoccupation singulière, qui portait les navigateurs portugais à voir partout des rites chrétiens, avait sa source dans la légende, très-répandue au moyen âge, relativement à l'existence, en Asie, d'un vaste empire, régi par un monarque chrétien, le *prêtre Jean* ou *preste Jehan*.

Avec l'autorisation de Zamorin, Vasco de Gama avait établi à Calicut une factorerie, qu'il avait placée sous la direction de Diego Diaz, frère de Bartolomeo. Mais à l'instigation des négociants arabes, les facteurs portugais furent retenus prisonniers, lorsqu'ils voulurent retourner à bord des navires de leur nation.

Pour répondre à cette perfidie, Gama mit la main sur dix-neuf Hindous, qui étaient venus visiter son vaisseau, et il fit mine de lever l'ancre. Zamorin rendit aussitôt la liberté aux portugais, mais Gama ne renvoya à Calicut que six de ses otages, et garda les autres. « Il espérait, dit *Roteiro*, que ces gens, revenant à Calicut, feraient renaître les bons procédés. »

Le 29 août 1498, Vasco de Gama, heureux d'avoir si glorieusement atteint le but de son expédition, mit à la voile, pour revenir en Europe. Mais à peine commençait-il à lever l'ancre, qu'il fut attaqué par soixante-dix embarcations indiennes. Les habitants de Calicut venaient venger l'acte de violence qu'il s'était permis. L'escadre dispersa ces embarcations avec son artillerie, et commença sa route vers l'Europe.

On longea d'abord la côte, à cause du vent qui était faible. Arrivé à une certaine distance de Calicut, on débarqua l'un des prisonniers, avec une lettre écrite en arabe, et adressée à Zamorin.

VASCO DE GAMA PLANTE UNE BORNE MONUMENTALE SUR UN ILOT DU GOLFE D'ARABIE

A quelque distance de là, on rencontra un îlot. Gama donna l'ordre à l'escadre de s'y arrêter. Il voulait y poser la troisième des bornes monumentales (*padraes*) qu'il avait emportées de Lisbonne, pour consacrer le souvenir de sa découverte et de son expédition. La première, portant le nom de *Saint-Raphaël*, avait été érigée dans la baie de Saint-Baz; la deuxième, placée sous l'invocation de *Saint-Gabriel*, avait été plantée à Calicut. Celle qu'on plaça sur cet îlot portait le nom de *Sainte-Marie*. C'était un simple pilier de pierre, sur lequel étaient gravées les armes de Portugal.

Après cette cérémonie, l'escadre cingla vers l'Afrique orientale. Mais le voyage fut des plus pénibles : il ne fallut pas moins de trois mois pour arriver à Mozambique, à cause des calmes persistants et du mauvais état de santé de l'équipage, atteint du scorbut. Arrivé à Mozambique, l'équipage ne comptait pas plus de huit hommes valides par vaisseau, pour faire le service du bord.

L'état de son équipage empêcha Vasco de visiter la ville arabe de Magadoxo, le port le plus important de la côte orientale de l'Afrique, en vue duquel il passa sans s'y arrêter.

Le 9 avril, on mouillait devant Mélinde, où l'on resta cinq jours, en très-bons rapports avec le cheik.

On se vit bientôt dans l'obligation de brûler l'un des trois navires, parce qu'il n'y avait plus assez d'hommes valides pour les manœuvrer tous.

Après bien des vicissitudes, les deux bâtiments qui restaient de toute l'escadre doublèrent le cap de Bonne-Espérance, le 20 mars 1499. On finit, après vingt-sept jours de navigation, par arriver aux îles du cap Vert, et l'on mouilla devant l'île Santiago, avec cinquante-cinq hommes qui, seuls, avaient résisté aux fatigues de cette longue traversée. L'équipage avait été décimé par les fatigues et la maladie.

Une dernière victime devait succomber avant le retour : c'était le frère bien-aimé de Vasco, dont la tendresse ne lui avait jamais fait défaut au milieu de leurs communs périls. Paul de Gama, épuisé et à bout de forces, ne devait pas revoir sa patrie.

Vasco remit le commandement des deux navires au secrétaire de l'expédition Jean de Saa, et fréta une caravelle, pour abréger la traversée du Portugal et tenter d'y ramener vivant son pauvre frère. Mais ce dernier rendit le dernier soupir pendant la traversée, et Vasco dut relâcher à l'île Terceira, dans les Açores (1), pour y laisser le corps de son frère, qui fut inhumé dans le couvent de Saint-François de la ville d'Angra.

La trahison ou le manque de délicatesse dont Christophe Colomb avait été victime, au retour de son premier voyage, arriva également à Vasco; il fut abandonné par son compagnon, Coelho, comme l'amiral génois, revenant de son voyage de découvertes, l'avait été par Pinzon, désireux de le précéder, pour s'attribuer la gloire de l'expédition. Dans les parages de l'île Santiago, le *Berrio* avait pris les devants sur le *Sam-Gabriel*, et il arriva le premier à la côte de Portugal.

On se demande encore aujourd'hui si cette séparation fut le résultat de quelque tempête, ou un dessein prémédité de la part de Coelho, lequel, connaissant sa caravelle meilleure voilière que le vaisseau de Gama, en profita pour apporter le premier, à Lisbonne, la nouvelle de la découverte des Indes. Une circonstance qui ajoute au mystère de cet événement est la brusque terminaison du récit du *Roteiro*, qui s'arrête au 25 avril. Sans doute l'auteur de ce récit se trouvait sur le navire de Coelho.

Quoi qu'il en soit, le lieutenant de Vasco atteignit la barre de Lisbonne, le 10 juillet 1499, juste deux ans après le départ de l'expédition. Il s'était dispensé de relâcher, comme cela était convenu, aux îles du cap Vert. Sa conduite ne fut pas cependant incriminée. On dit même qu'arrivé à la barre de Lisbonne, et n'y trouvant pas de nouvelles de Gama, il voulut retourner à sa recherche, ce dont il fut empêché par un ordre formel du roi.

Ce qui est positif, c'est que Vasco de Gama n'entra au port de Lisbonne que dans les premiers jours de septembre 1499. Il fut reçu en grande pompe par la cour. De magnifiques fêtes religieuses et des réjouissances publiques furent données, pour célébrer son triomphe, tant à Lisbonne que dans toutes les grandes villes du royaume. Ce fut à partir de cette époque que le roi Manoel s'appela le *roi Fortuné*.

---

(1) C'est à 5 kilomètres de cette île qu'a eu lieu, au mois de juin 1867, une éruption volcanique sous-marine.

De son côté, Vasco de Gama reçut le titre d'amiral, avec la faculté de faire précéder son nom du *dom*, faveur que l'on ne concédait alors qu'aux personnages les plus distingués, et le droit d'ajouter les armes royales à celles de sa maison. Il reçut, en outre, une rente de mille écus, pour lui et ses descendants, ainsi que d'importants priviléges dans le commerce des Indes, qui devaient l'enrichir promptement.

Une nouvelle flotte portugaise fut expédiée, sans retard, dans l'Inde, sous les ordres d'Alvarez Cabral, qui parvint à établir un comptoir à Calicut. Mais à peine Cabral avait-il repris la route d'Europe, que tous les Portugais furent massacrés, à l'instigation des Maures. Le roi Manoel put ainsi se convaincre qu'il ne prendrait pied en ces lointains pays que par l'emploi de la force. Il prescrivit donc des armements plus considérables.

Vingt vaisseaux furent distribués en trois escadres. Vasco reçut le commandement de la plus nombreuse, qui se composait de dix vaisseaux. Les deux autres, de cinq vaisseaux chacune, furent placées sous les ordres de Vincent de Sodré et d'Esteyam de Gama.

Vasco mit à la voile, avec son escadre, le 10 février 1502. Il appesantit son bras sur les princes de la côte orientale de l'Afrique, dont il avait eu à se plaindre, obtint leur soumission, et fonda des établissements à Mozambique et à Sofala.

Malheureusement, l'amiral portugais se laissa aller, à cette occasion, à un acte de cruauté qui fait tache sur sa mémoire. Il livra aux flammes un riche vaisseau qui appartenait au soudan d'Egypte, et qui fut consumé, avec tout son équipage, y compris les femmes et les enfants. Gama voulait, dit-on, faire un exemple et tirer une éclatante vengeance de la perfidie des Maures. L'historien Barros cherche à l'excuser, en disant qu'il sauva vingt enfants, dont on fit plus tard des chrétiens. Mais rien ne peut atténuer, devant la postérité, l'horreur de cette exécution sinistre.

En quittant ces parages, Vasco se rendit dans l'Inde, et débarqua sur la côte de Cananor. Le bruit de ses exploits l'avait précédé. Il traita avec le Rajah, sur le pied d'une égalité parfaite, et sut l'éblouir en étalant à ses yeux un luxe tout guerrier.

Il prépara, tout aussitôt, une entreprise contre Zamorin, le souverain de Calicut.

En arrivant devant cette opulente cité indienne, il commença par s'emparer des bateaux qu'il rencontra, et de cinquante habitants de la côte de Malabar qui montaient ces bateaux.

Zamorin, inquiet, dépêcha à l'amiral un Maure chargé de lui offrir un établissement commercial permanent à Calicut, avec d'autres avantages du même genre. Mais l'amiral dédaigna ces offres tardives, et déclara qu'il lui fallait, avant tout, satisfaction pleine et entière pour le meurtre des Portugais. Ayant vainement attendu, pendant trois jours, une réponse précise de Zamorin, Vasco fit pendre aux vergues de ses navires les cinquante Malabares, aux yeux de tout Calicut. Le lendemain, il fit bombarder la ville. La canonnade dura trois jours, et une partie du port fut incendiée. Ensuite, il partit avec la flotte, dédaignant de s'emparer de la ville, que les Maures laissaient à sa merci.

Il se dirigea vers le royaume de Cochin, et renouvela avec le Rajah le traité de commerce déjà conclu par Cabral. En partant, il laissa à ce dernier des troupes, pour l'aider à se défendre contre Zamorin. Plus tard, Albuquerque créa, à Cochin, un vaste port qui devint le berceau de la domination des Portugais dans la mer des Indes. C'était là le centre de leurs grandes opérations commerciales.

Le 20 décembre 1503, Vasco de Gama était de retour à Lisbonne. Il avait laissé à Sodré le commandement de la flotte des Indes. L'amiral vainqueur put annoncer au roi Manoel que le sceptre des mers appartenait au Portugal. En effet, dans tous les ports d'Orient, la prépondérance de cette nation fut dès ce moment assurée et le commerce de Venise en reçut une irréparable atteinte.

Gama avait compris qu'il serait nécessaire, pour assurer des conquêtes si importantes, de maintenir sur les côtes de l'Arabie une escadre, toujours prête à porter secours aux négociants portugais établis dans les Indes. Cette escadre fut, en effet, envoyée dans ces parages, mais ce ne fut pas à Vasco qu'on en donna le commandement.

A partir de ce moment, en effet, et sans que l'on en connaisse le motif, Vasco tomba en disgrâce auprès de Manoel. Pendant vingt ans il ne prit part à aucune autre expédition. Il est évident que les mérites de ce grand homme n'étaient pas appréciés à leur juste valeur. Ce fut à grand'peine que le duc de Bragance obtint pour lui le titre de comte de Vidigueyra, avec la grandesse.

Trois ans après la mort du roi Manoel, son successeur Jean III songea à réparer l'injustice dont le glorieux amiral avait été victime. Il alla chercher Vasco de Gama au fond de sa retraite, pour l'employer, une fois encore, au service de la patrie. Il le nomma vice-roi des Indes, et le fit partir de Lisbonne, le 9 avril 1524, à la tête d'une flotte considérable. Elle se composait, en effet, de quatorze vaisseaux et de cinq caravelles, portant trois mille soldats. Gama emmenait avec lui ses deux fils Estevam et Christovam. Ils suivirent tous les deux, avec des fortunes différentes, les traces de leur illustre père. Le premier se distingua comme gouverneur de l'Inde, l'autre trouva une mort tragique en Abyssinie.

Ce fut dans ce dernier voyage que Vasco montra la fermeté et la présence d'esprit qui le caractérisaient, par un mot bien connu, et qui peint son âme intrépide. Comme on s'approchait des rivages de l'Inde, un tremblement de terre sous-marin, vient à ébranler, tout à coup, les profondeurs de l'Océan. Les flots s'agitent, sans cause apparente, et par la plus belle mer, les vaisseaux sont soudainement lancés les uns contre les autres, en raison de la violence de la secousse souterraine. Un cri de terreur est poussé par l'équipage tout entier; Gama seul conserve son calme : « Que craignez-vous, dit-il à ses compagnons consternés, *ne voyez-vous pas que c'est la mer qui tremble devant nous?* » On ne peut imaginer une parole plus fière.

Le grand navigateur n'exerça que pendant trois mois sa dignité de vice-roi. Il ne revit point sa patrie; car il mourut à Cochin, le 25 décembre 1524. Il avait pu voir cependant les magnificences naissantes de la ville de Goa, qui annonçaient le degré inouï de richesse et de splendeur réservé aux établissements portugais dans l'Inde.

Les historiens contemporains qui ont parlé de Vasco de Gama (Barros, Castanheda, etc.), le représentent comme un homme de taille moyenne, mais très-gros, surtout dans la dernière période de sa vie. Son visage était rouge et enflammé; l'expression de son regard devenait terrible, dans les accès de colère auxquels il se laissait aller quelquefois. La violence de son tempérament se devine, d'ailleurs, sur le beau portrait qui accompagne la traduction française du *Roteiro*, publiée, en 1864, par M. Arthur Morelet. Ce portrait, fait d'après une peinture contemporaine, existait à Lisbonne, dans la galerie du comte de Farrobo. C'est d'après la gravure publiée par M. Morelet qu'a été dessiné le portrait qui figure en tête de la présente notice.

Les excès auxquels Vasco de Gama s'abandonna, dans quelques circonstances de sa vie de marin, s'expliquent par son tempérament. Ils ne doivent pas, d'ailleurs, être jugés avec trop de sévérité, si l'on se reporte à la dureté des mœurs du temps où il a vécu. Dans les rapports ordinaires de la vie, ses manières étaient affables, pleines de grâce et de dignité.

Vasco de Gama fut d'abord inhumé à Cochin, puis on lui éleva une tombe à Travancor. En 1538, sa dépouille mortelle fut transférée en Portugal et déposée au couvent des Carmes déchaussés de Vidigueyra, où il avait fait construire lui-même un monument funèbre pour sa famille. En 1750, on voyait encore, dans une chapelle de ce couvent, cette tombe illustre, portant gravée sur la pierre l'inscription suivante :

AQUI JAZ O GRANDE ARGONAUTA
D. VASCO DA GAMA
I. CONDE DA VIDIGUEIRA, ALMIRANTE
DAS INDIAS ORIENTALES
E SEU FAMOSA DESCUBRIDOR

(Ici repose le grand Argonaute, Dom Vasco de Gama, premier comte de Vidigueira, amiral des Indes orientales et leur fameux explorateur.)

La statue du *Grand amiral des Indes* se voit aujourd'hui à Goa, sur un ancien arc de triomphe qui s'élève près de la cathédrale.

MAGELLAN

L'importance sans égale de la découverte faite par Christophe Colomb, en 1493, d'un monde nouveau, ne fut bien appréciée que lorsqu'on apprit l'existence de l'océan Pacifique, lorsque les navigateurs connurent le cap qui termine l'Amérique méridionale, et permet de remonter, à l'Occident, les contours de ce continent immense. Alors seulement la découverte de Colomb fut appréciée à son vrai point de vue. C'est au navigateur Fernand de Magellan qu'est due cette dernière et importante découverte géographique.

La naissance du navigateur célèbre qui pénétra le premier dans l'océan Pacifique, en doublant la pointe méridionale de l'Amérique, et qui exécuta le premier voyage autour du monde, est entourée, comme celle de Vasco de Gama, d'une grande obscurité. On a supposé longtemps qu'il naquit, vers 1470, à Porto, la ville la plus importante du Portugal, après Lisbonne. Mais dans ces derniers temps, M. Ferdinand Denis, s'étant adressé aux descendants de l'illustre Portugais, pour obtenir des renseignements authentiques sur sa ville natale, a obtenu de M. Joaquim Pinto, de Magalhães, et de M. le comte Azevedo, des documents inédits qui assignent à Magellan une autre patrie.

Malheureusement, ces documents, au lieu d'éclaircir la question, n'ont fait que l'embrouiller davantage. On cherchait un lieu de naissance authentique, et l'on en a trouvé deux!

M. Denis se décide pour Villa-de-Sabroza, dans la Comarca de Villareal, province de Tras-os-Montes; c'est le lieu désigné dans un testament passé devant notaires, signé à Lisbonne, par Magellan, le 29 décembre 1504, et qui existe encore (1). Mais un manuscrit de la bibliothèque de la ville de Porto, qui contient un registre généalogique, le fait naître à Villa-de-Figueiro, petite ville de l'Estramadure portugaise, située à vingt-huit lieues de Lisbonne.

Selon ce manuscrit, le père de Magellan, Lopo Rodriguez de Magalhães, gentilhomme du palais, avait épousé dona Margarida Nunez, et il possédait un majorat, connu sous le nom d'*Espiritu sancto*, ce qui ne l'empêchait pas de remplir l'office de simple écrivain des assises. Le grand-père du célèbre navigateur s'appelait Fernand, comme lui. Il avait pour maître Apponso de Magalhães, seigneur de Ponte da Barca et de la tour de Magalhães (2), dont cette famille tirait son origine, et dont les ruines se voient encore.

Quoi qu'il en soit, Magellan appartenait certainement à la bonne noblesse du Portugal, à la noblesse d'épée (*de cota e armas*, de cotte et d'armes) que l'on opposait à la noblesse de charte (*de carta*), dans laquelle on comprenait les nobles de date récente, et qui correspond à ce que nous appelons, en France, la *noblesse de robe*.

La première éducation du jeune Fernand de Magellan se fit dans la maison de la reine Léonore, femme de Jean II, roi de Portugal. De là, il passa dans le palais de son successeur, le roi Manoel. On peut supposer qu'il reçut une instruction solide, et qu'il s'adonna, de bonne heure, à l'étude de la cosmographie et de l'astronomie, comme tous les hommes éclairés de son temps et de son pays.

Le Portugal possédait alors des géographes éminents, protégés par le roi Jean, qui comptait s'en servir pour la réalisation de ses vastes projets de découvertes. Lisbonne était le centre d'un mouvement maritime et en même temps intellectuel, qui fixait, à juste titre, toute l'attention de l'Europe. Il est

---

(1) *Biographie générale* de Firmin Didot : article *Magellan*.
(2) C'est l'orthographe portugaise de ce nom. Les Espagnols l'écrivent *Magallanes*, pour conserver la prononciation, et nous devrions, par la même raison, écrire *Magaillanes*, mais le nom de *Magellan* a prévalu chez les auteurs français.

donc naturel de supposer que ces circonstances exercèrent une grande influence sur le genre d'études auquel se consacrait la génération contemporaine du jeune Magellan, et que son esprit fut dirigé de bonne heure vers la carrière dans laquelle il devait s'illustrer un jour.

Il est probable qu'il suivit les leçons de deux israélites, mestre Jozef et mestre Rodrigo, savants médecins, qui étaient, à cette époque, les professeurs favoris de la jeunesse portugaise. Il se lia, plus tard, avec l'astronome géographe, Ruy Faleiro, que le vulgaire croyait sorcier, et qui n'était qu'un homme fort instruit, et avec le célèbre voyageur Martin Béhaim, ce qui donne une nouvelle preuve de son inclination naturelle pour les sciences géographiques.

Après avoir terminé ses premières études, Fernand de Magellan demeura quelques années à Porto, ville pour laquelle il ressentait une affection particulière. Il embrassa alors la profession de marin, et fit ses premières armes sous les ordres du vice-roi des Indes, dom Francisco de Almeida.

La flotte, commandée par le vice-roi des Indes, sortit du Tage le 25 mars 1505, pour assurer les nouvelles conquêtes des Portugais dans l'extrême Orient.

La force de caractère et le courage qui distinguaient le jeune marin se manifestèrent avec éclat pendant ce premier voyage. Les historiens Barros et Herrera racontent de lui un trait qui rendit son nom populaire parmi les matelots de sa nation, et qui mérite d'être connu.

Un bâtiment, à bord duquel Magellan servait, et qui allait le ramener, du port de Cochin, à Lisbonne, se perdit, avec un autre, sur un écueil, isolé au milieu de la mer. Les deux équipages naufragés n'eurent d'autre ressource que de se sauver sur une petite île voisine. Mais quand il fut question, ensuite, de s'embarquer dans les chaloupes, pour gagner un port, des contestations violentes s'élevèrent. Les officiers prétendaient, à la faveur de leur rang, être du premier voyage; mais les matelots et les simples soldats s'opposaient à leur départ, craignant d'être ensuite oubliés. Magellan comprit tout le danger de cette situation : il déclara à ces malheureux qu'il resterait avec eux, dans l'île, en exigeant des chefs leur parole d'honneur d'envoyer du secours aussitôt qu'ils seraient arrivés dans un port. Cette promesse calma les esprits irrités. Seulement, comme les négociations avec les chefs le forçaient de se tenir un moment dans un canot, à côté des chaloupes prêtes à partir, les matelots le soupçonnèrent de vouloir les abandonner.

« Ah! seigneur Magellan, lui cria-t-on, n'avez-vous pas promis de rester avec nous? »

— Me voilà! » répondit le généreux officier, en sautant à l'eau, pour revenir sur la plage.

Quelques jours plus tard, les barques revinrent, et les matelots naufragés purent retourner avec lui, à Lisbonne.

Durant cette longue campagne dans les mers et sur les côtes des Indes, Magellan assista au siége de Malacca, qui fut pris par Albuquerque, en 1511. Il y rendit un grand service, en prévenant le chef de l'expédition des trames qui s'ourdissaient, parmi les populations malaises, pour anéantir les Européens. Il fut aidé, dans cette circonstance, par un de ses cousins, François Serrano, lequel, s'étant fixé à Ternate, dans l'une des Moluques, s'y était marié avec une femme indigène, et avait fini par gagner la faveur du roi de ce pays, qui l'avait nommé son capitaine général.

Magellan fit ensuite partie d'une expédition, envoyée par Albuquerque, à la découverte des dernières îles de l'archipel des Moluques. Elle se composait de trois vaisseaux, commandés par Serrano, par Magellan et par Antonio de Abreu. Une tempête ayant dispersé la flotte, Magellan, selon l'historien Argensola, serait parvenu à certaines îles situées à six cents lieues au delà de la presqu'île de Malacca, et aurait, de là, entretenu une correspondance avec Serrano, pour obtenir des renseignements précis sur les *îles aux Épices*. Mais cette expédition n'est mentionnée par aucun autre historien.

Ce qui est positif, c'est que Magellan rapporta de son séjour aux Indes des notions fort exactes sur la Malaisie et sur les avantages commerciaux réservés aux étrangers qui entreraient en relation avec ces îles, si fertiles en toutes sortes d'épices. Il est probable aussi qu'il dut en partie ces notions à ses rapports d'amitié avec Serrano et avec Duarte Barbosa, qui explorait, à cette époque, la mer des Indes, et qui devint, plus tard, son beau-frère.

L'historien espagnol Navarette donne à entendre que Magellan put s'assurer, dès son premier voyage aux Indes, de la position géographique des Moluques, position qui les livrait à l'Espagne, en vertu de la fameuse bulle de démarcation du pape Alexandre VI, dont nous avons parlé dans la *Vie de Christophe Colomb* (1). Ce serait assigner un motif déshonorant à la résolution par laquelle Magellan changea plus tard de nationalité, et se fit Espagnol. Nous verrons qu'il eut des raisons suffisantes pour se séparer du Portugal, où ses services étaient par trop méconnus.

Après son retour de l'Inde, on le retrouve en Afrique, où il se bat bravement à Azamor. Dans une razzia, il fut blessé au genou d'un coup de lance, qui le rendit légèrement boiteux pour le reste de sa vie.

Au mois de juin 1512, Magellan était de retour à Lisbonne. Il avait à la cour le titre de gentilhomme du palais (*moço fidalgo*), avec un traitement de mille reis par mois et une *alqueire* d'orge par jour. Ce droit, perçu au palais même, par les officiers de la couronne, s'appelait *moradia*, et était regardé comme un privilége honorifique. On disait des gentilshommes français qui jouissaient jadis d'un droit analogue, qu'ils *avaient bouche en cour*.

Si nous insistons sur ce détail, c'est qu'il devint la cause de la rupture de Magellan avec le Portugal. En effet, il passa bientôt gentilhomme écuyer (*fidalgo esculeiro*), mais toujours avec alqueire d'orge seulement. Il réclama, mais en vain, une augmentation. Le roi Manoel, pour motiver ce refus, lui objecta son retour intempestif. Il lui reprochait d'avoir quitté l'Afrique pour échapper à une action en justice, et de feindre une blessure, uniquement pour ne pas répondre aux accusations dirigées contre lui.

Magellan, exaspéré de cette fausse imputation, retourna à Azamor, se justifia facilement, et revint ensuite poursuivre ses réclamations. Mais sa demande, si modérée et si juste, fut

---

(1) Nous rappelons ici que le pape Alexandre VI avait partagé le monde en deux parties égales, par un cercle qui passait à cent lieues à l'ouest des Açores. Tout ce qui serait découvert, disait la bulle du pape, à l'ouest de ce cercle, appartiendrait à l'Espagne, tout ce qu'on trouverait à l'est, au Portugal. Un traité avait reculé plus tard cette limite à trois cent soixante-dix lieues à l'ouest des Açores.

encore repoussée, d'une façon blessante. Dans les rapports du roi de Portugal avec Magellan, on devine une antipathie mal dissimulée.

Magellan conçut de toute cette affaire un tel ressentiment, qu'il résolut de s'expatrier. Il renonça à son droit de nationalité, et demanda à l'Espagne des lettres de naturalisation, qui lui conféraient les droits de sujet castillan, soumis à Charles Quint. On ne saurait blâmer Magellan de ce coup de tête. Il l'accomplit, d'ailleurs, avec loyauté, en s'engageant, par un traité, à ne jamais rien entreprendre qui pût blesser les droits de son pays natal.

Instruit probablement des bonnes dispositions de la cour d'Espagne pour de nouvelles expéditions géographiques, Magellan quitta le Portugal, au moment où Charles Quint revenait dans les Asturies, et il arriva, au mois d'octobre 1517, à Séville. Il y fut rejoint par le savant géographe et astronome Ruy Faleiro, qui venait, comme lui, de renoncer à sa nationalité, pour se faire Espagnol, et par un autre mécontent, Christovam de Haro, riche marchand portugais, qui comptait étendre l'immense commerce qu'il faisait avec les Indes, en s'associant aux projets formés par Ruy Faleiro et Magellan.

Il trouva à Séville le plus chaleureux accueil, chez un de ses parents éloignés, Diego Barbosa, dont il épousa la fille, dona Beatrix, au mois de janvier 1518.

La position de son beau-père, qui était lieutenant de l'alcade du château de Séville, et qui avait lui-même navigué aux Indes, dans sa jeunesse, devait encore accroître son crédit, et lui procurer de puissants protecteurs en Espagne. En effet, il ne tarda pas à se concilier la faveur d'un homme très-influent, Juan de Aranda, facteur principal de la *casa de contracion*, ou *chambre de commerce* de Séville, qui était alors le point central de toutes les entreprises maritimes.

Aranda promit d'obtenir de Charles Quint l'armement de l'expédition rêvée par Magellan, et commença par le mettre en rapport avec le grand chancelier, le cardinal et l'évêque de Burgos, lorsqu'ils se trouvèrent à Valladolid, résidence de l'empereur. Soutenu par le crédit d'Aranda, Magellan eut alors plusieurs conférences avec les ministres de Charles Quint. Le jeune empereur assista lui-même plusieurs fois à ces conciliabules.

Magellan s'efforça de démontrer que les Moluques, dont les Portugais tiraient leurs épices, par Malacca, et par la voie des Indes, étaient situées du côté espagnol du méridien de démarcation déterminé par la bulle papale, et il proposa de s'y rendre par l'ouest, pour en prendre possession. Il croyait à l'existence, au sud du continent du nouveau monde, découvert par Christophe Colomb, d'un détroit qui permettrait de gagner un autre océan, et qui conduirait aux Indes, en continuant de naviguer vers l'ouest.

On a prétendu que Magellan produisit, dans cette conférence, un globe géographique, sur lequel il expliqua à Charles Quint la route qu'il comptait suivre, et qu'il montra, au sud de l'Amérique, un détroit qu'il avait trouvé lui-même sur une carte tracée par le célèbre voyageur allemand Martin Behaïm. Cette assertion n'a aucun fondement ; il est bien plus probable que Magellan conjecturait l'existence de ce détroit d'après des vues *à priori*. On pourrait même prétendre qu'il n'en avait qu'une idée très-vague, puisque, sur les côtes d'Amérique, il donna ordre à ses capitaines de se porter, s'il le fallait, jusqu'au delà du soixante-quinzième parallèle de latitude sud.

Quoi qu'il en soit, notre navigateur eut beaucoup de peine à persuader le conseil. On avait déjà décidé l'ajournement de l'expédition ; mais Christovam de Haro, ayant proposé d'en faire lui-même tous les frais, cette circonstance fit revenir l'empereur sur sa première décision, en lui inspirant plus de confiance dans le projet de Magellan.

Le traité entre la couronne et les deux associés, Magellan et Ruy Faleiro, fut signé le 22 mars 1518. L'Espagne devait fournir la flotte, et se réservait, en conséquence, la plus grosse part dans les bénéfices. Mais, en même temps, des promesses magnifiques furent faites aux deux chefs de l'expédition.

Plusieurs circonstances faillirent cependant tout remettre en question. L'ambassadeur de Portugal, Alvaro da Costa, qui venait demander, pour son roi, la main de la sœur de Charles Quint, fit tout ce qui était en son pouvoir pour empêcher l'empereur d'accorder son appui aux deux transfuges de sa nation. On essaya même de se débarrasser de Magellan par l'assassinat. En outre, les officiers de la *Casa de contracion* soulevèrent une foule de réclamations et d'objections contre le voyage projeté. Charles Quint fut obligé de les faire taire, par un nouveau décret qui maintenait l'ordre d'armement.

Malgré les lettres de naturalisation accordées à Magellan, la jalousie des Espagnols lui suscitait des luttes interminables. Ses ennemis parvinrent même à ameuter contre lui la population de Séville.

Les matelots étaient occupés à placer sur l'un des navires, selon la coutume du temps, les armes de Magellan au-dessous de l'étendard de Castille. Cette circonstance fut exploitée pour faire croire à la populace espagnole, que Magellan remplaçait les armes d'Espagne par celles du Portugal. Aussitôt une foule furieuse se porte sur la rade, pour venger ce prétendu affront. Magellan essaye en vain de s'expliquer. Les épées furent tirées, et peu s'en fallut qu'il ne succombât dans cette rixe malencontreuse. Mais Charles Quint donna au chef de l'expédition une réparation publique; et il ne tarda pas à nommer l'état-major qui devait l'accompagner.

Ruy Faleiro ne put profiter des conventions signées en sa faveur. S'acheminant déjà vers la maladie mentale qui devait terminer son existence, il commençait à se montrer hostile aux projets de son ami. Cette mésintelligence amena un nouveau décret de l'empereur, par lequel le commandement de l'expédition était conféré à Magellan seul, avec promesse de faire partir plus tard Faleiro sur une autre flotte. Le savant astronome ne jouissait déjà plus du respect qui l'avait accueilli à son arrivée. La populace se moquait de lui et l'appelait sorcier. Charles Quint n'eut pas, d'ailleurs, à remplir la promesse qu'il lui avait faite, car sa maladie fit des progrès rapides, et ne tarda pas à l'emporter.

Malheureusement, à la dernière heure, le pouvoir occulte qui pesait sur le navigateur portugais parvint encore à lui imposer une entrave nouvelle. On lui adjoignit un autre chef, Juan de Carthagena, et on l'investit de prérogatives si étendues, que Magellan ne pouvait plus se flatter d'exercer sans combats l'autorité du commandement suprême. Juan de Carthagena fut nommé inspecteur général (*veedor*) et adjoint au chef, à titre d'associé (*como su conjunta persona*). Il commandait l'un des cinq navires de l'expédition, le *San-Antonio*. Magellan montait la *Trinidad*; la *Concepcion* était dirigée par Gaspard de

Quesada; la *Vittoria*, par Luiz de Mendoza; le *Santiago* par Juan Serrano. Les équipages de ces navires étaient composés principalement d'Espagnols; mais il y avait aussi quelques Portugais, Français et Flamands, dont les noms ont été conservés.

Au mois d'août 1519, l'assistant de Séville, Sancho-Martinez de Leira, remit à Magellan l'étendard royal d'Espagne, dans l'église de Santa-Maria de la Triana. Après avoir juré foi et hommage au souverain, Magellan reçut, à son tour, le serment de fidélité de ses officiers, et se rendit à bord de son navire. Avant de partir, il fit son testament, et pria le roi de remettre aux pauvres moines du couvent de la Victoria les douze mille maravédis qui lui avaient été accordés lors de sa nomination au grade de commandeur de l'ordre de Santiago.

L'expédition partit du port de San-Lucar, le 20 septembre 1519. Le 26, on s'arrêta à Ténériffe, pour faire de l'eau et du bois.

A peine avait-on quitté les îles Canaries, que Magellan eut sa première querelle avec Juan de Carthagena, qui insistait pour savoir la route qu'on allait suivre. Magellan fut obligé de lui rappeler qu'il n'avait pas de compte à lui rendre. Mais sa patience devait être bientôt éprouvée d'une manière plus sérieuse.

Un jour, comme l'inspecteur Juan de Carthagena se trouvait sur son navire, à peu de distance de la *Trinidad*, le vaisseau du capitaine général, il éleva la voix, en présence d'un matelot, et d'une voix railleuse, cria à Magellan : « *Dieu vous sauve, capitaine !* » Magellan lui fit répondre sur-le-champ, qu'il devait lui donner le titre de *capitaine général*, et non de *capitaine*, et d'avoir à se défendre, à l'avenir, de pareilles familiarités. Carthagena répondit : « Je vous ai salué avec le meilleur marin de la flotte; une autre fois, j'irai vous saluer avec un mousse. »

Peu de jours après, quelque délit ayant été commis par un matelot, Magellan fit assembler le conseil des capitaines et des pilotes, pour prononcer sur la punition. Il s'éleva, à ce propos, devant le conseil, une discussion sur la manière de saluer les chefs. Carthagena montra tant d'insolence, que Magellan, devant tous les officiers, le saisit au collet, en lui disant : « Vous êtes prisonnier ! » Carthagena, se récriant et faisant valoir son autorité d'inspecteur, invoqua l'assistance des officiers, leur donnant l'ordre d'arrêter Magellan. Mais personne ne répondit à son appel. Il fut lui-même saisi, et attaché par les pieds, à un mât, comme un simple matelot. Cependant, sur l'intervention des autres capitaines, Magellan le confia à l'un d'entre eux, Luiz de Mendoza. Le commandement du *San-Antonio*, le navire de Carthagena, fut donné à un officier, nommé Alvaro de la Masquita.

La flotte se dirigea alors sur le Brésil, et pénétra, le 13 décembre 1519, dans la baie de Rio de Janeiro. Elle en repartit au bout de treize jours, pour continuer de longer la côte sud de l'Amérique, jusqu'à la baie de Saint-Julien, où l'on arriva à la fin de mars.

Les matelots, inquiets de cette longue traversée, commençaient à croire que le détroit qu'on leur avait annoncé n'existait que dans l'imagination de leur chef. L'intention que celui-ci manifesta, d'hiverner dans la baie, redoubla leur mécontentement. Ils demandèrent hautement à retourner en Espagne. Le capitaine général répondit en déclarant qu'il se ferait plutôt tuer que d'accéder à leur demande.

Tous ces germes de mécontentement qui fermentaient au sein des divers équipages devaient amener bientôt un acte de rébellion ouverte. Le 1er avril, Magellan ayant convoqué les capitaines, officiers et pilotes, pour entendre la messe et dîner ensuite avec lui, Mendoza et Quesada refusèrent l'invitation, qui ne fut acceptée que par un cousin de Magellan, Alvaro de la Mesquita, et par le comptable de son navire, Antonio de Coca(1).

Carthagena et les autres officiers qui avaient pris son parti pendant la querelle avec Magellan résolurent de tirer parti de cette défection. Pendant la nuit, Carthagena, accompagné du capitaine Quesada, se rend, avec trente hommes, sur le *San-Antonio*, et s'empare du capitaine Mesquita, malgré sa vive résistance. Les trois officiers révoltés envoient ensuite demander à Magellan s'il veut observer les ordonnances qui lui défendent de les maltraiter, ajoutant que, dans ce cas, ils seraient prêts à *le traiter de seigneurie et à venir lui baiser la main.*

---

(1) E. Charton, *Voyageurs modernes*, t. III, p. 285.

Magellan leur fit répondre de se rendre à son bord, pour s'entendre avec lui. Ils refusèrent.

Il était évident qu'une révolte ouverte se préparait, et que l'expédition allait être perdue par l'insubordination des équipages et de leurs officiers. Magellan envisagea d'un coup d'œil la situation, et prit aussitôt son parti.

Par ses ordres, une chaloupe, montée par six hommes résolus, conduits par l'alguazil Espinosa, se rend à bord de *la Vittoria*, le navire commandé par Mendoza, sous prétexte de lui apporter une lettre. Pendant que Mendoza lit cette lettre, en souriant de la naïveté du capitaine général, Espinosa le frappe d'un coup de poignard dans la gorge, et un matelot d'un coup de couteau au visage. La chaloupe était suivie de près par une embarcation, chargée d'autres hommes, qui s'emparèrent du navire de Mendoza, dont l'équipage était heureusement resté étranger à la rébellion de ses chefs.

Dès le lendemain, Magellan fit rentrer sous son autorité les équipages des deux autres navires, et mit aux fers leurs capitaines. Ensuite, il assembla son conseil de guerre, et fit condamner à mort Gaspard de Quesada, capitaine de *la Concepcion*.

Le cadavre du malheureux Mendoza, traîtreusement mis à mort la veille, à bord de son vaisseau, fut porté à terre, et écartelé publiquement, pendant qu'un officier lisait, à haute voix, la sentence de sa condamnation.

Nous venons de dire que le capitaine de la *Concepcion*, Gaspard de Quesada, avait été condamné à mort par le conseil. L'arrêt reçut son exécution. Quesada fut décapité par son propre domestique, qui se chargea de cette terrible mission, pour racheter sa vie. Le corps du malheureux capitaine fut ensuite coupé par quartiers.

Quant à Carthagena, son rang ne permettait pas de le mettre à mort. On le déposa à terre, dans la baie de Saint-Julien, avec l'aumônier, convaincu d'avoir participé à la mutinerie des équipages. On pardonna aux matelots, parce qu'on avait besoin d'eux pour continuer le voyage.

Voilà par quels coups d'audace Magellan sut reconquérir son autorité, gravement compromise. S'il alla plus loin que l'humanité ne l'exigeait, il faut en accuser les mœurs barbares de ces temps, et la nécessité d'une discipline inflexible, dans une entreprise aussi périlleuse que celle dont il s'était chargé.

Un autre malheur fut la perte du *Santiago*, qu'on avait détaché pour aller reconnaître la côte de l'Amérique, et qui fit naufrage parmi les rochers. L'équipage, qui se sauva comme par miracle, fut distribué sur les quatre autres navires.

C'est dans cette même baie de Saint-Julien que l'on fit connaissance avec les *Patagons*, qui furent ainsi nommés à cause de leurs grands pieds. Les récits des compagnons de Magellan, de retour en Europe, prêtèrent à ces peuplades une taille de géants. C'était une exagération de voyageurs : *a beau mentir qui vient de loin*. Mais elle fut prise au sérieux, et elle a été répétée pendant trois siècles, jusqu'au jour où un naturaliste français, M. Alcide d'Orbigny, en a fait justice, en rapportant les mesures prises par lui, de ces prétendus géants, dont la taille n'a rien que d'ordinaire.

Magellan mit à la voile le 24 août, et entra bientôt dans la rivière de Sainte-Croix, où la flottille faillit faire naufrage. Cet accident le fit réfléchir. Il songea aux mauvaises chances auxquelles son expédition était exposée, et il prit ses dispositions en cas de malheur. Il enjoignit à ses marins de continuer de suivre la côte, dans la direction du sud, jusqu'au 75e parallèle de latitude s'il était nécessaire. Dans le cas où, contrairement à toutes ses prévisions, ils ne rencontreraient pas le détroit annoncé, ils devaient revenir dans l'ancien hémisphère, en prenant la route des Moluques, en essayant de passer à une grande distance au sud du cap de Bonne-Espérance.

Le 21 octobre 1520, Magellan se trouvait par 52 degrés de latitude sud, c'est-à-dire à l'entrée même du détroit qui porte aujourd'hui son nom, et en vue du promontoire qui borde ce détroit, du côté de l'Europe. Il l'appela *Cap des Vierges*, parce que le 21 octobre tombait le jour de la Sainte-Ursule. On prit d'abord cette entrée du détroit tant cherché, pour une simple baie, et Magellan envoya deux navires, le *San-Antonio* et *la Concepcion*, faire la reconnaissance de la côte. Une tempête s'éleva pendant leur absence. Comme au bout de deux jours ils n'étaient pas encore revenus, on les croyait perdus. Cependant on apercevait de loin de la fumée à terre, ce qui faisait supposer qu'une partie des hommes restés en détresse sur le rivage, avaient allumé des feux, pour signaler aux autres vaisseaux leur situation périlleuse.

Pendant que les autres équipages étaient en proie à cette cruelle incertitude sur le sort des deux navires, on les vit tout d'un coup cingler à pleines voiles, et revenir, tous les pavillons flottants, vers l'entrée du détroit. Lorsqu'ils furent plus près, ils tirèrent plusieurs coups de canon, et firent entendre des cris de joie, qui trouvèrent un écho sur les deux autres navires restés en mer.

Les commandants des deux navires, qui revenaient ainsi triomphants, annoncèrent que la reconnaissance avait duré cinq jours, et qu'ils étaient persuadés, bien qu'ils n'eussent pas atteint l'extrémité du détroit, que cette issue existait.

Magellan donna aussitôt l'ordre aux quatre navires qui composaient la flottille de s'engager dans le détroit. Il eut cependant, en ce moment encore, à vaincre l'opposition que lui suscitait le pilote Estevam Gomez, devenu son ennemi depuis le jour où il avait vu le commandement de l'expédition projetée, lui échapper par suite de l'arrivée de Magellan en Espagne. On franchit pourtant la baie qui marque l'entrée du détroit. On parcourut plusieurs canaux et baies encore plus larges, et l'on arriva enfin dans un golfe parsemé d'îles, qui semblait avoir deux débouchés, l'un au sud-est, l'autre au sud-ouest. Magellan expédia *la Concepcion* et le *San-Antonio*, au sud-est, pour voir si le canal avait une issue sur la pleine mer.

Le *San-Antonio* partit immédiatement, sans attendre l'autre navire; mais il ne revint pas. Pendant la nuit, Gomez, le pilote de ce navire, avait ameuté l'équipage, et fait mettre aux fers le commandant Mesquita. Les traîtres avaient ensuite regagné la baie de Saint-Julien, pour recueillir Juan de Carthagena, qu'on avait abandonné sur cette côte, par l'ordre de Magellan, avec l'aumônier rebelle. Ils reprirent, de ce point, la route d'Espagne, où ils arrivèrent le 6 mai.

Le pilote Gomez et l'équipage du navire *San-Antonio*, se punirent ainsi eux-mêmes de leur trahison. C'est au moment précis où l'escadre espagnole arrivait au but tant désiré, qu'ils abandonnèrent leur capitaine général, comme pour lui laisser la gloire tout entière de sa laborieuse campagne.

Le navire de Magellan, ainsi que le *San-Antonio*, s'engagèrent dans le canal qui s'ouvrait au sud-ouest. On mouilla à l'entrée du cours d'eau qui porte aujourd'hui le nom de *Rivière des Sardines*; et une embarcation fut expédiée, pour aller reconnaître le cap qui s'apercevait au bout du canal.

Les matelots qui le montaient revinrent, le troisième jour, en poussant des cris de triomphe. Au delà de ce cap s'ouvrait l'Océan! Tout l'équipage pleura de joie, et l'on baptisa le promontoire du nom de *Cap Désiré (Cabo Deseado)*.

Magellan retourna en arrière, pour rejoindre les deux autres vaisseaux qu'il avait devancés. Mais il ne trouva que la *Concepcion*, commandée par Juan Serrano. Il demanda, sans pouvoir obtenir de réponse positive, ce que le *San Antonio* était devenu, ordonna d'exécuter des recherches minutieuses, et fit planter sur la côte, des étendards et des poteaux, contenant des indications sur la route à suivre pour le rejoindre; enfin, il se décida à continuer le voyage sans le navire perdu.

L'escadre ainsi réduite à trois navires s'engagea alors dans le grand Océan. Magellan le baptisa du nom d'*Océan Pacifique*, parce qu'il le trouva calme et sans tempêtes. Il donna le nom de *Terre du feu* à la côte qui longe ce détroit, parce qu'au moment où il la parcourait, les indigènes avaient allumé des feux sur toutes les îles de cet archipel, pour s'avertir les uns les autres de la présence des navires étrangers. Tout le monde sait que ce détroit reçut plus tard, par un très-juste hommage rendu à ce savant et intrépide navigateur, le nom de *Détroit de Magellan*.

En sortant du détroit, le 27 novembre 1520, Magellan se dirigea vers le nord-ouest. Il voulait revenir en Europe par la voie des Indes, c'est-à-dire franchir l'Océan Pacifique jusqu'aux îles Philippines, situées dans la mer de Chine. C'était véritablement le tour du monde que le navigateur portugais allait accomplir, le premier entre tous les hommes.

Il mit trois mois et vingt jours à traverser l'Océan Pacifique, depuis la *Terre du feu* jusqu'aux îles Philippines, où il aborda le 16 mars 1521. Pendant cet immense voyage dans une mer où, depuis, on a découvert un si grand nombre d'îles très-peuplées, Magellan ne rencontra que deux îles désertes, que l'on nomma, par cette raison, *îles Infortunées (Desventuradas)* (1).

Il paraît certain que Magellan passa entre le dangereux archipel de Bougainville et les Marquises de Mendoza; qu'il fit route ensuite à peu près au nord-ouest, jusqu'à l'hémisphère nord, et qu'après avoir relâché aux îles Malgrave, il arriva aux Mariannes, qu'il faut identifier avec les îles appelées *des Larrons* par Magellan.

Le roi des îles Mariannes l'accueillit fort bien. Seulement comme il n'avait pas assez de subsistance pour approvisionner les trois navires, il le conduisit chez son parent, le roi de Zébou, l'une des îles Philippines, lequel reçut les étrangers avec des démonstrations d'amitié.

Magellan relâcha à Zébou, heureux de pouvoir ravitailler enfin ses navires, dont les équipages étaient décimés par les fatigues et le scorbut. Le chef des îles se déclara, sans difficulté, vassal de la couronne d'Espagne, et se fit baptiser, avec la plus grande partie des siens, à l'issue d'une messe, qui fut célébrée à terre, avec une grande solennité. Magellan s'empressa d'établir dans l'île Zébou une factorerie espagnole, et nomma le roi de Zébou suzerain des autres chefs de ces îles.

En accordant sa confiance à ces insulaires, Magellan commettait une imprudence. Il les confondait avec les faibles Hindous et avec les naturels simples et bons de l'Amérique méridionale. Il s'était cruellement mépris. Le roi de l'île de Nactam appela ses sujets aux armes, et réunit six mille guerriers, qui bientôt s'avancèrent en bon ordre, pour repousser les Européens.

Magellan s'imagine qu'il aura raison de ces masses mal armées, avec soixante de ses hommes. Il est vrai qu'il était secondé et accompagné par le roi de Zébou, à la tête d'un millier de naturels. Mais ce chef ne vint à son aide qu'à la dernière extrémité.

Magellan place ses soixante hommes dans des barques; il en laisse cinq pour les garder, et descend sur la plage, avec cinquante soldats seulement. L'île semblait déserte. On commença

(1) La position de ces îles n'est pas connue d'une manière exacte. D'après l'opinion de M. de Rossel, les deux îles vues par Magellan sont probablement, d'une part, l'île *Pitcairn*, de Carteret, et d'autre, l'île *des Chiens*, de Lemaire : ces deux îles sont, en effet, inhabitées. (*Biographie universelle* de Michaud, article *Magellan*.)

par mettre le feu aux habitations. Mais tout à coup les ennemis, qui s'étaient tenus cachés, sortent de leur embuscade, et commencent une attaque vigoureuse, à coups de pierres et de lances. Les Espagnols se défendirent toute la journée. Ils étaient engagés dans un bois de mangoviers marécageux, où ils avaient de l'eau jusqu'à la hanche. Succombant au nombre, ils essayèrent enfin de se retirer vers le rivage. Mais avant qu'ils fussent parvenus sur le sol ferme, une grêle de pierres vint les écraser. Magellan et six des siens furent tués sur la place. Une pierre abattit son casque ; une autre le frappa à la cuisse, et le fit chanceler. Il fut renversé et achevé par un coup de lance.

C'est ainsi que périt, le 27 avril 1521, ce grand navigateur, victime de sa valeur téméraire. La prudence aurait dû lui faire éviter une lutte inégale ; mais le romanesque amour des batailles et des aventures, qui caractérisait les hommes de son temps, l'entraîna dans l'engagement où il trouva la mort.

Les moines augustins qui accompagnaient l'expédition, creusèrent une tombe dans ce lieu fatal, et signalèrent par une croix, l'emplacement de sa fosse. Cette croix fut toujours renouvelée depuis.

Au moment de sa mort, Magellan avait résolu le problème immense qu'il s'était posé : découvrir la route maritime des Indes par l'ouest, et effectuer la circumnavigation de la terre. Si l'on se rappelle qu'il était déjà allé aux Indes, par le cap de Bonne-Espérance, on peut affirmer que le jour où il y arriva de nouveau, par la voie de l'Océan Pacifique, il avait fait le tour entier du globe. Si l'on veut, en effet, regarder comme un seul voyage son retour de l'Inde à Lisbonne et son départ d'Espagne pour l'Amérique, enfin son retour en Espagne par les Indes, on peut dire qu'il accomplit la circumnavigation du globe, en relâchant pendant sept ans à Lisbonne et à Séville.

Magellan mort, les bonnes dispositions du roi de Zébou pour les Européens cessèrent subitement. Sous prétexte de resserrer son alliance avec eux, il leur donna un festin, à l'issue duquel tous les malheureux convives furent égorgés. Serrano avait été épargné dans l'espoir d'en tirer une bonne rançon ; mais les Espagnols restés sur les navires ayant refusé de la payer, il fut mis à mort comme les autres.

MORT DE MAGELLAN AUX ILES PHILIPPINES

Les équipages si fatalement décimés se virent dans la nécessité de brûler la *Concepcion* et de ne garder que deux vaisseaux, pour revenir en Espagne.

Ils n'étaient pas encore au bout de leurs malheurs. Dans l'une des îles de la Malaisie, le navire de Magellan, la *Trinidad*, fut pris par les Portugais. Seule, la *Vittoria*, conduite par Sébastien del Cano, revint en Espagne, par le cap de Bonne-Espérance. Elle ne ramenait que dix-huit hommes de toute la flotte de Magellan !

La *Vittoria* entra dans le port de San-Lucar, le 6 septembre 1522 : le voyage avait duré trois ans et quatorze jours. Sébastien del Cano eut la gloire de ramener en Europe le premier vaisseau qui eût accompli le tour du monde.

On observa pour la première fois, à son arrivée, un fait très-curieux. Tandis que tout le monde, en Europe, comptait le 6 septembre, on ne comptait que le 5, à bord de la *Vittoria* : les navigateurs avaient perdu un jour en notant les heures, pendant qu'ils faisaient le tour du globe dans la direction de l'est à l'ouest. Cette particularité s'explique facilement, si l'on songe que la terre avait fait, par rapport à ces navigateurs, un tour de moins que par rapport à ceux qui étaient restés immobiles ; mais elle donna lieu, à cette époque, à bien des controverses scientifiques.

Sébastien del Cano se rendit à Valladolid, auprès de Charles Quint, lequel l'accueillit avec une joie mêlée d'attendrissement et d'orgueil. Il reçut de l'empereur une pension de cinq cents ducats et des armoiries commémoratives de son voyage ; on voyait sur l'écusson, un globe terrestre, avec ces trois mots : *Primus circumdedisti me (le premier tu as parcouru toute ma circonférence)*.

Les pilotes de l'expédition remirent à Charles Quint leurs journaux de bord, et furent interrogés par lui sur toutes les circonstances de ce mémorable voyage. Une de ces relations, attribuée à un Génois, nommé Bautista, n'a été imprimée qu'en 1831. Une autre, plus connue et beaucoup plus intéressante, est due à Antonio Pigafetta, de Vivenac, que ses compagnons nommaient Antonio Lombardo. Elle existe en italien et en français ; mais il est difficile de savoir en quelle langue originale elle fut écrite. On croit même que ce n'est qu'un extrait d'un manuscrit plus considérable, qui s'est perdu.

Magellan mourut sans postérité, car le fils qu'il avait eu de dona Béatrix Barbosa ne vécut pas. Sa femme le suivit dans la tombe, à un an de distance. Cependant une autre branche des *Magalhãens* existe encore de nos jours, en Portugal. Un physicien portant ce nom est mort en 1790.

En 1866, le gouverneur des îles Philippines, Manud Creus, a fait élever un beau monument de pierre, sur le point de la côte de l'île de Nactam où dort, depuis 1521, le premier homme qui ait fait le tour du globe.

FIN DES SAVANTS DE LA RENAISSANCE

TABLE DES MATIÈRES

Tableau de l'état des sciences au seizième siècle	1-48
Paracelse	49-99
Ramus	100-128
Jérôme Cardan	129-156
Bernard Palissy	157-212
George Agricola	213-230
Conrad Gesner	231-269
Guillaume Rondelet	270-282
André Vésale	283-311
Ambroise Paré	312-354
Nicolas Kopernik	355-399
Tycho Brahé	400-431
Vasco de Gama	432-448
Magellan	449-466

INDEX ALPHABÉTIQUE

DES PRINCIPAUX PERSONNAGES

ET

NOMS D'AUTEURS CITÉS DANS CE VOLUME

A

Achillini.................................. 44
Adelung............................. 65, 264
Agricola (George)............. 213-230
Albano (Pierre d')...................... 12
Aldrovande........................... 249
Alhazem.............................. 427
Andernach (Gonthier d')........... 285
Arago............................ 385, 431
Aretius............................... 260
Argensola............................ 452
Arlenius............................. 241
Astruc............................... 282
Aubigné (d')................... 160, 193
Azevedo............................. 449

B

Bacon (Roger)................. 361, 427
Bacon (François)..................... 94
Bailly.............. 393, 394, 401, 430
Banovius......................... 101, 128
Barros.......................... 447, 451
Bauhin (Jean)........................ 269
Bayle...... 101, 102, 112, 131, 146, 230
Begin............................ 316, 348
Belon (Pierre)............... 39-41, 249
Bertrand............ 378, 379, 389, 411
Buttor (George)...................... 80
Beza................................ 266
Bitiscius............................. 86
Blainville (de)....... 269, 287, 291, 309
Bock (Hieronymus) dit Trajus...... 257

Bocand.............................. 276
Boerhaave........................... 305
Bordes-Pagès............... 88, 91, 99
Borncmau............................ 185
Boulay (Du)..................... 111, 116
Bradley.............................. 397
Brantôme............................ 344
Brongniart.......................... 208
Broussonnet (Victor).............. 292
Brucker............................. 109
Brudzewski......................... 358
Bucer............................... 266
Buch (Léopold de)................. 208
Buffon.............................. 208
Bullinger........ 80, 239, 252, 255, 266
Burggraeve........ 285, 294, 298, 299, 300, 301

C

Camerarius......................... 268
Camoëns............................. 16
Canape.............................. 328
Candale.............................. 27
Cap.................... 96, 192, 208, 212
CARDAN........................ 129-156
Carpi (Béranger de)................. 44
Carron.............................. 248
Carthagena (Juan de). 456, 457, 459, 461
Carvalho da Costa................. 434
Castanheda..................... 435, 447
Cecco d'Ascoli...................... 12
Cervantes............................ 16
Césalpin d'Arezzo.................. 42

Champollion-Figeac................ 186
Charpentier (Jacques)......... 116, 123
Charton........................... 437
Chéreau.................. 347, 348, 349
Christovam de Haro........... 454, 455
Clusius (Delécluse)................. 262
Coelho............................ 444
Comte.............................. 37
Commandin......................... 26
Cordus....................... 259, 279
Crull (Oswald)..................... 36
Cruveilhier........................ 69
Cuvier........ 208, 209, 249, 279, 286,
290, 360
Czacki (Thadée)................... 381
Czynski......... 357, 360, 367, 375, 380

D

Dalechamp........................ 324
Delaubre...... 374, 391, 392, 393, 431
Delange........................... 185
Delanoue.......................... 353
Demarque.......................... 353
Denis........................ 435, 449
Descartes......................... 154
Desmazes.................... 100, 126
Diaz (Bartolomeo)................. 436
Dominis (Antonio de)........... 33-35
Dortoman......................... 276
Duchesne.......................... 37
Dumesnil......................... 184
Duplessy......................... 212

E

Ebert............................ 242
Erasme................... 7-10, 61, 217
Eraste............................ 69
Étienne (Charles)................ 325
Euler............................ 154
Eustache.................... 47-48, 296

F

Fabrice de Hilden................ 353
Fabrice d'Acquapendente.......... 353
Fabricius......................... 230
Fallope................... 42, 46, 302
Faujas de Saint-Fond. 163, 179, 191, 212
Ferrari........................... 25
Ferrei............................ 25

Fillon............................ 187
Finé (Oronce)..................... 26
Fludd............................. 35
Fermy (Claude)............... 261, 262
Fracastor......................... 41
Franck............... 86, 92, 94, 116
Freigius................... 106, 113, 129
Frobenius......................... 68
Fuchs (Léonard)................. 259
Fugger (Sigismond)................ 53

G

Galand........................... 116
Gassarus......................... 372
Gassendi...... 356, 359, 370, 371, 376,
369, 373, 374, 379, 381,
406, 408, 413, 415, 426
Gemma........................... 281
GESNER.................... 77, 231-269
Gilbert (Guillaume)............ 31-32
Gisius................... 376, 377, 381
Glauber............................ 79
Gobelin............................ 37
Gobet.................... 179, 191, 212
Gourmelen................... 324, 346
Goven (Antoine de)............... 112
Guidi Guido, ou Vidius........... 265
Guillaume IV, landgrave de Hesse.. 23,
413, 414
Guillemeau....................... 353
Gunther........................... 46

H

Habicot.......................... 353
Hainzelios (Jean-Baptiste et Paul)... 408
Hanhart..................... 234, 247
Harriot.......................... 154
Hennuyer......................... 105
Herman........................... 374
Hernandez Morejon................ 361
Herrera.......................... 451
Hoefer.......... 88, 97, 146, 199, 203
Hooper........................... 266
Huser............................. 89

J

Jacobus.......................... 249
Jonston.......................... 249
Joubert..................... 278, 281

INDEX ALPHABÉTIQUE

K

Koepflein........................ 235
Kopernik.............. 355-359
Kopke........................... 437
Krzyzanowski................. 356

L

Lacroix du Maine............. 156
Leblanc.......................... 148
Le Clerc................... 62, 85
Leibnitz.......................... 153
Léon X (pape)................. 4-5
Léonardi de Pesaro........... 213
Le Viel........................... 160
Libavius........................... 36
Libri.............................. 156
Luther........................... 6-7

M

MAGELLANS................ 449-469
Maigaignac............ 313, 344, 354
Marchetti........................ 353
Margati.......................... 253
Maria............................ 360
Marie (Pedro de).............. 435
Martyr (Pierre)................. 266
Marx.............................. 65
Mathiole................... 42, 259
Maupied......................... 287
Maurolyco............. 25, 32-33
Meranti........................... 42
Michea..................... 64, 89
Middelbourg (Paul de)....... 369
Mohsen........................... 86
Molski........................... 384
Mondini.......................... 43
Montucla............ 127, 146, 147
Morelet..................... 437, 448
Moréri........................... 166

N

Naigeon................... 146, 156
Narcel........................... 128
Navarette....................... 452

O

Œcolampade.................... 62
Operia....................... 70-76

Orbigny (d')..................... 450
Osiandre................... 377, 378

P

PALISSY..................... 157-212
PARACELSE................. 49, 99
PARÉ................. 306, 312-351
Parkhmist....................... 247
Pascal........................... 397
Patri............................. 238
Payva........................... 437
Pellicier......................... 275
Percy..................... 316, 319
Pigrai........................... 353
Planchon (J.-E.)......... 280-281
Plater (Félix)................. 260
Porta (Jean-Baptiste)... 29-31, 37
Purlach........................... 17

R

Rabelais................... 270-273
RAMUS................... 100-128
Rauwolf......................... 249
Regiomontanus........... 13, 374
Rheticus......... 29, 370, 372, 377
Richeraud....................... 309
Riolan..................... 324-336
Rivière (Étienne de la)... 325, 341
Rodolphe II................... 421
RONDELET................. 270-282
Roussel......................... 105
Rossel (de).................... 462
Rousseau (J.-J.).............. 143
Ruy Faleiro.... 451, 454, 455, 456

S

Salles........................... 185
Santarem....................... 435
Saporta......................... 276
Sardou (Victorien).......... 146
Saunay......................... 185
Saverien............. 36, 246, 367
Scaliger.................. 102, 164
Schmiedel.............. 251, 263
Schomberg..................... 369
Schoner......................... 370
Schüzer......................... 37
Schwenkfeld................... 279
Sehyron......................... 276

Soultet 353
Serrano 452
Servet 46
Sniadeski 357, 374, 383, 385
Sponius 155
Sprengel 54
Sylvius 46, 285, 286, 295, 296, 323, 328

T

Talon 110, 115
Tartaglia 25, 26, 154
Tassoni 110
Théry 111, 127
Thévenin 353
Thou (de) 116
Trithème 53
Turner (William) 243
TYCHO BRAHÉ 400-431

U

Ursus 426

V

Valenciennes 203
Valentin (Basile) 35
VASCO DE GAMA 432-448
Velho 437
VÉSALE 137, 283-311
Viète 27-29, 154
Vinci (Léonard de) 42-43, 45
Vogelinus 372
Voltaire 206

W

Waddington 111, 119, 128
Walterus 19
Werner 29
Williaume 324, 340, 353
Wolf (Gaspard) 247, 248, 267

Z

Zwinger 260
Zwingle 233

FIN DE L'INDEX ALPHABÉTIQUE

AUTRES OUVRAGES DE M. LOUIS FIGUIER

TABLEAU DE LA NATURE

6 volumes grand in-8°, illustrés de nombreuses figures. — Prix de chaque volume, broché : 10 fr.

CHAQUE VOLUME SE VEND SÉPARÉMENT

I. — *La Terre avant le déluge*. 5e édition. Un volume, contenant 25 vues idéales de paysages de l'ancien monde, 325 autres figures et 8 cartes géologiques coloriées.

II. — *La Terre et les Mers*, ou *Description physique du Globe*. 3e édition. Un volume, contenant 182 vignettes et 20 cartes de géographie physique.

III. — *Histoire des Plantes*. Un volume, illustré de 415 vignettes, dessinées par Faguet, préparateur du cours de botanique à la Faculté des sciences de Paris.

IV. — *Les Zoophytes et les Mollusques*. Un volume, illustré de 385 vignettes, dessinées d'après les plus beaux échantillons du Muséum d'histoire naturelle et des principales collections de Paris.

V. — *Les Insectes*. Un volume, illustré de 605 vignettes dessinées d'après nature et de 12 grandes compositions.

VI. — *Les Poissons, les Reptiles et les Oiseaux*. Un volume, illustré de 400 figures insérées dans le texte, et de 24 grandes compositions.

MERVEILLES DE LA SCIENCE, ou *Description populaire des inventions modernes*. 2 volumes grand in-8° à deux colonnes, accompagnés de 757 gravures, représentant des machines, appareils, scènes historiques ou portraits de savants. Paris, 1867-1868.

Tome I. — Machines à vapeur. — Bateaux à vapeur. — Locomotive et chemins de fer. — Locomobiles. — Machine électrique. — Paratonnerre. — Pile de Volta. — Électro-magnétisme.

Tome II. — Télégraphe aérien. — Télégraphie électrique et sous-marine. — Câble transatlantique. — Galvanoplastie. — Dorure et argenture électro-chimiques. — Aérostats. — Éthérisation.

Prix des deux volumes brochés : 20 francs.

L'Année scientifique et industrielle, ou *Exposé annuel des travaux scientifiques, des inventions, et des principales applications de la science à l'industrie et aux arts qui ont attiré l'attention publique en France et à l'étranger*. 12 volumes in-18. Paris, 1856-1868. — Prix de chaque volume : 3 fr. 50 c.

Chaque volume se vend séparément.

Tables décennales de l'Année scientifique et industrielle, précédées d'une *Causerie de l'auteur avec les quinze mille souscripteurs de ce recueil*. Un volume in-18. Paris, 1866. — Prix : 2 francs.

PARIS. — IMPRIMERIE L. POUPART-DAVYL, RUE DU BAC, 30.

www.ingramcontent.com/pod-product-compliance
Lightning Source LLC
Chambersburg PA
CBHW070837230426
43667CB00011B/1824